# 엑셀 2007에 의한

Business Statistics

# 경영통계학

한올출판사

# 머리말

Excel에서 실용적인 워크시트를 작성하고자 하는 경우에 워크시트 함수는 필수불가결하다고도 할 수 있는 존재이다. 그러나 수학이나 수식이 싫은 사람에게 있어서 함수나 수식을 다루는 것은 여간 고통스러운 일이 아니다. 컴퓨터 조작은 능숙하면서도 함수나 수식을 몰라서 데이터 처리가 불가능하거나 미숙한 사람이 많다. 또한 함수나 수식을 좋아하느냐 싫어하느냐에 관계없이 워크시트 함수를 자유자재로 구사하기란 그리 쉽지 않다. 어떤 함수를 어떻게 사용하면 좋을지 몰라서 고민하는 경우가 많기 때문이다.

Office 2007에서는 전반적으로 도움말이 강화되어서 Office 이전 버전 시대에 비하면 많은 개선이 이루어졌지만, 도움말의 내용이 완전하다고 할 수 없으며 또한 기능을 중심으로 검색하는 방법도 아직 충분하다고는 할 수 없다.

본서의 제1장에서 제3장까지는 실현하고 싶은 내용(기능)에 따라 통계함수 및 그 사용방법이 정리되어 있다. 난이도가 높은 함수에 대해서는 그 정의식이나 유래 등도 게재해 놓았으므로 함수나 수학이라면 딱 질색인 사람은 물론 함수의 내용에 흥미가 있는 사람도 비교적 수월하게 내용을 이해할 수 있을 것으로 생각된다.

제4장에서 제6장까지는 데이터의 집계 및 기본적인 분석방법이 알기 쉽게 설명되어 있다. 그리고 제7장에서 마지막 제14장까지는 통계분석에 필수불가결한 확률분포, 검정과 추정, 분산분석, 카이제곱 검정, 상관분석 및 회귀분석 등에 대해서 예제를 통한 적용방법이 상세히 소개되고 있다.

데이터를 수치적 또는 통계적으로 처리하지 않으면 안 될 경우는 전문분야나 업종을 불문하고 기업의 연구활동, 학생의 연구논문 등에 있어서 빈번히 조우하게 된다. 데이터의 통계적 처리라고 하는 작업은 그 일을 전문적으로 하고 있지 않은 사람에게 있어서도 극히 고통스러운 작업이며, 보고서를 완성시키는 과정에서 걱정거리가 되는 경우가 많다. 예전이라면 걱정의 최대 원인은 통계계산의 번거로움과 시간의 낭비에 있었다. 그러나 오늘날은 PC(개인용 컴퓨터)의 보급과 양질의 소프트웨어의 등장에 의해서 이와 같은 원인은 제거되고 있다. 걱정의 원인은 오히려 소프트웨어의 조작성이 나쁘거나 사용방법이 어려운 점으로 옮겨졌다.

통계분석을 위한 소프트웨어는 크게 두 가지로 대별할 수 있다. 하나는 통계분석 전용의 통계 패키지이고, 다른 하나는 계산업무 전반에 이용할 수 있으며 통계분석에도 적합한 표계산 소프트웨어이다.

본서는 표계산 소프트웨어를 사용해서 통계분석을 실시하고자 하며, 또 통계분석의 공부를 하고 싶어 하는 사람을 대상으로 한 입문서이다. 통계분석에 불가결한 소프트웨어의 조작에 기인하는 고통을 완화시켜 줄 것을 목적으로 하고 있다.

본서에서 사용하고 있는 표계산 소프트웨어는 Excel 2007로서, Excel에는 통계분석에 불가결한 그래프 작성 기능과 여러 가지 데이터 분석을 위한 풍부한 함수가 갖추어져 있다. 따라서 Excel은 통계분석 전용의 소프트웨어는 아니지만 통계분석에 도움이 되는 표계산 소프트웨어로서 자리매김할 수 있다.

본서의 방침은 Excel만을 이용해서 데이터 분석을 실시한다고 하는 것이다. 그러나 본서에서는 Excel의 초보적인 조작방법에 대해서 필요최소한의 것밖에 설명하고 있지 않다. Excel에 아직 익숙하지 않은 독자는 Excel의 메뉴얼이나 시판되고 있는 입문서를 참고하기 바란다.

끝으로 어려운 여건 하에서도 본서의 출간을 기꺼이 승낙해 주신 한울출판사 사장님 이하 관계자 여러분의 노고에 감사의 말씀을 드린다.

2008년 2월
저자 씀

# CONTENTS

## 통계함수 1

CONTENTS

# CONTENTS

## 주의를 요하는 함수 3



## 단순집계와 크로스 집계 4



## 데이터의 기본적인 분석 5



## 조건별 처리와 데이터의 정리 6



## 이산확률분포 7

CONTENTS

CONTENTS

## 회귀분석 13



## 중회귀분석 14



## 가상예측 15



## 마코브분석 16

# 1 통계함수

Excel에는 80개의 통계함수가 갖추어져 있다. 이것들을 용도별로 분류하여 열거하면 다음과 같다.

### (1) 기본적인 통계분석에 쓰이는 함수

① 1변량의 통계분석

| | | |
|---|---|---|
| 1 | AVERAGE | 평균값 |
| 2 | AVERAGEA | 평균값 |
| 3 | MEDIAN | 중앙값 |
| 4 | MODE | 최빈값 |
| 5 | DEVSQ | 편차제곱합 |
| 6 | VAR | 분산 |
| 7 | VARA | 분산 |
| 8 | VARP | 분산 |
| 9 | VARPA | 분산 |
| 10 | STDEV | 표준편차 |
| 11 | STDEVA | 표준편차 |
| 12 | STDEVP | 표준편차 |
| 13 | STDEVPA | 표준편차 |
| 14 | MAX | 최대값 |

| | | |
|---|---|---|
| 15 | MAXA | 최대값 |
| 16 | MIN | 최소값 |
| 17 | MINA | 최소값 |
| 18 | KURT | 첨도 |
| 19 | SKEW | 왜도 |
| 20 | AVEDEV | 절대편차 |
| 21 | GEOMEAN | 기하평균 |
| 22 | HARMEAN | 조화평균 |
| 23 | TRIMMEAN | 트림평균 |
| 24 | PERCENTILE | 백분위수 |
| 25 | PERCENTRANK | 백분율 |
| 26 | QUARTILE | 사분위수 |
| 27 | STANDARDIZE | 표준화 |
| 28 | RANK | 순위값 |
| 29 | LARGE | 순서통계량 |
| 30 | SMALL | 순서통계량 |
| 31 | FREQUENCY | 도수분포 |
| 32 | COUNT | 데이터의 개수 |
| 33 | COUNTA | 데이터의 개수 |
| 34 | COUNTBLANK | 셀의 개수 |
| 35 | COUNTIF | 셀의 개수 |

② 2변량의 통계분석

| | | |
|---|---|---|
| 36 | CORREL | 상관계수 |
| 37 | PEARSON | 상관계수 |
| 38 | COVAR | 공분산 |

### (2) 확률계산에 쓰이는 함수

| | | |
|---|---|---|
| 39 | NORMDIST | 정규분포의 확률 |
| 40 | NORMINV | 정규분포의 역함수(퍼센트점) |
| 41 | NORMSDIST | 표준정규분포의 확률 |
| 42 | NORMSINV | 표준정규분포의 역함수(퍼센트점) |

| | | |
|---|---|---|
| 43 | TDIST | $t$ 분포의 확률 |
| 44 | TINV | $t$ 분포의 역함수(퍼센트점) |
| 45 | CHIDIST | $\chi^2$ 분포의 확률 |
| 46 | CHIINV | $\chi^2$ 분포의 역함수(퍼센트점) |
| 47 | FDIST | $F$ 분포의 확률 |
| 48 | FINV | $F$ 분포의 역함수(퍼센트점) |
| 49 | BINOMDIST | 이항분포의 확률 |
| 50 | CRITBINOM | 이항분포의 발생횟수 |
| 51 | HYPGEOMDIST | 초기하분포의 확률 |
| 52 | NEGBINOMDIST | 음의 이항분포 확률 |
| 53 | POISSON | 포아송 분포의 확률 |
| 54 | WEIBULL | 와이블 분포의 확률 |
| 55 | BETADIST | 베타 분포의 확률 |
| 56 | BETAINV | 베타 분포의 역함수(퍼센트점) |
| 57 | GAMMADIST | 감마 분포의 확률 |
| 58 | GAMMAINV | 감마 분포의 역함수(퍼센트점) |
| 59 | GAMMALN | 감마 함수의 자연대수 |
| 60 | LOGINV | 대수정규분포의 역함수(퍼센트점) |
| 61 | LOGNORMDIST | 대수정규분포의 확률 |
| 62 | EXPONDIST | 지수분포의 확률 |
| 63 | PROB | 구간의 확률 |
| 64 | PERMUT | 순열의 계산 |

### (3) 검정과 추정에 쓰이는 함수

| | | |
|---|---|---|
| 65 | ZTEST | 모평균에 관한 검정의 $p$값(모분산 기지) |
| 66 | TTEST | 모평균의 차에 관한 검정의 $p$값(모분산 미지) |
| 67 | FTEST | 모분산의 비에 관한 검정의 $p$값 |
| 68 | CHITST | 적합도의 검정에 관한 $p$값 |
| 69 | CONFIDENCE | 모평균의 구간추정 |
| 70 | FISHER | $z$ 변환 |
| 71 | FISHERINV | 역 $z$ 변환 |

### (4) 회귀분석에 쓰이는 함수

| | | |
|---|---|---|
| 72 | SLOPE | 단회귀식의 편회귀계수 |
| 73 | INTERCEPT | 단회귀식의 상수항 |
| 74 | RSQ | 단회귀식의 기여율 |
| 75 | STEYX | 단회귀식의 잔차의 표준편차 |
| 76 | FORECAST | 단회귀식에 의한 예측값 |
| 77 | LINEST | 단회귀식에 관한 통계량 전반 |
| 78 | TREND | 중회귀식에 의한 예측값 |
| 79 | LOGEST | 지수곡선의 계수 |
| 80 | GROWTH | 지수곡선에 의한 예측값 |

이상 80개의 통계함수 중에서 일반적으로 사용빈도가 높다고 생각되는 함수에 대해서 해설하기로 한다.

## 1. 평균값 : AVERAGE, AVERAGEA

**▶ 용도**

인수로서 지정한 수치·수식, 배열이나 셀 범위에 포함되는 값의 평균을 구한다.

**▶ 함수 범주**

통계

**▶ 서식**

AVERAGE(number1, number2, …), AVERAGEA(number1, number2, …)

number1, number2, … : 수치, 수식, 셀 범위 등

**▶ 참고사항**

수치, 수식, 셀 범위는 최대 30개까지 지정할 수 있다. 여기에서 말하는 평균이란 모든 값을 더한 것을 값의 개수로 나눈 것(산술평균)을 가리킨다.

AVERAGE 함수와 AVERAGEA 함수의 차이는 문자열이나 논리값의 취급방법이다. 그 차이는 다음과 같다.

| | AVERAGE 함수 | AVERAGEA 함수 |
|---|---|---|
| 문자열(공백 셀) | 대상 외 | 0으로 간주한다 |
| 논리값 | 대상 외 | TRUE=1, FALSE=0 |

### ▶ 활용예

| | A | B | C | D | E | F | G | H | I | J | K | L | M | N | O | P |
|---|---|---|---|---|---|---|---|---|---|---|---|---|---|---|---|---|
| 1 | | | | | | | | | | | | | | | | |
| 2 | | 매출집계표 | | | | | | | | | | | | | | |
| 3 | | | 1월 | 2월 | 3월 | 4월 | 5월 | 6월 | 7월 | 8월 | 9월 | 10월 | 11월 | 12월 | 평균 | |
| 4 | | TV | 298 | 158 | 322 | 288 | 114 | 153 | 118 | 461 | 162 | 426 | 434 | 343 | 273,1 | |
| 5 | | 냉장고 | 396 | 0 | 229 | 443 | 339 | | 294 | 401 | 472 | 384 | 477 | 없음 | 343,5 | |
| 6 | | 에어컨 | 334 | 496 | 122 | 160 | 125 | 322 | 408 | 174 | 479 | 365 | 138 | | 283,9 | |
| 7 | | 세탁기 | 151 | 없음 | 235 | 150 | 138 | 257 | 333 | 436 | 198 | 139 | 180 | 175 | 199,3 | |
| 8 | | | | | | | | | | | | | | | | |

[셀의 입력내용]

O4;=AVERAGE(C4:N4)

O5;=AVERAGE(C5:N5)

O6;=AVERAGEA(C6:N6)

O7;=AVERAGEA(C7:N7)

### ▶ 관련항목

기하평균(상승평균) : GEOMEAN

조화평균 : HARMEAN

## 2. 중앙값 : MEDIAN

### ▶ 용도

수치나 수식 혹은 셀 범위에 포함되는 수치·수식을 크기순으로 늘어 놓았을 때

중앙에 오는 값(중앙값)을 구한다.

### ▶ 함수 범주

통계

### ▶ 서식

MEDIAN(number1, number2)

number1, number2, … : 수치, 수식, 셀 범위 등

### ▶ 참고사항

수치의 개수가 짝수 개인 경우에는 중앙에 위치하는 두 개의 데이터에 대한 평균값을 취한다.

### ▶ 활용예

| | A | B | C | D | E | F | G | H | I | J | K | L | M | N | O | P |
|---|---|---|---|---|---|---|---|---|---|---|---|---|---|---|---|---|
| 1 | | | | | | | | | | | | | | | | |
| 2 | | 매출집계표 | | | | | | | | | | | | | | |
| 3 | | | 1월 | 2월 | 3월 | 4월 | 5월 | 6월 | 7월 | 8월 | 9월 | 10월 | 11월 | 12월 | 중앙값 | |
| 4 | | TV | 128 | 379 | 375 | 424 | 365 | 494 | 262 | 149 | 279 | 286 | 416 | 120 | 326 | |
| 5 | | 냉장고 | 124 | 150 | 259 | 258 | 496 | 326 | 302 | 149 | 175 | 232 | 200 | 148 | 216 | |
| 6 | | 에어컨 | 242 | 106 | 111 | 303 | 468 | 241 | 244 | 245 | 133 | 229 | 380 | 259 | 243 | |
| 7 | | 세탁기 | 416 | 377 | 175 | 461 | 421 | 349 | 436 | 372 | 353 | 420 | 446 | 475 | 418 | |
| 8 | | | | | | | | | | | | | | | | |
| 9 | | | | | | | | | | | | | | | | |

[셀의 입력내용]

O4;=MEDIAN(C4:N4)

O5;=MEDIAN(C5:N5)

O6;=MEDIAN(C6:N6)

O7;=MEDIAN(C7:N7)

### ▶ 주의사항

MEDIAN 함수가 구하는 것은 순번적으로 중앙에 위치하는 값이며 평균값은 아니다.

### ▶ 관련항목

평균값 : AVERAGE, AVERAGEA

최빈값 : MODE

## 3. 최빈값 : MODE

### ▶ 용도

수치나 수식 혹은 셀 범위에 포함되는 수치·수식에서 가장 출현 횟수가 많은 값(최빈값, 모드)을 구한다.

### ▶ 함수 범주

통계

### ▶ 서식

MODE(number1, number2)

number1, number2, … : 수치, 수식, 셀 범위 등

### ▶ 참고사항

모든 수치가 각각 하나씩밖에 없는 경우에는 에러 값 #N/A가 반환된다.

### ▶ 활용예

| | A | B | C | D | E | F | G | H | I | J | K | L | M | N | O | P |
|---|---|---|---|---|---|---|---|---|---|---|---|---|---|---|---|---|
| 1 | | | | | | | | | | | | | | | | |
| 2 | | 매출집계표 | | | | | | | | | | | | | | |
| 3 | | | 1월 | 2월 | 3월 | 4월 | 5월 | 6월 | 7월 | 8월 | 9월 | 10월 | 11월 | 12월 | 최빈값 | |
| 4 | | TV | 650 | 450 | 450 | 300 | 200 | 150 | 150 | 150 | 200 | 400 | 500 | 600 | 150 | |
| 5 | | 냉장고 | 200 | 250 | 150 | 300 | 450 | 300 | 200 | 250 | 350 | 500 | 250 | 200 | 200 | |
| 6 | | 에어컨 | 430 | 400 | 500 | 550 | 500 | 600 | 650 | 500 | 550 | 450 | 400 | 500 | 500 | |
| 7 | | 세탁기 | 230 | 300 | 450 | 350 | 350 | 500 | 550 | 450 | 350 | 400 | 350 | 500 | 350 | |
| 8 | | | | | | | | | | | | | | | | |
| 9 | | | | | | | | | | | | | | | | |

[셀의 입력내용]

O4;=MODE(C4:N4)

O5;=MODE(C5:N5)

O6;=MODE(C6:N6)

O7;=MODE(C7:N7)

### ▶ 관련항목

평균값 : AVERAGE, AVERAGEA

중앙값 : MEDIAN

기하평균(상승평균) : GEOMEAN

조화평균 : HARMEAN

트림평균 : TRIMMEAN

## 4. 편차제곱합 : DEVSQ

### ▶ 용도

인수에 지정한 수치, 수식, 배열이나 셀 범위에 포함되는 값에 대해서 [각 데이터 − 평균값]의 제곱합을 구한다.

### ▶ 함수 범주

통계

### ▶ 서식

DEVSQ(number1, number2, …)

number1, number2, … : 수치, 수식, 셀 범위 등

### ▶ 참고사항

수치, 수식, 셀 범위는 최대 30개까지 지정할 수 있다. 계산식은 데이터의 총수를 n개, 각 데이터를 $x_1, x_2, \cdots, x_n$이라 하고 평균값을 $\bar{x}$라고 했을 때 다음과

같은 식으로 나타낼 수 있다.

$$\sum_{i=1}^{n}(x_i - \overline{x})^2$$

### ▶ 활용예

| | A | B | C | D | E | F | G | H | I | J | K | L |
|---|---|---|---|---|---|---|---|---|---|---|---|---|
| 1 | | | | | | | | | | | | |
| 2 | | 편차의 제곱합 | | | | | | | | | | |
| 3 | | | 데이터 | | | | | | | 편차의 제곱합 | | |
| 4 | | 예1 | 3 | 5 | 7 | 6 | 8 | 9 | 2 | 39.428571 | | |
| 5 | | 예2 | 3 | 5 | 7 | 0 | 8 | 9 | 2 | 66.857143 | | |
| 6 | | 예3 | 3 | 5 | 7 | 6 | 8 | 9 | 30 | 503.428571 | | |
| 7 | | | | | | | | | | | | |
| 8 | | | | | | | | | | | | |
| 9 | | | | | | | | | | | | |

[셀의 입력내용]

J4;=DEVSQ(C4:I4)

J5;=DEVSQ(C5:I5)

J6;=DEVSQ(C6:I6)

### ▶ 관련항목

표준편차 : STDEV, STDEVA

절대편차 : AVEDEV

## 5. 분산 : VAR, VARA

### ▶ 용도

인수에 지정한 수치, 수식, 배열이나 셀 범위에 포함되는 값을 표본으로 간주하고 분산을 구한다.

### ▶ 함수 범주

통계

### ▶ 서식

VAR(number1, number2, …) , VARA(number1, number2, …)

number1, number2, … : 수치, 수식, 셀 범위 등

### ▶ 참고사항

수치, 수식, 셀 범위는 최대 30개까지 지정할 수 있다.

VAR 함수와 VARA 함수의 차이는 문자열이나 논리값의 취급방법이다. 그 차이는 다음과 같다.

| | VAR 함수 | VARA 함수 |
|---|---|---|
| 문자열(공백 셀) | 대상 외(0으로 간주) | 0으로 간주한다 |
| 논리값 | 대상 외 | TRUE = 1, FALSE = 0 |

계산식은 데이터의 총수를 $n$개, 각 데이터를 $x_1, x_2, \cdots, x_n$이라 했을 때 다음과 같은 식으로 나타낼 수 있다.

$$\frac{n\sum_{i=1}^{n}{x_i}^2-\left(\sum_{i=1}^{n}x_i\right)^2}{n(n-1)}$$

이 식은 표본의 분산을 구하는 다음과 같은 식을 변형함으로써 얻을 수 있다. 즉,

$$\frac{\sum_{i=1}^{n}(x_i-\overline{x})^2}{n-1}=\frac{\sum_{i=1}^{n}{x_i}^2-2\overline{x}\sum_{i=1}^{n}x_i+n\overline{x^2}}{n-1}=\frac{\sum_{i=1}^{n}{x_i}^2-n\overline{x^2}}{n-1}=\frac{n\sum_{i=1}^{n}{x_i}^2-(n\overline{x})^2}{n(n-1)}$$

$$=\frac{n\sum_{i=1}^{n}{x_i}^2-\left(\sum_{i=1}^{n}x_i\right)^2}{n(n-1)}$$

참고로 모집단의 분산을 구하는 식은 다음과 같다.

$$\frac{\sum_{i=1}^{N}(x_i-\mu)^2}{N}=\frac{(x_1-\mu)^2+(x_2-\mu)^2+\cdots+(x_N-\mu)^2}{N}$$

## ▶ 활용예

| | A | B | C | D | E | F | G | H | I | J | K | L |
|---|---|---|---|---|---|---|---|---|---|---|---|---|
| 1 | | | | | | | | | | | | |
| 2 | | 표본의 분산 | | | | | | | | | | |
| 3 | | | 데이터 | | | | | | | 표본의 분산 | | |
| 4 | | 예1 | 3 | 5 | 8 | 9 | 7 | 2 | 9 | 8.1429 | | |
| 5 | | 예2 | 3 | 5 | 8 | | 7 | 2 | 9 | 7.8667 | | |
| 6 | | 예3 | 3 | 5 | 8 | 9 | 없음 | 2 | 9 | 9.6000 | | |
| 7 | | 예4 | 3 | 5 | 8 | 9 | 7 | 2 | 9 | 8.1429 | | |
| 8 | | 예5 | 3 | 5 | 8 | | 7 | 2 | 9 | 7.8667 | | |
| 9 | | 예6 | 3 | 5 | 8 | 9 | 없음 | 2 | 9 | 13.1429 | | |
| 10 | | | | | | | | | | | | |
| 11 | | | | | | | | | | | | |
| 12 | | | | | | | | | | | | |

[셀의 입력내용]

J4;=VAR(C4:I4)

J5;=VAR(C5:I5)

J6;=VAR(C6:I6)

J7;=VARA(C7:I7)

J8;=VARA(C8:I8)

J9;=VARA(C9:I9)

## ▶ 관련항목

모집단 전체에 의거한 분산 : VARP, VARPA

표본에 의거한 표준편차 : STDEV, STDEVA

# 6. 표준편차 : STDEV, STDEVA

## ▶ 용도

인수에 지정한 수치, 수식, 배열이나 셀 범위에 포함되는 값을 표본으로 간주하고 표준편차를 구한다.

## ▶ 함수 범주

통계

### ▶ 서식

STDEV(number1, number2, …) , STDEVA(number1, number2, …)

number1, number2, … : 수치, 수식, 셀 범위 등

### ▶ 참고사항

수치, 수식, 셀 범위는 최대 30개까지 지정할 수 있다. STDEV 함수와 STDEVA 함수의 차이는 문자열이나 논리값의 취급방법이다. 그 차이는 다음과 같다.

| | STDEV 함수 | STDEVA 함수 |
|---|---|---|
| 문자열(공백 셀) | 대상 외(0으로 간주) | 0으로 간주한다 |
| 논리값 | 대상 외 | TRUE=1, FALSE=0 |

계산식은 데이터의 총수를 n개, 각 데이터를 $x_1$, $x_2$, …, $x_n$이라 했을 때 다음과 같은 식으로 나타낼 수 있다.

$$\sqrt{\frac{n\sum_{i=1}^{n}{x_i}^2-\left(\sum_{i=1}^{n}x_i\right)^2}{n(n-1)}}$$

### ▶ 활용예

| | A | B | C | D | E | F | G | H | I | J | K | L |
|---|---|---|---|---|---|---|---|---|---|---|---|---|
| 1 | | | | | | | | | | | | |
| 2 | | 표본의 표준편차 | | | | | | | | | | |
| 3 | | | 데이터 | | | | | | | 표본의 표준편차 | | |
| 4 | | 예1 | 3 | 5 | 8 | 9 | 7 | 2 | 9 | 2.853569 | | |
| 5 | | 예2 | 3 | 5 | 8 | | 7 | 2 | 9 | 2.804758 | | |
| 6 | | 예3 | 3 | 5 | 8 | 9 | 없음 | 2 | 9 | 3.098387 | | |
| 7 | | 예4 | 3 | 5 | 8 | 9 | 7 | 2 | 9 | 2.853569 | | |
| 8 | | 예5 | 3 | 5 | 8 | | 7 | 2 | 9 | 2.804758 | | |
| 9 | | 예6 | 3 | 5 | 8 | 9 | 없음 | 2 | 9 | 3.625308 | | |
| 10 | | | | | | | | | | | | |

[셀의 입력내용]

| | |
|---|---|
| J4;=STDEV(C4:I4) | J7;=STDEVA(C7:I7) |
| J5;=STDEV(C5:I5) | J8;=STDEVA(C8:I8) |
| J6;=STDEV(C6:I6) | J9;=STDEVA(C9:I9) |

## 7. 절대편차 : AVEDEV

### ▶ 용도

인수에 지정한 수치, 수식, 배열이나 셀 범위에 포함되는 값의 절대편차를 구한다.

### ▶ 함수 범주

통계

### ▶ 서식

AVEDEV(number1, number2, …)

number1, number2, … : 수치, 수식, 셀 범위 등

### ▶ 참고사항

수치, 수식, 셀 범위는 최대 30개까지 지정할 수 있다. 절대편차란 [각 데이터 − 평균값]의 절대값에 대한 전체 합을 데이터 수로 나눈 것이므로, 평균값과 크게 떨어진 데이터가 많을수록 결과는 큰 값이 된다. 계산식은 데이터의 총수를 $n$ 개, 각 데이터를 $x_1, x_2, \cdots, x_n$이라 하고 평균값을 $\bar{x}$라고 했을 때 다음과 같은 식으로 나타낼 수 있다.

$$\frac{1}{n}\sum_{i=1}^{n} | x_i - \bar{x} |$$

### ▶ 활용예

| | A | B | C | D | E | F | G | H | I | J | K | L |
|---|---|---|---|---|---|---|---|---|---|---|---|---|
| 1 | | | | | | | | | | | | |
| 2 | | 절대편차 | | | | | | | | | | |
| 3 | | | 데이터 | | | | | | | 절대편차 | | |
| 4 | | 예1 | 3 | 5 | 7 | 6 | 8 | 9 | 2 | 2.0408 | | |
| 5 | | 예2 | 3 | 5 | 7 | 0 | 8 | 9 | 2 | 2.7347 | | |
| 6 | | 예3 | 3 | 5 | 7 | 6 | 8 | 9 | 30 | 5.7959 | | |
| 7 | | | | | | | | | | | | |
| 8 | | | | | | | | | | | | |

[셀의 입력내용]

J4;=AVEDEV(C4:I4)

J5;=AVEDEV(C5:I5)

J6;=AVEDEV(C6:I6)

▶ **관련항목**

평균값 : AVERAGE, AVERAGEA

표준편차 : STDEV, STDEVA

편차제곱합 : DEVSQ

## 8. 기하평균(상승평균) : GEOMEAN

▶ **용도**

인수로서 지정한 수치·수식 혹은 셀 범위에 포함되는 값의 기하평균을 구한다.

▶ **함수 범주**

통계

▶ **서식**

GEOMEAN(number1, number2, …)

number1, number2, … : 수치, 수식, 셀 범위 등

▶ **참고사항**

수치, 수식, 셀 범위는 최대 30개까지 지정할 수 있다. 기하평균이란 상승평균을 말하며, 「데이터의 전체곱」의 「데이터 총수」 승근(乘根)이다. 예를 들면 2, 3, 4, 5 네 개 데이터의 기하평균은 $\sqrt[4]{2\times3\times4\times5}$ 을 계산하면 된다.

### ▶ 활용예

| | A | B | C | D | E | F | G | H | I | J | K |
|---|---|---|---|---|---|---|---|---|---|---|---|
| 1 | | | | | | | | | | | |
| 2 | | 기하평균 | | | | | | | | | |
| 3 | | | | | | | | | 기하평균 | | |
| 4 | | 1 | 2 | 3 | 4 | 5 | 6 | 7 | 3.38002 | | |
| 5 | | 2 | 0 | 4 | 5 | 6 | 7 | 8 | #NUM! | | |
| 6 | | 3 | | 5 | 6 | 7 | 8 | 9 | 5.97190 | | |
| 7 | | 4 | 5 | 6 | 7 | 8 | -9 | -5 | #NUM! | | |
| 8 | | | | | | | | | | | |
| 9 | | | | | | | | | | | |

[셀의 입력내용]

I4;=GEOMEAN(B4:H4)

I5;=GEOMEAN(B5:H5)

I6;=GEOMEAN(B6:H6)

I7;=GEOMEAN(B7:H7)

### ▶ 주의사항

공백 셀은 데이터 총수에 카운트되지 않는다. 또 수치·수식에 0이나 음수가 있으면 에러(#NUM!)가 된다.

### ▶ 관련항목

평균값 : AVERAGE, AVERAGEA

조화평균 : HARMEAN

## 9. 조화평균 : HARMEAN

### ▶ 용도

인수로서 지정한 수치·수식 혹은 셀 범위에 포함되는 값의 조화평균을 구한다.

▶ **함수 범주**

통계

▶ **서식**

HARMEAN(number1, number2, …)

number1, number2, … : 수치, 수식, 셀 범위 등

▶ **참고사항**

수치, 수식, 셀 범위는 최대 30개까지 지정할 수 있다. 조화평균이란 각 데이터의 역수의 총합을 데이터 총수로 나눈 값이다. 따라서 n개의 값 $a_1, a_2, \cdots, a_n$ 의 조화평균(調和平均)은 $\frac{1}{n}\sum_{i=1}^{n}\frac{1}{a_i}$ 으로 나타내진다.

▶ **활용예**

| | A | B | C | D | E | F | G | H | I | J | K |
|---|---|---|---|---|---|---|---|---|---|---|---|
| 1 | | | | | | | | | | | |
| 2 | | 조화평균 | | | | | | | | | |
| 3 | | | | | | | | | 조화평균 | | |
| 4 | | 1 | 2 | 3 | 4 | 5 | 6 | 7 | 2.69972 | | |
| 5 | | 2 | 0 | 4 | 5 | 6 | 7 | 8 | #NUM! | | |
| 6 | | 3 | | 5 | 6 | 7 | 8 | 9 | 5.56087 | | |
| 7 | | 4 | 5 | 6 | 7 | 8 | -9 | -5 | #NUM! | | |
| 8 | | | | | | | | | | | |

[셀의 입력내용]

I4;=HARMEAN(B4:H4)

I5;=HARMEAN(B5:H5)

I6;=HARMEAN(B6:H6)

I7;=HARMEAN(B7:H7)

▶ **주의사항**

공백 셀은 데이터 총수에 카운트되지 않는다. 또 수치·수식에 0이나 음수가 있

으면 에러(#NUM!)가 된다.

### ▶ 관련항목

평균값 : AVERAGE, AVERAGEA

기하평균 : GEOMEAN

## 10. 트림평균 : TRIMMEAN

### ▶ 용도

대상이 되는 범위에 극단적인 데이터가 섞여 있는 경우에 데이터의 상한과 하한으로부터 지정한 비율의 데이터를 배제한 「중간항 평균값」을 구한다.

### ▶ 함수 범주

통계

### ▶ 서식

TRIMMEAN(array, percent)

array : 배열 또는 셀 범위

percent : 0 이상 1 이하의 수치

### ▶ 참고사항

인수 percent에 제외할 값의 비율을 0 이상 1 이하의 수치로 지정한다. 예를 들면, 전체 30개의 데이터를 포함하는 대상에 대해서 percent에 0.2를 지정하면 30×0.2＝6이 되어, 상한에서 3개, 하한에서 3개, 합계 6개의 데이터가 배제된다. 그리고 배제되는 데이터 수가 홀수 또는 소수점 이하의 값을 포함하는 경우에 그 개수 이하에서 가장 가까운 짝수 개가 배제의 대상이 된다.

### ▶ 활용예

| | A | B | C | D | E | F | G | H | I | J | K | L | M | N | O | P |
|---|---|---|---|---|---|---|---|---|---|---|---|---|---|---|---|---|
| 1 | | | | | | | | | | | | | | | | |
| 2 | | 매출집계표 | | | | | | | | | | | | | | |
| 3 | | | 1월 | 2월 | 3월 | 4월 | 5월 | 6월 | 7월 | 8월 | 9월 | 10월 | 11월 | 12월 | 25% 배제 평균 | |
| 4 | | TV 매출 | 218 | 835 | 117 | 159 | 251 | 188 | 320 | 35 | 257 | 213 | 483 | 313 | 251.9 | |
| 5 | | | | | | | | | | | | | | | | |
| 6 | | | | | | | | | | | | | | | | |

[셀의 입력내용]

O4;=TRIMMEAN(C4:N4, 0.25)

→ 셀 범위 C4:N4에서 25%(실제로는 835와 35, 2개)의 데이터를 제외하고 평균값을 계산한다.

### ▶ 주의사항

percent에는 배제할 데이터 수가 아니라 배제할 데이터의 비율을 지정한다.

### ▶ 관련항목

평균값 : AVERAGE, AVERAGEA

## 11. 왜도 : SKEW

### ▶ 용도

표본 데이터를 기초로 분포의 왜도를 계산한다.

### ▶ 함수 범주

통계

### ▶ 서식

SKEW(number1, number2, …)

number1, number2, … : 수치, 배열, 셀 범위 등

### ▶ 참고사항

왜도란 분포의 평균값 주변에서의 양측에 대한 비대칭도를 나타내는 값이다. 좌우대칭인 것은 왜도＝0이고, 플러스의 방향으로 뻗어 있는 비대칭인 경우에는 양의 값, 마이너스의 방향으로 뻗어 있는 비대칭인 경우에는 음의 값이 된다.
number1, number2, …에 입력하는 수치, 수식, 배열, 셀 범위 등은 최대 30개까지 지정할 수 있다. 단, 지정하는 수치 데이터의 수가 2개 이하일 때나 표본의 표준편차가 0일 때에는 에러 값 #DIV/0!가 반환된다.
분포의 왜도($=b_1$)는 각 데이터를 $x_1, x_2, \cdots, x_n$이라고 했을 때에 다음과 같이 정의된다.

$$b_1 = \frac{n}{(n-1)(n-2)} \sum_{i=1}^{n} \left( \frac{x_i - \bar{x}}{s} \right)^3$$

이 때 $b_1 = 0$이면 좌우 대칭, $b_1 > 0$이면 오른쪽 꼬리 비대칭, $b_1 < 0$이면 왼쪽 꼬리 비대칭을 가리킨다.

### ▶ 활용예

| | A | B | C | D | E | F | G | H | I | J | K | L | M | N | O |
|---|---|---|---|---|---|---|---|---|---|---|---|---|---|---|---|
| 1 | | | | | | | | | | | | | | | |
| 2 | | 왜도 | | | | | | | | | | | | 왜도 | |
| 3 | | 데이터 | 26 | 23 | 16 | 21 | 23 | 19 | 20 | 23 | 17 | 18 | | 0.1445 | |
| 4 | | | | | | | | | | | | | | | |

[셀의 입력내용]
N3;=SKEW(C3:L3)

### ▶ 관련항목

첨도 : KURT
분산 : VAR, VARA

## 12. 첨도 : KURT

### ▶ 용도

표본 데이터를 기초로 분포의 첨도를 계산한다.

### ▶ 함수 범주

통계

### ▶ 서식

KURT(number1, number2, …)

number1, number2, … : 수치, 배열, 셀 범위 등

### ▶ 참고사항

첨도란 분포의 곡선이 정규분포에 비해서 얼마만큼 뾰족한가를 나타내는 지표이다. 정규분포의 경우는 첨도=0이고, 첨도가 양의 값이 되는 경우에는 도수분포곡선이 상대적으로 예각이 되는 것을 나타내고, 음의 값이 되는 경우는 상대적으로 평탄하게 되어 있다는 것을 나타낸다.

number1, number2, …에 입력하는 수치, 수식, 배열, 셀 범위 등은 최대 30개까지 지정할 수 있다. 단, 지정하는 수치 데이터의 수가 3개 이하일 때나 표본의 표준편차가 0일 때에는 에러 값 #DIV/0!가 반환된다.

분포의 첨도(= $b_2$)는 각 데이터를 $x_1, x_2, \cdots, x_n$이라고 했을 때에 다음과 같이 정의된다.

$$b_2 = \frac{n(n+1)}{(n-1)(n-2)(n-3)} \sum_{i=1}^{n} \left( \frac{x_i - \overline{x}}{s} \right)^4 - \frac{3(n-1)^2}{(n-2)(n-3)}$$

이 때 $b_2 = 0$이면 정규분포형, $b_2 > 0$이면 상대적으로 더 뾰족, $b_2 < 0$이면 상대적으로 덜 뾰족을 가리킨다.

▶ **활용예**

| | A | B | C | D | E | F | G | H | I | J | K | L | M | N | O |
|---|---|---|---|---|---|---|---|---|---|---|---|---|---|---|---|
| 1 | | | | | | | | | | | | | | | |
| 2 | | 첨도 | | | | | | | | | | | | 첨도 | |
| 3 | | 데이터 | 26 | 23 | 16 | 21 | 23 | 19 | 20 | 23 | 17 | 18 | | -0.8392 | |
| 4 | | | | | | | | | | | | | | | |

[셀의 입력내용]

N3;=KURT(C3:L3)

▶ **관련항목**

왜도 : SKEW

분산 : VAR, VARA

## 13. 백분위수 : PERCENTILE

▶ **용도**

배열 또는 셀 범위에서 백분위수를 구한다.

▶ **함수 범주**

통계

▶ **서식**

PERCENTILE(array, k)

array : 배열 또는 셀 범위

k : 0에서 1까지의 수치(백분율)

▶ **참고사항**

PERCENTILE(array, k)에서 array에 지정한 배열 또는 셀 범위에 대하여 하위측부터 헤아려서 k에서 지정한 백분율의 위치에 상당하는 데이터를 구한다. array에는 수치가 들어 있는 배열이나 셀 범위를, k에는 백분율을 나타내는 0에서 1까지의 수치 또는 0%~100%를 지정한다. k에 1(100%)을 지정하면 최대값이, 0(0%)을 지정하면 최소값이 계산결과가 된다.

### ▶ 활용예

| | A | B | C | D | E | F | G | H | I | J | K |
|---|---|---|---|---|---|---|---|---|---|---|---|
| 1 | | | | | | | | | | | |
| 2 | | 백분위수 | | | | | | | | | |
| 3 | | 백분율 | 백분위수 | | 12 | 13 | 15 | 27 | 38 | | |
| 4 | | 20% | 16.6 | | 33 | 24 | 17 | 19 | 15 | | |
| 5 | | 25% | 17 | | 23 | 35 | 23 | 21 | 17 | | |
| 6 | | 45% | 23 | | 45 | 46 | 67 | 43 | 38 | | |
| 7 | | | | | | | | | | | |

[셀의 입력내용]

C4;=PERCENTILE($E$3:$I$6, B4)

C5;=PERCENTILE($E$3:$I$6, B5)

C6;=PERCENTILE($E$3:$I$6, B6)

### ▶ 주의사항

인수 k에 지정할 백분율이 1/(데이터의 개수 − 1)의 배수(倍數)가 아닌 경우, 값을 산출하기 위해서 데이터의 보간(補間)이 행해진다. 즉, 결과가 지정한 위치에 있는 앞의 데이터와 뒤의 데이터 사이의 값이 되는(배열이나 셀 범위의 데이터에 없는 값이 되는) 경우가 있다.

## 14. 사분위수 : QUARTILE

### ▶ 용도

데이터 집합에서 사분위수를 구한다.

## ▶ 함수 범주

통계

## ▶ 서식

QUARTILE(array, quart)

array : 배열 또는 셀 범위

quart : 0~4의 정수

## ▶ 참고사항

QUARTILE(array, quart)에서 array에 지정한 배열 또는 셀 범위에 대해서, quart의 설정 값에 따라서 최상위(최대값), 상위 1/4, 2/4, 3/4, 최하위(최소값)에 해당하는 값을 구한다. array에는 수치가 들어간 배열 또는 셀 범위를 지정한다. quart에는 0에서 4까지의 정수를 지정한다. 값의 의미는 다음과 같다.

| quart의 값 | 값의 의미(비율) |
|---|---|
| 0 | 데이터의 최소값 |
| 1 | 하위 1/4(25%) |
| 2 | 데이터의 중앙값(50%) |
| 3 | 상위 1/4(75%) |
| 4 | 데이터의 최대값 |

## ▶ 활용예

| | A | B | C | D | E | F | G | H | I | J | K |
|---|---|---|---|---|---|---|---|---|---|---|---|
| 1 | | | | | | | | | | | |
| 2 | | 백분율에 의한 순위 | | | | | | | | | |
| 3 | | 값 | 결과 | | 12 | 13 | 15 | 27 | 38 | | |
| 4 | | 0 | 12.00 | | 33 | 24 | 17 | 19 | 15 | | |
| 5 | | 1 | 17.00 | | 23 | 35 | 23 | 21 | 17 | | |
| 6 | | 2 | 23.50 | | 45 | 46 | 67 | 43 | 38 | | |
| 7 | | 3 | 38.00 | | | | | | | | |
| 8 | | 4 | 67.00 | | | | | | | | |
| 9 | | | | | | | | | | | |
| 10 | | 값 | 결과 | | | | | | | | |
| 11 | | 0 | 1.00 | | | | | | | | |
| 12 | | 1 | 2.25 | | | | | | | | |
| 13 | | 2 | 4.50 | | | | | | | | |
| 14 | | 3 | 6.50 | | | | | | | | |
| 15 | | 4 | 9.00 | | | | | | | | |
| 16 | | | | | | | | | | | |
| 17 | | | | | | | | | | | |
| 18 | | | | | | | | | | | |

[셀의 입력내용]

C4;=QUARTILE($E$3:$I$6, B4)

C5;=QUARTILE($E$3:$I$6, B5)

C6;=QUARTILE($E$3:$I$6, B6)

C7;=QUARTILE($E$3:$I$6, B7)

C8;=QUARTILE($E$3:$I$6, B8)

C11;=QUARTILE({1,2,4,8,9,5,3,1,5,7}, B11)

C12;=QUARTILE({1,2,4,8,9,5,3,1,5,7}, B12)

C13;=QUARTILE({1,2,4,8,9,5,3,1,5,7}, B13)

C14;=QUARTILE({1,2,4,8,9,5,3,1,5,7}, B14)

C15;=QUARTILE({1,2,4,8,9,5,3,1,5,7}, B15)

▶ **주의사항**

quart에서 설정한 값이 1/(데이터의 개수 − 1)의 배수(倍數)가 아닌 경우, 값을 산출하기 위해서 데이터의 보간(補間)이 행해진다. 즉, 결과가 지정한 위치에 있는 앞의 데이터와 뒤의 데이터 사이의 값이 되는(배열이나 셀 범위의 데이터에 없는 값이 되는) 경우가 있다.

▶ **관련항목**

최대값 : MAX, MAXA

최소값 : MIN, MINA

중앙값 : MEDIAN

백분위수 : PERCENTILE

백분율 : PERCENTRANK

## 15. 표준화 : STANDARDIZE

▶ **용도**

평균과 표준편차로 결정되는 분포의 표준화 변량을 반환한다.

## ▶ 함수 범주

통계

## ▶ 서식

STANDARDIZE(x, mean, standard_dev)

x : 수치

mean : 수치(평균)

standard_dev : 양의 수(표준편차)

## ▶ 참고사항

표준정규분포는 N(0, 1)로 표기하고, 확률변수는 Z로 나타낸다. 표준화 변수변환은 구체적으로 $z=(x-\mu)/\sigma$ 를 계산한다.

STANDARDIZE(x, mean, standard_dev)에서 x에는 수치를, mean($\mu$)에는 평균을 나타내는 수치를, standard_dev($\sigma$)에는 표준편차를 나타내는 양의 수를 지정한다. 이 함수를 사용하면 임의의 정규분포를 표준정규분포로 변환할 수 있다. 즉,

$$\text{NORMSDIST(STANDARDIZE}(x, \mu, \sigma)) = \text{NORMDIST}(x, \mu, \sigma, \text{TRUE})$$

가 성립한다.

## ▶ 활용예

| | A | B | C | D | E | F | G | H | I | J | K | L | M |
|---|---|---|---|---|---|---|---|---|---|---|---|---|---|
| 1 | | 표준화 | | | | | | | | | | | |
| 2 | | x | 10 | 20 | 30 | 40 | 50 | 60 | 70 | 80 | 90 | 100 | |
| 3 | | z | -1.486 | -1.156 | -0.826 | -0.495 | -0.165 | 0.165 | 0.495 | 0.826 | 1.156 | 1.486 | |
| 4 | | | | | | | | | | | | | |
| 5 | | NORMSDIST(STANDARDIZE(C2, AVERAGE(C2:L2), STDEV(C2:L2))) | | | | | | | | = | 0.069 | | |
| 6 | | NORMDIST(C2, AVERAGE(C2:L2), STDEV(C2:L2), TRUE) | | | | | | | | = | 0.069 | | |
| 7 | | | | | | | | | | | | | |

[셀의 입력내용]

C3;=STANDARDIZE(C2, AVERAGE($C$2:$L$2), STDEV($C$2:$L$2))

(C3를 D3에서 L3까지 복사한다)

K5;=NORMSDIST(STANDARDIZE(C2,AVERAGE(C2:L2),STDEV(C2:L2)))

K6;=NORMDIST(C2, AVERAGE(C2:L2), STDEV(C2:L2), TRUE)

### ▶ 관련항목

정규분포의 확률 : NORMDIST, NORMSDIST

## 16. 순위값 : RANK

### ▶ 용도

지정한 범위 내의 순위값을 구한다.

### ▶ 함수 범주

통계

### ▶ 서식

RANK(number, ref, order)

number : 대상이 되는 값

ref : 셀 범위 또는 배열

order : TRUE(오름차순) 또는 FALSE(내림차순) [생략 가능]

### ▶ 참고사항

RANK 함수에서는 순위를 헤아릴 때에 중복하는 것을 모두 같은 순위로 하고, 다음 값의 순위는 중복한 분만큼 내려간다. 인수 order를 생략하면 FALSE(내림차순)가 자동적으로 선택된다.

### ▶ 활용예

| | A | B | C | D | E | F | G | H | I | J | K | L | M | N | O |
|---|---|---|---|---|---|---|---|---|---|---|---|---|---|---|---|
| 1 | | | | | | | | | | | | | | | |
| 2 | | 매출집계표 | | | | | | | | | | | | | |
| 3 | | | 1월 | 2월 | 3월 | 4월 | 5월 | 6월 | 7월 | 8월 | 9월 | 10월 | 11월 | 12월 | |
| 4 | | TV 매출 | 223 | 310 | 415 | 269 | 253 | 407 | 132 | 193 | 298 | 301 | 181 | 378 | |
| 5 | | 순위(내림차순) | 9 | 4 | 1 | 7 | 8 | 2 | 12 | 10 | 6 | 5 | 11 | 3 | |
| 6 | | 순위(오름차순) | 4 | 9 | 12 | 6 | 5 | 11 | 1 | 3 | 7 | 8 | 2 | 10 | |
| 7 | | | | | | | | | | | | | | | |
| 8 | | | | | | | | | | | | | | | |
| 9 | | | | | | | | | | | | | | | |

[셀의 입력내용]

C5;=RANK(C4, $C$4:$N$4) (C5를 D5에서 N5까지 복사한다)

C6;=RANK(C4, $C$4:$N$4, TRUE) (C6를 D6에서 N6까지 복사한다)

→ TRUE(오름차순) 또는 1, FALSE(내림차순) 또는 0 [생략하면 FALSE]

### ▶ 관련항목

순서통계량 : LARGE

순서통계량 : SMALL

## 17. 순서통계량 : LARGE

### ▶ 용도

지정한 범위 내에서 k번째로 큰 값을 구한다.

### ▶ 함수 범주

통계

### ▶ 서식

LARGE(array, k)

array : 셀 또는 배열

k : 순위

### ▶ 참고사항

LARGE 함수에서는 개수를 헤아릴 때에 중복하는 것도 더해서 계산한다. 예를 들면, 5, 4, 6, 5, 6, 3, 2, 5, 6, 4라고 하는 수열을 크기순으로 열거하면 6, 6, 6, 5, 5, 5, 4, 4, 3, 2이 된다. 이때 네 번째로 큰 수는 5가 된다. 특히 LARGE(array, 1)는 MAX(number1, number2, …)와 같은 의미이다.

### ▶ 활용예

| | A | B | C | D | E | F | G | H | I | J | K | L | M | N | O | P |
|---|---|---|---|---|---|---|---|---|---|---|---|---|---|---|---|---|
| 1 | | | | | | | | | | | | | | | | |
| 2 | | 매출집계표 | | | | | | | | | | | | | | |
| 3 | | | 1월 | 2월 | 3월 | 4월 | 5월 | 6월 | 7월 | 8월 | 9월 | 10월 | 11월 | 12월 | 4번째 큰 수 | |
| 4 | | TV | 233 | 351 | 420 | 297 | 323 | 448 | 438 | 412 | 462 | 429 | 394 | 308 | 429 | |
| 5 | | 냉장고 | 175 | 210 | 440 | 154 | 437 | 389 | 359 | 473 | 290 | 315 | 415 | 191 | 415 | |
| 6 | | 에어컨 | 125 | 295 | 136 | 175 | 452 | 447 | 297 | 217 | 363 | 267 | 412 | 202 | 363 | |
| 7 | | 세탁기 | 173 | 288 | 425 | 190 | 353 | 124 | 219 | 129 | 153 | 342 | 472 | 195 | 342 | |
| 8 | | | | | | | | | | | | | | | | |
| 9 | | | | | | | | | | | | | | | | |

[셀의 입력내용]

O4;=LARGE(C4:N4, 4)

O5;=LARGE(C5:N5, 4)

O6;=LARGE(C6:N6, 4)

O7;=LARGE(C7:N7, 4)

### ▶ 관련항목

순서통계량 : SMALL

순위값 : RANK

최대값 : MAX, MAXA

## 18. 도수분포 : FREQUENCY

### ▶ 용도

도수분포를 수직배열의 형태로 구한다.

### ▶ 함수 범주

통계

### ▶ 서식

FREQUENCY(data_array, bins_array)

data_array : 배열 또는 셀 범위(조사대상)

bins_array : 배열 또는 셀 범위(값의 구간이 되는 수치) [생략 가능]

### ▶ 참고사항

지정한 배열이나 셀 범위에 대해서 구간을 지정하고, 그 각 구간에 들어갈 데이터의 개수(도수분포)를 수직배열(열수가 1인 배열)로 구한다.

FREQUENCY(data_array, bins_array)에서 data_array에는 조사대상을, bins_array에는 구간을 지정한다. 구체적으로는 data_array, bins_array 모두 수치가 들어간 배열 또는 셀 범위를 지정한다. 단, bins_array에서는 데이터가 오름차순으로 늘어서 있도록 한다(늘어서 있지 않아도 에러가 되지는 않지만, 처리가 복잡해진다).

개수를 헤아리는 방법은,

[ ~구간값1 이하], [구간값1을 초과해서 구간값2 이하], …

와 같이 구간값과 일치하는 값은 앞쪽에 속하는 것으로 카운트된다.

### ▶ 활용예

| | A | B | C | D | E | F | G | H |
|---|---|---|---|---|---|---|---|---|
| 1 | | | | | | | | |
| 2 | | 번호 | 주행거리 | | | 도수분포표 | | |
| 3 | | 1 | 114 | | 구간 | 도수 | | |
| 4 | | 2 | 94 | | 60 | 3 | | |
| 5 | | 3 | 98 | | 70 | 5 | | |
| 6 | | 4 | 88 | | 80 | 9 | | |
| 7 | | 5 | 97 | | 90 | 12 | | |
| 8 | | 6 | 56 | | 100 | 25 | | |
| 9 | | 7 | 98 | | 110 | 18 | | |
| 10 | | 8 | 74 | | 120 | 14 | | |
| 11 | | 9 | 104 | | 130 | 5 | | |
| 12 | | 10 | 111 | | 140 | 5 | | |
| 13 | | 11 | 127 | | 150 | 4 | | |
| 14 | | 12 | 88 | | | | | |
| 15 | | 13 | 86 | | | | | |
| 100 | | 98 | 95 | | | | | |
| 101 | | 99 | 82 | | | | | |
| 102 | | 100 | 81 | | | | | |
| 103 | | | | | | | | |
| 104 | | | | | | | | |

[셀의 입력내용]

F4;{=FREQUENCY(C3:C102,E4:E13)}
F5;{=FREQUENCY(C3:C102,E4:E13)}
F6;{=FREQUENCY(C3:C102,E4:E13)}
F7;{=FREQUENCY(C3:C102,E4:E13)}
F8;{=FREQUENCY(C3:C102,E4:E13)}
F9;{=FREQUENCY(C3:C102,E4:E13)}
F10;{=FREQUENCY(C3:C102,E4:E13)}
F11;{=FREQUENCY(C3:C102,E4:E13)}
F12;{=FREQUENCY(C3:C102,E4:E13)}
F13;{=FREQUENCY(C3:C102,E4:E13)}

→ 셀 범위 F4:F13에 배열식 {=FREQUENCY(C3:C102,E4:E13)}이 입력된다.

### ▶ 주의사항

공백 셀이나 문자열은 개수로 카운트되지 않는다.

### ▶ 연계사항

위에서 작성한 도수분포표를 히스토그램(histogram)으로 작성함으로써 데이터의 시각화가 가능하다.[1)]

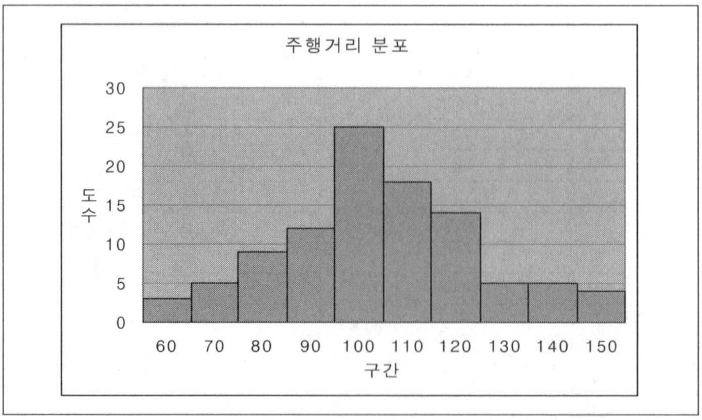


1) 히스토그램 작성방법에 대해서는 노형진, 「Excel 2000을 활용한 통계적 품질관리」, 형설출판사, 2000, pp. 79~93을 참조할 것.

### ▶ 관련항목

데이터의 개수 : COUNT

## 19. 상관계수 : CORREL

### ▶ 용도

두 개의 배열 또는 셀 범위에 대해서 그 상관계수를 계산한다.

### ▶ 함수 범주

통계

### ▶ 서식

CORREL(array1, array2)

array1, array2 : 배열 또는 셀 범위

### ▶ 참고사항

두 개의 변수에 관한 측정치가 주어져 있는 경우, 이들 측정치간 상호관련의 정도를 정량적으로 나타내는 지표로 +1에서 −1까지의 값을 취한다. 두 변수가 모두 간격척도 또는 비율척도로 되는 정량적 변수인 경우에는 두 변수간의 직선적 상관을 나타내는 피어슨의 적률상관계수가 이용된다. 그리고 두 변수 중 한쪽이 명목척도로 되는 이산적(離散的) 변수인 경우에는 상관비가 이용되며, 그 특수한 경우로서 명목척도의 수준수가 2일 때, 상관비는 점쌍열상관계수(點雙列相關係數, point biserial correlation coefficient)가 된다. 그 밖에 두 변수의 측정치가 모두 순서척도인 경우에는 순위상관계수, 모두 명목척도인 경우에는 연관계수가 이용된다.

더욱이 2조의 변수로부터 제3의 변수가 상관하는 부분을 제거한 잔차변수에 대한 관련을 보는 지표로서 편상관계수, 그리고 그 특수한 경우로서 부분상관계수가 있다. 또한 두 변수간 상관계수의 정의를 2조의 변수군으로 확장한 다변량의 상관계수로 중상관계수, 정준상관계수 등이 있다.

상관계수의 부호가 양(+)일 때에는 양의 상관관계가 있다는 것을, 음(−)일 때에는 음의 상관관계가 있다는 것을 나타낸다. 어느 쪽도 절대값이 1에 가까울수록 상관이 강하다는 것을 의미한다.
두 변수가 모두 양적인 경우에는 상관계수 r을 다음과 같이 정의한다.

$$r = \frac{S(xy)}{\sqrt{S(xx)S(yy)}}$$

여기에서

$$S(xx) = \sum_{i=1}^{n}(x_i - \overline{x})^2$$ : x의 편차제곱의 합

$$S(yy) = \sum_{i=1}^{n}(y_i - \overline{y})^2$$ : y의 편차제곱의 합

$$S(xy) = \sum_{i=1}^{n}(x_i - \overline{x})(y_i - \overline{y})$$ : x와 y의 편차곱의 합

CORREL(array1, array2)에서 array1, array2에는 수치가 들어 있는 배열 또는 셀 범위를 지정한다. 일반적으로 상관계수의 절대값이 크면 두 배열의 데이터 사이에는 상관관계가 있다고 간주된다.
상관계수는 공분산 COVAR(array1, array2)를 array1, array2의 각 표준편차의 곱으로 나눈 것과 같다. 즉,

CORREL(array1, array2)=COVAR(array1, array2)/(STDEVP(array1)*STDEVP(array2))

두 변수간의 상관계수(r)로부터 상관관계의 강약을 판단하는 기준은 다음과 같다.

$0.8 \leqq |r|$ → 강한 상관관계
$0.6 \leqq |r| < 0.8$ → 보통 상관관계
$0.4 \leqq |r| < 0.6$ → 약한 상관관계
$|r| < 0.4$ → 거의 상관관계 없음

그러나 이것은 하나의 기준이고, 상관계수는 데이터의 수와 관계해서 음미할 필요가 있다. 특히 데이터의 수가 적을 때에는 모집단의 상관계수 ρ가 0인지 어떤지에 대한 가설검정, 즉 무상관의 검정을 실시해야 한다.

▶ **활용예**

| | A | B | C | D | E | F | G | H | I | J | K | L | M | N | O | P |
|---|---|---|---|---|---|---|---|---|---|---|---|---|---|---|---|---|
| 1 | | | | | | | | | | | | | | | | |
| 2 | | 상관계수 | | | | | | | | | | | | | | |
| 3 | | | 데이터 | | | | | | | | | | | 상관계수 | | |
| 4 | | 데이터1 | 2 | 4 | 5 | 7 | 9 | 11 | 12 | 13 | 16 | 17 | 19 | | | |
| 5 | | 데이터2 | 21 | 38 | 55 | 68 | 110 | 137 | 134 | 102 | 145 | 183 | 234 | 0.9546 | | |
| 6 | | | | | | | | | | | | | | | | |
| 7 | | | | | | | | | | | | | | | | |

[셀의 입력내용]

N4:N5;=CORREL(C4:M4, C5:M5)

▶ **연계사항**

두 변수를 가로축과 세로축으로 하고, 측정치를 타점하여 작성한 그림을 산포도 (scatter diagram) 또는 산점도라고 하며 주로 두 변수 사이의 관련을 파악하는 데 사용된다.

산포도를 관찰할 때에는 다음과 같은 사항에 주의해야 한다.

(1) 점의 배열에 특별한 경향은 있는가?

(2) 그 경향은 직선적인가 혹은 곡선적인가?

(3) 그 경향에서 산포상태는 어떠한가?

(4) 이상치는 없는가?

(5) 점의 집단(cluster)은 없는가, 있다면 층별해야 하는가?

▶ **관련항목**

공분산 : COVAR

상관계수 : PEARSON(이 함수는 CORREL과 같은 계산결과를 가져온다)

## 20. 공분산 : COVAR

▶ **용도**

인수에 지정한 배열이나 셀 범위의 데이터에 대한 공분산을 구한다.

## ▶ 함수 범주

통계

## ▶ 서식

COVAR(array1, array2)

array1 : 배열 또는 셀 범위

array2 : 배열 또는 셀 범위

## ▶ 참고사항

공분산이란 두 표본 데이터 사이에 관련성이 있는지 어떤지를 나타내는 지표이다. 공분산을 구하는 식은 다음과 같다.

$$\frac{1}{n}\sum_{i=1}^{n}x_i y_i - \left(\frac{1}{n}\sum_{i=1}^{n}x_i\right)\left(\frac{1}{n}\sum_{i=1}^{n}y_i\right)$$

array1, array2의 내용이 같을 경우, 결과는 array1의 분산(VARP(array1))과 같게 된다.

## ▶ 활용예

| | A | B | C | D | E | F | G | H | I | J | K | L |
|---|---|---|---|---|---|---|---|---|---|---|---|---|
| 1 | | | | | | | | | | | | |
| 2 | | 공분산 | | | | | | | | | | |
| 3 | | | 데이터 | | | | | | | 공분산 | | |
| 4 | | 데이터1 | 3 | 5 | 8 | 9 | 7 | 2 | 9 | | | |
| 5 | | 데이터2 | 12 | 13 | 17 | 15 | 10 | 16 | 19 | 2.6327 | | |
| 6 | | 데이터3 | 3 | 5 | 8 | 9 | 7 | 2 | 9 | | | |
| 7 | | 데이터4 | 3 | 5 | 8 | 9 | 7 | 2 | 9 | 6.9796 | 6.9796 | |
| 8 | | | | | | | | | | | | |

[셀의 입력내용]

J4:J5;=COVAR(C4:I4, C5:I5)

J6:J7;=COVAR(C6:I6, C7:I7)

K6:K7;=VARP(C7:I7)

▶ **주의사항**

array1, array2의 데이터 수가 다르면 에러가 된다.

▶ **관련항목**

모집단 전체에 의거한 분산 : VARP, VARPA

## 21. 정규분포의 확률 : NORMDIST, NORMSDIST

▶ **용도**

NORMDIST → 정규분포의 확률
NORMSDIST → 표준정규분포의 확률

▶ **함수 범주**

통계

▶ **서식**

NORMDIST(x, mean, standard_dev, cumulative), NORMSDIST(z)

| | |
|---|---|
| $x$ | : 수치 |
| mean | : 수치(평균) |
| standard_dev | : 양의 수(표준편차) |
| cumulative | : TRUE(누적분포함수) 또는 FALSE(확률밀도함수) [생략 가능] |
| $z$ | : 수치 |

▶ **참고사항**

정규분포의 확률밀도함수는 평균과 표준편차로 결정되는 함수이다. 인수 $x$에는 함수에 대입할 값을, mean($\mu$ )에는 평균을 나타내는 값을, standard_dev($\sigma$ )에는 표준편차를 나타내는 양의 수를 지정한다. cumulative에는 함수의 형식을 TRUE 또는 FALSE로 지정한다. TRUE를 지정한 경우는 누적분포함수를 계산하고, FALSE를 지정한 경우에는 확률밀도 함수를 계산한다. 인수 cumulative를 생략하면 FALSE가 자동적으로 선택된다.

NORMSDIST 함수에서는 평균 = 0, 표준편차 = 1인 누적분포함수, 즉 표준정규분포의 누적분포값을 계산한다. 이 경우에는,

=NORMDIST(x, 0, 1, TRUE)

대신에

=NORMSDIST(z)

를 사용한다.

NORMDIST 함수에 있어서의 확률밀도함수의 계산식은 다음과 같다.

$$f(x) = \frac{1}{\sigma\sqrt{2\pi}} e^{-\frac{1}{2}\left(\frac{x-\mu}{\sigma}\right)^2}$$

여기에서

$$-\infty < x < +\infty$$

$$\pi = 3.14159\cdots$$

$$e = 2.71828\cdots$$

그리고 NORMDIST 함수와 NORMSDIST 함수는 이름이 비슷해서 틀리기 쉬우므로, 표준정규분포에는 S가 붙어 있는 것으로 구별하면 된다.

## ▶ 활용예

### (1) NORMDIST 함수

| | A | B | C | D | E |
|---|---|---|---|---|---|
| 1 | 정규분포 | | | X | Y |
| 2 | x | 60 | | -4.0 | 0.00013 |
| 3 | μ | 55 | | -3.5 | 0.00087 |
| 4 | σ | 5 | | -3.0 | 0.00443 |
| 5 | P(X<=x) | 0.84134 | | -2.5 | 0.01753 |
| 6 | P(X>=x) | 0.15866 | | -2.0 | 0.05399 |
| 7 | | | | -1.5 | 0.12952 |
| 8 | | | | -1.0 | 0.24197 |
| 9 | | | | -0.5 | 0.35207 |
| 10 | | | | 0.0 | 0.39894 |
| 11 | | | | 0.5 | 0.35207 |
| 12 | | | | 1.0 | 0.24197 |
| 13 | | | | 1.5 | 0.12952 |
| 14 | | | | 2.0 | 0.05399 |
| 15 | | | | 2.5 | 0.01753 |
| 16 | | | | 3.0 | 0.00443 |
| 17 | | | | 3.5 | 0.00087 |
| 18 | | | | 4.0 | 0.00013 |
| 19 | | | | | |

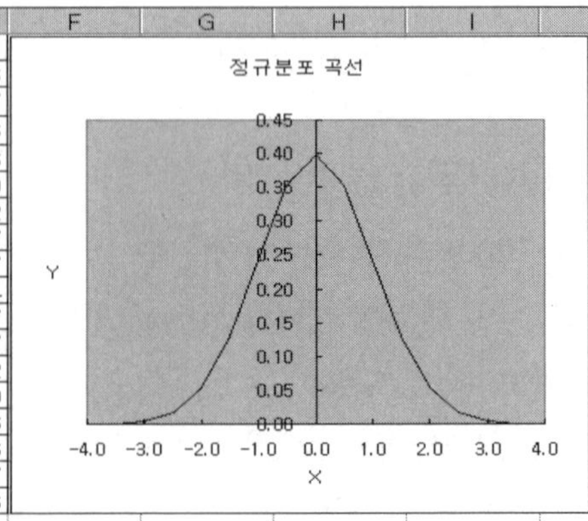

[셀의 입력내용]

B5;=NORMDIST(B2, B3, B4, TRUE)

B6;=1－NORMDIST(B2, B3, B4, TRUE)

E2;=NORMDIST(D2, 0, 1, FALSE)　　　(E2를 E3에서 E18까지 복사한다.)

### (2) NORMSDIST 함수

| | A | B | C | D | E | F |
|---|---|---|---|---|---|---|
| 1 | z | NORMSDIST(z) | | | | |
| 2 | -3.000 | 0.0013 | ← =NORMSDIST(A2) | | | |
| 3 | -2.576 | 0.0050 | | | | |
| 4 | -1.960 | 0.0250 | | | | |
| 5 | -1.645 | 0.0500 | | | | |
| 6 | 1.645 | 0.9500 | | | | |
| 7 | 1.960 | 0.9750 | | | | |
| 8 | 2.576 | 0.9950 | | | | |
| 9 | 3.000 | 0.9987 | | | | |
| 10 | | | | | | |

[셀의 입력내용]

B2;=NORMSDIST(A2)　(B2을 B3에서 B9까지 복사한다.)

### ▶ 관련항목

정규분포의 역함수(퍼센트점) : NORMINV, NORMSINV

표준화 : STANDARDIZE

모평균에 관한 검정 : ZTEST

## 22. 정규분포의 역함수(퍼센트점) : NORMINV, NORMSINV

### ▶ 용도

NORMINV　→ 정규분포의 역함수

NORMSINV → 표준정규분포의 역함수

### ▶ 함수 범주

통계

### ▶ 서식

NORMINV(probability, mean, standard_dev), NORMSINV(probability)

probability : 0 이상 1 이하의 수치(확률)

mean : 수치(평균)

standard_dev : 양의 수(표준편차)

### ▶ 참고사항

NORMINV 함수에서는 주어진 정규분포에 대해서, 지정한 확률을 부여하는 값(정규분포에 있어서의 확률밀도함수의 역함수)을 계산한다. 인수 probability에는 0에서 1까지의 수치 또는 0%에서 100%를 지정한다. mean($\mu$ )에는 평균을 나타내는 수치를, standard_dev($\sigma$ )에는 표준편차를 나타내는 양의 수를 지정한다. NORMSINV 함수에서는 표준정규분포(누적분포)에 대해서, 확률을 부여하는 원래의 값(역함수)을 계산한다. 인수 probability에는 0에서 1까지의 수치 또는 0% 에서 100%를 지정한다.

### ▶ 활용예

| | A | B | C | D | E | F | G | H | I |
|---|---|---|---|---|---|---|---|---|---|
| 1 | | | | | | | | | |
| 2 | | 정규분포의 역함수 | | | | | 표준정규분포의 역함수 | | |
| 3 | | 누적확률 | 모평균 | 모표준편차 | x | | 누적확률 | z | |
| 4 | | 0.95 | 50 | 10 | 66.449 | | 0.95 | 1.645 | |
| 5 | | 0.05 | 50 | 10 | 33.551 | | 0.05 | -1.645 | |
| 6 | | | | | | | | | |

[셀의 입력내용]

E4;=NORMINV(B4, C4, D4)  H4;=NORMSINV(G4)

E5;=NORMINV(B5, C5, D5)  H5;=NORMSINV(G5)

### ▶ 관련항목

정규분포의 확률 : NORMDIST, NORMSDIST

표준화 : STANDARDIZE

모평균에 관한 검정 : ZTEST

# 23. $t$ 분포의 확률 : TDIST

### ▶ 용도

Student $t$ 분포의 단측확률 혹은 양측확률의 값을 계산한다.

### ▶ 함수 범주

통계

### ▶ 서식

TDIST(x, deg_freedom, tails)

| | |
|---|---|
| $x$ | : 0 이상의 정수 |
| deg_freedom | : 양의 정수(자유도) |
| tails | : 1(단측확률) 또는 2(양측확률) |

### ▶ 참고사항

인수 $x$에는 0 이상의 정수를, deg_freedom에는 자유도를 나타내는 양의 정수를 지정한다. deg_freedom에 소수점을 포함하는 값을 지정한 경우, 소수점 이하는 잘라 버려진다. 그리고 tails에는 1 또는 2를 지정한다. 1을 지정하면 단측확률을, 2를 지정하면 양측확률을 계산한다. tails=1의 결과를 2배 하면, tails=2의 결과와 같아진다.

$t$ 분포는 비교적 소수의 표본으로 되는 데이터를 대상으로 가설검정을 실시할 때에 쓰인다. $t$ 분포는 정규분포에 비해서 높이가 낮고, 아래쪽이 벌어져 있다.

양측확률의 계산식은 다음과 같다.

$$1-\int_{-|x|}^{|x|}\frac{\{1+(t^2/n)\}^{-(n+1)/2}}{\sqrt{n}\,\beta(n/2,1/2)}dt$$

단, $\beta(n/2,1/2)$는 $\beta$ 함수이다.

### ▶ 활용예

| | A | B | C | D | E | F | G |
|---|---|---|---|---|---|---|---|
| 1 | | | | | | | |
| 2 | | t 분포 | | | | | |
| 3 | | x | 자유도 | 단측확률 | 양측확률 | | |
| 4 | | 1.8125 | 10 | 0.0500 | 0.1000 | | |
| 5 | | 1.3722 | 10 | 0.1000 | 0.2000 | | |
| 6 | | | | | | | |

[셀의 입력내용]

D4;=TDIST(B4, C4, 1)　E4;=TDIST(B4, C4, 2)　(D4:E4를 D5:E5에 복사한다.)

▶ **관련항목**

$t$ 분포의 역함수 : TINV

모평균의 차에 관한 검정 : TTEST

## 24. $t$ 분포의 역함수(퍼센트값) : TINV

▶ **용도**

Student $t$ 분포에 대한 양측확률의 역함수를 계산한다.

▶ **함수 범주**

통계

▶ **서식**

TINV(probability, deg_freedom)

probability　　: 0 이상 1 이하의 수(확률)

deg_freedom　　: 양의 정수(자유도)

▶ **참고사항**

인수 probability에는 0이상 1이하의 수치 또는 0%~100%를 지정한다. deg_freedom에는 자유도를 나타내는 양의 정수를 지정한다. deg_freedom에 소수점을 포함하는 값을 지정한 경우, 소수점 이하는 잘라 버려진다.

이 함수는 TDIST($x$, $n$, 2) = probability가 되는 $x$를 산출한다. 단측확률에 대해서 역함수를 계산하고 싶은 경우에는 TINV(probability/2, deg_freedom)를 계산한다.

▶ **활용예**

| | A | B | C | D | E | F | G |
|---|---|---|---|---|---|---|---|
| 1 | | | | | | | |
| 2 | | t 분포의 역함수 | | | | | |
| 3 | | 확률 | 자유도 | x | | | |
| 4 | | 0.2 | 2 | 1.885619 | | | |
| 5 | | 0.8 | 2 | 0.288675 | | | |
| 6 | | | | | | | |
| 7 | | | | | | | |

[셀의 입력내용]

D4;=TINV(B4, C4)

D5;=TINV(B5, C5)

▶ **주의사항**

이 함수의 계산에는 반복계산의 기법이 사용되고 있는데, 반복계산을 100회 실시해도 결과가 수렴되지 않는 경우에는 에러 값 #N/A가 된다.

▶ **관련항목**

$t$ 분포의 확률 : TDIST

모평균의 차에 관한 검정 : TTEST

## 25. 카이제곱 분포의 확률 : CHIDIST

▶ **용도**

카이제곱 분포의 단측확률을 계산한다.

▶ **함수 범주**

통계

▶ **서식**

CHIDIST($x$, deg_freedom)

| | |
|---|---|
| $x$ | : 양의 수 |
| deg_freedom | : 양의 수(자유도) |

### ▶ 참고사항

인수 x에는 양의 수를, deg_freedom에는 자유도(自由度)를 나타내는 양의 정수를 지정한다. deg_freedom에 소수점을 포함한 값을 지정한 경우에 소수점 이하는 잘라 버려지게 된다. 또 deg_freedom이 1 미만인 경우에는 #NUM! 에러가 된다. CHIDIST 함수에서는 카이제곱 분포의 확률밀도함수

$$f(t) = 2^{-x/2} \times t^{x/2-1} \times \mathrm{EXP}(-t/2)/\Gamma(x/2)$$

의 x에서 ∞까지의 적분값 $\int_x^\infty f(t)\,dt$를 계산한다. $x$에 지정하는 값은「카이제곱 통계량」이라고 부르는 값이다.

### ▶ 활용예

| | A | B | C | D | E | F |
|---|---|---|---|---|---|---|
| 1 | | | | | | |
| 2 | | 카이제곱 분포 | | | | |
| 3 | | x | 자유도 | 카이제곱 분포 | | |
| 4 | | 3.56 | 5 | 0.61433 | | |
| 5 | | | | | | |

[셀의 입력내용]

D4;=CHIDIST(B4, C4)

### ▶ 주의사항

$x$, deg_freedom의 값에 대한 편성에 따라서는 #NUM! 에러가 되는 경우가 있다 (예를 들면, $x = 1000$인 경우에 deg_freedom = 1001~1031에서 #NUM! 에러가 된다).

### ▶ 관련항목

카이제곱 분포의 역함수 : CHIINV

적합도의 검정 : CHITEST

## 26. 카이제곱 분포의 역함수(퍼센트점) : CHIINV

### ▶ 용도

카이제곱 분포의 단측확률을 구하는 함수의 역함수이다.

### ▶ 함수 범주

통계

### ▶ 서식

CHIINV(probability, deg_freedom)

probability : 0보다 크고 1 이하의 수(확률)

deg_freedom : 양의 수(자유도)

### ▶ 참고사항

인수 probability에는 0보다 크고 1 이하의 수치(또는 %)를 지정한다. 인수 deg_freedom에는 자유도(自由度)를 나타내는 양의 정수를 지정한다. deg_freedom에 소수점을 포함한 값을 지정한 경우에 소수점 이하는 잘라 버려지게 된다. 또 deg_freedom이 1 미만인 경우에는 #NUM! 에러가 된다.

### ▶ 활용예

| | A | B | C | D | E | F |
|---|---|---|---|---|---|---|
| 1 | | | | | | |
| 2 | | 카이제곱의 역함수 | | | | |
| 3 | | 확률 | 자유도 | x | | |
| 4 | | 0.6 | 3 | 1.869168 | | |
| 5 | | | | | | |

[셀의 입력내용]

D4;=CHIINV(B4, C4)

### ▶ 주의사항

probability < 0 또는 probability > 1인 경우에는 에러값 #NUM!이 반환된다.

Excel의 도움말에서는 자유도 ≥ 1010인 경우에 에러 값 #NUM!이 반환된다고 기술되어 있지만, 자유도에 1010 이상의 값을 지정해도 실제로는 해가 구해지고 있다.

계산에는 반복계산의 기법이 이용되어, 계산결과의 정밀도가 $\pm 3 \times 10^{-7}$ 이내가 될 때까지 반복계산이 실시된다. 100회 반복계산을 계속해도 계산결과가 수렴되지 않는 경우, 에러 값 #N/A가 반환된다.

### ▶ 관련항목

카이제곱 분포의 확률 : CHIDIST

적합도의 검정 : CHITEST

## 27. $F$ 분포의 확률 : FDIST

### ▶ 용도

$F$ 분포의 상측확률을 계산한다.

### ▶ 함수 범주

통계

### ▶ 서식

FDIST($x$, deg_freedom1, deg_freedom2)

| | |
|---|---|
| $x$ | : 양의 수 |
| deg_freedom1 | : 양의 수(자유도1) |
| deg_freedom2 | : 양의 수(자유도2) |

### ▶ 참고사항

$F$ 분포의 상측확률(분포의 값이 $x$ 이상인 확률)을 계산한다. 인수 $x$에는 양의 수를, deg_ freedom1, deg_freedom2에는 자유도(自由度)를 나타내는 양의 정수를 지정한다. deg_freedom1, deg_freedom2에 소수점을 포함한 값을 지정한 경우에

소수점 이하는 잘라 버려지게 된다. 또 deg_freedom1, deg_freedom2이 1 미만인 경우에는 #NUM! 에러가 된다.

FDIST 함수는 $F$ 의 확률밀도함수

$$F(t) = \{(m/n)^{m/2} \times x^{m/2-1} \times (1+x\times m/n)^{-(m+n)/2} / \beta(m/2,n/2)\}$$

의 $x$에서 ∞까지의 적분값 $\int_x^{\infty} F(t)\,dt$를 계산한다. 여기에서 $\beta(m/2,n/2)$는 $\beta$의 함수이다.

## ▶ 활용예

| | A | B | C | D | E | F | G |
|---|---|---|---|---|---|---|---|
| 1 | | | | | | | |
| 2 | | F 확률분포 | | | | | |
| 3 | | x | 제1자유도 | 제2자유도 | 상측확률 | | |
| 4 | | 0.10 | 2 | 3 | 0.90773 | | |
| 5 | | 1.80 | 2 | 3 | 0.30645 | | |
| 6 | | | | | | | |
| 7 | | | | | | | |

[셀의 입력내용]

E4;=FDIST(B4, C4, D4)

E5;=FDIST(B5, C5, D5)

## ▶ 주의사항

$x$, deg_freedom1, deg_freedom2의 값에 대한 편성에 따라서는 #NUM! 에러가 되는 경우가 있다. deg_freedom1(또는 deg_freedom2) < 1인 경우에 에러 값 #NUM!이 된다.

Excel의 도움말은 deg_freedom1(또는 deg_freedom2) ≥ 1010인 경우에 에러 값 #NUM!이 된다고 기술되어 있지만, 자유도에 1010 이상의 값을 지정해도 실제로는 해가 구해지고 있다.

## ▶ 관련항목

$F$ 분포의 역함수 : FINV

모분산의 비에 관한 검정 : FTEST

토막지식

### 자유도(degrees of freedom)

통계적 방법을 배우기 시작하고 얼마 안 있어 초심자들은 '자유도란 무엇인가?'라고 하는 의문에 싸이게 된다. 그러나 「자유도」를 일반적으로 게다가 직감적으로 이해하기 쉽게 설명한다는 것은 간단한 일이 아니다. 따라서 말의 의미는 너무 신경쓰지 말고, 자유도란 '수치표를 찾아 볼 때에 어떤 값을 보면 좋을지를 나타내는 단순한 지표이다' 라고 우선 생각해 두는 것이 좋다.

「자유도」에 대한 몇 가지 개념을 열거해 보면 다음과 같다.

(1) 서로 독립적으로 움직일 수 있는 데이터의 개수와 같은 것

(2) 통계량 $x_1+x_2+\cdots+x_N$의 자유도는 $N$

(3) 통계량 $(x_1-\bar{x})^2+(x_2-\bar{x})^2+\cdots+(x_N-\bar{x})^2$의 자유도는 $N-1$. 그것은,

$$(x_1-\bar{x})^2, (x_2-\bar{x})^2, \cdots, (x_N-\bar{x})^2$$

은 $N$개이지만

$$(x_1-\bar{x})+(x_2-\bar{x})+\cdots+(x_N-\bar{x})=0$$

이라고 하는 관계식이 하나 있으므로, 자유도가 하나 감소하게 된다.

토막지식

### 확률분포의 자유도

카이제곱 분포, $F$ 분포, $t$ 분포 등의 파라미터를 특히 자유도라고 부른다. 정규분포로부터 카이제곱 분포가 도출되고 나아가서 $F$ 분포나 $t$ 분포가 도출되는데, 이들 분포의 자유도는 서로 독립적으로 정규분포에 따르는 확률변수의 개수에 대응하고 있다는 것이 알려져 있다.

예를 들면, $n$개의 확률변수 $X_1, X_2, \cdots, X_n$이 있고 각각이 서로 독립적으로 평균 $\mu$, 분산 $\sigma$ 2인 정규분포에 따를 때에 이 n개의 확률변수에 대한 함수로서,

$$Y=\left(\frac{X_1-\mu}{\sigma}\right)^2+\left(\frac{X_2-\mu}{\sigma}\right)^2+\cdots+\left(\frac{X_n-\mu}{\sigma}\right)^2$$

을 생각하면 확률변수 $Y$는 자유도 $n$의 카이제곱 분포에 따른다.

$$(X_1-\mu), (X_2-\mu), \cdots, (X_n-\mu)$$

라고 하는 $n$개의 수치가 각각 임의의 값을 취득하는 것을 반영하고 있다.

# 28. *F* 분포의 역함수(퍼센트점) : FINV

## ▶ 용도

*F* 분포의 역함수 값을 구한다.

## ▶ 함수 범주

통계

## ▶ 서식

FDIST(probability, deg_freedom1, deg_freedom2)

probability : 0 이상 1 이하의 수치(확률)

deg_freedom1 : 양의 수(자유도1)

deg_freedom2 : 양의 수(자유도2)

## ▶ 참고사항

*F* 분포의 단측확률을 구하는 함수의 역함수이다. 인수 probability에는 0에서 1까지의 수치 또는 0%~100%를 지정한다. deg_freedom1, deg_freedom2에는 자유도(自由度)를 나타내는 양의 정수를 지정한다. deg_freedom1, deg_freedom2에 소수점을 포함한 값을 지정한 경우에 소수점 이하는 잘라 버려지게 된다. 또 deg_freedom1, deg_freedom2이 1 미만인 경우에는 #NUM! 에러가 된다.

## ▶ 활용예

| | A | B | C | D | E | F | G |
|---|---|---|---|---|---|---|---|
| 1 | | | | | | | |
| 2 | | F 확률분포의 역함수 | | | | | |
| 3 | | 상측확률 | 자유도1 | 자유도2 | x | | |
| 4 | | 0.010 | 10 | 5 | 10.05105 | | |
| 5 | | 0.025 | 10 | 5 | 6.619189 | | |
| 6 | | 0.050 | 10 | 5 | 4.735057 | | |
| 7 | | 0.1 | 10 | 5 | 3.297401 | | |
| 8 | | 0.2 | 10 | 5 | 2.191367 | | |
| 9 | | 0.5 | 10 | 5 | 1.073039 | | |
| 10 | | 0.9 | 10 | 5 | 0.396567 | | |
| 11 | | 0.9 | 10.3 | 5.3 | 0.396567 | | |
| 12 | | 0.9 | 1010 | 1015 | 0.922574 | | |
| 13 | | 0.9 | 10 | 0.5 | #NUM! | | |
| 14 | | 1.0 | 10 | 5 | 0 | | |
| 15 | | | | | | | |
| 16 | | | | | | | |

[셀의 입력내용]

E4;=FINV(B4, C4, D4)　　(E4를 E5에서 E14까지 복사한다.)

### ▶ 주의사항

deg_freedom1(또는 deg_freedom2) < 1인 경우에 에러 값 #NUM!이 된다.

Excel의 도움말은 deg_freedom1(또는 deg_freedom2)≥1010인 경우에 에러 값 #NUM!이 된다고 기술되어 있지만, 자유도에 1010 이상의 값을 지정해도 실제로는 해가 구해지고 있다.

계산에는 반복계산의 기법이 이용되어, 계산결과의 정밀도가 ±3×10−7 이내가 될 때까지 반복계산이 실시된다. 100회 반복계산을 계속해도 계산결과가 수렴되지 않는 경우, 에러 값 #N/A가 반환된다.

### ▶ 관련항목

*F* 분포의 확률 : FDIST

모분산의 비에 관한 검정 : FTEST

토막지식

**F 검정**

(1) 검정통계량이 *F* 분포에 따르고 있을 때, 그 검정을 *F* 검정이라고 부른다.

(2) 다음의 검정은 *F* 검정의 일종이다.

- 두 모분산의 차에 대한 검정
- 1원배치 분산분석표
- 2원배치 분산분석표
- 중회귀분석의 분산분석표

(3) 분산분석표

| 변동요인 | 제곱합 | 자유도 | 분산 | F 값 | 유의확률 |
|---|---|---|---|---|---|
| 그룹 간 | 2468.1 | 2 | 1234.05 | 8.49 | 0.002 |
| 그룹 내 | 2760.8 | 19 | 145.31 | | |

검정통계량 *F*값 = 8.49의 외측 확률이 0.002이므로 유의수준을 $\alpha$ = 0.05로 하면, 0.002 < $\alpha$ = 0.05이므로 가설은 기각된다.

*F* 분포

(1) 분산분석표나 등분산성일 때에 검정통계량으로서 등장하는 것이 이 $F$ 분포이다.
(2) 확률변수 $X$에 대해서 확률밀도함수 $f(x)$가

$$f(x)=\frac{\Gamma\left(\frac{m_1+m_2}{2}\right)\left(\frac{m_1}{m_2}\right)^{m_1/2}x^{m_1/2-1}}{\Gamma\left(\frac{m_1}{2}\right)\Gamma\left(\frac{m_2}{2}\right)\left(1+\frac{m_1}{m_2}x\right)^{\frac{m_1+m_2}{2}}}(0<x<\infty)$$

으로 나타내질 때, 이 분포를 자유도 $(m_1,\ m_2)$의 $F$ 분포라고 한다.
(3) 자유도 (1, $m$)의 $F$ 분포 = (자유도 $m$의 $t$ 분포)2에 주의

## 29. 이항분포의 확률 : BINOMDIST

### ▶ 용도

이항분포의 확률을 계산한다.

### ▶ 함수 범주

통계

### ▶ 서식

BINOMDIST(number_s, trials, probability_s, cumulative)

number_s : 0 이상의 정수(성공횟수, $x$)
trials : 양의 정수(시행횟수, $n$)
probability_s : 0 이상 1 이하의 수치(성공확률, $p$)
cumulative : TRUE(누적분포함수) 또는 FALSE(확률밀도함수) [생략 가능]

### ▶ 참고사항

다음의 모든 조건에 적합한 사항에 대해서 그 확률은 이항분포로 계산된다.
•시행의 결과가 성공 또는 실패의 어느 한쪽이다.
•각 회의 시행이 서로 영향을 미치지 않는(독립적인) 것이다.

•실시를 통해서 성공의 확률이 일정하다.

BINOMDIST($x$, $n$, $p$, cumulative)에서 $x$에는 성공횟수를 0 이상의 정수로, $n$에는 시행횟수를 양의 정수로, $p$에는 성공확률을 0에서 1까지의 수치나 0%에서 100%로 지정한다. 그리고 cumulative에는 함수의 형식을 TRUE 또는 FALSE로 지정한다. TRUE를 지정한 경우는 누적분포함수를 계산하고, FALSE를 지정한 경우에는 확률밀도함수를 계산한다. 인수 cumulative를 생략하면 FALSE가 자동적으로 선택된다.

### ▶ 활용예

| | A | B | C | D | E | F | G |
|---|---|---|---|---|---|---|---|
| 1 | | | | | | | |
| 2 | | 이항분포 | | | | | |
| 3 | | n | 7 | | | | |
| 4 | | p | 0.5 | | | | |
| 5 | | | | | | | |
| 6 | | x | 확률밀도함수 | 누적분포함수 | | | |
| 7 | | 0 | 0.00781 | 0.00781 | | | |
| 8 | | 1 | 0.05469 | 0.06250 | | | |
| 9 | | 2 | 0.16406 | 0.22656 | | | |
| 10 | | 3 | 0.27344 | 0.50000 | | | |
| 11 | | 4 | 0.27344 | 0.77344 | | | |
| 12 | | 5 | 0.16406 | 0.93750 | | | |
| 13 | | 6 | 0.05469 | 0.99219 | | | |
| 14 | | 7 | 0.00781 | 1.00000 | | | |
| 15 | | | | | | | |

[셀의 입력내용]

C7; =BINOMDIST(B7, $C$3, $C$4, FALSE)

C8; =BINOMDIST(B8, $C$3, $C$4, FALSE)

C9; =BINOMDIST(B9, $C$3, $C$4, FALSE)

C10;=BINOMDIST(B10, $C$3, $C$4, FALSE)

C11;=BINOMDIST(B11, $C$3, $C$4, FALSE)

C12;=BINOMDIST(B12, $C$3, $C$4, FALSE)

C13;=BINOMDIST(B13, $C$3, $C$4, FALSE)

C14;=BINOMDIST(B14, $C$3, $C$4, FALSE)

D7; =BINOMDIST(B7, $C$3, $C$4, TRUE)

D8; =BINOMDIST(B8, $C$3, $C$4, TRUE)

D9; =BINOMDIST(B9, $C$3, $C$4, TRUE)

D10;=BINOMDIST(B10, $C$3, $C$4, TRUE)

D11;=BINOMDIST(B11, $C$3, $C$4, TRUE)

D12;=BINOMDIST(B12, $C$3, $C$4, TRUE)

D13;=BINOMDIST(B13, $C$3, $C$4, TRUE)

D14;=BINOMDIST(B14, $C$3, $C$4, TRUE)

### ▶ 연계사항

위에서 구한 확률밀도함수와 누적분포함수를 그래프로 표현하면 이항분포의 특성을 파악하기 쉽다.[2)]

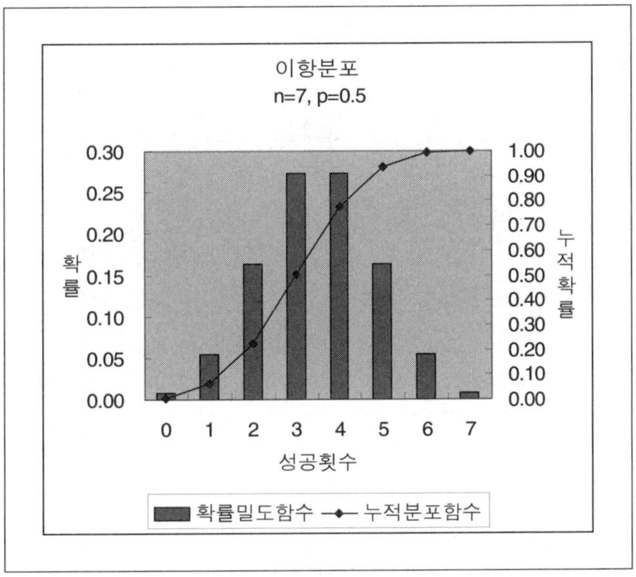


### ▶ 관련항목

음의 이항분포 확률 : NEGBINOMDIST

조합의 수 : COMBIN

---

2) 이항분포의 그래프 작성방법에 대해서는, 노형진, 「Excel 2000에 의한 통계적 조사방법」, 형설출판사, 2000, pp. 119~130을 참조할 것.

토막지식 **관용적인 확률·통계 기호**

여기에서는 통계학 서적 등에서 관용적으로 쓰이고 있는 기호를 소개한다.

| 의 미 | 기 호 |
|---|---|
| 순 열 | $P$ |
| 조 합 | $C$ |
| 평 균 | $\mu,\ a,\ m,\ \bar{x}$ |
| 표준편차 | $\sigma,\ s$ |
| 분 산 | $V$ |
| 확률변수 | $X,\ Y$ |
| 확 률 | $P,\ p$ |
| 1－확률 | $q$ |
| 위 험 률 | $\alpha$ |

또한 모집단의 모수(parameter)를 나타내는 기호와 표본의 통계량(statistic)을 나타내는 기호도 달리 쓰이고 있다.

| 의 미 | 통계량 | 모 수 |
|---|---|---|
| 평 균 | $m,\ \bar{x}$ | $\mu$ |
| 표준편차 | $s$ | $\sigma$ |
| 분 산 | $s^2$ | $\sigma^2$ |
| 비 율 | $p$ | $P$ |
| 상관계수 | $r$ | $\rho$ |
| 공 분 산 | $\mathrm{Cov}(x,\ y)$ | $\mathrm{Cov}(X,\ Y)$ |

## 30. 이항분포의 발생횟수 : CRITBINOM

▶ 용도

이항분포를 이용해서 어떤 사상이 발생할 횟수를 계산한다.

▶ **함수 범주**

통계

### ▶ 서식

CRITBINOM(trials, probability_s, alpha)

trials : 양의 정수(시행횟수)

probability_s : 0보다 크고 1 미만의 값(성공확률)

alpha : 0보다 크고 1 미만의 값(기준치)

### ▶ 참고사항

인수 trials에는 시행횟수를 양의 정수로 지정한다. probability_s에는 성공확률을, alpha에는 기준치를 각각 0보다 크고 1 미만의 수치(또는 %)로 지정한다. 이 함수를 응용해서 품질보증 계산 등을 할 수 있다.

### ▶ 활용예

| | A | B | C | D | E | F | G |
|---|---|---|---|---|---|---|---|
| 1 | | | | | | | |
| 2 | | CRITBINOM | | | | | |
| 3 | | 시행횟수 | 성공확률 | 기준치 | 결과 | | |
| 4 | | 100 | 0.2 | 0.80 | 23 | | |
| 5 | | 100 | 0.2 | 0.95 | 27 | | |
| 6 | | | | | | | |

[셀의 입력내용]

E4;=CRITBINOM(B4, C4, D4)

E5;=CRITBINOM(B5, C5, D5)

### ▶ 주의사항

probability_s나 alpha가 0 또는 1인 경우 에러가 된다.

### ▶ 관련항목

이항분포의 확률 : BINOMDIST

음의 이항분포 확률 : NEGBINOMDIST

구간의 확률 : PROB

**토막지식** 

## 베르누이 분포에 따르는 난수생성

Excel에 있는 난수생성 도구로 베르누이 분포에 따르는 난수를 만들 수 있다.

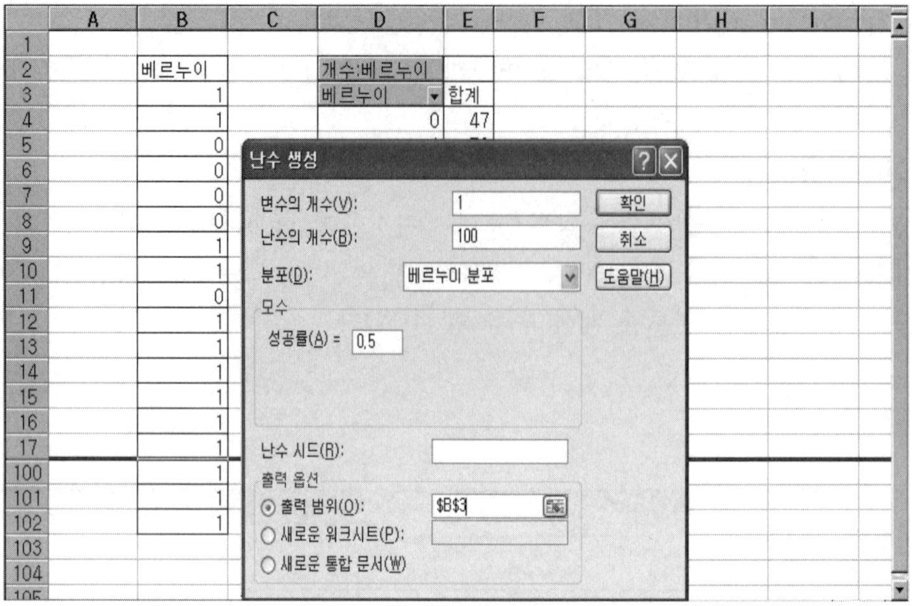


그런데 누적이항분포함수 CRITBINOM( )과 RAND( )를 사용해서 난수를 생성할 수도 있다.

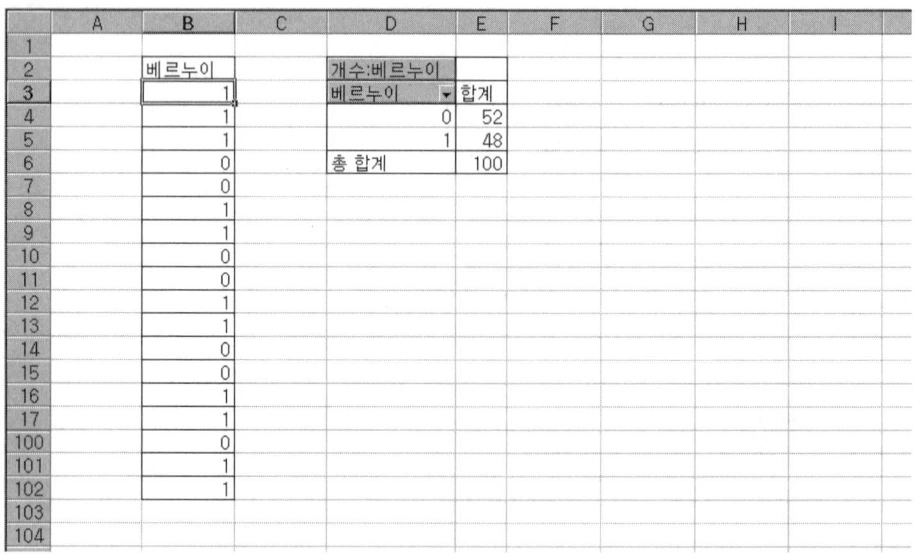

# 31. 초기하분포의 확률 : HYPGEOMDIST

### ▶ 용도

초기하분포의 확률밀도함수를 계산한다.

### ▶ 함수 범주

통계

### ▶ 서식

HYPGEOMDIST(sample_s, number_sample, population_s, number_pop)

sample_s : 양의 정수(표본의 성공횟수, $x$)

number_sample : 양의 정수(표본의 수, $n$)

population_s : 양의 정수(모집단의 성공횟수, $A$)

number_pop : 양의 정수(모집단의 수, $N$)

### ▶ 참고사항

일정한 모집단을 대상으로 하고, 각각의 사상은 성공 또는 실패의 두 종류이며 분석의 대상이 되는 표본은 모집단으로부터 무작위로 추출되는 것으로 해서 확률을 계산한다.

인수 sample_s에는 표본의 성공횟수를, number_sample에는 표본의 수를, population_s에는 모집단의 성공횟수를, number_pop에는 모집단의 수를 각각 양의 정수로 지정한다. 이것들에 소수점을 포함하는 값을 지정한 경우, 소수점 이하는 잘려나간다.

초기하분포의 계산식은 다음과 같다.

$$=\mathrm{COMBIN}(A,\ x)\times\mathrm{COMBIN}(N-A,\ n-x)\,/\,\mathrm{COMBIN}(N,\ n)$$

### ▶ 활용예

| | A | B | C | D | E | F | G |
|---|---|---|---|---|---|---|---|
| 1 | | | | | | | |
| 2 | | 초기하분포 | | | | | |
| 3 | | 표본의 성공횟수 | 표본수 | 모집단의 성공횟수 | 모집단의 수 | 초기하분포 | |
| 4 | | 4 | 10 | 35 | 100 | 0.24984402 | |
| 5 | | | | | | | |

[셀의 입력내용]

F4;=HYPGEOMDIST(B4, C4, D4, E4)

▶ **주의사항**

인수 $x$, $n$, $A$, $N$이 다음의 대소관계를 만족시키고 있지 않은 경우 에러가 된다.

$$N \geq n \geq x \geq 0, N \geq A \geq x, x \geq n-N+A$$

▶ **관련항목**

조합의 수 : COMBIN

이항분포의 확률 : BINOMDIST

## 32. 포아송 분포의 확률 : POISSON

▶ **용도**

포아송 분포를 이용해서 어떤 사상이 발생할 확률을 계산한다.

▶ **함수 범주**

통계

▶ **서식**

POISSON(x, mean, cumulative)

| | |
|---|---|
| $x$ | : 0 이상의 정수 |
| mean | : 양의 수(일정한 시간 내에 일어나는 사상의 평균값, $\lambda$ ) |
| cumulative | : TRUE(누적분포함수) 또는 FALSE(확률밀도함수) [생략 가능] |

▶ **참고사항**

포아송 분포는 일정한 시간 내에 일어나는 사상의 수를 예측할 때 등에 이용된다. 인수 $x$에는 양의 정수를, $\lambda$에는 일정한 시간 내에 일어나는 사상의 평균값을 나타내는 양의 수를 지정한다. $x$에 소수점을 포함하는 값을 지정한 경우, 소수점 이하는 잘라 버려진다. 그리고 cumulative에는 함수의 형식을 TRUE 또는 FALSE로 지정한다. TRUE를 지정한 경우는 누적분포함수를 계산하고, FALSE를 지정한 경우에는 확률밀도함수를 계산한다. 이것을 생략하면 FALSE가 자동적으로 선택된다. 계산식은 다음과 같다.

함수형식 : FALSE의 경우

$$=(\mathrm{EXP}(-\lambda)\times\lambda^{x})/\lambda!$$

함수형식 : TRUE의 경우

$$=\sum_{k=0}^{x}\frac{(\mathrm{EXP}(-\lambda)\times\lambda^{k})}{k!}$$

### ▶ 활용예

| | A | B | C | D | E | F | G |
|---|---|---|---|---|---|---|---|
| 1 | | | | | | | |
| 2 | | 포아송 분포 | | | | | |
| 3 | | 사상의 수 | 평균 | 함수형식 | 포아송 분포 | | |
| 4 | | 15 | 12 | TRUE | 0.844416 | | |
| 5 | | 15 | 12 | FALSE | 0.072391 | | |
| 6 | | | | | | | |

[셀의 입력내용]

E4;=POISSON(B4, C4, D4)  (E4를 E5에 복사한다.)

### ▶ 관련항목

지수분포의 확률 : EXPONDIST

## 33. 모평균에 관한 검정 : ZTEST

### ▶ 용도

모표준편차 $\sigma$ 가 기지일 때에 모평균 $\mu$ 가 어떤 기준값과 같은지 어떤지를 검정한다.

## ▶ 함수 범주

통계

## ▶ 서식

ZTEST(array, x, sigma)

array : 배열 또는 셀 범위

$x$ : 수치(가설평균)

sigma : 양의 정수(표준편차) [생략 가능]

## ▶ 참고사항

$z$ 검정의 양측확률을 구한다. ZTEST(array, $x$, sigma)에서 array에는 표본 데이터로 할 수치가 들어 있는 배열이나 셀 범위를, $x$에는 검정값(가설평균)을 나타내는 수치를, sigma에는 표준편차를 나타내는 양의 수를 각각 지정한다. sigma를 생략하면 array를 표본으로 계산한 표준편차가 자동적으로 지정된다. ZTEST 함수의 계산식은

1－NORMSDIST( [표본의 평균값]－$x$)÷(sigma÷[표본 내 데이터 개수의 제곱근])

으로 주어진다.

## ▶ 활용예

| | A | B | C | D | E | F | G | H | I | J | K |
|---|---|---|---|---|---|---|---|---|---|---|---|
| 1 | | ZTEST | | | | | | | | | |
| 2 | | 표본의 데이터 | 13.4 | 12.5 | 14.3 | 10.9 | 14.1 | 13.9 | 15.1 | 15.0 | |
| 3 | | | | | | | | | | | |
| 4 | | 귀무가설 $H_0$:μ | 13 | | | | | | | | |
| 5 | | 모표준편차 σ | 0.9 | | | | | | | | |
| 6 | | p 값(단측) | 0.021 | | | | | | | | |
| 7 | | p 값(양측) | 0.041 | | | | | | | | |
| 8 | | | | | | | | | | | |

[셀의 입력내용]

C6;=ZTEST(C2:J2, C4, C5)

C7;=ZTEST(C2:J2, C4, C5) * 2

▶ **주의사항**

Excel의 도움말에서는 「양측 $p$값」을 반환한다고 되어 있지만, 실제는 「단측 $p$값」을 계산하고 있다. 따라서 양측 $p$값이 필요한 경우에는 ZTEST에서 얻어진 결과를 2배 할 필요가 있다.

▶ **관련항목**

모평균의 구간추정 : CONFIDENCE

## 34. 모평균의 차에 관한 검정 : TTEST

▶ **용도**

모표준편차가 미지일 때 두 개의 모평균이 같은지 어떤지를 검정하기 위한 함수이다.

▶ **함수 범주**

통계

▶ **서식**

TTEST(array1, array2, tails, type)

array1 : 배열 또는 셀 범위

array2 : 배열 또는 셀 범위

tails : 1(단측확률) 또는 2(양측확률)

type : 수치(검정의 종류)

▶ **참고사항**

두 데이터 군에서 Student $t$ 분포에 따르는 확률을 계산한다. TTEST 함수를 이용하면 두 표본이 평균값이 같은 모집단으로부터 추출된 것인지 어떤지를 예측할 수 있다. 인수 array1, array2에는 수치가 들어 있는 배열 또는 셀 범위를 지정한다. tails에는 단측확률을 사용할 것인가, 또는 양측확률을 사용할 것인가를 지정한다. 1을 지정하면 단측확률이 되고, 2를 지정하면 양측확률이 된다. type에는 검정의 종류를 1~3의 수치로 지정한다. 수치의 의미는 다음과 같다.

| type의 값 | 값의 의미(검정의 종류) |
|---|---|
| 1 | 쌍이 되는 데이터의 $t$ 검정 |
| 2 | 등분산의 2표본을 대상으로 하는 $t$ 검정 |
| 3 | 이분산의 2표본을 대상으로 하는 $t$ 검정 |

$t$ 검정은 모표준편차 $\sigma$가 미지일 때에, 다음의 가설을 검정하는 것이다.

$$\text{귀무가설 } H_0 : \mu_1 = \mu_2$$

### ▶ 활용예

| | A | B | C | D | E | F | G | H | I | J | K | L | M | N | O | P |
|---|---|---|---|---|---|---|---|---|---|---|---|---|---|---|---|---|
| 1 | | | | | | | | | | | | | | 귀무가설 $H_0$ : $\mu_1$=$\mu_2$ | | |
| 2 | | T검정 | | | | | | | | | | | | T검정(등분산 가정) | | |
| 3 | | 그룹1 | 12.1 | 14.7 | 15.8 | 14.2 | 14.1 | 12.6 | 15.3 | 15.9 | 14.8 | 17.4 | | p 값(단측) | 0.0124 | |
| 4 | | 그룹2 | 13.4 | 14.4 | 14.5 | 10.0 | 7.3 | 10.7 | 16.2 | 12.7 | 13.3 | 10.7 | | p 값(양측) | 0.0248 | |
| 5 | | | | | | | | | | | | | | | | |
| 6 | | | | | | | | | | | | | | T검정(비등분산 가정) | | |
| 7 | | | | | | | | | | | | | | p 값(단측) | 0.0137 | |
| 8 | | | | | | | | | | | | | | p 값(양측) | 0.0274 | |
| 9 | | | | | | | | | | | | | | | | |
| 10 | | | | | | | | | | | | | | | | |

[셀의 입력내용]

O3;=TTEST(C3:L3, C4:L4, 1, 2)

O4;=TTEST(C3:L3, C4:L4, 2, 2)

O7;=TTEST(C3:L3, C4:L4, 1, 3)

O8;=TTEST(C3:L3, C4:L4, 2, 3)

### ▶ 주의사항

검정의 종류에 1을 지정했을 때는 대응이 있는 모평균의 차에 관한 검정이 실시된다. 따라서 배열 1과 배열 2의 데이터 개수가 다르면 에러 값 #N/A가 반환된다.

### ▶ 관련항목

$t$ 분포의 확률 : TDIST

$t$ 분포의 역함수 : TINV

토막지식

## $t$ 검정

(1) 검정통계량이 $t$ 분포에 따르는 검정을 $t$ 검정이라고 부른다.

(2) 다음의 검정은 각각 $t$ 검정이 된다.

- •모평균의 검정
- •두 모평균 차의 검정
- •대응이 있는 두 모평균 차의 검정
- •무상관의 검정

(3) 두 모평균 차의 검정에 '컴퓨터 출력'

| | Levene의 검정 | | $t$ 값 | 자유도 | 유의확률(양측) |
|---|---|---|---|---|---|
| | $F$ | 유의확률 | | | |
| 등분산일 때 | 16.214 | 0.001 | −5.929 | 13 | 0.0000 |
| 등분산이 아닐 때 | | | −5.586 | 7.01 | 0.0008 |

예를 들면 등분산이 아닐 때는 검정통계량 $t$값이 −5.586이고, $t$값의 외측 확률의 합계가 0.0008이라는 것을 나타내고 있다.

따라서 유의수준을 $\alpha = 0.05$라고 하면

$$\text{유의확률 } 0.0008 < \alpha = 0.05$$

로부터 가설 $H_0$는 기각된다.

단측검정을 하고 싶을 때에는 양측 유의확률을 2로 나누어서

$$0.0004\text{와 } \alpha = 0.05$$

를 비교하면 된다.

# 35. 모분산의 비에 관한 검정 : FTEST

### ▶ 용도

두 개의 모분산이 같은지 어떤지를 검정하기 위한 함수이다.

### ▶ 함수 범주

통계

### ▶ 서식

FTEST(array1, array2)

array1 : 배열 또는 셀 범위

array2 : 배열 또는 셀 범위

### ▶ 참고사항

$F$ 검정을 하기 위한 함수이다. 구체적으로는 「두 데이터 군의 산포에 유의한 차가 인정되지 않는다」고 하는 사상에 대한 단측확률이 반환된다. 이 확률의 값이 유의수준 이상이면, 그 유의수준에서 데이터의 산포에 차가 인정되지 않는다고 하는 결과를 얻을 수 있다. 인수 array1, array2에는 수치가 들어 있는 배열 또는 셀 범위를 지정한다. 실제의 계산은 배열을 기초로 $F$ 통계량을 계산하고, 그것을 FDIST 함수의 $x$ 값으로 확률을 계산한다.

### ▶ 활용예

| | A | B | C | D | E | F | G | H | I | J | K | L | M | N | O | P |
|---|---|---|---|---|---|---|---|---|---|---|---|---|---|---|---|---|
| 1 | | | | | | | | | | | | | | 귀무가설 $H_0 : \sigma_1^2=\sigma_2^2$ | | |
| 2 | | F 검정 | | | | | | | | | | | | F 검정 | | |
| 3 | | 그룹1 | 12.1 | 14.7 | 15.8 | 14.2 | 14.1 | 12.6 | 15.3 | 15.9 | 14.8 | 17.4 | | p 값(단측) | 0.0694 | |
| 4 | | 그룹2 | 13.4 | 14.4 | 14.5 | 10.0 | 7.3 | 10.7 | 16.2 | 12.7 | 13.3 | 10.7 | | p 값(양측) | 0.1388 | |
| 5 | | | | | | | | | | | | | | | | |

[셀의 입력내용]

O3;=FTEST(C3:L3, C4:L4)/2

O4;=FTEST(C3:L3, C4:L4)

### ▶ 주의사항

두 배열(셀 범위)의 데이터 수가 다른 경우나 양쪽의 데이터가 완전히 일치할 때에는 에러가 되는 경우가 있다. Excel의 도움말에서는 단측확률을 반환한다고 되어 있지만, 실제로는 양측 $p$값이 계산되고 있다. 단측 $p$값이 필요한 경우에는 FTEST에서 얻은 결과를 2로 나누어야 한다.

### ▶ 관련항목

$F$ 분포의 확률 : FDIST

$F$ 분포의 역함수 : FINV

## 36. 적합도의 검정 : CHITEST

### ▶ 용도

통계량과 자유도에 대한 카이제곱 분포로부터 값을 구한다. 적합도의 검정 결과를 구한다.

### ▶ 함수 범주

통계

### ▶ 서식

CHITEST(actual_range, expected_range)

actual_range : 배열 또는 셀 범위(관측치)

expected_range : 배열 또는 셀 범위(기대치)

### ▶ 참고사항

actual_range, expected_range에는 수치가 들어 있는 배열 또는 셀 범위를 지정한다. 실제의 계산은 actual_range, expected_range로부터 카이제곱 통계량이라고 불리는 값을 계산하고, 이 값을 기초로 카이제곱 분포의 단측확률을 계산한다. 그리고 이 함수의 계산결과가 상정했던 신뢰구간보다 크면「기대도수와 관측도수의 차이는 없다」고 하는 가설을 기각한다(따라서 기대도수와 관측도수의 차이가 있다고 하는 결론을 얻는다).

계산식은 카이제곱 통계량을 $X^2$, actual_range이나 expected_range의 행의 수를 $r$, 열의 수를 $c$라고 하면, CHIDIST($X^2$, $(r-1)*(c-1)$)로 나타낸다. 또 카이제곱 통계량은 $A_{ij}$ =i행 j열 내의 관측도수, $E_{ij}$ =i행 $j$열 내의 기대도수라고 하면,

$$X^2=\sum_{j=1}^{r}\sum_{i=1}^{c}\frac{(A_{ij}-E_{ij})^2}{E_{ij}}$$

이라고 하는 식으로 주어진다.

## ▶ 활용예

| | A | B | C | D | E | F | G | H | I | J | K | L | M | N |
|---|---|---|---|---|---|---|---|---|---|---|---|---|---|---|
| 1 | | | | | | | | | | | | | | |
| 2 | | 카이제곱 검정 | | | | | | | | | | | | |
| 3 | | 관측도수 | 12 | 18 | 11 | 21 | 23 | 16 | 7 | 20 | | 카이제곱 검정 | | |
| 4 | | 기대도수 | 16 | 16 | 16 | 16 | 16 | 16 | 16 | 16 | | p 값 | 0,06082 | |
| 5 | | | | | | | | | | | | | | |
| 6 | | | | | | | | | | | | | | |

[셀의 입력내용]

M4;=CHITEST(C3:J3, C4:J4)

→ $p$값 = 0.06082 > 유의수준 $\alpha$ = 0.05이므로 귀무가설 '관측도수와 기대도수의 차이는 없다'는 채택된다.

## ▶ 관련항목

카이제곱 분포의 확률 : CHIDIST

카이제곱 분포의 역함수 : CHIINV

## 토막지식: 카이제곱 검정

통계적 가설검정의 기법 중 카이제곱 분포(chi-square distribution)를 이용하는 검정법의 총칭을 카이제곱 검정이라고 한다. 분석할 데이터가 계량치인 양적인 데이터와 달리 어떤 속성 또는 범주(category)별로 빈도(frequency)만이 주어져 있는 범주형 데이터의 분석은 일반적으로 카이제곱 검정을 적용한다.

카이제곱 검정의 목적은 다음과 같이 세 가지로 대별된다.[3)]

(1) 적합도검정

(2) 독립성검정

(3) 동질성검정

다음은 독립성검정의 예이다.

| | A | B | C | D | E | F | G | H | I | J |
|---|---|---|---|---|---|---|---|---|---|---|
| 2 | | | | | | | | | | |
| 3 | | 관측도수 | 고졸 | 대졸 | 대학원졸 | 행의 합계 | | | | |
| 4 | | 100만원 이하 | 34 | 36 | 10 | 80 | | | | |
| 5 | | 100 - 200만원 | 41 | 72 | 36 | 149 | | | | |
| 6 | | 200- 300만원 | 10 | 78 | 58 | 146 | | | | |
| 7 | | 300만원 이상 | 4 | 26 | 45 | 75 | | | | |
| 8 | | 열의 합계 | 89 | 212 | 149 | 450 | | | | |
| 9 | | | | | | | | | | |
| 10 | | 기대도수 | 고졸 | 대졸 | 대학원졸 | 행의 합계 | | | | |
| 11 | | 100만원 이하 | 15.82 | 37.69 | 26.49 | 80 | | | | |
| 12 | | 100 - 200만원 | 29.47 | 70.20 | 49.34 | 149 | | | | |
| 13 | | 200- 300만원 | 28.88 | 68.78 | 48.34 | 146 | | | | |
| 14 | | 300만원 이상 | 14.83 | 35.33 | 24.83 | 75 | | | | |
| 15 | | 열의 합계 | 89 | 212 | 149 | 450 | | | | |
| 16 | | | | | | | | | | |
| 17 | | $\chi^2$ 통계량 | 고졸 | 대졸 | 대학원졸 | 행의 합계 | | 자유도 | df | 6 |
| 18 | | 100만원 이하 | 20.88 | 0.08 | 10.26 | 31.22 | | 유의수준 | α | 0.05 |
| 19 | | 100 - 200만원 | 4.51 | 0.05 | 3.60 | 8.16 | | 검정통계량 | $\chi^2$ | 81.64 |
| 20 | | 200- 300만원 | 12.34 | 1.24 | 1.93 | 15.50 | | 임계치 | $\chi^2$ | 12.59 |
| 21 | | 300만원 이상 | 7.91 | 2.47 | 16.38 | 26.75 | | 유의확률 | p값 | 1.63351E-15 |
| 22 | | 열의 합계 | 45.65 | 3.82 | 32.18 | 81.64 | | | p값 | 1.63351E-15 |

[셀의 입력내용]

J19;=SUM(C18:E21)

J20;=CHIINV(J18, J17)

J21;=CHITEST(C4:E7, C11:E14)

J22;=CHIDIST(J19, J17)

---

3) 카이제곱 검정에 대한 상세한 내용은 제11장을 참조할 것.

# 37. 모평균의 구간추정 : CONFIDENCE

### ▶ 용도

모표준편차 $\sigma$ 가 기지(既知)일 때에 모평균 $\mu$ 를 구간추정한다.

### ▶ 함수 범주

통계

### ▶ 서식

CONFIDENCE(alpha, standard_dev, size)

| | |
|---|---|
| alpha | : 0보다 크고 1 미만의 수(유의수준) |
| standard_dev | : 양의 수(표준편차) |
| size | : 양의 정수(표본수) |

### ▶ 참고사항

alpha($\alpha$ )에는 유의수준을 나타내는 0보다 크고 1보다 작은 수를, standard_dev ($\sigma$ )에는 표준편차를 나타내는 양의 수를, size(n)에는 표본수를 나타내는 양의 정수를 각각 지정한다. n에 소수점을 포함하는 값을 지정한 경우에 소수점 이하는 잘라 버려진다.

신뢰구간이란 표본의 데이터 수와 그 표준편차로부터 「참값」(모수)이 포함될 것이라고 추정할 수 있는 구간을 가리킨다. 구체적으로 말하자면, 표본을 바꾸어서 신뢰구간을 몇 번 계산했을 때에 그 신뢰구간이 어떤 확률(1－유의수준)로 포함될 경우, 그것을 「○○% 신뢰구간」이라고 부른다.

### ▶ 활용예

| | A | B | C | D | E | F | G | H | I | J | K |
|---|---|---|---|---|---|---|---|---|---|---|---|
| 1 | | 신뢰구간 | | | | | | | | | |
| 2 | | 표본의 데이터 | 13.4 | 12.5 | 14.3 | 10.9 | 14.1 | 13.9 | 15.1 | 15.0 | |
| 3 | | | | | | | | | | | |
| 4 | | 신뢰율(1-α) | 0.95 | | | 신뢰상한 | 15.73 | | | | |
| 5 | | 유의수준(α) | 0.05 | | | 신뢰하한 | 11.57 | | | | |
| 6 | | 모표준편차(σ) | 3 | 기지 | | | | | | | |
| 7 | | 표본수 | 8 | | | | | | | | |
| 8 | | 신뢰구간 | 2.079 | | | | | | | | |
| 9 | | | | | | | | | | | |

[셀의 입력내용]

| | | |
|---|---|---|
| C4;0.95 | C7;=COUNT(C2:J2) | G4;=AVERAGE(C2:J2) + C8 |
| C5;=1 − C4 | C8;=CONFIDENCE(C5, C6, C7) | G5;=AVERAGE(C2:J2) − C8 |
| C6;3 | | |

▶ **관련항목**

모평균에 관한 검정 : ZTEST

## 38. $z$ 변환 : FISHER

▶ **용도**

$z$ 변환을 실시하기 위한 함수이다. 상관계수를 $z$ 변환함으로써 모상관계수에 관한 검정이나 구간추정을 실시할 수 있다.

▶ **함수 범주**

통계

▶ **서식**

FISHER($x$)

$x$ : −1보다 크고 1 미만의 수치(상관계수)

▶ **참고사항**

이 변환은 왜도가 높은 분포를 거의 정규성에 따르는 분포로 변환하는 역할을 한다. 피셔의 변환이라고도 부르며, 상관계수에 의거한 가설검정을 실시할 때에 유용한 것으로 알려져 있다. $z$ 변환이란 수치 $x$를 다음의 식과 같이 변환하는 것을 말한다.

$$z = \frac{1}{2} log_e\left(\frac{1+x}{1-x}\right)$$

▶ **활용예**

| | A | B | C | D | E | F | G | H | I | J | K | L | M | N | O | P | Q |
|---|---|---|---|---|---|---|---|---|---|---|---|---|---|---|---|---|---|
| 1 | | z 변환 | | | | | | | | | | | | | 상관계수 | 0,9546 | |
| 2 | | x | 2 | 4 | 5 | 7 | 9 | 11 | 12 | 13 | 16 | 17 | 19 | | z 변환 | 1,8817 | |
| 3 | | y | 21 | 38 | 55 | 68 | 110 | 137 | 134 | 102 | 145 | 183 | 234 | | (검산) | | |
| 4 | | | | | | | | | | | | | | | z 변환 | 1,8817 | |
| 5 | | | | | | | | | | | | | | | | ▲ | |
| 6 | | | | | | | | | =0,5*LN((1+P1)/(1-P1)) | | | | | | | | |
| 7 | | | | | | | | | | | | | | | | | |

[셀의 입력내용]

P1;=CORREL(C2:M2, C3:M3)

P2;=FISHER(P1)

P4=0.5 * LN((1+P1)/(1－P1))

▶ **주의사항**

$x$에 $-1$ 이하 또는 1 이상의 값을 지정하면 에러 값 #NUM!이 된다.

▶ **관련항목**

역 $z$ 변환 : FISHERINV

상관계수 : PEARSON

단회귀식의 기여율 : RSQ

## 39. 역 $z$ 변환 : FISHERINV

▶ **용도**

$z$ 변환의 역변환을 실시하기 위한 함수이다. 모상관계수에 관한 구간추정에 이용된다.

▶ **함수 범주**

통계

### ▶ 서식

FISHERINV(y)

$y$ : −1보다 크고 1 미만의 수치

### ▶ 참고사항

피셔의 역변환을 계산한다. 즉, $z$ 변환(피셔 변환)에 사용하는 함수의 역함수 값을 계산한다. 피셔의 역변환은 다음과 같은 식으로 정의된다.

$$x = \frac{e^{2y}-1}{e^{2y}+1}$$

### ▶ 활용예

| | A | B | C | D | E | F |
|---|---|---|---|---|---|---|
| 1 | x | y | | 상관계수 | 0.8550 | |
| 2 | 48.2 | 63.1 | | z 변환 | 1.2746 | |
| 3 | 55.7 | 55.3 | | 신뢰율(1-α) | 0.95 | |
| 4 | 54.7 | 47.5 | | α | 0.05 | |
| 5 | 43.4 | 42.3 | | 퍼센트 점 | 1.96 | |
| 6 | 62.2 | 74.2 | | 표본수 | 10 | |
| 7 | 61.5 | 62.6 | | 표준편차 | 0.3780 | |
| 8 | 65.3 | 58.9 | | 구간추정의 폭 | 0.7408 | |
| 9 | 57.9 | 61.2 | | z의 신뢰상한 | 2.0154 | |
| 10 | 77.9 | 99.8 | | z의 신뢰하한 | 0.5338 | |
| 11 | 69.1 | 79.8 | | 모상관계수의 신뢰상한 | 0.9651 | |
| 12 | | | | 모상관계수의 신뢰하한 | 0.4883 | |
| 13 | | | | | | |
| 14 | | | | | | |

[셀의 입력내용]

E1;=CORREL(A2:A11, B2:B11)

E2;=FISHER(E1)

E3;0.95

E4;=1−E3

E5;=NORMSINV(1−E4/2) ← $u(\alpha)$

E6;=COUNT(A2:A11) ← $n$

E7;=1/SQRT(E6−3) ← $1/\sqrt{n-3}$

E8;=E5*E7 ← $u(\alpha)/\sqrt{n-3}$

E9;=E2+E8

E10;=E2−E8

E11;=FISHERINV(E9)

E12;=FISHERINV(E10)

### ▶ 주의사항

$y$에 $-1$ 이하 또는 1 이상의 값을 지정하면 에러가 된다.

### ▶ 관련항목

$z$ 변환 : FISHER

토막지식

**모상관계수의 추정**

무상관의 검정에 의해서 모상관계수가 0이 아니라고 밝혀졌다면, 그 다음은 모상관계수의 값을 추정해야 할 것이다. 모상관계수 $\rho$에 대한 구간추정을 실시하려면, 표본상관계수 $r$의 분포를 직접 구해 모상관계수에 관한 추정을 실시하는 것은 매우 어려우므로 일반적으로는 피셔의 $z$ 변환(Fisher's z-transformation)이라고 하는 근사법을 이용한다.

$$z=\frac{1}{2}log_e[(1+r)/(1-r)],\eta=\frac{1}{2}log_e[(1+\rho)/(1-\rho)]$$

로 하면 $Z=\sqrt{(n-3)}(z-\eta)$는 근사적으로 표준정규분포 $N(0,1)$에 따른다는 것이 알려져 있다. $n-3$을 사용하는 것은 근사를 좋게 하기 위함이다.
위의 $z$는 평균이 $\mu_\rho$이고 표준편차가 $\sigma_\rho$인 정규분포에 근사적으로 따르게 된다.
여기에서,

$$\mu_\rho=\frac{1}{2}log_e[(1+\rho)/(1-\rho)],\sigma_\rho=\frac{1}{\sqrt{(n-3)}}$$

이 관계를 이용해서 모상관계수의 구간추정을 실시한다. 모상관계수의 신뢰도 $1-\alpha$에 대한 신뢰구간은 다음과 같은 순서에 의해서 구해진다.

(순서 1) 상관계수 $r$을 산출한다.

(순서 2) 상관계수 $r$을 $z$ 변환한 $z$값을 계산한다.

$$z=\frac{1}{2}log_e[(1+r)/(1-r)]$$

(순서 3) $z$에 대한 신뢰한계를 구한다.

$$신뢰하한 : z_L=z-\frac{z(\alpha/2)}{\sqrt{n-3}}$$

$$신뢰상한 : z_U=z+\frac{z(\alpha/2)}{\sqrt{n-3}}$$

(순서 4) $z_L, z_U$를 원래의 $r$로 환원해서 $\rho$에 관한 신뢰구간을 구한다.

$$신뢰하한 : \rho_L=\frac{e^{2Z_L}-1}{e^{2Z_L}+1}$$

$$신뢰상한 : \rho_U=\frac{e^{2Z_U}-1}{e^{2Z_U}+1}$$

이렇게 해서 모상관계수 $\rho$의 $1-\alpha$ 신뢰구간은 다음과 같이 구해진다.

$$\rho_L \leqq \rho \leqq \rho_U$$

$$\frac{e^{2Z_L}-1}{e^{2Z_L}+1} \leqq \rho \leqq \frac{e^{2Z_U}-1}{e^{2Z_U}+1}$$

토막지식

## 무상관의 검정

일반적으로 모집단의 상관계수는 $\rho$로 나타내고 표본의 상관계수는 $r$로 나타낸다. 보통 모집단 전체로부터 데이터를 수집하는 것은 불가능하므로 표본의 데이터로부터 상관계수를 구하게 된다.

그런데 표본의 상관계수 $r$이 0이 아니라 하더라도 그것으로 두 변수간에 상관이 있다는 것을 입증하는 것은 아니다. 그것은 모집단의 상관계수 $\rho$가 0이라 하더라도 $r$은 반드시 0이 되는 것은 아니기 때문이다. 그래서 표본의 상관계수 $r$에 의거해서 모집단의 상관계수 $\rho$를 0이라고 할 수 있는지 어떤지에 대한 검정이 실시되는 것이다. 이 검정을 무상관의 검정이라고 한다. 무상관의 검정 순서는 다음과 같다.

(순서 1) 가설의 설정

$$H_0 : \rho=0$$

$$H_1 : \rho \neq 0$$

(순서 2) 유의수준의 설정

유의수준 $\alpha = 0.05$

(경우에 따라서는 유의수준을 0.01 또는 0.1이라고 설정할 수도 있다.)

(순서 3) 검정통계량 $t$의 산출

$$t = \frac{r\sqrt{n-2}}{\sqrt{1-r^2}}$$

여기에서
$r$ : 표본의 상관계수
$n$ : 표본의 수

(순서 4) $p$값의 산출

유의수준과 비교할 확률 $p$를 계산한다. $p$값은 $t$ 분포에 있어서 $|t|$ 이상의 값이 발생할 확률이다.

(순서 5) 판정

$p$값 $\leq$ 유의수준 $\alpha$ $\rightarrow$ 귀무가설 $H_0$를 기각한다.
$p$값 $>$ 유의수준 $\alpha$ $\rightarrow$ 귀무가설 $H_0$를 채택한다.

## 40. 단회귀식의 편회귀계수 : SLOPE

### ▶ 용도

회귀직선의 기울기(편회귀계수)를 계산한다.

### ▶ 함수 범주

통계

### ▶ 서식

SLOPE(known_ y's, known_x's)

known_ y's : 배열 또는 셀 범위(종속변수 $y$의 값)

known_x's : 배열 또는 셀 범위(독립변수 $x$의 값)

### ▶ 참고사항

회귀직선의 기울기란 직선상 두 점의 수직방향 거리를 수평방향 거리로 나눗셈한 값으로 변화율을 나타내는 것이다. 회귀직선은 known_ y's, known_x's의 데이터를 기초로 계산된다. 회귀식 $y = a + bx$의 기울기 $b$를 계산하는 식은 다음과 같다.

$$b = \frac{S(xy)}{S(xx)} = \frac{\sum_{i=1}^{n}(x_i - \bar{x})(y_i - \bar{y})}{\sum_{i=1}^{n}(x_i - \bar{x})^2}$$

### ▶ 활용예

| | A | B | C | D | E | F | G | H | I | J | K | L | M | N | O | P | Q | R |
|---|---|---|---|---|---|---|---|---|---|---|---|---|---|---|---|---|---|---|
| 1 | | 기울기(편회귀계수) | | | | | | | | | | | | | 회귀분석의 결과 | | | |
| 2 | | x | 2 | 4 | 5 | 7 | 9 | 11 | 12 | 13 | 16 | 17 | 19 | | 회귀식 | | y=a+bx | |
| 3 | | y | 21 | 38 | 55 | 68 | 110 | 137 | 134 | 102 | 145 | 183 | 234 | | | | | |
| 4 | | | | | | | | | | | | | | | 상수항 a | | -2.96 | |
| 5 | | | | | | | | | | | | | | | 편회귀계수 b | | 10.95 | |
| 6 | | | | | | | | | | | | | | | 기여율 $r^2$ | | 0.911 | |
| 7 | | | | | | | | | | | | | | | 표준오차 | | | |
| 8 | | | | | | | | | | | | | | | | | | |

[셀의 입력내용]

Q5;=SLOPE(C3:M3, C2:M2)

### ▶ 주의사항

known_ y's, known_x's에서 지정한 배열이나 셀 범위에 데이터가 포함되어 있지 않을 때나 양쪽 데이터의 개수가 다를 때는 에러 값 #N/A가 반환된다.

### ▶ 관련항목

회귀분석에 관한 통계량 전반 : LINEST

# 41. 단회귀식의 상수항 : INTERCEPT

### ▶ 용도

회귀직선의 절편($y$ 절편, 상수항)을 계산한다.

### ▶ 함수 범주

통계

### ▶ 서식

INTERCEPT(known_ y's, known_x's)

known_ y's : 배열 또는 셀 범위(종속변수 $y$의 값)

known_x's : 배열 또는 셀 범위(독립변수 $x$의 값)

### ▶ 참고사항

회귀직선의 $y$ 절편이란 직선과 $y$ 축($x=0$)의 교점에 대한 $y$ 좌표를 가리킨다.
회귀직선은 known_ y's, known_x's의 데이터를 기초로 계산된다.
회귀식 $y=a+bx$의 절편 $a$를 계산하는 식은 $a=\overline{y}-b\overline{x}$이다.

### ▶ 활용예

| | A | B | C | D | E | F | G | H | I | J | K | L | M | N | O | P | Q | R |
|---|---|---|---|---|---|---|---|---|---|---|---|---|---|---|---|---|---|---|
| 1 | | 절편(상수항) | | | | | | | | | | | | | 회귀분석의 결과 | | | |
| 2 | | x | 2 | 4 | 5 | 7 | 9 | 11 | 12 | 13 | 16 | 17 | 19 | | 회귀식 | | y=a+bx | |
| 3 | | y | 21 | 38 | 55 | 68 | 110 | 137 | 134 | 102 | 145 | 183 | 234 | | | | | |
| 4 | | | | | | | | | | | | | | | 상수항 a | | -2.96 | |
| 5 | | | | | | | | | | | | | | | 편회귀계수 b | | | |
| 6 | | | | | | | | | | | | | | | 기여율 $r^2$ | | 0.911 | |
| 7 | | | | | | | | | | | | | | | 표준오차 | | | |
| 8 | | | | | | | | | | | | | | | | | | |

[셀의 입력내용]

Q4;=INTERCEPT(C3:M3, C2:M2)

### ▶ 주의사항

known_ y's, known_x's에서 지정한 배열이나 셀 범위에 데이터가 포함되어 있지 않을 때나 양쪽 데이터의 개수가 다를 때는 에러 값 #N/A가 반환된다.

### ▶ 관련항목

단회귀식의 편회귀계수 : SLOPE
단회귀식의 잔차의 표준편차 : STEYX
회귀분석에 관한 통계량 전반 : LINEST

## 42. 단회귀식의 기여율 : RSQ

### ▶ 용도

회귀직선을 대상으로 피어슨의 적률상관계수 r의 제곱을 계산한다.

### ▶ 함수 범주

통계

### ▶ 서식

RSQ(known_ y's, known_x's)

known_ y's : 배열 또는 셀 범위(종속변수 $y$의 값)
known_x's : 배열 또는 셀 범위(독립변수 $x$의 값)

### ▶ 참고사항

인수 known_ y's에는 종속변수의 값을 나타내는 배열 또는 셀 범위를, known_x's에는 독립변수의 값을 나타내는 배열 또는 셀 범위를 지정한다. 회귀직선은 두 인수의 데이터를 기초로 계산된다.
회귀분석에 있어서의 기여율(결정계수)은 $x$와 $y$의 상관계수 $r$을 제곱한 것으로 다음과 같은 식으로 계산된다.

$$r^2 = \frac{S(xy)^2}{S(xx) \times S(yy)} = \frac{\left(\sum_{i=1}^{n}(x_i - \overline{x})(y_i - \overline{y})\right)^2}{\sum_{i=1}^{n}(x_i - \overline{x})^2 \times \sum_{i=1}^{n}(y_i - \overline{y})^2}$$

### ▶ 활용예

| | A | B | C | D | E | F | G | H | I | J | K | L | M | N | O | P | Q | R |
|---|---|---|---|---|---|---|---|---|---|---|---|---|---|---|---|---|---|---|
| 1 | | RSQ(기여율) | | | | | | | | | | | | | 회귀분석의 결과 | | | |
| 2 | | x | 2 | 4 | 5 | 7 | 9 | 11 | 12 | 13 | 16 | 17 | 19 | | 회귀식 | | y=a+bx | |
| 3 | | y | 21 | 38 | 55 | 68 | 110 | 137 | 134 | 102 | 145 | 183 | 234 | | | | | |
| 4 | | | | | | | | | | | | | | | 상수항 a | | | |
| 5 | | | | | | | | | | | | | | | 편회귀계수 b | | | |
| 6 | | | | | | | | | | | | | | | 기여율 $r^2$ | | 0.911 | |
| 7 | | | | | | | | | | | | | | | 표준오차 | | | |
| 8 | | | | | | | | | | | | | | | | | | |

[셀의 입력내용]

Q6;=RSQ(C3:M3, C2:M2)

### ▶ 관련항목

공분산 : COVAR

모집단 전체에 의거한 분산 : VARP, VARPA

## 43. 단회귀식의 잔차의 표준편차 : STEYX

### ▶ 용도

회귀직선의 표준오차(잔차의 표준편차)를 계산한다.

### ▶ 함수 범주

통계

### ▶ 서식

STEYX(known_ y's, known_x's)

known_ y's : 배열 또는 셀 범위(종속변수 $y$의 값)

known_x's : 배열 또는 셀 범위(독립변수 $x$의 값)

### ▶ 참고사항

표준오차란 개별의 $x$ 값에 대한 $y$의 예측값에 대한 오차의 정도를 나타내는 척도의 하나이다. 회귀직선은 known_ y's, known_x's의 데이터를 기초로 계산된다. 단회귀분석에 있어서의 표준오차(잔차의 표준편차) $\sqrt{V_e}$ 는 다음의 식으로 계산된다.

$$\sqrt{V_e} = \sqrt{\frac{1}{n-2}\left(S(yy) - \frac{S(xy)^2}{S(xx)}\right)}$$

### ▶ 활용예

| | A | B | C | D | E | F | G | H | I | J | K | L | M | N | O | P | Q | R |
|---|---|---|---|---|---|---|---|---|---|---|---|---|---|---|---|---|---|---|
| 1 | | 표준오차 | | | | | | | | | | | | | 회귀분석의 결과 | | | |
| 2 | | x | 2 | 4 | 5 | 7 | 9 | 11 | 12 | 13 | 16 | 17 | 19 | | 회귀식 | | y=a+bx | |
| 3 | | y | 21 | 38 | 55 | 68 | 110 | 137 | 134 | 102 | 145 | 183 | 234 | | | | | |
| 4 | | | | | | | | | | | | | | | 상수항 a | | -2.96 | |
| 5 | | | | | | | | | | | | | | | 편회귀계수 b | | 10.95 | |
| 6 | | | | | | | | | | | | | | | 기여율 $r^2$ | | 0.911 | |
| 7 | | | | | | | | | | | | | | | 표준오차 | | 20.14 | |
| 8 | | | | | | | | | | | | | | | | | | |

[셀의 입력내용]

Q7;=STEYX(C3:M3, C2:M2)

### ▶ 주의사항

known_ y's, known_x's에서 지정한 배열이나 셀 범위에 데이터가 포함되어 있지 않을 때나 양쪽 데이터의 개수가 다를 때는 에러 값 #N/A가 반환된다.

### ▶ 관련항목

회귀분석에 관한 통계량 전반 : LINEST

## 44. 회귀분석에 관한 통계량 전반 : LINEST

### ▶ 용도

회귀분석에 관한 통계량을 구한다.

▶ **함수 범주**

통계

▶ **서식**

LINEST(known_y's, known_x's, const, stats)

known_y's : 배열 또는 셀 범위(종속변수 $y$의 값)

known_x's : 배열 또는 셀 범위(독립변수 $x$의 값)

const : TRUE(상수항이 0은 아니다) 또는 FALSE(상수항이 0) [생략 가능]

stats : TRUE(결과값에 보정항 추가) 또는 FALSE(추가하지 않음) [생략 가능]

▶ **참고사항**

최소자승법을 사용해서 지정한 데이터에 가장 잘 들어맞는 직선을 산출하고, 이 직선을 기술하는 계수와 $y$의 절편의 배열을 산출한다.

LINEST 함수에서는, 값은 배열로서 반환되기 때문에 모든 결과값을 참조하기 위해서는 배열수식으로 입력한다. LINEST 함수의 결과는 다음과 같은 배열로 통계량이 출력된다.

| 편회귀계수 $b_3$ | 편회귀계수 $b_2$ | 편회귀계수 $b_1$ | 상수항 $b_0$ |
|---|---|---|---|
| $b_3$의 표준오차 | $b_2$의 표준오차 | $b_1$의 표준오차 | $b_0$의 표준오차 |
| 결정계수 $R^2$ | 잔차의 표준편차 | | |
| 회귀식의 $F$값 | 잔차의 자유도 | | |
| 회귀의 제곱합 | 잔차의 제곱합 | | |

▶ **활용예**

| | A | B | C | D | E | F | G | H | I | J |
|---|---|---|---|---|---|---|---|---|---|---|
| 1 | $x_1$ | $x_2$ | $x_3$ | y | | 중회귀분석의 결과 | | | | |
| 2 | 12.5 | 22.5 | 9.6 | 51.9 | | 1.3759 | 0.8620 | 0.5413 | 12.0943 | |
| 3 | 11.1 | 14.7 | 6.4 | 40.4 | | 0.3924 | 0.3287 | 0.4609 | 8.6308 | |
| 4 | 7.2 | 17.3 | 9.2 | 41.3 | | 0.7705 | 2.6942 | #N/A | #N/A | |
| 5 | 11.1 | 18.5 | 10.3 | 47.6 | | 6.7139 | 6.0000 | #N/A | #N/A | |
| 6 | 11.9 | 17.3 | 12.6 | 46.4 | | 146.2067 | 43.5533 | #N/A | #N/A | |
| 7 | 9.5 | 14.6 | 14.1 | 52.1 | | | | | | |
| 8 | 11.7 | 21.6 | 8.2 | 50.1 | | | | | | |
| 9 | 9.6 | 19.4 | 11.6 | 52.4 | | | | | | |
| 10 | 8.3 | 22.6 | 8.2 | 46.6 | | | | | | |
| 11 | 13.9 | 18.4 | 13.1 | 53.2 | | | | | | |
| 12 | | | | | | | | | | |
| 13 | | | | | | | | | | |

[셀의 입력내용]

셀 범위 F2:I6에 배열수식 {=LINEST(D2:D11, A2:C11, TRUE, TRUE)}이 입력된다.

## ▶ 주의사항

배열로서 반환된 결과를 출력하려면 위와 같은 방법 외에 검색 함수 INDEX를 이용하는 방법이 있다. 활용예의 경우라면 다음과 같이 하면 최초의 1.3759가 표시된다.

=INDEX(LINEST(D2:D11, A2:C11, TRUE. TRUE), 1, 1)

행번호와 열번호를 입력하기 위해서는 다음을 참고하면 된다.

열번호

| | 1 | 2 | 3 | 4 |
|---|---|---|---|---|
| 1 | 편회귀계수 $b_3$ | 편회귀계수 $b_2$ | 편회귀계수 $b_1$ | 상수항 $b_0$ |
| 2 | $b_3$의 표준오차 | $b_2$의 표준오차 | $b_1$의 표준오차 | $b_0$의 표준오차 |
| 3 | 결정계수 $R^2$ | 잔차의 표준편차 | | |
| 4 | 회귀식의 $F$값 | 잔차의 자유도 | | |
| 5 | 회귀의 제곱합 | 잔차의 제곱합 | | |

↑

행번호

| | A | B | C | D | E | F | G | H | I | J | K |
|---|---|---|---|---|---|---|---|---|---|---|---|
| 1 | $x_1$ | $x_2$ | $x_3$ | y | | 중회귀분석의 결과 | | | | | |
| 2 | 12.5 | 22.5 | 9.6 | 51.9 | | 1.3759 | 0.8620 | 0.5413 | 12.0943 | | |
| 3 | 11.1 | 14.7 | 6.4 | 40.4 | | 0.3924 | 0.3287 | 0.4609 | 8.6308 | | |
| 4 | 7.2 | 17.3 | 9.2 | 41.3 | | 0.7705 | 2.6942 | #N/A | #N/A | | |
| 5 | 11.1 | 18.5 | 10.3 | 47.6 | | 6.7139 | 6.0000 | #N/A | #N/A | | |
| 6 | 11.9 | 17.3 | 12.6 | 46.4 | | 146.2067 | 43.5533 | #N/A | #N/A | | |
| 7 | 9.5 | 14.6 | 14.1 | 52.1 | | | | | | | |
| 8 | 11.7 | 21.6 | 8.2 | 50.1 | | | | | | | |
| 9 | 9.6 | 19.4 | 11.6 | 52.4 | | | | | | | |
| 10 | 8.3 | 22.6 | 8.2 | 46.6 | | | | | | | |
| 11 | 13.9 | 18.4 | 13.1 | 53.2 | | | | | | | |
| 12 | | | | | | | | | | | |
| 13 | | | | | | | | | | | |

[셀의 입력내용]

F2;=INDEX(LINEST($D$2:$D$11, $A$2:$C$11, TRUE, TRUE), 1, 1)

F3;=INDEX(LINEST($D$2:$D$11, $A$2:$C$11, TRUE, TRUE), 2, 1)

..............................

I6;=INDEX(LINEST($D$2:$D$11, $A$2:$C$11, TRUE, TRUE), 5, 4)

### ▶ 관련항목

중회귀식에 의한 예측값 : TREND
단회귀식에 의한 예측값 : FORECAST
행렬에서 지정한 셀의 참조 또는 값 : INDEX

## 45. 지수곡선의 계수 : LOGEST

### ▶ 용도

지수곡선과 관련된 통계량을 구한다.

### ▶ 함수 범주

통계

### ▶ 서식

LOGEST(known_y's, known_x's, const, stats)

known_y's : 배열 또는 셀 범위(종속변수 $y$의 값)
known_x's : 배열 또는 셀 범위(독립변수 $x$의 값) [생략 가능]
const : TRUE(상수항은 1이 아니다) 또는 FALSE(상수항이 1) [생략 가능]
stats : TRUE(추가적인 회귀에 관한 통계량을 출력) 또는 FALSE(편회귀계수만을 출력) [생략 가능]

### ▶ 참고사항

known_y's, known_x's에 지정한 데이터에 가장 잘 들어맞는 회귀지수곡선을 산출하고, 이 곡선을 기술하는 계수와 상수의 배열을 산출한다. 회귀직선에 있어서의 LINEST 함수에 상당하는 함수이다.
각 인수는 위의 서식과 같이 지정한다. 특히 known_x's의 배열에는 하나 또는 복수의 변수 계열을 지정할 수 있다. 인수 const, stats를 생략하면 어느 쪽도 FALSE가 자동적으로 설정된다.

## ▶ 활용예

| | A | B | C | D | E | F | G | H |
|---|---|---|---|---|---|---|---|---|
| 1 | x | y | | 지수회귀분석의 결과 | | | | |
| 2 | 0.1 | 1.8 | | 12.1551 | 2.1723 | | | |
| 3 | 0.1 | 2.5 | | 0.5458 | 0.1810 | | | |
| 4 | 0.2 | 5.3 | | 0.7236 | 0.2441 | | | |
| 5 | 0.2 | 4.7 | | 20.9413 | 8 | | | |
| 6 | 0.3 | 4.8 | | 1.2477 | 0.4767 | | | |
| 7 | 0.3 | 4.7 | | | | | | |
| 8 | 0.4 | 6.5 | | | | | | |
| 9 | 0.4 | 5.7 | | | | | | |
| 10 | 0.5 | 6.5 | | | | | | |
| 11 | 0.5 | 6.9 | | | | | | |
| 12 | | | | | | | | |

[셀의 입력내용]

D2;=INDEX(LOGEST($B$2:$B$11, $A$2:$A$11, TRUE, TRUE), 1, 1)

D3;=INDEX(LOGEST($B$2:$B$11, $A$2:$A$11, TRUE, TRUE), 2, 1)

D4;=INDEX(LOGEST($B$2:$B$11, $A$2:$A$11, TRUE, TRUE), 3, 1)

D5;=INDEX(LOGEST($B$2:$B$11, $A$2:$A$11, TRUE, TRUE), 4, 1)

D6;=INDEX(LOGEST($B$2:$B$11, $A$2:$A$11, TRUE, TRUE), 5, 1)

E2;=INDEX(LOGEST($B$2:$B$11, $A$2:$A$11, TRUE, TRUE), 1, 2)

E3;=INDEX(LOGEST($B$2:$B$11, $A$2:$A$11, TRUE, TRUE), 2, 2)

E4;=INDEX(LOGEST($B$2:$B$11, $A$2:$A$11, TRUE, TRUE), 3, 2)

E5;=INDEX(LOGEST($B$2:$B$11, $A$2:$A$11, TRUE, TRUE), 4, 2)

E6;=INDEX(LOGEST($B$2:$B$11, $A$2:$A$11, TRUE, TRUE), 5, 2)

## ▶ 주의사항

LOGEST 함수를 사용해서 구한 통계량은 다음과 같은 모델에 의거하고 있다.

$$\ln y = \ln b_0 + x_1 \ln b_1 + x_2 \ln b_2 + \cdots + x_p \ln b_p$$

활용예에서는 다음과 같은 식이 구해진 것이다.

$$y = 2.1723 \times 12.1551^{x} \Leftrightarrow \ln y = \ln(2.1723) + x_1 \ln(12.1551)$$

LOGEST 함수는 계산결과가 배열로서 반환되므로 배열수식으로서의 입력도 가능하다. GROWTH 함수에 대한 활용예의 데이터를 배열수식으로서 처리한 경우에는 다음과 같이 해서 예측치를 표시할 수 있다.

① F2에 =LOGEST(D2:D11, A2:C11, TRUE, TRUE)라고 입력한다.

② F2에서 I6까지 드래그한다.

③ F2의 수식 입력줄에 주목하여 입력한 함수의 선두(=의 앞)를 클릭한다.

④ Ctrl + Shift + Enter↵ 키를 동시에 누른다.

| | A | B | C | D | E | F | G | H | I | J |
|---|---|---|---|---|---|---|---|---|---|---|
| 1 | $x_1$ | $x_2$ | $x_3$ | y | | 지수회귀분석의 결과 | | | | |
| 2 | 12.5 | 22.5 | 9.6 | 51.9 | | 1.0302 | 1.0193 | 1.0113 | 21.8861 | |
| 3 | 11.1 | 14.7 | 6.4 | 40.4 | | 0.0081 | 0.0068 | 0.0096 | 0.1791 | |
| 4 | 7.2 | 17.3 | 9.2 | 41.3 | | 0.7852 | 0.0559 | #N/A | #N/A | |
| 5 | 11.1 | 18.5 | 10.3 | 47.6 | | 7.3090 | 6.0000 | #N/A | #N/A | |
| 6 | 11.9 | 17.3 | 12.6 | 46.4 | | 0.0686 | 0.0188 | #N/A | #N/A | |
| 7 | 9.5 | 14.6 | 14.1 | 52.1 | | | | | | |
| 8 | 11.7 | 21.6 | 8.2 | 50.1 | | | | | | |
| 9 | 9.6 | 19.4 | 11.6 | 52.4 | | | | | | |
| 10 | 8.3 | 22.6 | 8.2 | 46.6 | | | | | | |
| 11 | 13.9 | 18.4 | 13.1 | 53.2 | | | | | | |
| 12 | | | | | | | | | | |

[셀의 입력내용]

셀 범위 F2:I6에 배열수식 {=LOGEST(D2:D11, A2:C11, TRUE, TRUE)}이 입력된다.

### ▶ 관련항목

지수곡선에 의한 예측값 : GROWTH

## 46. 단회귀식에 의한 예측값 : FORECAST

### ▶ 용도

단회귀식에 의해서 $y$의 값을 예측한다.

## ▶ 함수 범주

통계

## ▶ 서식

FORECAST(x, known_y's, known_x's)

x : 수치(구하고 싶은 y에 대응하는 $x$의 값)

known_y's : 배열 또는 셀 범위(종속변수 $y$의 값)

known_x's : 배열 또는 셀 범위(독립변수 $x$의 값)

## ▶ 참고사항

기지의 $y$(known_y's)와 기지의 $x$(known_x's) 데이터를 직선(회귀직선)에 적합시켜 그 직선상에서 지정한 새로운 $x$의 $y$ 값을 근사적으로 계산한다.

FORECAST 함수에서는 하나의 $x$에 대한 $y$의 값을 계산한다. $x$에는 수치를, known_y's에는 종속변수의 값을 나타내는 배열 또는 셀 범위를, known_x's에는 독립변수의 값을 나타내는 배열 또는 셀 범위를 지정한다. known_y's가 하나의 열(행)에 입력되어 있는 경우, known_x's나 $x$도 같은 열(행)수가 아니면 안 된다.

## ▶ 활용예

| | A | B | C | D | E | F | G | H | I | J | K | L | M | N |
|---|---|---|---|---|---|---|---|---|---|---|---|---|---|---|
| 1 | | | | | | | | | | | | | | |
| 2 | | FORCAST | | | | | | | | | | | | |
| 3 | | x | 37.3 | 46.1 | 43.9 | 32.3 | 51.1 | 50.9 | 54.6 | 48.4 | 68.2 | 57.3 | 50 | |
| 4 | | y | 52.3 | 44.9 | 37.6 | 31.3 | 63.1 | 51.4 | 49.9 | 50.5 | 93.1 | 69.7 | | |
| 5 | | 예측값 | 36.91 | 50.04 | 46.76 | 29.46 | 57.50 | 57.20 | 62.72 | 53.47 | 83.00 | 66.74 | 55.86 | |
| 6 | | | | | | | | | | | | | | |

[셀의 입력내용]

C5;=FORECAST(C3, $C$4:$L$4, $C$3:$L$3) (C5를 D5에서 M5까지 복사한다.)

## ▶ 주의사항

지정한 배열 또는 셀 범위에 문자열, 논리값, 또는 공백 셀이 포함되어 있는 경우에 이것들은 무시된다. 기지의 $y$와 기지의 $x$ 데이터 수가 다를 때는 에러 값

#N/A가 반환된다.

### ▶ 관련항목

회귀분석에 관한 통계량 전반 : LINEST

중회귀분석에 의한 예측값 : TREND

## 47. 중회귀식에 의한 예측값 : TREND

### ▶ 용도

중회귀식에 의해서 $y$의 값을 예측한다.

### ▶ 함수 범주

통계

### ▶ 서식

TREND(known_y's, known_x's, new_x's, const)

known_y's : 배열 또는 셀 범위(종속변수 $y$의 값)

known_x's : 배열 또는 셀 범위(독립변수 $x$의 값) [생략 가능]

new_x's : 배열 또는 셀 범위(구하고 싶은 $y$에 대응하는 $x$의 값) [생략 가능]

const : TRUE(상수항이 0은 아니다) 또는 FALSE(상수항이 0) [생략 가능]

### ▶ 참고사항

기지의 $y$(known_y's)와 기지의 $x$(known_x's) 데이터를 직선(회귀직선)에 적합시켜 그 직선상에서 지정한 새로운 $x$(new_x's)의 $y$ 값을 근사적으로 계산한다. TREND 함수에서는 복수의 $x$에 대해서 복수의 $y$의 값을 계산한다. known_y's에는 종속변수의 값을 나타내는 배열 또는 셀 범위를, known_x's에는 독립변수의 값을 나타내는 배열 또는 셀 범위를 지정한다. new_x's에는 구하고 싶은 $y$에 대응하는 $x$의 값을 나타내는 배열 또는 셀 범위를 지정한다. known_x's, new_x's를 생략하면 known_y's와 같은 사이즈이고 {1, 2, 3, …}라고 하는 수치가 들어 있는 배열이라고 간주된다.
인수 const에는 상수항을 0으로 해서 계산할 경우에는 FALSE를, 상수항을 계산해서 구하는 경우에는 TRUE를 지정한다. const를 생략하면 자동적으로 TRUE가 설정된다.

### ▶ 활용예

| | A | B | C | D | E | F | G | H | I |
|---|---|---|---|---|---|---|---|---|---|
| 1 | $x_1$ | $x_2$ | $x_3$ | y | 예측치 | | | | |
| 2 | 12.5 | 22.5 | 9.6 | 51.9 | 51.465 | | | | |
| 3 | 11.1 | 14.7 | 6.4 | 40.4 | 39.581 | | | | |
| 4 | 7.2 | 17.3 | 9.2 | 41.3 | 43.563 | | | | |
| 5 | 11.1 | 18.5 | 10.3 | 47.6 | 48.222 | | | | |
| 6 | 11.9 | 17.3 | 12.6 | 46.4 | 50.785 | | | | |
| 7 | 9.5 | 14.6 | 14.1 | 52.1 | 49.223 | | | | |
| 8 | 11.7 | 21.6 | 8.2 | 50.1 | 48.330 | | | | |
| 9 | 9.6 | 19.4 | 11.6 | 52.4 | 49.975 | | | | |
| 10 | 8.3 | 22.6 | 8.2 | 46.6 | 47.352 | | | | |
| 11 | 13.9 | 18.4 | 13.1 | 53.2 | 53.504 | | | | |
| 12 | 12 | 18 | 13 | | 51.993 | | | | |
| 13 | | | | | | | | | |
| 14 | | | | | | | | | |

[셀의 입력내용]

E2;=TREND($D$2:$D$11, $A$2:$C$11, A2:C2, TRUE)

(E2를 E3에서 E12까지 복사한다.)

### ▶ 주의사항

$y$의 예측에 이용하는 중회귀식은 다음의 식으로 나타낸다.

$$y = b_0 + b_1x_1 + b_2x_2 + \cdots + b_px_p$$

예측에 이용하는 $x$로서 기지의 $x$를 이용해서 $y$를 예측하면, 예측치와 실측치의 차(잔차)를 검토할 수 있다.
TREND는 계산결과가 배열이 되므로 배열수식으로서의 입력도 가능하다. 활용예를 배열 수식으로서 입력한 경우에는 다음과 같이 해서 예측치를 표시할 수 있다.

① E2에 =TREND(D2:D11, A2:C11, A2:C12, TRUE)라고 입력한다.

② E2에서 E12까지 드래그한다.

③ E2의 수식 입력줄에 주목하여 입력한 함수의 선두(=의 앞)를 클릭한다.

④ Ctrl + Shift + Enter↵ 키를 동시에 누른다.

| | A | B | C | D | E |
|---|---|---|---|---|---|
| 1 | $x_1$ | $x_2$ | $x_3$ | y | 예측치 |
| 2 | 12.5 | 22.5 | 9.6 | 51.9 | 51.465 |
| 3 | 11.1 | 14.7 | 6.4 | 40.4 | 39.581 |
| 4 | 7.2 | 17.3 | 9.2 | 41.3 | 43.563 |
| 5 | 11.1 | 18.5 | 10.3 | 47.6 | 48.222 |
| 6 | 11.9 | 17.3 | 12.6 | 46.4 | 50.785 |
| 7 | 9.5 | 14.6 | 14.1 | 52.1 | 49.223 |
| 8 | 11.7 | 21.6 | 8.2 | 50.1 | 48.330 |
| 9 | 9.6 | 19.4 | 11.6 | 52.4 | 49.975 |
| 10 | 8.3 | 22.6 | 8.2 | 46.6 | 47.352 |
| 11 | 13.9 | 18.4 | 13.1 | 53.2 | 53.504 |
| 12 | 12 | 18 | 13 | | 51.993 |

{=TREND(D2:D11, A2:C11, A2:C12, TRUE)}

### ▶ 관련항목

회귀분석에 관한 통계량 전반 : LINEST

단회귀식에 의한 예측값 : FORECAST

## 48. 지수곡선에 의한 예측값 : GROWTH

### ▶ 용도

지정한 값들의 지수 추세를 구한다.

### ▶ 함수 범주

통계

## ▶ 서식

GROWTH(known_y's, known_x's, new_x's, const)

known_y's : 배열 또는 셀 범위(종속변수 $y$의 값)

known_x's : 배열 또는 셀 범위(독립변수 $x$의 값) [생략 가능]

new_x's : 배열 또는 셀 범위(구하고 싶은 $y$에 대응하는 $x$의 값) [생략 가능]

const : TRUE(상수항은 1이 아니다) 또는 FALSE(상수항이 1) [생략 가능]

## ▶ 참고사항

known_y's, known_x's로부터 지수곡선(指數曲線) $y = b \times m^x$을 예측하고, 새로운 $x$의 배열 new_x's에 대한 종속변수 $y$의 값을 계산한다. 회귀직선인 경우의 TREND 함수에 상당하는 함수이다. GROWTH 함수에서는 복수의 $x$에 대해서 복수의 $y$ 값을 계산할 수 있다. new_x's에는 수치나 배열 또는 셀 범위를, known_y's에는 종속변수의 값을 나타내는 배열 또는 셀 범위를, known_x's에는 독립변수의 값을 나타내는 배열 또는 셀 범위를 지정한다. known_y's가 하나의 열(행)에 입력되어 있는 경우, known_x's나 new_x's는 같은 열(행)수가 아니면 안 된다. 단, known_x's나 new_x's를 생략하면 known_y's와 같은 사이즈로 간주된다. 인수 const에는 상수항을 1로 계산하는 경우에는 FALSE를, 상수항을 1로 하지 않는 경우에는 TRUE를 지정한다. const를 생략하면 자동적으로 FALSE가 설정된다.

## ▶ 활용예

| | A | B | C | D | E | F | G | H | I | J |
|---|---|---|---|---|---|---|---|---|---|---|
| 1 | $x_1$ | $x_2$ | $x_3$ | y | 예측치 | | | | | |
| 2 | 12.5 | 22.5 | 9.6 | 51.9 | 51.561 | | | | | |
| 3 | 11.1 | 14.7 | 6.4 | 40.4 | 39.747 | | | | | |
| 4 | 7.2 | 17.3 | 9.2 | 41.3 | 43.453 | | | | | |
| 5 | 11.1 | 18.5 | 10.3 | 47.6 | 48.004 | | | | | |
| 6 | 11.9 | 17.3 | 12.6 | 46.4 | 50.692 | | | | | |
| 7 | 9.5 | 14.6 | 14.1 | 52.1 | 48.995 | | | | | |
| 8 | 11.7 | 21.6 | 8.2 | 50.1 | 48.177 | | | | | |
| 9 | 9.6 | 19.4 | 11.6 | 52.4 | 49.914 | | | | | |
| 10 | 8.3 | 22.6 | 8.2 | 46.6 | 47.263 | | | | | |
| 11 | 13.9 | 18.4 | 13.1 | 53.2 | 53.743 | | | | | |
| 12 | 12 | 18 | 13 | | 52.049 | | | | | |
| 13 | | | | | | | | | | |

[셀의 입력내용]

E2;=GROWTH($D$2:$D$11, $A$2:$C$11, A2:C2, TRUE)

(E2를 E3에서 E12까지 복사한다.)

### ▶ 주의사항

$y$의 예측에 이용하는 지수곡선은 다음의 식으로 나타낸다.

(설명변수가 1개인 경우)

$$y = b_0 \times {b_1}^{x}$$

(설명변수가 2개 이상인 경우)

$$y = b_0 \times {b_1}^{x_1} \times {b_2}^{x_2} \times \cdots \times {b_p}^{x_p}$$

GROWTH는 계산결과가 배열이 되므로 배열수식으로서의 입력도 가능하다. 활용예를 배열수식으로서 입력한 경우에는 다음과 같이 해서 예측치를 표시할 수 있다.

① E2에 =GROWTH(D2:D11, A2:C11, A2:C12, TRUE)라고 입력한다.

② E2에서 E12까지 드래그한다.

③ E2의 수식 입력줄에 주목하여 입력한 함수의 선두(=의 앞)를 클릭한다.

④ Ctrl + Shift + Enter↵ 키를 동시에 누른다.

| | A | B | C | D | E | F | G | H | I |
|---|---|---|---|---|---|---|---|---|---|
| 1 | $x_1$ | $x_2$ | $x_3$ | y | 예측치 | | | | |
| 2 | 12.5 | 22.5 | 9.6 | 51.9 | 51.561 | | | | |
| 3 | 11.1 | 14.7 | 6.4 | 40.4 | 39.747 | | | | |
| 4 | 7.2 | 17.3 | 9.2 | 41.3 | 43.453 | | | | |
| 5 | 11.1 | 18.5 | 10.3 | 47.6 | 48.004 | | | | |
| 6 | 11.9 | 17.3 | 12.6 | 46.4 | 50.692 | | | | |
| 7 | 9.5 | 14.6 | 14.1 | 52.1 | 48.995 | | | | |
| 8 | 11.7 | 21.6 | 8.2 | 50.1 | 48.177 | | | | |
| 9 | 9.6 | 19.4 | 11.6 | 52.4 | 49.914 | | | | |
| 10 | 8.3 | 22.6 | 8.2 | 46.6 | 47.263 | | | | |
| 11 | 13.9 | 18.4 | 13.1 | 53.2 | 53.743 | | | | |
| 12 | 12 | 18 | 13 | | 52.049 | | | | |
| 13 | | | | | | | | | |
| 14 | | | | | | | | | |

[셀의 입력내용]
셀 범위 E2:E12에 배열수식 {=GROWTH(D2:D11, A2:C11, A2:C12, TRUE)}이 입력된다.

### ▶ 주의사항

known_y's, known_x's에서 지정한 배열이나 셀 범위에 데이터가 포함되어 있지 않을 때, 또는 양쪽 데이터의 개수가 다를 때는 에러 값 #N/A가 된다.

### ▶ 관련항목

지수곡선의 계수 : LOGEST

# 통계분석에 편리한 함수 2

통계함수 이외의 함수로 데이터의 통계분석에 자주 쓰이는 함수 몇 가지를 열거하면 다음과 같다.

### (1) 수학/삼각함수

| | | |
|---|---|---|
| 1 | ABS | 수치의 절대값 |
| 2 | COMBIN | 조합의 수 |
| 3 | COUNTIF | 검색조건에 일치하는 셀의 개수 |
| 4 | EXP | e를 밑으로 하는 누승 |
| 5 | FACT | 계승 |
| 6 | INT | 소수점 이하를 잘라 버린 정수 |
| 7 | LN | 수치의 자연대수 |
| 8 | LOG10 | 10을 밑으로 하는 수치의 대수(상용대수) |
| 9 | MDETERM | 행렬식 |
| 10 | MINVERSE | 역행렬 |
| 11 | MMULT | 행렬의 곱 |
| 12 | MOD | 나눗셈의 나머지 |
| 13 | MULTINOMIAL | 지정한 복수의 수치에 대한 다항계수 |
| 14 | PI | 원주율 π |
| 15 | PRODUCT | 곱 |

| | | |
|---|---|---|
| 16 | RAND | 일양난수(0 이상 1 미만) |
| 17 | ROUND | 사사오입 |
| 18 | ROUNDDOWN | 끝수를 버림 |
| 19 | ROUNDUP | 올림 |
| 20 | SQRT | 양의 제곱근 |
| 21 | SUBTOTAL | 기본통계량 |
| 22 | SUM | 합계 |
| 23 | SUMIF | 층별합계(조건에 일치하는 셀의 합계) |
| 24 | SUMPRODUCT | 배열의 대응하는 요소간 곱의 합 |
| 25 | SUMSQ | 제곱의 합 |

### (2) 데이터베이스 함수

| | | |
|---|---|---|
| 1 | DAVERAGE | 조건을 만족하는 레코드의 평균값 |
| 2 | DCOUNT | 조건을 만족하는 레코드의 수치 데이터의 수 |
| 3 | DCOUNTA | 조건을 만족하는 레코드의 공백이 아닌 셀의 수 |
| 4 | DMAX | 조건을 만족하는 레코드의 최대값 |
| 5 | DMIN | 조건을 만족하는 레코드의 최소값 |
| 6 | DPRODUCT | 조건을 만족하는 레코드의 곱 |
| 7 | DSTDEV | 조건을 만족하는 레코드의 표준편차 |
| 8 | DSTDEVP | 조건을 만족하는 레코드의 표준편차 |
| 9 | DSUM | 조건을 만족하는 레코드의 합계 |
| 10 | DVAR | 조건을 만족하는 레코드의 분산 |
| 11 | DVARP | 조건을 만족하는 레코드의 분산 |

### (3) 찾기/참조 영역

| | | |
|---|---|---|
| 1 | COLUMNS | 셀 참조의 열수 |
| 2 | ROWS | 셀 참조의 행수 |
| 3 | HLOOKUP | 상단 행에서 특정의 값을 검색 |
| 4 | INDEX | 행렬에서 지정한 셀의 참조 또는 값 |
| 5 | TRANSPOSE | 전치행렬 |
| 6 | VLOOKUP | 좌단의 열에서 특정의 값을 검색 |

| 7 | MATCH | 조건에 일치하는 요소의 상대적인 위치 |
|---|---|---|
| 8 | GETPIVOTDATA | 피벗 테이블의 데이터 추출 |

이상의 함수 중에서 특히 10개의 함수와 그 관련함수에 대해서 해설하기로 한다.

## 1. 기본통계량 : SUBTOTAL

### ▶ 용도

목록이나 데이터베이스의 부분합을 구한다.

### ▶ 함수 범주

수학/삼각

### ▶ 서식

SUBTOTAL(function_num, ref1, …)

function_num : 목록 내에서 부분합을 계산하는 데 어떤 함수를 사용할 것인지 지정하는 1에서 11까지의 수이다.

ref1, … : 부분합을 구하려는 29개까지의 영역이나 셀의 주소이다.

### ▶ 서식예

=SUBTOTAL(1, C4:N4)

### ▶ 참고사항

SUBTOTAL(function_num, ref1, …)에서 function_num에 지정할 수 있는 수치와 그 기능은 다음과 같다.

| function_num의 값 | 실행하는 함수 | 함수의 기능 |
|---|---|---|
| 1 | AVERAGE | 평균값을 구한다. |
| 2 | COUNT | 수치가 있는 셀의 개수를 센다. |
| 3 | COUNTA | 공백이 아닌 셀의 개수를 센다. |

| function_num의 값 | 실행하는 함수 | 함수의 기능 |
|---|---|---|
| 4 | MAX | 최대값을 구한다. |
| 5 | MIN | 최소값을 구한다. |
| 6 | PRODUCT | 인수들의 곱을 구한다. |
| 7 | STDEV | 표본의 표준편차를 구한다. |
| 8 | STDEVP | 모집단의 표준편차를 구한다. |
| 9 | SUM | 인수들의 합을 구한다. |
| 10 | VAR | 표본의 분산을 구한다. |
| 11 | VARP | 모집단의 분산을 구한다. |

SUBTOTAL(function_num, ref1, …)에서 ref1, …에는 셀 범위를 지정한다. 두 개 이상의 셀 범위가 지정되어 있을 때에는 지정된 전 범위의 값을 구하게 된다. 예를 들면,

= SUBTOTAL(1,C4:C15,D4:D15,E4:E15)
= SUBTOTAL(4,C4:C15,D4:D15,E4:E15)

는 C4:C15, D4:D15, E4:E15 등 전 범위의 평균값, 최대값을 구한다.

### ▶ 활용예

| | A | B | C | D | E | F | G |
|---|---|---|---|---|---|---|---|
| 1 | | | | | | | |
| 2 | | 매출집계표 | | | | | |
| 3 | | | TV | 냉장고 | 에어컨 | | |
| 4 | | 1월 | 650 | 250 | 100 | | |
| 5 | | 2월 | 450 | 300 | 100 | | |
| 6 | | 3월 | 450 | 350 | 150 | | |
| 7 | | 4월 | 300 | 450 | 200 | | |
| 8 | | 5월 | 200 | 500 | 400 | | |
| 9 | | 6월 | 150 | 450 | 750 | | |
| 10 | | 7월 | 150 | 450 | 700 | | |
| 11 | | 8월 | 150 | 500 | 800 | | |
| 12 | | 9월 | 200 | 450 | 650 | | |
| 13 | | 10월 | 400 | 300 | 400 | | |
| 14 | | 11월 | 500 | 250 | 150 | | |
| 15 | | 12월 | 600 | 350 | 100 | | |
| 16 | | SUBTOTAL | 350 | 500 | 100 | | |
| 17 | | TOTAL | 369.4444 | 800 | 100 | | |
| 18 | | | | | | | |

[셀의 입력내용]

C16;=SUBTOTAL(1, C4:C15)

C17;=SUBTOTAL(1,C4:C15,D4:D15,E4:E15)

D16;=SUBTOTAL(4, D4:D15)

D17;=SUBTOTAL(4,C4:C15,D4:D15,E4:E15)

E16;=SUBTOTAL(5, E4:E15)

E17;=SUBTOTAL(5,C4:C15,D4:D15,E4:E15)

토막지식

**SUBTOTAL 함수의 활용법**

집계방법을 사용자가 선택하도록 하는 워크시트를 만들 때에는, SUBTOTAL 함수를 사용하면 편리하다. 예를 들면, 사용자가 집계방법을 선택하고 그 선택 결과가 셀 P2에 설정되어 있다고 한다. 이 때 셀 범위 H3:M4를 선택된 방법으로 집계하려면 집계 결과를 나타내는 셀에

=SUBTOTAL(P2, H3:M4)

라고 하는 함수를 설정하면 된다.

| | G | H | I | J | K | L | M | N | O | P | Q |
|---|---|---|---|---|---|---|---|---|---|---|---|
| 1 | | | | | | | | | | | |
| 2 | | 데이터 | | | | | | | 계산방법 | 9 | |
| 3 | | 2 | 4 | 6 | 8 | 10 | 12 | | 계산결과 | 105 | |
| 4 | | 3 | 6 | 9 | 12 | 15 | 18 | | | | |
| 5 | | | | | | | | | | | |

## 2. 배열상의 요소를 사용해서 여러 가지 합계를 구하는 함수 : SUMPRODUCT, SUMX2PY2, SUMX2MY2, SUMXMY2

### ▶ 용도

SUMPRODUCT : 배열의 대응되는 값끼리 곱해서 그 합을 구한다.

SUMX2PY2 : 두 배열에서 대응값의 제곱의 합을 구한 다음 그 합을 구한다.

SUMX2MY2 : 두 배열에서 대응값의 제곱의 차를 구한 다음 그 합을 구한다.

SUMXMY2　　: 두 배열에서 대응값의 차를 구한 다음 그 제곱의 합을 구한다.

### ▶ 함수 범주

수학/삼각

### ▶ 서식

SUMPRODUCT(array1, arry2, arry3, …) : 배열은 2개에서 30개까지 지정 가능

SUMX2PY2(array_x, array_ y)

SUMX2MY2(array_x, array_ y)

SUMXMY2(array_x, array_ y)

### ▶ 활용예

| | A | B | C | D | E | F | G | H | I |
|---|---|---|---|---|---|---|---|---|---|
| 1 | | | | | | | | | |
| 2 | | array1 | array2 | array3 | array4 | | 배열의 여러 가지 합계 | | |
| 3 | | 1 | 2 | 3 | 4 | | SUMPRODUCT | 3024 | |
| 4 | | 2 | 3 | 4 | 5 | | SUMX2PY2 | 145 | |
| 5 | | 3 | 4 | 5 | 6 | | SUMX2MY2 | -35 | |
| 6 | | 4 | 5 | 6 | 7 | | SUMXMY2 | 5 | |
| 7 | | 5 | 6 | 7 | 8 | | | | |
| 8 | | | | | | | | | |

[셀의 입력내용]

H3;=SUMPRODUCT(B3:B7,C3:C7,D3:D7,E3:E7)

H4;=SUMX2PY2(B3:B7,C3:C7)

H5;=SUMX2MY2(B3:B7,C3:C7)

H6;=SUMXMY2(B3:B7,C3:C7)

SUMPRODUCT 함수의 계산방식 :

SUMPRODUCT(B3:B7,C3:C7,D3:D7,E3:E7)=(1×2×3×4)+(2×3×4×5)+…+(5×6×7×8)

### ▶ 관련항목

합계 : SUM

## 3. 제곱의 합 : SUMSQ

### ▶ 용도

인수의 제곱의 합을 구한다. 범위는 숫자, 이름, 숫자가 들어 있는 배열이나 참조가 될 수 있다.

### ▶ 함수 범주

수학/삼각

### ▶ 서식

SUMSQ(number1, number2, …) :

number1, number2, …는 제곱의 합을 구하려는 인수로서 30개까지 지정할 수 있다.

### ▶ 서식예

=SUMSQ(2, 3, −5, 7, 4, 13) 또는 =SUMSQ(A3:A8)

### ▶ 참고사항

지정하는 각 수치를 벡터의 요소라고 하면, 벡터의 자기자신과의 내적(대응하는 성분끼리의 곱을 모두 합친 값)을 계산하는 셈이 된다.

### ▶ 활용예

| | A | B | C | D | E | F | G |
|---|---|---|---|---|---|---|---|
| 1 | | | | | | | |
| 2 | | 공간거리의 제곱 | | | | | |
| 3 | | 좌표 | x | y | z | 원점으로부터의 거리의 제곱 | |
| 4 | | A | 2 | 3 | 4 | 29 | |
| 5 | | B | 4 | 5 | 6 | 77 | |
| 6 | | C | -1.2 | -4.2 | 5 | 44.08 | |
| 7 | | D | -3 | 4 | -5 | 50 | |
| 8 | | E | 10 | 12 | 15 | 469 | |
| 9 | | F | 10 | -9 | 11 | 302 | |
| 10 | | G | -3.5 | -5.4 | -7.8 | 102.25 | |
| 11 | | H | 14 | 5 | 9 | 302 | |
| 12 | | | | | | | |
| 13 | | | | | | | |
| 14 | | | | | | | |

[셀의 입력내용]

| | |
|---|---|
| F4;=SUMSQ(C4:E4) | F8;=SUMSQ(C8:E8) |
| F5;=SUMSQ(C5:E5) | F9;=SUMSQ(C9:E9) |
| F6;=SUMSQ(C6:E6) | F10;=SUMSQ(C10:E10) |
| F7;=SUMSQ(C7:E7) | F11;=SUMSQ(C11:E11) |

## 4. 층별합계 : SUMIF

### ▶ 용도

주어진 조건에 의해 지정된 셀들의 합을 구한다.

### ▶ 함수 범주

수학/삼각

### ▶ 서식

SUMIF(range, criteria, sum_range)

- range : 조건에 맞는지를 검사할 셀들이다.
- criteria : 더할 셀의 조건을 지정하는 수, 식 또는 문자열(텍스트)이다.
- sum_range : 합을 구할 실제 셀들이다. 생략하면 범위 내의 셀들이 계산된다.

### ▶ 서식예

=SUMIF(B2:B11, “서울”, D2:D11)

### ▶ 활용예

| | A | B | C | D | E | F | G | H |
|---|---|---|---|---|---|---|---|---|
| 1 | 성별 | 출신지 | 매출개수 | 매출액 | | 조건부 합계 | | |
| 2 | 남 | 서울 | 70 | 173 | | 조건 | 매출액 | |
| 3 | 남 | 대전 | 45 | 161 | | 남 | 791 | |
| 4 | 여 | 대전 | 49 | 153 | | 여 | 883 | |
| 5 | 남 | 서울 | 80 | 177 | | 서울 | 712 | |
| 6 | 여 | 인천 | 90 | 211 | | 대전 | 314 | |
| 7 | 남 | 인천 | 50 | 130 | | 인천 | 341 | |
| 8 | 여 | 서울 | 45 | 203 | | 광주 | 307 | |
| 9 | 여 | 광주 | 50 | 157 | | 매출개수가 50 이상 | 998 | |
| 10 | 남 | 광주 | 50 | 150 | | 매출개수가 50 미만 | 676 | |
| 11 | 여 | 서울 | 45 | 159 | | | | |
| 12 | | | | | | | | |
| 13 | | | | | | | | |

[셀의 입력내용]

| | |
|---|---|
| G3;=SUMIF(A2:A11, F3, D2:D11) | G7;=SUMIF(B2:B11, F7, D2:D11) |
| G4;=SUMIF(A2:A11, F4, D2:D11) | G8;=SUMIF(B2:B11, F8, D2:D11) |
| G5;=SUMIF(B2:B11, F5, D2:D11) | G9;=SUMIF(C2:C11, ">=50", D2:D11) |
| G6;=SUMIF(B2:B11, F6, D2:D11) | G10;=SUMIF(C2:C11, "<50", D2:D11) |

▶ **주의사항**

탐색조건으로서 수식 또는 문자열을 지정하는 경우는, ">=50", "남"과 같이 반각의 큰따옴표(")로 에워쌀 필요가 있다.

## 5. 층별평균값 : DAVERAGE

▶ **용도**

데이터베이스 범위 내의 지정된 필드 열을 검색하여 조건을 만족시키는 레코드의 평균값을 구한다.

▶ **함수 범주**

데이터베이스

▶ **서식**

DAVERAGE(database, field, criteria)

database : 데이터베이스나 목록으로 지정할 셀 범위
field : 필드 목록에서 열 위치를 나타내는 숫자나 열 레이블
criteria : 찾을 조건이 있는 셀 범위

▶ **참고사항**

일정한 범위의 수치에 대한 평균값을 구하는 경우는 AVERAGE 함수를 사용하지만, DAVERAGE 함수를 사용하면 조건을 만족시키는 수치의 평균값을 구할 수 있다.

▶ **활용예**

**(1) 조건과 일치하는 데이터의 평균값을 구한다.**

| | A | B | C | D | E | F | G | H | I | J |
|---|---|---|---|---|---|---|---|---|---|---|
| 1 | 반 | 남/여 | 성명 | 국어 | 영어 | 수학 | 합계 | | | |
| 2 | A | 남 | 이수동 | 87 | 86 | 78 | 251 | | | |
| 3 | D | 여 | 김숙자 | 69 | 75 | 70 | 214 | | | |
| 4 | B | 남 | 박기동 | 80 | 77 | 82 | 239 | | | |
| 5 | C | 여 | 이혜영 | 58 | 60 | 62 | 180 | | | |
| 6 | A | 남 | 정갑석 | 92 | 88 | 90 | 270 | | | |
| 7 | D | 여 | 박 숙 | 75 | 70 | 72 | 217 | | | |
| 8 | C | 여 | 김은혜 | 83 | 83 | 80 | 246 | | | |
| 9 | B | 남 | 최개봉 | 48 | 50 | 42 | 140 | | | |
| 10 | | | | | | | | | | |
| 11 | 검색조건 | | | | | | | | | |
| 12 | 반 | 남/여 | 성명 | 국어 | 영어 | 수학 | 합계 | | 합계점의 평균(남) | |
| 13 | | 남 | | | | | | | 225 | |
| 14 | | | | | | | | | | |

[셀의 입력내용]

I13;=DAVERAGE(A1:G9, G1, A12:G13)

→ 남학생 합계점의 평균값이 구해진다.

**(2) 검색조건의 셀을 공백으로 하는 경우**

데이터베이스 함수에서는 인수로서의 검색조건을 생략할 수는 없지만, 검색조건에 공백 셀을 지정하면 「무조건」으로 인식되어 모든 레코드를 대상으로 해서 계산이 실시된다.

| | A | B | C | D | E | F | G | H | I | J |
|---|---|---|---|---|---|---|---|---|---|---|
| 1 | 반 | 남/여 | 성명 | 국어 | 영어 | 수학 | 합계 | | | |
| 2 | A | 남 | 이수동 | 87 | 86 | 78 | 251 | | | |
| 3 | D | 여 | 김숙자 | 69 | 75 | 70 | 214 | | | |
| 4 | B | 남 | 박기동 | 80 | 77 | 82 | 239 | | | |
| 5 | C | 여 | 이혜영 | 58 | 60 | 62 | 180 | | | |
| 6 | A | 남 | 정갑석 | 92 | 88 | 90 | 270 | | | |
| 7 | D | 여 | 박 숙 | 75 | 70 | 72 | 217 | | | |
| 8 | C | 여 | 김은혜 | 83 | 83 | 80 | 246 | | | |
| 9 | B | 남 | 최개봉 | 48 | 50 | 42 | 140 | | | |
| 10 | | | | | | | | | | |
| 11 | 검색조건 | | | | | | | | | |
| 12 | 반 | 남/여 | 성명 | 국어 | 영어 | 수학 | 합계 | | 합계점의 평균(여) | |
| 13 | | 여 | | | | | | | 214.25 | |
| 14 | | | | | | | | | | |

[셀의 입력내용]

I13;=DAVERAGE(A1:G9, G1, A12:G13)

→ 여학생 합계점의 평균값이 구해진다.

| | A | B | C | D | E | F | G | H | I | J |
|---|---|---|---|---|---|---|---|---|---|---|
| 1 | 반 | 남/여 | 성명 | 국어 | 영어 | 수학 | 합계 | | | |
| 2 | A | 남 | 이수동 | 87 | 86 | 78 | 251 | | | |
| 3 | D | 여 | 김숙자 | 69 | 75 | 70 | 214 | | | |
| 4 | B | 남 | 박기동 | 80 | 77 | 82 | 239 | | | |
| 5 | C | 여 | 이혜영 | 58 | 60 | 62 | 180 | | | |
| 6 | A | 남 | 정갑석 | 92 | 88 | 90 | 270 | | | |
| 7 | D | 여 | 박 숙 | 75 | 70 | 72 | 217 | | | |
| 8 | C | 여 | 김은혜 | 83 | 83 | 80 | 246 | | | |
| 9 | B | 남 | 최개봉 | 48 | 50 | 42 | 140 | | | |
| 10 | | | | | | | | | | |
| 11 | 검색조건 | | | | | | | | | |
| 12 | 반 | 남/여 | 성명 | 국어 | 영어 | 수학 | 합계 | | 합계점의 평균(남/여) | |
| 13 | | | | | | | | | 219.625 | |
| 14 | | | | | | | | | | |

[셀의 입력내용]

I13;=DAVERAGE(A1:G9, G1, A12:G13)

→ 자동적으로 재계산되어 전원의 합계점에 대한 평균값이 구해진다.

### ▶ 관련항목

평균값 : AVERAGE, AVERAGEA

## 6. 행렬의 곱 : MMULT

### ▶ 용도

두 배열의 행렬 곱을 구한다.

### ▶ 함수 범주

수학/삼각

### ▶ 서식

MMULT(array1, array2)

▶ **서식예**

=MMULT(B3:C4, E3:F4)

▶ **참고사항**

$p$행 $q$열의 행렬과 $q$행 $r$열의 행렬 곱을 계산한다. 계산결과는 $p \times r$형의 행렬이 된다. 예를 들면,

$$\begin{pmatrix} 1 & 2 \\ -2 & 3 \\ 4 & 1 \end{pmatrix} \times \begin{pmatrix} 1 & 2 & 3 \\ -2 & 3 & 4 \end{pmatrix} = \begin{pmatrix} -3 & 8 & 11 \\ -8 & 5 & 6 \\ 2 & 11 & 16 \end{pmatrix}$$

배열의 형식이 부적당하면 에러가 생긴다.

▶ **활용예**

| | A | B | C | D | E | F | G | H | I | J | K | L |
|---|---|---|---|---|---|---|---|---|---|---|---|---|
| 1 | | | | | | | | | | | | |
| 2 | | 행렬의 곱 | | | | | | | | | | |
| 3 | | 1 | 2 | | 1 | 2 | 3 | | -3 | 8 | 11 | |
| 4 | | -2 | 3 | × | -2 | 3 | 4 | = | -8 | 5 | 6 | |
| 5 | | 4 | 1 | | | | | | 2 | 11 | 16 | |
| 6 | | | | | | | | | | | | |
| 7 | | | | | | | | | | | | |

[셀의 입력내용]

셀 범위 I3:K5의 배열식 {=MMULT(B3:C5, E3:G4)}

셀 범위 I3:K5를 지정한 다음에 수식(=MMULT(B3:C5, E3:G4))을 입력하고, Ctrl + Shift + Enter↵ 키를 동시에 누른다.

▶ **관련항목**

역행렬 : MINVERSE

## 7. 역행렬 : MINVERSE

▶ **용도**

배열의 역행렬을 구한다.

### ▶ 함수 범주

수학/삼각

### ▶ 서식

MINVERSE(array)

### ▶ 서식예

=MINVERSE(B3:D5)

### ▶ 참고사항

정칙의(행렬식이 0이 아닌) 정방행렬($n \times n$형의 행렬)에 대한 역행렬을 계산한다. 행렬 $A$의 역행렬이란 행렬의 곱연산에 대해서 $AB = BA = I$(단위행렬)가 되는 행렬 $B$를 말한다. 이 역행렬은 $A$의 행렬식이 0이 아닌 경우에 한하며, 하나만 존재한다는 사실이 알려져 있다. MINVERSE (array)에서 array의 형식이 $n \times n$형이 아닌 경우에는 에러가 된다.

### ▶ 활용예

| | A | B | C | D | E | F | G | H | I | J |
|---|---|---|---|---|---|---|---|---|---|---|
| 1 | | | | | | | | | | |
| 2 | | 역행렬 계산 | | | | | | | | |
| 3 | | 1 | 2 | 3 | | -0.154 | -0.051 | 0.179 | | |
| 4 | | 2 | 1 | 5 | → | 0.692 | -0.436 | 0.026 | | |
| 5 | | 7 | 2 | 4 | | -0.077 | 0.308 | -0.077 | | |
| 6 | | | | | | | | | | |
| 7 | | | | | | | | | | |
| 8 | | | | | | | | | | |

[셀의 입력내용]

셀 범위 F3:H5의 배열식 {=MINVERSE(B3:D5)}

셀 범위 F3:H5를 지정한 다음에 수식(=MINVERSE(B3:D5))을 입력하고, Ctrl + Shift + Enter↵ 키를 동시에 누른다.

### ▶ 관련항목

행렬식 : MDETERM

## 8. 행렬식 : MDETERM

### ▶ 용도

배열의 행렬식을 구한다.

### ▶ 함수 범주

수학/삼각

### ▶ 서식

MDETERM(array)

### ▶ 서식예

=MINVERSE(B3:D5)

### ▶ 참고사항

정방행렬($n \times n$형의 행렬)의 행렬식을 계산한다. MDETERM(array)에서 array의 형식이 $n \times n$형이 아닌 경우에는 에러가 된다.

행렬식이 0일 때, 그 행렬에는 역행렬이 존재하지 않는다.

### ▶ 활용예

| | A | B | C | D | E | F | G | H |
|---|---|---|---|---|---|---|---|---|
| 1 | | | | | | | | |
| 2 | | 행렬식의 계산 | | | | | | |
| 3 | | 4 | 2 | 7 | 4 | → | 844 | |
| 4 | | 2 | -3 | 4 | 6 | | | |
| 5 | | -2 | 5 | -4 | 6 | | | |
| 6 | | 1 | -3 | 6 | 7 | | | |
| 7 | | | | | | | | |
| 8 | | 1 | 2 | 3 | 4 | → | 0 | |
| 9 | | 2 | 3 | 4 | 5 | | | |
| 10 | | 3 | 4 | 5 | 6 | | | |
| 11 | | 4 | 5 | 6 | 7 | | | |
| 12 | | | | | | | | |
| 13 | | | | | | | | |

[셀의 입력내용]

G3;=MDETERM(B3:E6)

G8;=MDETERM(B8:E11)

### ▶ 관련항목

역행렬 : MINVERSE

## 9. 전치행렬 : TRANSPOSE

### ▶ 용도

배열이나 범위의 행과 열을 바꾼다.

### ▶ 함수 범주

찾기/참조 영역

### ▶ 서식

TRANSPOSE(array)

array : 셀 범위

### ▶ 참고사항

지정한 셀 범위의 행과 열의 값을 바꾸어 넣는다. 이 작업을 「전치(轉置)」라고 부른다. TRANSPOSE 함수는 결과의 배열과 같은 크기의 셀 범위에 배열 형식으로 입력해 놓을 필요가 있다. 배열 형식으로 식을 입력하려면 입력하고 싶은 셀 범위를 선택하고 나서 식을 입력한 다음, Ctrl + Shift + Enter↵ 키를 동시에 누른다.

### ▶ 활용예

| | A | B | C | D | E | F | G | H | I | J | K |
|---|---|---|---|---|---|---|---|---|---|---|---|
| 1 | | | | | | | | | | | |
| 2 | | 배열의 전치 | | | | | | | | | |
| 3 | | 1 | 2 | 3 | | 1 | 4 | 7 | 10 | | |
| 4 | | 4 | 5 | 6 | | 2 | 5 | 8 | 11 | | |
| 5 | | 7 | 8 | 9 | | 3 | 6 | 9 | 12 | | |
| 6 | | 10 | 11 | 12 | | | | | | | |
| 7 | | | | | | | | | | | |
| 8 | | | | | | | 1 | | | | |
| 9 | | 1 | 5 | 9 | | | 5 | | | | |
| 10 | | | | | | | 9 | | | | |
| 11 | | | | | | | | | | | |
| 12 | | | | | | | | | | | |

[셀의 입력내용]

셀 범위 F3:I5에 배열식 {=TRANSPOSE(B3:D6)}이 입력된다.

셀 범위 B9:D9에 배열식 {=TRANSPOSE(B9:D9)}이 입력된다.

### ▶ 관련항목

행렬식 : MDETERM

역행렬 : MINVERSE

행렬의 곱 : MMULT

## 10. 일양난수 : RAND

### ▶ 용도

0과 1 사이의 일양난수(一様亂數)를 구한다.

### ▶ 함수 범주

수학/삼각

### ▶ 서식

RAND( )

이 함수에는 인수가 필요없다.

### ▶ 참고사항

이 함수는 인수를 갖지 않으므로 ( ) 속에는 아무 것도 기술하지 않는다. 시트에서 재계산을 하면(F9 키를 누른다) 값이 새로 발생된다.

$a$ 이상 $b$ 미만의 난수를 발생시키려면,

$$= \mathrm{RAND}(\,) * (b - a) + a$$

로 한다.

▶ **활용예**

|  | A | B | C | D | E |
|---|---|---|---|---|---|
| 1 |  |  |  |  |  |
| 2 |  | 난수발생 |  |  |  |
| 3 |  | 0~1 사이의 난수 | 0.475270781 |  |  |
| 4 |  |  | 0.202063962 |  |  |
| 5 |  |  | 0.681495324 |  |  |
| 6 |  |  | 0.176907051 |  |  |
| 7 |  |  | 0.615474953 |  |  |
| 8 |  |  | 0.790842899 |  |  |
| 9 |  |  | 0.079435307 |  |  |
| 10 |  |  | 0.345479031 |  |  |
| 11 |  |  | 0.160887356 |  |  |
| 12 |  |  | 0.286046629 |  |  |
| 13 |  |  | 0.242251230 |  |  |
| 14 |  |  | 0.360654795 |  |  |
| 15 |  |  |  |  |  |

[셀의 입력내용]

C3;=RAND ( )

(C3을 C14까지 복사한다.)

▶ **관련항목**

범위를 지정해서 정수의 난수를 발생시키는 함수 : RANDBETWEEN

# 주의를 요하는 함수 3

## 1. 검정을 위한 함수(ZTEST/TTEST/FTEST)

ZTEST, TTEST, FTEST는 모두 가설검정에 있어서의 p값을 출력하는 함수인데, 단측검정을 실시할 때에는 주의가 필요하다.

●●● **예제 3-1** 지금 그룹 1의 모평균은 그룹 2의 모평균보다 작다고 생각해도 좋은지 어떤지를 검정한다고 하자. 데이터는 다음과 같다.

| | A | B | C | D | E | F | G | H | I |
|---|---|---|---|---|---|---|---|---|---|
| 1 | 그룹1 | 그룹2 | | | | | | | |
| 2 | 15.6 | 14.2 | | | | | | | |
| 3 | 13.5 | 13.7 | | | | | | | |
| 4 | 13.4 | 13.8 | | | | | | | |
| 5 | 16.4 | 10.1 | | | | | | | |
| 6 | 14.7 | 11.8 | | | | | | | |
| 7 | 15.3 | 14.2 | | | | | | | |
| 8 | 17.3 | 13.6 | | | | | | | |
| 9 | 14.8 | 12.7 | | | | | | | |
| 10 | 13.5 | 13.2 | | | | | | | |
| 11 | 12.9 | 10.9 | | | | | | | |
| 12 | 15.4 | 13.2 | | | | | | | |
| 13 | | | | | | | | | |

검정을 위한 가설은 다음과 같이 설정할 수 있다.

$$\text{귀무가설 } H_0 : \mu_1 = \mu_2$$

$$\text{대립가설 } H_1 : \mu_1 < \mu_2$$

이것은 단측검정이므로 $H_0$를 기각할 수 있느냐 없느냐의 판정에 필요한 $p$값은 단측 $p$값이다.

TTEST를 이용해서 단측 $p$값을 출력하면 다음과 같은 $p$값이 구해진다.

| | A | B | C | D | E | F | G | H | I |
|---|---|---|---|---|---|---|---|---|---|
| 1 | 그룹1 | 그룹2 | | | | | | | |
| 2 | 15.6 | 14.2 | | | | | | | |
| 3 | 13.5 | 13.7 | | | | | | | |
| 4 | 13.4 | 13.8 | | | | | | | |
| 5 | 16.4 | 10.1 | | p값(단측) | 0.001676 | | | | |
| 6 | 14.7 | 11.8 | | | | | | | |
| 7 | 15.3 | 14.2 | | | | | | | |
| 8 | 17.3 | 13.6 | | | | | | | |
| 9 | 14.8 | 12.7 | | | | | | | |
| 10 | 13.5 | 13.2 | | | | | | | |
| 11 | 12.9 | 10.9 | | | | | | | |
| 12 | 15.4 | 13.2 | | | | | | | |
| 13 | | | | | | | | | |

[셀의 입력내용]

E5;=TTEST(A2:A12, B2:B12, 1, 2)

여기에서 유의수준 $\alpha$ = 0.05로 하면,

$$\text{단측 } p\text{값} = 0.001676 < \text{유의수준 } \alpha$$

가 되므로 $H_0$를 기각한다고 하는 결론이 얻어진다. 그러나 이 결론은 틀렸다.

각 그룹의 평균값은

$$\overline{x_1} = 14.80$$

$$\overline{x_2} = 12.85$$

이므로,

$$\overline{x_1} > \overline{x_2}$$

가 성립한다. 따라서 대립가설 $H_1$은 채택할 수 없는 것이다(귀무가설 $H_0$는 기각되지 않는다).

이 예로부터 알 수 있듯이 $p$값을 출력하는 함수는 단측검정일 때에 대립가설의 방

향(어느 쪽의 모평균이 크다고 생각하느냐)을 고려하지 않는다. 따라서 이들 함수를 사용할 때에는 모평균의 차를 검정한다면 각 그룹의 평균값을, 모분산의 비를 검정한다면 각 그룹의 분산을 산출해 놓을 필요가 있다.

| | A | B | C | D | E | F | G | H | I |
|---|---|---|---|---|---|---|---|---|---|
| 1 | 그룹1 | 그룹2 | | 평균값 | | | | | |
| 2 | 15.6 | 14.2 | | 그룹1 | 그룹2 | 차 | | | |
| 3 | 13.5 | 13.7 | | 14.80 | 12.85 | -1.95 | | | |
| 4 | 13.4 | 13.8 | | | | | | | |
| 5 | 16.4 | 10.1 | | p값(단측) | 0.001676 | | | | |
| 6 | 14.7 | 11.8 | | | | | | | |
| 7 | 15.3 | 14.2 | | | | | | | |
| 8 | 17.3 | 13.6 | | | | | | | |
| 9 | 14.8 | 12.7 | | | | | | | |
| 10 | 13.5 | 13.2 | | | | | | | |
| 11 | 12.9 | 10.9 | | | | | | | |
| 12 | 15.4 | 13.2 | | | | | | | |
| 13 | | | | | | | | | |

## 2. 역함수를 위한 함수(TINV/CHIINV/FINV)

TINV, CHIINV, FINV는 모두 분포의 역함수(퍼센트점)를 출력하는 함수인데, 입력할 항목으로서 자유도가 필요하다. 이 자유도는 정수(整數)인 경우가 많지만 언제나 꼭 정수인 것은 아니다. 등가자유도(等價自由度)라고 불리는 자유도일 때에는 반드시 정수로는 되지 않는다.

자유도가 정수가 아닐 때에 역함수를 계산하는 함수에서는 소수점 이하가 잘려 나간다고 하는 것을 기억해 둘 필요가 있다.

●●● **예제 3-2** 자유도를 15.3, 확률을 0.05라고 했을 때의 역함수를 구하면 다음과 같이 된다.

| | A | B | C | D | E | F | G | H | I |
|---|---|---|---|---|---|---|---|---|---|
| 1 | 자유도 | 역함수 | | | | | | | |
| 2 | 15.3 | 2.1315 | | | | | | | |
| 3 | 15 | 2.1315 | | | | | | | |
| 4 | 16 | 2.1199 | | | | | | | |
| 5 | | | | | | | | | |
| 6 | | | | | | | | | |

[셀의 입력내용]

B2;=TINV(0.05, A2)

B3;=TINV(0.05, A3)

B4;=TINV(0.05, A4)

아무리 해도 정수가 아닌 자유도의 역함수가 필요한 경우에는 보간법(補間法)에 의해서 역함수를 구하게 된다.

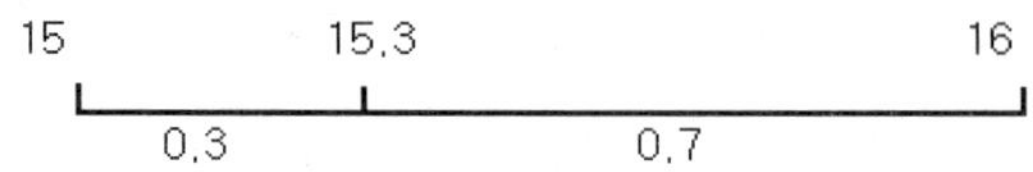


$$t\,(15.3) = t\,(15) \times 0.7 + t\,(16) \times 0.3$$
$$= 2.1315 \times 0.7 + 2.1199 \times 0.3$$
$$= 2.1280$$

함수를 이용하면 다음과 같이 해서 구한다.

| | A | B | C | D | E | F | G | H | I |
|---|---|---|---|---|---|---|---|---|---|
| 1 | 자유도 | 역함수 | | | | | | | |
| 2 | 15.3 | 2.1315 | | | | | | | |
| 3 | 15 | 2.1315 | | | | | | | |
| 4 | 16 | 2.1199 | | | | | | | |
| 5 | | | | | | | | | |
| 6 | 자유도 | 보간법 | | | | | | | |
| 7 | 15.3 | 2.1280 | | | | | | | |
| 8 | | | | | | | | | |
| 9 | | | | | | | | | |

[셀의 입력내용]

B7;=(1－A7+INT(A7)) * TINV(0.05, A7)+(A7－INT(A7)) * TINV(0.05, A7+1)

## 3. 회귀분석을 위한 함수(LINEST)

### (1) 원점을 지나는 회귀분석에 대해서

LINEST를 사용해서 원점을 지나는 회귀식을 구한 경우, 회귀분석과 관련된 통계량

중 「기여율(결정계수)」, 「회귀식의 F값」, 「회귀의 제곱합」에 대해서는 틀린 수치를 출력하므로 주의를 요한다.

**예제 3-3** 다음의 데이터에 대해서 원점을 지나는 회귀식과 회귀분석과 관련된 통계량을 구해보자.

| | A | B | C | D | E | F | G | H | I |
|---|---|---|---|---|---|---|---|---|---|
| 1 | x | y | | | | | | | |
| 2 | 1 | 3.45 | | | | | | | |
| 3 | 2 | 3.76 | | | | | | | |
| 4 | 3 | 3.75 | | | | | | | |
| 5 | 4 | 3.86 | | | | | | | |
| 6 | 5 | 4.25 | | | | | | | |
| 7 | 6 | 4.25 | | | | | | | |
| 8 | 7 | 4.15 | | | | | | | |
| 9 | 8 | 4.55 | | | | | | | |
| 10 | 9 | 4.85 | | | | | | | |
| 11 | 10 | 4.65 | | | | | | | |
| 12 | | | | | | | | | |
| 13 | | | | | | | | | |

LINEST에 의한 계산결과는 다음과 같다.

| | A | B | C | D | E | F | G | H |
|---|---|---|---|---|---|---|---|---|
| 1 | x | y | | 회귀분석의 결과 | | | | |
| 2 | 1 | 3.45 | | 0.6234 | 0 | | | |
| 3 | 2 | 3.76 | | 0.0842 | #N/A | | | |
| 4 | 3 | 3.75 | | -12.6059 | 1.6524 | | | |
| 5 | 4 | 3.86 | | -8.3385 | 9 | | | |
| 6 | 5 | 4.25 | | -22.7682 | 24.5743 | | | |
| 7 | 6 | 4.25 | | | | | | |
| 8 | 7 | 4.15 | | | | | | |
| 9 | 8 | 4.55 | | | | | | |
| 10 | 9 | 4.85 | | | | | | |
| 11 | 10 | 4.65 | | | | | | |
| 12 | | | | | | | | |
| 13 | | | | | | | | |

[셀의 입력내용]

D2:E6;{=LINEST(B2:B11, A2:A11, FALSE, TRUE)}

(배열수식으로서 입력)[1]

다음과 같은 결과가 얻어진다.

1) 배열수식 입력방법 : ① 셀 범위 D2:E6를 지정한다. ② 셀 D2에 수식 =LINEST(B2:B11, A2:A11, FALSE, TRUE)를 입력한다. ③ Ctrl + Shift + Enter↵ 키를 동시에 누른다.

| | |
|---|---|
| (회귀식) | $y = 0.6234x$ |
| (기여율) | $-12.6059$ |
| (회귀식의 $F$값) | $-8.3385$ |
| (회귀의 제곱합) | $-22.7682$ |
| (잔차의 제곱합) | $24.5743$ |

회귀식과 잔차의 제곱합은 맞지만, 기여율, 회귀식의 $F$값, 회귀의 제곱합은 분명히 이상하다. 그 원인은 회귀의 제곱합에 있다. 보통 회귀의 제곱합은 다음과 같이 해서 구할 수 있다.

(회귀의 제곱합) = (전체의 제곱합) − (잔차의 제곱합)

그러나 전체의 제곱합으로서 $y$의 편차제곱합을 이용하면, 이 예에서는

(회귀의 제곱합) = 1.8062 − 24.5743 = −22.7682

가 된다.

원점을 지나는 회귀분석의 경우는 전체의 제곱합으로서 $y$의 편차제곱합이 아니라 $y$의 제곱합을 이용할 필요가 있다. 이 예에서는 ($y$의 제곱합) = 174.1972이므로

(회귀의 제곱합) = 174.1972 − 24.5743 = 149.6229

가 된다.

그리고 기여율은 다음과 같이 된다.

(기여율) = (회귀의 제곱합) / (전체의 제곱합)
= 149.6229 / 174.1972
= 0.8589

**(2) 중회귀분석에 있어서의 다중공선성에 대해서**

중회귀분석을 적용할 때에 문제가 되는 것이 다중공선성(多重共線性)이다. 다중공선성이란 설명변수간에 선형관계가 성립하는 것으로 다중공선성이 존재할 때에는 해가 얻어지지 않거나 혹은 해가 불안정하고 신뢰할 수 없다고 하는 문제가 생긴다. 해가 얻어지지 않는 경우란 다음과 같은 경우이다.

■ 두 개의 설명변수간 상관계수가 1 또는 −1이다.

■ 세 개 이상의 설명변수간에는 다음과 같은 선형관계가 성립한다.

$$c_1x_1 + c_2x_2 + c_3x_3 + \cdots + c_px_p = C \text{ (상수)}$$

그런데 다중공선성 때문에 해가 존재하지 않는 경우인데도 불구하고 LINEST를 사용하면 계산오차 때문에 해가 얻어지는 수가 있다고 하는 사실에 주의할 필요가 있다. 이 경우의 해는 당연한 일이지만 전혀 신용할 수 없는 수치이다.

●●● **예제 3-4** 다음의 데이터에 대해서 중회귀분석을 적용해 보자.

| | A | B | C | D | E | F | G | H | I |
|---|---|---|---|---|---|---|---|---|---|
| 1 | x1 | x2 | x3 | y | | | | | |
| 2 | 23 | 69 | 12.3 | 78.5 | | | | | |
| 3 | 21 | 63 | 23.4 | 89.6 | | | | | |
| 4 | 24 | 72 | 32.1 | 68.7 | | | | | |
| 5 | 18 | 54 | 24.5 | 69.8 | | | | | |
| 6 | 21 | 63 | 19.5 | 88.6 | | | | | |
| 7 | 26 | 78 | 14.5 | 78.4 | | | | | |
| 8 | 28 | 84 | 23.4 | 56.7 | | | | | |
| 9 | 21 | 63 | 19.8 | 77.4 | | | | | |
| 10 | 23 | 69 | 20.4 | 98.6 | | | | | |
| 11 | 19 | 57 | 24.5 | 70.5 | | | | | |
| 12 | | | | | | | | | |
| 13 | | | | | | | | | |

이 데이터는 $x_1$과 $x_2$ 사이에 다음과 같은 관계가 성립한다.

$$x_2 = x_1 \times 3$$

LINEST로 회귀분석을 실시하면 다음과 같은 결과가 나온다.

| | A | B | C | D | E | F | G | H | I |
|---|---|---|---|---|---|---|---|---|---|
| 1 | x1 | x2 | x3 | y | | 회귀분석의 결과 | | | |
| 2 | 23 | 69 | 12.3 | 78.5 | | #NUM! | #NUM! | #NUM! | #NUM! |
| 3 | 21 | 63 | 23.4 | 89.6 | | #NUM! | #NUM! | #NUM! | #NUM! |
| 4 | 24 | 72 | 32.1 | 68.7 | | #NUM! | #NUM! | #NUM! | #NUM! |
| 5 | 18 | 54 | 24.5 | 69.8 | | #NUM! | #NUM! | #NUM! | #NUM! |
| 6 | 21 | 63 | 19.5 | 88.6 | | #NUM! | #NUM! | #NUM! | #NUM! |
| 7 | 26 | 78 | 14.5 | 78.4 | | | | | |
| 8 | 28 | 84 | 23.4 | 56.7 | | | | | |
| 9 | 21 | 63 | 19.8 | 77.4 | | | | | |
| 10 | 23 | 69 | 20.4 | 98.6 | | | | | |
| 11 | 19 | 57 | 24.5 | 70.5 | | | | | |
| 12 | | | | | | | | | |

[셀의 입력내용]

F2:I6;{=LINEST(D2:D11, A2:C11, TRUE, TRUE)}

(배열수식으로서 입력)

이 예의 경우 $x_1$과 $x_2$의 상관계수가 1이 되므로 해가 구해지지 않는 것이다. 해가 존재하지 않는 것이 당연하므로 이것은 문제가 되지 않는다.

**●●● 예제 3-5** 다음의 데이터에 대해서 중회귀분석을 적용해 보자.

| | A | B | C | D | E | F | G | H | I |
|---|---|---|---|---|---|---|---|---|---|
| 1 | x1 | x2 | x3 | y | | | | | |
| 2 | 23 | 7,666667 | 12,3 | 78,5 | | | | | |
| 3 | 21 | 7 | 23,4 | 89,6 | | | | | |
| 4 | 24 | 8 | 32,1 | 68,7 | | | | | |
| 5 | 18 | 6 | 24,5 | 69,8 | | | | | |
| 6 | 21 | 7 | 19,5 | 88,6 | | | | | |
| 7 | 26 | 8,666667 | 14,5 | 78,4 | | | | | |
| 8 | 28 | 9,333333 | 23,4 | 56,7 | | | | | |
| 9 | 21 | 7 | 19,8 | 77,4 | | | | | |
| 10 | 23 | 7,666667 | 20,4 | 98,6 | | | | | |
| 11 | 19 | 6,333333 | 24,5 | 70,5 | | | | | |
| 12 | | | | | | | | | |
| 13 | | | | | | | | | |

이 데이터는 $x_1$과 $x_2$ 사이에 다음과 같은 관계가 성립한다.

$$x_2 = x_1 \div 3$$

예제 3-4와 마찬가지로 $x_1$과 $x_2$의 상관계수는 1로 해가 구해지지 않는 경우임에도 불구하고 계산오차 때문에 다음과 같이 해가 구해진다.

| | A | B | C | D | E | F | G | H | I |
|---|---|---|---|---|---|---|---|---|---|
| 1 | x1 | x2 | x3 | y | | 회귀분석의 결과 | | | |
| 2 | 23 | 7,666667 | 12,3 | 78,5 | | -0,8838 | -3,92824 | 0 | 125,9596 |
| 3 | 21 | 7 | 23,4 | 89,6 | | 0,7939 | 47566805 | 15855602 | 39,11822 |
| 4 | 24 | 8 | 32,1 | 68,7 | | 0,229104 | 13,09524 | #N/A | #N/A |
| 5 | 18 | 6 | 24,5 | 69,8 | | 0,594384 | 6 | #N/A | #N/A |
| 6 | 21 | 7 | 19,5 | 88,6 | | 305,7842 | 1028,912 | #N/A | #N/A |
| 7 | 26 | 8,666667 | 14,5 | 78,4 | | | | | |
| 8 | 28 | 9,333333 | 23,4 | 56,7 | | | | | |
| 9 | 21 | 7 | 19,8 | 77,4 | | | | | |
| 10 | 23 | 7,666667 | 20,4 | 98,6 | | | | | |
| 11 | 19 | 6,333333 | 24,5 | 70,5 | | | | | |
| 12 | | | | | | | | | |
| 13 | | | | | | | | | |

●●● **예제 3-6** 다음의 데이터에 대해서 중회귀분석을 적용해 보자.

| | A | B | C | D | E | F | G | H | I |
|---|---|---|---|---|---|---|---|---|---|
| 1 | x1 | x2 | x3 | y | | | | | |
| 2 | 23 | 5 | 72 | 78.5 | | | | | |
| 3 | 21 | 3 | 76 | 89.6 | | | | | |
| 4 | 24 | 5 | 71 | 68.7 | | | | | |
| 5 | 18 | 6 | 76 | 69.8 | | | | | |
| 6 | 21 | 4 | 75 | 88.6 | | | | | |
| 7 | 26 | 5 | 69 | 78.4 | | | | | |
| 8 | 28 | 6 | 66 | 56.7 | | | | | |
| 9 | 21 | 7 | 72 | 77.4 | | | | | |
| 10 | 23 | 5 | 72 | 98.6 | | | | | |
| 11 | 19 | 4 | 77 | 70.5 | | | | | |
| 12 | | | | | | | | | |
| 13 | | | | | | | | | |

이 데이터는 $x_1$, $x_2$, $x_3$ 사이에 다음과 같은 관계가 성립한다.

$$x_1 + x_2 + x_3 = 100$$

이 예도 해가 구해지지 않는 경우임에도 불구하고 계산오차 때문에 다음과 같이 해가 얻어지고 있다.

| | A | B | C | D | E | F | G | H | I |
|---|---|---|---|---|---|---|---|---|---|
| 1 | x1 | x2 | x3 | y | | 회귀분석의 결과 | | | |
| 2 | 23 | 5 | 72 | 78.5 | | -2.05684 | -6.43693 | -2.79664 | 321.8357 |
| 3 | 21 | 3 | 76 | 89.6 | | 5233959 | 5233959 | 5233959 | 5.23E+08 |
| 4 | 24 | 5 | 71 | 68.7 | | 0.236234 | 13.03454 | #N/A | #N/A |
| 5 | 18 | 6 | 76 | 69.8 | | 0.618604 | 6 | #N/A | #N/A |
| 6 | 21 | 4 | 75 | 88.6 | | 315.301 | 1019.395 | #N/A | #N/A |
| 7 | 26 | 5 | 69 | 78.4 | | | | | |
| 8 | 28 | 6 | 66 | 56.7 | | | | | |
| 9 | 21 | 7 | 72 | 77.4 | | | | | |
| 10 | 23 | 5 | 72 | 98.6 | | | | | |
| 11 | 19 | 4 | 77 | 70.5 | | | | | |
| 12 | | | | | | | | | |
| 13 | | | | | | | | | |

다중공선성의 체크에는 설명변수만의 데이터로 상관행렬을 계산하고 그 행렬의 행렬식을 계산해 보면 된다. 다중공선성이 존재하고 있을 때에는 행렬식의 값이 0이거나 0에 가까운 수치가 된다.

# 4 단순집계와 크로스 집계

## 1. 척도의 수준

대상이나 현상의 특성에 대해서 수치를 할당하는 기준을 척도(scale)라고 한다. 무엇인가를 측정한다고 하는 것은, 일정한 기준에 의거해서 대상이나 현상의 특성에 대하여 수치를 할당하는 것이다. 예를 들면 끈의 길이를 잰다고 하는 것은 끈에 댄 자의 눈금을 읽음으로써, 그 끈의 길이라고 하는 특성에 수치를 할당하는 것이다. 이 때, 자에 매긴 눈금이 전혀 엉터리라면 측정한 결과로부터 아무 것도 말할 수 없다. 스티븐스(S. S. Stevens)는 척도의 성질을 다음의 네 개 수준으로 분류했다.[1]

**(1) 명목척도(nominal scale)**

'명의척도'라고도 한다. 대상을 구별하기 위해서 숫자를 할당한다. 명칭이나 식별기호와 동등하다. 명목척도에서는 개개의 대상을 분류할 수 있으면 되므로, 분류에 지장이 없는 범위에서 수치를 임의로 변환할 수 있다(예 : 운동선수의 등번호, 우편번호, 상품번호 등).

**(2) 순서척도(ordinal scale)**

'서열척도'라고도 한다. 대상의 양의 대소나 강약의 순서관계를 구별한다(예 : 클래스의 순위, 별의 밝기 등급, 제품의 등급, 특정 제품의 선호도 등). 토너먼트전에 있어

1) 豊田秀樹, 調査法講義, 朝倉書店, 1998, pp. 48~50.

서 $n$회전 진출과 같이 특정의 대상에 순서가 매겨지지 않는 경우에는 특히 '부분순서척도(partial ordinal scale)'라고 한다.

**(3) 간격척도(interval scale)**

두 대상에 부여된 수치의 차가 비율척도가 되지 않는 척도로서 특성이 없는 상태인 절대 0점을 정의할 수 없다(예 : 섭씨 온도와 화씨 온도, 서력 연호, 위치 에너지 등).

**(4) 비율척도(ratio scale)**

'비척도'라든가 '비례척도'라고도 부른다. 특성이 없는 상태인 절대 0점이 존재한다(예 : 무게, 길이, 절대 온도, 시간, 밀도, 저항, 음의 크기, 개수 등). 특히 개수(個數)는 변환이 불가능하므로 '절대척도'라고 불리는 경우도 있다.

위의 (1)과 (2)를 질적척도(質的尺度) 혹은 계수척도(計數尺度)라 하고, (3)과 (4)를 양적척도(量的尺度) 혹은 계량척도(計量尺度)라고 한다.

## 2. 척도의 성질

명목척도, 순서척도, 간격척도, 비율척도의 순으로 제약이 강해지며, 후자는 전자가 가지고 있는 특성을 포함한다.

**(1) 목적 : 척도를 구성하는 의미**

① 명목척도 : 분류, 명명(命名), 부호화($A = B$, $A \neq B$)

② 순서척도 : 순서매김($A > B > C$, $A = B = C$, $A < B < C$)

③ 간격척도 : 원점과 단위가 임의인 등간격의 눈금매김[$(A - B) + (B - C) = (A - C)$]

④ 비율척도 : 절대 0점으로부터 등간격의 눈금매김($A = pB$, $B = qC \rightarrow A = pqC$)

**(2) 연산 : 허용되는 의미있는 계산**

① 명목척도 : 비율의 계산, 최빈값(mode)

② 순서척도 : 중앙값(median)

③ 간격척도 : 덧셈 , 뺄셈의 연산, 평균(mean)

④ 비율척도 : 4칙연산

### (3) 변환 : 허용되는 변환

① 명목척도 : 1 대 1 변환(예 : 등번호의 교환)
② 순서척도 : 단조 증가(감소) 변환(예 : 클래스 순위로부터 학년 순위로의 환산)
③ 간격척도 : 1차변환($y = ax + b$)(예 : 입학시험의 득점조정)
④ 비율척도 : 비율변환($y = ax$)(예 : 미터법·척관법·야드법 사이의 변환)

## 3. 그래프의 사용

데이터를 그래프로 표현하는 것은 데이터의 분석과정에서 가장 기본적이며 또한 가장 중요한 작업이다. 그래프를 이용해서 시각에 호소함으로써 데이터표에서는 알아차릴 수 없었던 특징이나 경향을 용이하게 파악할 수 있다. 조사표의 집계에서 자주 사용되는 그래프에는 다음과 같은 것이 있다.

① 막대 그래프
② 원 그래프
③ 꺾은선 그래프
④ 띠 그래프
⑤ 스테레오그램
⑥ 레이더 차트
⑦ 파레토도
⑧ 히스토그램
⑨ 산포도

▶ **막대 그래프**

막대 그래프는 양의 대소를 비교한다거나 선택지의 도수 및 비율의 표시에 적합하다. 분할표의 시각적 표시에도 이용할 수 있다.

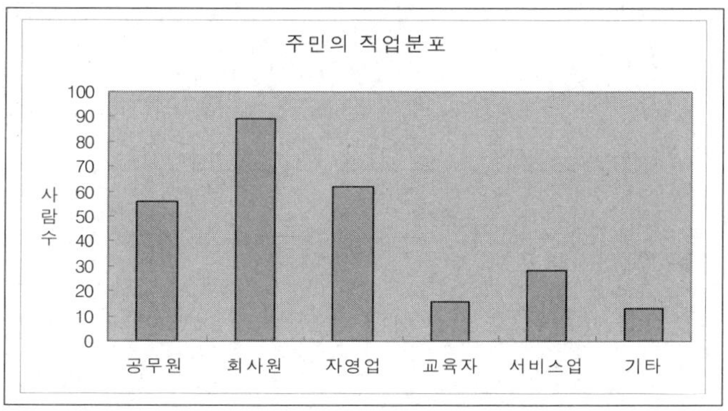

▶ **원 그래프**

구성비율의 대소를 각도의 대소로 표현한다. 그룹마다 동심원을 그리면 비율의 비교가 가능하다.

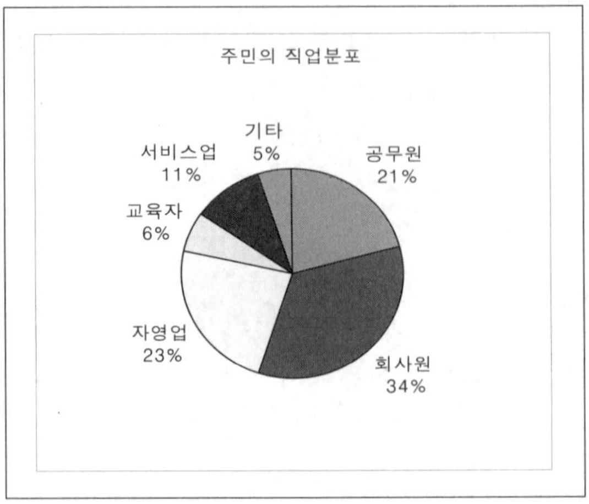


▶ **꺾은선 그래프**

꺾은선 그래프는 수치(양적 데이터)의 시간에 따른 변화를 파악하는 데에 적합하다. 명목척도에 의한 차이를 꺾은선으로 연결하면 안 된다.

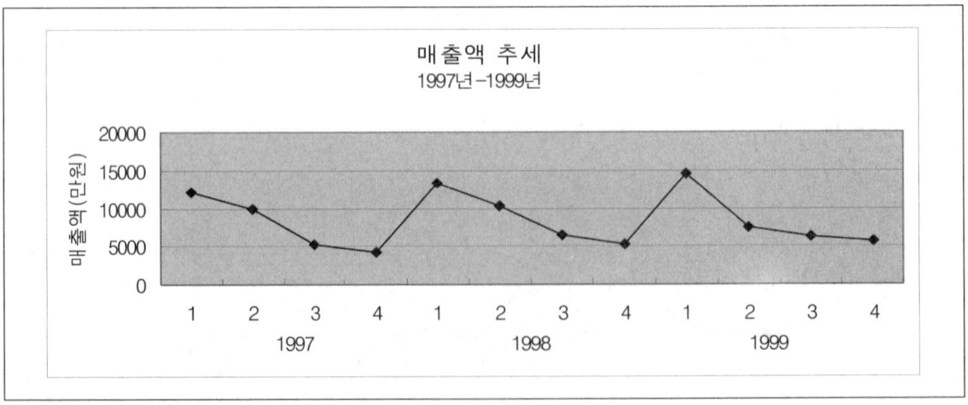


▶ **띠 그래프**

띠 그래프는 비율이나 퍼센트를 비교할 때 적합하다.

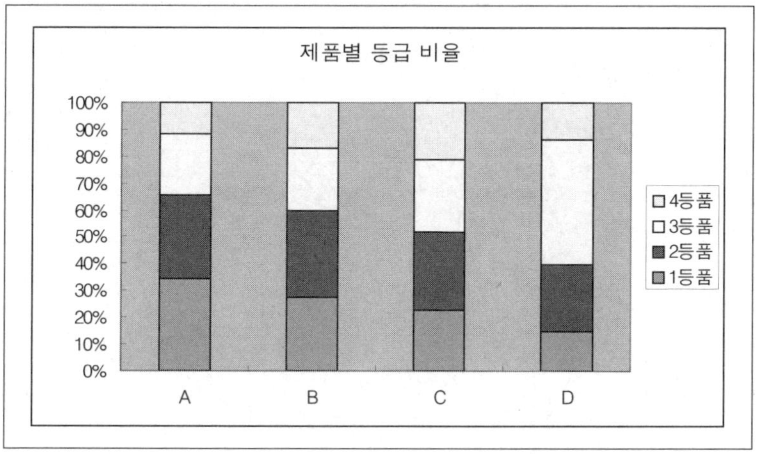


## ▶ 스테레오그램

스테레오그램(stereogram)은 항목간의 관계를 파악하는 데에 적합하다. 입체형 막대 그래프라고 할 수 있다.

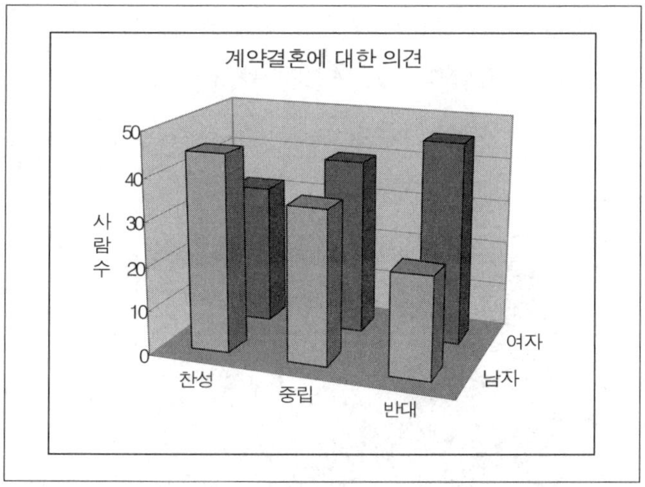


## ▶ 레이더 차트

레이더 차트는 다특성(多特性)을 동시에 비교하는 데에 적합하다(차트 종류 : 방사형).

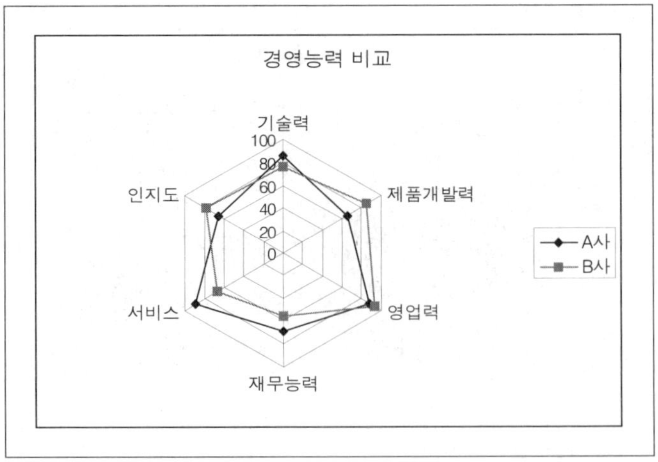


### ▶ 파레토도

파레토도는 막대 그래프와 꺾은선 그래프를 조합한 복합적인 그래프이다. 막대 그래프로 절대수(예를 들면, 불량품의 수나 사고의 건수)를 나타내고, 꺾은선 그래프로 각 항목이 전체의 몇 %를 차지하는지(누적비율)를 나타내고 있다. 막대 그래프에 대응하는 축의 눈금이 왼쪽의 세로축에, 꺾은선 그래프에 대응하는 축의 눈금이 오른쪽의 세로축에 매겨지게 된다.

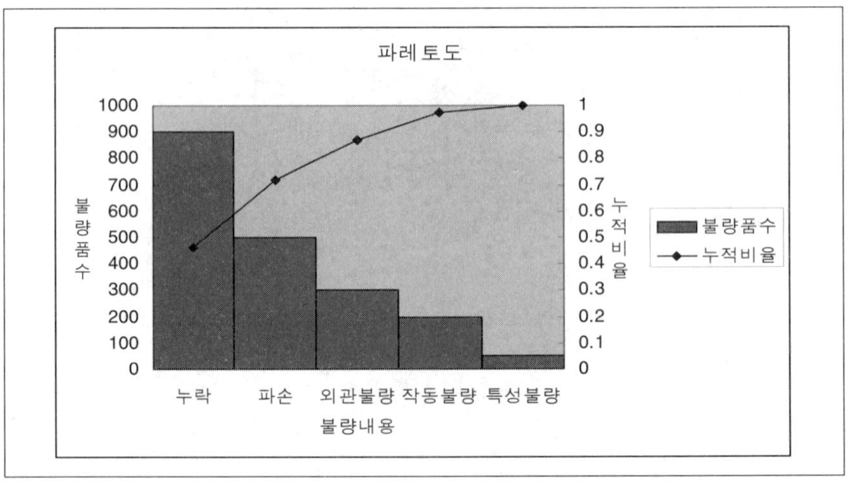


### ▶ 히스토그램

히스토그램(histogram)은 데이터의 범위를 몇 개의 구간으로 나누고, 그 구간 내에 존재하는 데이터의 수(도수 혹은 빈도라고 부른다)를 막대 그래프로 해서 도시한 것이다. 히스토그램에서는 막대와 막대 사이를 붙이는 것이 일반적이다.

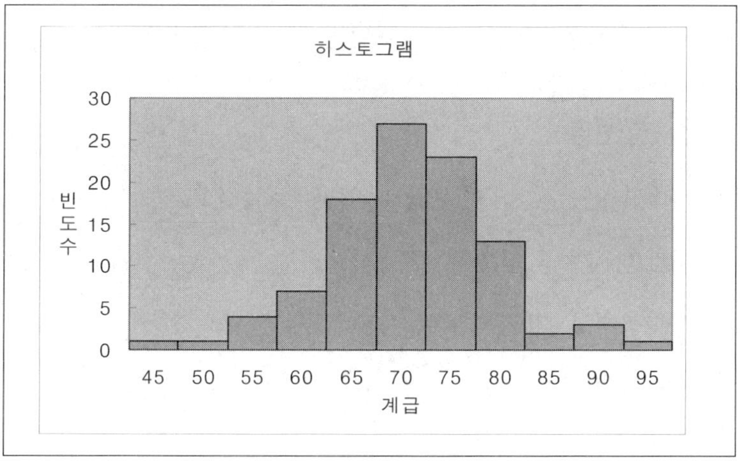


### ▶ 산포도

두 가지 요인간의 상관관계를 시각적으로 확인하기 위한 그래프이다. 두 개의 변수 중 한쪽을 가로축으로 하고 다른 한쪽을 세로축으로 하여, 대응하는 데이터를 1점씩 타점(plot)함으로써 작성한다.

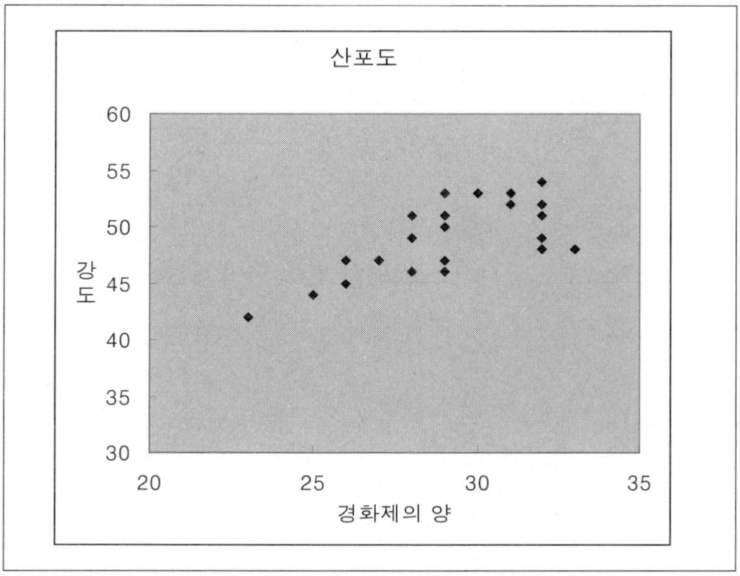

## 4. 단순집계의 방법

●●● **예제 4-1** 다음과 같은 조사표에 의해서 20명에게 설문조사를 실시한 결과 데이터표에 보이는 바와 같은 회답결과가 얻어졌다. 각 설문마다 단순집계하라. 단, 설문 4는 제외한다.

(설문 1) 귀하의 성별은? 남자(　　) 여자(　　)

(설문 2) 가장 좋아하는 꽃을 하나만 기입해 주십시오. (　　　)

(설문 3) 귀하의 혈액형을 기입해 주십시오. (　　　)

(설문 4) 귀하의 연령을 기입해 주십시오. (　　　)

(설문 5) 잡지 S를 알게 되신 계기는 다음 중 어느 것입니까?

1. 신문 광고
2. TV 광고
3. 인터넷
4. 아는 사람의 소개
5. 서점
6. 기타 (　　　)

(설문 6) 잡지 S에 대한 만족도를 답해 주십시오.

1. 매우 불만
2. 불만
3. 어느 쪽도 아님
4. 만족
5. 매우 만족

(설문 7) 잡지 S의 현재 가격에 대해 어떻게 생각하십니까?

1. 싸다
2. 보통
3. 비싸다

**데이터표**

| No. | 설문 1 | 설문 2 | 설문 3 | 설문 4 | 설문 5 | 설문 6 | 설문 7 |
|---|---|---|---|---|---|---|---|
| 1 | 1 | 장미 | 1 | 24 | 1 | 2 | 2 |
| 2 | 1 | 튤립 | 1 | 45 | 3 | 3 | 2 |
| 3 | 0 | 백합 | 2 | 34 | 2 | 4 | 3 |
| 4 | 1 | 목련 | 4 | 42 | 4 | 2 | 3 |
| 5 | 0 | 장미 | 3 | 23 | 3 | 1 | 3 |
| 6 | 0 | 장미 | 2 | 19 | 5 | 1 | 1 |
| 7 | 0 | 백합 | 3 | 20 | 3 | 5 | 2 |
| 8 | 1 | 튤립 | 3 | 23 | 2 | 4 | 2 |
| 9 | 1 | 목련 | 2 | 54 | 3 | 3 | 2 |
| 10 | 1 | 장미 | 1 | 23 | 4 | 4 | 3 |
| 11 | 1 | 목련 | 1 | 31 | 3 | 5 | 3 |
| 12 | 1 | 철쭉 | 4 | 36 | 1 | 5 | 2 |
| 13 | 0 | 목련 | 4 | 42 | 1 | 5 | 2 |
| 14 | 0 | 튤립 | 3 | 23 | 2 | 1 | 1 |
| 15 | 1 | 백합 | 1 | 25 | 5 | 2 | 3 |
| 16 | 1 | 배꽃 | 2 | 26 | 4 | 1 | 3 |
| 17 | 1 | 장미 | 2 | 32 | 5 | 2 | 2 |
| 18 | 0 | 목련 | 4 | 23 | 4 | 4 | 2 |
| 19 | 0 | 장미 | 4 | 28 | 6 | 5 | 1 |
| 20 | 1 | 튤립 | 2 | 37 | 2 | 4 | 1 |

주 : 성별(남자 : 1, 여자 : 0), 혈액형(A : 1, B : 2, AB : 3, O : 4)

성별과 혈액형의 각 범주(category)에 수치를 할당하고 있는데, 본 예제와 같이 단순 집계나 크로스 집계만을 위한다면 굳이 수치를 할당하지 않고 문자 데이터를 그대로 입력해도 무방하다. 그러나 중회귀분석의 경우에 더미변수(dummy variable)로서 입력할 때에는 문자 데이터를 수치 데이터로 할당할 필요가 있다(중회귀분석에 대해서는 제14장을 참조할 것).

## ▶ Excel에 의한 해법

[순서 1] 데이터의 입력

셀 A1에서 H21까지 데이터를 입력한다.

| | A | B | C | D | E | F | G | H | I |
|---|---|---|---|---|---|---|---|---|---|
| 1 | No. | 설문 1 | 설문 2 | 설문 3 | 설문 4 | 설문 5 | 설문 6 | 설문 7 | |
| 2 | 1 | 1 | 장미 | 1 | 24 | 1 | 2 | 2 | |
| 3 | 2 | 1 | 튤립 | 1 | 45 | 3 | 3 | 2 | |
| 4 | 3 | 0 | 백합 | 2 | 34 | 2 | 4 | 3 | |
| 5 | 4 | 1 | 목련 | 4 | 42 | 4 | 2 | 3 | |
| 6 | 5 | 0 | 장미 | 3 | 23 | 3 | 1 | 3 | |
| 7 | 6 | 0 | 장미 | 2 | 19 | 5 | 1 | 1 | |
| 8 | 7 | 0 | 백합 | 3 | 20 | 3 | 5 | 2 | |
| 9 | 8 | 1 | 튤립 | 3 | 23 | 2 | 4 | 2 | |
| 10 | 9 | 1 | 목련 | 2 | 54 | 3 | 3 | 2 | |
| 11 | 10 | 1 | 장미 | 1 | 23 | 4 | 4 | 3 | |
| 12 | 11 | 1 | 목련 | 1 | 31 | 3 | 5 | 3 | |
| 13 | 12 | 1 | 철쭉 | 4 | 36 | 1 | 5 | 2 | |
| 14 | 13 | 0 | 목련 | 4 | 42 | 1 | 5 | 2 | |
| 15 | 14 | 0 | 튤립 | 3 | 23 | 2 | 1 | 1 | |
| 16 | 15 | 1 | 백합 | 1 | 25 | 5 | 2 | 3 | |
| 17 | 16 | 1 | 배꽃 | 2 | 26 | 4 | 1 | 3 | |
| 18 | 17 | 1 | 장미 | 2 | 32 | 5 | 2 | 2 | |
| 19 | 18 | 0 | 목련 | 4 | 23 | 4 | 4 | 2 | |
| 20 | 19 | 0 | 장미 | 4 | 28 | 6 | 5 | 1 | |
| 21 | 20 | 1 | 튤립 | 2 | 37 | 2 | 4 | 1 | |
| 22 | | | | | | | | | |

[순서 2] 피벗 테이블의 활용

(1) [삽입]메뉴의 [피벗테이블] – [피벗 테이블(P)]을 선택한다.

|  | A | B | C | D | E | F | G | H |
|---|---|---|---|---|---|---|---|---|
| 1 | No. | 설문 1 | 설문 2 | 설문 3 | 설문 4 | 설문 5 | 설문 6 | 설문 7 |
| 2 | 1 | 1 | 장미 | 1 | 24 | 1 | 2 | 2 |
| 3 | 2 | 1 | 튤립 | 1 | 45 | 3 | 3 | 2 |
| 4 | 3 | 0 | 백합 | 2 | 34 | 2 | 4 | 3 |
| 5 | 4 | 1 | 목련 | 4 | 42 | 4 | 2 | 3 |
| 6 | 5 | 0 | 장미 | 3 | 23 | 3 | 1 | 3 |
| 7 | 6 | 0 | 장미 | 2 | 19 | 5 | 1 | 1 |
| 8 | 7 | 0 | 백합 | 3 | 20 | 3 | 5 | 2 |
| 9 | 8 | 1 | 튤립 | 3 | 23 | 2 | 4 | 2 |
| 10 | 9 | 1 | 목련 | 2 | 54 | 3 | 3 | 2 |
| 11 | 10 | 1 | 장미 | 1 | 23 | 4 | 4 | 3 |
| 12 | 11 | 1 | 목련 | 1 | 31 | 3 | 5 | 3 |
| 13 | 12 | 1 | 철쭉 | 4 | 36 | 1 | 5 | 2 |
| 14 | 13 | 0 | 목련 | 4 | 42 | 1 | 5 | 2 |
| 15 | 14 | 0 | 튤립 | 3 | 23 | 2 | 1 | 1 |
| 16 | 15 | 1 | 백합 | 1 | 25 | 5 | 2 | 3 |
| 17 | 16 | 1 | 배꽃 | 2 | 26 | 4 | 1 | 3 |
| 18 | 17 | 1 | 장미 | 2 | 32 | 5 | 2 | 2 |
| 19 | 18 | 0 | 목련 | 4 | 23 | 4 | 4 | 2 |
| 20 | 19 | 0 | 장미 | 4 | 28 | 6 | 5 | 1 |
| 21 | 20 | 1 | 튤립 | 2 | 37 | 2 | 4 | 1 |

[피벗 테이블 만들기] 대화상자가 나타난다.

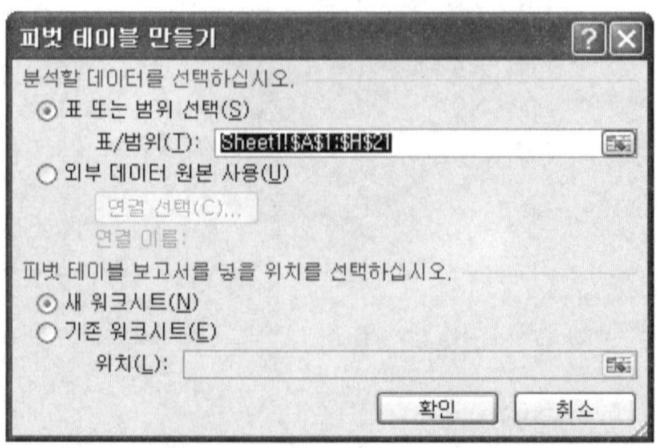


위와 같은 초기 지정 상태에서 [확인] 버튼을 클릭한다.

(2) [레이아웃] 상태로 변한다.

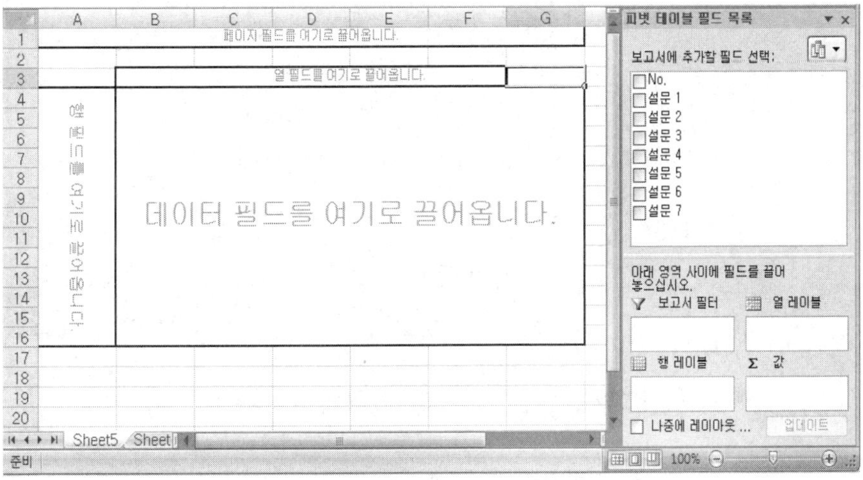


(3) [보고서에 추가할 필드 선택:]에서 '설문 1'을 마우스 끌기로 아래에 있는 '열 레이블'까지 끌어서 놓고, 다시 '설문1'을 'Σ 값'까지 끌어서 놓는다.

(4) [합계:설문 1]을 클릭한 후 '값 필드 설정'을 클릭한 후 값 필드 요약 기준에서 사용할 함수(S)로서 [개수]를 선택하고 [확인] 버튼을 클릭한다.

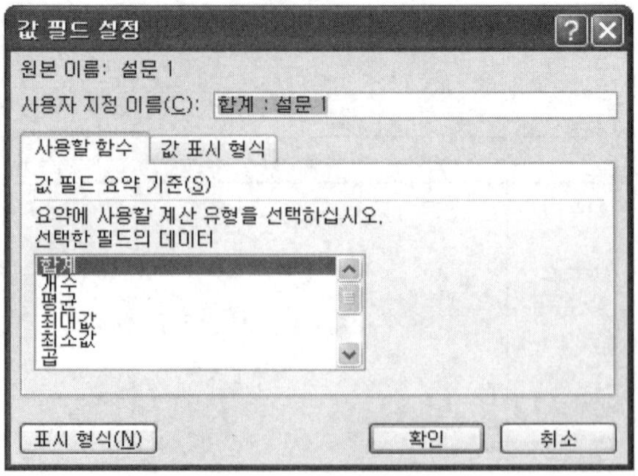


(5) 그러면, 단순집계의 결과가 출력된다.

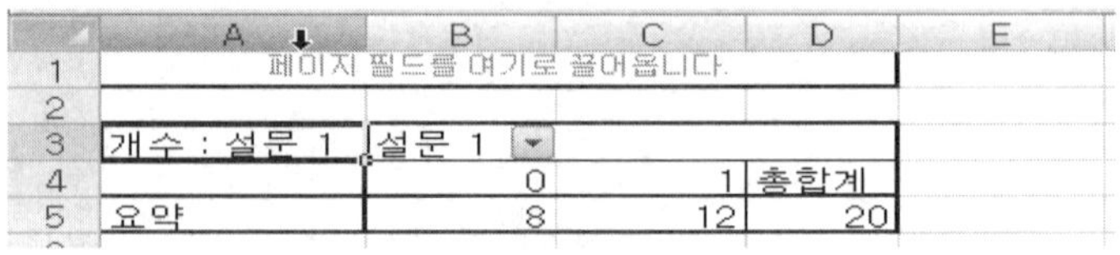

| 개수 : 설문 1 | 설문 1 | | |
|---|---|---|---|
| | 0 | 1 | 총합계 |
| 요약 | 8 | 12 | 20 |

이상의 순서를 설문 2, 3, 5, 6, 7에 대해서 순차적으로 실시하면 다음과 같은 집계결과가 얻어진다.

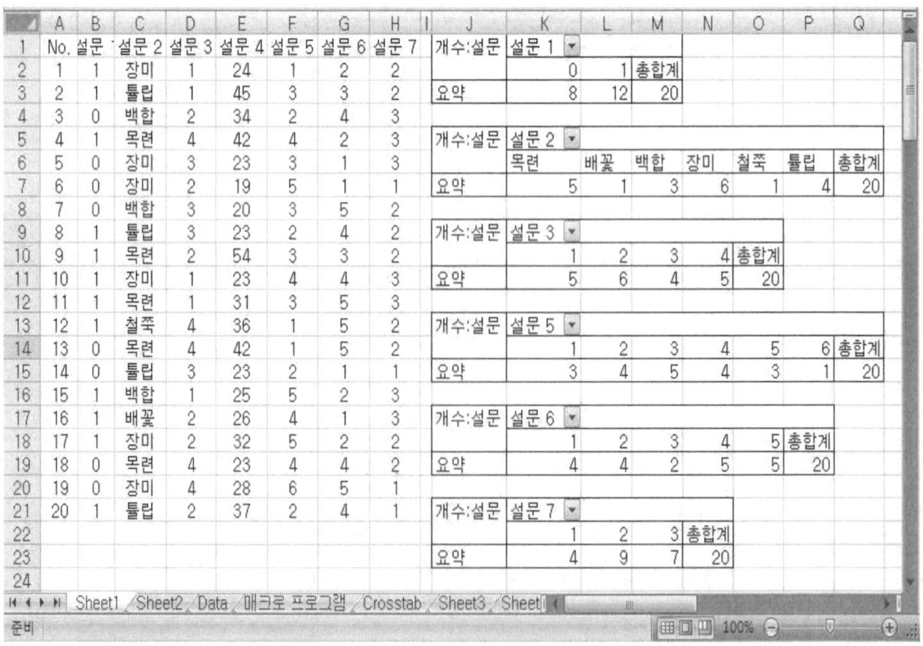

| No. | 설문 1 | 설문 2 | 설문 3 | 설문 4 | 설문 5 | 설문 6 | 설문 7 |
|---|---|---|---|---|---|---|---|
| 1 | 1 | 장미 | 1 | 24 | 1 | 2 | 2 |
| 2 | 1 | 튤립 | 1 | 45 | 3 | 3 | 2 |
| 3 | 0 | 백합 | 2 | 34 | 2 | 4 | 3 |
| 4 | 1 | 목련 | 4 | 42 | 4 | 2 | 3 |
| 5 | 0 | 장미 | 3 | 23 | 3 | 1 | 3 |
| 6 | 0 | 장미 | 2 | 19 | 5 | 1 | 1 |
| 7 | 0 | 백합 | 3 | 20 | 3 | 5 | 2 |
| 8 | 1 | 튤립 | 3 | 23 | 2 | 4 | 2 |
| 9 | 1 | 목련 | 2 | 54 | 3 | 3 | 2 |
| 10 | 1 | 장미 | 1 | 23 | 4 | 4 | 3 |
| 11 | 1 | 목련 | 1 | 31 | 3 | 5 | 3 |
| 12 | 1 | 철쭉 | 4 | 36 | 1 | 5 | 2 |
| 13 | 0 | 목련 | 4 | 42 | 1 | 5 | 2 |
| 14 | 0 | 튤립 | 3 | 23 | 2 | 1 | 1 |
| 15 | 1 | 백합 | 1 | 25 | 5 | 2 | 3 |
| 16 | 1 | 배꽃 | 2 | 26 | 4 | 1 | 3 |
| 17 | 1 | 장미 | 2 | 32 | 5 | 2 | 2 |
| 18 | 0 | 목련 | 4 | 23 | 4 | 4 | 2 |
| 19 | 0 | 장미 | 4 | 28 | 6 | 5 | 1 |
| 20 | 1 | 튤립 | 2 | 37 | 2 | 4 | 1 |

| 개수:설문 | 설문 1 | | |
|---|---|---|---|
| | 0 | 1 | 총합계 |
| 요약 | 8 | 12 | 20 |

| 개수:설문 | 설문 2 | | | | | | |
|---|---|---|---|---|---|---|---|
| | 목련 | 배꽃 | 백합 | 장미 | 철쭉 | 튤립 | 총합계 |
| 요약 | 5 | 1 | 3 | 6 | 1 | 4 | 20 |

| 개수:설문 | 설문 3 | | | | |
|---|---|---|---|---|---|
| | 1 | 2 | 3 | 4 | 총합계 |
| 요약 | 5 | 6 | 4 | 5 | 20 |

| 개수:설문 | 설문 5 | | | | | | |
|---|---|---|---|---|---|---|---|
| | 1 | 2 | 3 | 4 | 5 | 6 | 총합계 |
| 요약 | 3 | 4 | 5 | 4 | 3 | 1 | 20 |

| 개수:설문 | 설문 6 | | | | | |
|---|---|---|---|---|---|---|
| | 1 | 2 | 3 | 4 | 5 | 총합계 |
| 요약 | 4 | 4 | 2 | 5 | 5 | 20 |

| 개수:설문 | 설문 7 | | | |
|---|---|---|---|---|
| | 1 | 2 | 3 | 총합계 |
| 요약 | 4 | 9 | 7 | 20 |

●●● **예제 4-2** 예제 4-1에 있어서 설문 4에 대한 회답결과인 연령의 데이터는 비율척도에 의한 양적 데이터이다. 이것을 도수분포표로 정리하고 히스토그램을 작성하라.

### ▶ 도수분포표의 작성

도수분포표(frequency table)란 데이터의 범위를 몇 개의 구간으로 나누고, 그 구간 내에 존재하는 데이터의 수(도수 혹은 빈도라고 부른다)를 표로 만든 것이다. 회답결과로서 예제 4-1의 연령과 같이 비율척도로 얻어지는 데이터는 도수분포표로 정리하면 좋다.

### ▶ Excel에 의한 해법

[순서 1] 데이터의 입력(예제 4-1과 동일)

셀 A1에서 H21까지 데이터를 입력한다.

| | A | B | C | D | E | F | G | H | I |
|---|---|---|---|---|---|---|---|---|---|
| 1 | No. | 설문 1 | 설문 2 | 설문 3 | 설문 4 | 설문 5 | 설문 6 | 설문 7 | |
| 2 | 1 | 1 | 장미 | 1 | 24 | 1 | 2 | 2 | |
| 3 | 2 | 1 | 튤립 | 1 | 45 | 3 | 3 | 2 | |
| 4 | 3 | 0 | 백합 | 2 | 34 | 2 | 4 | 3 | |
| 5 | 4 | 1 | 목련 | 4 | 42 | 4 | 2 | 3 | |
| 6 | 5 | 0 | 장미 | 3 | 23 | 3 | 1 | 3 | |
| 7 | 6 | 0 | 장미 | 2 | 19 | 5 | 1 | 1 | |
| 8 | 7 | 0 | 백합 | 3 | 20 | 3 | 5 | 2 | |
| 9 | 8 | 1 | 튤립 | 3 | 23 | 2 | 4 | 2 | |
| 10 | 9 | 1 | 목련 | 2 | 54 | 3 | 3 | 2 | |
| 11 | 10 | 1 | 장미 | 1 | 23 | 4 | 4 | 3 | |
| 12 | 11 | 1 | 목련 | 1 | 31 | 3 | 5 | 3 | |
| 13 | 12 | 1 | 철쭉 | 4 | 36 | 1 | 5 | 2 | |
| 14 | 13 | 0 | 목련 | 4 | 42 | 1 | 5 | 2 | |
| 15 | 14 | 0 | 튤립 | 3 | 23 | 2 | 1 | 1 | |
| 16 | 15 | 1 | 백합 | 1 | 25 | 5 | 2 | 3 | |
| 17 | 16 | 1 | 배꽃 | 2 | 26 | 4 | 1 | 3 | |
| 18 | 17 | 1 | 장미 | 2 | 32 | 5 | 2 | 2 | |
| 19 | 18 | 0 | 목련 | 4 | 23 | 4 | 4 | 2 | |
| 20 | 19 | 0 | 장미 | 4 | 28 | 6 | 5 | 1 | |
| 21 | 20 | 1 | 튤립 | 2 | 37 | 2 | 4 | 1 | |
| 22 | | | | | | | | | |

[순서 2] 구간의 설정

연령의 데이터이므로 10대, 20대, 30대, 40대, 50대 하는 식으로 나누기로 한다. 셀 J2에서 J6까지 구간의 상한치를 입력한다.

[순서 3] 통계함수의 입력

(1) 셀 K2를 지정하고 [수식] 메뉴에서 [함수 삽입] 아이콘을 클릭한다. [함수 마법사] 대화상자가 나타난다.

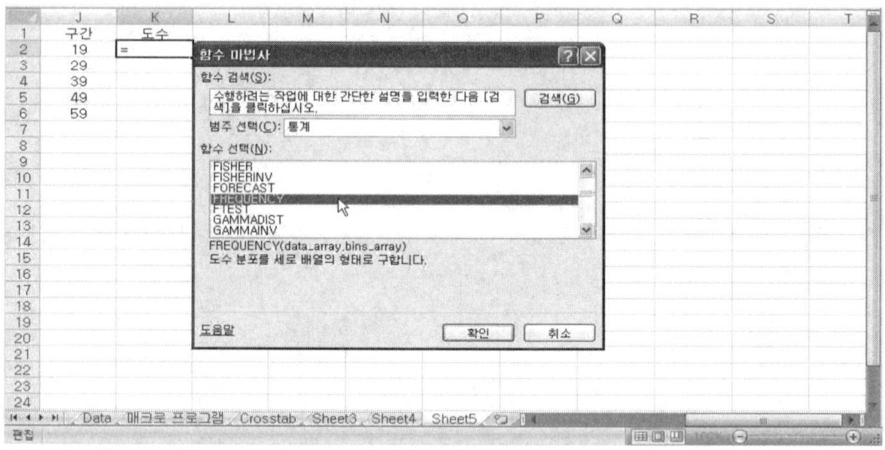


(2) [범주선택]에서 '통계'를 선택하고 [함수선택]에서 [FREQUENCY] 함수를 선택하고 [확인] 버튼을 클릭한다.

[FREQUENCY] 함수 입력상자에서

Data_array : E2:E21
Bins_array : J2:J6

를 입력하고 [확인] 버튼을 클릭한다.

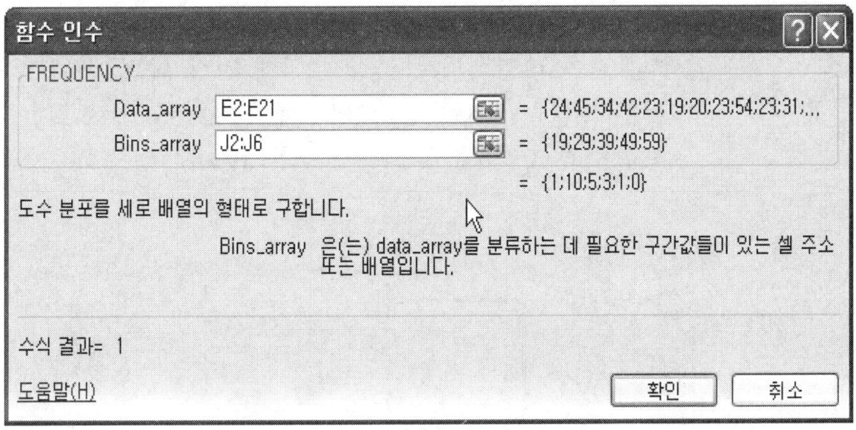


(3) 셀 K2에 19세 이하의 데이터가 몇 개 있는지 구해진다.

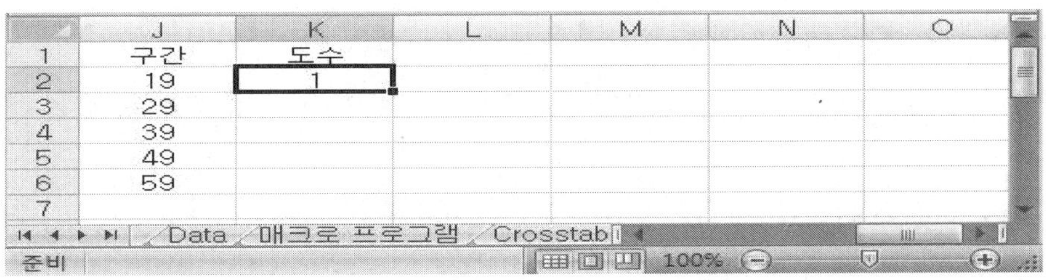


[순서 4] 배열식의 복사

셀 K2에 입력한 함수를 배열형식으로 K3에서 K6까지 복사한다. 배열형식의 복사방법은 다음과 같다.

(1) 셀 K2 : K6 영역을 지정하고 마우스 버튼에서 일단 손을 뗀 다음, 수식 입력줄의 맨앞을 클릭한다.

(2) 마우스로부터 손을 떼고, Ctrl + Shift + Enter↵ 키를 동시에 누른다. 배열식의 복사가 완료되어 모든 구간의 도수가 구해진다.
위와 같은 배열식의 복사방법 외에 먼저 셀 K2 : K6 영역을 지정한 다음에, 함수 '=FREQUENCY(E2 : E21, J2 : J6)'를 입력한 상태에서 Ctrl + Shift + Enter↵ 키를 동시에 누르는 방법이 있다. 출력결과는 동일하다.

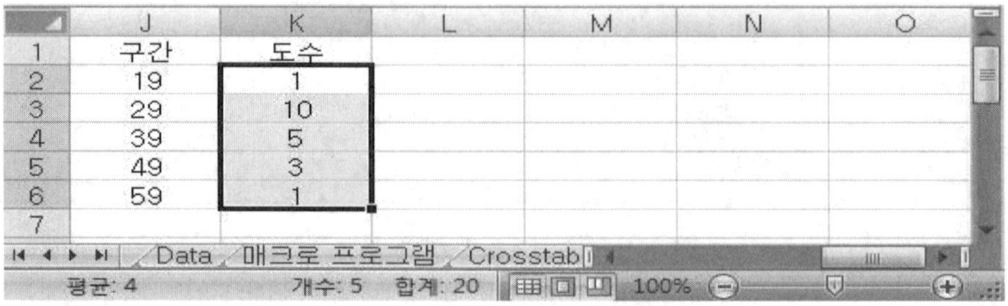


### ▶ 히스토그램의 작성

도수분포표를 히스토그램으로 표현하여 시각적인 효과를 높일 수 있다.

[순서 1] 데이터의 범위지정

도수가 입력되어 있는 셀 K1:K6 영역을 지정한다.

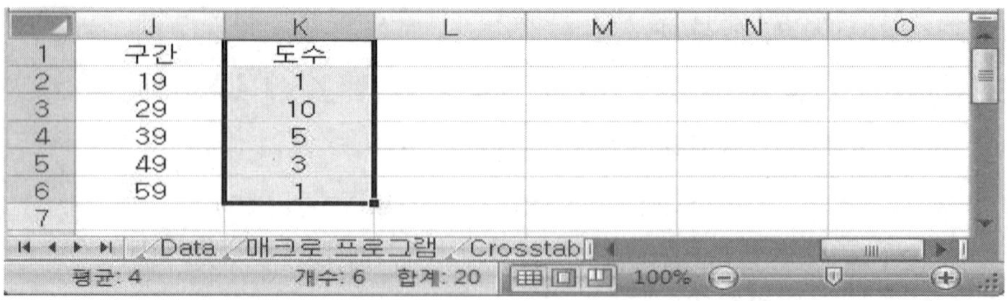


[순서 2] 그래프의 작성

(1) [삽입] 메뉴의 [세로막대형] 아이콘을 클릭한다.

(2) 2차원 세로 막대형 첫번째 차트를 선택한다.

(3) 세로막대형 차트가 만들어지면 차트의 빈곳에서 마우스 오른쪽 버튼을 클릭한 후 [데이터 선택]을 클릭한다.

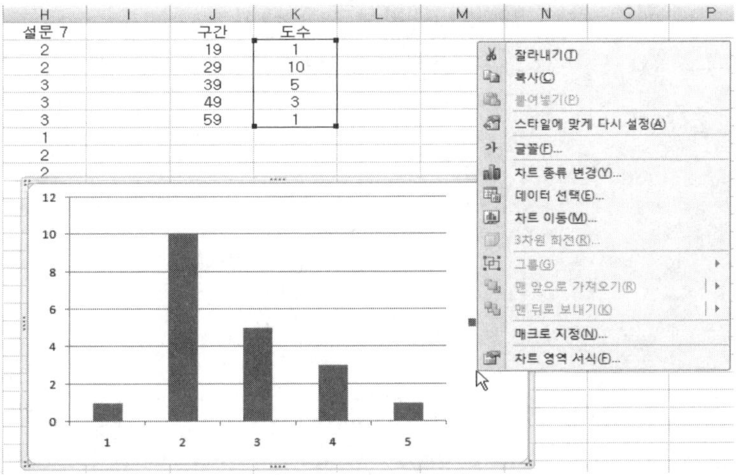

(4) 계열 탭을 클릭한다.
가로(항목) 축 레이블(C)의 [편집] 버튼을 클릭 한 후 셀 J2:J6 영역을 지정한 후 [확인] 버튼을 클릭한다.

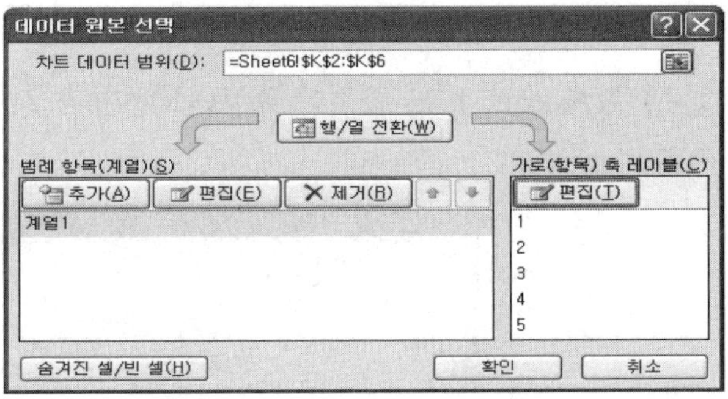

(5) 그러면 다음 화면과 같이 X축의 레이블이 1~5에서 실제 도수 값인 '19~59'로 변한다.

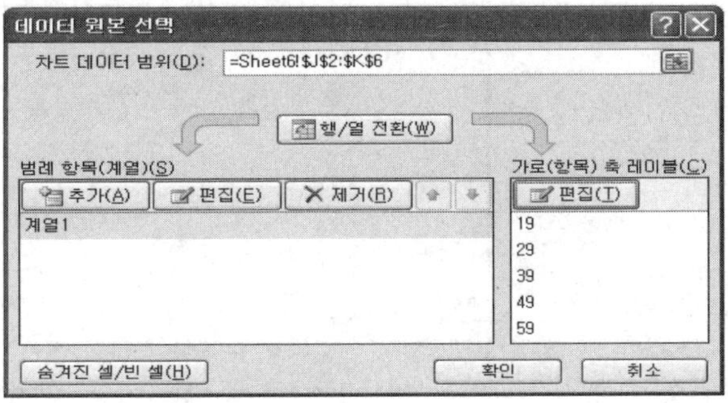

위와 같이 입력하고 차트의 눈금선에서 마우스 오른쪽 버튼을 클릭한 후 [눈금선 서식]을 클릭한다.

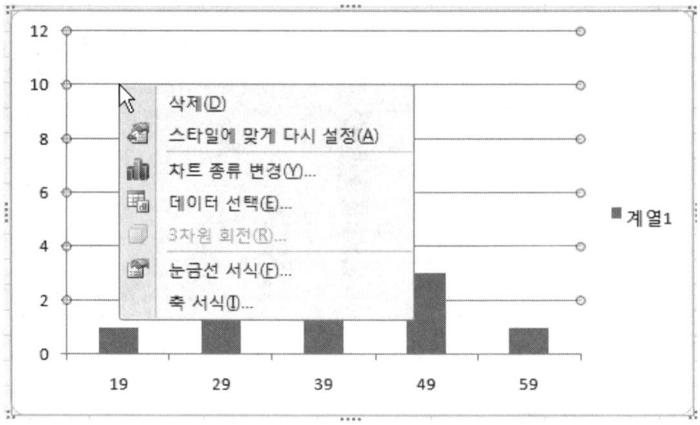


(6) 주 눈금선 서식 상자에서 선색의 '색'을 흰색으로 맞추고 [닫기]버튼을 클릭한다.

(7) 범례(계열 1)을 클릭한 후 [Delete]키를 사용해 삭제한다.

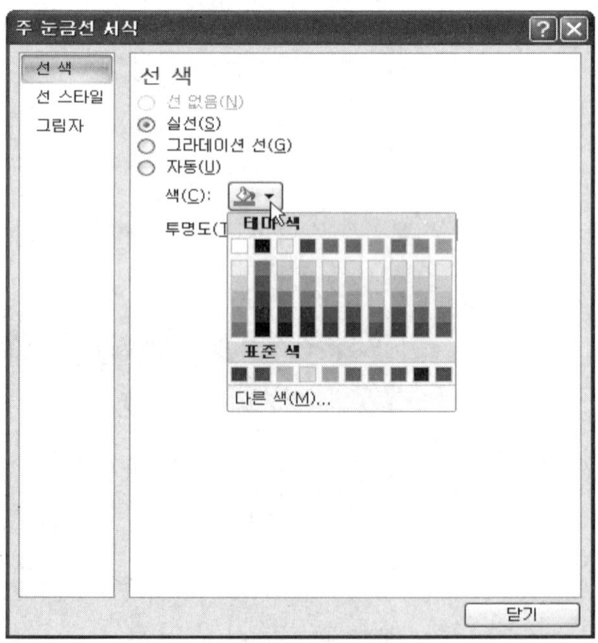

(8) 워크시트에 차트가 삽입된다.

[순서 3] 그래프의 수정

(1) 마우스 포인터를 임의의 막대로 옮기고, 마우스의 오른쪽 버튼을 클릭한다.

(2) [데이터 계열 서식(O)]을 클릭한다.

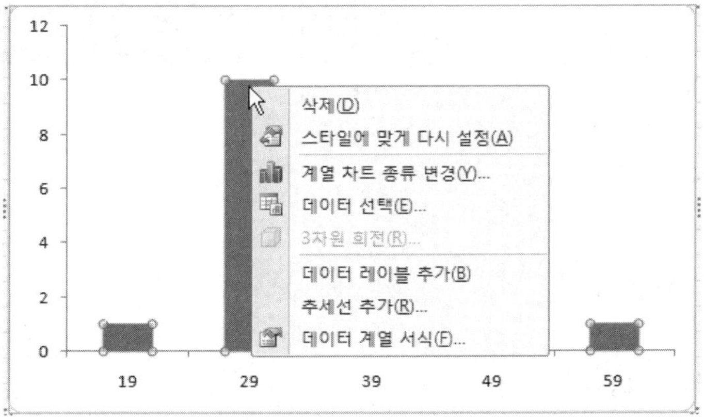


(3) [데이터 계열 서식] 대화상자에서 간격 너비를 간격 없음 쪽으로 설정한다. 간격 너비가 '0%'가 되야 한다.

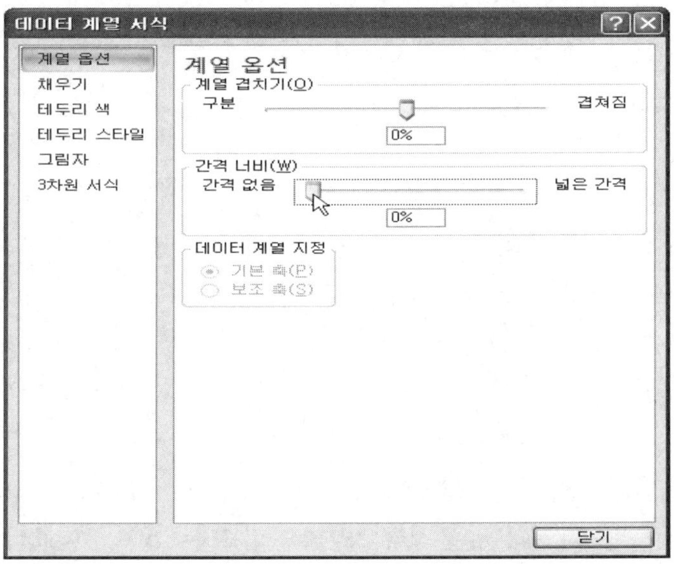

[간격 너비(W)]를 '0%'로 수정하고 [닫기] 버튼을 클릭한다.

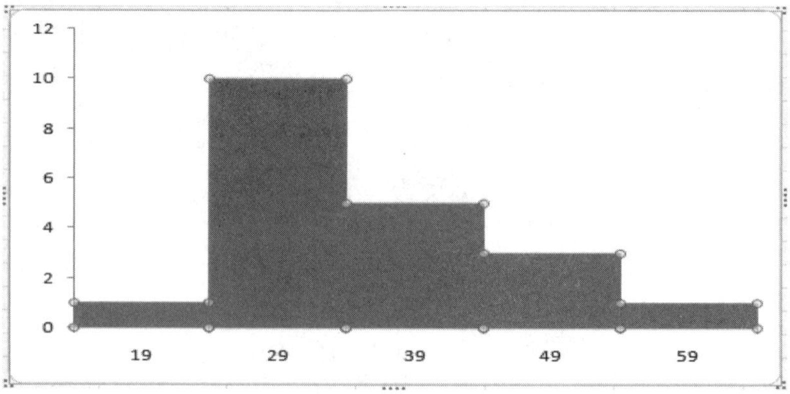


## 5. 크로스 집계의 방법

n개의 독립적인 관측이 이루어져서 각 관측 결과의 모두가 $m$개와 $r$개의 범주(category)를 갖는 두 개의 속성 $\{A_1, A_2, \cdots, A_m\}$ 및 $\{B_1, B_2, \cdots, B_r\}$에 관해서 분류되어 다음과 같은 도수표가 얻어졌다고 한다.

| 속성 $B$ / 속성 $A$ | $B_1$ | $B_2$ | $B_3$ | $\cdots$ | $B_r$ | 합계 |
|---|---|---|---|---|---|---|
| $A_1$ | $f_{11}$ | $f_{12}$ | $f_{13}$ | $\cdots$ | $f_{1r}$ | $f_{1\cdot}$ |
| $A_2$ | $f_{21}$ | $f_{22}$ | $f_{23}$ | $\cdots$ | $f_{2r}$ | $f_{2\cdot}$ |
| $A_3$ | $f_{31}$ | $f_{32}$ | $f_{33}$ | $\cdots$ | $f_{3r}$ | $f_{3\cdot}$ |
| · | ······ | ······ | ······ | ······ | ······ | · |
| · | ······ | ······ | ······ | ······ | ······ | · |
| · | ······ | ······ | ······ | ······ | ······ | · |
| $A_m$ | $f_{m1}$ | $f_{m2}$ | $f_{m3}$ | $\cdots$ | $f_{mr}$ | $f_{m\cdot}$ |
| 합계 | $f_{\cdot 1}$ | $f_{\cdot 2}$ | $f_{\cdot 3}$ | $\cdots$ | $f_{\cdot r}$ | $n$ |

이 때, 이 도수표를 $m \times r$ 크로스 집계표 또는 $m \times r$ 분할표(contingency table)라고 한다. 예를 들면, 다음과 같은 2행 2열의 도수표는 2×2 분할표라고 부른다.

| 성별 \ 거주 | 자택 | 하숙 | 합계 |
|---|---|---|---|
| 남 | 25 | 32 | 57 |
| 여 | 27 | 16 | 43 |
| 합계 | 52 | 48 | 100 |

분할표를 만드는 목적은 일반적으로 두 속성간의 관계를 알기 위한 것인데, 이들 두 속성이 서로 독립이 아닐 때 이들 속성은 연관을 갖는다고 한다. 분할표에 있어서 두 속성간의 연관(聯關)을 나타내는 측도로서는 크레이머의 연관계수(Cramer's measure of association), 피어슨의 연관계수(Pearson's coefficient of contingency), 츄프로우의 연관계수(Tschuprow's measure of association), 율의 연관계수(Yule's coefficient of association) 등 여러 가지가 있다. 각각의 연관계수는 다음과 같이 정의한다.

크레이머의 연관계수 : $V=\sqrt{\dfrac{\chi^2}{N[\min(k,l)-1]}}$

여기에서

$\min(k,l)$ : 분할표에서 행의 수 $k$ 또는 열의 수 $l$ 중 작은 쪽의 수

$N$ : 관측 총수

$\chi^2$ : 분할표에서 구해진 카이제곱

피어슨의 연관계수 : $C=\sqrt{\dfrac{\chi^2}{N+\chi^2}}$

츄프로우의 연관계수: $T=\sqrt{\dfrac{\chi^2}{N\sqrt{(k-1)(l-1)}}}$

여기에서

$k,l$ : 분할표의 행과 열의 수

율의 연관계수 : $Q=\dfrac{ad-bc}{ad+bc}$

| $X$ \ $Y$ | $Y_1$ | $Y_2$ | 합계 |
|---|---|---|---|
| $X_1$ | $a$ | $b$ | $a+b$ |
| $X_2$ | $c$ | $d$ | $c+d$ |
| 합계 | $a+c$ | $b+d$ | $N$ |

여기에서 $a$, $b$, $c$, $d$는 위와 같은 2×2 분할표의 해당 도수

$b$ 또는 $c$가 0일 때 $Q = +1$

$a$ 또는 $d$가 0일 때 $Q = -1$

●●● **예제 4-3** 예제 4-1의 데이터표에서 각 설문끼리의 크로스 집계를 실시하라.

### ▶ Excel에 의한 해법

〈순서 1〉 데이터의 입력(예제 4-1)과 동일한 방법으로 피벗 테이블을 작성한다)

| | A | B | C | D | E | F | G | H |
|---|---|---|---|---|---|---|---|---|
| 1 | No. | 설문 1 | 설문 2 | 설문 3 | 설문 4 | 설문 5 | 설문 6 | 설문 7 |
| 2 | 1 | 1 | 장미 | 1 | 24 | 1 | 2 | 2 |
| 3 | 2 | 1 | 튤립 | 1 | 45 | 3 | 3 | 2 |
| 4 | 3 | 0 | 백합 | 2 | 34 | 2 | 4 | 3 |
| 5 | 4 | 1 | 목련 | 4 | 42 | 4 | 2 | 3 |
| 6 | 5 | 0 | 장미 | 3 | 23 | 3 | 1 | 3 |
| 7 | 6 | 0 | 장미 | 2 | 19 | 5 | 1 | 1 |
| 8 | 7 | 0 | 백합 | 3 | 20 | 3 | 5 | 2 |
| 9 | 8 | 1 | 튤립 | 3 | 23 | 2 | 4 | 2 |
| 10 | 9 | 1 | 목련 | 2 | 54 | 3 | 3 | 2 |
| 11 | 10 | 1 | 장미 | 1 | 23 | 4 | 4 | 3 |
| 12 | 11 | 1 | 목련 | 1 | 31 | 3 | 5 | 3 |
| 13 | 12 | 1 | 철쭉 | 4 | 36 | 1 | 5 | 2 |
| 14 | 13 | 0 | 목련 | 4 | 42 | 1 | 5 | 2 |
| 15 | 14 | 0 | 튤립 | 3 | 23 | 2 | 1 | 1 |
| 16 | 15 | 1 | 백합 | 1 | 25 | 5 | 2 | 3 |
| 17 | 16 | 1 | 배꽃 | 2 | 26 | 4 | 1 | 3 |
| 18 | 17 | 1 | 장미 | 2 | 32 | 5 | 2 | 2 |
| 19 | 18 | 0 | 목련 | 4 | 23 | 4 | 4 | 2 |
| 20 | 19 | 0 | 장미 | 4 | 28 | 6 | 5 | 1 |
| 21 | 20 | 1 | 튤립 | 2 | 37 | 2 | 4 | 1 |
| 22 | | | | | | | | |

Sheet1 / Sheet2 / Data / 매크

[순서 2] 피벗 테이블의 활용

(1) [삽입] 메뉴에서 [피벗테이블] − [피벗 테이블]을 선택한다.

[피벗 테이블 만들기] 대화상자가 나타난다.

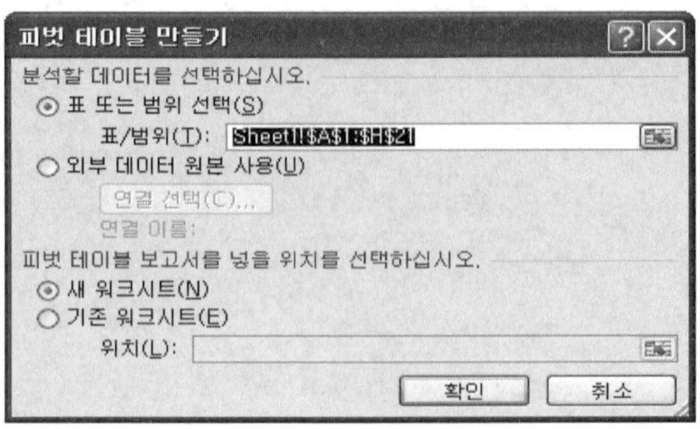

위와 같은 초기 지정 상태에서 [확인] 버튼을 클릭한다.

(2) [레이아웃] 상태로 변한다.

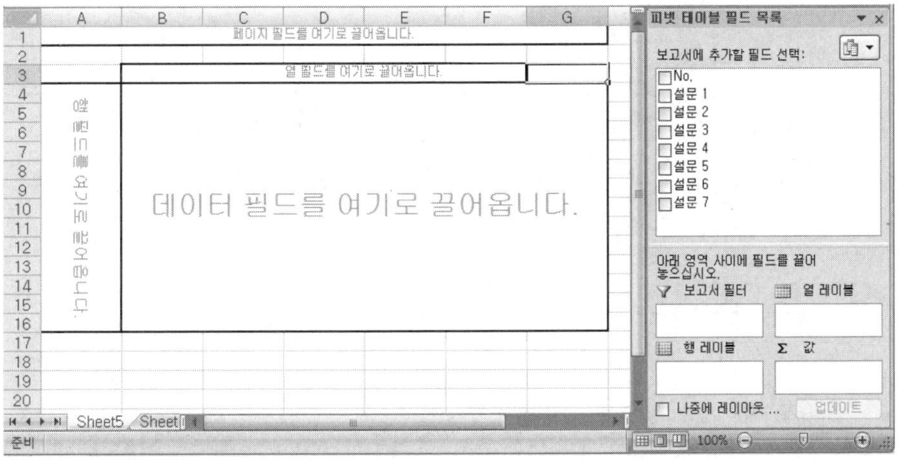


(3) [보고서에 추가할 필드 선택:]에서 '설문 1'을 마우스 끌기로 아래에 있는 '열 레이블'까지 끌어서 놓고, 다시 '설문1'을 'Σ 값'까지 끌어서 놓는다.

No.의 일련번호는 참고사항이므로 데이터의 범위에 포함시킬 필요가 없다. 그러나 데이터의 이름표인 '설문 1', '설문 2', …, '설문 7'이 입력되어 있는 셀은 데이터의 범위에 포함시켜야 레이아웃을 설계할 수 있다.

(4) [보고서에 추가할 필드 선택:]에서 '설문 2'를 마우스 끌기로 아래에 있는 '행 레이블'까지 끌어서 놓는다.
그러면 버튼을 클릭하면, 셀 J1 이하에 설문 1과 설문 2의 크로스 집계표가 출력된다.

| J | K | L | M |
|---|---|---|---|
| 개수:설문 1 | 설문 1 | | |
| 설문 2 | 0 | 1 | 총 합계 |
| 목련 | 2 | 3 | 5 |
| 배꽃 | | 1 | 1 |
| 백합 | 2 | 1 | 3 |
| 장미 | 3 | 3 | 6 |
| 철쭉 | | 1 | 1 |
| 튤립 | 1 | 3 | 4 |
| 총 합계 | 8 | 12 | 20 |

다른 설문끼리의 편성에 대해서도 같은 방법으로 실시하면 된다.

이 예의 경우는 설문의 수가 6개(설문 4는 제외) 있으므로, 크로스 집계의 편성 수는 총 6C2 =15가지 가능하다. 나머지 14개의 크로스 집계결과를 작성하면 다음과 같다.

〈설문 1과 설문 3의 크로스 집계결과〉

| 개수:설문 1 | 설문 1 | | |
|---|---|---|---|
| 설문 3 | 0 | 1 | 총 합계 |
| 1 | | 5 | 5 |
| 2 | 2 | 4 | 6 |
| 3 | 3 | 1 | 4 |
| 4 | 3 | 2 | 5 |
| 총 합계 | 8 | 12 | 20 |

〈설문 1과 설문 5의 크로스 집계결과〉

| 개수:설문 1 | 설문 1 | | |
|---|---|---|---|
| 설문 5 | 0 | 1 | 총 합계 |
| 1 | 1 | 2 | 3 |
| 2 | 2 | 2 | 4 |
| 3 | 2 | 3 | 5 |
| 4 | 1 | 3 | 4 |
| 5 | 1 | 2 | 3 |
| 6 | 1 | | 1 |
| 총 합계 | 8 | 12 | 20 |

〈설문 1과 설문 6의 크로스 집계결과〉

| 개수:설문 1 | 설문 1 | | |
|---|---|---|---|
| 설문 6 | 0 | 1 | 총 합계 |
| 1 | 3 | 1 | 4 |
| 2 | | 4 | 4 |
| 3 | | 2 | 2 |
| 4 | 2 | 3 | 5 |
| 5 | 3 | 2 | 5 |
| 총 합계 | 8 | 12 | 20 |

〈설문 1과 설문 7의 크로스 집계결과〉

| 개수:설문 1 | 설문 1 | | |
|---|---|---|---|
| 설문 7 | 0 | 1 | 총 합계 |
| 1 | 3 | 1 | 4 |
| 2 | 3 | 6 | 9 |
| 3 | 2 | 5 | 7 |
| 총 합계 | 8 | 12 | 20 |

〈설문 2와 설문 3의 크로스 집계결과〉

| 개수:설문 2 | 설문 2 | | | | | | |
|---|---|---|---|---|---|---|---|
| 설문 3 | 목련 | 배꽃 | 백합 | 장미 | 철쭉 | 튤립 | 총 합계 |
| 1 | 1 | | 1 | 2 | | 1 | 5 |
| 2 | 1 | 1 | 1 | 2 | | 1 | 6 |
| 3 | | | 1 | 1 | | 2 | 4 |
| 4 | 3 | | | 1 | 1 | | 5 |
| 총 합계 | 5 | 1 | 3 | 6 | 1 | 4 | 20 |

〈설문 2와 설문 5의 크로스 집계결과〉

| 개수:설문 2 | 설문 2 | | | | | | |
|---|---|---|---|---|---|---|---|
| 설문 5 | 목련 | 배꽃 | 백합 | 장미 | 철쭉 | 튤립 | 총 합계 |
| 1 | 1 | | | 1 | 1 | | 3 |
| 2 | | | 1 | | | 3 | 4 |
| 3 | 2 | | 1 | 1 | | 1 | 5 |
| 4 | 2 | 1 | | 1 | | | 4 |
| 5 | | | 1 | 2 | | | 3 |
| 6 | | | | 1 | | | 1 |
| 총 합계 | 5 | 1 | 3 | 6 | 1 | 4 | 20 |

〈설문 2와 설문 6의 크로스 집계결과〉

| 개수:설문 2 | 설문 2 | | | | | | |
|---|---|---|---|---|---|---|---|
| 설문 6 | 목련 | 배꽃 | 백합 | 장미 | 철쭉 | 튤립 | 총 합계 |
| 1 | | 1 | | 2 | | 1 | 4 |
| 2 | 1 | | 1 | 2 | | | 4 |
| 3 | 1 | | | | | 1 | 2 |
| 4 | 1 | | 1 | 1 | | 2 | 5 |
| 5 | 2 | | 1 | 1 | 1 | | 5 |
| 총 합계 | 5 | 1 | 3 | 6 | 1 | 4 | 20 |

〈설문 2와 설문 7의 크로스 집계결과〉

| 개수:설문 2 | 설문 2 | | | | | | |
|---|---|---|---|---|---|---|---|
| 설문 7 | 목련 | 배꽃 | 백합 | 장미 | 철쭉 | 튤립 | 총 합계 |
| 1 | | | | 2 | | 2 | 4 |
| 2 | 3 | | 1 | 2 | 1 | 2 | 9 |
| 3 | 2 | 1 | 2 | 2 | | | 7 |
| 총 합계 | 5 | 1 | 3 | 6 | 1 | 4 | 20 |

〈설문 3과 설문 5의 크로스 집계결과〉

| 개수:설문 3 | 설문 3 | | | | |
|---|---|---|---|---|---|
| 설문 5 | 1 | 2 | 3 | 4 | 총 합계 |
| 1 | 1 | | | 2 | 3 |
| 2 | | 2 | 2 | | 4 |
| 3 | 2 | 1 | 2 | | 5 |
| 4 | 1 | 1 | | 2 | 4 |
| 5 | 1 | 2 | | | 3 |
| 6 | | | | 1 | 1 |
| 총 합계 | 5 | 6 | 4 | 5 | 20 |

〈설문 3과 설문 6의 크로스 집계결과〉

| 개수:설문 3 | 설문 3 | | | | |
|---|---|---|---|---|---|
| 설문 6 | 1 | 2 | 3 | 4 | 총 합계 |
| 1 | | 2 | 2 | | 4 |
| 2 | 2 | 1 | | 1 | 4 |
| 3 | 1 | 1 | | | 2 |
| 4 | 1 | 2 | 1 | 1 | 5 |
| 5 | 1 | | 1 | 3 | 5 |
| 총 합계 | 5 | 6 | 4 | 5 | 20 |

〈설문 3과 설문 7의 크로스 집계결과〉

| 개수:설문 3 | 설문 3 | | | | |
|---|---|---|---|---|---|
| 설문 7 | 1 | 2 | 3 | 4 | 총 합계 |
| 1 | | 2 | 1 | 1 | 4 |
| 2 | 2 | 2 | 2 | 3 | 9 |
| 3 | 3 | 2 | 1 | 1 | 7 |
| 총 합계 | 5 | 6 | 4 | 5 | 20 |

〈설문 5와 설문 6의 크로스 집계결과〉

| 개수:설문 5 | 설문 5 | | | | | | |
|---|---|---|---|---|---|---|---|
| 설문 6 | 1 | 2 | 3 | 4 | 5 | 6 | 총 합계 |
| 1 | | 1 | 1 | 1 | 1 | | 4 |
| 2 | 1 | | | 1 | 2 | | 4 |
| 3 | | | 2 | | | | 2 |
| 4 | | 3 | | 2 | | | 5 |
| 5 | 2 | | 2 | | | 1 | 5 |
| 총 합계 | 3 | 4 | 5 | 4 | 3 | 1 | 20 |

〈설문 5와 설문 7의 크로스 집계결과〉

| 개수:설문 5 | 설문 5 | | | | | | |
|---|---|---|---|---|---|---|---|
| 설문 7 | 1 | 2 | 3 | 4 | 5 | 6 | 총 합계 |
| 1 | | 2 | | | 1 | 1 | 4 |
| 2 | 3 | 1 | 3 | 1 | 1 | | 9 |
| 3 | | 1 | 2 | 3 | 1 | | 7 |
| 총 합계 | 3 | 4 | 5 | 4 | 3 | 1 | 20 |

〈설문 6과 설문 7의 크로스 집계결과〉

| 개수:설문 6 | 설문 6 | | | | | |
|---|---|---|---|---|---|---|
| 설문 7 | 1 | 2 | 3 | 4 | 5 | 총 합계 |
| 1 | 2 | | | 1 | 1 | 4 |
| 2 | | 2 | 2 | 2 | 3 | 9 |
| 3 | 2 | 2 | | 2 | 1 | 7 |
| 총 합계 | 4 | 4 | 2 | 5 | 5 | 20 |

# 5 데이터의 기본적인 분석

## 1. 데이터의 입력과 기본적인 분석

**예제 5-1** 아래의 데이터는 K대학교에 입학한 신입생으로부터 무작위로 선발된 20명의 체력측정 결과이다. 여기에서 각 변수의 내용은 다음과 같다.

$x_1$ : 신장(cm)

$x_2$ : 체중(kg)

$x_3$ : 배근력(背筋力, kg)

$x_4$ : 100m 달리기(초)

$x_5$ : 넓이뛰기(m)

$x_6$ : 포환던지기(m)

| No. | 성별 | $x_1$ | $x_2$ | $x_3$ | $x_4$ | $x_5$ | $x_6$ |
|---|---|---|---|---|---|---|---|
| 1 | 여 | 157 | 48 | 93 | 15.5 | 3.5 | 2.8 |
| 2 | 남 | 179 | 65 | 105 | 14.5 | 4.5 | 7.6 |
| 3 | 여 | 164 | 52 | 90 | 16.2 | 3.2 | 4.1 |
| 4 | 남 | 170 | 55 | 110 | 15.6 | 3.8 | 6.5 |
| 5 | 남 | 171 | 62 | 110 | 14.6 | 5.5 | 6.4 |
| 6 | 남 | 181 | 71 | 189 | 15.5 | 3.5 | 10.2 |
| 7 | 여 | 160 | 47 | 50 | 16.1 | 3.8 | 4.3 |
| 8 | 여 | 162 | 55 | 87 | 17.8 | 3.1 | 4.2 |
| 9 | 남 | 170 | 78 | 170 | 14.8 | 3.5 | 8.4 |
| 10 | 여 | 158 | 47 | 70 | 16.9 | 3.3 | 3.6 |
| 11 | 남 | 168 | 59 | 140 | 13.6 | 4.4 | 7.4 |
| 12 | 여 | 162 | 48 | 89 | 15.1 | 2.8 | 3.0 |
| 13 | 남 | 178 | 71 | 180 | 14.1 | 4.6 | 9.1 |
| 14 | 남 | 164 | 57 | 98 | 15.0 | 3.5 | 5.9 |
| 15 | 남 | 175 | 70 | 122 | 14.6 | 3.5 | 9.7 |
| 16 | 여 | 155 | 48 | 85 | 16.9 | 3.1 | 3.9 |
| 17 | 남 | 173 | 70 | 150 | 15.4 | 4.1 | 8.9 |
| 18 | 남 | 169 | 63 | 148 | 14.1 | 3.6 | 8.9 |
| 19 | 여 | 156 | 55 | 40 | 14.6 | 3.7 | 3.9 |
| 20 | 여 | 173 | 62 | 60 | 16.8 | 3.0 | 3.9 |

위의 데이터로부터 다음 사항을 구하라.

(1) 남녀의 비율

(2) 각 변수에 대한 측정치의 합계

(3) 각 변수에 대한 측정치의 평균

(4) 남녀 학생에 대한 각 변량의 합계

(5) 남녀 학생에 대한 각 변량의 평균

### ▶ Excel에 의한 데이터의 입력과 분석

[순서 1] 데이터의 입력

변수의 내용을 그대로 입력할 수도 있지만 길이가 일정하지 않을 때는 변수명 ($x_i$)을 대신 입력하는 것이 좋다.

[순서 2] 남녀의 비율 계산

(1) 남녀의 도수 및 비율 계산을 위한 준비

| | A | B | C | D | E | F | G | H | I | J | K | L |
|---|---|---|---|---|---|---|---|---|---|---|---|---|
| 1 | No. | 성별 | $x_1$ | $x_2$ | $x_3$ | $x_4$ | $x_5$ | $x_6$ | | 성별 | 도수 | 비율 |
| 2 | 1 | 여 | 157 | 48 | 93 | 15.5 | 3.5 | 2.8 | | 남 | | |
| 3 | 2 | 남 | 179 | 65 | 105 | 14.5 | 4.5 | 7.6 | | 여 | | |
| 4 | 3 | 여 | 164 | 52 | 90 | 16.2 | 3.2 | 4.1 | | 합계 | | |
| 5 | 4 | 남 | 170 | 55 | 110 | 15.6 | 3.8 | 6.5 | | | | |
| 6 | 5 | 남 | 171 | 62 | 110 | 14.6 | 5.5 | 6.4 | | | | |
| 7 | 6 | 남 | 181 | 71 | 189 | 15.5 | 3.5 | 10.2 | | | | |
| 8 | 7 | 여 | 160 | 47 | 50 | 16.1 | 3.8 | 4.3 | | | | |
| 9 | 8 | 여 | 162 | 55 | 87 | 17.8 | 3.1 | 4.2 | | | | |
| 10 | 9 | 남 | 170 | 78 | 170 | 14.8 | 3.5 | 8.4 | | | | |
| 11 | 10 | 여 | 158 | 47 | 70 | 16.9 | 3.3 | 3.6 | | | | |
| 12 | 11 | 남 | 168 | 59 | 140 | 13.6 | 4.4 | 7.4 | | | | |
| 13 | 12 | 여 | 162 | 48 | 89 | 15.1 | 2.8 | 3.0 | | | | |
| 14 | 13 | 남 | 178 | 71 | 180 | 14.1 | 4.6 | 9.1 | | | | |
| 15 | 14 | 남 | 164 | 57 | 98 | 15.0 | 3.5 | 5.9 | | | | |
| 16 | 15 | 남 | 175 | 70 | 122 | 14.6 | 3.5 | 9.7 | | | | |
| 17 | 16 | 여 | 155 | 48 | 85 | 16.9 | 3.1 | 3.9 | | | | |
| 18 | 17 | 남 | 173 | 70 | 150 | 15.4 | 4.1 | 8.9 | | | | |
| 19 | 18 | 남 | 169 | 63 | 148 | 14.1 | 3.6 | 8.9 | | | | |
| 20 | 19 | 여 | 156 | 55 | 40 | 14.6 | 3.7 | 3.9 | | | | |
| 21 | 20 | 여 | 173 | 62 | 60 | 16.8 | 3.0 | 3.9 | | | | |

(2) 성별이 입력되어 있는 셀 B2:B21 영역을 지정한다.

(3) 시트의 왼쪽 상단에 있는 [이름 상자]를 클릭한다.

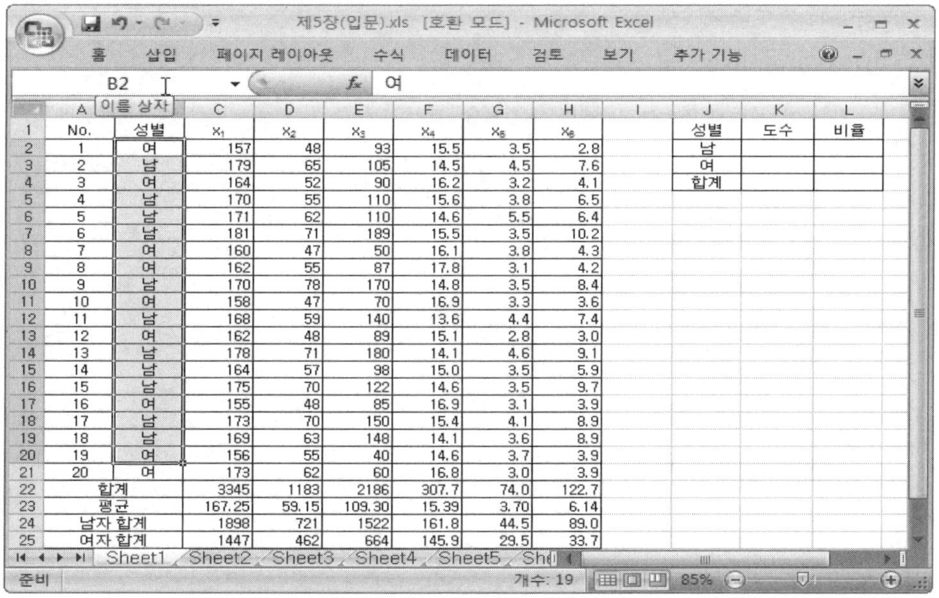


(4) [이름 상자]에 '성별'을 입력하고 Enter↵ 키를 누른다.

셀 B2:B21 영역의 이름은 '성별'로 지정되게 된다.

(5) 셀 K2:K3 영역을 지정한다.

(6) 함수 '=COUNTIF(성별, J2)'를 입력한다.

(7) Ctrl 키와 Enter↵ 키를 동시에 누른다.

(8) 남녀 도수의 산출

(9) 성별의 합계 계산

① 셀 K4에 함수 '=SUM(K2:K3)'를 입력하고 Enter↵ 키를 누르거나

② 셀 K4를 지정하고 [자동 합계] 아이콘(Σ)을 클릭한 다음에 Enter↵ 키를 누르면 된다.

(10) 성별의 비율 계산

[셀의 입력내용]

L2; = K2/$K$4

L3; = K3/$K$4

L4; = K4/$K$4

[순서 3] 각 변수에 대한 측정치의 합계

셀 C22:H22 영역을 지정한 다음에 [자동 합계] 아이콘을 클릭한다.

| | A | B | C | D | E | F | G | H | I | J | K | L | M |
|---|---|---|---|---|---|---|---|---|---|---|---|---|---|
| 1 | No. | 성별 | $x_1$ | $x_2$ | $x_3$ | $x_4$ | $x_5$ | $x_6$ | | 성별 | 도수 | 비율 | |
| 2 | 1 | 여 | 157 | 48 | 93 | 15.5 | 3.5 | 2.8 | | 남 | 11 | 0.55 | |
| 3 | 2 | 남 | 179 | 65 | 105 | 14.5 | 4.5 | 7.6 | | 여 | 9 | 0.45 | |
| 4 | 3 | 여 | 164 | 52 | 90 | 16.2 | 3.2 | 4.1 | | 합계 | 20 | 1.00 | |
| 5 | 4 | 남 | 170 | 55 | 110 | 15.6 | 3.8 | 6.5 | | | | | |
| 6 | 5 | 남 | 171 | 62 | 110 | 14.6 | 5.5 | 6.4 | | | | | |
| 7 | 6 | 남 | 181 | 71 | 189 | 15.5 | 3.5 | 10.2 | | | | | |
| 8 | 7 | 여 | 160 | 47 | 50 | 16.1 | 3.8 | 4.3 | | | | | |
| 9 | 8 | 여 | 162 | 55 | 87 | 17.8 | 3.1 | 4.2 | | | | | |
| 10 | 9 | 남 | 170 | 78 | 170 | 14.8 | 3.5 | 8.4 | | | | | |
| 11 | 10 | 여 | 158 | 47 | 70 | 16.9 | 3.3 | 3.6 | | | | | |
| 12 | 11 | 남 | 168 | 59 | 140 | 13.6 | 4.4 | 7.4 | | | | | |
| 13 | 12 | 여 | 162 | 48 | 89 | 15.1 | 2.8 | 3.0 | | | | | |
| 14 | 13 | 남 | 178 | 71 | 180 | 14.1 | 4.6 | 9.1 | | | | | |
| 15 | 14 | 남 | 164 | 57 | 98 | 15.0 | 3.5 | 5.9 | | | | | |
| 16 | 15 | 남 | 175 | 70 | 122 | 14.6 | 3.5 | 9.7 | | | | | |
| 17 | 16 | 여 | 155 | 48 | 85 | 16.9 | 3.1 | 3.9 | | | | | |
| 18 | 17 | 남 | 173 | 70 | 150 | 15.4 | 4.1 | 8.9 | | | | | |
| 19 | 18 | 남 | 169 | 63 | 148 | 14.1 | 3.6 | 8.9 | | | | | |
| 20 | 19 | 여 | 156 | 55 | 40 | 14.6 | 3.7 | 3.9 | | | | | |
| 21 | 20 | 여 | 173 | 62 | 60 | 16.8 | 3.0 | 3.9 | | | | | |
| 22 | 합계 | | 3345 | 1183 | 2186 | 307.7 | 74.0 | 122.7 | | | | | |
| 23 | | | | | | | | | | | | | |

[셀의 입력내용]

C22; =SUM(C2:C21)

D22; =SUM(D2:D21)

E22; =SUM(E2:E21)

F22; =SUM(F2:F21)

G22; =SUM(G2:G21)

H22; =SUM(H2:H21)

### [순서 4] 각 변수에 대한 측정치의 평균

| | A | B | C | D | E | F | G | H | I | J | K | L | M |
|---|---|---|---|---|---|---|---|---|---|---|---|---|---|
| 1 | No. | 성별 | $x_1$ | $x_2$ | $x_3$ | $x_4$ | $x_5$ | $x_6$ | | 성별 | 도수 | 비율 | |
| 2 | 1 | 여 | 157 | 48 | 93 | 15.5 | 3.5 | 2.8 | | 남 | 11 | 0.55 | |
| 3 | 2 | 남 | 179 | 65 | 105 | 14.5 | 4.5 | 7.6 | | 여 | 9 | 0.45 | |
| 4 | 3 | 여 | 164 | 52 | 90 | 16.2 | 3.2 | 4.1 | | 합계 | 20 | 1.00 | |
| 5 | 4 | 남 | 170 | 55 | 110 | 15.6 | 3.8 | 6.5 | | | | | |
| 6 | 5 | 남 | 171 | 62 | 110 | 14.6 | 5.5 | 6.4 | | | | | |
| 7 | 6 | 남 | 181 | 71 | 189 | 15.5 | 3.5 | 10.2 | | | | | |
| 8 | 7 | 여 | 160 | 47 | 50 | 16.1 | 3.8 | 4.3 | | | | | |
| 9 | 8 | 여 | 162 | 55 | 87 | 17.8 | 3.1 | 4.2 | | | | | |
| 10 | 9 | 남 | 170 | 78 | 170 | 14.8 | 3.5 | 8.4 | | | | | |
| 11 | 10 | 여 | 158 | 47 | 70 | 16.9 | 3.3 | 3.6 | | | | | |
| 12 | 11 | 남 | 168 | 59 | 140 | 13.6 | 4.4 | 7.4 | | | | | |
| 13 | 12 | 여 | 162 | 48 | 89 | 15.1 | 2.8 | 3.0 | | | | | |
| 14 | 13 | 남 | 178 | 71 | 180 | 14.1 | 4.6 | 9.1 | | | | | |
| 15 | 14 | 남 | 164 | 57 | 98 | 15.0 | 3.5 | 5.9 | | | | | |
| 16 | 15 | 남 | 175 | 70 | 122 | 14.6 | 3.5 | 9.7 | | | | | |
| 17 | 16 | 여 | 155 | 48 | 85 | 16.9 | 3.1 | 3.9 | | | | | |
| 18 | 17 | 남 | 173 | 70 | 150 | 15.4 | 4.1 | 8.9 | | | | | |
| 19 | 18 | 남 | 169 | 63 | 148 | 14.1 | 3.6 | 8.9 | | | | | |
| 20 | 19 | 여 | 156 | 55 | 40 | 14.6 | 3.7 | 3.9 | | | | | |
| 21 | 20 | 여 | 173 | 62 | 60 | 16.8 | 3.0 | 3.9 | | | | | |
| 22 | 합계 | | 3345 | 1183 | 2186 | 307.7 | 74.0 | 122.7 | | | | | |
| 23 | 평균 | | 167.25 | 59.15 | 109.30 | 15.39 | 3.70 | 6.14 | | | | | |
| 24 | | | | | | | | | | | | | |

[셀의 입력내용]

C23; = AVERAGE(C2:C21)　　　(C23을 D23에서 H23까지 복사한다.)

### [순서 5] 남녀 학생에 대한 각 변량의 합계

| | A | B | C | D | E | F | G | H | I | J | K | L | M |
|---|---|---|---|---|---|---|---|---|---|---|---|---|---|
| 1 | No. | 성별 | $x_1$ | $x_2$ | $x_3$ | $x_4$ | $x_5$ | $x_6$ | | 성별 | 도수 | 비율 | |
| 2 | 1 | 여 | 157 | 48 | 93 | 15.5 | 3.5 | 2.8 | | 남 | 11 | 0.55 | |
| 3 | 2 | 남 | 179 | 65 | 105 | 14.5 | 4.5 | 7.6 | | 여 | 9 | 0.45 | |
| 4 | 3 | 여 | 164 | 52 | 90 | 16.2 | 3.2 | 4.1 | | 합계 | 20 | 1.00 | |
| 5 | 4 | 남 | 170 | 55 | 110 | 15.6 | 3.8 | 6.5 | | | | | |
| 6 | 5 | 남 | 171 | 62 | 110 | 14.6 | 5.5 | 6.4 | | | | | |
| 7 | 6 | 남 | 181 | 71 | 189 | 15.5 | 3.5 | 10.2 | | | | | |
| 8 | 7 | 여 | 160 | 47 | 50 | 16.1 | 3.8 | 4.3 | | | | | |
| 9 | 8 | 여 | 162 | 55 | 87 | 17.8 | 3.1 | 4.2 | | | | | |
| 10 | 9 | 남 | 170 | 78 | 170 | 14.8 | 3.5 | 8.4 | | | | | |
| 11 | 10 | 여 | 158 | 47 | 70 | 16.9 | 3.3 | 3.6 | | | | | |
| 12 | 11 | 남 | 168 | 59 | 140 | 13.6 | 4.4 | 7.4 | | | | | |
| 13 | 12 | 여 | 162 | 48 | 89 | 15.1 | 2.8 | 3.0 | | | | | |
| 14 | 13 | 남 | 178 | 71 | 180 | 14.1 | 4.6 | 9.1 | | | | | |
| 15 | 14 | 남 | 164 | 57 | 98 | 15.0 | 3.5 | 5.9 | | | | | |
| 16 | 15 | 남 | 175 | 70 | 122 | 14.6 | 3.5 | 9.7 | | | | | |
| 17 | 16 | 여 | 155 | 48 | 85 | 16.9 | 3.1 | 3.9 | | | | | |
| 18 | 17 | 남 | 173 | 70 | 150 | 15.4 | 4.1 | 8.9 | | | | | |
| 19 | 18 | 남 | 169 | 63 | 148 | 14.1 | 3.6 | 8.9 | | | | | |
| 20 | 19 | 여 | 156 | 55 | 40 | 14.6 | 3.7 | 3.9 | | | | | |
| 21 | 20 | 여 | 173 | 62 | 60 | 16.8 | 3.0 | 3.9 | | | | | |
| 22 | 합계 | | 3345 | 1183 | 2186 | 307.7 | 74.0 | 122.7 | | | | | |
| 23 | 평균 | | 167.25 | 59.15 | 109.30 | 15.39 | 3.70 | 6.14 | | | | | |
| 24 | 남자 합계 | | 1898 | 721 | 1522 | 161.8 | 44.5 | 89.0 | | | | | |
| 25 | 여자 합계 | | 1447 | 462 | 664 | 145.9 | 29.5 | 33.7 | | | | | |
| 26 | 남자 평균 | | 172.55 | 65.55 | 138.36 | 14.71 | 4.05 | 8.09 | | | | | |
| 27 | 여자 평균 | | 160.78 | 51.33 | 73.78 | 16.21 | 3.28 | 3.74 | | | | | |
| 28 | | | | | | | | | | | | | |

[셀의 입력내용]

C24; = SUMIF(성별,$B3,C2:C21)　　　(C24를 D24에서 H24까지 복사한다.)

C25; = SUMIF(성별,$B2,C2:C21)　　　(C25를 D25에서 H25까지 복사한다.)

여기에서 사용한 함수 SUMIF는 [함수 마법사] 대화상자에서

함수 범주(C) : 수학/삼각

함수 이름(N) : SUMIF

를 선택하고 [확인] 버튼을 클릭하여 호출한다.

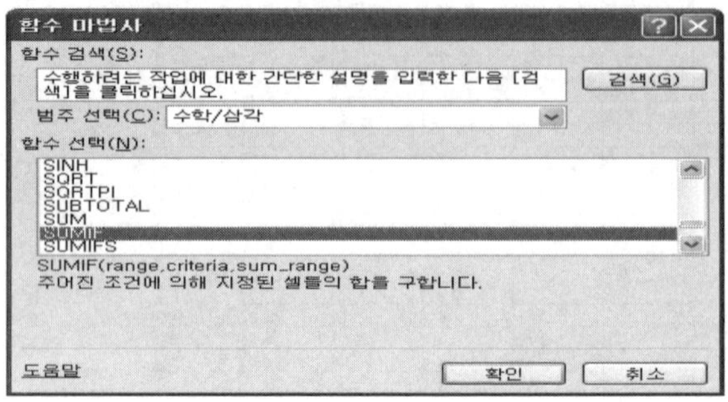


SUMIF(range, criteria, sum_range) 함수는 주어진 조건에 의해 지정된 셀들의 합을 구해준다. 여기에서

range　　: 조건에 맞는지를 검사할 셀들의 범위를 가리킨다.

criteria　: 더할 셀의 조건을 지정하는 수, 식 또는 텍스트이다.

sum_range : 합을 구할 실제의 셀들이다. 생략하면 범위 내의 셀들이 계산된다.

【예】

SUMIF(성별, $B3, C2:C21)=1898

[순서 6] 남녀 학생에 대한 각 변량의 평균

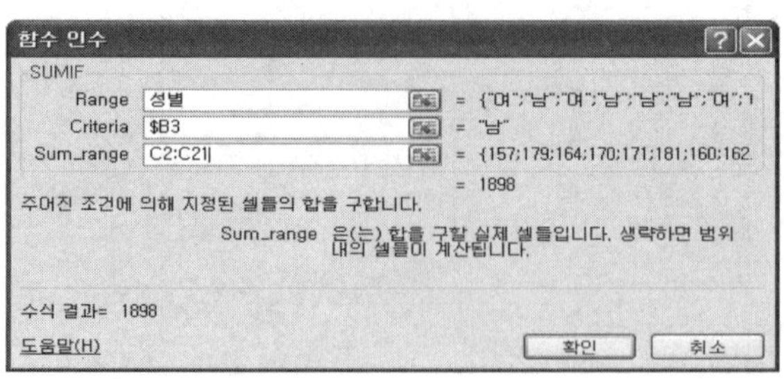

[셀의 입력내용]

C26; = C24/$K$2　　　　(C26을 D26에서 H26까지 복사한다)

C27; = C25/$K$3　　　　(C27을 D27에서 H27까지 복사한다)

### ▶ 피벗 테이블을 이용한 남녀 비율의 산출

[순서 1] 데이터의 입력

예제 5-1의 데이터를 입력한다.

| | A | B | C | D | E | F | G | H | I | J | K | L | M |
|---|---|---|---|---|---|---|---|---|---|---|---|---|---|
| 1 | No. | 성별 | $x_1$ | $x_2$ | $x_3$ | $x_4$ | $x_5$ | $x_6$ | | 성별 | 도수 | 비율 | |
| 2 | 1 | 여 | 157 | 48 | 93 | 15.5 | 3.5 | 2.8 | | 남 | 11 | 0.55 | |
| 3 | 2 | 남 | 179 | 65 | 105 | 14.5 | 4.5 | 7.6 | | 여 | 9 | 0.45 | |
| 4 | 3 | 여 | 164 | 52 | 90 | 16.2 | 3.2 | 4.1 | | 합계 | 20 | 1.00 | |
| 5 | 4 | 남 | 170 | 55 | 110 | 15.6 | 3.8 | 6.5 | | | | | |
| 6 | 5 | 남 | 171 | 62 | 110 | 14.6 | 5.5 | 6.4 | | | | | |
| 7 | 6 | 남 | 181 | 71 | 189 | 15.5 | 3.5 | 10.2 | | | | | |
| 8 | 7 | 여 | 160 | 47 | 50 | 16.1 | 3.8 | 4.3 | | | | | |
| 9 | 8 | 여 | 162 | 55 | 87 | 17.8 | 3.1 | 4.2 | | | | | |
| 10 | 9 | 남 | 170 | 78 | 170 | 14.8 | 3.5 | 8.4 | | | | | |
| 11 | 10 | 여 | 158 | 47 | 70 | 16.9 | 3.3 | 3.6 | | | | | |
| 12 | 11 | 남 | 168 | 59 | 140 | 13.6 | 4.4 | 7.4 | | | | | |
| 13 | 12 | 여 | 162 | 48 | 89 | 15.1 | 2.8 | 3.0 | | | | | |
| 14 | 13 | 남 | 178 | 71 | 180 | 14.1 | 4.6 | 9.1 | | | | | |
| 15 | 14 | 남 | 164 | 57 | 98 | 15.0 | 3.5 | 5.9 | | | | | |
| 16 | 15 | 남 | 175 | 70 | 122 | 14.6 | 3.5 | 9.7 | | | | | |
| 17 | 16 | 여 | 155 | 48 | 85 | 16.9 | 3.1 | 3.9 | | | | | |
| 18 | 17 | 남 | 173 | 70 | 150 | 15.4 | 4.1 | 8.9 | | | | | |
| 19 | 18 | 남 | 169 | 63 | 148 | 14.1 | 3.6 | 8.9 | | | | | |
| 20 | 19 | 여 | 156 | 55 | 40 | 14.6 | 3.7 | 3.9 | | | | | |
| 21 | 20 | 여 | 173 | 62 | 60 | 16.8 | 3.0 | 3.9 | | | | | |
| 22 | 합계 | | 3345 | 1183 | 2186 | 307.7 | 74.0 | 122.7 | | | | | |
| 23 | | | | | | | | | | | | | |

[순서 2] [삽입] 메뉴에서 [피벗테이블] – [피벗 테이블]을 선택한다.

(1) [열 레이블]의 위치에 '성별'을, [Σ 값]의 위치에 역시 '성별'을 지정한다.

(2) [개수 : 성별]의 상태로 만든다.

(3) 그러면 다음과 같은 피벗 테이블이 완성된다.

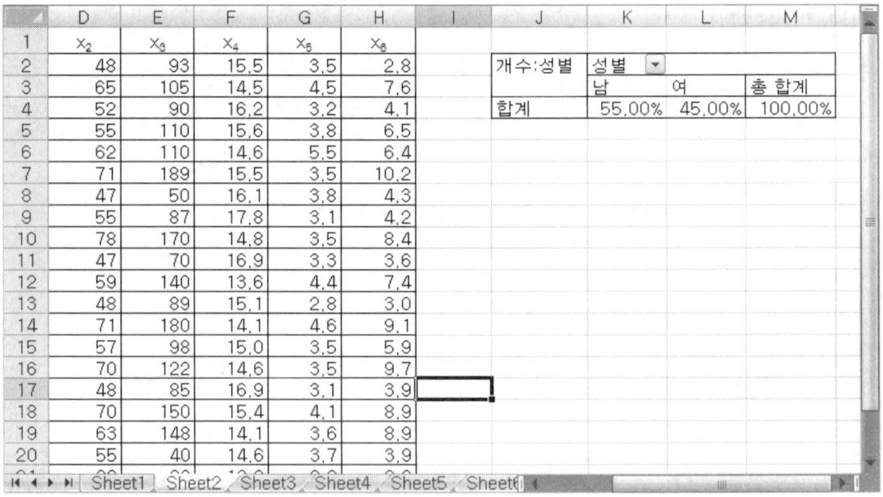

| | D | E | F | G | H |
|---|---|---|---|---|---|
| 1 | $x_2$ | $x_3$ | $x_4$ | $x_5$ | $x_6$ |
| 2 | 48 | 93 | 15.5 | 3.5 | 2.8 |
| 3 | 65 | 105 | 14.5 | 4.5 | 7.6 |
| 4 | 52 | 90 | 16.2 | 3.2 | 4.1 |
| 5 | 55 | 110 | 15.6 | 3.8 | 6.5 |
| 6 | 62 | 110 | 14.6 | 5.5 | 6.4 |
| 7 | 71 | 189 | 15.5 | 3.5 | 10.2 |
| 8 | 47 | 50 | 16.1 | 3.8 | 4.3 |
| 9 | 55 | 87 | 17.8 | 3.1 | 4.2 |
| 10 | 78 | 170 | 14.8 | 3.5 | 8.4 |
| 11 | 47 | 70 | 16.9 | 3.3 | 3.6 |
| 12 | 59 | 140 | 13.6 | 4.4 | 7.4 |
| 13 | 48 | 89 | 15.1 | 2.8 | 3.0 |
| 14 | 71 | 180 | 14.1 | 4.6 | 9.1 |
| 15 | 57 | 98 | 15.0 | 3.5 | 5.9 |
| 16 | 70 | 122 | 14.6 | 3.5 | 9.7 |
| 17 | 48 | 85 | 16.9 | 3.1 | 3.9 |
| 18 | 70 | 150 | 15.4 | 4.1 | 8.9 |
| 19 | 63 | 148 | 14.1 | 3.6 | 8.9 |
| 20 | 55 | 40 | 14.6 | 3.7 | 3.9 |

| J | K | L | M |
|---|---|---|---|
| 개수:성별 | 성별 | | |
| | 남 | 여 | 총 합계 |
| 합계 | 55.00% | 45.00% | 100.00% |



[순서 3] 남녀 비율의 산출

(1) 셀 K4를 지정하고 마우스의 오른쪽 버튼을 클릭한다.

(2) [값 필드 설정(E)]을 선택한다.

(3) [값 필드 설정] 대화상자가 나타난다.

(4) [값 표시 형식] 탭을 클릭한다.

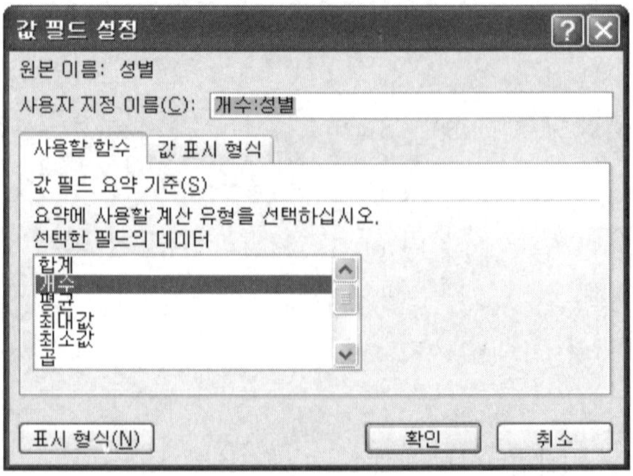


(5) [값 표시 형식]에서 [전체에 대한 비율]을 선택한다.

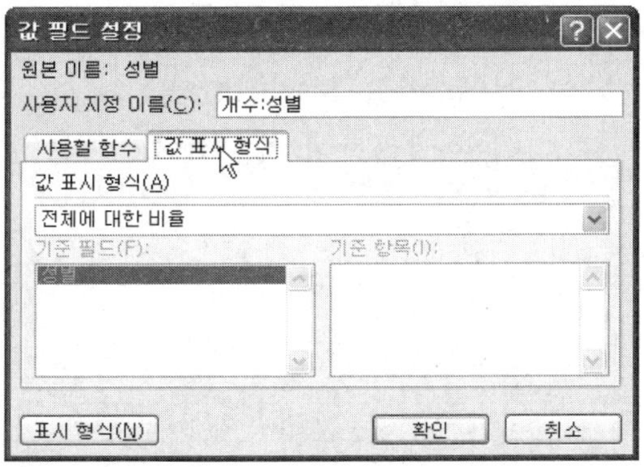


(6) [확인] 버튼을 클릭하면 피벗 테이블의 개수가 전체에 대한 비율(%)로 나타난다.

## 2. 새로운 변수의 작성

●●● **예제 5-2** 예제 5-1에서 작성한 체력측정 데이터로부터 각 학생의

$$\text{표준체중} = 22 \times (\text{신장}/100)^2$$
$$\text{비율} = \text{실제의 체중}/\text{표준체중}$$

을 계산하여 시트에 추가하라. 단, 표준체중을 계산할 때의 신장의 단위는 m이고, 체중의 단위는 kg이다.

### ▶ Excel에 의한 데이터의 입력과 분석

[순서 1] 데이터의 입력

예제 5-1과 동일

| | A | B | C | D | E | F | G | H |
|---|---|---|---|---|---|---|---|---|
| 1 | No. | 성별 | $x_1$ | $x_2$ | $x_3$ | $x_4$ | $x_5$ | $x_6$ |
| 2 | 1 | 여 | 157 | 48 | 93 | 15.5 | 3.5 | 2.8 |
| 3 | 2 | 남 | 179 | 65 | 105 | 14.5 | 4.5 | 7.6 |
| 4 | 3 | 여 | 164 | 52 | 90 | 16.2 | 3.2 | 4.1 |
| 5 | 4 | 남 | 170 | 55 | 110 | 15.6 | 3.8 | 6.5 |
| 6 | 5 | 남 | 171 | 62 | 110 | 14.6 | 5.5 | 6.4 |
| 7 | 6 | 남 | 181 | 71 | 189 | 15.5 | 3.5 | 10.2 |
| 8 | 7 | 여 | 160 | 47 | 50 | 16.1 | 3.8 | 4.3 |
| 9 | 8 | 여 | 162 | 55 | 87 | 17.8 | 3.1 | 4.2 |
| 10 | 9 | 남 | 170 | 78 | 170 | 14.8 | 3.5 | 8.4 |
| 11 | 10 | 여 | 158 | 47 | 70 | 16.9 | 3.3 | 3.6 |
| 12 | 11 | 남 | 168 | 59 | 140 | 13.6 | 4.4 | 7.4 |
| 13 | 12 | 여 | 162 | 48 | 89 | 15.1 | 2.8 | 3.0 |
| 14 | 13 | 남 | 178 | 71 | 180 | 14.1 | 4.6 | 9.1 |
| 15 | 14 | 남 | 164 | 57 | 98 | 15.0 | 3.5 | 5.9 |
| 16 | 15 | 남 | 175 | 70 | 122 | 14.6 | 3.5 | 9.7 |
| 17 | 16 | 여 | 155 | 48 | 85 | 16.9 | 3.1 | 3.9 |
| 18 | 17 | 남 | 173 | 70 | 150 | 15.4 | 4.1 | 8.9 |
| 19 | 18 | 남 | 169 | 63 | 148 | 14.1 | 3.6 | 8.9 |
| 20 | 19 | 여 | 156 | 55 | 40 | 14.6 | 3.7 | 3.9 |
| 21 | 20 | 여 | 173 | 62 | 60 | 16.8 | 3.0 | 3.9 |

[순서 2] 수식의 입력

(1) 셀 H1에 '표준체중', I1에 '비율'을 입력한다.

(2) 셀 H2:I21 영역에 수식을 입력하여 계산한다.

H2 fx =22*(B2/100)^2

| | A | B | C | D | E | F | G | H | I | J |
|---|---|---|---|---|---|---|---|---|---|---|
| 1 | No. | $x_1$ | $x_2$ | $x_3$ | $x_4$ | $x_5$ | $x_6$ | 표준체중 | 비율 | |
| 2 | 1 | 157 | 48 | 93 | 15.5 | 3.5 | 2.8 | 54.2278 | 0.8852 | |
| 3 | 2 | 179 | 65 | 105 | 14.5 | 4.5 | 7.6 | 70.4902 | 0.9221 | |
| 4 | 3 | 164 | 52 | 90 | 16.2 | 3.2 | 4.1 | 59.1712 | 0.8788 | |
| 5 | 4 | 170 | 55 | 110 | 15.6 | 3.8 | 6.5 | 63.5800 | 0.8651 | |
| 6 | 5 | 171 | 62 | 110 | 14.6 | 5.5 | 6.4 | 64.3302 | 0.9638 | |
| 7 | 6 | 181 | 71 | 189 | 15.5 | 3.5 | 10.2 | 72.0742 | 0.9851 | |
| 8 | 7 | 160 | 47 | 50 | 16.1 | 3.8 | 4.3 | 56.3200 | 0.8345 | |
| 9 | 8 | 162 | 55 | 87 | 17.8 | 3.1 | 4.2 | 57.7368 | 0.9526 | |
| 10 | 9 | 170 | 78 | 170 | 14.8 | 3.5 | 8.4 | 63.5800 | 1.2268 | |
| 11 | 10 | 158 | 47 | 70 | 16.9 | 3.3 | 3.6 | 54.9208 | 0.8558 | |
| 12 | 11 | 168 | 59 | 140 | 13.6 | 4.4 | 7.4 | 62.0928 | 0.9502 | |
| 13 | 12 | 162 | 48 | 89 | 15.1 | 2.8 | 3.0 | 57.7368 | 0.8314 | |
| 14 | 13 | 178 | 71 | 180 | 14.1 | 4.6 | 9.1 | 69.7048 | 1.0186 | |
| 15 | 14 | 164 | 57 | 98 | 15.0 | 3.5 | 5.9 | 59.1712 | 0.9633 | |
| 16 | 15 | 175 | 70 | 122 | 14.6 | 3.5 | 9.7 | 67.3750 | 1.0390 | |
| 17 | 16 | 155 | 48 | 85 | 16.9 | 3.1 | 3.9 | 52.8550 | 0.9081 | |
| 18 | 17 | 173 | 70 | 150 | 15.4 | 4.1 | 8.9 | 65.8438 | 1.0631 | |
| 19 | 18 | 169 | 63 | 148 | 14.1 | 3.6 | 8.9 | 62.8342 | 1.0026 | |
| 20 | 19 | 156 | 55 | 40 | 14.6 | 3.7 | 3.9 | 53.5392 | 1.0273 | |
| 21 | 20 | 173 | 62 | 60 | 16.8 | 3.0 | 3.9 | 65.8438 | 0.9416 | |
| 22 | | | | | | | | | | |

[셀의 입력내용]

H2;=22 * (B2/100)^2 (H2를 H3에서 H21까지 복사한다.)

I2; =C2/H2 (I2를 I3에서 I21까지 복사한다.)

**예제 5-3** 예제 5-1에서 작성한 체력측정 데이터로부터 각 학생의

$$대수(對數)신장 = \log10(신장)$$

$$새로운\ 변수 = \frac{\sqrt{신장}}{\ln(체중)}$$

을 계산하여 시트에 추가하라. 단, log10은 10을 밑으로 하는 상용대수, ln은 e를 밑으로 하는 자연대수이다.

## ▶ Excel에 의한 데이터의 입력과 분석

[순서 1] 데이터의 입력

예제 5-1과 동일

| | A | B | C | D | E | F | G | H |
|---|---|---|---|---|---|---|---|---|
| 1 | No. | 성별 | $x_1$ | $x_2$ | $x_3$ | $x_4$ | $x_5$ | $x_6$ |
| 2 | 1 | 여 | 157 | 48 | 93 | 15.5 | 3.5 | 2.8 |
| 3 | 2 | 남 | 179 | 65 | 105 | 14.5 | 4.5 | 7.6 |
| 4 | 3 | 여 | 164 | 52 | 90 | 16.2 | 3.2 | 4.1 |
| 5 | 4 | 남 | 170 | 55 | 110 | 15.6 | 3.8 | 6.5 |
| 6 | 5 | 남 | 171 | 62 | 110 | 14.6 | 5.5 | 6.4 |
| 7 | 6 | 남 | 181 | 71 | 189 | 15.5 | 3.5 | 10.2 |
| 8 | 7 | 여 | 160 | 47 | 50 | 16.1 | 3.8 | 4.3 |
| 9 | 8 | 여 | 162 | 55 | 87 | 17.8 | 3.1 | 4.2 |
| 10 | 9 | 남 | 170 | 78 | 170 | 14.8 | 3.5 | 8.4 |
| 11 | 10 | 여 | 158 | 47 | 70 | 16.9 | 3.3 | 3.6 |
| 12 | 11 | 남 | 168 | 59 | 140 | 13.6 | 4.4 | 7.4 |
| 13 | 12 | 여 | 162 | 48 | 89 | 15.1 | 2.8 | 3.0 |
| 14 | 13 | 남 | 178 | 71 | 180 | 14.1 | 4.6 | 9.1 |
| 15 | 14 | 남 | 164 | 57 | 98 | 15.0 | 3.5 | 5.9 |
| 16 | 15 | 남 | 175 | 70 | 122 | 14.6 | 3.5 | 9.7 |
| 17 | 16 | 여 | 155 | 48 | 85 | 16.9 | 3.1 | 3.9 |
| 18 | 17 | 남 | 173 | 70 | 150 | 15.4 | 4.1 | 8.9 |
| 19 | 18 | 남 | 169 | 63 | 148 | 14.1 | 3.6 | 8.9 |
| 20 | 19 | 여 | 156 | 55 | 40 | 14.6 | 3.7 | 3.9 |
| 21 | 20 | 여 | 173 | 62 | 60 | 16.8 | 3.0 | 3.9 |

[순서 2] 대수신장의 산출

(1) 셀 H2:H21 영역을 범위지정한 다음에 메뉴에서 [함수 마법사] 아이콘을 클릭한다.

(2) [수식] 메뉴에서 [함수 삽입]을 선택한 후

범주 선택 : 수학/삼각

함수 선택 : LOG 10

을 선택하고 [확인] 버튼을 클릭한다.

(3) LOG10 함수 입력상자에서

Number : B2

를 입력하고 Ctrl + Enter↵ 키를 동시에 누른다.

(4) log10(신장)의 값이 산출된다.

| | A | B | C | D | E | F | G | H | I | J | K |
|---|---|---|---|---|---|---|---|---|---|---|---|
| 1 | No. | 성별 | $x_1$ | $x_2$ | $x_3$ | $x_4$ | $x_5$ | $x_6$ | 대수신장 | 신변수 | |
| 2 | 1 | 여 | 157 | 48 | 93 | 15.5 | 3.5 | 2.8 | 2.1959 | | |
| 3 | 2 | 남 | 179 | 65 | 105 | 14.5 | 4.5 | 7.6 | 2.2529 | | |
| 4 | 3 | 여 | 164 | 52 | 90 | 16.2 | 3.2 | 4.1 | 2.2148 | | |
| 5 | 4 | 남 | 170 | 55 | 110 | 15.6 | 3.8 | 6.5 | 2.2304 | | |
| 6 | 5 | 남 | 171 | 62 | 110 | 14.6 | 5.5 | 6.4 | 2.2330 | | |
| 7 | 6 | 남 | 181 | 71 | 189 | 15.5 | 3.5 | 10.2 | 2.2577 | | |
| 8 | 7 | 여 | 160 | 47 | 50 | 16.1 | 3.8 | 4.3 | 2.2041 | | |
| 9 | 8 | 여 | 162 | 55 | 87 | 17.8 | 3.1 | 4.2 | 2.2095 | | |
| 10 | 9 | 남 | 170 | 78 | 170 | 14.8 | 3.5 | 8.4 | 2.2304 | | |
| 11 | 10 | 여 | 158 | 47 | 70 | 16.9 | 3.3 | 3.6 | 2.1987 | | |
| 12 | 11 | 남 | 168 | 59 | 140 | 13.6 | 4.4 | 7.4 | 2.2253 | | |
| 13 | 12 | 여 | 162 | 48 | 89 | 15.1 | 2.8 | 3.0 | 2.2095 | | |
| 14 | 13 | 남 | 178 | 71 | 180 | 14.1 | 4.6 | 9.1 | 2.2504 | | |
| 15 | 14 | 남 | 164 | 57 | 98 | 15.0 | 3.5 | 5.9 | 2.2148 | | |
| 16 | 15 | 남 | 175 | 70 | 122 | 14.6 | 3.5 | 9.7 | 2.2430 | | |
| 17 | 16 | 여 | 155 | 48 | 85 | 16.9 | 3.1 | 3.9 | 2.1903 | | |
| 18 | 17 | 남 | 173 | 70 | 150 | 15.4 | 4.1 | 8.9 | 2.2380 | | |
| 19 | 18 | 남 | 169 | 63 | 148 | 14.1 | 3.6 | 8.9 | 2.2279 | | |
| 20 | 19 | 여 | 156 | 55 | 40 | 14.6 | 3.7 | 3.9 | 2.1931 | | |
| 21 | 20 | 여 | 173 | 62 | 60 | 16.8 | 3.0 | 3.9 | 2.2380 | | |
| 22 | | | | | | | | | | | |

[순서 3] 신변수의 산출

(1) 셀 I2:I21 영역을 범위지정한 다음에 함수

'=SQRT(B2)/LN(C2)'

를 입력하고 Ctrl + Enter↵ 키를 동시에 누른다.

SUM ▾ × ✓ $f_x$ =SQRT(C2)/LN(D2)

| | A | B | C | D | E | F | G | H | I | J | K |
|---|---|---|---|---|---|---|---|---|---|---|---|
| 1 | No. | 성별 | $x_1$ | $x_2$ | $x_3$ | $x_4$ | $x_5$ | $x_6$ | 대수신장 | 신변수 | |
| 2 | 1 | 여 | 157 | 48 | 93 | 15.5 | 3.5 | 2.8 | 2.1959 | =SQRT(C | |
| 3 | 2 | 남 | 179 | 65 | 105 | 14.5 | 4.5 | 7.6 | 2.2529 | | |
| 4 | 3 | 여 | 164 | 52 | 90 | 16.2 | 3.2 | 4.1 | 2.2148 | | |
| 5 | 4 | 남 | 170 | 55 | 110 | 15.6 | 3.8 | 6.5 | 2.2304 | | |
| 6 | 5 | 남 | 171 | 62 | 110 | 14.6 | 5.5 | 6.4 | 2.2330 | | |
| 7 | 6 | 남 | 181 | 71 | 189 | 15.5 | 3.5 | 10.2 | 2.2577 | | |
| 8 | 7 | 여 | 160 | 47 | 50 | 16.1 | 3.8 | 4.3 | 2.2041 | | |
| 9 | 8 | 여 | 162 | 55 | 87 | 17.8 | 3.1 | 4.2 | 2.2095 | | |
| 10 | 9 | 남 | 170 | 78 | 170 | 14.8 | 3.5 | 8.4 | 2.2304 | | |
| 11 | 10 | 여 | 158 | 47 | 70 | 16.9 | 3.3 | 3.6 | 2.1987 | | |
| 12 | 11 | 남 | 168 | 59 | 140 | 13.6 | 4.4 | 7.4 | 2.2253 | | |
| 13 | 12 | 여 | 162 | 48 | 89 | 15.1 | 2.8 | 3.0 | 2.2095 | | |
| 14 | 13 | 남 | 178 | 71 | 180 | 14.1 | 4.6 | 9.1 | 2.2504 | | |
| 15 | 14 | 남 | 164 | 57 | 98 | 15.0 | 3.5 | 5.9 | 2.2148 | | |
| 16 | 15 | 남 | 175 | 70 | 122 | 14.6 | 3.5 | 9.7 | 2.2430 | | |
| 17 | 16 | 여 | 155 | 48 | 85 | 16.9 | 3.1 | 3.9 | 2.1903 | | |
| 18 | 17 | 남 | 173 | 70 | 150 | 15.4 | 4.1 | 8.9 | 2.2380 | | |
| 19 | 18 | 남 | 169 | 63 | 148 | 14.1 | 3.6 | 8.9 | 2.2279 | | |
| 20 | 19 | 여 | 156 | 55 | 40 | 14.6 | 3.7 | 3.9 | 2.1931 | | |
| 21 | 20 | 여 | 173 | 62 | 60 | 16.8 | 3.0 | 3.9 | 2.2380 | | |
| 22 | | | | | | | | | | | |

(2) $\dfrac{\sqrt{\text{신장}}}{\ln(\text{체중})}$ 의 산출

| | A | B | C | D | E | F | G | H | I | J | K |
|---|---|---|---|---|---|---|---|---|---|---|---|
| 1 | No. | 성별 | $x_1$ | $x_2$ | $x_3$ | $x_4$ | $x_5$ | $x_6$ | 대수신장 | 신변수 | |
| 2 | 1 | 여 | 157 | 48 | 93 | 15.5 | 3.5 | 2.8 | 2.1959 | 3.2367 | |
| 3 | 2 | 남 | 179 | 65 | 105 | 14.5 | 4.5 | 7.6 | 2.2529 | 3.2050 | |
| 4 | 3 | 여 | 164 | 52 | 90 | 16.2 | 3.2 | 4.1 | 2.2148 | 3.2411 | |
| 5 | 4 | 남 | 170 | 55 | 110 | 15.6 | 3.8 | 6.5 | 2.2304 | 3.2536 | |
| 6 | 5 | 남 | 171 | 62 | 110 | 14.6 | 5.5 | 6.4 | 2.2330 | 3.1685 | |
| 7 | 6 | 남 | 181 | 71 | 189 | 15.5 | 3.5 | 10.2 | 2.2577 | 3.1561 | |
| 8 | 7 | 여 | 160 | 47 | 50 | 16.1 | 3.8 | 4.3 | 2.2041 | 3.2854 | |
| 9 | 8 | 여 | 162 | 55 | 87 | 17.8 | 3.1 | 4.2 | 2.2095 | 3.1762 | |
| 10 | 9 | 남 | 170 | 78 | 170 | 14.8 | 3.5 | 8.4 | 2.2304 | 2.9927 | |
| 11 | 10 | 여 | 158 | 47 | 70 | 16.9 | 3.3 | 3.6 | 2.1987 | 3.2648 | |
| 12 | 11 | 남 | 168 | 59 | 140 | 13.6 | 4.4 | 7.4 | 2.2253 | 3.1788 | |
| 13 | 12 | 여 | 162 | 48 | 89 | 15.1 | 2.8 | 3.0 | 2.2095 | 3.2878 | |
| 14 | 13 | 남 | 178 | 71 | 180 | 14.1 | 4.6 | 9.1 | 2.2504 | 3.1299 | |
| 15 | 14 | 남 | 164 | 57 | 98 | 15.0 | 3.5 | 5.9 | 2.2148 | 3.1675 | |
| 16 | 15 | 남 | 175 | 70 | 122 | 14.6 | 3.5 | 9.7 | 2.2430 | 3.1138 | |
| 17 | 16 | 여 | 155 | 48 | 85 | 16.9 | 3.1 | 3.9 | 2.1903 | 3.2160 | |
| 18 | 17 | 남 | 173 | 70 | 150 | 15.4 | 4.1 | 8.9 | 2.2380 | 3.0959 | |
| 19 | 18 | 남 | 169 | 63 | 148 | 14.1 | 3.6 | 8.9 | 2.2279 | 3.1377 | |
| 20 | 19 | 여 | 156 | 55 | 40 | 14.6 | 3.7 | 3.9 | 2.1931 | 3.1168 | |
| 21 | 20 | 여 | 173 | 62 | 60 | 16.8 | 3.0 | 3.9 | 2.2380 | 3.1869 | |
| 22 | | | | | | | | | | | |

## 3. 데이터의 요약

### (1) 기본 통계량에 의한 요약

●●● **예제 5-4** 다음의 데이터는 S 고등학교 3학년 학생 100명의 2000학년도 대학입시 수능고사 성적이다.

| | | | | | | | | | |
|---|---|---|---|---|---|---|---|---|---|
| 264.7 | 295.9 | 344.1 | 295.5 | 327.3 | 321.6 | 305.3 | 324.8 | 313.8 | 310.6 |
| 312.4 | 326.1 | 308.0 | 316.3 | 319.0 | 325.1 | 290.1 | 319.0 | 305.6 | 344.9 |
| 297.0 | 318.3 | 292.3 | 308.1 | 335.6 | 350.9 | 316.9 | 309.4 | 319.4 | 320.2 |
| 323.1 | 310.5 | 271.0 | 304.3 | 331.7 | 361.4 | 286.2 | 297.7 | 314.1 | 304.0 |
| 313.2 | 302.3 | 274.5 | 286.3 | 311.5 | 314.2 | 274.4 | 319.8 | 312.7 | 295.6 |
| 309.2 | 277.4 | 305.3 | 314.1 | 294.0 | 305.9 | 331.0 | 308.8 | 304.7 | 316.1 |
| 304.2 | 290.0 | 311.2 | 321.8 | 308.6 | 300.6 | 301.1 | 308.4 | 294.6 | 309.7 |
| 328.9 | 304.8 | 312.7 | 322.8 | 299.2 | 302.0 | 300.9 | 334.6 | 298.7 | 287.1 |
| 323.9 | 294.3 | 313.9 | 310.7 | 326.4 | 324.9 | 313.3 | 319.9 | 307.2 | 317.9 |
| 320.0 | 295.4 | 314.1 | 302.2 | 297.9 | 280.3 | 317.5 | 291.5 | 322.8 | 310.2 |

이 데이터를 이용해서 다음과 같은 기본 통계량(statistic)을 산출하고, 히스토그램을 작성하라.

(1) 평균 (2) 중앙값 (3) 범위 (4) 분산 (5) 표준편차 (6) 왜도 (7) 첨도

#### ▶ 데이터 요약의 기본개념

데이터를 도수분포표나 누적도수분포표로 정리하면, 데이터가 어떠한 형태를 갖고 있는가를 개략적으로 그리고 용이하게 파악할 수 있다. 그러나 데이터의 여러 가지 특성을 보다 정확하게 숫자로 분석하여 표시해 주는 척도가 곧 기술통계학(descriptive statistics)이다. 가장 기본적인 것으로는 데이터의 집중화 경향(central tendency), 흩어진 정도(dispersion), 첨도(kurtosis) 및 왜도(비대칭도; skewness)이다.

#### ▶ 기본 통계량

〈데이터의 집중화 경향을 나타내는 지표〉

**(1) 평균**

양적 데이터의 대표값으로서 가장 많이 이용되는 것으로서 산술평균이 있다. 이것은 각 데이터의 합계를 데이터의 총개수로 나누어서 얻어진다. 통상 평균(mean)이라

고 불리는 것은 바로 이 산술평균을 말한다.

평균을 $\bar{x}$ 라고 표기하면 $\{x_1, x_2, \cdots, x_n\}$의 $n$개 데이터가 주어져 있을 때, 이들 $n$개 데이터의 평균은

$$\bar{x} = \frac{1}{n}(x_1 + x_2 + \cdots + x_n) = \frac{1}{n}\sum_{i=1}^{n} x_1$$

이다.

### (2) 중앙값

중앙값(median)이란 데이터를 크기순으로 늘어놓았을 때, 한가운데에 위치하는 데이터의 값으로 50백분위수(percentile)와 같다. 중위수(中位數)라고도 부른다.

(예 1) 21, 18, 15, 27, 24 등 5개의 데이터가 있을 때는 오름차순으로 바꾸어 늘어놓면 15, 18, 21, 24, 27로 되기 때문에 중앙값은 21이다.

(예 2) 21, 18, 15, 27, 24, 23 등 6개의 데이터가 있을 때는 오름차순으로 바꾸어 늘어 놓으면 15, 18, 21, 23, 24, 27로 되기 때문에 중앙에 위치하는 두 개의 값(21과 23)의 평균인 22를 중앙값으로 한다.

### (3) 최빈값

빈도가 가장 많은 계급값 혹은 측정치를 말한다. 자료집합의 중앙 또는 중심을 나타내기 위해서 이용되는 최빈값(mode)은 질적 자료 또는 명목척도에 의해서 측정된 자료에 적용될 수 있다.

〈분포의 산포도를 나타내는 지표〉

### (4) 범위

데이터 중의 최대값과 최소값의 차를 범위(range)라고 한다. 즉 $n$개의 데이터 $\{x_1, x_2, \cdots, x_n\}$을 얻어서 이들을 크기순으로 배열하여 $x(1) \leq x(2) \leq \cdots \leq x(n)$으로 늘어놓았다고 한다. 이 때 범위($R$)는 다음과 같다.

$$R = x(n) - x(1)$$

그리고 제3사분위수(즉 75백분위수)와 제1사분위수(즉 25백분위수)의 차를 사분위범위(interquartile range)라고 하는 경우가 있다. 이것은 그 안에 데이터의 중앙 반수가 들

어가는 범위이다. 범위는 산포도(散布度, dispersion)를 나타내는 지표의 하나로서 가장 간단히 구할 수 있다. 단, 데이터의 수가 20일 때나 200일 때나 이용하는 데이터는 최대값과 최소값의 두 개뿐이므로 데이터의 수가 많을 때는 정보의 손실이 커져 버린다.

### (5) 분산

$n$개의 데이터 $\{x_1,\ x_2,\ \cdots,\ x_n\}$이 있을 때, 우선 이들 $n$개 데이터의 평균 $\bar{x}$를 구한다. 다음에 각 데이터와 평균의 편차에 대한 제곱의 합을 계산한다.

$$\begin{aligned} S &= (x_1 - \bar{x})^2 + (x_2 - \bar{x})^2 + \cdots + (x_n - \bar{x})^2 \\ &= \sum_{i=1}^{n} (x_i - \bar{x})^2 \end{aligned}$$

이렇게 해서 얻어진 값을 편차제곱의 합(sum of squares)이라고 한다. 그런데 수식에서 보는 바와 같이 편차제곱의 합은 합계치이기 때문에, 데이터의 수가 많아지면, 산포도의 크기에 관계없이 커져 간다. 이렇게 되면 데이터의 수가 서로 다른 그룹의 산포도를 비교하는 데에 불편이 따른다. 그래서 편차제곱의 합을 데이터의 수에 따라서 조절한 다음과 같은 지표 $V$를 생각한다.

$$V = \frac{S}{n-1}$$

이와 같은 $V$를 분산(variance)이라고 한다. 여기에서 $(n-1)$을 자유도(degree of freedom)라고 한다.

참고로 모집단의 분산은 다음과 같이 계산한다.

$$\sigma^2 = \frac{\sum_{i=1}^{N} (x_i - \mu)^2}{N}$$

여기에서

μ : 모집단의 평균

$N$ : 모집단의 크기

### (6) 표준편차

편차제곱의 합이나 분산의 단위는 공식으로부터도 알 수 있듯이 원래 데이터의 단위를 제곱한 것이 된다. 그래서 단위를 평균의 단위처럼 원래 데이터의 단위와 일치시키기 위해서 분산의 제곱근(square root)을 취한 지표 $s$를 생각한다.

$$s = \sqrt{V} = \sqrt{\frac{S}{n-1}}$$

이와 같은 지표 $s$를 표준편차(standard deviation)라고 한다. 참고로 모집단의 표준편차는 다음과 같이 계산한다.

$$\sigma = \sqrt{\frac{\sum_{i=1}^{N}(x_i-\mu)^2}{N}}$$

〈분포의 형태를 나타내는 통계량〉

**(7) 왜도**

왜도(歪度, skewness)란 평균 주변의 3차 적률(moment)을 표준편차로 규준화한 것으로 평균에 대한 분포의 비대칭 정도를 나타내는 지표이다. 분포가 좌우대칭일 때에는 왜도는 0이 된다. 왜도가 양수이면 분포의 비대칭 꼬리가 양의 값 쪽으로 치우쳐 있으며, 왜도가 음수이면 분포의 비대칭 꼬리가 음의 값 쪽으로 치우쳐 있다. 왜도는 첨도와 함께 분포가 정규분포로부터 얼마만큼 일탈(逸脫)해 있는가를 나타내는 지표로서 이용되는 것이다. 왜도는 다음과 같은 수식에 의해서 구한다.

$$b_1 = \frac{n}{(n-1)(n-2)}\sum_{i=1}^{n}\left(\frac{x_i-\bar{x}}{s}\right)^3$$

여기서 $\bar{x}$ : 표본의 평균
s : 표본의 표준편차

이때 $b_1 = 0$ : 좌우 대칭
$b_1 > 0$ : 오른쪽 꼬리 비대칭
$b_1 < 0$ : 왼쪽 꼬리 비대칭

【예】 SKEW(3, 4, 5, 2, 3, 4, 5, 6, 4, 7) = 0.359543

**(8) 첨도**

첨도(尖度, kurtosis)란 왜도와 함께 분포가 정규분포로부터 얼마만큼 일탈(逸脫)해 있는가를 나타내는 지표로서 이용되는 것이다. 분포의 뾰족한 정도를 정규분포와 비교하여 나타내는 것으로 양의 첨도는 상대적으로 더 뾰족하고 음의 첨도는 덜 뾰족하다. 첨도는 다음과 같이 정의된다.

$$b_2 = \frac{n(n+1)}{(n-1)(n-2)(n-3)} \sum_{i=1}^{n} \left( \frac{x_i - \bar{x}}{s} \right)^4 - \frac{3(n-1)^2}{(n-2)(n-3)}$$

여기서 $\bar{x}$ : 표본의 평균

$s$ : 표본의 표준편차

이때 $b_2 = 0$ : 정규 분포형

$b_2 > 0$ : 상대적으로 더 뾰족

$b_2 < 0$ : 상대적으로 덜 뾰족

【예】 KURT(3, 4, 5, 2, 3, 4, 5, 6, 4, 7) = −0.1518

### ▶ Excel에 의한 기본 통계량의 산출

[순서 1] 데이터의 입력

셀 B2에서 B101까지 수능점수의 데이터를 입력한다.

| | A | B | C | D | E | F |
|---|---|---|---|---|---|---|
| 1 | 번호 | 수능성적 | | | | |
| 2 | 1 | 264.7 | | | | |
| 3 | 2 | 312.4 | | | | |
| 4 | 3 | 297 | | | | |
| 5 | 4 | 323.1 | | | | |
| 6 | 5 | 313.2 | | | | |
| 7 | 6 | 309.2 | | | | |
| 8 | 7 | 304.2 | | | | |
| 9 | 8 | 328.9 | | | | |
| 10 | 9 | 323.9 | | | | |
| 11 | 10 | 320 | | | | |
| 12 | 11 | 295.9 | | | | |
| 13 | 12 | 326.1 | | | | |
| 14 | 13 | 318.3 | | | | |
| 15 | 14 | 310.5 | | | | |
| 16 | 15 | 302.3 | | | | |
| 17 | 16 | 277.4 | | | | |
| 18 | 17 | 290 | | | | |
| 19 | 18 | 304.8 | | | | |
| 20 | 19 | 294.3 | | | | |
| 21 | 20 | 295.4 | | | | |
| 22 | 21 | 344.1 | | | | |

Sheet1 Sheet2 Sheet3 Sheet4

[순서 2] 통계함수의 입력

(1) 먼저 [함수 마법사]를 이용해서 구하는 방법을 설명한다.

셀 E3에 마우스 포인터를 놓고, [수식] 메뉴의 [함수 삽입] 아이콘을 클릭한다.

범주 선택 : 통계

함수 선택 : AVERAGE

를 선택하고 [확인] 버튼을 클릭한다.

(2) [AVERAGE] 함수 입력상자가 나타나면,

Number1 : B2:B101

을 입력하고 [확인] 버튼을 클릭한다.

(3) 셀 E3에 데이터의 평균이

함수식 '=AVERAGE(B2:B101)'

에 의해서 구해지고 있음을 확인할 수 있다.

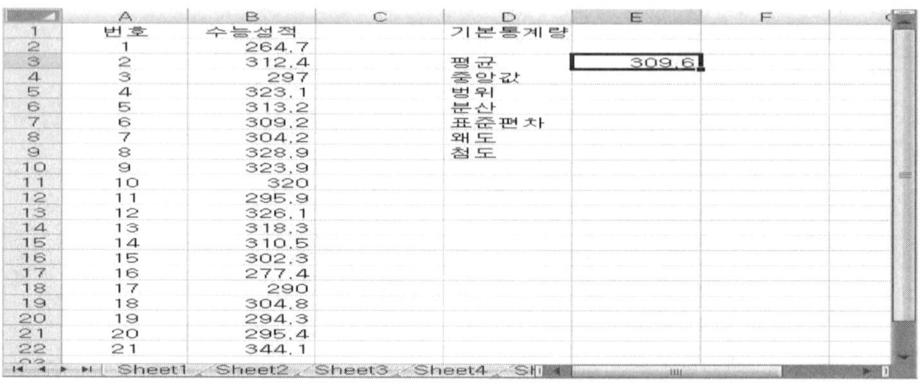

| | A | B | C | D | E | F |
|---|---|---|---|---|---|---|
| 1 | 번호 | 수능성적 | | 기본통계량 | | |
| 2 | 1 | 264.7 | | | | |
| 3 | 2 | 312.4 | | 평균 | 309.6 | |
| 4 | 3 | 297 | | 중앙값 | | |
| 5 | 4 | 323.1 | | 범위 | | |
| 6 | 5 | 313.2 | | 분산 | | |
| 7 | 6 | 309.2 | | 표준편차 | | |
| 8 | 7 | 304.2 | | 왜도 | | |
| 9 | 8 | 328.9 | | 첨도 | | |
| 10 | 9 | 323.9 | | | | |
| 11 | 10 | 320 | | | | |
| 12 | 11 | 295.9 | | | | |
| 13 | 12 | 326.1 | | | | |
| 14 | 13 | 318.3 | | | | |
| 15 | 14 | 310.5 | | | | |
| 16 | 15 | 302.3 | | | | |
| 17 | 16 | 277.4 | | | | |
| 18 | 17 | 290 | | | | |
| 19 | 18 | 304.8 | | | | |
| 20 | 19 | 294.3 | | | | |
| 21 | 20 | 295.4 | | | | |
| 22 | 21 | 344.1 | | | | |

Sheet1 Sheet2 Sheet3 Sheet4

(4) 위와 같은 방법으로 나머지 통계량을 구할 수도 있지만, 간단히 통계함수를 해당 셀에 입력하는 방식으로 구할 수 있다.

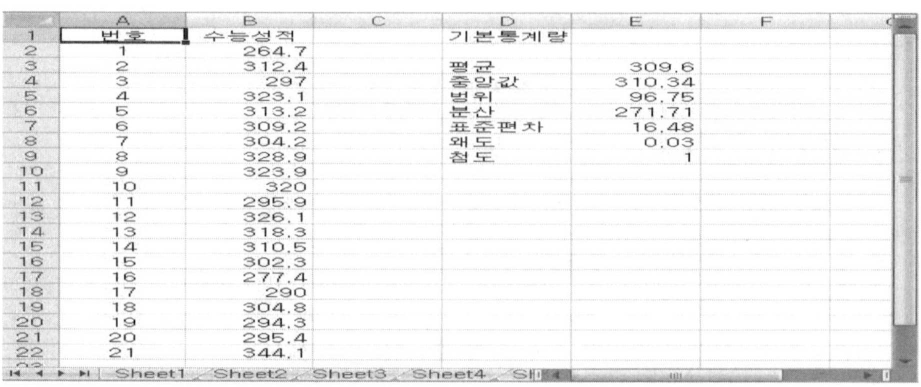

| | A | B | C | D | E | F |
|---|---|---|---|---|---|---|
| 1 | 번호 | 수능성적 | | 기본통계량 | | |
| 2 | 1 | 264.7 | | | | |
| 3 | 2 | 312.4 | | 평균 | 309.6 | |
| 4 | 3 | 297 | | 중앙값 | 310.34 | |
| 5 | 4 | 323.1 | | 범위 | 96.75 | |
| 6 | 5 | 313.2 | | 분산 | 271.71 | |
| 7 | 6 | 309.2 | | 표준편차 | 16.48 | |
| 8 | 7 | 304.2 | | 왜도 | 0.03 | |
| 9 | 8 | 328.9 | | 첨도 | 1 | |
| 10 | 9 | 323.9 | | | | |
| 11 | 10 | 320 | | | | |
| 12 | 11 | 295.9 | | | | |
| 13 | 12 | 326.1 | | | | |
| 14 | 13 | 318.3 | | | | |
| 15 | 14 | 310.5 | | | | |
| 16 | 15 | 302.3 | | | | |
| 17 | 16 | 277.4 | | | | |
| 18 | 17 | 290 | | | | |
| 19 | 18 | 304.8 | | | | |
| 20 | 19 | 294.3 | | | | |
| 21 | 20 | 295.4 | | | | |
| 22 | 21 | 344.1 | | | | |

Sheet1 Sheet2 Sheet3 Sheet4

[셀의 입력내용]

E3; = AVERAGE(B2:B101)

E4; = MEDIAN(B2:B101)

E5; = MAX(B2:B101) − MIN(B2:B101)

E6; = VAR(B2:B101)

E7; = STDEV(B2:B101)

E8; = SKEW(B2:B101)

E9; = KURT(B2:B101)

### ▶ 히스토그램의 작성

[순서 1] 데이터의 입력

앞에서 입력한 데이터를 그대로 이용한다.

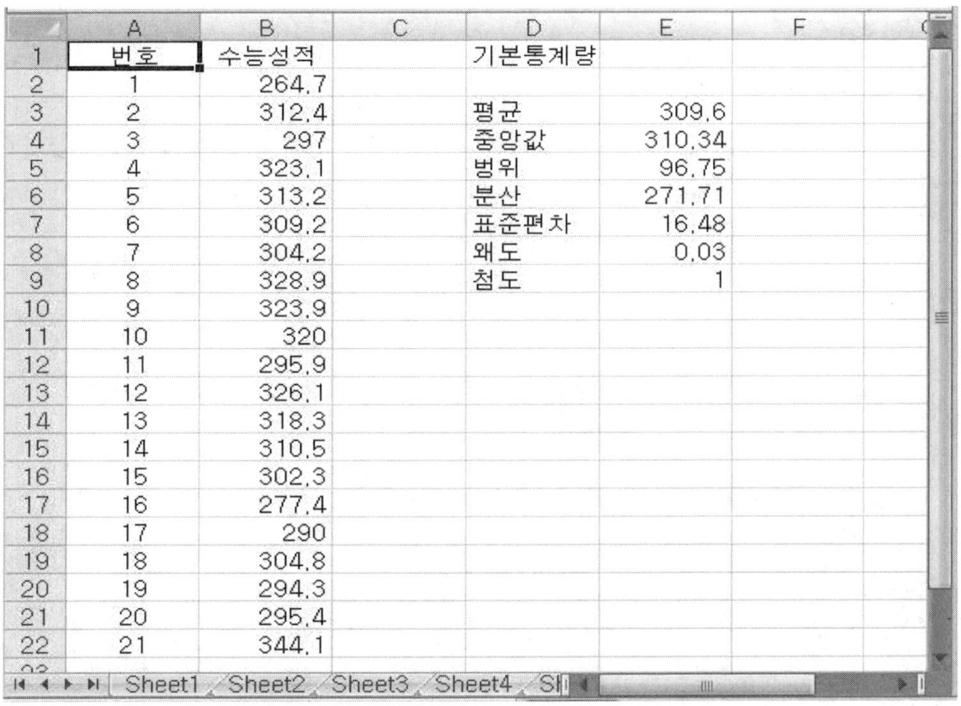

| | A | B | C | D | E | F |
|---|---|---|---|---|---|---|
| 1 | 번호 | 수능성적 | | 기본통계량 | | |
| 2 | 1 | 264.7 | | | | |
| 3 | 2 | 312.4 | | 평균 | 309.6 | |
| 4 | 3 | 297 | | 중앙값 | 310.34 | |
| 5 | 4 | 323.1 | | 범위 | 96.75 | |
| 6 | 5 | 313.2 | | 분산 | 271.71 | |
| 7 | 6 | 309.2 | | 표준편차 | 16.48 | |
| 8 | 7 | 304.2 | | 왜도 | 0.03 | |
| 9 | 8 | 328.9 | | 첨도 | 1 | |
| 10 | 9 | 323.9 | | | | |
| 11 | 10 | 320 | | | | |
| 12 | 11 | 295.9 | | | | |
| 13 | 12 | 326.1 | | | | |
| 14 | 13 | 318.3 | | | | |
| 15 | 14 | 310.5 | | | | |
| 16 | 15 | 302.3 | | | | |
| 17 | 16 | 277.4 | | | | |
| 18 | 17 | 290 | | | | |
| 19 | 18 | 304.8 | | | | |
| 20 | 19 | 294.3 | | | | |
| 21 | 20 | 295.4 | | | | |
| 22 | 21 | 344.1 | | | | |

Sheet1 Sheet2 Sheet3 Sheet4

[순서 2] 준비

도수분포표를 작성하기 위해 필요한 사항을 산출한다.

| | A | B | C | D | E | F |
|---|---|---|---|---|---|---|
| 1 | 번호 | 수능성적 | | 기본통계량 | | |
| 2 | 1 | 264.7 | | | | |
| 3 | 2 | 312.4 | | 평균 | 309.6 | |
| 4 | 3 | 297 | | 중앙값 | 310.34 | |
| 5 | 4 | 323.1 | | 범위 | 96.75 | |
| 6 | 5 | 313.2 | | 분산 | 271.71 | |
| 7 | 6 | 309.2 | | 표준편차 | 16.48 | |
| 8 | 7 | 304.2 | | 왜도 | 0.03 | |
| 9 | 8 | 328.9 | | 첨도 | 1 | |
| 10 | 9 | 323.9 | | | | |
| 11 | 10 | 320 | | 최대값 | 361.4 | |
| 12 | 11 | 295.9 | | 최소값 | 264.7 | |
| 13 | 12 | 326.1 | | 구간의수 | 10 | |
| 14 | 13 | 318.3 | | 구간의폭 | 9.675 | |
| 15 | 14 | 310.5 | | ≒ | 10 | |
| 16 | 15 | 302.3 | | | | |
| 17 | 16 | 277.4 | | | | |
| 18 | 17 | 290 | | | | |
| 19 | 18 | 304.8 | | | | |
| 20 | 19 | 294.3 | | | | |
| 21 | 20 | 295.4 | | | | |
| 22 | 21 | 344.1 | | | | |

Sheet1 Sheet2 Sheet3 Sheet4

[순서 3] 도수분포표의 작성

### (1) 구간의 설정

위의 계산결과에서는 구간의 수를 10, 구간의 폭을 10으로 취했으나, 최소값과 최대값이 각각 처음과 마지막의 구간에 포함되도록 고려한 결과 구간의 수는 11개로 되었다. 구간의 각 숫자는 각 구간의 상한치를 나타내고 있다.

| | A | B | C | D | E | F | G | H | I | J |
|---|---|---|---|---|---|---|---|---|---|---|
| 1 | 번호 | 수능성적 | | 기본통계량 | | | 구간 | | | |
| 2 | 1 | 264.7 | | | | | 270 | | | |
| 3 | 2 | 312.4 | | 평균 | 309.6 | | 280 | | | |
| 4 | 3 | 297 | | 중앙값 | 310.34 | | 290 | | | |
| 5 | 4 | 323.1 | | 범위 | 96.75 | | 300 | | | |
| 6 | 5 | 313.2 | | 분산 | 271.71 | | 310 | | | |
| 7 | 6 | 309.2 | | 표준편차 | 16.48 | | 320 | | | |
| 8 | 7 | 304.2 | | 왜도 | 0.03 | | 330 | | | |
| 9 | 8 | 328.9 | | 첨도 | 1 | | 340 | | | |
| 10 | 9 | 323.9 | | | | | 350 | | | |
| 11 | 10 | 320 | | 최대값 | 361.4 | | 360 | | | |
| 12 | 11 | 295.9 | | 최소값 | 264.7 | | 370 | | | |
| 13 | 12 | 326.1 | | 구간의수 | 10 | | | | | |
| 14 | 13 | 318.3 | | 구간의폭 | 9.675 | | | | | |
| 15 | 14 | 310.5 | | ≒ | 10 | | | | | |
| 16 | 15 | 302.3 | | | | | | | | |
| 17 | 16 | 277.4 | | | | | | | | |
| 18 | 17 | 290 | | | | | | | | |
| 19 | 18 | 304.8 | | | | | | | | |
| 20 | 19 | 294.3 | | | | | | | | |
| 21 | 20 | 295.4 | | | | | | | | |
| 22 | 21 | 344.1 | | | | | | | | |

Sheet1 Sheet2 Sheet3 Sheet4 Sheet5 Sheet6

### (2) 첫 번째 구간의 도수 산출

먼저 첫 번째 구간의 도수를 통계함수 'FREQUENCY'를 이용해서 구한다.

셀 H2에 첫 번째 구간의 도수가 구해진다.

| | A | B | C | D | E | F | G | H | I | J |
|---|---|---|---|---|---|---|---|---|---|---|
| 1 | 번호 | 수능성적 | | 기본통계량 | | | 구간 | | | |
| 2 | 1 | 264.7 | | | | | 270 | 1 | | |
| 3 | 2 | 312.4 | | 평균 | 309.6 | | 280 | | | |
| 4 | 3 | 297 | | 중앙값 | 310.34 | | 290 | | | |
| 5 | 4 | 323.1 | | 범위 | 96.75 | | 300 | | | |
| 6 | 5 | 313.2 | | 분산 | 271.71 | | 310 | | | |
| 7 | 6 | 309.2 | | 표준편차 | 16.48 | | 320 | | | |
| 8 | 7 | 304.2 | | 왜도 | 0.03 | | 330 | | | |
| 9 | 8 | 328.9 | | 첨도 | 1 | | 340 | | | |
| 10 | 9 | 323.9 | | | | | 350 | | | |
| 11 | 10 | 320 | | 최대값 | 361.4 | | 360 | | | |
| 12 | 11 | 295.9 | | 최소값 | 264.7 | | 370 | | | |
| 13 | 12 | 326.1 | | 구간의수 | 10 | | | | | |
| 14 | 13 | 318.3 | | 구간의폭 | 9.675 | | | | | |
| 15 | 14 | 310.5 | | ≒ | 10 | | | | | |
| 16 | 15 | 302.3 | | | | | | | | |
| 17 | 16 | 277.4 | | | | | | | | |
| 18 | 17 | 290 | | | | | | | | |
| 19 | 18 | 304.8 | | | | | | | | |
| 20 | 19 | 294.3 | | | | | | | | |
| 21 | 20 | 295.4 | | | | | | | | |
| 22 | 21 | 344.1 | | | | | | | | |

Sheet1 Sheet2 Sheet3 Sheet4 Sheet5 Sheet6

### (3) 배열복사에 의한 전 구간의 도수 산출

| | A | B | C | D | E | F | G | H | I | J |
|---|---|---|---|---|---|---|---|---|---|---|
| 1 | 번호 | 수능성적 | | 기본통계량 | | | 구간 | | | |
| 2 | 1 | 264.7 | | | | | 270 | 1 | | |
| 3 | 2 | 312.4 | | 평균 | 309.6 | | 280 | 4 | | |
| 4 | 3 | 297 | | 중앙값 | 310.34 | | 290 | 4 | | |
| 5 | 4 | 323.1 | | 범위 | 96.75 | | 300 | 16 | | |
| 6 | 5 | 313.2 | | 분산 | 271.71 | | 310 | 24 | | |
| 7 | 6 | 309.2 | | 표준편차 | 16.48 | | 320 | 29 | | |
| 8 | 7 | 304.2 | | 왜도 | 0.03 | | 330 | 14 | | |
| 9 | 8 | 328.9 | | 첨도 | 1 | | 340 | 4 | | |
| 10 | 9 | 323.9 | | | | | 350 | 2 | | |
| 11 | 10 | 320 | | 최대값 | 361.4 | | 360 | 1 | | |
| 12 | 11 | 295.9 | | 최소값 | 264.7 | | 370 | 1 | | |
| 13 | 12 | 326.1 | | 구간의수 | 10 | | | | | |
| 14 | 13 | 318.3 | | 구간의폭 | 9.675 | | | | | |
| 15 | 14 | 310.5 | | ≒ | 10 | | | | | |
| 16 | 15 | 302.3 | | | | | | | | |
| 17 | 16 | 277.4 | | | | | | | | |
| 18 | 17 | 290 | | | | | | | | |
| 19 | 18 | 304.8 | | | | | | | | |
| 20 | 19 | 294.3 | | | | | | | | |
| 21 | 20 | 295.4 | | | | | | | | |
| 22 | 21 | 344.1 | | | | | | | | |

Sheet1 Sheet2 Sheet3 Sheet4 Sheet5 Sheet6

[순서 4] 히스토그램의 작성

(1) 셀 H2:H12 영역을 지정하고, [삽입] 메뉴에서 [세로막대형 차트] 아이콘을 클릭한다.

(2) 그래프를 수정하여 다음과 같이 히스토 그램을 작성한다.

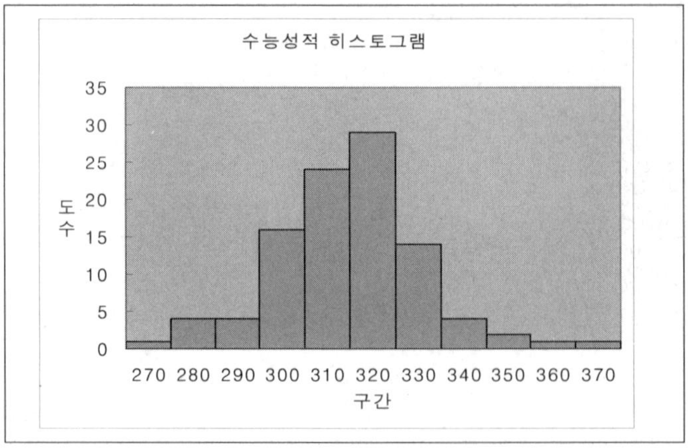


[순서 5] 정규성의 확인

예제의 데이터가 정규분포에 따르는지를 확인하기 위해서 다음과 같은 순서로 정규성의 확인을 실시한다.

(1) 각 구간에 대한 이론적인 정규분포상의 확률값을 구하기 위해서 다음과 같이 입력한다.

| | A | B | C | D | E | F | G | H | I | J |
|---|---|---|---|---|---|---|---|---|---|---|
| 1 | 번호 | 수능성적 | | 기본 통계량 | | | 구간 | 도수 | 정규분포 | |
| 2 | 1 | 264.7 | | | | | 220 | 0 | | |
| 3 | 2 | 312.4 | | 평균 | 309.59 | | 230 | 0 | | |
| 4 | 3 | 297.0 | | 중앙값 | 310.35 | | 240 | 0 | | |
| 5 | 4 | 323.1 | | 범위 | 96.70 | | 250 | 0 | | |
| 6 | 5 | 313.2 | | 분산 | 271.72 | | 260 | 0 | | |
| 7 | 6 | 309.2 | | 표준 편차 | 16.48 | | 270 | 1 | | |
| 8 | 7 | 304.2 | | 왜도 | 0.04 | | 280 | 4 | | |
| 9 | 8 | 328.9 | | 첨도 | 1.00 | | 290 | 5 | | |
| 10 | 9 | 323.9 | | | | | 300 | 15 | | |
| 11 | 10 | 320.0 | | 최대값 | 361.4 | | 310 | 24 | | |
| 12 | 11 | 295.9 | | 최소값 | 264.7 | | 320 | 29 | | |
| 13 | 12 | 326.1 | | 구간의 수 | 10 | | 330 | 14 | | |
| 14 | 13 | 318.3 | | 구간의 폭 | 9.675 | | 340 | 4 | | |
| 15 | 14 | 310.5 | | ≒ | 10 | | 350 | 2 | | |
| 16 | 15 | 302.3 | | | | | 360 | 1 | | |
| 17 | 16 | 277.4 | | | | | 370 | 1 | | |
| 18 | 17 | 290.0 | | | | | 380 | 0 | | |
| 19 | 18 | 304.8 | | | | | 390 | 0 | | |
| 20 | 19 | 294.3 | | | | | | | | |
| 21 | 20 | 295.4 | | | | | | | | |

Sheet1 Sheet2 Sheet3

(2) 셀 I2를 지정한 다음에 [함수 마법사] 아이콘을 클릭한다. [함수 마법사] 대화 상자에서,

범주 선택 : 통계

함수 선택 : NORMDIST

를 선택하고 [확인] 버튼을 클릭한다.

(3) [NORMDIST] 함수 입력상자에서 다음과 같이 입력하고 [확인] 버튼을 클릭한다.

X : G2

Mean : $E$3

Standard_Dev : $E$7

Cumulative : 0

마지막 난의 [Cumulative]는 함수의 형태를 결정하는 논리값으로 '0(False)'을 입력하면 확률밀도함수를, '1(True)'을 입력하면 누적분포함수를 구해 준다.

(4) 셀 I2를 I3에서 I22까지 복사한다.

| | A | B | C | D | E | F | G | H | I | J |
|---|---|---|---|---|---|---|---|---|---|---|
| 1 | 번호 | 수능성적 | | 기본 통계량 | | | 구간 | 도수 | 정규분포 | |
| 2 | 1 | 264.7 | | | | | 220 | 0 | 9.31134E-09 | |
| 3 | 2 | 312.4 | | 평균 | 309.59 | | 230 | 0 | 2.09448E-07 | |
| 4 | 3 | 297.0 | | 중앙값 | 310.35 | | 240 | 0 | 3.26069E-06 | |
| 5 | 4 | 323.1 | | 범위 | 96.70 | | 250 | 0 | 3.51329E-05 | |
| 6 | 5 | 313.2 | | 분산 | 271.72 | | 260 | 0 | 0.000261992 | |
| 7 | 6 | 309.2 | | 표준 편차 | 16.48 | | 270 | 1 | 0.001352177 | |
| 8 | 7 | 304.2 | | 왜도 | 0.04 | | 280 | 4 | 0.004830014 | |
| 9 | 8 | 328.9 | | 첨도 | 1.00 | | 290 | 5 | 0.011940807 | |
| 10 | 9 | 323.9 | | | | | 300 | 15 | 0.02043098 | |
| 11 | 10 | 320.0 | | 최대값 | 361.4 | | 310 | 24 | 0.024194407 | |
| 12 | 11 | 295.9 | | 최소값 | 264.7 | | 320 | 29 | 0.019829466 | |
| 13 | 12 | 326.1 | | 구간의 수 | 10 | | 330 | 14 | 0.011248052 | |
| 14 | 13 | 318.3 | | 구간의 폭 | 9.675 | | 340 | 4 | 0.004415846 | |
| 15 | 14 | 310.5 | | ≒ | 10 | | 350 | 2 | 0.001199833 | |
| 16 | 15 | 302.3 | | | | | 360 | 1 | 0.00022563 | |
| 17 | 16 | 277.4 | | | | | 370 | 1 | 2.9366E-05 | |
| 18 | 17 | 290.0 | | | | | 380 | 0 | 2.64523E-06 | |
| 19 | 18 | 304.8 | | | | | 390 | 0 | 1.64911E-07 | |
| 20 | 19 | 294.3 | | | | | | | | |
| 21 | 20 | 295.4 | | | | | | | | |
| 22 | 21 | 344.1 | | | | | | | | |

Sheet1 Sheet2 Sheet3

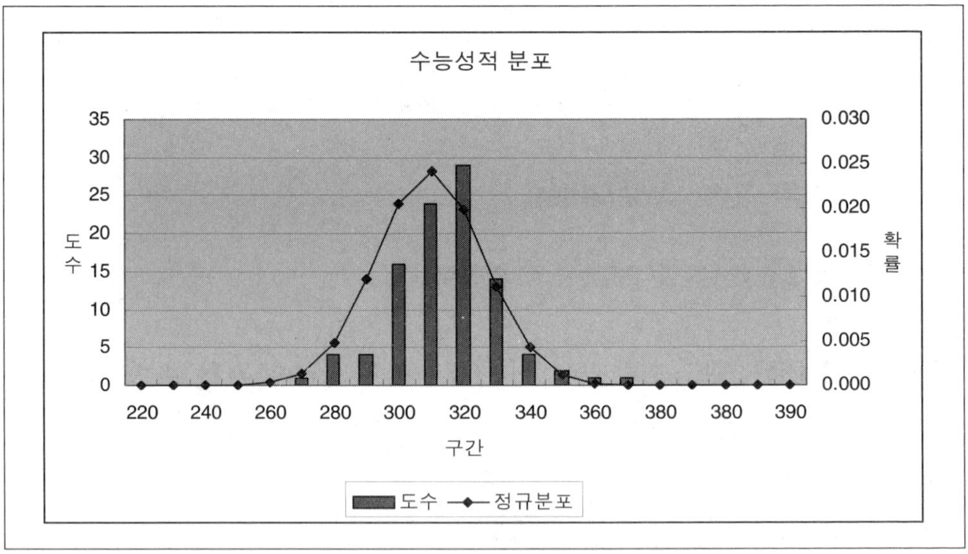


그래프에서 알 수 있듯이 수능성적의 도수분포는 정규분포에서 약간 일탈해 있는 것을 확인할 수 있다(왜도 = 0.034).

### ▶ 분석 도구를 이용한 히스토그램

**[순서 1]** 데이터의 입력과 구간의 설정

(1) 전술한 방법에 의해서 데이터를 입력한다.

(2) 구간의 폭을 정한 다음에 구간을 설정한다.

| | A | B | C | D | E | F | G | H | I | J |
|---|---|---|---|---|---|---|---|---|---|---|
| 1 | 번호 | 수능성적 | | 기본통계량 | | | 구간 | | | |
| 2 | 1 | 264.7 | | | | | 270 | | | |
| 3 | 2 | 312.4 | | 평균 | 309.6 | | 280 | | | |
| 4 | 3 | 297 | | 중앙값 | 310.34 | | 290 | | | |
| 5 | 4 | 323.1 | | 범위 | 96.75 | | 300 | | | |
| 6 | 5 | 313.2 | | 분산 | 271.71 | | 310 | | | |
| 7 | 6 | 309.2 | | 표준편차 | 16.48 | | 320 | | | |
| 8 | 7 | 304.2 | | 왜도 | 0.03 | | 330 | | | |
| 9 | 8 | 328.9 | | 첨도 | 1 | | 340 | | | |
| 10 | 9 | 323.9 | | | | | 350 | | | |
| 11 | 10 | 320 | | 최대값 | 361.4 | | 360 | | | |
| 12 | 11 | 295.9 | | 최소값 | 264.7 | | 370 | | | |
| 13 | 12 | 326.1 | | 구간의수 | 10 | | | | | |
| 14 | 13 | 318.3 | | 구간의폭 | 9.675 | | | | | |
| 15 | 14 | 310.5 | | ≒ | 10 | | | | | |
| 16 | 15 | 302.3 | | | | | | | | |
| 17 | 16 | 277.4 | | | | | | | | |
| 18 | 17 | 290 | | | | | | | | |
| 19 | 18 | 304.8 | | | | | | | | |
| 20 | 19 | 294.3 | | | | | | | | |
| 21 | 20 | 295.4 | | | | | | | | |
| 22 | 21 | 344.1 | | | | | | | | |

Sheet1 Sheet2 Sheet3 Sheet4 Sheet5 Sheet6

[순서 2] 히스토그램의 선택

[도구(T)] – [데이터 분석(D)]을 선택하고, [통계 데이터 분석] 대화상자가 나타나면 [히스토그램]을 선택한다.

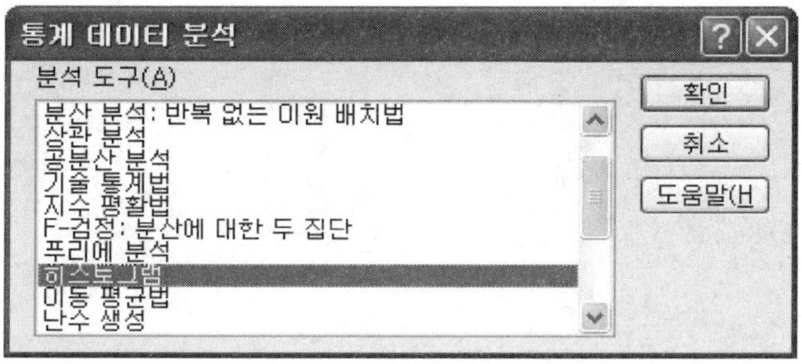

[순서 3] [히스토그램] 대화상자에서

입력 범위(I) : B1:B101

계급 구간(B) : G1:G12

이름표(L) : 체크

출력 범위(O) : I1

차트 출력(C) : 체크

를 지정하고 [확인] 버튼을 클릭한다.

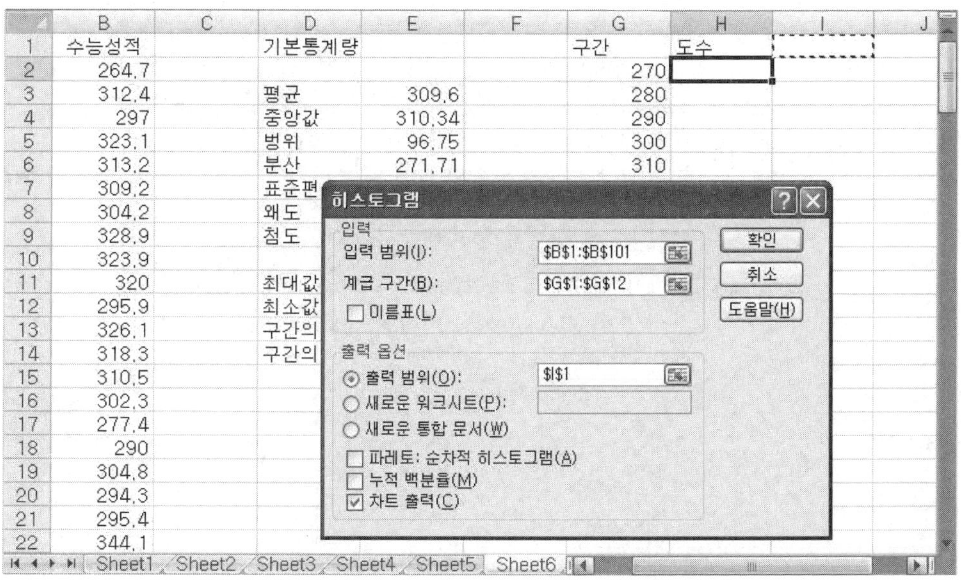

[순서 4] 도수분포표와 히스토그램의 작성

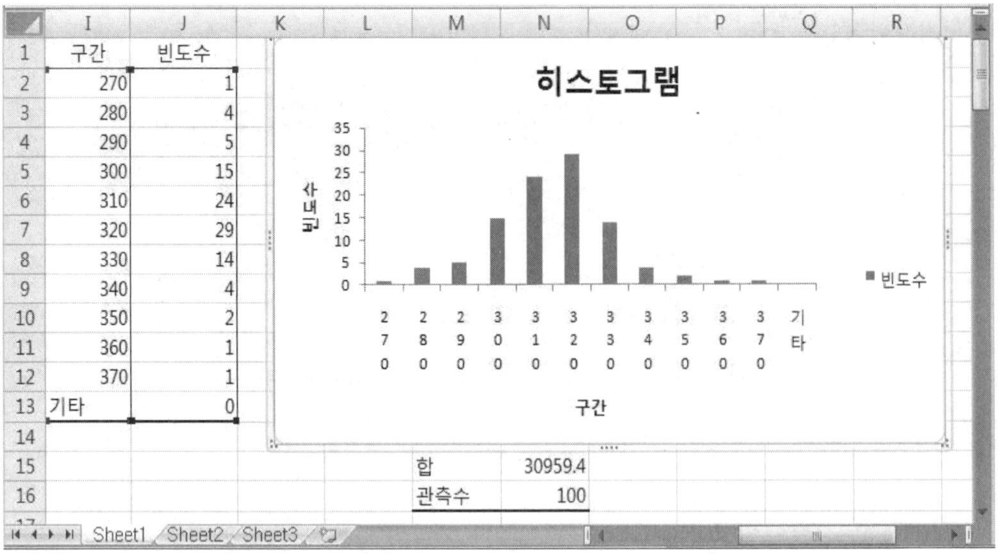


[순서 5] 히스토그램의 수정·완성

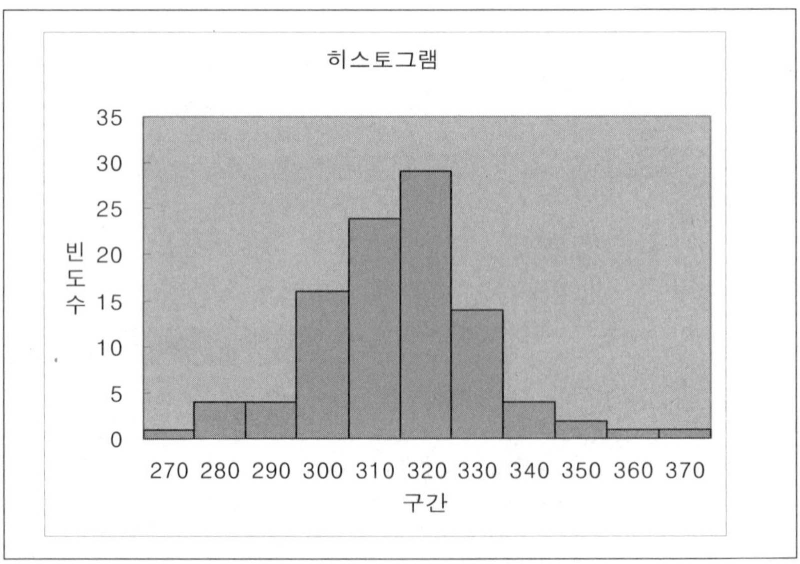

## 4. 기술 통계법에 의한 요약

●●● **예제 5-5** 다음은 올림픽 경기장에 입장하는 110명의 관객들에 대한 나이를 조사하여 정리한 것이다.

| 5 | 26 | 58 | 25 | 47 | 43 | 32 | 45 | 38 | 35 | 25 |
|---|---|---|---|---|---|---|---|---|---|---|
| 37 | 46 | 34 | 39 | 41 | 45 | 22 | 41 | 32 | 58 | 51 |
| 26 | 41 | 23 | 34 | 52 | 62 | 40 | 35 | 41 | 42 | 24 |
| 44 | 35 | 9 | 31 | 49 | 69 | 19 | 27 | 38 | 31 | 48 |
| 37 | 30 | 11 | 19 | 36 | 38 | 11 | 42 | 37 | 25 | 40 |
| 34 | 13 | 32 | 38 | 24 | 32 | 49 | 34 | 31 | 39 | 30 |
| 31 | 22 | 36 | 43 | 34 | 29 | 29 | 34 | 25 | 35 | 33 |
| 48 | 32 | 37 | 44 | 28 | 30 | 29 | 51 | 27 | 20 | 20 |
| 44 | 25 | 38 | 35 | 46 | 45 | 37 | 42 | 33 | 40 | 53 |
| 42 | 25 | 38 | 30 | 27 | 15 | 40 | 23 | 44 | 35 | 40 |

기술 통계법을 이용하여 위의 데이터를 분석하라.

### ▶ 기술 통계법에 의한 분석

[순서 1] 데이터의 입력

셀 B2에서 B111까지 데이터를 입력한다. A 열에는 일련번호를 입력해 놓는다.

| | A | B | C | D | E | F | G | H | I |
|---|---|---|---|---|---|---|---|---|---|
| 1 | 번호 | 나이 | | | | | | | |
| 2 | 1 | 5 | | | | | | | |
| 3 | 2 | 37 | | | | | | | |
| 4 | 3 | 26 | | | | | | | |
| 5 | 4 | 44 | | | | | | | |
| 6 | 5 | 37 | | | | | | | |
| 7 | 6 | 34 | | | | | | | |
| 8 | 7 | 31 | | | | | | | |
| 9 | 8 | 48 | | | | | | | |
| 10 | 9 | 44 | | | | | | | |
| 11 | 10 | 42 | | | | | | | |
| 12 | 11 | 26 | | | | | | | |
| 13 | 12 | 46 | | | | | | | |
| 14 | 13 | 41 | | | | | | | |
| 15 | 14 | 35 | | | | | | | |
| 16 | 15 | 30 | | | | | | | |
| 17 | 16 | 13 | | | | | | | |
| 109 | 108 | 20 | | | | | | | |
| 110 | 109 | 53 | | | | | | | |
| 111 | 110 | 40 | | | | | | | |
| 112 | | | | | | | | | |
| 113 | | | | | | | | | |

[순서 2] 분석 도구의 선택

메뉴에서 [도구(T)] – [데이터 분석(D)]을 선택한다. [통계 데이터 분석] 대화상자가 나타난다.

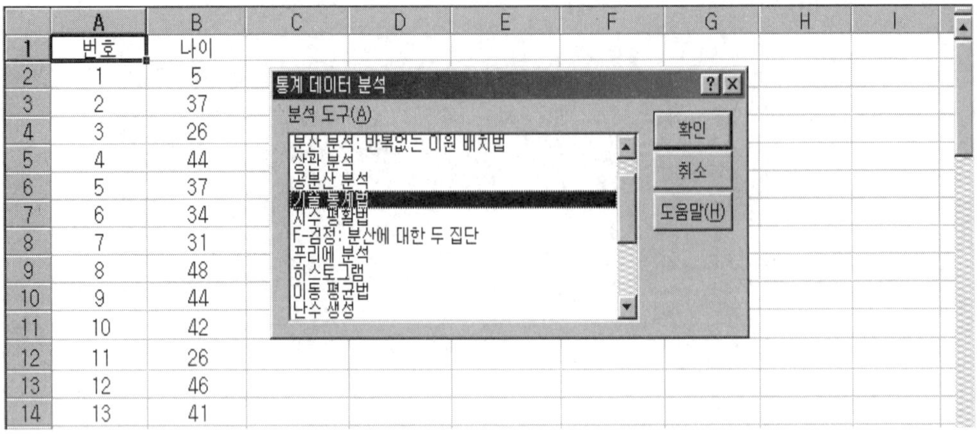


[순서 3] 기술 통계법의 선택

(1) [기술 통계법]을 선택하고, [확인] 버튼을 클릭한다.

(2) [기술 통계법] 대화상자가 나타난다.

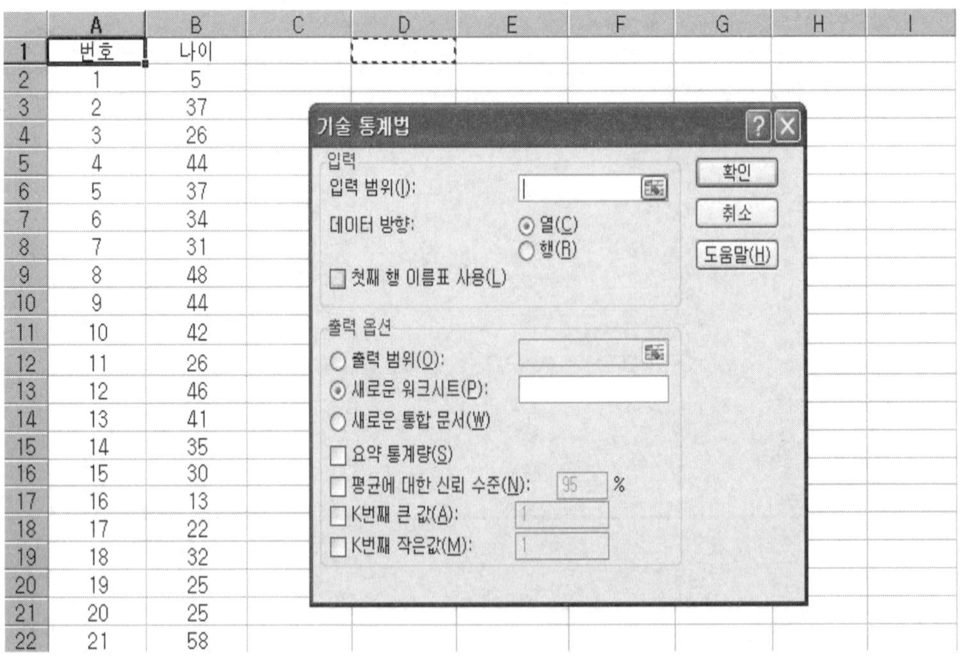

[순서 4] [기술 통계법] 대화상자에서

입력 범위(I) : B1:B111
데이터 방향 : 열(C)
첫째 행 이름표 사용(L) : 체크
출력 범위(O) : D1
요약 통계량(S) : 체크

를 지정하고 [확인] 버튼을 클릭한다.

[순서 5] 기술 통계량의 출력

여러 가지 기술 통계량이 출력된다.

| | A | B | C | D | E | F | G |
|---|---|---|---|---|---|---|---|
| 1 | 번호 | 나이 | | 나이 | | | |
| 2 | 1 | 5 | | | | | |
| 3 | 2 | 37 | | 평균 | 34.92 | | |
| 4 | 3 | 26 | | 표준 오차 | 1.05 | | |
| 5 | 4 | 44 | | 중앙값 | 35 | | |
| 6 | 5 | 37 | | 최빈값 | 34 | | |
| 7 | 6 | 34 | | 표준 편차 | 11.04 | | |
| 8 | 7 | 31 | | 분산 | 121.87 | | |
| 9 | 8 | 48 | | 첨도 | 0.70 | | |
| 10 | 9 | 44 | | 왜도 | 0.02 | | |
| 11 | 10 | 42 | | 범위 | 64 | | |
| 12 | 11 | 26 | | 최소값 | 5 | | |
| 13 | 12 | 46 | | 최대값 | 69 | | |
| 14 | 13 | 41 | | 합 | 3841 | | |
| 15 | 14 | 35 | | 관측수 | 110 | | |
| 16 | 15 | 30 | | | | | |

기술 통계량의 출력결과를 보며 앞에서 배운 통계함수와 앞으로 새로 배울 통계 함수나 용어를 확인하기로 한다.

[순서 6] [기술 통계법] 대화상자에서 모든 옵션을 선택한다.

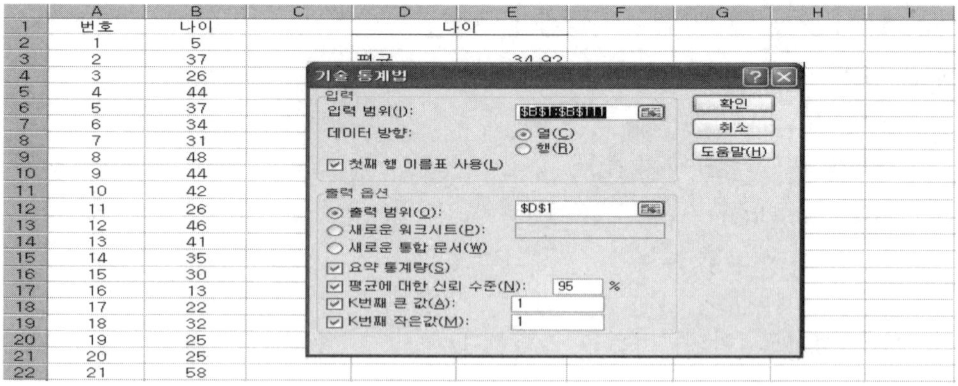


[기술 통계법] 대화상자에서,

| | | |
|---|---|---|
| 입력 범위(I) | : | B1:B111 |
| 데이터 방향 | : | 열(C) |
| 첫째 행 이름표 사용(L) | : | 체크 |
| 출력 범위(O) | : | D1 |
| 요약 통계량(S) | : | 체크 |
| 평균에 대한 신뢰수준(N) | : | 95% |
| K번째 큰 값 (A) | : | 2 |
| K번째 작은 값 (M) | : | 2 |

를 지정하고 [확인] 버튼을 클릭한다.

| | A | B | C | D | E | F | G | H | I |
|---|---|---|---|---|---|---|---|---|---|
| 1 | 번호 | 나이 | | 나이 | | | | | |
| 2 | 1 | 5 | | | | | | | |
| 3 | 2 | 37 | | 평균 | 34.92 | | | | |
| 4 | 3 | 26 | | 표준 오차 | 1.05 | | | | |
| 5 | 4 | 44 | | 중앙값 | 35 | | | | |
| 6 | 5 | 37 | | 최빈값 | 34 | | | | |
| 7 | 6 | 34 | | 표준 편차 | 11.04 | | | | |
| 8 | 7 | 31 | | 분산 | 121.87 | | | | |
| 9 | 8 | 48 | | 첨도 | 0.70 | | | | |
| 10 | 9 | 44 | | 왜도 | 0.02 | | | | |
| 11 | 10 | 42 | | 범위 | 64 | | | | |
| 12 | 11 | 26 | | 최소값 | 5 | | | | |
| 13 | 12 | 46 | | 최대값 | 69 | | | | |
| 14 | 13 | 41 | | 합 | 3841 | | | | |
| 15 | 14 | 35 | | 관측수 | 110 | | | | |
| 16 | 15 | 30 | | 가장 큰 값(2) | 62 | | | | |
| 17 | 16 | 13 | | 가장 작은 값(2) | 9 | | | | |
| 18 | 17 | 22 | | 신뢰 수준(95.0%) | 2.086 | | | | |
| 19 | 18 | 32 | | | | | | | |
| 20 | 19 | 25 | | | | | | | |
| 21 | 20 | 25 | | | | | | | |
| 22 | 21 | 58 | | | | | | | |

# 조건별 처리와 데이터의 정리 6

## 1. 데이터의 조건별 추출

●●● **예제 6-1** 예제 5-1의 데이터에서 남자의 데이터와 여자의 데이터를 따로 추출하라.

### ▶ 조건별 추출

대량의 데이터에 대해서 어떤 일부분만의 데이터를 추출하고 싶을 때가 있다. 이와 같이 데이터의 일부를 조건을 붙여서 추출하려면 필터 기능을 이용한다.

### ▶ Excel에 의한 데이터의 입력과 분석

[순서 1] 데이터의 입력

예제 5-1과 동일

| | A | B | C | D | E | F | G | H | I |
|---|---|---|---|---|---|---|---|---|---|
| 1 | No. | 성별 | $x_1$ | $x_2$ | $x_3$ | $x_4$ | $x_5$ | $x_6$ | |
| 2 | 1 | 여 | 157 | 48 | 93 | 15.5 | 3.5 | 2.8 | |
| 3 | 2 | 남 | 179 | 65 | 105 | 14.5 | 4.5 | 7.6 | |
| 4 | 3 | 여 | 164 | 52 | 90 | 16.2 | 3.2 | 4.1 | |
| 5 | 4 | 남 | 170 | 55 | 110 | 15.6 | 3.8 | 6.5 | |
| 6 | 5 | 남 | 171 | 62 | 110 | 14.6 | 5.5 | 6.4 | |
| 7 | 6 | 남 | 181 | 71 | 189 | 15.5 | 3.5 | 10.2 | |
| 8 | 7 | 여 | 160 | 47 | 50 | 16.1 | 3.8 | 4.3 | |
| 9 | 8 | 여 | 162 | 55 | 87 | 17.8 | 3.1 | 4.2 | |
| 10 | 9 | 남 | 170 | 78 | 170 | 14.8 | 3.5 | 8.4 | |
| 11 | 10 | 여 | 158 | 47 | 70 | 16.9 | 3.3 | 3.6 | |
| 12 | 11 | 남 | 168 | 59 | 140 | 13.6 | 4.4 | 7.4 | |
| 13 | 12 | 여 | 162 | 48 | 89 | 15.1 | 2.8 | 3.0 | |
| 14 | 13 | 남 | 178 | 71 | 180 | 14.1 | 4.6 | 9.1 | |
| 15 | 14 | 남 | 164 | 57 | 98 | 15.0 | 3.5 | 5.9 | |
| 16 | 15 | 남 | 175 | 70 | 122 | 14.6 | 3.5 | 9.7 | |
| 17 | 16 | 여 | 155 | 48 | 85 | 16.9 | 3.1 | 3.9 | |
| 18 | 17 | 남 | 173 | 70 | 150 | 15.4 | 4.1 | 8.9 | |
| 19 | 18 | 남 | 169 | 63 | 148 | 14.1 | 3.6 | 8.9 | |
| 20 | 19 | 여 | 156 | 55 | 40 | 14.6 | 3.7 | 3.9 | |
| 21 | 20 | 여 | 173 | 62 | 60 | 16.8 | 3.0 | 3.9 | |
| 22 | | | | | | | | | |

[순서 2] 열의 너비 조정

변수가 많아 화면이 가득 차면 열의 너비를 조정한다(예제 5-1과 동일).

| | A | B | C | D | E | F | G | H | I |
|---|---|---|---|---|---|---|---|---|---|
| 1 | No. | 성별 | $x_1$ | $x_2$ | $x_3$ | $x_4$ | $x_5$ | $x_6$ | |
| 2 | 1 | 여 | 157 | 48 | 93 | 15.5 | 3.5 | 2.8 | |
| 3 | 2 | 남 | 179 | 65 | 105 | 14.5 | 4.5 | 7.6 | |
| 4 | 3 | 여 | 164 | 52 | 90 | 16.2 | 3.2 | 4.1 | |
| 5 | 4 | 남 | 170 | 55 | 110 | 15.6 | 3.8 | 6.5 | |
| 20 | 19 | 여 | 156 | 55 | 40 | 14.6 | 3.7 | 3.9 | |
| 21 | 20 | 여 | 173 | 62 | 60 | 16.8 | 3.0 | 3.9 | |
| 22 | | | | | | | | | |

[순서 3] 자동 필터 기능 가동

(1) 목록 내의 임의의 셀을 선택한 다음, 메뉴에서 [데이터(D)] – [필터(F)]를 선택하여 클릭한다.

(2) 다음과 같이 모든 필드에 대해서 필터가 설정된다. 필터가 설정된 항목명에는 셀의 오른쪽에 목록 버튼( )이 나타난다.

| | A | B | C | D | E | F | G | H | I | J |
|---|---|---|---|---|---|---|---|---|---|---|
| 1 | No. | 성별 | $x_1$ | $x_2$ | $x_3$ | $x_4$ | $x_5$ | $x_6$ | | |
| 2 | 1 | 여 | 157 | 48 | 93 | 15.5 | 3.5 | 2.8 | | |
| 3 | 2 | 남 | 179 | 65 | 105 | 14.5 | 4.5 | 7.6 | | |
| 4 | 3 | 여 | 164 | 52 | 90 | 16.2 | 3.2 | 4.1 | | |
| 5 | 4 | 남 | 170 | 55 | 110 | 15.6 | 3.8 | 6.5 | | |
| 6 | 5 | 남 | 171 | 62 | 110 | 14.6 | 5.5 | 6.4 | | |
| 7 | 6 | 남 | 181 | 71 | 189 | 15.5 | 3.5 | 10.2 | | |
| 8 | 7 | 여 | 160 | 47 | 50 | 16.1 | 3.8 | 4.3 | | |
| 9 | 8 | 여 | 162 | 55 | 87 | 17.8 | 3.1 | 4.2 | | |
| 10 | 9 | 남 | 170 | 78 | 170 | 14.8 | 3.5 | 8.4 | | |
| 11 | 10 | 여 | 158 | 47 | 70 | 16.9 | 3.3 | 3.6 | | |
| 12 | 11 | 남 | 168 | 59 | 140 | 13.6 | 4.4 | 7.4 | | |
| 13 | 12 | 여 | 162 | 48 | 89 | 15.1 | 2.8 | 3.0 | | |
| 14 | 13 | 남 | 178 | 71 | 180 | 14.1 | 4.6 | 9.1 | | |
| 15 | 14 | 남 | 164 | 57 | 98 | 15.0 | 3.5 | 5.9 | | |
| 16 | 15 | 남 | 175 | 70 | 122 | 14.6 | 3.5 | 9.7 | | |
| 17 | 16 | 여 | 155 | 48 | 85 | 16.9 | 3.1 | 3.9 | | |
| 18 | 17 | 남 | 173 | 70 | 150 | 15.4 | 4.1 | 8.9 | | |
| 19 | 18 | 남 | 169 | 63 | 148 | 14.1 | 3.6 | 8.9 | | |
| 20 | 19 | 여 | 156 | 55 | 40 | 14.6 | 3.7 | 3.9 | | |
| 21 | 20 | 여 | 173 | 62 | 60 | 16.8 | 3.0 | 3.9 | | |
| 22 | | | | | | | | | | |

(3) 필터의 목록 버튼을 클릭하면 그 필드에 나타나는 모든 패턴을 풀다운 메뉴에서 임의로 선택할 수 있다. 여기에서는 성별에 있는 풀다운 버튼을 클릭하고 메뉴 중 먼저 '모두선택'을 선택한 후 '남'을 선택한다.

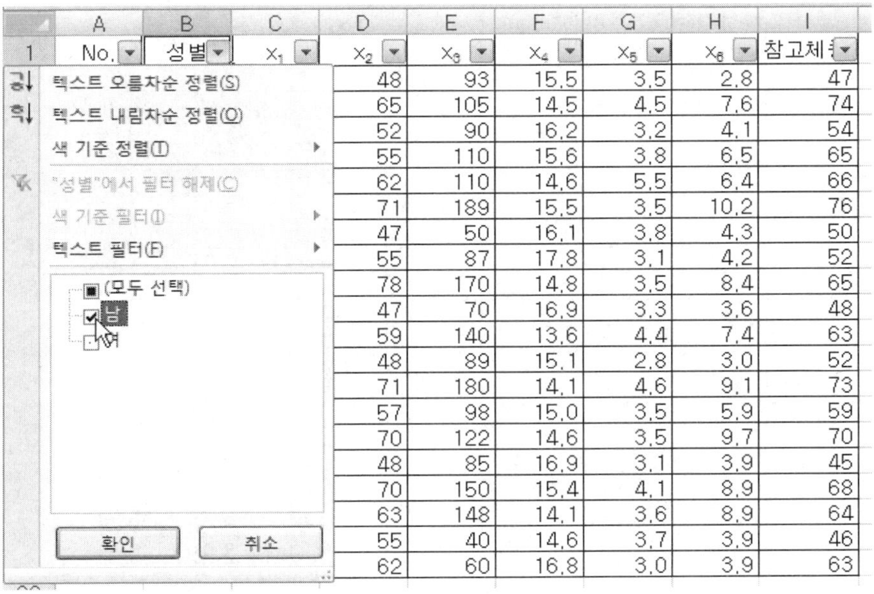


(4) 남자만의 데이터가 나타난다.

| No. | 성별 | $X_1$ | $X_2$ | $X_3$ | $X_4$ | $X_5$ | $X_6$ |
|---|---|---|---|---|---|---|---|
| 2 | 남 | 179 | 65 | 105 | 14.5 | 4.5 | 7.6 |
| 4 | 남 | 170 | 55 | 110 | 15.6 | 3.8 | 6.5 |
| 5 | 남 | 171 | 62 | 110 | 14.6 | 5.5 | 6.4 |
| 6 | 남 | 181 | 71 | 189 | 15.5 | 3.5 | 10.2 |
| 9 | 남 | 170 | 78 | 170 | 14.8 | 3.5 | 8.4 |
| 11 | 남 | 168 | 59 | 140 | 13.6 | 4.4 | 7.4 |
| 13 | 남 | 178 | 71 | 180 | 14.1 | 4.6 | 9.1 |
| 14 | 남 | 164 | 57 | 98 | 15.0 | 3.5 | 5.9 |
| 15 | 남 | 175 | 70 | 122 | 14.6 | 3.5 | 9.7 |
| 17 | 남 | 173 | 70 | 150 | 15.4 | 4.1 | 8.9 |
| 18 | 남 | 169 | 63 | 148 | 14.1 | 3.6 | 8.9 |

(5) 필터 기능의 해제

필터 기능의 해제를 위해서는 처음 자동 필터 기능을 가동할 때의 조작을 반복하여, 메뉴에서 [데이터(D)] – [필터(F)] 를 선택하여 클릭한다. 그러면 원래의 화면으로 되돌아온다.

| No. | 성별 | $x_1$ | $x_2$ | $x_3$ | $x_4$ | $x_5$ | $x_6$ |
|---|---|---|---|---|---|---|---|
| 1 | 여 | 157 | 48 | 93 | 15.5 | 3.5 | 2.8 |
| 2 | 남 | 179 | 65 | 105 | 14.5 | 4.5 | 7.6 |
| 3 | 여 | 164 | 52 | 90 | 16.2 | 3.2 | 4.1 |
| 4 | 남 | 170 | 55 | 110 | 15.6 | 3.8 | 6.5 |
| 5 | 남 | 171 | 62 | 110 | 14.6 | 5.5 | 6.4 |
| 6 | 남 | 181 | 71 | 189 | 15.5 | 3.5 | 10.2 |
| 7 | 여 | 160 | 47 | 50 | 16.1 | 3.8 | 4.3 |
| 8 | 여 | 162 | 55 | 87 | 17.8 | 3.1 | 4.2 |
| 9 | 남 | 170 | 78 | 170 | 14.8 | 3.5 | 8.4 |
| 10 | 여 | 158 | 47 | 70 | 16.9 | 3.3 | 3.6 |
| 11 | 남 | 168 | 59 | 140 | 13.6 | 4.4 | 7.4 |
| 12 | 여 | 162 | 48 | 89 | 15.1 | 2.8 | 3.0 |
| 13 | 남 | 178 | 71 | 180 | 14.1 | 4.6 | 9.1 |
| 14 | 남 | 164 | 57 | 98 | 15.0 | 3.5 | 5.9 |
| 15 | 남 | 175 | 70 | 122 | 14.6 | 3.5 | 9.7 |
| 16 | 여 | 155 | 48 | 85 | 16.9 | 3.1 | 3.9 |
| 17 | 남 | 173 | 70 | 150 | 15.4 | 4.1 | 8.9 |
| 18 | 남 | 169 | 63 | 148 | 14.1 | 3.6 | 8.9 |
| 19 | 여 | 156 | 55 | 40 | 14.6 | 3.7 | 3.9 |
| 20 | 여 | 173 | 62 | 60 | 16.8 | 3.0 | 3.9 |

(6) 같은 방법으로 여자만의 데이터를 추출한다.

| No. | 성별 | $x_1$ | $x_2$ | $x_3$ | $x_4$ | $x_5$ | $x_6$ |
|---|---|---|---|---|---|---|---|
| 1 | 여 | 157 | 48 | 93 | 15.5 | 3.5 | 2.8 |
| 3 | 여 | 164 | 52 | 90 | 16.2 | 3.2 | 4.1 |
| 7 | 여 | 160 | 47 | 50 | 16.1 | 3.8 | 4.3 |
| 8 | 여 | 162 | 55 | 87 | 17.8 | 3.1 | 4.2 |
| 10 | 여 | 158 | 47 | 70 | 16.9 | 3.3 | 3.6 |
| 12 | 여 | 162 | 48 | 89 | 15.1 | 2.8 | 3.0 |
| 16 | 여 | 155 | 48 | 85 | 16.9 | 3.1 | 3.9 |
| 19 | 여 | 156 | 55 | 40 | 14.6 | 3.7 | 3.9 |
| 20 | 여 | 173 | 62 | 60 | 16.8 | 3.0 | 3.9 |

화면 밑에 보면 '20개 중 9개 레코드가 있습니다'라고 나타나 있다.

●●● **예제 6-2** 예제 5-1의 데이터에서 남자의 데이터에 대해서는 참고체중 = 신장 − 105를 구하고, 여자의 데이터에 대해서는 참고체중 = 신장 − 110을 구하라.

### ▶ 조건별 일련의 처리

이 예제와 같이 어떤 조건을 만족할 경우와 그 이외의 경우, 처리를 달리 하고 싶을 때에 이용하는 것이 IF 함수이다. 예를 들면 위의 예제에서 남자의 데이터에 대해서는 참고체중 = 신장 − 105를 구하고, 여자의 데이터에 대해서는 참고체중 = 신장 − 110을 구하라는 IF 함수를 이용하기 위해서는 다음과 같이 입력한다.

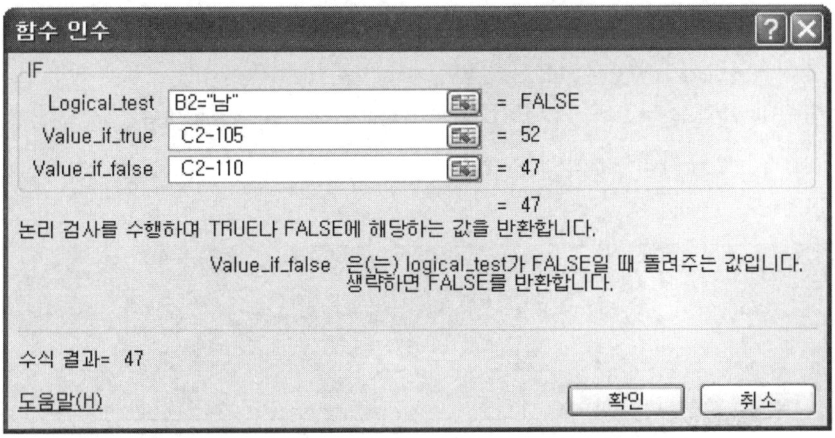


### ▶ Excel에 의한 데이터의 입력과 분석

[순서 1] 데이터의 입력

예제 5-1과 동일

[순서 2] 참고체중의 산출

(1) 셀 I2:I21 영역을 범위지정한 다음

(2) 함수 '=IF(B2="남", C2 − 105, C2 − 110)'를 입력하고

(3) Ctrl + Enter↵ 키를 동시에 누른다.

●●● **예제 6-3** 예제 5-2에서 구한 비율을 이용해서,

비율 ≥ 1.05 → 비만도 = 1

0.95 < 비율 < 1.05 → 비만도 = 2

비율 ≤ 0.95 → 비만도 = 3

을 구하여 새로운 변수로서 추가하라.

### ▶ Excel에 의한 데이터의 입력과 분석

**[순서 1]** 데이터의 입력 및 준비

예제 5-2의 결과를 준비한다.

**[순서 2]** 비만도의 산출

(1) 셀 J2:J21 영역을 범위지정한다.

(2) 함수 '=IF(I2>=1.05, 1, IF(I2<=0.95, 3, 2))'를 입력한다.

(3) Ctrl + Enter↵ 키를 동시에 누른다.

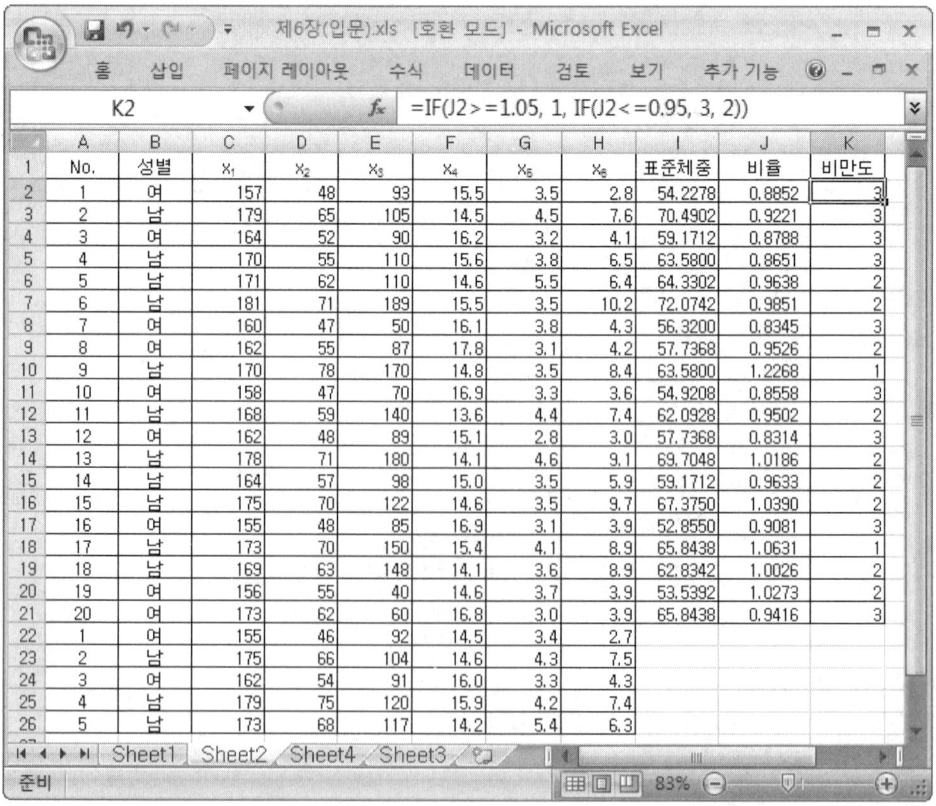


| | A | B | C | D | E | F | G | H | I | J | K |
|---|---|---|---|---|---|---|---|---|---|---|---|
| 1 | No. | 성별 | $x_1$ | $x_2$ | $x_3$ | $x_4$ | $x_5$ | $x_6$ | 표준체중 | 비율 | 비만도 |
| 2 | 1 | 여 | 157 | 48 | 93 | 15.5 | 3.5 | 2.8 | 54.2278 | 0.8852 | 3 |
| 3 | 2 | 남 | 179 | 65 | 105 | 14.5 | 4.5 | 7.6 | 70.4902 | 0.9221 | 3 |
| 4 | 3 | 여 | 164 | 52 | 90 | 16.2 | 3.2 | 4.1 | 59.1712 | 0.8788 | 3 |
| 5 | 4 | 남 | 170 | 55 | 110 | 15.6 | 3.8 | 6.5 | 63.5800 | 0.8651 | 3 |
| 6 | 5 | 남 | 171 | 62 | 110 | 14.6 | 5.5 | 6.4 | 64.3302 | 0.9638 | 2 |
| 7 | 6 | 남 | 181 | 71 | 189 | 15.5 | 3.5 | 10.2 | 72.0742 | 0.9851 | 2 |
| 8 | 7 | 여 | 160 | 47 | 50 | 16.1 | 3.8 | 4.3 | 56.3200 | 0.8345 | 3 |
| 9 | 8 | 여 | 162 | 55 | 87 | 17.8 | 3.1 | 4.2 | 57.7368 | 0.9526 | 2 |
| 10 | 9 | 남 | 170 | 78 | 170 | 14.8 | 3.5 | 8.4 | 63.5800 | 1.2268 | 1 |
| 11 | 10 | 여 | 158 | 47 | 70 | 16.9 | 3.3 | 3.6 | 54.9208 | 0.8558 | 3 |
| 12 | 11 | 남 | 168 | 59 | 140 | 13.6 | 4.4 | 7.4 | 62.0928 | 0.9502 | 2 |
| 13 | 12 | 여 | 162 | 48 | 89 | 15.1 | 2.8 | 3.0 | 57.7368 | 0.8314 | 3 |
| 14 | 13 | 남 | 178 | 71 | 180 | 14.1 | 4.6 | 9.1 | 69.7048 | 1.0186 | 2 |
| 15 | 14 | 남 | 164 | 57 | 98 | 15.0 | 3.5 | 5.9 | 59.1712 | 0.9633 | 2 |
| 16 | 15 | 남 | 175 | 70 | 122 | 14.6 | 3.5 | 9.7 | 67.3750 | 1.0390 | 2 |
| 17 | 16 | 여 | 155 | 48 | 85 | 16.9 | 3.1 | 3.9 | 52.8550 | 0.9081 | 3 |
| 18 | 17 | 남 | 173 | 70 | 150 | 15.4 | 4.1 | 8.9 | 65.8438 | 1.0631 | 1 |
| 19 | 18 | 남 | 169 | 63 | 148 | 14.1 | 3.6 | 8.9 | 62.8342 | 1.0026 | 2 |
| 20 | 19 | 여 | 156 | 55 | 40 | 14.6 | 3.7 | 3.9 | 53.5392 | 1.0273 | 2 |
| 21 | 20 | 여 | 173 | 62 | 60 | 16.8 | 3.0 | 3.9 | 65.8438 | 0.9416 | 3 |
| 22 | 1 | 여 | 155 | 46 | 92 | 14.5 | 3.4 | 2.7 | | | |
| 23 | 2 | 남 | 175 | 66 | 104 | 14.6 | 4.3 | 7.5 | | | |
| 24 | 3 | 여 | 162 | 54 | 91 | 16.0 | 3.3 | 4.3 | | | |
| 25 | 4 | 남 | 179 | 75 | 120 | 15.9 | 4.2 | 7.4 | | | |
| 26 | 5 | 남 | 173 | 68 | 117 | 14.2 | 5.4 | 6.3 | | | |

## 2. 데이터 파일의 결합

### ▶ 데이터 파일의 결합

데이터 파일을 결합하려면 Excel의 워트시트마다 각각의 데이터 파일을 읽어서 복사·첨부를 실행하면 된다. 첨부방법에 따라서 다음의 어떠한 것도 가능하다.

① 추가 데이터를 행측에 새로운 데이터로서 추가한다.

② 추가 데이터를 열측에 새로운 변수로서 추가한다.

### (1) 데이터의 결합

**●●● 예제 6-4** 데이터 파일 '제5장(데이터의 기본적인 분석)-Sheet 5'에는 5명분의 데이터가 입력되어 있다. 데이터 파일 '제6장(조건별 처리와 데이터의 정리)-Sheet 2'의 내용에 5명분의 데이터를 추가해서 두 데이터를 결합하여, 25명분의 데이터를 작성하라.

### ▶ Excel에 의한 데이터의 결합

[순서 1] 준비

(1) 두 데이터 파일을 계속해서 열어 놓는다.

(2) 먼저 예제 6-3의 결과를 준비한다.

[순서 2] 데이터의 결합

(1) [보기] 메뉴에서 [모두 정렬]을 선택한다.

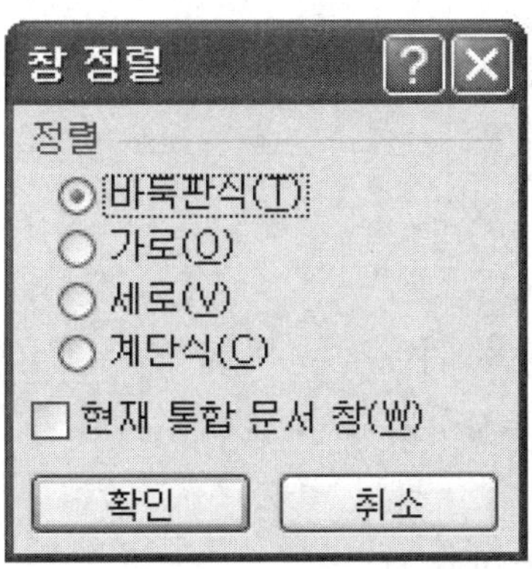

(2) [창 정렬] 대화상자가 나타나면

정렬 : 세로(V)

를 선택 체크하고 [확인] 버튼을 클릭한다.

(3) 화면의 밑에 있는 '제1장(데이터의 기본적인 분석)'을 클릭한다.

(4) 다음의 그림과 같이 두 개의 창이 좌우로 늘어서게 된다.

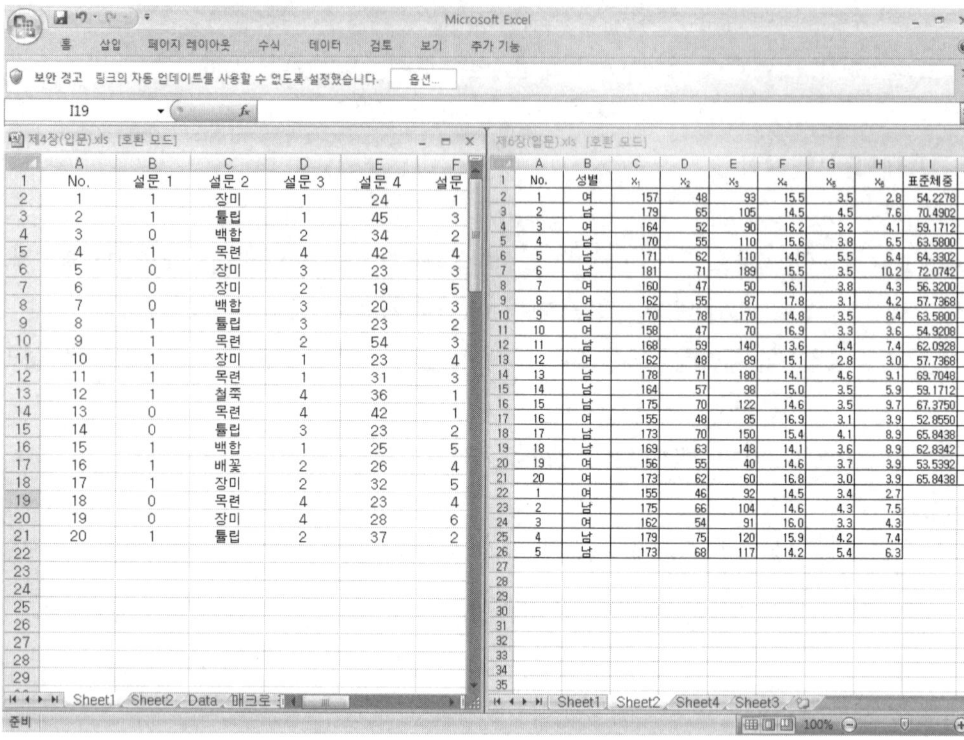


(5) 두 창 간의 복사

데이터를 결합하려면 오른쪽에 있는 데이터를 모두 복사해서 왼쪽의 워크시트의 아래에 첨부하면 된다.

(6) 해제

데이터 결합의 해제를 위해서는 메뉴에서 [보기] 메뉴의 [모두 정렬]를 선택한다. [창 정렬] 대화상자가 나타나면,

현재 통합문서 창(W) : 체크

하고 [확인] 버튼을 클릭한다.

### (2) 변수의 결합

●●● **예제 6-5** 데이터 파일 '제5장(데이터의 기본적인 분석) - Sheet 4'에는 예제 5-3의 분석결과가 출력되어 있다. 데이터 파일 '제6장(조건별 처리와 데이터의 정리) - Sheet 3'에 있는 예제 6-3의 출력결과에 앞의 분석결과를 결합하라.

#### ▶ Excel에 의한 변수의 결합

[순서 1] 준비

(1) 두 데이터 파일을 계속해서 열어 놓는다.

(2) 먼저 예제 6-3의 결과를 준비한다.

| | A | B | C | D | E | F | G | H | I | J | K | L |
|---|---|---|---|---|---|---|---|---|---|---|---|---|
| 1 | No. | 성별 | $x_1$ | $x_2$ | $x_3$ | $x_4$ | $x_5$ | $x_6$ | 표준체중 | 비율 | 비만도 | |
| 2 | 1 | 여 | 157 | 48 | 93 | 15.5 | 3.5 | 2.8 | 54.2278 | 0.8852 | 3 | |
| 3 | 2 | 남 | 179 | 65 | 105 | 14.5 | 4.5 | 7.6 | 70.4902 | 0.9221 | 3 | |
| 4 | 3 | 여 | 164 | 52 | 90 | 16.2 | 3.2 | 4.1 | 59.1712 | 0.8788 | 3 | |
| 5 | 4 | 남 | 170 | 55 | 110 | 15.6 | 3.8 | 6.5 | 63.5800 | 0.8651 | 3 | |
| 6 | 5 | 남 | 171 | 62 | 110 | 14.6 | 5.5 | 6.4 | 64.3302 | 0.9638 | 2 | |
| 7 | 6 | 남 | 181 | 71 | 189 | 15.5 | 3.5 | 10.2 | 72.0742 | 0.9851 | 2 | |
| 8 | 7 | 여 | 160 | 47 | 50 | 16.1 | 3.8 | 4.3 | 56.3200 | 0.8345 | 3 | |
| 9 | 8 | 여 | 162 | 55 | 87 | 17.8 | 3.1 | 4.2 | 57.7368 | 0.9526 | 2 | |
| 10 | 9 | 남 | 170 | 78 | 170 | 14.8 | 3.5 | 8.4 | 63.5800 | 1.2268 | 1 | |
| 11 | 10 | 여 | 158 | 47 | 70 | 16.9 | 3.3 | 3.6 | 54.9208 | 0.8558 | 3 | |
| 12 | 11 | 남 | 168 | 59 | 140 | 13.6 | 4.4 | 7.4 | 62.0928 | 0.9502 | 2 | |
| 13 | 12 | 여 | 162 | 48 | 89 | 15.1 | 2.8 | 3.0 | 57.7368 | 0.8314 | 3 | |
| 14 | 13 | 남 | 178 | 71 | 180 | 14.1 | 4.6 | 9.1 | 69.7048 | 1.0186 | 2 | |
| 15 | 14 | 남 | 164 | 57 | 98 | 15.0 | 3.5 | 5.9 | 59.1712 | 0.9633 | 2 | |
| 16 | 15 | 남 | 175 | 70 | 122 | 14.6 | 3.5 | 9.7 | 67.3750 | 1.0390 | 2 | |
| 17 | 16 | 여 | 155 | 48 | 85 | 16.9 | 3.1 | 3.9 | 52.8550 | 0.9081 | 3 | |
| 18 | 17 | 남 | 173 | 70 | 150 | 15.4 | 4.1 | 8.9 | 65.8438 | 1.0631 | 1 | |
| 19 | 18 | 남 | 169 | 63 | 148 | 14.1 | 3.6 | 8.9 | 62.8342 | 1.0026 | 2 | |
| 20 | 19 | 여 | 156 | 55 | 40 | 14.6 | 3.7 | 3.9 | 53.5392 | 1.0273 | 2 | |
| 21 | 20 | 여 | 173 | 62 | 60 | 16.8 | 3.0 | 3.9 | 65.8438 | 0.9416 | 3 | |
| 22 | | | | | | | | | | | | |

[순서 2] 변수의 결합

(1) [보기] 메뉴에서 [모두 정렬]를 선택한다.

(2) [창 정렬] 대화상자가 나타나면

정렬 : 세로(V)

를 선택 체크하고 [확인] 버튼을 클릭한다.

(3) 화면의 밑에 있는 '문서'를 클릭한다.

(4) 두 개의 창이 좌우로 늘어서게 되면 오른쪽에 있는 복사하고자 하는 변수 를 모두 복사해서 왼쪽의 워크시트의 오른쪽에 첨부하면 된다. 그러면 변수의 결합이 마무리 된다.

(5) 해제

데이터 결합의 해제를 위해서는 메뉴에서 [보기] 메뉴의 [모두 정렬]를 선택한다. [창 정렬] 대화상자가 나타나면,

현재 통합문서 창(W) : 체크

하고 [확인] 버튼을 클릭한다.

## 3. 데이터의 정렬

**예제 6-6** 예제 5-1의 데이터를 이용해서 먼저 '남녀별'로 내림차순으로 정렬하고, 다음에 남녀별로 '100m달리기'의 값에 의거해서 오름차순으로 정렬하라.

### ▶ 정렬

각 데이터를 어떤 변수값의 크기에 따라서 정렬하는 일은 자주 필요하다. 예를 들면 100m달리기의 경우에는 같은 거리를 단시간에 달릴수록 좋으므로, 작은 값부터 큰 값의 순서(오름차순)로 정렬하면 좋다. 한편 넓이뛰기와 같이 거리가 문제가 되는 경우에는 큰 쪽으로부터 작은 쪽(내림차순)으로 정렬할 필요가 있다.

### ▶ Excel에 의한 데이터의 정렬

[순서 1] 데이터의 입력 및 열의 너비 조정

(1) 예제 5-1과 동일하게 데이터를 입력한다.

(2) 열의 너비 조정

변수가 많아 화면이 가득 차면 열의 너비를 조정한다(예제 5-1과 동일).

| No. | 성별 | $x_1$ | $x_2$ | $x_3$ | $x_4$ | $x_5$ | $x_6$ |
|---|---|---|---|---|---|---|---|
| 1 | 여 | 157 | 48 | 93 | 15.5 | 3.5 | 2.8 |
| 2 | 남 | 179 | 65 | 105 | 14.5 | 4.5 | 7.6 |
| 3 | 여 | 164 | 52 | 90 | 16.2 | 3.2 | 4.1 |
| 4 | 남 | 170 | 55 | 110 | 15.6 | 3.8 | 6.5 |
| 5 | 남 | 171 | 62 | 110 | 14.6 | 5.5 | 6.4 |
| 6 | 남 | 181 | 71 | 189 | 15.5 | 3.5 | 10.2 |
| 7 | 여 | 160 | 47 | 50 | 16.1 | 3.8 | 4.3 |
| 8 | 여 | 162 | 55 | 87 | 17.8 | 3.1 | 4.2 |
| 9 | 남 | 170 | 78 | 170 | 14.8 | 3.5 | 8.4 |
| 10 | 여 | 158 | 47 | 70 | 16.9 | 3.3 | 3.6 |
| 11 | 남 | 168 | 59 | 140 | 13.6 | 4.4 | 7.4 |
| 12 | 여 | 162 | 48 | 89 | 15.1 | 2.8 | 3.0 |
| 13 | 남 | 178 | 71 | 180 | 14.1 | 4.6 | 9.1 |
| 14 | 남 | 164 | 57 | 98 | 15.0 | 3.5 | 5.9 |
| 15 | 남 | 175 | 70 | 122 | 14.6 | 3.5 | 9.7 |
| 16 | 여 | 155 | 48 | 85 | 16.9 | 3.1 | 3.9 |
| 17 | 남 | 173 | 70 | 150 | 15.4 | 4.1 | 8.9 |
| 18 | 남 | 169 | 63 | 148 | 14.1 | 3.6 | 8.9 |
| 19 | 여 | 156 | 55 | 40 | 14.6 | 3.7 | 3.9 |
| 20 | 여 | 173 | 62 | 60 | 16.8 | 3.0 | 3.9 |

[순서 2] 정렬

(1) 마우스 포인터로 셀 B1을 지정하고, [데이터(D)] – [정렬(S)]을 선택한다.

(2) [정렬] 대화상자에서 다음과 같이 지정하고 [확인] 버튼을 클릭한다.

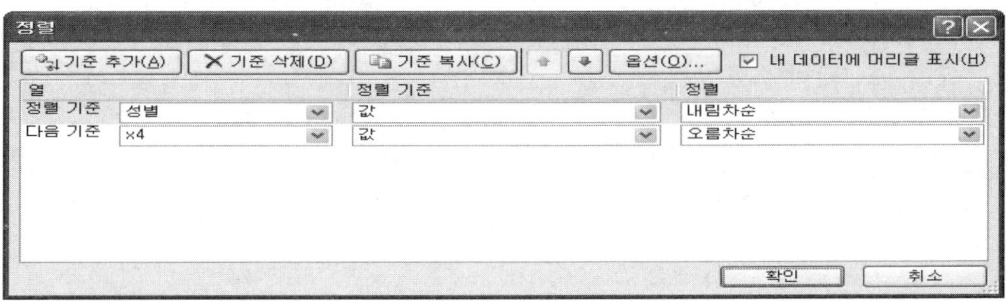


(3) 데이터의 정렬

| No. | 성별 | $x_1$ | $x_2$ | $x_3$ | $x_4$ | $x_5$ | $x_6$ |
|---|---|---|---|---|---|---|---|
| 19 | 여 | 156 | 55 | 40 | 14.6 | 3.7 | 3.9 |
| 12 | 여 | 162 | 48 | 89 | 15.1 | 2.8 | 3.0 |
| 1 | 여 | 157 | 48 | 93 | 15.5 | 3.5 | 2.8 |
| 7 | 여 | 160 | 47 | 50 | 16.1 | 3.8 | 4.3 |
| 3 | 여 | 164 | 52 | 90 | 16.2 | 3.2 | 4.1 |
| 20 | 여 | 173 | 62 | 60 | 16.8 | 3.0 | 3.9 |
| 10 | 여 | 158 | 47 | 70 | 16.9 | 3.3 | 3.6 |
| 16 | 여 | 155 | 48 | 85 | 16.9 | 3.1 | 3.9 |
| 8 | 여 | 162 | 55 | 87 | 17.8 | 3.1 | 4.2 |
| 11 | 남 | 168 | 59 | 140 | 13.6 | 4.4 | 7.4 |
| 13 | 남 | 178 | 71 | 180 | 14.1 | 4.6 | 9.1 |
| 18 | 남 | 169 | 63 | 148 | 14.1 | 3.6 | 8.9 |
| 2 | 남 | 179 | 65 | 105 | 14.5 | 4.5 | 7.6 |
| 5 | 남 | 171 | 62 | 110 | 14.6 | 5.5 | 6.4 |
| 15 | 남 | 175 | 70 | 122 | 14.6 | 3.5 | 9.7 |
| 9 | 남 | 170 | 78 | 170 | 14.8 | 3.5 | 8.4 |
| 14 | 남 | 164 | 57 | 98 | 15.0 | 3.5 | 5.9 |
| 17 | 남 | 173 | 70 | 150 | 15.4 | 4.1 | 8.9 |
| 6 | 남 | 181 | 71 | 189 | 15.5 | 3.5 | 10.2 |
| 4 | 남 | 170 | 55 | 110 | 15.6 | 3.8 | 6.5 |

# 이산확률분포 7

## 1. 이항분포

### ▶ 베르누이 시행

어떤 주어진 시행에서 두 가지 상호 배반적인 결과만이 나타나는 경우가 있다. 예를 들면 제품의 품질검사를 실시할 때 양품과 불량품으로 구분하는 경우, 두 회사의 콜라를 여러 사람이 시음할 때 어느 쪽 회사의 콜라가 더 맛있는가라고 하는 경우, 사람을 남자와 여자로 나누는 경우 등은 시행의 결과가 두 가지뿐이라고 할 수 있다. 이와 같이 시행의 결과가 두 가지뿐인 실험을 베르누이 시행(Bernoulli trial)이라 하며 다음과 같은 전제조건을 가지고 있다.

(1) 실험이 n번 동일한 시행으로 구성된다.

(2) 각 시행은 두 가지 가능한 결과 중 한 가지만 나타난다.

(3) 각 결과의 확률은 시행의 횟수에 관계 없이 일정하다.

(4) 한 시행의 결과는 다른 시행의 결과에 영향을 주지 않는다. 즉 각 시행은 서로 독립적이다.

베르누이 시행의 예는 수없이 많이 있다. 동전 던지기(앞면 혹은 뒷면), 무작위로 추출되는 동물의 암수 구별, 주사위 던지기(짝수 혹은 홀수) 등이 그것이다. 그러나 엄밀히 말하자면 위의 네 가지 조건이 완전히 성립되는 예는 우연한 게임 이외에는 없을지도 모른다. 가령 페니실린 투여에 의해서 어떤 감기가 치유되는지 어떤지를 알아보기 위하여 20명의 환자를 대상으로 실험할 경우, 이 실험을 같은 조건하에서의 20회 베르누이 시행이라고 간주하기는 곤란하다. 왜냐하면 모든 환자는 각각 서로 다른 유전체질을 가지고 있고 서로 다른 생활환경에 살고 있으며 서로 다른 식생활을 하고 있으므로, 치유될 확률(=성공확률)이 모든 환자에 대해서 동일하다고 간주할 수 없기 때문이다. 그러나 베르누이 시행의 조건이 근사적으로 성립한다고 가정함으로써 다음에 기술할 이항분포가 성립될 수 있는 것이다.

실험 또는 관찰의 결과로서 성공($S$)이냐 실패($F$)냐라고 하는 두 가지 경우를 생각할 수 있을 때, $P(S)=p$라고 하면 $P(F)=1-p$가 된다. 이 두 가지의 결과에 대해서 $S$를 1에, $F$를 0에 대응시키는 확률변수를 베르누이 확률변수라고 부른다. $X$를 베르누이 확률변수라 하고, 그 확률밀도함수를 $f(x)$라고 하면,

$$f(x)=p^x(1-p)^{n-x},\quad x=0,1$$

라고 쓸 수 있다. 즉 $n$=1의 이항분포이다. 이와 같은 시행을 $n$회 반복하는 것을 $n$회의 베르누이 시행이라고 부른다.

| 베르누이 분포의 기대값과 분산<br>$E(X)=p$<br>$V(X)=p(1-p)=pq$ |
|---|

### ▶ 이항분포

베르누이 시행의 전제조건하에서 $p$와 $(1-p)$가 각각 어떤 시행에서의 성공과 실패의 확률이라고 하면, $n$번의 독립적 시행에서 $x$번 성공할 확률이 다음과 같이 주어지는 확률분포를 이항분포(binomial distribution) B($n$, $p$)라고 한다.

$$P(X=x)={}_nC_x\,p^x(1-p)^{n-x}$$

여기에서 $n$ : 시행횟수
$x$ : 성공횟수($x=0, 1, 2, \cdots, n$)
$p$ : 성공확률($0<p<1$)
$(1-p)=q$ : 실패확률

이 때 ${}_nC_x$를 이항 계수(binomial coefficient)라고 부르며, Excel에서는 조합(combination) 함수 COMBIN( )을 이용하여 구할 수 있다. 즉,

$$ {}_nC_x = \binom{n}{x} = COMBIN(n,x) = \frac{n(n-2)\cdots(n-(x-1))}{x(x-1)(x-2)\cdots 1} $$

Excel에서의 이항분포 함수는 BINOMDIST( )이다.

> 이항분포의 기대값과 분산
> $E(X) = np$
> $V(X) = np(1-p) = npq$

### ▶ Excel의 이항분포 함수

Excel에 갖추어져 있는 BINOMDIST( ) 함수를 이용하여 성공확률과 누적성공확률을 구할 수 있다.

BINOMDIST($x$, $n$, $p$, $c$)
여기에서 $x$ : 성공횟수
$n$ : 시행횟수
$p$ : 매번 시행할 때마다의 성공확률
$c$ : 1 또는 0(True or False)

· 0(False)일 때에는 $n$회 시행했을 때 $x$회 성공할 확률
· 1(True)일 때에는 $x$회 이하 성공할 확률

을 각각 계산한다. 예를 들면,

BINOMDIST(6, 10, 0.5, False) : 성공확률($p$)이 0.5일 때 10번 시행해서 6회 성공할 확률
BINOMDIST(6, 10, 0.5, True) : 6회 이하 성공할 확률

을 나타낸다.

●●● **예제 7-1** 불량률이 0.1인 주조공정에서 15개의 제품을 추출했을 때, 다음의 확률을 각각 구하라.

(1) 불량품이 2개일 확률

(2) 불량품이 2개 이하일 확률

(3) 불량품이 10개 이상일 확률

### ▶ Excel에 의한 해법

[순서 1] 기본 데이터의 입력

다음과 같이 주어진 데이터를 입력한다.

| | A | B | C | D | E |
|---|---|---|---|---|---|
| 1 | | | | | |
| 2 | | 불량률 | p | 0.1 | |
| 3 | | 표본수 | n | 15 | |
| 4 | | | | | |
| 5 | | 불량품의 수 | x | | |
| 6 | | | | | |
| 7 | | P(x=2) | | | |
| 8 | | P(x<=2) | | | |
| 9 | | P(x>=10) | | | |
| 10 | | | | | |

[순서 2] 불량품이 2개일 확률 $P(X=2)$의 계산

(1) 셀 C7을 지정한 다음에 메뉴에서 [함수 마법사]를 선택한다.

(2) [함수 마법사] 대화상자가 나타나면,

범주 선택 : 통계

함수 선택 : BINOMDIST

를 선택하고 [확인] 버튼을 클릭한다.

(3) [BINOMDIST] 대화상자가 나타나면,

Number_s : 2

Trials : 15

Probability_s : 0.1

Cumulative : FALSE

를 입력하고 [확인] 버튼을 클릭한다.

(4) 셀 C7에 이항분포 함수 '=BINOMDIST(2, 15, 0.1, FALSE)'가 입력된다.

C7 fx =BINOMDIST(2,15,0.1,FALSE)

| | A | B | C | D | E |
|---|---|---|---|---|---|
| 1 | | | | | |
| 2 | | 불량률 | p | 0.1 | |
| 3 | | 표본수 | n | 15 | |
| 4 | | | | | |
| 5 | | 불량품의 수 | x | | |
| 6 | | | | | |
| 7 | | P(x=2) | 0.266896 | | |

[순서 3] 불량품이 2개 이하일 확률 $P(X \leq 2)$의 계산

(1) 셀 C8을 지정하고 위와 같은 방법으로 하여 [BINOMDIST] 대화상자가 나타나면,

| | |
|---|---|
| Number_s | : 2 |
| Trials | : 15 |
| Probability_s | : 0.1 |
| Cumulative | : TRUE |

를 입력하고 [확인] 버튼을 클릭한다.

(2) 셀 C8에 이항분포 함수 '=BINOMDIST(2, 15, 0.1, TRUE)'가 입력된다.

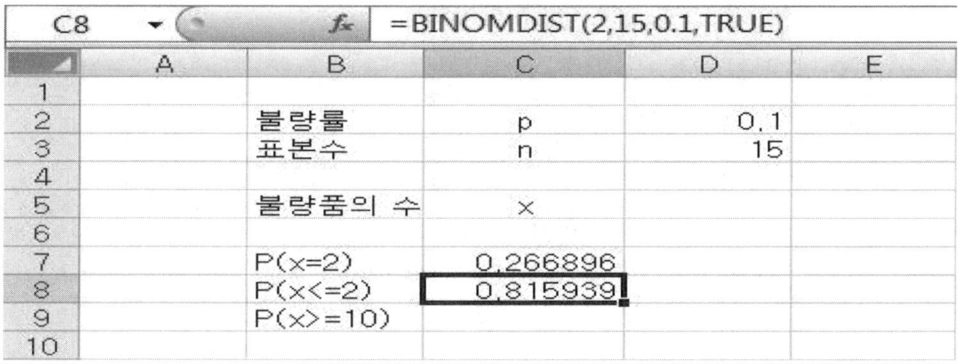

C8 =BINOMDIST(2,15,0.1,TRUE)

| | A | B | C | D | E |
|---|---|---|---|---|---|
| 1 | | | | | |
| 2 | | 불량률 | p | 0.1 | |
| 3 | | 표본수 | n | 15 | |
| 4 | | | | | |
| 5 | | 불량품의 수 | x | | |
| 6 | | | | | |
| 7 | | P(x=2) | 0.266896 | | |
| 8 | | P(x<=2) | 0.815939 | | |
| 9 | | P(x>=10) | | | |
| 10 | | | | | |

[순서 4] 불량품이 10개 이상일 확률 $P(X \geq 10)$의 실행

(1) 셀 C9을 지정한 다음에 다음과 같은 수식을 입력한다.

=1−BINOMDIST(9, 15, 0.1, TRUE)

(2) 셀 C9에 $P(X \geq 10)$의 계산 결과가 입력된다.

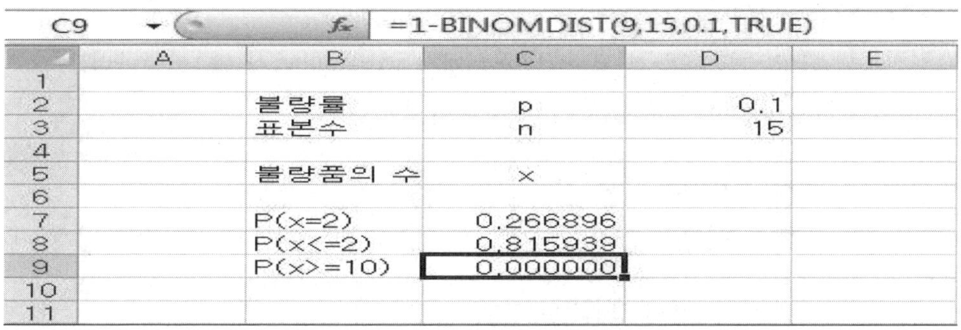

C9 =1-BINOMDIST(9,15,0.1,TRUE)

| | A | B | C | D | E |
|---|---|---|---|---|---|
| 1 | | | | | |
| 2 | | 불량률 | p | 0.1 | |
| 3 | | 표본수 | n | 15 | |
| 4 | | | | | |
| 5 | | 불량품의 수 | x | | |
| 6 | | | | | |
| 7 | | P(x=2) | 0.266896 | | |
| 8 | | P(x<=2) | 0.815939 | | |
| 9 | | P(x>=10) | 0.000000 | | |
| 10 | | | | | |
| 11 | | | | | |

●●● **예제 7-2** 이항분포함수에 의한 확률계산은 $n$이 커진다거나 $p$의 소숫점 이하 자릿수가 늘어나게 되면 매우 복잡해진다. 그러므로 $n=20$까지에 대해서 몇 가지의 $p$에 대한 확률을 각각 계산하여 미리 표로 만들어서 사용하게 되는데 이것을 이항분포표라고 한다.
$n=2$에서 $n=5$까지 그리고 p=0.10, 0.15, 0.20, 0.25, 0.30, 0.35, 0.40, 0.45, 0.50에 대한 이항분포표를 작성해 보라.

## ▶ Excel에 의한 해법

[순서 1] 기본 데이터의 입력

다음과 같이 필요한 데이터를 입력한다.

| | A | B | C | D | E | F | G | H | I | J | K | L |
|---|---|---|---|---|---|---|---|---|---|---|---|---|
| 1 | | | | | | | p | | | | | |
| 2 | n | x | 0.10 | 0.15 | 0.20 | 0.25 | 0.30 | 0.35 | 0.40 | 0.45 | 0.50 | |
| 3 | 2 | 0 | | | | | | | | | | |
| 4 | | 1 | | | | | | | | | | |
| 5 | | 2 | | | | | | | | | | |
| 6 | | | | | | | | | | | | |
| 7 | 3 | 0 | | | | | | | | | | |
| 8 | | 1 | | | | | | | | | | |
| 9 | | 2 | | | | | | | | | | |
| 10 | | 3 | | | | | | | | | | |
| 11 | | | | | | | | | | | | |
| 12 | 4 | 0 | | | | | | | | | | |
| 13 | | 1 | | | | | | | | | | |
| 14 | | 2 | | | | | | | | | | |
| 15 | | 3 | | | | | | | | | | |
| 16 | | 4 | | | | | | | | | | |
| 17 | | | | | | | | | | | | |
| 18 | 5 | 0 | | | | | | | | | | |
| 19 | | 1 | | | | | | | | | | |
| 20 | | 2 | | | | | | | | | | |
| 21 | | 3 | | | | | | | | | | |
| 22 | | 4 | | | | | | | | | | |
| 23 | | 5 | | | | | | | | | | |
| 24 | | | | | | | | | | | | |

[순서 2] $n=2$일 때의 계산

(1) 셀 C3:K5 영역을 지정하고 메뉴에서 [함수 마법사]를 선택한다.

(2) [함수 마법사] 대화상자가 나타나면,

함수 범주(C) : 통계
함수 이름(N) : BINOMDIST

를 선택하고 [확인] 버튼을 클릭한다.

(3) [BINOMDIST] 대화상자가 나타나면,

Number_s : B3:B5
Trials : 2
Probability_s : C2:K2
Cumulative : 0

를 입력한다.

(4) Ctrl + Shift + Enter↵ 키를 누른다.
셀 C3:K5 영역에 배열식 {=BINOMDIST(B3:B5, 2, C2:K2, 0)}이 입력된다.

[순서 3] n=3일 때의 계산

(1) 셀 C7:K10 영역을 지정하고 메뉴에서 [함수 마법사]를 선택한다.

(2) [함수 마법사] 대화상자가 나타나면,

함수 범주(C) : 통계
함수 이름(N) : BINOMDIST

를 선택하고 [확인] 버튼을 클릭한다.

(3) [BINOMDIST] 대화상자가 나타나면,

Number_s : B7:B10
Trials : 3
Probability_s : C2:K2
Cumulative : 0

를 입력한다.

(4) Ctrl + Shift + Enter↵ 키를 누른다.
셀 C7:K10 영역에 배열식 {=BINOMDIST(B7:B10, 3, C2:K2, 0)}이 입력된다.

K10 | {=BINOMDIST(B7:B10,3,C2:K2,0)}

| | A | B | C | D | E | F | G | H | I | J | K | L |
|---|---|---|---|---|---|---|---|---|---|---|---|---|
| 1 | | | | | | | p | | | | | |
| 2 | n | x | 0.10 | 0.15 | 0.20 | 0.25 | 0.30 | 0.35 | 0.40 | 0.45 | 0.50 | |
| 3 | 2 | 0 | 0.8100 | 0.7225 | 0.6400 | 0.5625 | 0.4900 | 0.4225 | 0.3600 | 0.3025 | 0.2500 | |
| 4 | | 1 | 0.1800 | 0.2550 | 0.3200 | 0.3750 | 0.4200 | 0.4550 | 0.4800 | 0.4950 | 0.5000 | |
| 5 | | 2 | 0.0100 | 0.0225 | 0.0400 | 0.0625 | 0.0900 | 0.1225 | 0.1600 | 0.2025 | 0.2500 | |
| 6 | | | | | | | | | | | | |
| 7 | 3 | 0 | 0.7290 | 0.6141 | 0.5120 | 0.4219 | 0.3430 | 0.2746 | 0.2160 | 0.1664 | 0.1250 | |
| 8 | | 1 | 0.2430 | 0.3251 | 0.3840 | 0.4219 | 0.4410 | 0.4436 | 0.4320 | 0.4084 | 0.3750 | |
| 9 | | 2 | 0.0270 | 0.0574 | 0.0960 | 0.1406 | 0.1890 | 0.2389 | 0.2880 | 0.3341 | 0.3750 | |
| 10 | | 3 | 0.0010 | 0.0034 | 0.0080 | 0.0156 | 0.0270 | 0.0429 | 0.0640 | 0.0911 | 0.1250 | |
| 11 | | | | | | | | | | | | |

[순서 4] n=4일 때의 계산

(1) 셀 C12:K16 영역을 지정하고 메뉴에서 [함수 마법사]를 선택한다.

(2) [함수 마법사] 대화상자가 나타나면,

범주 선택 : 통계

함수 선택 : BINOMDIST

를 선택하고 [확인] 버튼을 클릭한다.

(3) [BINOMDIST] 대화상자가 나타나면,

Number_s : B12:B16

Trials : 4

Probability_s : C2:K2

Cumulative : 0

를 입력한다.

(4) Ctrl + Shift + Enter↵ 키를 누른다.

셀 C12:K16 영역에 배열식 {=BINOMDIST(B12:B16, 4, C2:K2, 0)}이 입력된다.

K16 | {=BINOMDIST(B12:B16,4,C2:K2,0)}

| | A | B | C | D | E | F | G | H | I | J | K | L |
|---|---|---|---|---|---|---|---|---|---|---|---|---|
| 1 | | | | | | | p | | | | | |
| 2 | n | x | 0.10 | 0.15 | 0.20 | 0.25 | 0.30 | 0.35 | 0.40 | 0.45 | 0.50 | |
| 3 | 2 | 0 | 0.8100 | 0.7225 | 0.6400 | 0.5625 | 0.4900 | 0.4225 | 0.3600 | 0.3025 | 0.2500 | |
| 4 | | 1 | 0.1800 | 0.2550 | 0.3200 | 0.3750 | 0.4200 | 0.4550 | 0.4800 | 0.4950 | 0.5000 | |
| 5 | | 2 | 0.0100 | 0.0225 | 0.0400 | 0.0625 | 0.0900 | 0.1225 | 0.1600 | 0.2025 | 0.2500 | |
| 6 | | | | | | | | | | | | |
| 7 | 3 | 0 | 0.7290 | 0.6141 | 0.5120 | 0.4219 | 0.3430 | 0.2746 | 0.2160 | 0.1664 | 0.1250 | |
| 8 | | 1 | 0.2430 | 0.3251 | 0.3840 | 0.4219 | 0.4410 | 0.4436 | 0.4320 | 0.4084 | 0.3750 | |
| 9 | | 2 | 0.0270 | 0.0574 | 0.0960 | 0.1406 | 0.1890 | 0.2389 | 0.2880 | 0.3341 | 0.3750 | |
| 10 | | 3 | 0.0010 | 0.0034 | 0.0080 | 0.0156 | 0.0270 | 0.0429 | 0.0640 | 0.0911 | 0.1250 | |
| 11 | | | | | | | | | | | | |
| 12 | 4 | 0 | 0.6561 | 0.5220 | 0.4096 | 0.3164 | 0.2401 | 0.1785 | 0.1296 | 0.0915 | 0.0625 | |
| 13 | | 1 | 0.2916 | 0.3685 | 0.4096 | 0.4219 | 0.4116 | 0.3845 | 0.3456 | 0.2995 | 0.2500 | |
| 14 | | 2 | 0.0486 | 0.0975 | 0.1536 | 0.2109 | 0.2646 | 0.3105 | 0.3456 | 0.3675 | 0.3750 | |
| 15 | | 3 | 0.0036 | 0.0115 | 0.0256 | 0.0469 | 0.0756 | 0.1115 | 0.1536 | 0.2005 | 0.2500 | |
| 16 | | 4 | 0.0001 | 0.0005 | 0.0016 | 0.0039 | 0.0081 | 0.0150 | 0.0256 | 0.0410 | 0.0625 | |
| 17 | | | | | | | | | | | | |

[순서 5] $n=5$일 때의 계산

(1) 셀 C18:K23 영역을 지정하고 메뉴에서 [함수 마법사]를 선택한다.

(2) [함수 마법사] 대화상자가 나타나면,

범주 선택 : 통계
함수 선택 : BINOMDIST

를 선택하고 [확인] 버튼을 클릭한다.

(3) [BINOMDIST] 대화상자가 나타나면,

| | |
|---|---|
| Number_s | : B18:B23 |
| Trials | : 5 |
| Probability_s | : C2:K2 |
| Cumulative | : 0 |

를 입력한다.

(4) Ctrl + Shift + Enter 키를 누른다.
셀 C18:K23 영역에 배열식 {=BINOMDIST(B18:B23, 5, C2:K2, 0)}이 입력된다.

K23 {=BINOMDIST(B18:B23,5,C2:K2,0)}

| | A | B | C | D | E | F | G | H | I | J | K | L |
|---|---|---|---|---|---|---|---|---|---|---|---|---|
| 1 | | | | | | | p | | | | | |
| 2 | n | x | 0.10 | 0.15 | 0.20 | 0.25 | 0.30 | 0.35 | 0.40 | 0.45 | 0.50 | |
| 3 | 2 | 0 | 0.8100 | 0.7225 | 0.6400 | 0.5625 | 0.4900 | 0.4225 | 0.3600 | 0.3025 | 0.2500 | |
| 4 | | 1 | 0.1800 | 0.2550 | 0.3200 | 0.3750 | 0.4200 | 0.4550 | 0.4800 | 0.4950 | 0.5000 | |
| 5 | | 2 | 0.0100 | 0.0225 | 0.0400 | 0.0625 | 0.0900 | 0.1225 | 0.1600 | 0.2025 | 0.2500 | |
| 6 | | | | | | | | | | | | |
| 7 | 3 | 0 | 0.7290 | 0.6141 | 0.5120 | 0.4219 | 0.3430 | 0.2746 | 0.2160 | 0.1664 | 0.1250 | |
| 8 | | 1 | 0.2430 | 0.3251 | 0.3840 | 0.4219 | 0.4410 | 0.4436 | 0.4320 | 0.4084 | 0.3750 | |
| 9 | | 2 | 0.0270 | 0.0574 | 0.0960 | 0.1406 | 0.1890 | 0.2389 | 0.2880 | 0.3341 | 0.3750 | |
| 10 | | 3 | 0.0010 | 0.0034 | 0.0080 | 0.0156 | 0.0270 | 0.0429 | 0.0640 | 0.0911 | 0.1250 | |
| 11 | | | | | | | | | | | | |
| 12 | 4 | 0 | 0.6561 | 0.5220 | 0.4096 | 0.3164 | 0.2401 | 0.1785 | 0.1296 | 0.0915 | 0.0625 | |
| 13 | | 1 | 0.2916 | 0.3685 | 0.4096 | 0.4219 | 0.4116 | 0.3845 | 0.3456 | 0.2995 | 0.2500 | |
| 14 | | 2 | 0.0486 | 0.0975 | 0.1536 | 0.2109 | 0.2646 | 0.3105 | 0.3456 | 0.3675 | 0.3750 | |
| 15 | | 3 | 0.0036 | 0.0115 | 0.0256 | 0.0469 | 0.0756 | 0.1115 | 0.1536 | 0.2005 | 0.2500 | |
| 16 | | 4 | 0.0001 | 0.0005 | 0.0016 | 0.0039 | 0.0081 | 0.0150 | 0.0256 | 0.0410 | 0.0625 | |
| 17 | | | | | | | | | | | | |
| 18 | 5 | 0 | 0.5905 | 0.4437 | 0.3277 | 0.2373 | 0.1681 | 0.116 | 0.0778 | 0.0503 | 0.0313 | |
| 19 | | 1 | 0.3281 | 0.3915 | 0.4096 | 0.3955 | 0.3602 | 0.3124 | 0.2592 | 0.2059 | 0.1563 | |
| 20 | | 2 | 0.0729 | 0.1382 | 0.2048 | 0.2637 | 0.3087 | 0.3364 | 0.3456 | 0.3369 | 0.3125 | |
| 21 | | 3 | 0.0081 | 0.0244 | 0.0512 | 0.0879 | 0.1323 | 0.1811 | 0.2304 | 0.2757 | 0.3125 | |
| 22 | | 4 | 0.0005 | 0.0022 | 0.0064 | 0.0146 | 0.0284 | 0.0488 | 0.0768 | 0.1128 | 0.1563 | |
| 23 | | 5 | 0.0000 | 0.0001 | 0.0003 | 0.001 | 0.0024 | 0.0053 | 0.0102 | 0.0185 | 0.0313 | |
| 24 | | | | | | | | | | | | |

**●●● 예제 7-3** 위의 이항분포표를 이용하여 동전을 다섯 번 던졌을 때 앞면이 세 번 나올 확률과 세 번 이하로 나올 확률을 각각 구하라.

$$n=5, p=0.5, x=3$$

(1) 앞 면이 세 번 나올 확률

$$P(X=3)=0.3125$$

(2) 앞 면이 세 번 이하로 나올 확률

$$\begin{aligned} P(X \leqq 3) &= P(X=0)+P(X=1)+P(X=2)+P(X=3) \\ &= 0.0313+0.1563+0.3125+0.3125=0.8126 \end{aligned}$$

### ▶ 여러 가지 유형의 이항분포 그래프(성공확률 $p$ : 고정) 작성

[순서 1] 기본표의 작성

다음과 같이 기본표를 준비해 놓는다.

| | A | B | C | D | E | F | G | H |
|---|---|---|---|---|---|---|---|---|
| 1 | | | | | | | | |
| 2 | | p | 0.5 | | | | | |
| 3 | | n | 10 | 20 | 30 | 40 | 50 | |
| 4 | | | | | | | | |
| 5 | | x | P(n=10) | P(n=20) | P(n=30) | P(n=40) | P(n=50) | |
| 6 | | 0 | | | | | | |
| 7 | | 1 | | | | | | |
| 8 | | 2 | | | | | | |
| 9 | | 3 | | | | | | |
| 10 | | 4 | | | | | | |
| 11 | | 5 | | | | | | |
| 12 | | 6 | | | | | | |
| 13 | | 7 | | | | | | |
| 14 | | 8 | | | | | | |
| 15 | | 9 | | | | | | |
| 16 | | 10 | | | | | | |
| 50 | | 44 | | | | | | |
| 51 | | 45 | | | | | | |
| 52 | | 46 | | | | | | |
| 53 | | 47 | | | | | | |
| 54 | | 48 | | | | | | |
| 55 | | 49 | | | | | | |
| 56 | | 50 | | | | | | |
| 57 | | | | | | | | |

[순서 2] 이항분포 함수의 입력

(1) 셀 C6:G56 영역을 지정하고, 메뉴에서 [함수 마법사] 아이콘을 선택한다.

(2) [함수 마법사] 대화상자가 나타나면,

범주 선택 : 통계

함수 선택 : BINOMDIST

를 선택하고 [확인] 버튼을 클릭한다.

(3) BINOMDIST 함수 입력상자가 나타나면,

Number_s : B6:B56

Trials : C3:G3

Probability_s : C2

Cumulative : 0

을 지정한다.

(4) [Ctrl] + [Shift] + [Enter↵] 키를 누른다.

셀 C6:G56 영역에 배열식 {=BINOMDIST(B6:B56, C3:G3, C2, 0)}이 입력된다.

C6 {=BINOMDIST(B6:B56,C3:G3,C2,0)}

| | A | B | C | D | E | F | G | H | I |
|---|---|---|---|---|---|---|---|---|---|
| 1 | | | | | | | | | |
| 2 | | p | 0.5 | | | | | | |
| 3 | | n | 10 | 20 | 30 | 40 | 50 | | |
| 4 | | | | | | | | | |
| 5 | | x | P(n=10) | P(n=20) | P(n=30) | P(n=40) | P(n=50) | | |
| 6 | | 0 | 0.000977 | 9.54E-07 | 9.31E-10 | 9.09E-13 | 8.88E-16 | | |
| 7 | | 1 | 0.009766 | 1.91E-05 | 2.79E-08 | 3.64E-11 | 4.44E-14 | | |
| 8 | | 2 | 0.043945 | 0.000181 | 4.05E-07 | 7.09E-10 | 1.09E-12 | | |
| 9 | | 3 | 0.117188 | 0.001087 | 3.78E-06 | 8.99E-09 | 1.74E-11 | | |
| 10 | | 4 | 0.205078 | 0.004621 | 2.55E-05 | 8.31E-08 | 2.05E-10 | | |
| 11 | | 5 | 0.246094 | 0.014786 | 0.000133 | 5.98E-07 | 1.88E-09 | | |
| 12 | | 6 | 0.205078 | 0.036964 | 0.000553 | 3.49E-06 | 1.41E-08 | | |
| 13 | | 7 | 0.117188 | 0.073929 | 0.001896 | 1.7E-05 | 8.87E-08 | | |
| 14 | | 8 | 0.043945 | 0.120134 | 0.005451 | 6.99E-05 | 4.77E-07 | | |
| 15 | | 9 | 0.009766 | 0.160179 | 0.013325 | 0.000249 | 2.23E-06 | | |
| 16 | | 10 | 0.000977 | 0.176197 | 0.027982 | 0.000771 | 9.12E-06 | | |
| 17 | | 11 | #NUM! | 0.160179 | 0.050876 | 0.002103 | 3.32E-05 | | |
| 18 | | 12 | #NUM! | 0.120134 | 0.080553 | 0.005081 | 0.000108 | | |
| 19 | | 13 | #NUM! | 0.073929 | 0.111535 | 0.010944 | 0.000315 | | |
| 20 | | 14 | #NUM! | 0.036964 | 0.135435 | 0.021107 | 0.000833 | | |
| 21 | | 15 | #NUM! | 0.014786 | 0.144464 | 0.036585 | 0.001999 | | |
| 22 | | 16 | #NUM! | 0.004621 | 0.135435 | 0.057164 | 0.004373 | | |
| 23 | | 17 | #NUM! | 0.001087 | 0.111535 | 0.080702 | 0.008746 | | |
| 24 | | 18 | #NUM! | 0.000181 | 0.080553 | 0.103119 | 0.016035 | | |

Sheet2 Sheet3 Sheet4 Sheet5 Sheet6 Sheet7

[순서 3] 이항분포 그래프의 작성

(1) 셀 C5:G56 영역을 지정하고, [차트 마법사] 아이콘을 클릭한다.

(2) [차트 마법사－4단계 중 1단계] 대화상자가 나타난다.
[차트 마법사－4단계 중 1단계] 대화상자에서,
차트 종류(C) : 꺾은선형
하위 종류(T) : 네 번째
를 선택한다. [다음] 버튼을 클릭한다.

(3) [차트 마법사－4단계 중 2단계] 대화상자가 나타난다.

(4) 2단계 대화상자의 계열 탭을 클릭한다.
2단계 대화상자의 계열 탭에서,
X(항목) 축 레이블(T) : B6:B56
영역을 지정한다.

(5) 제목을 입력하고 그래프를 적당히 수정하여 완성한다.

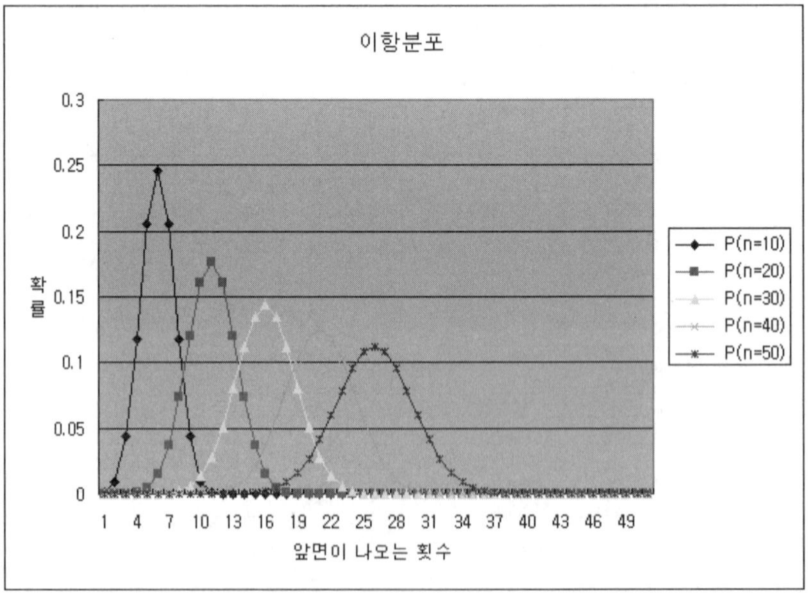


### ▶ 여러 가지 유형의 이항분포 그래프(시행횟수 n : 고정) 작성

[순서 1] 기본표의 작성

다음과 같이 기본표를 준비해 놓는다.

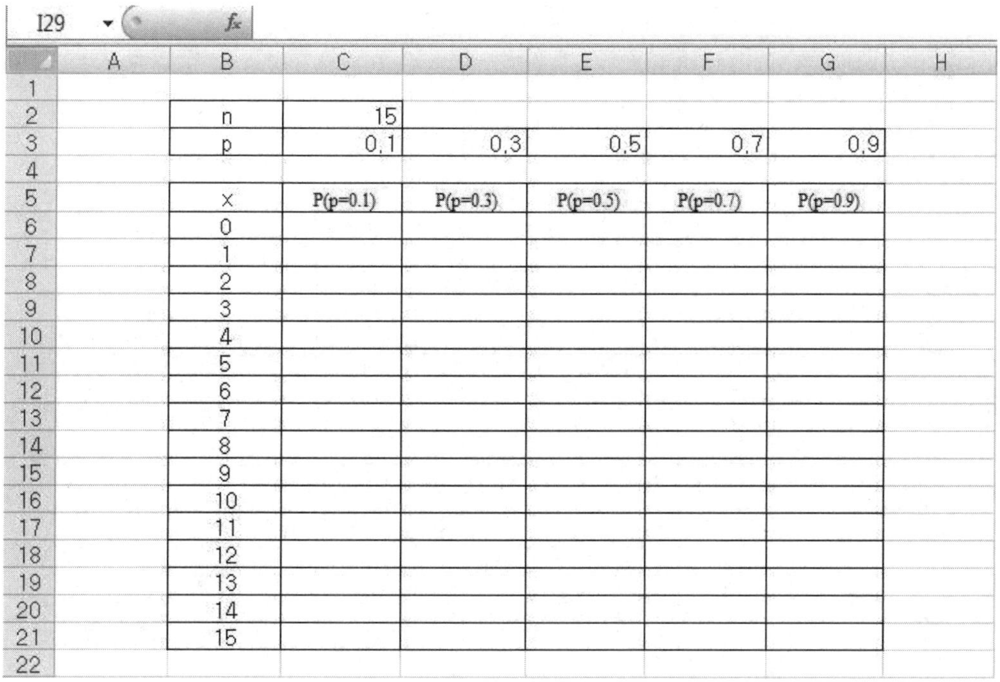

| | A | B | C | D | E | F | G | H |
|---|---|---|---|---|---|---|---|---|
| 1 | | | | | | | | |
| 2 | | n | 15 | | | | | |
| 3 | | p | 0.1 | 0.3 | 0.5 | 0.7 | 0.9 | |
| 4 | | | | | | | | |
| 5 | | x | P(p=0.1) | P(p=0.3) | P(p=0.5) | P(p=0.7) | P(p=0.9) | |
| 6 | | 0 | | | | | | |
| 7 | | 1 | | | | | | |
| 8 | | 2 | | | | | | |
| 9 | | 3 | | | | | | |
| 10 | | 4 | | | | | | |
| 11 | | 5 | | | | | | |
| 12 | | 6 | | | | | | |
| 13 | | 7 | | | | | | |
| 14 | | 8 | | | | | | |
| 15 | | 9 | | | | | | |
| 16 | | 10 | | | | | | |
| 17 | | 11 | | | | | | |
| 18 | | 12 | | | | | | |
| 19 | | 13 | | | | | | |
| 20 | | 14 | | | | | | |
| 21 | | 15 | | | | | | |
| 22 | | | | | | | | |

**[순서 2]** 이항분포 함수의 입력

(1) 셀 C6:G21 영역을 지정하고, 메뉴에서 [함수 마법사] 아이콘을 선택한다.

(2) [함수 마법사] 대화상자가 나타나면,

범주 선택 : 통계

함수 선택 : BINOMDIST

를 선택하고 [확인] 버튼을 클릭한다.

(3) BINOMDIST 함수 입력상자가 나타나면,

Number_s : B6:B21

Trials : C2

Probability_s : C3:G3

Cumulative : 0

을 지정한다.

(4) Ctrl + Shift + Enter↵ 키를 누른다.

셀 C6:G21 영역에 배열식 {=BINOMDIST(B6:B21, C2, C3:G3, 0)}이 입력된다.

C6 | $f_x$ {=BINOMDIST(B6:B21,C2,C3:G3,0)}

| | A | B | C | D | E | F | G | H |
|---|---|---|---|---|---|---|---|---|
| 1 | | | | | | | | |
| 2 | | n | 15 | | | | | |
| 3 | | p | 0,1 | 0,3 | 0,5 | 0,7 | 0,9 | |
| 4 | | | | | | | | |
| 5 | | x | P(p=0.1) | P(p=0.3) | P(p=0.5) | P(p=0.7) | P(p=0.9) | |
| 6 | | 0 | 0,205891 | 0,0047476 | 3,05E-05 | 1,43E-08 | 1E-15 | |
| 7 | | 1 | 0,343152 | 0,03052 | 0,000458 | 5,02E-07 | 1,35E-13 | |
| 8 | | 2 | 0,266896 | 0,0915601 | 0,003204 | 8,2E-06 | 8,5E-12 | |
| 9 | | 3 | 0,128505 | 0,1700402 | 0,013885 | 8,29E-05 | 3,32E-10 | |
| 10 | | 4 | 0,042835 | 0,2186231 | 0,041656 | 0,000581 | 8,96E-09 | |
| 11 | | 5 | 0,010471 | 0,2061304 | 0,091644 | 0,00298 | 1,77E-07 | |
| 12 | | 6 | 0,001939 | 0,147236 | 0,15274 | 0,01159 | 2,66E-06 | |
| 13 | | 7 | 0,000277 | 0,08113 | 0,196381 | 0,03477 | 3,08E-05 | |
| 14 | | 8 | 3,08E-05 | 0,03477 | 0,196381 | 0,08113 | 0,000277 | |
| 15 | | 9 | 2,66E-06 | 0,01159 | 0,15274 | 0,147236 | 0,001939 | |
| 16 | | 10 | 1,77E-07 | 0,0029803 | 0,091644 | 0,20613 | 0,010471 | |
| 17 | | 11 | 8,96E-09 | 0,0005806 | 0,041656 | 0,218623 | 0,042835 | |
| 18 | | 12 | 3,32E-10 | 8,294E-05 | 0,013885 | 0,17004 | 0,128505 | |
| 19 | | 13 | 8,51E-12 | 8,203E-06 | 0,003204 | 0,09156 | 0,266896 | |
| 20 | | 14 | 1,35E-13 | 5,022E-07 | 0,000458 | 0,03052 | 0,343152 | |
| 21 | | 15 | 1E-15 | 1,435E-08 | 3,05E-05 | 0,004748 | 0,205891 | |
| 22 | | | | | | | | |

[순서 3] 이항분포 그래프의 작성

(1) 셀 C5:G21 영역을 지정하고, [차트 마법사] 아이콘을 클릭한다.

(2) [차트 마법사－4단계 중 1단계] 대화상자가 나타난다.
[차트 마법사－4단계 중 1단계] 대화상자에서,
　　차트 종류(C) : 꺾은선형
　　하위 종류(T) : 네 번째
를 선택한다. [다음] 버튼을 클릭한다.

(3) [차트 마법사－4단계 중 2단계] 대화상자가 나타난다.

(4) 2단계 대화상자의 계열 탭을 클릭한다.
2단계 대화상자의 계열 탭에서,
　　X(항목) 축 레이블(T) : B6:B21
영역을 지정한다.

(5) 이하 위에서와 같은 방법으로 그래프를 완성한다.

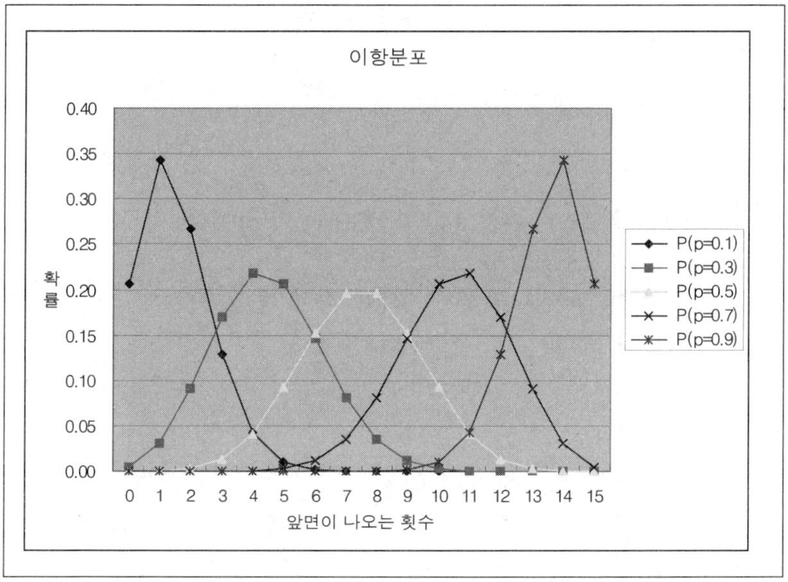


## 2. 포아송 분포

### ▶ 포아송 분포

포아송 분포(Poisson distribution)는 단위시간이나 단위공간에서 어떤 사상이 발생할 확률을 구하기 위해 이용된다. 예를 들면 단위시간 내에 찾아오는 고객의 수, 단위면적당 직물의 결함수, 어떤 지역의 하루 교통사고 건수 등은 모두 포아송 분포를 따른다.

이러한 포아송 분포는 다음과 같은 전제조건을 가지고 있다.

(1) 단위시간이나 단위공간에서 사상이 발생할 확률은 동일하다.

(2) 두 개 이상의 사상이 극히 작은 공간에서 발생할 확률은 무시할 정도로 작다.

(3) 단위시간이나 단위공간 내 사상의 발생은 서로 독립적이다.

위와 같은 조건을 만족시키는 포아송 분포에서 가장 중요한 모수(parameter)는 '단위시간당 평균 발생률 $\lambda$ (lambda)'로서 단위시간당 평균 발생횟수로 정의한다. 포아송 분포의 확률함수는 다음과 같이 정의된다.

$$P(X;\lambda) = \frac{\lambda^x e^{-\lambda}}{x!}, \quad x = 0,\ 1,\ 2,\ 3,\ \cdots$$

여기에서 $x$ : 발생횟수

$\lambda$ : 평균 발생횟수

$e$ : 2.71828⋯

단, $x$는 0보다 큰 상수, $0<\lambda<\infty$

Excel에서의 포아송 분포 함수는 POISSON($x$, $\lambda$, $c$)이다.

포아송 분포의 기대값, 분산 및 표준편차

$$E(X)=\lambda$$

$$\sigma^2=V(X)=\lambda$$

$$\sigma=$$

포아송 분포의 확률함수는 이항분포의 확률함수로부터 유도될 수 있다. 이를 위해 $X$가 모수 ($n$, $p$)를 가진 이항확률변수이고, $\lambda=np$라고 하자.

이 때

$$\begin{aligned} P(X=x) &= {}_nC_x p^x(1-p)^{n-x} \\ &= \frac{n!}{(n-x)!x!}p^x(1-p)^{n-x} \\ &= \frac{n!}{(n-x)!x!}(\frac{\lambda}{n})^x(1-\frac{\lambda}{n})^{n-x} \\ &= \frac{n(n-1)\cdots(n-x+1)}{n^x}\frac{\lambda^x}{x!}\frac{(1-\lambda/n)^n}{(1-\lambda/n)^x} \end{aligned}$$

여기에서 $n\rightarrow\infty$, $p\rightarrow 0$일 때

$$(1-\frac{\lambda}{n})^n \approx e^{-\lambda}, \frac{n(n-1)\cdots(n-x+1)}{n^x}\approx 1, (1-\frac{\lambda}{n})^x \approx 1 \text{이다.}$$

포아송 분포를 이항분포로부터 유도하는 과정에서 알 수 있듯이 $n$이 크고 $p$가 작으면 포아송 분포와 이항분포는 거의 유사한 확률값을 갖게 된다. 일반적으로 $\lambda=np<5$이면 포아송 분포와 이항분포는 거의 같은 확률값을 갖는다.

### ▶ Excel의 포아송 분포 함수

POISSON($x$, $\lambda$, $c$)

$x$ : 발생횟수

λ : 평균 발생횟수

$c$ : 1 or 0(TRUE or FALSE)

· True일 때에는 $x$회 이하 발생할 확률

· False일 때에는 $x$회 발생할 확률

을 계산한다. 예를 들면,

POISSON(3, 10, TRUE) = 0.0103

POISSON(3, 10, FALSE) = 0.0076

●●● **예제 7-4** 어떤 이발소에 1시간에 평균 3명의 손님이 찾아오고 있다. 1시간에 찾아오는 손님의 수를 $x$라고 할 때, 다음의 확률을 각각 구하라.

(1) $P(X=4)$

(2) $P(X \leq 4)$

(3) $P(X \geq 4) = 1\text{-}P(X \leq 3)$

### ▶ Excel에 의한 해법

[순서 1] 기본 데이터의 입력

다음과 같이 주어진 데이터를 입력한다.

| | A | B | C | D | E | F | G | H | I |
|---|---|---|---|---|---|---|---|---|---|
| 1 | | | | | | | | | |
| 2 | | λ | 3 | | | | | | |
| 3 | | | | | | | | | |
| 4 | | P(x = 4) | | | | | | | |
| 5 | | P(x <= 4) | | | | | | | |
| 6 | | P(x >= 4) | | | | | | | |
| 7 | | | | | | | | | |
| 8 | | | | | | | | | |

[순서 2] $P(X=4)$의 계산

(1) 셀 C4를 지정한 다음에 메뉴에서 [함수 마법사]를 선택한다.

(2) [함수 마법사] 대화상자가 나타나면,

범주 선택 : 통계

함수 선택 : POISSON

을 선택하고 [확인] 버튼을 클릭한다.

(3) [POISSON] 대화상자가 나타나면,

$X$ : 4

Mean : 3

Cumulative : 0

을 입력하고 [확인] 버튼을 클릭한다.

(4) 셀 C4에 포아송 분포 함수 '=POISSON(4, 3, 0)'이 입력된다.

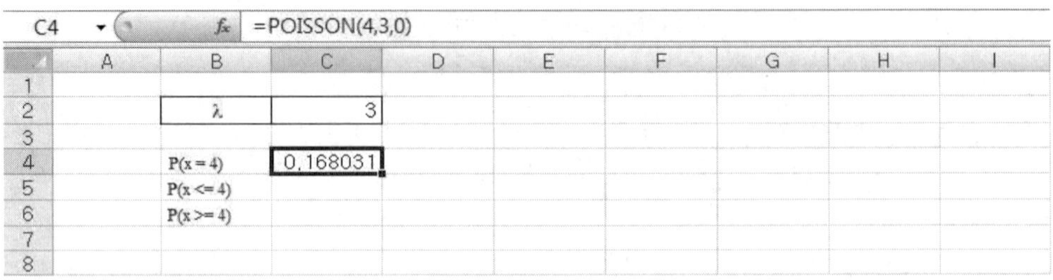


[순서 3] $P(X \leq 4)$의 계산

(1) 셀 C5를 지정하고 위와 같은 방법으로 하여 [POISSON] 대화상자가 나타나면,

$X$ : 4

Mean : 3

Cumulative : 1

을 입력하고 [확인] 버튼을 클릭한다.

(2) 셀 C5에 포아송 분포 함수 '=POISSON(4, 3, 1)'이 입력된다.

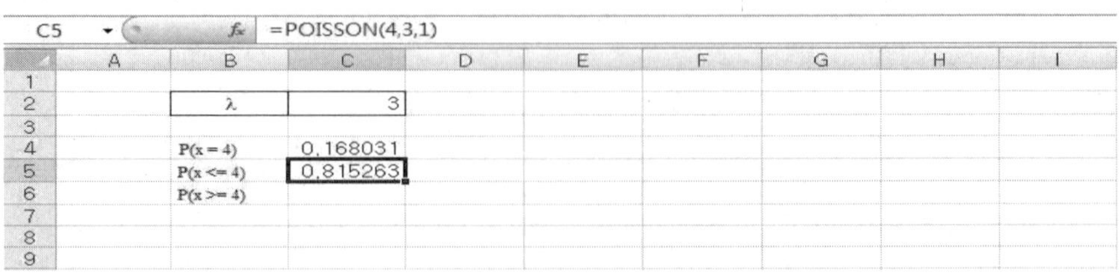


[순서 4] $P(X \geq 4)$의 실행

(1) 셀 C6를 지정한 다음에 다음과 같은 수식을 입력한다.

=1-POISSON(3, 3, 1)

(2) 셀 C6에 $P(X \geq 4)$의 계산 결과가 입력된다.

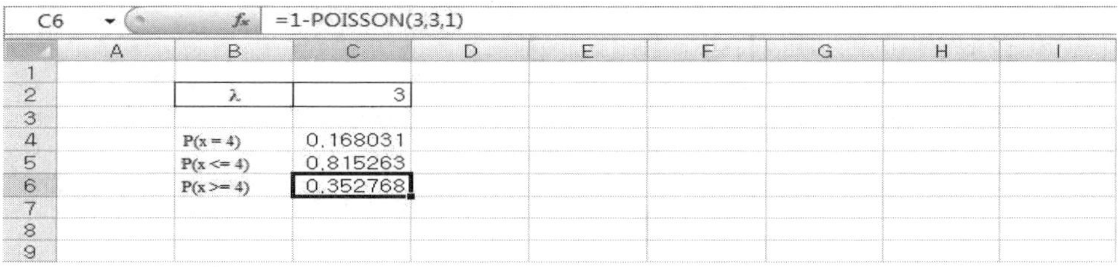

C6 =1-POISSON(3,3,1)

| | A | B | C |
|---|---|---|---|
| 1 | | | |
| 2 | | λ | 3 |
| 3 | | | |
| 4 | | P(x = 4) | 0.168031 |
| 5 | | P(x <= 4) | 0.815263 |
| 6 | | P(x >= 4) | 0.352768 |

●●● **예제 7-5** 포아송 분포함수에 의한 확률계산은 $\lambda$값이 커지게 되면 점점 복잡해진다. 그러므로 $\lambda = 20$까지의 확률을 미리 표로 만들어 사용하는데 이것을 포아송 분포표라고 한다. $\lambda = 0.1, 0.2, \cdots, 0.9, 1.0, 1.5, \cdots, 4.5, 5.0$에 대한 포아송 분포표를 작성해 보라.

### ▶ Excel에 의한 해법

[순서 1] 기본 데이터의 입력

다음과 같이 필요한 데이터를 입력한다.

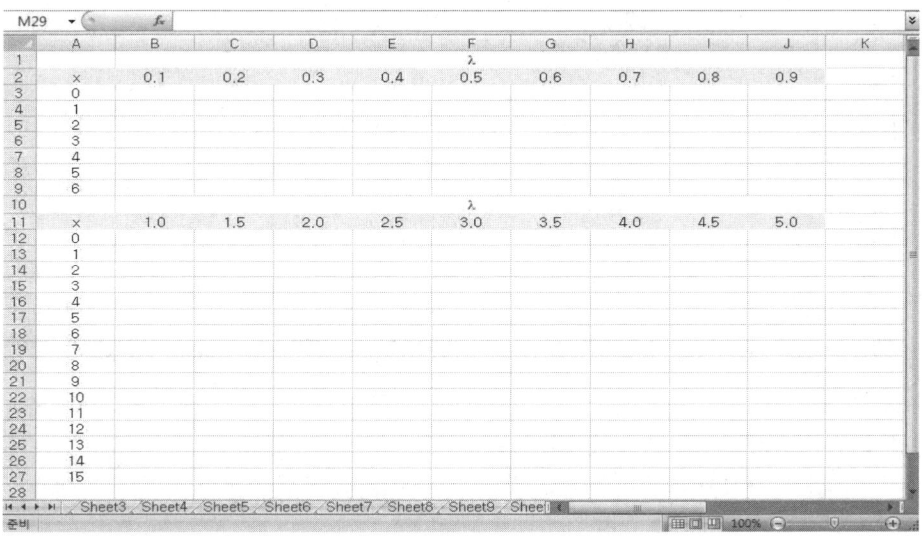

| | A | B | C | D | E | F | G | H | I | J |
|---|---|---|---|---|---|---|---|---|---|---|
| 1 | | | | | | λ | | | | |
| 2 | x | 0.1 | 0.2 | 0.3 | 0.4 | 0.5 | 0.6 | 0.7 | 0.8 | 0.9 |
| 3 | 0 | | | | | | | | | |
| 4 | 1 | | | | | | | | | |
| 5 | 2 | | | | | | | | | |
| 6 | 3 | | | | | | | | | |
| 7 | 4 | | | | | | | | | |
| 8 | 5 | | | | | | | | | |
| 9 | 6 | | | | | | | | | |
| 10 | | | | | | λ | | | | |
| 11 | x | 1.0 | 1.5 | 2.0 | 2.5 | 3.0 | 3.5 | 4.0 | 4.5 | 5.0 |
| 12 | 0 | | | | | | | | | |
| 13 | 1 | | | | | | | | | |
| 14 | 2 | | | | | | | | | |
| 15 | 3 | | | | | | | | | |
| 16 | 4 | | | | | | | | | |
| 17 | 5 | | | | | | | | | |
| 18 | 6 | | | | | | | | | |
| 19 | 7 | | | | | | | | | |
| 20 | 8 | | | | | | | | | |
| 21 | 9 | | | | | | | | | |
| 22 | 10 | | | | | | | | | |
| 23 | 11 | | | | | | | | | |
| 24 | 12 | | | | | | | | | |
| 25 | 13 | | | | | | | | | |
| 26 | 14 | | | | | | | | | |
| 27 | 15 | | | | | | | | | |

[순서 2] $\lambda = 0.1, 0.2, \cdots, 0.9$일 때의 계산

(1) 셀 B3:J9 영역을 지정하고, [함수 마법사] 아이콘을 클릭한다.

(2) [함수 마법사] 대화상자가 나타나면,

범주 선택 : 통계

함수 선택 : POISSON

을 선택하고 [확인] 버튼을 클릭한다.

(3) [POISSON] 대화상자가 나타나면,

$X$ : A3:A9

Mean : B2:J2

Cumulative : 0

을 입력한다.

(4) Ctrl + Shift + Enter↵ 키를 누른다.

셀 B3:J9 영역에 배열식 {=POISSON(A3:A9, B2:J2, 0)}이 입력된다.

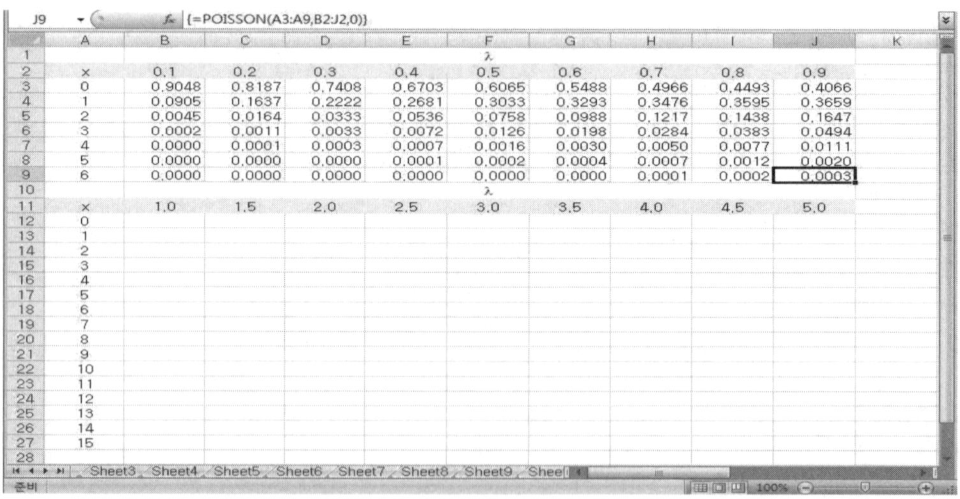

J9 {=POISSON(A3:A9,B2:J2,0)}

| | A | B | C | D | E | F | G | H | I | J | K |
|---|---|---|---|---|---|---|---|---|---|---|---|
| 1 | | | | | | λ | | | | | |
| 2 | x | 0.1 | 0.2 | 0.3 | 0.4 | 0.5 | 0.6 | 0.7 | 0.8 | 0.9 | |
| 3 | 0 | 0.9048 | 0.8187 | 0.7408 | 0.6703 | 0.6065 | 0.5488 | 0.4966 | 0.4493 | 0.4066 | |
| 4 | 1 | 0.0905 | 0.1637 | 0.2222 | 0.2681 | 0.3033 | 0.3293 | 0.3476 | 0.3595 | 0.3659 | |
| 5 | 2 | 0.0045 | 0.0164 | 0.0333 | 0.0536 | 0.0758 | 0.0988 | 0.1217 | 0.1438 | 0.1647 | |
| 6 | 3 | 0.0002 | 0.0011 | 0.0033 | 0.0072 | 0.0126 | 0.0198 | 0.0284 | 0.0383 | 0.0494 | |
| 7 | 4 | 0.0000 | 0.0001 | 0.0003 | 0.0007 | 0.0016 | 0.0030 | 0.0050 | 0.0077 | 0.0111 | |
| 8 | 5 | 0.0000 | 0.0000 | 0.0000 | 0.0001 | 0.0002 | 0.0004 | 0.0007 | 0.0012 | 0.0020 | |
| 9 | 6 | 0.0000 | 0.0000 | 0.0000 | 0.0000 | 0.0000 | 0.0000 | 0.0001 | 0.0002 | 0.0003 | |
| 10 | | | | | | λ | | | | | |
| 11 | x | 1.0 | 1.5 | 2.0 | 2.5 | 3.0 | 3.5 | 4.0 | 4.5 | 5.0 | |
| 12 | 0 | | | | | | | | | | |
| 13 | 1 | | | | | | | | | | |
| 14 | 2 | | | | | | | | | | |
| 15 | 3 | | | | | | | | | | |
| 16 | 4 | | | | | | | | | | |
| 17 | 5 | | | | | | | | | | |
| 18 | 6 | | | | | | | | | | |
| 19 | 7 | | | | | | | | | | |
| 20 | 8 | | | | | | | | | | |
| 21 | 9 | | | | | | | | | | |
| 22 | 10 | | | | | | | | | | |
| 23 | 11 | | | | | | | | | | |
| 24 | 12 | | | | | | | | | | |
| 25 | 13 | | | | | | | | | | |
| 26 | 14 | | | | | | | | | | |
| 27 | 15 | | | | | | | | | | |
| 28 | | | | | | | | | | | |

[순서 3] $\lambda = 1.0, 1.5, \cdots, 5.0$일 때의 계산

(1) 셀 B12:J27 영역을 지정하고, [함수 마법사] 아이콘을 클릭한다.

(2) [함수 마법사] 대화상자가 나타나면,

범주 선택 : 통계

함수 선택 : POISSON

을 선택하고 [확인] 버튼을 클릭한다.

(3) [POISSON] 대화상자가 나타나면,

| | |
|---|---|
| $X$ | : A12:A27 |
| Mean | : B11:J11 |
| Cumulative | : 0 |

을 입력한다.

(4) Ctrl + Shift + Enter↵ 키를 누른다.

셀 B12:J27 영역에 배열식 {=POISSON(A12:A27, B11:J11, 0)}이 입력된다.

B12 {=POISSON(A12:A27,B11:J11,0)}

| | A | B | C | D | E | F | G | H | I | J | K |
|---|---|---|---|---|---|---|---|---|---|---|---|
| 1 | | | | | | λ | | | | | |
| 2 | x | 0.1 | 0.2 | 0.3 | 0.4 | 0.5 | 0.6 | 0.7 | 0.8 | 0.9 | |
| 3 | 0 | 0.9048 | 0.8187 | 0.7408 | 0.6703 | 0.6065 | 0.5488 | 0.4966 | 0.4493 | 0.4066 | |
| 4 | 1 | 0.0905 | 0.1637 | 0.2222 | 0.2681 | 0.3033 | 0.3293 | 0.3476 | 0.3595 | 0.3659 | |
| 5 | 2 | 0.0045 | 0.0164 | 0.0333 | 0.0536 | 0.0758 | 0.0988 | 0.1217 | 0.1438 | 0.1647 | |
| 6 | 3 | 0.0002 | 0.0011 | 0.0033 | 0.0072 | 0.0126 | 0.0198 | 0.0284 | 0.0383 | 0.0494 | |
| 7 | 4 | 0.0000 | 0.0001 | 0.0003 | 0.0007 | 0.0016 | 0.0030 | 0.0050 | 0.0077 | 0.0111 | |
| 8 | 5 | 0.0000 | 0.0000 | 0.0000 | 0.0001 | 0.0002 | 0.0004 | 0.0007 | 0.0012 | 0.0020 | |
| 9 | 6 | 0.0000 | 0.0000 | 0.0000 | 0.0000 | 0.0000 | 0.0000 | 0.0001 | 0.0002 | 0.0003 | |
| 10 | | | | | | λ | | | | | |
| 11 | x | 1.0 | 1.5 | 2.0 | 2.5 | 3.0 | 3.5 | 4.0 | 4.5 | 5.0 | |
| 12 | 0 | 0.3679 | 0.2231 | 0.1353 | 0.0821 | 0.0498 | 0.0302 | 0.0183 | 0.0111 | 0.0067 | |
| 13 | 1 | 0.3679 | 0.3347 | 0.2707 | 0.2052 | 0.1494 | 0.1057 | 0.0733 | 0.0500 | 0.0337 | |
| 14 | 2 | 0.1839 | 0.2510 | 0.2707 | 0.2565 | 0.2240 | 0.1850 | 0.1465 | 0.1125 | 0.0842 | |
| 15 | 3 | 0.0613 | 0.1255 | 0.1804 | 0.2138 | 0.2240 | 0.2158 | 0.1954 | 0.1687 | 0.1404 | |
| 16 | 4 | 0.0153 | 0.0471 | 0.0902 | 0.1336 | 0.1680 | 0.1888 | 0.1954 | 0.1898 | 0.1755 | |
| 17 | 5 | 0.0031 | 0.0141 | 0.0361 | 0.0668 | 0.1008 | 0.1322 | 0.1563 | 0.1708 | 0.1755 | |
| 18 | 6 | 0.0005 | 0.0035 | 0.0120 | 0.0278 | 0.0504 | 0.0771 | 0.1042 | 0.1281 | 0.1462 | |
| 19 | 7 | 0.0001 | 0.0008 | 0.0034 | 0.0099 | 0.0216 | 0.0385 | 0.0595 | 0.0824 | 0.1044 | |
| 20 | 8 | 0.0000 | 0.0001 | 0.0009 | 0.0031 | 0.0081 | 0.0169 | 0.0298 | 0.0463 | 0.0653 | |
| 21 | 9 | 0.0000 | 0.0000 | 0.0002 | 0.0009 | 0.0027 | 0.0066 | 0.0132 | 0.0232 | 0.0363 | |
| 22 | 10 | 0.0000 | 0.0000 | 0.0000 | 0.0002 | 0.0008 | 0.0023 | 0.0053 | 0.0104 | 0.0181 | |
| 23 | 11 | 0.0000 | 0.0000 | 0.0000 | 0.0000 | 0.0002 | 0.0007 | 0.0019 | 0.0043 | 0.0082 | |
| 24 | 12 | 0.0000 | 0.0000 | 0.0000 | 0.0000 | 0.0001 | 0.0002 | 0.0006 | 0.0016 | 0.0034 | |
| 25 | 13 | 0.0000 | 0.0000 | 0.0000 | 0.0000 | 0.0000 | 0.0001 | 0.0002 | 0.0006 | 0.0013 | |
| 26 | 14 | 0.0000 | 0.0000 | 0.0000 | 0.0000 | 0.0000 | 0.0000 | 0.0001 | 0.0002 | 0.0005 | |
| 27 | 15 | 0.0000 | 0.0000 | 0.0000 | 0.0000 | 0.0000 | 0.0000 | 0.0000 | 0.0001 | 0.0002 | |
| 28 | | | | | | | | | | | |

Sheet3 / Sheet4 / Sheet5 / Sheet6 / Sheet7 / Sheet8 / Sheet9 / Shee

준비 100%

**예제 7-6** 어느 도시의 하루 교통사고 사망자수는 $\lambda = 1.5$인 포아송 분포에 따른다고 한다. 위의 포아송 분포표를 이용하여 하루 동안에 교통사고로 세 명이 죽을 확률과 다섯 명 이상 죽을 확률을 각각 구하라.

(1) $\lambda = 1.5$와 $x = 3$이 만나는 셀의 값은 0.1255가 된다.

$$P(X = 3) = 0.1255$$

(2) $P(X \geq 5) = P(X = 5) + P(X = 6) + P(X = 7) + P(X = 8) + P(X = 9)$

$= 0.0141 + 0.0035 + 0.0008 + 0.0001 + 0.0000 = 0.0185$

▶ **포아송 분포 그래프**$(\lambda=0.1, \lambda=0.3, \lambda=0.6, \lambda=0.9)$

위에서 작성한 포아송 분포표를 이용하여 여러 가지 유형의 포아송 분포 그래프를 작성할 수 있다. 그래프의 모양을 통하여 포아송 분포의 특성을 간파할 수 있다. 먼저 $\lambda=0.1$, $\lambda=0.3$, $\lambda=0.6$, $\lambda=0.9$일 때의 그래프를 작성하기로 한다.

[순서 1] 기본표의 작성

앞에서 포아송 분포표를 준비해 놓는다.

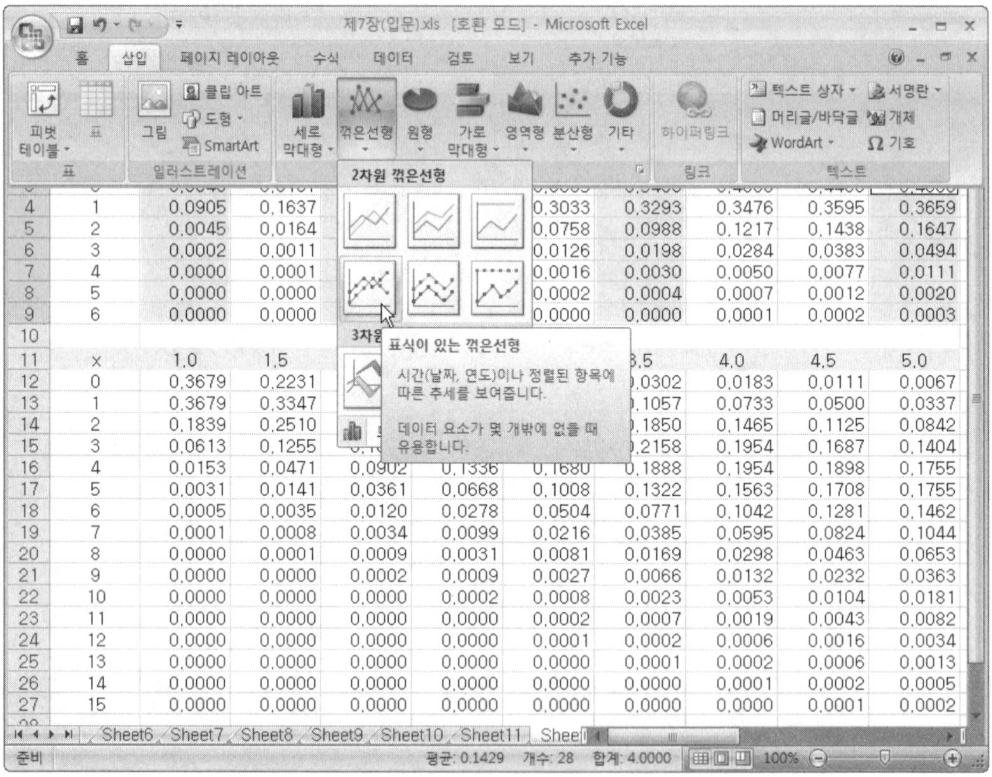


[순서 2] 포아송 분포 그래프의 작성

(1) 셀 B3:B9, D3:D9, G3:G9, J3:J9 영역을 지정하고, [삽입] 메뉴에서 [꺾은선형] 아이콘을 선택한다.

(2) 꺾은선형 종류가 펼쳐지면 [표식이 있는 꺾은선형]을 선택한다.

(3) 차트가 만들어지면 차트에서 마우스 오른쪽 버튼을 클릭한 후 [데이터 원본 선택]을 클릭한다.

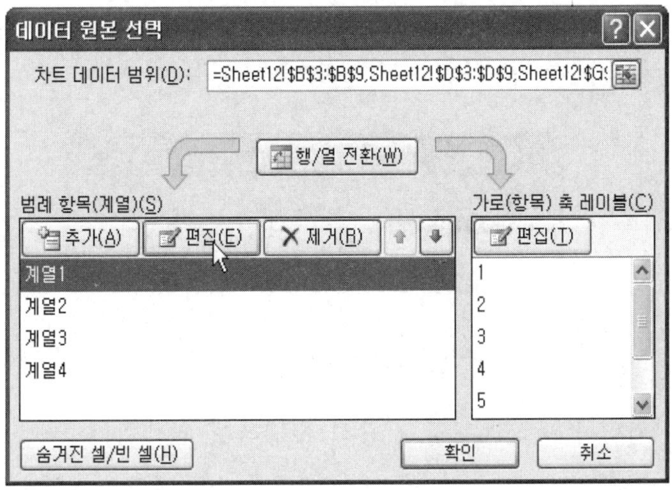


(4) 계열1을 클릭한 후 [편집] 버튼을 클릭하고, '계열 이름(N)'을 'lambda = 0.1'로 변경한 후에 [확인] 버튼을 클릭한다.

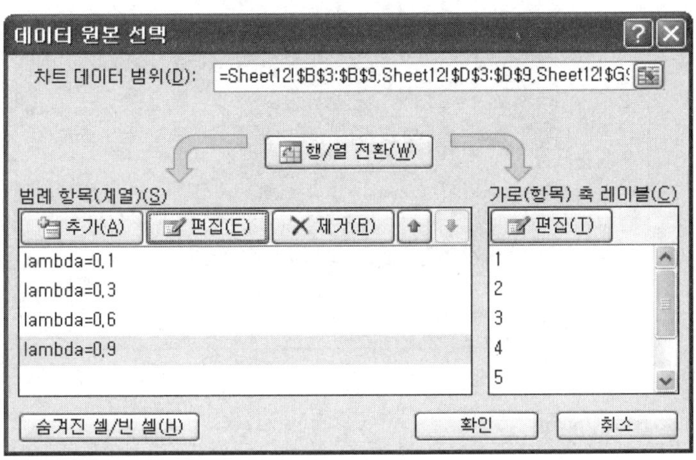


이와 같은 방법으로 다음과 같이 계열의 이름을 변경하도록 한다.

계열 1 : lambda = 0.1
계열 2 : lambda = 0.3
계열 3 : lambda = 0.6
계열 4 : lambda = 0.9

으로 각각 이름을 변경한 후 [확인] 버튼을 클릭한다.

(5) 가로 항목 축 레이블(C)의 [편집] 버튼을 클릭한 후 '축 레이블 범위'를 A3:A9 로 영역을 지정한 후 [확인] 버튼을 클릭한다.

데이터 원본 선택 대화상자로 돌아오면 [확인] 버튼을 클릭해 차트 수정을 마친다.

(6) 제목을 입력하고 그래프를 적당히 수정하여 완성한다.

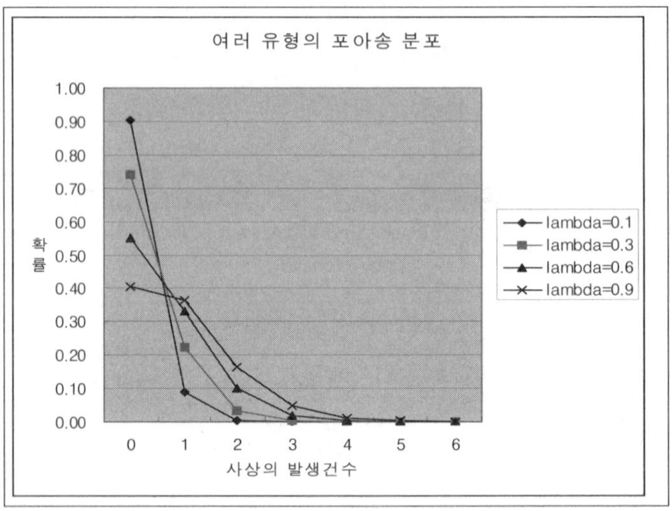


▶ **포아송 분포 그래프**$(\lambda = 1.0, \lambda = 2.0, \lambda = 3.5, \lambda = 5.0)$

이번에는 $\lambda = 1.0, \lambda = 2.0, \lambda = 3.5, \lambda = 5.0$일 때의 그래프를 작성하기로 한다.

[순서 1] 기본표의 작성

앞에서 포아송 분포표를 준비해 놓는다.

[순서 2] 포아송 분포 그래프의 작성

(1) 셀 B3:B9, D3:D9, G3:G9, J3:J9 영역을 지정하고, [삽입] 메뉴에서 [꺾은선형] 아이콘을 선택한다.

(2) 꺾은선형 종류가 펼쳐지면 [표식이 있는 꺾은선형]을 선택한다.

(3) 차트가 만들어지면 차트에서 마우스 오른쪽 버튼을 클릭한 후 [데이터 원본 선택]을 클릭한다.

(4) 계열1을 클릭한 후 [편집] 버튼을 클릭하고, '계열 이름(N)'을 'lambda = 1.0'으로 변경한 후에 [확인] 버튼을 클릭한다.

이와 같은 방법으로 다음과 같이 계열의 이름을 변경하도록 한다.

계열1 : lambda = 1.0

계열2 : lambda = 2.0

계열3 : lambda = 3.5

계열4 : lambda = 5.0

으로 각각 이름을 변경한 후 [확인] 버튼을 클릭한다.

(5) 가로 항목 축 레이블(C)의 [편집] 버튼을 클릭한 후 '축 레이블 범위'를 다음과 같이 영역을 지정한 후 [확인] 버튼을 클릭한다.

축 레이블 범위 : A12:A27

영역을 지정한다.

(6) 제목을 입력하고 그래프를 적당히 수정하여 완성한다.

차트 제목 입력 : 차트를 클릭해 선택한 후 [차트도구] 메뉴의 [레이아웃] 메뉴를 클릭한 후 나타나는 하위 메뉴에서 [차트제목], [축 제목]을 각각 선택해 제목을 입력한 후 마우스 끌기로 제목 위치를 보기 좋은 위치로 이동시키면 된다.

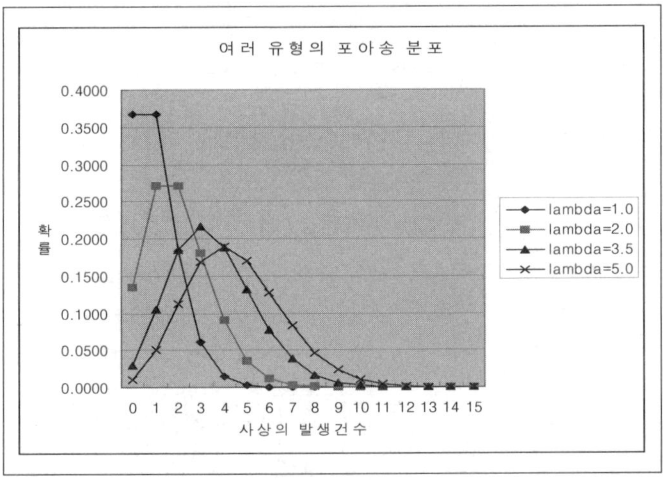

## 3. 초기하분포

초기하분포(hypergeometric distribution)는 시행이 독립적이지 않다는 것을 제외하고는 이항분포와 유사하다. 즉 초기하분포는 유한모집단으로부터 비복원추출을 한다는 가정하에 확률변수가 갖는 분포이며, 이항분포는 복원 추출 또는 무한모집단으로부터 표본을 추출한다는 조건하에 적용되는 확률분포이다.

초기하분포의 확률함수를 유도하기 위해서, 모집단이 유한한 비복원추출을 만족하는 경우 총 $N$개로 구성된 모집단에 $a$개의 불량품과 $b$개의 양품이 있다고 하자. 여기서 표본 $n$개를 추출할 때, $x$ 개의 불량품이 포함되어 있을 확률은

$$P(x;n,a,N) = \frac{\binom{a}{x}\binom{b}{n-x}}{\binom{N}{n}}$$

으로 정의된다. 여기에서

분모 $\binom{N}{n}$ : 총 $N$개 중에서 $n$개를 추출하는 총방법의 수

분자 $\binom{a}{x}$ : 불량품 $a$개에서 $x$개를 추출하는 방법의 수

$\binom{b}{n-x}$ : 표본 중 나머지 $(n-x)$개는 양품 b개에서 추출하는 방법의 수를 나타낸다.

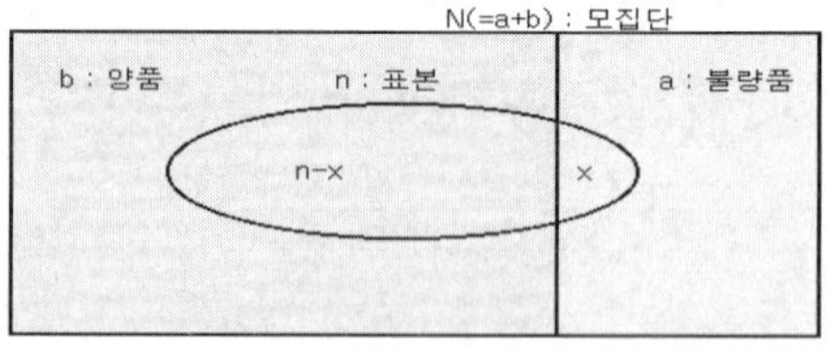


Excel에서의 초기하분포 함수는 HYPGEOMDIST(x, n, a, N)이다.

초기하분포의 기대값, 분산 및 표준편차

$$E(X) = n\frac{a}{N} = np$$

$$\sigma^2 = V(X) = n\frac{a}{N}\frac{b}{N}\frac{N-n}{N-1} = npq\frac{N-n}{N-1}$$

$$\sigma = \sqrt{n\frac{a}{N}\frac{b}{N}\frac{N-n}{N-1}} = \sqrt{npq\frac{N-n}{N-1}}\left(\text{단, } p=\frac{a}{N},\ q=\frac{b}{N},\ N=a+b\right)$$

여기에서 모집단이 무한히 크면 초기하분포는 이항분포에 접근하게 된다. 즉,

$$\lim_{N \to \infty} \frac{N-n}{N-1} = 1$$

이 되므로 이항분포의 평균과 분산에 일치한다. 일반적으로 $n \leq (0.05)(a+b)$이면 이항분포를 이용하여 계산한 결과와 거의 유사하다.

**예제 7-7** K백화점의 16대 운송 트럭 중에서 5대가 기준치 이상의 매연을 방출하고 있다. 만약 검사를 위해서 8대의 트럭이 무작위로 추출되었다면 기준치 이상의 매연을 방출하는 트럭이 적어도 3대 이상 포함될 확률은 얼마인가?

### ▶ 계산방식

$$P(3;8,5,16) = \frac{\binom{a}{x}\binom{b}{n-x}}{\binom{N}{n}} = \frac{\binom{5}{3}\cdot\binom{11}{5}}{\binom{16}{8}} = \frac{4,620}{12,870} = 0.359$$

$$P(4;8,5,16) = \frac{\binom{a}{x}\binom{b}{n-x}}{\binom{N}{n}} = \frac{\binom{5}{4}\cdot\binom{11}{4}}{\binom{16}{8}} = \frac{1,647}{12,870} = 0.128$$

$$P(5;8,5,16) = \frac{\binom{a}{x}\binom{b}{n-x}}{\binom{N}{n}} = \frac{\binom{5}{5}\cdot\binom{11}{3}}{\binom{16}{8}} = \frac{167}{12,870} = 0.013$$

따라서 $P(3)+P(4)+P(5) = 0.359+0.128+0.013 = 0.500$

### ▶ Excel에 의한 해법

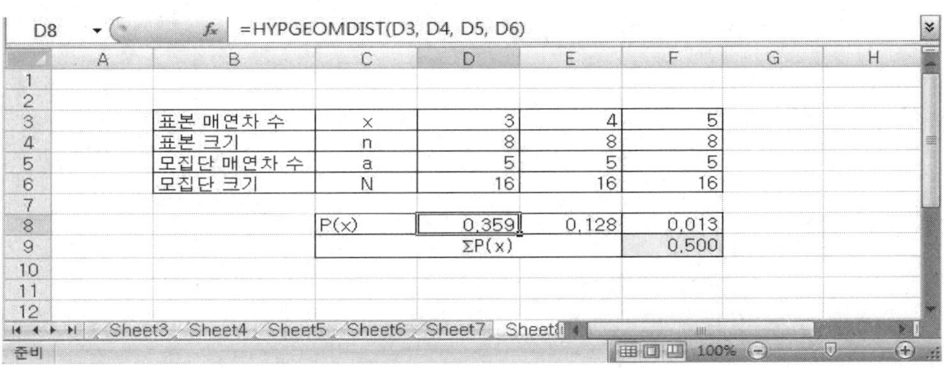

D8 =HYPGEOMDIST(D3, D4, D5, D6)

| | B | C | D | E | F |
|---|---|---|---|---|---|
| 3 | 표본 매연차 수 | x | 3 | 4 | 5 |
| 4 | 표본 크기 | n | 8 | 8 | 8 |
| 5 | 모집단 매연차 수 | a | 5 | 5 | 5 |
| 6 | 모집단 크기 | N | 16 | 16 | 16 |
| 8 | | P(x) | 0.359 | 0.128 | 0.013 |
| 9 | | ΣP(x) | | | 0.500 |

●●● **예제 7-8** A기업에서는 6명의 남자와 4명의 여자로 구성된 10명의 지원자들로부터 신입사원 3명을 선발하고자 한다. $x$는 고용된 여사원의 수라고 한다.

(1) $x$의 평균과 표준편차를 구하라.

(2) $x$에 대한 확률분포를 구하라.

### ▶ 계산방식

(1) $X$는 $N$=10, $n$=3, $a$=4인 초기하분포의 확률변수이므로 평균과 표준편차는 다음과 같이 구한다.

$$E[X] = n\frac{a}{N} = 3\frac{4}{10} = 1.2$$

$$\sigma = \sqrt{n\frac{a}{N}\frac{b}{N}\frac{N-n}{N-1}} = \sqrt{3\frac{4}{10}\frac{10-4}{10}\frac{10-3}{10-1}} = 0.748$$

(2) 다음의 확률을 구하면 된다.

$$P(X=0) = \frac{\binom{a}{x}\binom{b}{n-x}}{\binom{N}{n}} = \frac{\binom{4}{0}\binom{10-4}{3-0}}{\binom{10}{3}} = \frac{1}{6}$$

$$P(X=1) = \frac{\binom{a}{x}\binom{b}{n-x}}{\binom{N}{n}} = \frac{\binom{4}{1}\binom{10-4}{3-1}}{\binom{10}{3}} = \frac{1}{2}$$

$$P(X=2) = \frac{\binom{a}{x}\binom{b}{n-x}}{\binom{N}{n}} = \frac{\binom{4}{2}\binom{10-4}{3-2}}{\binom{10}{3}} = \frac{3}{10}$$

$$P(X=3) = \frac{\binom{a}{x}\binom{b}{n-x}}{\binom{N}{n}} = \frac{\binom{4}{3}\binom{10-4}{3-3}}{\binom{10}{3}} = \frac{1}{30}$$

## ▶ Excel에 의한 해법

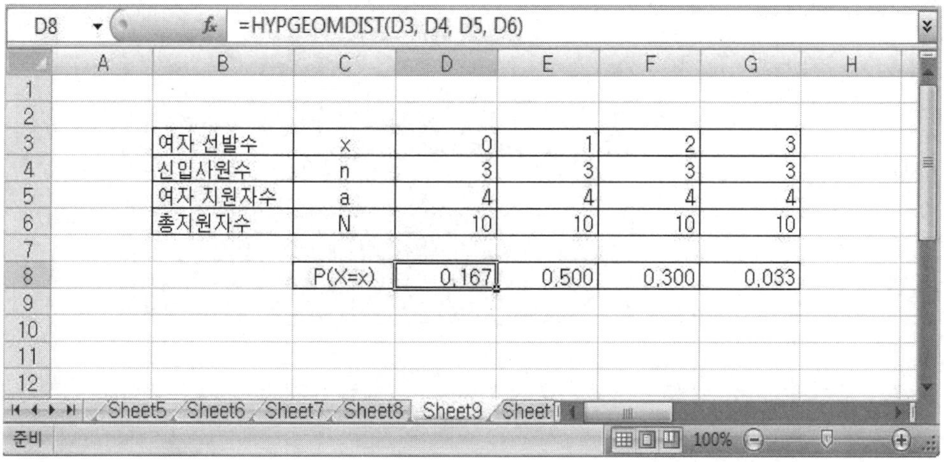

D8 =HYPGEOMDIST(D3, D4, D5, D6)

| | A | B | C | D | E | F | G | H |
|---|---|---|---|---|---|---|---|---|
| 1 | | | | | | | | |
| 2 | | | | | | | | |
| 3 | | 여자 선발수 | x | 0 | 1 | 2 | 3 | |
| 4 | | 신입사원수 | n | 3 | 3 | 3 | 3 | |
| 5 | | 여자 지원자수 | a | 4 | 4 | 4 | 4 | |
| 6 | | 총지원자수 | N | 10 | 10 | 10 | 10 | |
| 7 | | | | | | | | |
| 8 | | | P(X=x) | 0.167 | 0.500 | 0.300 | 0.033 | |
| 9 | | | | | | | | |
| 10 | | | | | | | | |
| 11 | | | | | | | | |
| 12 | | | | | | | | |

## ▶ 확률분포 그래프 작성

[순서 1] 그래프의 작성

(1) 셀 D8:G8 영역을 지정하고, [삽입] 메뉴에서 [세로 막대형] 아이콘을 선택한다.

(2) 세로 막대형 종류가 펼쳐지면 [묶은 세로 막대형]을 선택한다.

(3) 차트가 만들어지면 차트에서 마우스 오른쪽 버튼을 클릭한 후 [데이터 원본 선택]을 클릭한다.

(4) 가로 항목 축 레이블(C)의 [편집] 버튼을 클릭한 후 '축 레이블 범위'를 다음과 같이 영역을 지정한 후 [확인] 버튼을 클릭한다.

축 레이블 범위 : D3:G3

영역을 지정한다.

[순서 2] 그래프의 수정

그래프를 다음과 같이 수정한다.

차트 제목 : 확률분포

축제목 : $P(X)$

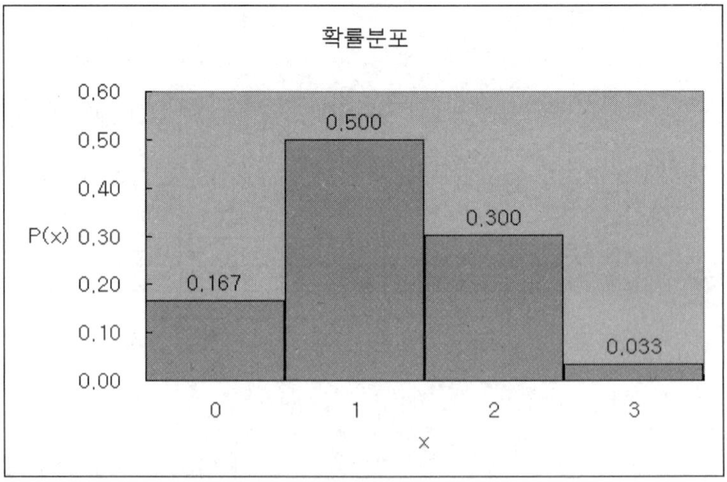


차트 제목 입력 : 차트를 클릭해 선택한 후 [차트도구] 메뉴의 [레이아웃] 메뉴를 클릭한 후 나타나는 하위 메뉴에서 [차트제목], [축 제목]을 각각 선택해 제목을 입력한 후 마우스 끌기로 제목 위치를 보기 좋은 위치로 이동시키면 된다.

# 연속확률분포 8

## 1. 정규분포

### ▶ 확률밀도함수

연속확률변수는 체중, 신장, 성적 등과 같이 어느 일정한 범위 내에서 무수히 많은 값을 가질 수 있다. 따라서 어느 범위 내 하나의 점에 대한 확률을 논의할 수 없다. 그 대신에 어떤 구간에 대한 확률을 면적계산에 의하여 구할 수 있다. 다음의 그림에서와 같이 곡선으로 나타낸 함수식을 확률밀도함수(probability density function)라고 하며 $f(x)$로 표시한다.

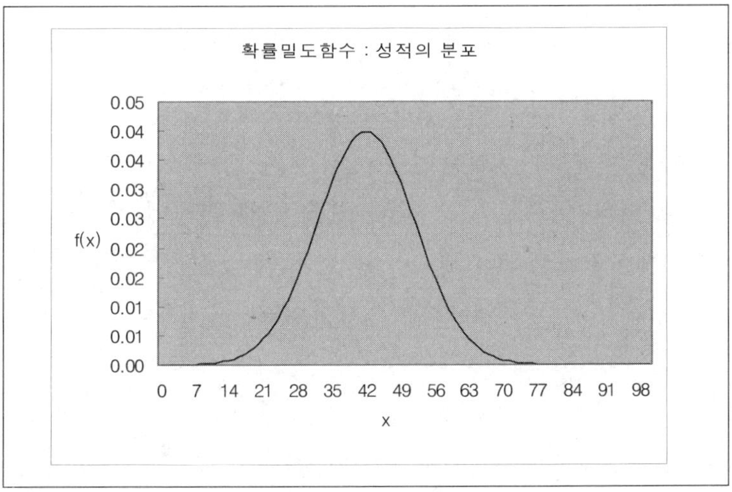

확률밀도함수는 다음과 같은 성질을 갖고 있다.

(1) 확률밀도함수 아래의 전체 면적의 합은 1이다.

(2) 연속확률변수가 어떤 특정한 값을 가질 확률은 0이다. 왜냐하면 어떤 특정한 값에 해당하는 면적은 0이기 때문이다. 예를 들어 체중이 72kg이라고 할 때, 그 정확한 값은 72.000101123……와 같이 소수점 이하의 자릿수를 무한히 생각할 수 있는데 이 값에 해당하는 사람은 거의 없을 것이다.

(3) 연속확률변수가 어느 특정한 값을 가질 확률은 0이기 때문에 다음의 식이 성립한다. 즉 연속확률변수에 있어서 등호는 별로 의미가 없다.

$$P(a \le X \le b) = P(a < X \le b) = P(a \le X < b) = P(a < X < b)$$

연속확률변수의 확률은 면적에 의하여 계산되기 때문에 적분하여 구해야 한다. 다시 말하면 확률함수가 $f(x)$인 연속확률분포에서 $x$가 $a$에서 $b$까지의 면적은 다음과 같이 계산된다.

$$P(a \le X \le b) = \int_a^b f(x)dx$$

확률함수 $f(x)$가 주어지면 적분에 의해서 확률을 구해야 하지만 함수에 따라서는 계산이 대단히 복잡하기 때문에, 자주 이용되는 분포에 대해서는 미리 확률을 계산하여 표로 만들어 사용하고 있다.

경우에 따라서는 연속확률변수에 대한 누적확률이 필요할 때가 있다. 연속확률변수의 누적확률함수(cumulative probability function)는 $F(x)$로 표시하며 다음과 같이 정의한다.

$$F(x) = P(X \le x) \quad -\infty < x < +\infty$$

즉 누적확률함수 $F(x)$는 확률변수 $X$가 $x$와 같거나 $x$보다 작은 값을 가질 확률을 말한다. 따라서 $F(x)$는 $x$ 값의 왼쪽 전체 면적에 해당된다. $F(x)$값은 0과 1 사이에 존재하며 1을 초과할 수 없다. 또한 누적확률함수의 모양은 확률함수가 어떤 모양을 가지느냐에 따라서 달라진다.

## ▶ 정규분포

정규분포(normal distribution)는 통계학에 있어서 제일 중요한 분포 중 하나이다.

현실 세계의 많은 무작위 시행은 정규확률변수에 가까운 경우가 많다. 정규분포에 따르지 않는 관찰결과가 얻어진 경우, 그것은 자료가 부족하다든지 혹은 자료의 수집방법이 나쁘기 때문이라고 하는 19세기의 '정규분포신앙'은 사라졌다. 그러나 정규분포가 통계학에서 가장 중요한 분포라는 것은 분명하다. 그것은 다음과 같은 이유 때문이다.

(1) 정규분포에 따르는 확률현상은 극히 많다.

(2) 통계이론의 기초가 되고 있는 수많은 특성을 갖고 있다(검정이나 추정의 대부분은 정규모집단 혹은 표본분포가 정규분포를 하는 것을 기초로 하고 있다).

(3) 비정규분포의 대부분은 극한상태에 있어서 정규분포에 가까워진다.

(4) 표본평균 $\overline{x}$의 분포에 전형적으로 나타나는 것처럼 서로 독립적으로 작용하는 다수의 우연적인 요인이 있고, 각 요인의 전체에 대한 영향은 아주 작을 때 이들 제 요인의 총합은 정규분포를 한다(중심극한정리).

(5) 변수변환에 의해서 정규분포에 따르게끔 되는 예가 상당히 많다(예를 들면 $X$의 로그변환 loge $X$가 정규분포를 하는 대수정규분포).

정규확률변수는 연속확률변수로서 - ∞와 + ∞ 사이에 어떠한 값도 가질 수 있다. 그러나 실제로 정규확률변수 $X$는 제한된 범위 내의 값을 갖게 된다. 정규분포의 확률밀도함수는 다음과 같다.

$$f(x) = \frac{1}{\sigma\sqrt{2\pi}} e^{-\frac{1}{2}\left(\frac{x-\mu}{\sigma}\right)^2}$$

여기에서

$-\infty < x < +\infty$

$\mu$ : 평균

$\sigma$ : 표준편차

$\pi = 3.14159\cdots$

$e = 2.71828\cdots$

위의 식을 보면 분포의 평균 $\mu$와 분포의 표준편차 $\sigma$를 제외하고는 모두 상수이므로 결국 $\mu$와 $\sigma$에 의해서 정규분포의 모양이 결정된다는 것을 알 수 있다. 즉 정규분포의 모수(parameter)는 $\mu$와 $\sigma$이다.

정규분포의 평균, 분산 및 표준편차

$$E(X) = \mu$$
$$\sigma^2(X) = V(X) = \sigma^2$$
$$\sigma(X) = \sqrt{\sigma^2(X)} = \sigma$$

분산을 나타내는 식에서 $\sigma^2(X)$는 확률변수 $X$의 분산을 표시하는 기호이며, $\sigma^2$은 정규분포의 분산을 나타내는 구체적인 값이다. 평균이 $\mu$이고 분산이 $\sigma^2$인 정규분포를 흔히 $N(\mu, \sigma^2)$으로 표기한다.

<그림 8-1>은 평균이 다르고 분산이 같은 정규분포를 나타내고, <그림 8-2>는 평균은 같으나 분산이 다른 정규분포를 나타내고 있다.

그림 8-1 평균이 다르고 분산이 같은 정규분포

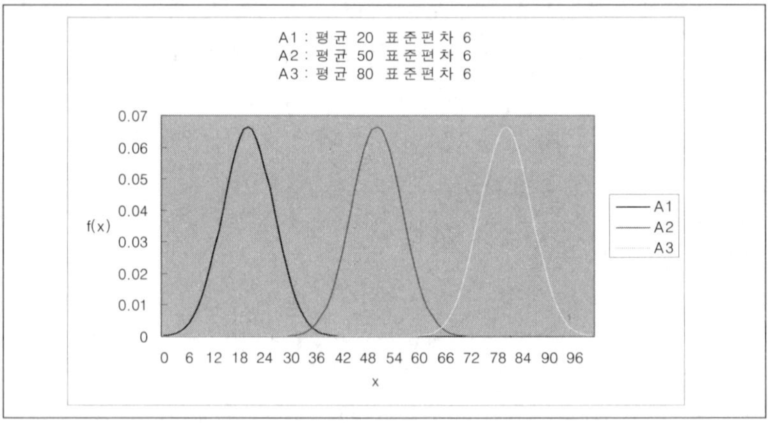


그림 8-2 평균은 같으나 분산이 다른 정규분포

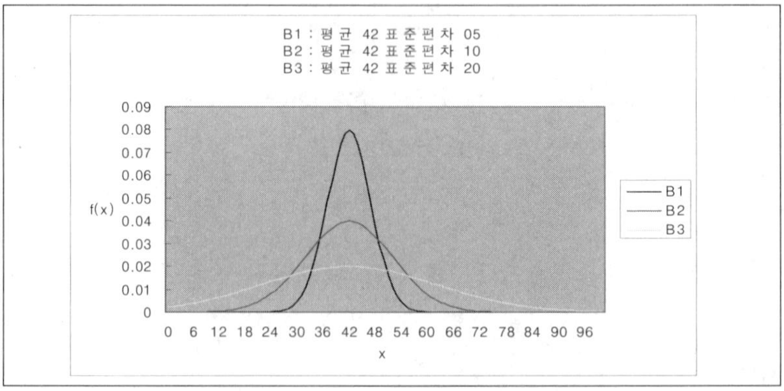

### ▶ Excel의 정규분포 함수

NORMDIST($x$, $\mu$, $\sigma$, $c$)

$\mu$ : 평균

$\sigma$ : 표준편차

$c$ : 1 or 0(TRUE or FALSE)

· True일 때에는 $x$ 이하 발생할 확률

· False일 때에는 $x$가 발생할 확률

을 계산한다.

원래 정규분포에서는 이산확률분포에서와 같이 $c$가 0(FALSE)인 경우는 존재하지 않는다. 즉 연속확률변수가 어떤 특정한 값을 가질 확률은 0이다. 왜냐하면 어떤 특정한 값에 해당하는 면적은 0이기 때문이다. 그러나 정규분포의 그래프를 그리기 위해서 0(FALSE)을 입력하면 곡선의 위치를 알 수 있다. 예를 들면,

$$\text{NORMDIST}(67,\ 60,\ 6,\ 0) = 0.03367$$
$$\text{NORMDIST}(67,\ 60,\ 6,\ 1) = 0.87833$$

**●●● 예제 8-1** 2000년도 대학입학 수능고사의 성적은 평균이 290점이고 표준편차가 25점인 정규분포를 따른다고 한다. 수능고사를 본 K고등학교 3학년생 L군을 임의로 선택했을 때 다음의 각각을 구하라.

(1) L군의 성적이 290점 이상일 확률

(2) L군의 성적이 254점에서 330점 사이에 있을 확률

(3) L군의 성적이 330점 이상일 확률

(4) L군의 성적이 260점 이하이거나 330점 이상일 확률

(5) L군의 성적이 상위 3% 이내에 들기 위한 점수

(6) L군의 성적이 상위 5%에서 8% 사이에 있을 점수의 범위

▶ **Excel에 의한 해법**

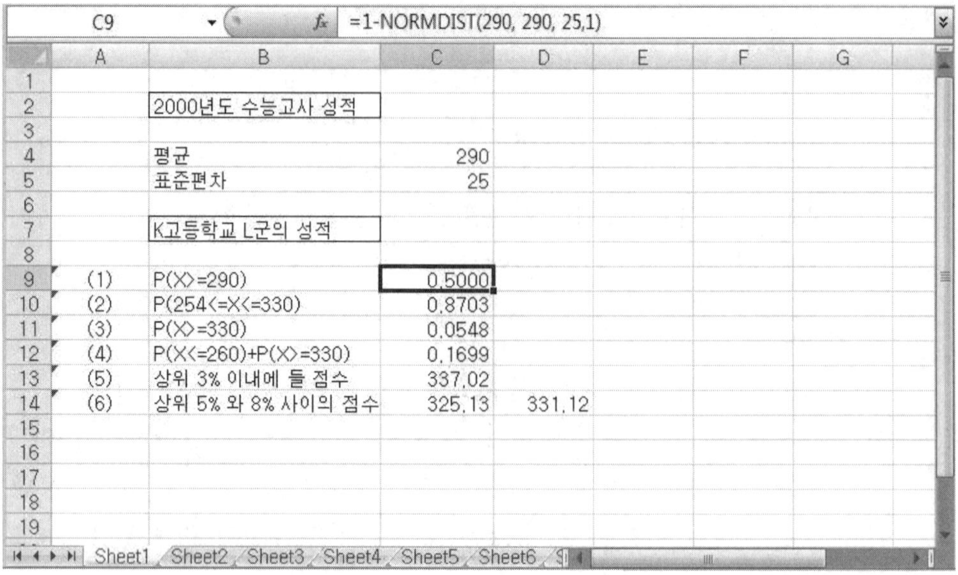

C9 = 1-NORMDIST(290, 290, 25,1)

| | A | B | C | D | E | F | G |
|---|---|---|---|---|---|---|---|
| 1 | | | | | | | |
| 2 | | 2000년도 수능고사 성적 | | | | | |
| 3 | | | | | | | |
| 4 | | 평균 | 290 | | | | |
| 5 | | 표준편차 | 25 | | | | |
| 6 | | | | | | | |
| 7 | | K고등학교 L군의 성적 | | | | | |
| 8 | | | | | | | |
| 9 | (1) | P(X>=290) | 0.5000 | | | | |
| 10 | (2) | P(254<=X<=330) | 0.8703 | | | | |
| 11 | (3) | P(X>=330) | 0.0548 | | | | |
| 12 | (4) | P(X<=260)+P(X>=330) | 0.1699 | | | | |
| 13 | (5) | 상위 3% 이내에 들 점수 | 337.02 | | | | |
| 14 | (6) | 상위 5% 와 8% 사이의 점수 | 325.13 | 331.12 | | | |
| 15 | | | | | | | |
| 16 | | | | | | | |
| 17 | | | | | | | |
| 18 | | | | | | | |
| 19 | | | | | | | |

Sheet1 Sheet2 Sheet3 Sheet4 Sheet5 Sheet6

[셀의 입력내용]

C9; = 1－NORMDIST(290, 290, 25, 1)

C10; = NORMDIST(330, 290, 25, 1)－NORMDIST(254, 290, 25, 1)

C11; = 1－NORMDIST(330, 290, 25, 1)

C12; = NORMDIST(260, 290, 25, 1) +1－NORMDIST(330, 290, 25, 1)

C13; = NORMINV(0.97, 290, 25)

C14; = NORMINV(0.92, 290, 25)

D14; = NORMINV(0.95, 290, 25)

위의 결과는 NORMDIST( ) 함수를 사용하여 각각의 점수 범위에 대한 확률을 구한 것이다. 그리고 상위 3% 이내에 들기 위한 점수는 결국 누적확률이 97%가 되는 점수 x를 구하라는 것과 같다. NORMINV($p$, $\mu$, $\sigma$) 함수를 이용한다.

$$\text{NORMINV}(p,\ \mu,\ \sigma) = \text{NORMINV}(0.97,\ 290,\ 25) = 337.0197$$

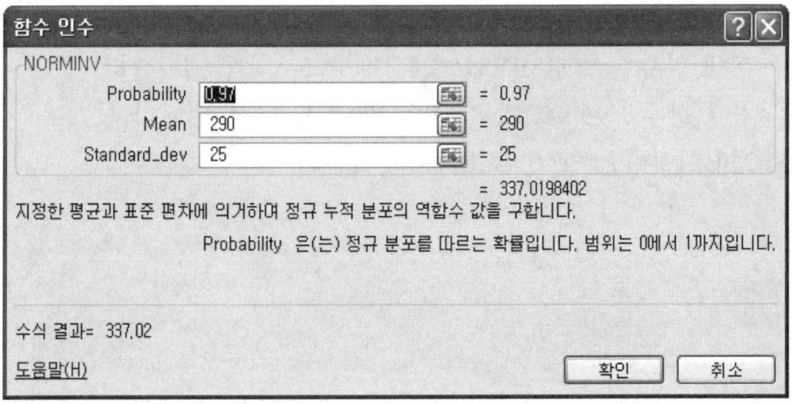


### ▶ 정규분포표 및 그래프의 작성

NORMDIST( ) 함수를 이용하여 수능고사 성적에 대한 정규분포표와 그래프를 작성한다.

[순서 1] 기본 데이터의 준비

(1) 다음과 같이 주어진 데이터를 입력한다.

(2) 정규분포표를 작성할 준비를 한다.

점수 $x$는 0에서 400까지 입력한다. 셀 C7, D7에 각각 '정규확률', '누적 정규확률'이라고 입력한다.

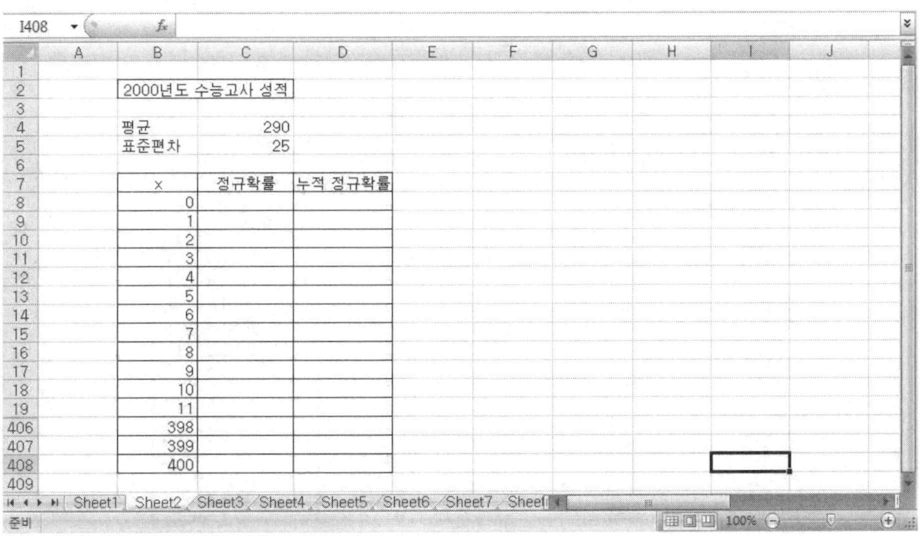

[순서 2] 함수의 입력 및 정규확률의 산출

(1) 셀 C8에 함수 '=NORMDIST($B8, 290, 25, 0)'를 입력한다.

셀 D8에 함수 '=NORMDIST($B8, 290, 25, 1)'를 입력한다.

(2) 셀 C8:D8 영역을 셀 C408:D408 영역까지 복사한다.

D8 =NORMDIST($B8, 290, 25, 1)

| | A | B | C | D | E | F | G | H | I | J |
|---|---|---|---|---|---|---|---|---|---|---|
| 1 | | | | | | | | | | |
| 2 | | 2000년도 수능고사 성적 | | | | | | | | |
| 3 | | | | | | | | | | |
| 4 | | 평균 | 290 | | | | | | | |
| 5 | | 표준편차 | 25 | | | | | | | |
| 6 | | | | | | | | | | |
| 7 | | x | 정규확률 | 누적 정규확률 | | | | | | |
| 8 | | 0 | 0.0000 | 0.0000 | | | | | | |
| 9 | | 1 | | | | | | | | |
| 10 | | 2 | | | | | | | | |
| 11 | | 3 | | | | | | | | |
| 12 | | 4 | | | | | | | | |
| 13 | | 5 | | | | | | | | |
| 14 | | 6 | | | | | | | | |
| 15 | | 7 | | | | | | | | |
| 16 | | 8 | | | | | | | | |
| 17 | | 9 | | | | | | | | |
| 18 | | 10 | | | | | | | | |
| 19 | | 11 | | | | | | | | |
| 20 | | 12 | | | | | | | | |
| 21 | | 13 | | | | | | | | |
| 22 | | 14 | | | | | | | | |
| 23 | | 15 | | | | | | | | |

Sheet1 Sheet2 Sheet3 Sheet4 Sheet5 Sheet6 Sheet7

(3) 정규확률 및 누적 정규확률의 산출

| | A | B | C | D | E | F |
|---|---|---|---|---|---|---|
| 2 | | 2000년도 수능고사 성적 | | | | |
| 3 | | | | | | |
| 4 | | 평균 | 290 | | | |
| 5 | | 표준편차 | 25 | | | |
| 6 | | | | | | |
| 7 | | x | 정규확률 | 누적 정규확률 | | |
| 8 | | 0 | 0.0000 | 0.0000 | | |
| 9 | | 1 | 0.0000 | 0.0000 | | |
| 10 | | 2 | 0.0000 | 0.0000 | | |
| 11 | | 3 | 0.0000 | 0.0000 | | |
| 12 | | 4 | 0.0000 | 0.0000 | | |
| 13 | | 5 | 0.0000 | 0.0000 | | |
| 14 | | 6 | 0.0000 | 0.0000 | | |
| 15 | | 7 | 0.0000 | 0.0000 | | |
| 16 | | 8 | 0.0000 | 0.0000 | | |
| 17 | | 9 | 0.0000 | 0.0000 | | |
| 18 | | 10 | 0.0000 | 0.0000 | | |
| 19 | | 11 | 0.0000 | 0.0000 | | |
| 20 | | 12 | 0.0000 | 0.0000 | | |
| 21 | | 13 | 0.0000 | 0.0000 | | |
| 22 | | 14 | 0.0000 | 0.0000 | | |
| 23 | | 15 | 0.0000 | 0.0000 | | |
| 24 | | 16 | 0.0000 | 0.0000 | | |

[순서 3] 정규분포 그래프의 작성

(1) 셀 C7:C408 영역을 지정하고, [삽입] 메뉴에서 [꺾은선형] 아이콘을 선택한다.

(2) 꺾은선형 종류가 펼쳐지면 첫 번 째 [꺾은선형]을 선택한다.

(3) 차트가 만들어지면 차트에서 마우스 오른쪽 버튼을 클릭한 후 [데이터 원본 선택]을 클릭한다.

(4) 가로 항목 축 레이블(C)의 [편집] 버튼을 클릭한 후 '축 레이블 범위'를 다음과 같이 영역을 지정한 후 [확인] 버튼을 클릭한다.

축 레이블 범위 : B8:B408

영역을 지정한다.

(5) 차트가 완성되면 다음과 같이 차트의 제목 및 축 제목을 수정한다.

차트 제목(T) : 정규확률

$X$(항목) 축(C) : 점수

$Y$(값) 축(V) : 확률

(6) 그래프의 수정·완성

그래프 수정방법에 의해서 눈금선, 세로축 제목, 가로축 숫자 등을 적당히 수정하여 그래프를 완성한다.

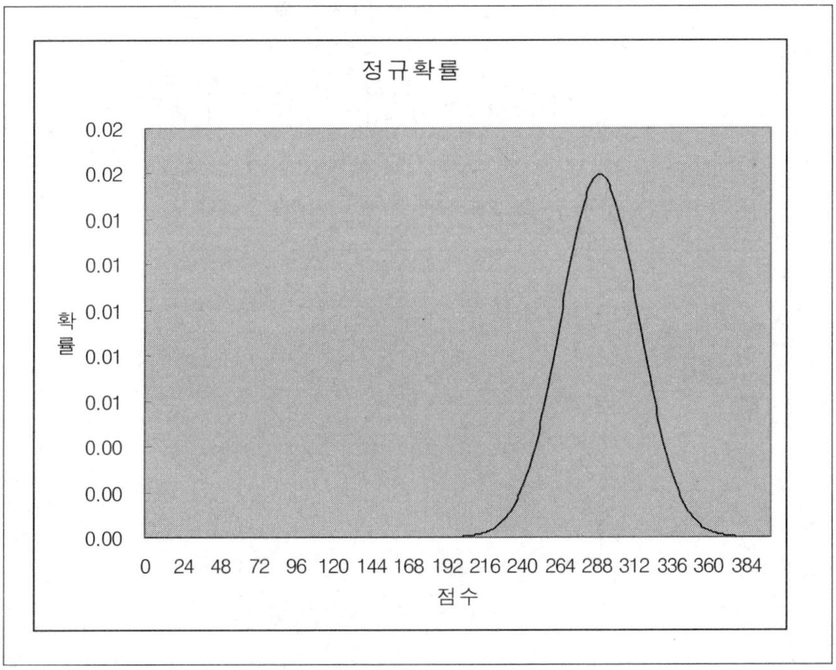

[순서 4] 누적 정규분포 그래프의 작성

(1) 정규분포 그래프의 작성방법과 같은 순서로 진행한다.

차트 제목(T) : 누적 정규확률

$X$(항목) 축(C) : 점수

$Y$(값) 축(V) : 누적 확률

(2) 그래프의 수정·완성

그래프 수정방법에 의해서 눈금선, 세로축 제목, 가로축 숫자 등을 적당히 수정하여 그래프를 완성한다.

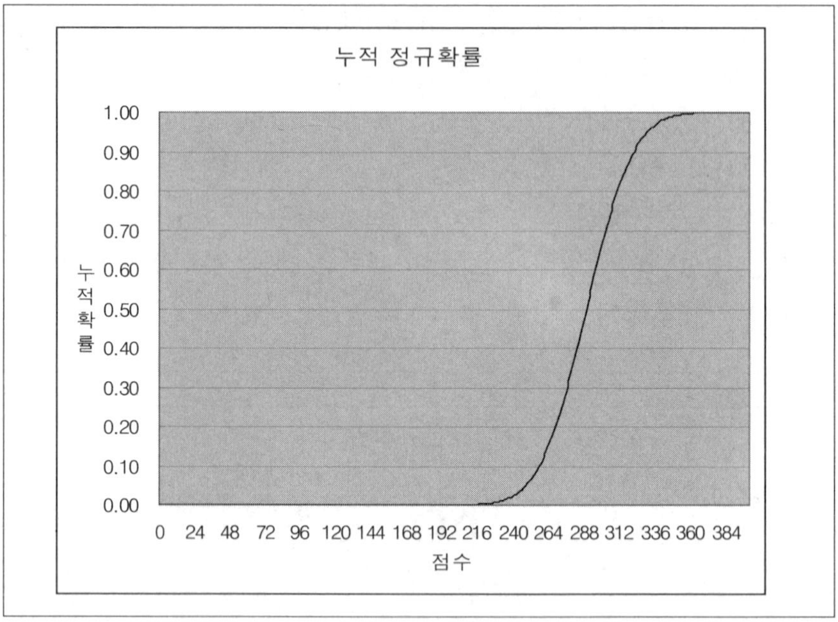


## 2. 표준 정규분포

### ▶ 표준화

전술한 바와 같이 정규분포는 평균과 표준편차에 따라서 중심의 위치와 산포의 정도가 달라지기 때문에 두 분포의 특성을 비교한다거나 확률을 계산하는 데에 불편이 따른다. 또한 비교하고자 하는 변수간에 측정단위가 다른 경우에는 비교할 수도 없다. 그래서 두 분포를 평균 0, 분산 1(혹은 표준편차 1)인 정규분포로 변환시킨다.

정규분포 함수

$$f(x) = \frac{1}{\sigma\sqrt{2\pi}} e^{-\frac{1}{2}\left(\frac{x-\mu}{\sigma}\right)^2}, \quad (-\infty < x < +\infty)$$

을 평균 0, 분산 1로 변환하면 다음과 같이 된다.

$$f(z) = \frac{1}{\sqrt{2\pi}} e^{-\frac{z^2}{2}}$$

평균과 표준편차가 서로 다른 정규분포를 동일한 평균과 표준편차(평균 0, 표준편차 1)로 변환시키는 과정을 '표준화한다(standardize)'고 말한다. 확률변수 $X$ 대신에 $Z$를 사용하기 때문에 일반적으로 '$Z$-분포'라고 부른다.

> 표준 정규분포는 $N(0,\ 1)$로 표기하고, 확률변수는 $Z$로 나타낸다. 표준화 변수변환식은 다음과 같다.
>
> $$z = \frac{x-\mu}{\sigma}$$

**●●● 예제 8-2** S대학교 경영학과 신입생의 수능고사 성적 합격 커트라인은 1999년에 305점이고 2000년에는 317점으로 알려져 있다. 1999년의 전국 평균은 245점이고 표준편차는 30점이었다. 그리고 2000년의 평균은 290점이고 표준편차는 25점이었다. 두 해의 점수는 각각 정규분포에 따른다고 한다. 두 해의 점수를 표준화하여 어느 해의 점수가 더 우수하다고 할 수 있는지 비교해 보라.

· 1999년

점수 $x$ = 305

평균 $\mu$ = 245

표준편차 $\sigma$ = 30

$$z = \frac{x-\mu}{\sigma} = \frac{305-245}{30} = 2.00$$

· 2000년

점수 $x$ $= 317$

평균 $\mu$ $= 290$

표준편차 $\sigma$ $= 25$

$$z = \frac{x-\mu}{\sigma} = \frac{317-290}{25} = 1.08$$

따라서 2000년도 점수가 1999년도 점수보다 겉으로는 높은 것 같지만 실은 1999년도 점수가 상대적으로 2000년도보다 더 우수하다고 할 수 있다.

## ▶ Excel에 의한 정규분포의 표준화

Excel에서의 표준화 함수는 STANDARDIZE($x$, $\mu$, $\sigma$)이다.

**[순서 1]** 기본 데이터의 입력

다음과 같이 주어진 데이터를 입력한다.

| | A | B | C | D | E | F |
|---|---|---|---|---|---|---|
| 1 | | | | | | |
| 2 | | | 1999년 | 2000년 | | |
| 3 | | x | 305 | 317 | | |
| 4 | | 평균(μ) | 245 | 290 | | |
| 5 | | 표준편차(σ) | 30 | 25 | | |
| 6 | | | | | | |
| 7 | | 표준화 변수 z | | | | |
| 8 | | | | | | |

**[순서 2]** 표준화 함수의 입력

(1) 셀 C7을 지정한다.

(2) '=STANDARDIZE(C3, C4, C5)' 함수를 입력한다.

C7 fx =STANDARDIZE(C3, C4, C5)

| | A | B | C | D | E | F |
|---|---|---|---|---|---|---|
| 1 | | | | | | |
| 2 | | | 1999년 | 2000년 | | |
| 3 | | x | 305 | 317 | | |
| 4 | | 평균(μ) | 245 | 290 | | |
| 5 | | 표준편차(σ) | 30 | 25 | | |
| 6 | | | | | | |
| 7 | | 표준화 변수 z | 2.00 | | | |
| 8 | | | | | | |

(3) 셀 C7을 셀 C8에 복사한다.

D7 $f_x$ =STANDARDIZE(D3, D4, D5)

| | A | B | C | D | E | F |
|---|---|---|---|---|---|---|
| 1 | | | | | | |
| 2 | | | 1999년 | 2000년 | | |
| 3 | | x | 305 | 317 | | |
| 4 | | 평균(μ) | 245 | 290 | | |
| 5 | | 표준편차(σ) | 30 | 25 | | |
| 6 | | | | | | |
| 7 | | 표준화 변수 z | 2.00 | 1.08 | | |
| 8 | | | | | | |

## ▶ 중심극한정리

평균이 $\lambda$이고 분산이 $\sigma^2$인 같은 분포를 하는 독립적인 $n$개의 확률변수 $X_1$, $X_2$, $\cdots$, $X_n$의 합을 취해서 $Y=X_1+X_2+\cdots+X_n$이라고 하면, 이 합성된 확률변수 $Y$에 대한 분포의 평균은 $\mu_Y=n\lambda$, 분산은 $\sigma_Y{}^2=n\sigma^2$이 된다. 그리고 이것을 표준화한 확률변수

$$Z=\frac{Y-\mu_Y}{\sigma_Y}$$

의 분포는 $n$이 커짐에 따라서 표준정규분포에 접근하게 되는데, 이것을 중심극한정리(central limit theorem)라고 한다. 보다 엄밀하게 말하면 어떤 조건하에서

$$\lim_{n\to\infty} P\left\{\frac{\sum_{i=1}^{n}(X_i-\mu_i)}{\sqrt{\sum_{i=1}^{n}\sigma_i{}^2}}\leq t\right\}=\frac{1}{\sqrt{2\pi}}\int_{-\infty}^{t}e^{-1/2\cdot z^2}dz$$

이라는 것을 중심극한정리라고 한다. 단, $\{X_1, X_2, \cdots, X_n\}$은 평균 $\{\mu_1, \mu_2, \cdots, \mu_n\}$ 및 분산 $\{\sigma_1{}^2, \sigma_2{}^2, \cdots, \sigma_n{}^2\}$을 각각 갖는 독립적인 확률변수의 열이다. 이 정리에서는 $n$개 확률변수의 분포에 관해서, 평균과 분산이 유한하고 또한 일정하다는 사실 이외에 그 분포형을 특별히 고정하고 있지 않다는 점이 중요하다. 어떤 변수가 다른 무수한 변동요인에 의해서 영향을 받고 있는 경우, 그 요인의 영향이 상호독립이고 또한 어느 것인가가 특히 크다고 하는 사실이 없으면

이 중심극한정리가 근사적으로 적용되며, 그 변수의 분포로서 정규분포를 생각하는 경우가 많다.

중심극한정리는 비교적 느슨한 조건하에서 성립하는데, 그래도 상황에 따라서는 충족되지 않는 경우가 있다는 사실에 주의할 필요가 있다. 예를 들면 다수문제항목으로 이루어지는 테스트의 점수에 대한 분포는 개개의 항목득점(1 혹은 0)에 관한 합의 분포인데, 항목간 상관관계의 차이에 의해서 여러 가지의 분포가 만들어진다. 여기에서는 중심극한정리를 시뮬레이션(simulation ; 모의실험)을 통하여 보이는 방법에 대해서 설명한다. 예를 들어 평균 15cm의 소시지를 생산하고 있는 공장에서 소시지의 실제 길이는 14.5cm에서 15.5cm 사이에 균등하게 퍼져 있다. $n=3, n=6, n=15$인 경우의 소시지를 임의로 선택하고 그 길이를 잰 후 평균 길이를 기록하였다. 500번 표본을 추출한 후 표본평균의 분포를 그려 보면 평균 길이의 분포는 $n$이 증가할수록 정규분포에 근사해 가는 경향이 있게 된다.

### ▶ Excel에 의한 해법

(1) 1행과 2행에 이름을 기록한다(셀 E1에 '표본값'이라고 입력한 다음, 셀 B1:P1 영역을 범위 지정한 후 [병합하고 가운데 맞춤]을 클릭한다).

(2) 셀 A3에 1을 입력한다. 마우스 포인터로 셀 A3을 선택한 후 [홈] 메뉴에서 [채우기] 아이콘을 클릭한 후 [계열(S)]를 클릭한다.

(3) [연속 데이터] 대화상자에서 [열(C)], [선형(L)] 난을 체크하고 [추세 반영(T)] 난에 체크가 되어 있으면 없앤다. [단계값(S)]에는 1, [종료값(O)]에는 500을 입력하고 [확인] 버튼을 클릭한다.

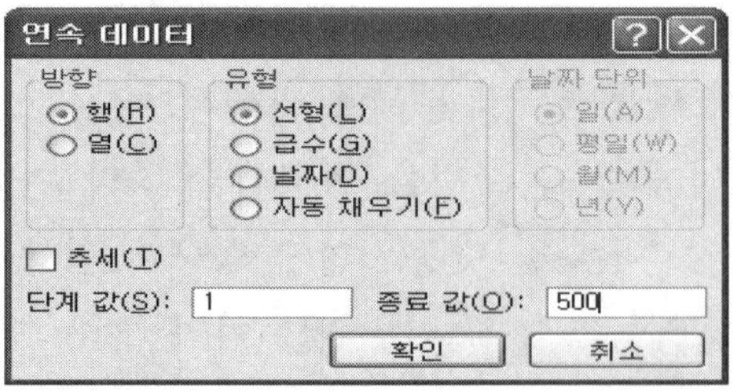

(4) 셀 B3에 식 '=14.5+RAND( )'를 입력한다. RAND( ) 함수는 0과 1 사이의 일양분포 값을 생성하므로 이 식의 결과는 14.5와 15.5 사이의 값이 된다. 15cm로 생산되는 소시지의 실제 길이 값을 생성하기 위해서 기능 키 F9를 누르면 '=14.5+RAND( )' 함수 값을 다시 계산해 준다.

(5) 셀 B3를 선택하여 P3까지 복사한다. F9 키를 누르면 임의로 15개의 소시지 길이 값이 재생된다.

| | A | B | C | D | E | F | G | H | I | J | K | L | M | N | O | P |
|---|---|---|---|---|---|---|---|---|---|---|---|---|---|---|---|---|
| 1 | 표본의 | | | | | | | | 표본값 | | | | | | | |
| 2 | 수 | 1 | 2 | 3 | 4 | 5 | 6 | 7 | 8 | 9 | 10 | 11 | 12 | 13 | 14 | 15 |
| 3 | 1 | 14.56 | 15.02 | 15.31 | 14.82 | 14.51 | 15.30 | 15.35 | 14.59 | 14.96 | 14.77 | 15.28 | 14.77 | 14.71 | 15.12 | 14.72 |
| 4 | 2 | | | | | | | | | | | | | | | |
| 5 | 3 | | | | | | | | | | | | | | | |

(6) 셀 Q3에 함수 '=AVERAGE(B3:D3)'를 입력한다.
셀 R3에 함수 '=AVERAGE(B3:G3)'를 입력한다.
셀 S3에 함수 '=AVERAGE(B3:P3)'를 입력한다.
$n=3$, $n=6$, $n=15$인 경우의 소시지 길이의 평균을 시뮬레이션으로 생성하려면 F9 키를 누르면 된다.

| | A | B | C | D | E | F | G | H | I | J | K | L | M | N | O | P | Q | R | S |
|---|---|---|---|---|---|---|---|---|---|---|---|---|---|---|---|---|---|---|---|
| 1 | 표본의 | | | | | | | | 표본값 | | | | | | | | 표본평균 | 표본평균 | 표본평균 |
| 2 | 수 | 1 | 2 | 3 | 4 | 5 | 6 | 7 | 8 | 9 | 10 | 11 | 12 | 13 | 14 | 15 | n=3 | n=6 | n=15 |
| 3 | 1 | 14.92 | 15.45 | 14.53 | 15.20 | 14.91 | 15.08 | 14.50 | 14.66 | 15.05 | 15.45 | 15.34 | 14.88 | 15.29 | 14.56 | 15.32 | 14.97 | 15.01 | 15.01 |
| 4 | 2 | | | | | | | | | | | | | | | | | | |
| 5 | 3 | | | | | | | | | | | | | | | | | | |

(7) 셀 B3:S3 영역을 범위 지정하고 마우스의 오른쪽 버튼을 클릭한 다음, [복사(C)]를 클릭한다. 셀 B4를 선택하고 화면의 오른쪽 끝에 있는 스크롤 바(scroll bar)를 사용하여 셀 S502까지 끌어내린다. Shift 키를 누른 상태로 셀 S502를 선택한다. 셀 B4:S502 범위가 지정되면 마우스의 오른쪽 버튼을 클릭한 다음, [붙여넣기(P)]를 클릭한다. 500개의 표본을 다시 생성하려면 F9 키를 누른다.

(8) 셀 B3:S502 범위를 지정하고(이전 단계와 같은 방법으로 스크롤 바를 사용) [자릿수 줄임]을 통하여 소수점 이하 두 자리까지만 구한다.

| 표본의 수 | 표본값 | | | | | | | | | | | | | | | 표본평균 | 표본평균 | 표본평균 |
|---|---|---|---|---|---|---|---|---|---|---|---|---|---|---|---|---|---|---|
| | 1 | 2 | 3 | 4 | 5 | 6 | 7 | 8 | 9 | 10 | 11 | 12 | 13 | 14 | 15 | n=3 | n=6 | n=15 |
| 1 | 14.99 | 14.53 | 15.10 | 14.63 | 15.43 | 14.98 | 14.82 | 14.67 | 14.60 | 15.45 | 15.00 | 15.49 | 14.59 | 14.54 | 14.63 | 14.88 | 14.94 | 14.90 |
| 2 | 15.18 | 15.22 | 14.70 | 15.42 | 15.07 | 15.32 | 15.24 | 14.63 | 14.55 | 14.87 | 14.57 | 14.94 | 14.83 | 15.50 | 15.00 | 15.03 | 15.15 | 15.00 |
| 3 | 14.51 | 14.88 | 14.86 | 15.00 | 14.81 | 15.48 | 14.95 | 15.48 | 14.79 | 14.62 | 15.26 | 15.26 | 14.65 | 14.61 | 15.30 | 14.75 | 14.92 | 14.96 |
| 4 | 14.77 | 14.51 | 15.23 | 15.21 | 14.94 | 14.76 | 15.33 | 14.62 | 15.04 | 14.55 | 15.10 | 14.98 | 15.31 | 15.40 | 15.46 | 14.84 | 14.90 | 15.01 |
| 5 | 14.84 | 15.26 | 15.11 | 15.41 | 14.68 | 14.77 | 14.63 | 15.03 | 15.28 | 14.60 | 14.67 | 15.11 | 15.13 | 14.60 | 15.08 | 15.07 | 15.01 | 14.95 |
| 6 | 14.50 | 15.21 | 15.45 | 15.17 | 15.46 | 14.86 | 15.35 | 14.57 | 14.81 | 15.39 | 14.55 | 15.11 | 15.34 | 14.84 | 15.03 | 15.05 | 15.11 | 15.04 |
| 7 | 14.79 | 15.06 | 15.36 | 14.95 | 14.91 | 14.60 | 15.43 | 15.28 | 14.81 | 15.32 | 14.65 | 15.42 | 15.33 | 14.76 | 15.11 | 15.07 | 14.95 | 15.05 |
| 8 | 14.86 | 15.33 | 14.89 | 15.27 | 15.41 | 14.91 | 15.21 | 14.83 | 15.03 | 15.25 | 14.83 | 15.30 | 15.50 | 14.89 | 15.08 | 15.03 | 15.11 | 15.11 |
| 9 | 15.44 | 14.92 | 14.77 | 14.70 | 14.52 | 14.60 | 15.12 | 15.34 | 15.39 | 14.88 | 15.22 | 14.64 | 14.72 | 14.99 | 15.47 | 15.04 | 14.83 | 14.98 |
| 10 | 15.08 | 15.25 | 15.41 | 15.09 | 15.15 | 14.66 | 14.81 | 14.89 | 14.92 | 15.28 | 15.49 | 15.41 | 15.39 | 15.47 | 14.57 | 15.25 | 15.11 | 15.12 |
| 11 | 14.66 | 14.82 | 15.00 | 14.64 | 14.94 | 15.11 | 15.09 | 15.34 | 15.03 | 14.58 | 15.27 | 14.60 | 15.15 | 14.60 | 15.40 | 14.83 | 14.86 | 14.95 |
| 12 | 15.47 | 15.29 | 14.94 | 15.35 | 15.39 | 15.11 | 14.99 | 15.25 | 14.50 | 14.71 | 14.64 | 15.05 | 15.40 | 14.75 | 15.12 | 15.23 | 15.26 | 15.06 |
| 13 | 14.95 | 14.96 | 15.27 | 15.19 | 14.64 | 15.08 | 14.67 | 15.12 | 14.62 | 14.55 | 15.47 | 14.90 | 15.10 | 15.38 | 15.49 | 15.06 | 15.02 | 15.03 |
| 14 | 15.19 | 14.85 | 14.76 | 14.90 | 15.42 | 14.82 | 14.59 | 14.65 | 14.73 | 15.27 | 15.12 | 15.03 | 15.18 | 15.49 | 15.41 | 14.93 | 14.99 | 15.03 |
| 15 | 14.88 | 15.39 | 14.58 | 14.52 | 15.00 | 14.55 | 14.98 | 14.53 | 15.43 | 15.44 | 15.41 | 14.55 | 14.88 | 14.84 | 14.88 | 14.95 | 14.82 | 14.92 |
| 16 | 14.62 | 15.00 | 15.24 | 14.82 | 14.73 | 14.76 | 15.39 | 15.41 | 15.05 | 15.16 | 14.56 | 14.92 | 15.49 | 15.20 | 15.22 | 14.95 | 14.86 | 15.04 |
| 17 | 14.66 | 14.87 | 14.78 | 14.76 | 14.69 | 15.18 | 15.04 | 14.69 | 15.43 | 14.54 | 14.60 | 15.29 | 15.02 | 15.14 | 15.19 | 14.77 | 14.82 | 14.93 |
| 18 | 14.91 | 14.97 | 14.83 | 15.44 | 14.71 | 14.97 | 15.41 | 14.83 | 15.33 | 14.86 | 14.69 | 15.04 | 14.67 | 15.43 | 14.67 | 14.91 | 14.97 | 14.98 |
| 19 | 14.63 | 15.08 | 15.33 | 15.35 | 14.70 | 14.74 | 14.72 | 14.93 | 15.49 | 14.98 | 14.93 | 15.13 | 14.63 | 14.77 | 15.23 | 15.01 | 14.97 | 14.98 |
| 20 | 14.56 | 14.72 | 14.87 | 14.80 | 14.91 | 14.87 | 15.31 | 15.32 | 15.48 | 14.83 | 14.63 | 15.50 | 14.78 | 15.49 | 15.42 | 14.71 | 14.79 | 15.03 |
| 21 | 14.95 | 14.52 | 14.69 | 15.24 | 14.90 | 15.48 | 15.15 | 14.98 | 14.85 | 14.72 | 14.90 | 14.90 | 15.02 | 14.92 | 14.58 | 14.72 | 14.96 | 14.92 |
| 22 | 14.85 | 15.12 | 15.12 | 14.68 | 15.49 | 14.66 | 15.41 | 14.86 | 15.46 | 15.01 | 15.35 | 14.73 | 14.88 | 14.60 | 14.77 | 15.03 | 14.99 | 15.00 |
| 498 | 15.25 | 14.80 | 15.03 | 15.12 | 15.13 | 14.51 | 14.64 | 15.34 | 15.09 | 15.01 | 14.66 | 15.15 | 14.76 | 15.10 | 15.19 | 15.03 | 14.97 | 14.98 |
| 499 | 14.67 | 15.21 | 14.65 | 15.06 | 15.33 | 15.30 | 15.28 | 15.35 | 15.42 | 14.64 | 14.60 | 14.65 | 15.27 | 15.15 | 14.91 | 14.84 | 15.04 | 15.03 |
| 500 | 14.85 | 14.51 | 14.54 | 14.71 | 15.20 | 15.40 | 15.40 | 14.63 | 15.44 | 14.51 | 15.03 | 14.51 | 15.11 | 15.07 | 14.78 | 14.63 | 14.87 | 14.91 |

(9) 셀 U1과 W1에 '계급'과 '도수'라는 이름을 입력한다.

셀 V2, W2, X2에 각각 $n=3, n=6, n=15$를 입력한다.

셀 U3에 14.5를, U4에 14.55를 입력한다. 셀 U3:U4를 선택하고 U23까지 끌어 내려 복사한다. [자릿수 늘림]을 한 번 누른다.

(10) 셀 V3:V23 범위를 지정한 후 '=FREQUENCY(Q3:Q502, U3:U23)'를 입력하고 배열복사한다. 즉 [Enter↵] 키를 누르지 말고, [Ctrl] + [Shift] + [Enter↵] 키를 동시에 누른다.

| | | | 표본평균 | 표본평균 | 표본평균 | | 계급 | 도수 | | |
|---|---|---|---|---|---|---|---|---|---|---|
| 13 | 14 | 15 | n=3 | n=6 | n=15 | | | n=3 | n=6 | n=15 |
| 14.70 | 14.68 | 15.48 | 14.72 | 14.99 | 15.07 | | 14.50 | =FREQUENCY(Q3:Q502, U3:U23) | | |
| 15.17 | 15.49 | 14.76 | 15.06 | 14.98 | 14.96 | | 14.55 | | | |
| 15.07 | 15.27 | 14.95 | 15.05 | 14.96 | 14.97 | | 14.60 | | | |
| 14.79 | 15.40 | 14.76 | 14.80 | 14.85 | 14.96 | | 14.65 | | | |
| 15.45 | 14.72 | 14.82 | 15.21 | 15.02 | 14.99 | | 14.70 | | | |
| 15.47 | 14.60 | 15.08 | 15.00 | 15.10 | 15.02 | | 14.75 | | | |
| 14.72 | 15.16 | 14.51 | 15.06 | 15.14 | 15.03 | | 14.80 | | | |
| 15.31 | 14.64 | 15.37 | 15.05 | 14.99 | 14.95 | | 14.85 | | | |
| 15.20 | 15.28 | 14.84 | 14.90 | 15.03 | 15.02 | | 14.90 | | | |
| 14.92 | 14.91 | 15.50 | 14.98 | 15.12 | 15.11 | | 14.95 | | | |
| 14.62 | 14.98 | 14.57 | 14.82 | 14.79 | 14.82 | | 15.00 | | | |
| 14.97 | 15.08 | 15.13 | 15.25 | 15.25 | 15.08 | | 15.05 | | | |
| 14.83 | 14.56 | 14.72 | 14.87 | 14.92 | 14.88 | | 15.10 | | | |
| 15.34 | 15.22 | 14.59 | 14.87 | 14.92 | 15.02 | | 15.15 | | | |
| 15.32 | 15.16 | 15.16 | 15.03 | 15.13 | 15.04 | | 15.20 | | | |
| 14.69 | 14.81 | 14.53 | 15.39 | 15.36 | 15.08 | | 15.25 | | | |
| 14.85 | 15.33 | 14.89 | 15.26 | 15.19 | 15.11 | | 15.30 | | | |
| 14.77 | 14.91 | 14.82 | 15.02 | 15.09 | 14.95 | | 15.35 | | | |
| 14.97 | 15.28 | 14.52 | 14.63 | 14.84 | 14.93 | | 15.40 | | | |
| 14.95 | 15.40 | 14.57 | 15.18 | 15.01 | 14.95 | | 15.45 | | | |
| 14.67 | 15.40 | 14.93 | 15.07 | 15.13 | 15.06 | | 15.50 | | | |
| 14.90 | 14.64 | 15.01 | 15.14 | 15.08 | 15.06 | | | | | |

(11) 상대도수가 셀 V3:V23 영역에 출력된다. 같은 방법으로 $n=6, n=15$에 대해서도 상대도수를 W열과 X열에 출력시킨다. 또 다른 500개 표본의 도수분포표를 얻고 싶으면 F9 키를 누르면 된다.

| | P | Q | R | S | T | U | V | W | X | Y |
|---|---|---|---|---|---|---|---|---|---|---|
| 1 | | 표본평균 | 표본평균 | 표본평균 | | 계급 | | 도수 | | |
| 2 | 15 | n=3 | n=6 | n=15 | | | n=3 | n=6 | n=15 | |
| 3 | 15.21 | 15.01 | 15.02 | 15.02 | | 14.50 | 0 | 0 | 0 | |
| 4 | 14.52 | 15.00 | 14.87 | 14.94 | | 14.55 | 0 | 0 | 0 | |
| 5 | 15.17 | 14.76 | 14.72 | 14.97 | | 14.60 | 2 | 0 | 0 | |
| 6 | 14.53 | 15.04 | 15.12 | 14.98 | | 14.65 | 4 | 0 | 0 | |
| 7 | 14.91 | 15.27 | 15.24 | 15.05 | | 14.70 | 10 | 2 | 0 | |
| 8 | 14.85 | 14.73 | 15.04 | 15.04 | | 14.75 | 20 | 6 | 0 | |
| 9 | 15.45 | 15.05 | 15.15 | 14.97 | | 14.80 | 24 | 8 | 1 | |
| 10 | 14.69 | 14.79 | 14.93 | 14.98 | | 14.85 | 36 | 31 | 6 | |
| 11 | 15.32 | 14.92 | 15.04 | 15.01 | | 14.90 | 40 | 53 | 28 | |
| 12 | 15.04 | 14.96 | 14.92 | 14.99 | | 14.95 | 54 | 58 | 87 | |
| 13 | 15.23 | 14.72 | 14.84 | 14.99 | | 15.00 | 64 | 82 | 119 | |
| 14 | 15.38 | 15.13 | 15.07 | 15.07 | | 15.05 | 58 | 73 | 129 | |
| 15 | 15.04 | 14.96 | 14.86 | 14.88 | | 15.10 | 36 | 63 | 84 | |
| 16 | 15.17 | 15.04 | 14.95 | 15.07 | | 15.15 | 56 | 63 | 35 | |
| 17 | 15.36 | 15.29 | 15.09 | 15.05 | | 15.20 | 37 | 39 | 10 | |
| 18 | 15.01 | 15.12 | 15.04 | 15.08 | | 15.25 | 25 | 16 | 1 | |
| 19 | 14.86 | 15.00 | 14.99 | 14.97 | | 15.30 | 20 | 5 | 0 | |
| 20 | 15.10 | 14.96 | 15.13 | 14.99 | | 15.35 | 12 | 1 | 0 | |
| 21 | 14.93 | 15.04 | 15.04 | 15.06 | | 15.40 | 1 | 0 | 0 | |
| 22 | 14.61 | 14.85 | 14.88 | 15.01 | | 15.45 | 1 | 0 | 0 | |
| 23 | 14.73 | 14.97 | 15.06 | 15.01 | | 15.50 | 0 | 0 | 0 | |
| 24 | 14.93 | 15.34 | 15.13 | 15.04 | | | | | | |
| 500 | 14.74 | 14.75 | 14.88 | 14.84 | | | | | | |

Sheet4 Sheet5 Sheet6 Sheet7 Sheet8 Sh

(12) 셀 V2:X23 영역을 지정하여 꺾은선형 그래프를 작성한다.

| 계급 | | 도수 | |
|---|---|---|---|
| | n=3 | n=6 | n=15 |
| 14.50 | 0 | 0 | 0 |
| 14.55 | 0 | 0 | 0 |
| 14.60 | 3 | 0 | 0 |
| 14.65 | 3 | 0 | 0 |
| 14.70 | 9 | 0 | 0 |
| 14.75 | 30 | 3 | 0 |
| 14.80 | 27 | 17 | 1 |
| 14.85 | 41 | 27 | 8 |
| 14.90 | 45 | 57 | 32 |
| 14.95 | 38 | 79 | 84 |
| 15.00 | 73 | 81 | 121 |
| 15.05 | 45 | 80 | 123 |
| 15.10 | 56 | 67 | 76 |
| 15.15 | 41 | 45 | 37 |
| 15.20 | 38 | 32 | 16 |
| 15.25 | 18 | 6 | 2 |
| 15.30 | 19 | 6 | 0 |
| 15.35 | 8 | 0 | 0 |
| 15.40 | 4 | 0 | 0 |
| 15.45 | 2 | 0 | 0 |
| 15.50 | 0 | 0 | 0 |

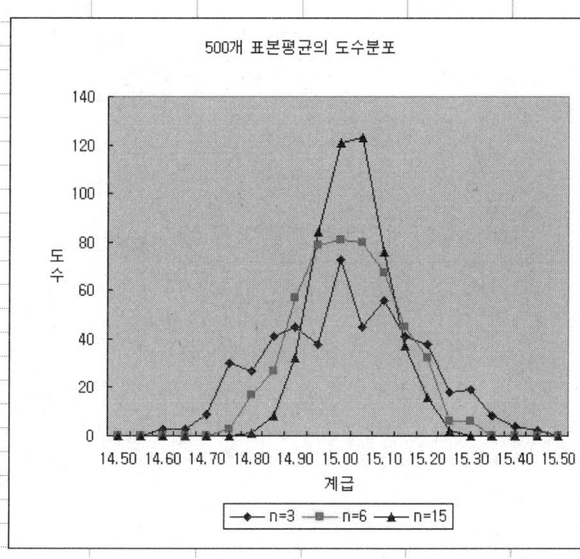

(13) 또 다른 500개 표본평균의 도수분포를 구하고 싶으면 F9 키를 누른다.

## 3. 지수분포

### ▶ 지수분포

지수분포(exponential distribution)란 어떤 사건이나 사상이 포아송 분포에 따라 발생할 때, 일정한 시점으로부터 이 사건이나 사상이 발생할 때까지 걸리는 시간의 확률분포를 말한다. 어떤 사건이나 사상이 단위구간에 평균 $\lambda$회 발생하는 포아송 분포에 따른다고 한다. 그러면 $t$구간에서는 평균 $\lambda t$가 되며 확률변수 $X$가 $t$구간에서 발생하는 사건의 수를 나타낸다고 할 때, $X$는 평균이 $\lambda t$인 포아송 분포에 따르며 이 때 단위구간에 $K$회 발생할 확률은,

$$P(X=K)=\frac{(\lambda t)^K}{K!}e^{-\lambda t},\quad K=0,\ 1,\ 2,\ 3,\ \cdots$$

이다. 확률변수 $T$가 일정한 시점(t=0)으로부터 처음으로 사건이 발생할 때까지의 시간을 나타낸다면, $t>0$에 대하여 $T\geq t$일 확률은 확률변수 $X$가 $(0,\ t)$ 구간에서 발생하지 않을 확률과 같기 때문에

$$P(T\geq t)=P(X=0)=e^{-\lambda t},\quad t>0$$

이다. 확률변수 $T$의 누적분포함수는

$$F(t)=P(T\leq t)=1-P(T\geq t)=1-e^{-\lambda t}$$

이며, 따라서 T의 확률밀도함수는

$$f(t)=\frac{d}{dt}F(t)=\frac{d}{dt}(1-e^{-\lambda t})=\lambda e^{-\lambda t},\quad t>0$$

이다.
이와 같은 확률변수 $T$의 분포를 지수분포라고 한다.

| 지수분포의 평균, 분산 및 표준편차 |
|---|
| $E(X) = \dfrac{1}{\lambda}$ <br> $V(X) = \dfrac{1}{\lambda^2}$ <br> $\sigma(X) = \dfrac{1}{\lambda}$ |

지수분포에서의 $\lambda t$ 는 포아송 분포에서 $t$단위구간에 발생하는 사건의 평균 횟수이므로, $\lambda$는 $t$ 단위구간의 평균으로부터 단위구간의 평균을 계산하여 구할 수 있다.

### ▶ Excel의 지수분포 함수

EXPONDIST($x$, $\lambda$, $c$)

$\lambda$ : 평균

$cc$ : 1 or 0(TRUE or FALSE)

· True일 때에는 $x$ 이하 발생할 확률

· False일 때에는 $x$가 발생할 확률을 계산한다. 예를 들면

EXPONDIST(5, 0.5, 0) = 0.041042

EXPONDIST(5, 0.5, 1) = 0.917915

**예제 8-3** 어떤 사무실에는 전화가 평균 10분에 5회 걸려 온다고 한다. 이 사무실에서 한 번 전화가 걸려 온 뒤부터 다음 전화가 걸려 올 때까지 걸리는 시간을 분으로 측정하는 확률분포를 생각하기로 한다. 이 사무실에서 한 번 전화가 걸려 온 뒤에 다음 전화가 걸려 올 때까지 걸린 시간이 6분 이내일 확률과 3분 이상일 확률을 각각 구하라.

SUM =1-expondist(3,0.5,1)

| | A | B | C | D | E | F | G |
|---|---|---|---|---|---|---|---|
| 1 | | | | | | | |
| 2 | | λ | 3 | | | | |
| 3 | | | | | | | |
| 4 | | P(T <= 6) | 0.950213 | | | | |
| 5 | | P(T >= 3) | | | | | |
| 6 | | =1-P(T <=3) | =1-expondist(3,0.5,1) | | | | |
| 7 | | | | | | | |
| 8 | | | | | | | |
| 9 | | | | | | | |

[셀의 입력내용]

C6; = EXPONDIST(6, 0.5, 1)

C8; = 1 − EXPONDIST(3, 0.5, 1)

●●● **예제 8-4** λ= 0.5, 1, 2, 3인 경우에 대한 지수분포의 그래프를 작성하라.

### ▶ 지수분포표 및 그래프의 작성

[순서 1] 기본표의 작성

다음과 같이 기본표를 작성해 놓는다.

| λ | 0.5 | 1 | 2 | 3 |
|---|---|---|---|---|
| | | | | |
| K | P(λ=0.5) | P(λ=1) | P(λ=2) | P(λ=3) |
| 0 | | | | |
| 1 | | | | |
| 2 | | | | |
| 3 | | | | |
| 4 | | | | |
| 5 | | | | |
| 6 | | | | |
| 7 | | | | |
| 8 | | | | |
| 9 | | | | |
| 10 | | | | |
| 11 | | | | |
| 12 | | | | |
| 13 | | | | |
| 14 | | | | |
| 15 | | | | |
| 16 | | | | |

[순서 2] 지수분포 함수의 입력

(1) 셀 C5:F21 영역을 지정하고, [수식] 메뉴에서 [함수 삽입] 아이콘을 클릭한다.

(2) [함수 인수] 대화상자에서,

범주 선택 : 통계

함수 선택 : EXPONDIST

를 선택하고, [확인] 버튼을 클릭한다.

(3) [EXPONDIST] 함수 입력상자가 나타나면,

X : B5:B21

Lambda : C2:F2

Cumulative : 0

을 입력한다.

(4) Ctrl + Shift + Enter↵ 키를 누른다.

셀 C5:F21 영역에 배열식 {=EXPONDIST(B5:B21, C2:F2, 0)}이 입력된다.

| λ | 0.5 | 1 | 2 | 3 |
|---|---|---|---|---|
| | | | | |
| K | P(λ=0.5) | P(λ=1) | P(λ=2) | P(λ=3) |
| 0 | 0.50000000 | 1 | 2 | 3 |
| 1 | 0.30326533 | 0.367879441 | 0.270670566 | 0.149361205 |
| 2 | 0.18393972 | 0.135335283 | 0.036631278 | 0.007436257 |
| 3 | 0.11156508 | 0.049787068 | 0.004957504 | 0.000370229 |
| 4 | 0.06766764 | 0.018315639 | 0.000670925 | 1.84326E-05 |
| 5 | 0.04104250 | 0.006737947 | 9.07999E-05 | 9.17707E-07 |
| 6 | 0.02489353 | 0.002478752 | 1.22884E-05 | 4.56899E-08 |
| 7 | 0.01509869 | 0.000911882 | 1.66306E-06 | 2.27477E-09 |
| 8 | 0.00915782 | 0.000335463 | 2.2507E-07 | 1.13254E-10 |
| 9 | 0.00555450 | 0.00012341 | 3.046E-08 | 5.63859E-12 |
| 10 | 0.00336897 | 4.53999E-05 | 4.12231E-09 | 2.80729E-13 |
| 11 | 0.00204339 | 1.67017E-05 | 5.57894E-10 | 1.39767E-14 |
| 12 | 0.00123938 | 6.14421E-06 | 7.55027E-11 | 6.95857E-16 |
| 13 | 0.00075172 | 2.26033E-06 | 1.02182E-11 | 3.46447E-17 |
| 14 | 0.00045594 | 8.31529E-07 | 1.38288E-12 | 1.72486E-18 |
| 15 | 0.00027654 | 3.05902E-07 | 1.87152E-13 | 8.58756E-20 |
| 16 | 0.00016773 | 1.12535E-07 | 2.53283E-14 | 4.27549E-21 |

[순서 3] 지수분포 그래프의 작성

(1) 셀 C4:F21 영역을 지정하고, [삽입] 메뉴에서 [꺾은선형] 아이콘을 선택한다.

(2) 꺾은선형 종류가 펼쳐지면 첫 번째 [꺾은선형]을 선택한다.

(3) 차트가 만들어지면 차트에서 마우스 오른쪽 버튼을 클릭한 후 [데이터 원본 선택]을 클릭한다.

(4) 가로 항목 축 레이블(C)의 [편집] 버튼을 클릭한 후 '축 레이블 범위'를 다음과 같이 영역을 지정한 후 [확인] 버튼을 클릭한다.

축 레이블 범위 : B5:B21

영역을 지정한다.

(5) 그래프의 제목을 입력하고 적당히 수정한다.

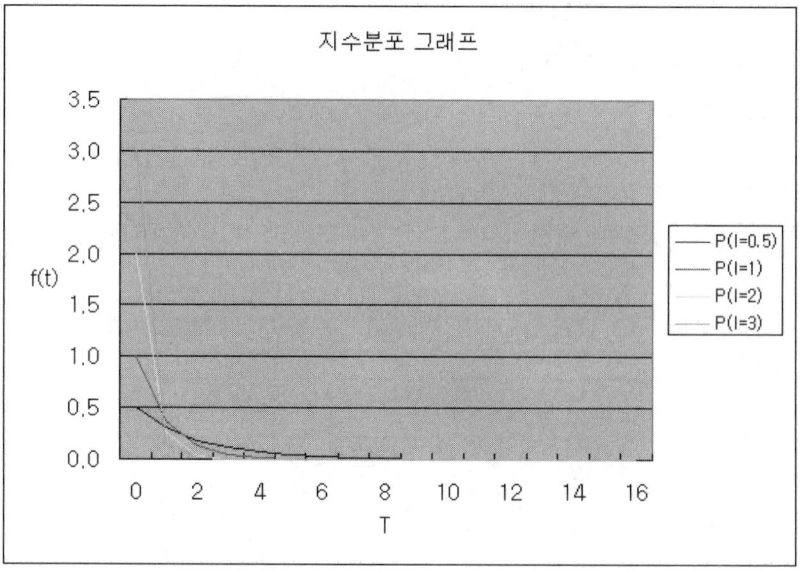


주 : 그림에서 범례의 l = 0.5의 'l'은 'λ'를 나타낸다.

# 9 평균에 관한 분석

## 1. 모평균에 관한 검정과 추정

### (1) 모표준편차를 알고 있을 때의 검정과 추정

●●● **예제 9-1** 한 상자의 무게가 450g인 비스켓을 생산하는 회사가 있다. 이 비스켓 한 상자의 무게가 450g에서 지나치게 벗어나는 것은 바람직하지 못하다. 따라서 이 회사의 품질관리 부서에서는 비스켓 한 상자의 평균 무게가 450g을 벗어나는지 정기적으로 검사하고 있다. 다음은 이 회사가 생산하고 있는 비스켓 16개를 골라 그 무게(단위 : g)를 측정한 것이다. 이 데이터로부터 평균 중량은 450g이라고 판단해도 좋은지 유의수준 5%하에서 검정하라. 종래의 표준편차는 16g으로 변함이 없다고 한다.

데이터

| | | | | | | | |
|---|---|---|---|---|---|---|---|
| 404.65 | 452.40 | 437.01 | 463.10 | 453.22 | 449.24 | 444.23 | 468.88 |
| 435.93 | 466.13 | 458.32 | 450.51 | 442.31 | 417.44 | 430.02 | 444.80 |

#### ▶ 귀무가설과 대립가설

가설이란 실증적인 증명 이전에 세워지는 잠정적인 진술(statement), 즉 검정대상이 되는 진술을 말한다. 따라서 가설은 논리적인 검정과정을 거친 후 기각되거나 수정될 수 있다.

통계적 가설검정에는 항상 두 가지 형태의 가설이 사용된다. 즉 가설검정을 실시할 때 검정대상이 되는 가설을 설정하게 되는데 이것을 귀무가설(null hypothesis)이라 하고, $H_0$라고 하는 기호로 나타낸다. 한편 귀무가설을 받아들일 수 없을 때 다른 결론을 내리기 위해 귀무가설에 대립되는 가설을 설정하게 되는데 이것을 대립가설(alternative hypothesis)이라 하며, $H_1$이라고 하는 기호로 나타낸다.

그러므로 귀무가설과 대립가설은 상호배반적(mutually exclusive)이며 포괄적(exhaustive)인 특성을 지니고 있다. 상호배반적이란 것은 귀무가설과 대립가설이 동시에 사실일 수 없다는 것이며, 포괄적이란 것은 귀무가설과 대립가설 중 어느 하나는 반드시 사실이라는 것을 의미한다.

### ▶ 사고방식과 적용수법

일단 귀무가설과 대립가설이 설정되고 나면 귀무가설을 기각할 것인지 기각하지 않을 것인지를 결정해야 한다. 귀무가설의 기각여부를 결정하는 것은 가설검정의 핵심이므로 여기에 관련된 기본적인 원리를 잘 이해할 필요가 있다. 앞의 예제 9-1을 통하여 설명하기로 한다.

$$H_0 : \mu = 450$$
$$H_1 : \mu \neq 450$$

가설검정을 위하여 16개의 비스켓을 표본으로 추출한다. 즉 표본으로 추출된 16개의 평균 무게($\overline{x}$)를 근거로 하여 귀무가설의 기각여부를 검정하는 것이다.

$\overline{x}$를 근거로 의사결정하는 것은 다음과 같은 논리를 바탕으로 한다. 즉 표본으로 추출된 16개의 평균 무게($\overline{x}$)는 모든 비스켓의 평균 무게($\mu$)와 크게 다르지 않을 것이다. 따라서 귀무가설이 사실이라면($\mu = 450$) $\overline{x}$는 450g에 가까울 것이다. 반면에 $\overline{x}$가 450g보다 훨씬 작거나 크다면 귀무가설보다는 대립가설($\mu \neq$ 450)을 믿으려 할 것이다.

그러면 450g보다 얼마 만큼 작거나 커야 귀무가설을 기각할 것인가? 또한 450g에 얼마 만큼 가까우면 귀무가설을 기각할 수 없는가? 즉 귀무가설의 기각여부를 결정하는 기준점을 구하는 것이 중요한 과제이며 이 기준점을 임계치(critical value)라고 한다.

귀무가설의 기각여부를 결정하는 임계치를 구하기 의해 이 회사가 생산하고 있는 비스켓의 무게에 대한 표준편차($\rho$)는 16g으로 알려져 있다고 가정하자. 그러면 귀무가설이 사실($\mu$ = 450)이라는 전제하에 $\bar{x}$가 434g 이하이거나 466g 이상일 확률은 얼마일까?

$\bar{x}$는 그 평균 $\mu_{\bar{x}}$가 450g, 표준편차 $\rho_{\bar{x}}$가 $\sigma/\sqrt{n}=16/\sqrt{16}=4$인 정규분포를 하므로(중심극한정리) $\bar{x}$가 434g 이하일 확률과 466g 이상일 확률은 각각 다음과 같이 구할 수 있다.

$$P(\bar{x} \leqq 434) = P(Z \leqq \frac{434-450}{4}) = P(Z \leqq -4) = 0.00003$$

$$P(\bar{x} \geqq 466) = P(Z \geqq \frac{466-450}{4}) = P(Z \geqq +4) = 0.00003$$

따라서 귀무가설이 사실이라면 $\bar{x}$가 434g 이하일 확률이나 466g 이상일 확률은 0.00003으로 극히 낮고, 바꿔 말하면 $\bar{x}$가 434g 이하이거나 466g 이상일 가능성은 거의 없다는 것이다.

그런데 실제로 표본을 추출하여 $\bar{x}$를 구한 결과 434g 이하이거나 466g 이상이었다면 $\mu$ = 450g이라는 귀무가설은 사실이 아니라고 판단하는 것이다. 결론적으로 가설검정은 발생가능성이 극히 희박한 확률수준을 미리 정해 두고 표본의 값이 여기에 속하면 귀무가설을 기각하고 그렇지 않으면 귀무가설을 채택하는 것이다. 여기에서 발생가능성이 극히 희박한 확률수준을 유의수준(significance level)이라 하며 $\alpha$(알파)라고 하는 기호로 나타낸다. 이 유의수준에 의해 귀무가설의 기각 여부를 결정하는 임계치가 산출된다. 일반적으로 유의수준은 1%, 5%, 10% 중의 어느 하나가 주로 이용되며 의사결정의 상황에 따라 의사결정자가 정한다.

### ▶ 하나의 모평균에 관한 검정방법(모표준편차 $\sigma$를 알고 있을 때)

가설검정의 순서는 다음과 같다.

[순서 1] 가설의 설정

$$H_0 : \mu = \mu_0$$

$$H_1 : \mu \neq \mu_0$$

($\mu_0$는 검정하고자 하는 어떤 값, 이 예제에서는 $\mu_0$ = 450)

대립가설은 귀무가설을 부정하는 것으로 다음과 같은 세 가지의 경우를 생각할 수 있다.

$$(1)\ H_1 : \mu \neq \mu_0$$
$$(2)\ H_1 : \mu > \mu_0$$
$$(3)\ H_1 : \mu < \mu_0$$

(1)과 같은 가설을 양측가설(兩側假說)이라 부르고, (2)와 (3)처럼 대소관계를 문제로 하고 있는 가설을 단측가설(單側假說)이라 부르고 있다.
이 예제에서는 비스켓의 무게에 대한 정확성에 관심이 있으므로 (1)의 가설이 된다.

[순서 2] 유의수준의 설정

유의수준 $\alpha = 0.05$

(경우에 따라서는 유의수준을 0.01 또는 0.1이라고 설정할 수도 있다.)

[순서 3] 검정통계량 $z$ 값의 산출

$$z = \frac{\bar{x} - \mu_0}{\frac{\sigma}{\sqrt{n}}}$$

[순서 4] $p$ 값의 산출

유의수준과 비교할 확률 $p$를 계산한다. $p$값은 표준정규분포에 있어서 $|z|$ 이상의 값이 발생할 확률이다.

[순서 5] 판정

$p$값 $\leq$ 유의수준 $\alpha$ → 귀무가설 $H_0$를 기각한다.

$p$값 $>$ 유의수준 $\alpha$ → 귀무가설 $H_0$를 채택한다.

### ▶ 검정통계량 $z$값과 확률 $p$값의 산출

[순서 1] 데이터의 입력

셀 B2:B17 영역에 데이터를 입력한다.

| | A | B | C | D | E | F | G |
|---|---|---|---|---|---|---|---|
| 1 | No. | 표본 | | | | | |
| 2 | 1 | 404.65 | | | | | |
| 3 | 2 | 452.40 | | | | | |
| 4 | 3 | 437.01 | | | | | |
| 5 | 4 | 463.10 | | | | | |
| 6 | 5 | 453.22 | | | | | |
| 7 | 6 | 449.24 | | | | | |
| 8 | 7 | 444.23 | | | | | |
| 9 | 8 | 468.88 | | | | | |
| 10 | 9 | 435.93 | | | | | |
| 11 | 10 | 466.13 | | | | | |
| 12 | 11 | 458.32 | | | | | |
| 13 | 12 | 450.51 | | | | | |
| 14 | 13 | 442.31 | | | | | |
| 15 | 14 | 417.44 | | | | | |
| 16 | 15 | 430.02 | | | | | |
| 17 | 16 | 444.80 | | | | | |
| 18 | | | | | | | |
| 19 | | | | | | | |
| 20 | | | | | | | |

Sheet1 Sheet2 Sheet3 Sheet4 Sheet5

[순서 2] 기본 정보의 입력

셀 F2:F5 영역에 주어진 기본 정보를 입력한다.

| | A | B | C | D | E | F | G |
|---|---|---|---|---|---|---|---|
| 1 | No. | 표본 | | | | | |
| 2 | 1 | 404.65 | | 표본의 수 | n | 16 | |
| 3 | 2 | 452.40 | | 모표준편차 | σ | 16 | |
| 4 | 3 | 437.01 | | 가설의 값 | μ | 450 | |
| 5 | 4 | 463.10 | | 유의수준 | α | 0.05 | |
| 6 | 5 | 453.22 | | | | | |
| 7 | 6 | 449.24 | | | | | |
| 8 | 7 | 444.23 | | | | | |
| 9 | 8 | 468.88 | | | | | |
| 10 | 9 | 435.93 | | | | | |
| 11 | 10 | 466.13 | | | | | |
| 12 | 11 | 458.32 | | | | | |
| 13 | 12 | 450.51 | | | | | |
| 14 | 13 | 442.31 | | | | | |
| 15 | 14 | 417.44 | | | | | |
| 16 | 15 | 430.02 | | | | | |
| 17 | 16 | 444.80 | | | | | |
| 18 | | | | | | | |
| 19 | | | | | | | |
| 20 | | | | | | | |

Sheet1 Sheet2 Sheet3 Sheet4 Sheet5

[순서 3] 수식 및 통계함수에 의한 산출

| | A | B | C | D | E | F | G |
|---|---|---|---|---|---|---|---|
| 1 | No. | 표본 | | | | | |
| 2 | 1 | 404.65 | | 표본의 수 | n | 16 | |
| 3 | 2 | 452.40 | | 모표준편차 | σ | 16 | |
| 4 | 3 | 437.01 | | 가설의 값 | μ | 450 | |
| 5 | 4 | 463.10 | | 유의수준 | α | 0.05 | |
| 6 | 5 | 453.22 | | | | | |
| 7 | 6 | 449.24 | | 표본평균 | $\overline{x}$ | 444.8869 | |
| 8 | 7 | 444.23 | | 검정통계량 | z | -1.2783 | |
| 9 | 8 | 468.88 | | 기각치(양측) | z(α/2) | 1.9600 | |
| 10 | 9 | 435.93 | | 양측확률 | p | 0.2012 | |
| 11 | 10 | 466.13 | | 신뢰도 | 1-α | 0.95 | |
| 12 | 11 | 458.32 | | | | | |
| 13 | 12 | 450.51 | | | | | |
| 14 | 13 | 442.31 | | | | | |
| 15 | 14 | 417.44 | | | | | |
| 16 | 15 | 430.02 | | | | | |
| 17 | 16 | 444.80 | | | | | |
| 18 | | | | | | | |
| 19 | | | | | | | |
| 20 | | | | | | | |

Sheet1 / Sheet2 / Sheet3 / Sheet4 / Sheet5

[셀의 입력내용]

F7; = AVERAGE(B2:B17)

F8; = (F7 − F4)/(F3/SQRT(F2))

F9; = NORMSINV(1 − F5/2)

F10;= (1 − NORMSDIST(ABS(F8))) * 2

### ▶ 결과에 대한 판정

유의수준과 비교할 확률 $p$값을 보면

$$p\text{값} = 0.2012 > \text{유의수준 } \alpha = 0.05$$

이므로 귀무가설 $H_0$는 채택된다. 즉, 비스켓의 모평균은 450g이라고 할 수 있다.

### ▶ 통계함수 NORMSDIST

통계함수 NORMDIST($x$, mean, standard_dev, cumulative)는 정규누적분포의 값을 구해 주는 반면, 함수 NORMSDIST($z$)는 표준정규누적분포의 값을 구해 준다.

즉, 어떤 값 $z$ 이하의 확률을 구하기 위한 함수이다.

【예】

NORMSDIST(2.58) = 0.995

NORMSDIST(−2.58) = 0.005

NORMSDIST(1.96) = 0.975

NORMSDIST(−1.96) = 0.025

### ▶ 통계함수 NORMSDIST를 이용하여 유의확률 $p$값을 구할 때의 주의사항

대립가설의 유형에 따라서 구별하여 사용해야 한다.

(1) $H_1$ : $\mu \neq \mu_0$ 일 때는

$p$ = (1−NORMSDIST(ABS($z$)) * 2

(2) $H_1$ : $\mu > \mu_0$ 일 때는

$p$ = (1−NORMSDIST($z$))

(3) $H_1$ : $\mu < \mu_0$ 일 때는

$p$ = NORMSDIST($z$)

### ▶ 통계함수 NORMSINV

통계함수 NORMINV(probability, mean, standard_dev)는 정규누적분포의 역함수 값을 구해 주는 반면에, NORMSINV(probability)는 표준정규누적분포의 역함수 값을 구해 준다.

【예】

NORMSINV(0.995) = 2.58

NORMSINV(0.975) = 1.96

NORMSINV(0.05) = −1.64

NORMSINV(0.025) = −1.96

●●● **예제 9-2** 예제 9-1의 데이터를 이용해서 비스켓의 모평균을 추정하라.

### ▶ 통계적 추정

일반적으로 표본의 통계량으로부터 모집단분포의 특성에 관해서 어떠한 추론을 한다거나 이미 관측된 표본의 통계량과 모집단분포에 관한 지식을 이용해서 아직 관측되어 있지 않은 장래의 관측치에 대해서 확률적인 예측을 실시하는 것을 통계적 추측이라고 한다. 통계적 추측을 위한 이론 중에서도 종래 '가설의 검정'과 '모수의 추정' 두 가지가 주로 이용되어 왔다. 통계적 추정(statistical estimation) 혹은 추정(estimation)이란 바로 후자인 '모수의 추정'을 의미하고, 모집단을 규정하는 미지의 모수값을 얻어진 표본의 통계량에 의거해서 구하는 것을 가리킨다.

모수를 통계적으로 추정하기 위한 방법으로서 전통적으로 점추정(point estimation)과 구간추정(interval estimation)의 두 가지 방법이 있으며, 전자의 방법에서는 가장 좋다고 생각되는 하나의 추정치를 가지고 모수를 추정하고 후자의 방법에서는 모수의 참값이 높은 확률로 포함되어 있을 것으로 생각되는 실수치의 구간에 의해서 모수를 추정하고자 한다. 예를 들면 모집 단분포가 정규분포라고 하는 것은 알려져 있지만 그 평균에 대해서는 알 수 없는 모집단으로부터 $n$개의 관측치($x_1$, $x_2$, $\cdots$, $x_n$)를 얻어서 그 관측치의 평균 $\bar{x}$를 가지고 모집단 평균의 추정치로 간주한다면 이것은 점추정이다. 이에 비해서 모수의 값을 추정하는데, 관측치($x_1$, $x_2$, $\cdots$, $x_n$)로부터 두 개의 함수값 $y_1(x_1, x_2, \cdots, x_n)$과 $y_2(x_1, x_2, \cdots, x_n)$를 산출해서 모수는 $y_1(x_1, x_2, \cdots, x_n)$과 $y_2(x_1, x_2, \cdots, x_n)$ 사이의 구간 내에 있다고 하는 형태로 추정하는 것이 구간추정이다.

이상과 같이 점추정의 방법에서는 가장 좋다고 생각되는 추정치를 하나 보이는 것뿐이고 그 정확성에 대한 표시는 전혀 포함되어 있지 않다. 그 추정치의 신뢰도에 대해서 어느 정도의 판단이 필요하다면, 그 추정치를 얻은 표본의 크기나 그 추정치가 일반적으로 가지고 있을 성질에 대해서 잘 알고 있지 않으면 안 된다. 이에 비해서 구간추정의 경우에는 추정치의 폭이 넓어지는 대신에 그 구간이 모수를 포함할 확률이 표시되므로(이 확률을 신뢰도라고 한다), 추정의 정밀도에 대한 판단이 용이하다.

이상과 같이 통계적 추정을 통계적 추측의 일환으로서 생각했는데, 다른 관점에서 이것을 논할 수도 있다. 즉, 불완전한 정보밖에 얻어지지 않는 경우에 목적을 위해서는 어떻게 행동하면 좋을까를 생각하는 통계적 결정이론의 입장에서도 모수의 추정 문제를 논할 수 있다.

### ▶ 모집단의 구간추정(모표준편차 $\sigma$를 알고 있을 때)

구간추정의 사고방식은, 예를 들면 모평균 $\mu$의 추정치를 표본평균 $\bar{x}$를 이용해서

$$P(\bar{x}-a \leqq \mu \leqq \bar{x}+a)=1-\alpha \ , \quad a > 0$$

라고 하는 형태로 나타내고 $1-\alpha$ 를 신뢰도(혹은 신뢰계수), $\bar{x}-a$과 $\bar{x}+a$ 사이의 구간을 모평균 $\mu$의 신뢰구간이라고 한다. 또한 그 구간의 한계치 $\bar{x}-a$과 $\bar{x}+a$를 각각 신뢰한계라고 부른다.

모평균 구간추정의 절차를 정리하면 다음과 같다. 평균 $\mu$를 모르고 분산 $\sigma^2$을 알고 있는 정규모집단으로부터 크기 n의 무작위표본을 취하여 표본평균 $\bar{x}$를 얻었다고 한다. 표본평균의 변환치 $z=(\bar{x}-\mu)/(\sigma/\sqrt{n})$는 표준정규분포에 따르기 때문에 분포의 양쪽 꼬리 부분 각각의 확률 $\alpha/2$에 대응하는 정규편차를 $z_{\alpha/2}$라고 하면 모평균 $\mu$의 $1-\alpha$ 신뢰구간은

$$\bar{x}-z_{\alpha/2}\frac{\sigma}{\sqrt{n}} \leqq \mu \leqq \bar{x}+z_{\alpha/2}\frac{\sigma}{\sqrt{n}}$$

로 주어진다. 그런데 이 신뢰구간이 의미하는 것은 다음과 같다. 크기 $n$의 표본평균 $\bar{x}$의 분포로부터

$$P(\bar{x}-z_{\alpha/2}\frac{\sigma}{\sqrt{n}} \leqq \mu \leqq \bar{x}+z_{\alpha/2}\frac{\sigma}{\sqrt{n}})=1-\alpha$$

라고 하는 관계가 얻어지는데, 이것은 $\bar{x}$가 모평균 $\mu$의 근처$\pm z_{\alpha/2}\frac{\sigma}{\sqrt{n}}$의 구간 내에 있을 확률이 $1-\alpha$ 라고 하는 것을 의미한다.

### ▶ 신뢰한계의 산출

앞의 가설검정의 결과에 추가한다.

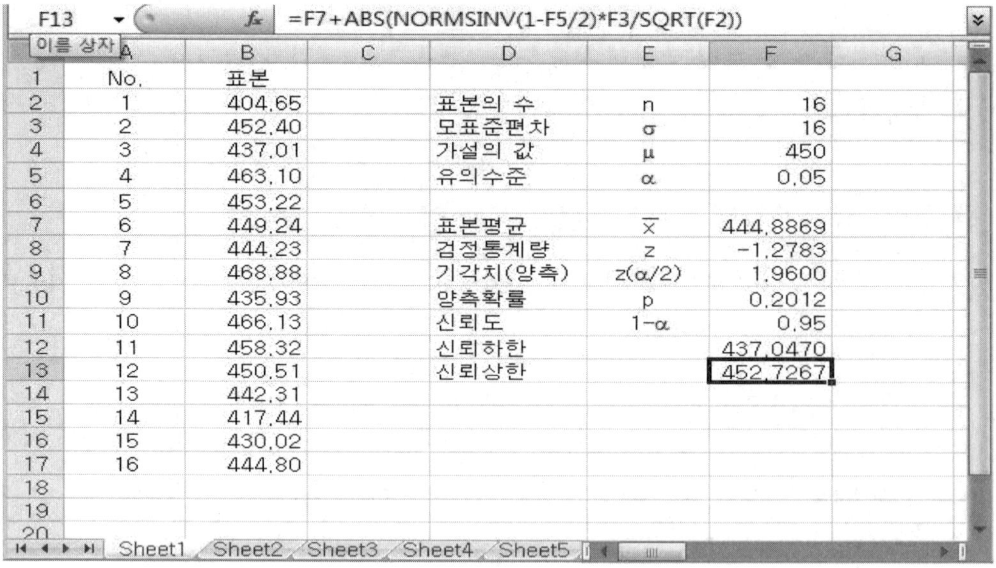

F13 =F7+ABS(NORMSINV(1-F5/2)*F3/SQRT(F2))

| | A | B | C | D | E | F | G |
|---|---|---|---|---|---|---|---|
| 1 | No. | 표본 | | | | | |
| 2 | 1 | 404.65 | | 표본의 수 | n | 16 | |
| 3 | 2 | 452.40 | | 모표준편차 | σ | 16 | |
| 4 | 3 | 437.01 | | 가설의 값 | μ | 450 | |
| 5 | 4 | 463.10 | | 유의수준 | α | 0.05 | |
| 6 | 5 | 453.22 | | | | | |
| 7 | 6 | 449.24 | | 표본평균 | $\overline{x}$ | 444.8869 | |
| 8 | 7 | 444.23 | | 검정통계량 | z | -1.2783 | |
| 9 | 8 | 468.88 | | 기각치(양측) | z(α/2) | 1.9600 | |
| 10 | 9 | 435.93 | | 양측확률 | p | 0.2012 | |
| 11 | 10 | 466.13 | | 신뢰도 | 1-α | 0.95 | |
| 12 | 11 | 458.32 | | 신뢰하한 | | 437.0470 | |
| 13 | 12 | 450.51 | | 신뢰상한 | | 452.7267 | |
| 14 | 13 | 442.31 | | | | | |
| 15 | 14 | 417.44 | | | | | |
| 16 | 15 | 430.02 | | | | | |
| 17 | 16 | 444.80 | | | | | |
| 18 | | | | | | | |
| 19 | | | | | | | |
| 20 | | | | | | | |

[셀의 입력내용]

F11; = 1 − F5

F12; = F7 − ABS(NORMSINV(1 − F5/2) * F3/SQRT(F2))

F13; = F7 + ABS(NORMSINV(1 − F5/2) * F3/SQRT(F2))

### ▶ 결과의 해석방법

모평균 $\mu$의 95% 신뢰구간은 다음과 같다.

$$437.0470 \le \mu \le 452.7267$$

### (2) 모표준편차를 모르고 있을 때의 검정과 추정

**예제 9-3** 어느 페인트 제조회사에서는 평균 120분 내에 마르는 신제품을 개발했다고 한다. 실제로 그러한지를 알아 보기 위해서 20통의 페인트를 표본추출하여 건조시간을 측정한 결과가 다음과 같았다.

데이터 (단위 : 분)

| | | | | |
|---|---|---|---|---|
| 123 | 109 | 115 | 121 | 130 |
| 127 | 106 | 120 | 116 | 136 |
| 131 | 128 | 139 | 110 | 133 |
| 122 | 133 | 119 | 135 | 109 |

페인트의 건조시간이 정규분포를 이룬다고 가정할 때 이 페인트의 평균 건조시간이 120분 이내라고 할 수 있는가? 5% 유의수준으로 검정하라.

### ▶ 하나의 모평균에 관한 검정방법(모표준편차 $\sigma$ 를 모르고 있을 때)

모표준편차를 모르고 있을 때에는 알고 있을 때에 이용했던 정규분포의 성질이 아니라 $t$ 분포($t$ distribution)의 성질을 이용해서 검정한다. 검정의 순서는 다음과 같다.

**[순서 1]** 가설의 설정

$$H_0 \ : \ \mu = \mu_0$$

$$H_1 \ : \ \mu > \mu_0$$

($\mu_0$는 검정하고자 하는 어떤 값, 이 예제에서는 $\mu_0 = 120$)

대립가설은 귀무가설을 부정하는 것으로 다음과 같은 세 가지의 경우를 생각할 수 있다.

(1) $H_1 \ : \ \mu \neq \mu_0$

(2) $H_1 \ : \ \mu > \mu_0$

(3) $H_1 \ : \ \mu < \mu_0$

이 예제에서는 (2)의 가설이 된다.

**[순서 2]** 유의수준의 설정

유의수준 $\alpha = 0.05$

(경우에 따라서는 유의수준을 0.01 또는 0.1이라고 설정할 수도 있다.)

**[순서 3]** 검정통계량 $t$ 값의 산출

$$t = \frac{\bar{x} - \mu_0}{\frac{s}{\sqrt{n}}}$$

모표준편차 $\sigma$를 모르고 있으므로 $\sigma$ 대신에 표본의 표준편차인 $s$를 대입한다.

[순서 4] $p$ 값의 산출

유의수준과 비교할 확률 $p$를 계산한다. $p$값은 자유도 $\phi = n-1$의 $t$ 분포에 있어서 $|t|$ 이상의 값이 발생할 확률이다.

[순서 5] 판정

$p$값 $\leq$ 유의수준 $\alpha$ → 귀무가설 $H_0$를 기각한다.

$p$값 $>$ 유의수준 $\alpha$ → 귀무가설 $H_0$를 채택한다.

### ▶ 검정통계량 $t$값과 확률 $p$값의 산출

[순서 1] 데이터의 입력

셀 B2:B21 영역에 데이터를 입력한다.

| | A | B | C | D | E | F | G |
|---|---|---|---|---|---|---|---|
| 1 | No. | 표본 | | | | | |
| 2 | 1 | 123 | | | | | |
| 3 | 2 | 127 | | | | | |
| 4 | 3 | 131 | | | | | |
| 5 | 4 | 122 | | | | | |
| 6 | 5 | 109 | | | | | |
| 7 | 6 | 106 | | | | | |
| 8 | 7 | 128 | | | | | |
| 9 | 8 | 133 | | | | | |
| 10 | 9 | 115 | | | | | |
| 11 | 10 | 120 | | | | | |
| 12 | 11 | 139 | | | | | |
| 13 | 12 | 119 | | | | | |
| 14 | 13 | 121 | | | | | |
| 15 | 14 | 116 | | | | | |
| 16 | 15 | 110 | | | | | |
| 17 | 16 | 135 | | | | | |
| 18 | 17 | 130 | | | | | |
| 19 | 18 | 136 | | | | | |
| 20 | 19 | 133 | | | | | |
| 21 | 20 | 109 | | | | | |
| 22 | | | | | | | |

Sheet1 Sheet2 Sheet3 Sheet4 Sheet5

[순서 2] 기본 정보의 입력

셀 F2:F5 영역에 주어진 기본 정보를 입력한다.

| | A | B | C | D | E | F | G |
|---|---|---|---|---|---|---|---|
| 1 | No. | 표본 | | | | | |
| 2 | 1 | 123 | | 표본의 수 | n | 20 | |
| 3 | 2 | 127 | | 표본의 표준편차 | s | 10.04 | |
| 4 | 3 | 131 | | 가설의 값 | μ | 120 | |
| 5 | 4 | 122 | | 유의수준 | α | 0.05 | |
| 6 | 5 | 109 | | 자유도 | φ | 19 | |
| 7 | 6 | 106 | | | | | |
| 8 | 7 | 128 | | | | | |
| 9 | 8 | 133 | | | | | |
| 10 | 9 | 115 | | | | | |
| 11 | 10 | 120 | | | | | |
| 12 | 11 | 139 | | | | | |
| 13 | 12 | 119 | | | | | |
| 14 | 13 | 121 | | | | | |
| 15 | 14 | 116 | | | | | |
| 16 | 15 | 110 | | | | | |
| 17 | 16 | 135 | | | | | |
| 18 | 17 | 130 | | | | | |
| 19 | 18 | 136 | | | | | |
| 20 | 19 | 133 | | | | | |
| 21 | 20 | 109 | | | | | |
| 22 | | | | | | | |

Sheet1 Sheet2 Sheet3 Sheet4 Sheet5

[셀의 입력내용]

F2; = 20

F3; = STDEV(B2:B21)

F4; = 120

F5; = 0.05

F6; = F2−1

[순서 3] 수식 및 통계함수에 의한 산출

| | A | B | C | D | E | F | G |
|---|---|---|---|---|---|---|---|
| 1 | No. | 표본 | | | | | |
| 2 | 1 | 123 | | 표본의 수 | n | 20 | |
| 3 | 2 | 127 | | 표본의 표준편차 | s | 10.04 | |
| 4 | 3 | 131 | | 가설의 값 | μ | 120 | |
| 5 | 4 | 122 | | 유의수준 | α | 0.05 | |
| 6 | 5 | 109 | | 자유도 | φ | 19 | |
| 7 | 6 | 106 | | | | | |
| 8 | 7 | 128 | | 표본의 평균 | $\overline{x}$ | 123.1000 | |
| 9 | 8 | 133 | | 검정통계량 | t | 1.3806 | |
| 10 | 9 | 115 | | 기각치(우측) | t(α, φ) | 1.7291 | |
| 11 | 10 | 120 | | 단측확률(우측) | p | 0.0917 | |
| 12 | 11 | 139 | | 신뢰도 | 1−α | 0.95 | |
| 13 | 12 | 119 | | | | | |
| 14 | 13 | 121 | | | | | |
| 15 | 14 | 116 | | | | | |
| 16 | 15 | 110 | | | | | |
| 17 | 16 | 135 | | | | | |
| 18 | 17 | 130 | | | | | |
| 19 | 18 | 136 | | | | | |
| 20 | 19 | 133 | | | | | |
| 21 | 20 | 109 | | | | | |
| 22 | | | | | | | |

Sheet1 Sheet2 Sheet3 Sheet4 Sheet5

[셀의 입력내용]

F8; = AVERAGE(B2:B21)

F9; = (F8－F4)/(F3/SQRT(F2))

F10;= TINV(2*F5, F6)

F11;= IF(F9＞0, TDIST(F9, F6, 1), 1－TDIST(ABS(F9), F6, 1))

### ▶ 결과에 대한 판정

검정통계량 $t$값과 기각치(우측)를 비교하면

$$\text{검정통계량 } t\text{값} = 1.3806 < \text{기각치(우측)} = 1.7291$$

으로 채택영역에 속하므로 귀무가설 $H_0$를 채택한다.

유의수준과 비교할 확률 $p$값을 보면

$$p\text{값} = 0.0917 > \text{유의수준 } \alpha = 0.05$$

이므로 귀무가설 $H_0$는 기각할 수 없다. 즉, 페인트의 건조시간이 120분 이내라고 하는 회사측의 주장을 기각할 수 없다.

### ▶ 통계함수 TDIST

통계함수 TDIST(x, deg_freedom, tails)는 스튜던트 $t$ 분포의 값을 구해 준다. 즉, $t$ 분포에 있어서 어떤 값($x$) 이상의 확률을 구하기 위한 함수이다. deg_freedom는 자유도($n-1$)를 의미한다. tails(꼬리부)는 단측이면 1이고, 양측이면 2를 입력한다.

【예】

TDIST(1.3806, 19, 1) = 0.092

TDIST(2.093, 19, 1) = 0.025

TDIST(2.093, 19, 2) = 0.050

TDIST(－2.093, 19, 1) = #NUM! ($x$의 값을 마이너스로 지정하면 에러가 된다.)

### ▶ 통계함수 TDIST를 이용하여 유의확률 $p$값을 구할 때의 주의사항

대립가설의 유형에 따라서 구별하여 사용해야 한다. 검정통계량을 $t$라 할 때 다음과 같이 계산한다.

(1) $H_1$ : $\mu \neq \mu_0$ 일 때는

$p$ = TDIST(ABS(t), deg_freedom, 2)

(2) $H_1$ : $\mu > \mu_0$ 일 때는

$p$ = TSDIST(t, deg_freedom, 1)

(3) $H_1$ : $\mu < \mu_0$ 일 때는

$p$ = TSDIST(ABS(t), deg_freedom, 1)

### ▶ 통계함수 TINV

통계함수 TINV(probability, deg_freedom)는 스튜던트 $t$ 분포의 역함수 값을 구해준다. 즉, $t$ 분포에 있어서 양측의 확률이 $p$가 되는 점을 구하기 위한 함수이다.

【예】

TINV(0.050, 19) = 2.093

TINV(0.025, 19) = 2.433

[확인]

TDIST(2.093, 19, 1) = 0.025

TDIST(2.093, 19, 2) = 0.050

**●●● 예제 9-4** 예제 9-3의 데이터를 이용해서 페인트에 대한 모평균을 추정하라.

### ▶ 모집단의 구간추정(모표준편차 $\sigma$를 모르고 있을 때)

모표준편차 $\sigma$을 모르고 있는 모집단으로부터 크기 $n$의 무작위표본을 취하여 표본평균 $\bar{x}$를 얻었다고 한다. 표본평균의 변환치 $t=(\bar{x}-\mu)/(s/\sqrt{n})$는 $t$ 분포에 따르기 때문에 모평균 $\mu$의 $1-\alpha$ 신뢰구간은

$$\bar{x}-t(\alpha,\phi)\frac{s}{\sqrt{n}} \leqq \mu \leqq \bar{x}+t(\alpha,\phi)\frac{s}{\sqrt{n}}$$

로 주어진다. 그런데 이 신뢰구간이 의미하는 것은 다음과 같다. 크기 $n$의 표본 평균 $\bar{x}$의 분포로부터

$$P(\bar{x}-t(\alpha,\phi)\frac{s}{\sqrt{n}} \leqq \mu \leqq \bar{x}+t(\alpha,\phi)\frac{s}{\sqrt{n}})=1-\alpha$$

라고 하는 관계가 얻어지는데, 이것은 $\bar{x}$가 모평균 $\mu$의 근처 $\pm t(\alpha,\phi)\frac{s}{\sqrt{n}}$의 구간 내에 있을 확률이 $1-\alpha$ 라고 하는 것을 의미한다.

### ▶ 신뢰한계의 산출

앞의 가설검정의 결과에 추가한다.

F14 =F8+TINV(F5, F6)*F3/SQRT(F2)

| | A | B | C | D | E | F | G |
|---|---|---|---|---|---|---|---|
| 1 | No. | 표본 | | | | | |
| 2 | 1 | 123 | | 표본의 수 | n | 20 | |
| 3 | 2 | 127 | | 표본의 표준편차 | s | 10.04 | |
| 4 | 3 | 131 | | 가설의 값 | μ | 120 | |
| 5 | 4 | 122 | | 유의수준 | α | 0.05 | |
| 6 | 5 | 109 | | 자유도 | φ | 19 | |
| 7 | 6 | 106 | | | | | |
| 8 | 7 | 128 | | 표본의 평균 | $\bar{x}$ | 123.1000 | |
| 9 | 8 | 133 | | 검정통계량 | t | 1.3806 | |
| 10 | 9 | 115 | | 기각치(우측) | t(α, φ) | 1.7291 | |
| 11 | 10 | 120 | | 단측확률(우측) | p | 0.0917 | |
| 12 | 11 | 139 | | 신뢰도 | 1-α | 0.95 | |
| 13 | 12 | 119 | | 신뢰하한 | | 118.4004 | |
| 14 | 13 | 121 | | 신뢰상한 | | 127.7996 | |
| 15 | 14 | 116 | | | | | |
| 16 | 15 | 110 | | | | | |
| 17 | 16 | 135 | | | | | |
| 18 | 17 | 130 | | | | | |
| 19 | 18 | 136 | | | | | |
| 20 | 19 | 133 | | | | | |
| 21 | 20 | 109 | | | | | |
| 22 | | | | | | | |

Sheet1 Sheet2 Sheet3 Sheet4 Sheet5

### ▶ 결과의 해석방법

모평균 $\mu$의 95% 신뢰구간은 다음과 같다.

$$118.4004 \leq \mu \leq 127.7996$$

●●● **예제 9-5** 예제 9-3의 데이터를 기술 통계법에 의해서 모평균을 추정하라.

## ▶ 기술 통계법에 의한 구간추정

[순서 1] 데이터의 입력

셀 B2 : B21 영역에 데이터를 입력한다.

데이터 분석이 메뉴에 없다면 다음과 같이 한다.

[오피스 로고 아이콘] -> Excel옵션 -> 왼쪽 메뉴에서 [추가기능] -> [Excel 추가기능] 오른쪽의 [버튼] 클릭 -> 사용가능한 추가 기능 목록에서 [분석도구] 클릭해 선택 한 후 [확인] 버튼을 클릭하면 데이터 분석 도구가 설치된다. 단, 설치 상태에 따라서는 오피스 설치 CD가 있어야만 될 수도 있다.

| | A | B | C | D | E | F | G |
|---|---|---|---|---|---|---|---|
| 1 | No. | 표본 | | | | | |
| 2 | 1 | 123 | | | | | |
| 3 | 2 | 127 | | | | | |
| 4 | 3 | 131 | | | | | |
| 5 | 4 | 122 | | | | | |
| 6 | 5 | 109 | | | | | |
| 7 | 6 | 106 | | | | | |
| 8 | 7 | 128 | | | | | |
| 9 | 8 | 133 | | | | | |
| 10 | 9 | 115 | | | | | |
| 11 | 10 | 120 | | | | | |
| 12 | 11 | 139 | | | | | |
| 13 | 12 | 119 | | | | | |
| 14 | 13 | 121 | | | | | |
| 15 | 14 | 116 | | | | | |
| 16 | 15 | 110 | | | | | |
| 17 | 16 | 135 | | | | | |
| 18 | 17 | 130 | | | | | |
| 19 | 18 | 136 | | | | | |
| 20 | 19 | 133 | | | | | |
| 21 | 20 | 109 | | | | | |
| 22 | | | | | | | |

Sheet1 Sheet2 Sheet3 Sheet4 Sheet5

[순서 2] 기술 통계법의 선택

메뉴에서 [데이터] − [데이터 분석]을 선택한다.

[통계 데이터 분석] 대화상자가 나타난다.

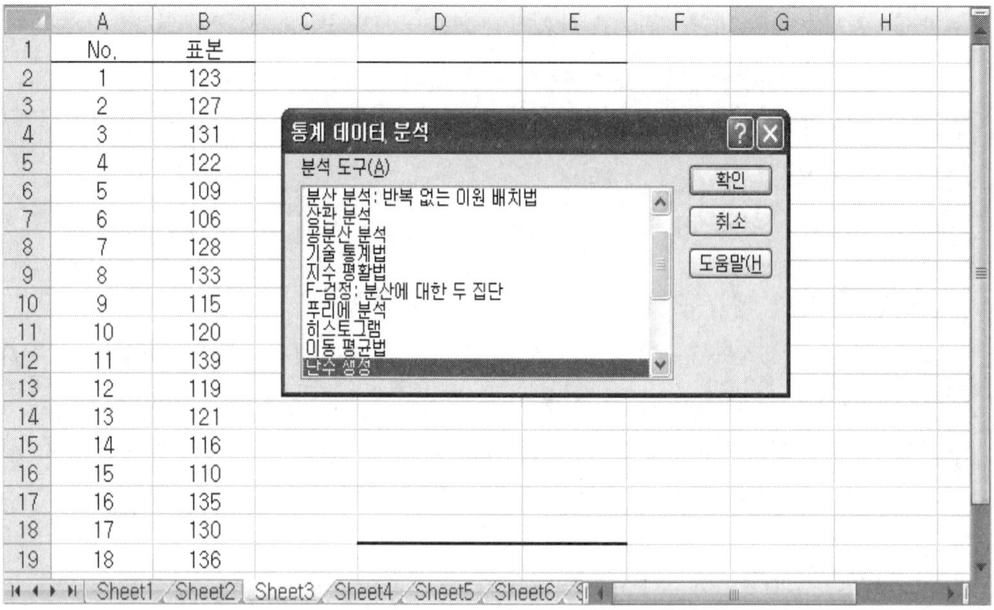


[순서 3] [기술 통계법]을 선택하고, [확인] 버튼을 클릭한다.

[기술 통계법] 대화상자에서 위와 같이 입력하고 [확인] 버튼을 클릭한다.

[순서 4] 분석결과의 출력

| No. | 표본 | | 표본 | | | | |
|---|---|---|---|---|---|---|---|
| 1 | 123 | | | | | | |
| 2 | 127 | | 평균 | 123.1 | | | |
| 3 | 131 | | 표준 오차 | 2.245346 | | | |
| 4 | 122 | | 중앙값 | 122.5 | | | |
| 5 | 109 | | 최빈값 | 109 | | | |
| 6 | 106 | | 표준 편차 | 10.04149 | | | |
| 7 | 128 | | 분산 | 100.8316 | | | |
| 8 | 133 | | 첨도 | -1.12991 | | | |
| 9 | 115 | | 왜도 | -0.1769 | | | |
| 10 | 120 | | 범위 | 33 | | | |
| 11 | 139 | | 최소값 | 106 | | | |
| 12 | 119 | | 최대값 | 139 | | | |
| 13 | 121 | | 합 | 2462 | | | |
| 14 | 116 | | 관측수 | 20 | | | |
| 15 | 110 | | 가장 큰 값(2) | 136 | | | |
| 16 | 135 | | 가장 작은 값(2) | 109 | | | |
| 17 | 130 | | 신뢰 수준(95.0%) | 4.699565 | | | |
| 18 | 136 | | | | | | |
| 19 | 133 | | | | | | |
| 20 | 109 | | | | | | |

### ▶ 결과의 해석방법

모평균 $\mu$의 $1-\alpha$ 신뢰구간은

$$\bar{x}-t(\alpha,\phi)\frac{s}{\sqrt{n}} \leqq \mu \leqq \bar{x}+t(\alpha,\phi)\frac{s}{\sqrt{n}}$$

$$\text{표본평균}-\text{신뢰수준} \leq \mu \leq \text{표본평균}+\text{신뢰수준}$$

$$123.1000-4.6996 \leq \mu \leq 123.1000+4.6996$$

$$118.4004 \leq \mu \leq 127.7996$$

여기에서

$$\frac{s}{\sqrt{n}}=\frac{10.0415}{\sqrt{20}}= 2.2453 \qquad : \text{표준오차}$$

$$t(\alpha,\phi)\frac{s}{\sqrt{n}}=2.0931\frac{10.0415}{\sqrt{20}}= 4.6996 \ : \text{신뢰수준}$$

을 의미한다.

## 2. 모평균의 차에 관한 검정과 추정

### (1) 두 모평균의 차에 관한 검정과 추정

●●● **예제 9-6** A, B 두 회사에서 생산되는 형광등의 수명에 차이가 나는지를 알아 보려고 한다. 각각 60개의 형광등을 표본추출하여 평균수명을 측정한 결과가 다음의 데이터표와 같다.

**데이터표**

| No. | A | B | No. | A | B | No. | A | B |
|---|---|---|---|---|---|---|---|---|
| 1 | 5109.8 | 2331.7 | 21 | 5087.1 | 7231.7 | 41 | 4137.4 | 6196.5 |
| 2 | 4279.0 | 5276.1 | 22 | 5050.3 | 5001.7 | 42 | 4644.8 | 5685.6 |
| 3 | 5572.6 | 4327.1 | 23 | 6506.2 | 4036.9 | 43 | 4071.7 | 6705.1 |
| 4 | 6450.0 | 5935.8 | 24 | 5292.5 | 2723.5 | 44 | 5056.6 | 6464.3 |
| 5 | 6383.6 | 5326.6 | 25 | 5206.8 | 2936.4 | 45 | 5337.4 | 5219.4 |
| 6 | 6838.2 | 5081.3 | 26 | 4928.8 | 4840.3 | 46 | 5388.9 | 4138.4 |
| 7 | 3509.0 | 4772.3 | 27 | 7041.4 | 5201.5 | 47 | 5090.7 | 5039.9 |
| 8 | 5165.9 | 6292.5 | 28 | 6100.8 | 5293.9 | 48 | 7230.3 | 4460.7 |
| 9 | 6295.8 | 5984.8 | 29 | 7384.3 | 5366.6 | 49 | 3883.9 | 6136.7 |
| 10 | 4441.3 | 5742.1 | 30 | 4808.3 | 5379.5 | 50 | 4739.0 | 4380.8 |
| 11 | 4778.3 | 4260.3 | 31 | 6777.2 | 4231.5 | 51 | 3174.1 | 5841.2 |
| 12 | 3928.1 | 6122.9 | 32 | 3994.5 | 5517.2 | 52 | 6595.5 | 6061.9 |
| 13 | 3795.1 | 5641.2 | 33 | 5823.1 | 5013.6 | 53 | 4277.2 | 7649.6 |
| 14 | 4534.0 | 5159.4 | 34 | 6131.9 | 4776.9 | 54 | 4809.5 | 8298.2 |
| 15 | 4707.5 | 4653.5 | 35 | 6996.1 | 3666.4 | 55 | 6009.1 | 5390.0 |
| 16 | 3564.8 | 3120.3 | 36 | 5293.2 | 5380.8 | 56 | 5761.7 | 4875.5 |
| 17 | 4882.3 | 3895.7 | 37 | 4919.8 | 5852.7 | 57 | 6108.4 | 4550.5 |
| 18 | 5021.6 | 4807.4 | 38 | 5938.9 | 5915.1 | 58 | 5871.4 | 4635.7 |
| 19 | 5479.6 | 4158.6 | 39 | 5040.9 | 5174.1 | 59 | 4198.9 | 6048.4 |
| 20 | 5054.3 | 4230.3 | 40 | 6009.0 | 4648.1 | 60 | 4416.6 | 3294.7 |

두 회사에서 생산되는 형광등의 수명에 대한 분산이 각각 722,500시간, 855,625시간이라고 할 경우, 두 회사 형광등의 평균수명이 다르다고 할 수 있는가? 5%의 유의수준으로 검정하라.

#### ▶ 두 모집단의 분산을 알고 있는 경우

우리의 주변에는 두 모집단의 모수를 비교해야 할 경우가 흔히 발생한다. 예를 들면 대졸 신입사원의 평균임금과 고졸 신입사원의 평균임금 사이의 차이를 알고자 하는 경우를 들 수 있다. 이것은 대졸 신입사원 전체의 평균임금($\mu_1$)과 고졸 신입사원 전체의 평균임금($\mu_2$) 사이의 차이, 즉 $(\mu_1 - \mu_2)$에 대한 가설검정을 필요로 한다.

평균이 각각 $\mu_1$, $\mu_2$이고 분산이 각각 ${\sigma_1}^2$, ${\sigma_2}^2$인 정규분포를 이루는 두 모집단에서 표본의 크기가 각각 $n_1$, $n_2$인 표본추출을 한다고 하자. 이 때 표본평균의 차이 $(\overline{x_1} - \overline{x_2})$는 평균이 $(\mu_1 - \mu_2)$, 분산이 $({\sigma_1}^2/n_1 + {\sigma_2}^2/n_2)$인 정규분포를 하게 되므로

$$\left\{(\overline{x_1} - \overline{x_2}) - (\mu_1 - \mu_2)\right\} / \sqrt{({\sigma_1}^2/n_1 + {\sigma_2}^2/n_2)}$$

는 표준정규분포를 하게 된다. 따라서 ${\sigma_1}^2$, ${\sigma_2}^2$을 알고 있는 경우 $(\mu_1 - \mu_2)$에 대한 가설검정에서는 $Z$ 통계량을 검정통계량으로 사용할 수 있다.

귀무가설에서의 두 모평균의 차이가 $(\mu_1 - \mu_2)$인 경우 검정통계량은 다음과 같다.

두 모평균의 차에 대한 검정통계량(${\sigma_1}^2$, ${\sigma_2}^2$을 알고 있는 경우)

$$Z = \frac{(\overline{x_1} - \overline{x_2}) - (\mu_1 - \mu_2)}{\sqrt{\frac{\sigma_1^2}{n_1} + \frac{\sigma_2^2}{n_2}}}$$

$(\mu_1 - \mu_2)$에 대한 가설검정의 절차는 전술한 모평균에 관한 검정절차와 같다. 이 때 귀무가설과 대립가설은 다음과 같이 설정한다.

$$H_0 : \mu_1 - \mu_2 = 0$$
$$H_1 : \mu_1 - \mu_2 \neq 0$$

단 여기에서는 통계함수를 이용하지 않고 Excel에 내장되어 있는 분석 도구를 이용하기로 한다.

## ▶ Excel에 의한 해법

[순서 1] 데이터의 입력

셀 B1에서 C61까지 데이터를 입력한다. 단 B열에는 A회사의 데이터를, C열에는

B회사의 데이터를 입력한다.

| No. | A | B |
|---|---|---|
| 1 | 5109.8 | 2331.7 |
| 2 | 4279.0 | 5276.1 |
| 3 | 5572.6 | 4327.1 |
| 4 | 6450.0 | 5935.8 |
| 5 | 6383.6 | 5326.6 |
| 6 | 6838.2 | 5081.3 |
| 7 | 3509.0 | 4772.3 |
| 8 | 5165.9 | 6292.5 |
| 9 | 6295.8 | 5984.8 |
| 10 | 4441.3 | 5742.1 |
| 11 | 4778.3 | 4260.3 |
| 12 | 3928.1 | 6122.9 |
| 13 | 3795.1 | 5641.2 |
| 14 | 4534.0 | 5159.4 |
| 15 | 4707.5 | 4653.5 |
| 16 | 3564.8 | 3120.3 |
| 17 | 4882.3 | 3895.7 |
| 58 | 5871.4 | 4635.7 |
| 59 | 4198.9 | 6048.4 |
| 60 | 4416.6 | 3294.7 |

**[순서 2]** 분석 도구의 호출

메뉴에서 [데이터] – [데이터 분석]을 선택한다.

[통계 데이터 분석] 대화상자가 나타난다.

목록에서 [$z$ – 검정 : 평균에 대한 두 집단]을 선택하고 [확인] 버튼을 클릭한다.

**[순서 3]** 검정을 위한 데이터의 입력 및 범위지정

[$z$ – 검정 : 평균에 대한 두 집단] 대화상자가 나타나면 다음과 같이 입력하고 [확인] 버튼을 클릭한다.

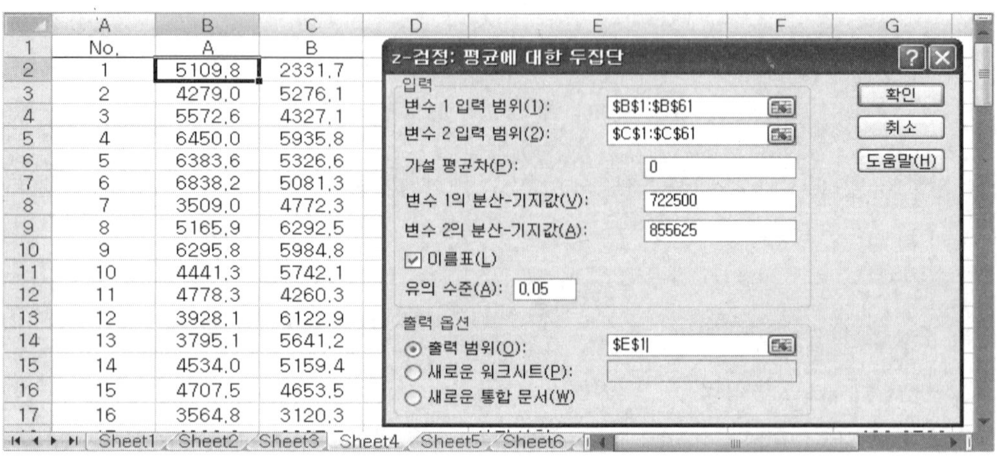

[순서 4] 분석결과의 출력

| No. | A | B |
|---|---|---|
| 1 | 5109.8 | 2331.7 |
| 2 | 4279.0 | 5276.1 |
| 3 | 5572.6 | 4327.1 |
| 4 | 6450.0 | 5935.8 |
| 5 | 6383.6 | 5326.6 |
| 6 | 6838.2 | 5081.3 |
| 7 | 3509.0 | 4772.3 |
| 8 | 5165.9 | 6292.5 |
| 9 | 6295.8 | 5984.8 |
| 10 | 4441.3 | 5742.1 |
| 11 | 4778.3 | 4260.3 |
| 12 | 3928.1 | 6122.9 |
| 13 | 3795.1 | 5641.2 |
| 14 | 4534.0 | 5159.4 |
| 15 | 4707.5 | 4653.5 |
| 16 | 3564.8 | 3120.3 |
| 17 | 4882.3 | 3895.7 |
| 18 | 5021.6 | 4807.4 |
| 19 | 5479.6 | 4158.6 |
| 20 | 5054.3 | 4230.3 |
| 21 | 5087.1 | 7231.7 |

| z-검정: 평균에 대한 두 집단 | | |
|---|---|---|
| | A | B |
| 평균 | 5248.75 | 5106.36 |
| 기지의 분산 | 722500 | 855625 |
| 관측수 | 60 | 60 |
| 가설 평균차 | 0 | |
| z 통계량 | 0.8780 | |
| P(Z<=z) 단측 검정 | 0.1900 | |
| z 기각치 단측 검정 | 1.6449 | |
| P(Z<=z) 양측 검정 | 0.3800 | |
| z 기각치 양측 검정 | 1.9600 | |

▶ **결과에 대한 판정**

유의수준과 비교할 확률 p값을 보면

$$p\text{값} = 0.3800 > \text{유의수준 } \alpha = 0.05$$

이므로 귀무가설 $H_0$는 채택된다. 즉, 두 모평균의 차이는 없다고 할 수 있다.

●●● **예제 9-7** 예제 9-6의 데이터에 대해서 두 모평균의 차를 신뢰도 95%로 구간추정하라.

▶ **두 모평균의 차에 대한 구간추정(두 모집단의 분산을 알고 있는 경우)**

전술한 바와 같이 평균이 각각 $\mu_1$, $\mu_2$이고 분산이 각각 $\sigma_1{}^2$, $\sigma_2{}^2$인 정규분포를 이루는 두 모집단에서 표본의 크기가 각각 $n_1$, $n_2$인 표본추출을 한다고 하자. 이 때 표본평균의 차이 $(\overline{x_1} - \overline{x_2})$는 평균이 $(\mu_1 - \mu_2)$, 분산이 $(\sigma_1{}^2/n_1 + \sigma_2{}^2/n_2)$인 정규분포를 하게 되므로

$$\left\{(\overline{x_1} - \overline{x_2}) - (\mu_1 - \mu_2)\right\} / \sqrt{(\sigma_1{}^2/n_1 + \sigma_2{}^2/n_2)}$$

는 표준정규분포를 하게 된다.

따라서 두 모평균의 차에 대한 $1-\alpha$ 의 신뢰도를 갖는 신뢰구간은 다음과 같다.

$$(\overline{x_1}-\overline{x_2})-z_{\alpha/2}\sqrt{\frac{{\sigma_1}^2}{n_1}+\frac{{\sigma_2}^2}{n_2}} \leqq (\mu_1-\mu_2) \leqq (\overline{x_1}-\overline{x_2})+z_{\alpha/2}\sqrt{\frac{{\sigma_1}^2}{n_1}+\frac{{\sigma_2}^2}{n_2}}$$

### ▶ 신뢰한계의 산출

앞의 가설검정결과에 추가한다.

| No. | A | B | | z-검정: 평균에 대한 두 집단 | | |
|---|---|---|---|---|---|---|
| 1 | 5109.8 | 2331.7 | | | | |
| 2 | 4279.0 | 5276.1 | | | A | B |
| 3 | 5572.6 | 4327.1 | | 평균 | 5248.75 | 5106.36 |
| 4 | 6450.0 | 5935.8 | | 기지의 분산 | 722500 | 855625 |
| 5 | 6383.6 | 5326.6 | | 관측수 | 60 | 60 |
| 6 | 6838.2 | 5081.3 | | 가설 평균차 | 0 | |
| 7 | 3509.0 | 4772.3 | | z 통계량 | 0.8780 | |
| 8 | 5165.9 | 6292.5 | | P(Z<=z) 단측 검정 | 0.1900 | |
| 9 | 6295.8 | 5984.8 | | z 기각치 단측 검정 | 1.6449 | |
| 10 | 4441.3 | 5742.1 | | P(Z<=z) 양측 검정 | 0.3800 | |
| 11 | 4778.3 | 4260.3 | | z 기각치 양측 검정 | 1.9600 | |
| 12 | 3928.1 | 6122.9 | | | | |
| 13 | 3795.1 | 5641.2 | | 유의수준 | α | 0.05 |
| 14 | 4534.0 | 5159.4 | | 기각치(양측) | z(α/2) | 1.9600 |
| 15 | 4707.5 | 4653.5 | | 신뢰도 | 1-α | 0.95 |
| 16 | 3564.8 | 3120.3 | | 신뢰하한 | | -175.4773 |
| 17 | 4882.3 | 3895.7 | | 신뢰상한 | | 460.2524 |
| 18 | 5021.6 | 4807.4 | | | | |
| 19 | 5479.6 | 4158.6 | | | | |
| 20 | 5054.3 | 4230.3 | | | | |
| 21 | 5087.1 | 7231.7 | | | | |

[셀의 입력내용]

G14; 0.05

G15; = NORMSINV(1－G14/2)

G16; = 1－G14

G17; = (F4－G4)－ABS(NORMSINV(1－G14/2) * SQRT(F5/F6+G5/G6))

G18; = (F4－G4)+ABS(NORMSINV(1－G14/2) * SQRT(F5/F6+G5/G6))

### ▶ 결과의 해석방법

두 모평균의 차에 대한 95% 신뢰구간은 다음과 같다.

$$-175.4773 \le \mu_1 - \mu_2 \le 460.2524$$

●●● **예제 9-8** K대학 경영학과 교수는 자신의 과목을 수강하는 남·여 학생들간에 IQ의 차이가 있는가를 조사하려고 한다. 이를 위해 남·여 학생 각각 15명을 표본추출하여 IQ 테스트를 실시한 결과가 다음과 같았다.

**데이터표**

| No. | 남학생 | 여학생 |
|---|---|---|
| 1 | 130 | 106 |
| 2 | 125 | 104 |
| 3 | 126 | 134 |
| 4 | 109 | 107 |
| 5 | 100 | 131 |
| 6 | 118 | 133 |
| 7 | 117 | 122 |
| 8 | 118 | 101 |
| 9 | 131 | 109 |
| 10 | 124 | 144 |
| 11 | 127 | 122 |
| 12 | 104 | 124 |
| 13 | 120 | 120 |
| 14 | 130 | 119 |
| 15 | 130 | 114 |

이 교수의 과목을 수강하는 남·여 학생들의 평균 IQ가 다르다고 할 수 있는가를 5%의 유의수준으로 검정하라(단, 남·여 학생들의 IQ는 각각 정규분포를 이루고 동일한 분산을 갖는다).

### ▶ 두 모집단의 분산을 모르고 있는 경우

두 모평균의 차에 대한 가설검정에 있어서 두 모집단의 분산을 알고 있는 경우보다는 모르고 있는 경우가 더 일반적이다. 이러한 경우에는 두 모집단에서 추출된 표본의 크기가 충분히 큰 경우($n_1 \ge 30, n_2 \ge 30$)와 작은 경우로 구분하여 가설검정을 실시할 수 있다.

[1] 대표본의 경우

두 모집단의 분산을 모르고 있는 경우에는 $\sigma_1{}^2$과 $\sigma_2{}^2$에 대한 추정량인 표본의 분산($s_1{}^2$과 $s_2{}^2$)을 이용하여 $(\overline{x_1}-\overline{x_2})$의 표준편차를 계산한다. 따라서 평균이 각각 $\mu_1$, $\mu_2$인 두 모집단에서 표본의 크기가 각각 $n_1$, $n_2$인 표본추출(단, $n_1 \geqq 30, n_2 \geqq 30$)을 한다고 하자. 이 때 표본평균의 차이 $(\overline{x_1}-\overline{x_2})$는 평균이 $(\mu_1-\mu_2)$, 분산이 $(s_1{}^2/n_1+s_2{}^2/n_2)$인 정규분포를 하게 되므로

$$\left\{(\overline{x_1}-\overline{x_2})-(\mu_1-\mu_2)\right\}/\sqrt{(s_1{}^2/n_1+s_2{}^2/n_2)}$$

는 표준정규분포를 하게 된다. 따라서 $\sigma_1{}^2$, $\sigma_2{}^2$을 모르고 대표본일 경우의 $(\mu_1-\mu_2)$에 대한 가설검정에서는 $Z$ 통계량을 검정통계량으로 사용할 수 있다.

[2] 소표본이고 등분산($\sigma_1{}^2=\sigma_2{}^2$)인 경우

두 모집단의 분산을 모르고 두 모집단에서 추출된 표본의 크기가 작을 경우 두 모평균의 차에 대한 가설검정은 어떻게 할 것인가? 등분산($\sigma_1{}^2=\sigma_2{}^2$)을 가정하고 있으므로 $s_1{}^2$과 $s_2{}^2$을 이용하여 $\sigma^2$에 대한 추정량을 구한 후 $\sqrt{\sigma_1{}^2/n_1+\sigma_2{}^2/n_2}$ 에 적용하는 것이 바람직하다.

$\sigma^2$에 대한 추정량을 구하는 방법은 각 표본의 자유도($n_1-1$과 $n_2-1$)를 가중치로 하여 $s_1{}^2$과 $s_2{}^2$의 가중평균을 구하는 방법을 사용하며 이 추정량을 $\sigma^2$에 대한 합동추정량(pooled estimatior)이라 한다.

$\sigma^2$에 대한 합동추정량

$$s_p^2=\frac{(n_1-1)s_1^2+(n_2-1)s_2^2}{n_1+n_2-2}=\frac{S_1+S_2}{\phi_1+\phi_2}$$

여기에서 $S_1$ : 그룹 1의 편차제곱의 합

$S_2$ : 그룹 2의 편차제곱의 합

$\phi_1$ : 그룹 1의 자유도($n_1-1$)

$\phi_2$ : 그룹 2의 자유도($n_2-1$)

위의 합동추정량은 두 모집단의 분산이 동일하다는 전제하에서만 유효하다. 그런데 서로 다른 두 모집단의 각각의 분산이 동일한 경우가 있을 수 있겠는

가? 특수한 경우를 제외하고는 거의 없을 것이다. 그러면 합동추정량은 어떤 경우에 이용될 수 있는가? 여기에서 $\sigma_1^{\ 2} = \sigma_2^{\ 2}$이라는 것은 정확히 동일하다는 의미라고 하기보다는 거의 다르지 않다는 의미이며 특히 표본의 크기 $n_1$과 $n_2$가 동일할 경우에는 합동추정량을 이용해도 무방하다.

### ▶ 등분산을 가정했을 때의 검정절차

[순서 1] 가설의 설정

$$H_0 \ : \ \mu_1 = \mu_2$$
$$H_1 \ : \ \mu_1 \neq \mu_2$$

대립가설은 귀무가설을 부정하는 것으로 다음과 같은 세 가지의 경우를 생각할 수 있다.

$$(1) \ H_1 \ : \ \mu_1 \neq \mu_2$$
$$(2) \ H_1 \ : \ \mu_1 > \mu_2$$
$$(3) \ H_1 \ : \ \mu_1 < \mu_2$$

이 예제에서는 남·여 학생들의 평균 IQ가 같은지 다른지에 관심이 있으므로 (1)의 가설이 된다.

[순서 2] 유의수준의 설정

유의수준 $\alpha$ = 0.05

(경우에 따라서는 유의수준을 0.01 또는 0.1이라고 설정할 수도 있다.)

[순서 3] 합동추정량(공동분산)의 산출

$\sigma^2(=\sigma_1^{\ 2}=\sigma_2^{\ 2})$에 대한 합동추정량

$$s_p^{\ 2} = \frac{(n_1-1)s_1^{\ 2}+(n_2-1)s_2^{\ 2}}{n_1+n_2-2} = \frac{S_1+S_2}{\phi_1+\phi_2}$$

여기에서 $S_1$ : 그룹 1의 편차제곱의 합

$S_2$ : 그룹 2의 편차제곱의 합

$\phi_1$ : 그룹 1의 자유도$(n_1-1)$

$\phi_2$ : 그룹 2의 자유도$(n_2-1)$

[순서 4] 검정통계량 t값의 산출

$$t=\frac{(\overline{x_1}-\overline{x_2})-(\mu_1-\mu_2)}{\sqrt{\dfrac{{s_p}^2}{n_1}+\dfrac{{s_p}^2}{n_2}}}=\frac{(\overline{x_1}-\overline{x_2})}{\sqrt{{s_p}^2\left(\dfrac{1}{n_1}+\dfrac{1}{n_2}\right)}}$$

[순서 5] $p$ 값의 산출

유의수준과 비교할 확률 $p$를 계산한다. $p$값은 자유도 $\phi_1+\phi_2(n_1+n_2-2)$의 $t$ 분포에 있어서 $|t|$ 이상의 값이 발생할 확률이다.

[순서 6] 판정

$p$값 $\leq$ 유의수준 $\alpha$ → 귀무가설 $H_0$를 기각한다.

$p$값 > 유의수준 $\alpha$ → 귀무가설 $H_0$를 채택한다.

## ▶ Excel에 의한 해법

[순서 1] 데이터의 입력

셀 B1에서 C16까지 데이터를 입력한다. 단 B열에는 남학생의 데이터를, C열에는 여학생의 데이터를 입력한다.

| | A | B | C | D | E | F | G |
|---|---|---|---|---|---|---|---|
| 1 | No. | 남학생 | 여학생 | | | | |
| 2 | 1 | 130 | 106 | | | | |
| 3 | 2 | 125 | 104 | | | | |
| 4 | 3 | 126 | 134 | | | | |
| 5 | 4 | 109 | 107 | | | | |
| 6 | 5 | 100 | 131 | | | | |
| 7 | 6 | 118 | 133 | | | | |
| 8 | 7 | 117 | 122 | | | | |
| 9 | 8 | 118 | 101 | | | | |
| 10 | 9 | 131 | 109 | | | | |
| 11 | 10 | 124 | 144 | | | | |
| 12 | 11 | 127 | 122 | | | | |
| 13 | 12 | 104 | 124 | | | | |
| 14 | 13 | 120 | 120 | | | | |
| 15 | 14 | 130 | 119 | | | | |
| 16 | 15 | 130 | 114 | | | | |
| 17 | | | | | | | |
| 18 | | | | | | | |
| 19 | | | | | | | |
| 20 | | | | | | | |
| 21 | | | | | | | |
| 22 | | | | | | | |

Sheet3 Sheet4 Sheet5 Sheet6 Sheet7

[순서 2] 분석 도구의 호출

메뉴에서 [데이터] – [데이터 분석]을 선택한다.

[통계 데이터 분석] 대화상자가 나타난다.

목록에서 [$t$ – 검정 : 등분산 가정 두 집단]을 선택하고 [확인] 버튼을 클릭한다.

[순서 3] 검정을 위한 데이터의 입력 및 범위지정

[$t$ – 검정 : 등분산 가정 두 집단] 대화상자가 나타나면 다음과 같이 입력하고 [확인] 버튼을 클릭한다.

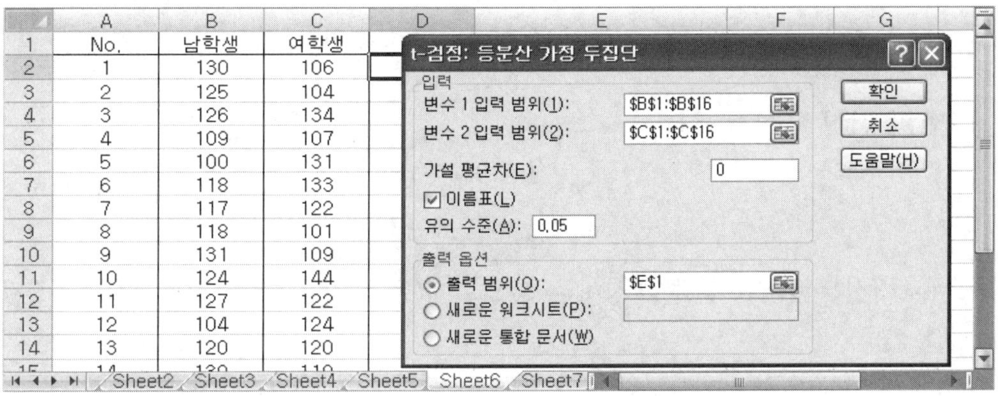


[순서 4] 분석결과의 출력

| No. | 남학생 | 여학생 |
|---|---|---|
| 1 | 130 | 106 |
| 2 | 125 | 104 |
| 3 | 126 | 134 |
| 4 | 109 | 107 |
| 5 | 100 | 131 |
| 6 | 118 | 133 |
| 7 | 117 | 122 |
| 8 | 118 | 101 |
| 9 | 131 | 109 |
| 10 | 124 | 144 |
| 11 | 127 | 122 |
| 12 | 104 | 124 |
| 13 | 120 | 120 |
| 14 | 130 | 119 |
| 15 | 130 | 114 |

t-검정: 등분산 가정 두 집단

| | 남학생 | 여학생 |
|---|---|---|
| 평균 | 120.6000 | 119.3333 |
| 분산 | 95.4000 | 158.5238 |
| 관측수 | 15 | 15 |
| 공동(Pooled) 분산 | 126.9619 | |
| 가설 평균차 | 0 | |
| 자유도 | 28 | |
| t 통계량 | 0.3079 | |
| P(T<=t) 단측 검정 | 0.3802 | |
| t 기각치 단측 검정 | 1.7011 | |
| P(T<=t) 양측 검정 | 0.7605 | |
| t 기각치 양측 검정 | 2.0484 | |

▶ **결과에 대한 판정**

유의수준과 비교할 확률 $p$값(양측 검정)을 보면

$$p\text{값} = 0.7605 > \text{유의수준 } \alpha = 0.05$$

이므로 귀무가설 $H_0$는 채택된다. 즉, 두 모평균의 차이는 없다고 할 수 있다.

▶ **등분산을 가정하지 않을 때의 검정절차**

등분산을 가정했을 경우의 모평균 차에 관한 검정방법은 흔히 Student의 $t$ 검정이라고 불리고 있다. 한편 등분산을 가정하지 않을 경우의 모평균 차에 관한 검정은 Welch의 $t$ 검정에 의해서 실시된다. Welch의 $t$ 검정절차는 다음과 같다.

[순서 1] 가설의 설정

$$H_0 : \mu_1 = \mu_2$$
$$H_1 : \mu_1 \neq \mu_2$$

대립가설은 귀무가설을 부정하는 것으로 다음과 같은 세 가지의 경우를 생각할 수 있다.

$$(1)\ H_1 : \mu_1 \neq \mu_2$$
$$(2)\ H_1 : \mu_1 > \mu_2$$
$$(3)\ H_1 : \mu_1 < \mu_2$$

이 예제에서는 전술한 바와 같이 남·여 학생들의 평균 IQ가 같은지 다른지에 관심이 있으므로 (1)의 가설이 된다.

[순서 2] 유의수준의 설정

$$\text{유의수준 } \alpha = 0.05$$

(경우에 따라서는 유의수준을 0.01 또는 0.1이라고 설정할 수도 있다.)

[순서 3] 검정통계량 $t$ 값의 산출

$$t = \frac{(\overline{x_1} - \overline{x_2}) - (\mu_1 - \mu_2)}{\sqrt{\frac{{s_1}^2}{n_1} + \frac{{s_2}^2}{n_2}}} = \frac{(\overline{x_1} - \overline{x_2})}{\sqrt{\frac{{s_1}^2}{n_1} + \frac{{s_2}^2}{n_2}}}$$

[순서 4] 등가자유도 $\phi^*$의 산출

$$\phi^* = \frac{\left(\frac{{s_1}^2}{n_1}+\frac{{s_2}^2}{n_2}\right)^2}{\left(\frac{{s_1}^2}{n_1}\right)^2\frac{1}{n_1-1}+\left(\frac{{s_2}^2}{n_2}\right)^2\frac{1}{n_2-1}}$$

[순서 5] $p$ 값의 산출

유의수준과 비교할 확률 $p$를 계산한다. $p$값은 등가자유도 $\phi^*$의 $t$ 분포에 있어서 $|t|$ 이상의 값이 발생할 확률이다.

[순서 6] 판정

$p$값 $\leq$ 유의수준 $\alpha$ $\rightarrow$ 귀무가설 $H_0$를 기각한다.

$p$값 $>$ 유의수준 $\alpha$ $\rightarrow$ 귀무가설 $H_0$를 채택한다.

### ▶ Excel에 의한 해법

[순서 1] 데이터의 입력

셀 B1에서 C16까지 데이터를 입력한다. 단 B열에는 남학생의 데이터를, C열에는 여학생의 데이터를 입력한다.

| | A | B | C |
|---|---|---|---|
| 1 | No. | 남학생 | 여학생 |
| 2 | 1 | 130 | 106 |
| 3 | 2 | 125 | 104 |
| 4 | 3 | 126 | 134 |
| 5 | 4 | 109 | 107 |
| 6 | 5 | 100 | 131 |
| 7 | 6 | 118 | 133 |
| 8 | 7 | 117 | 122 |
| 9 | 8 | 118 | 101 |
| 10 | 9 | 131 | 109 |
| 11 | 10 | 124 | 144 |
| 12 | 11 | 127 | 122 |
| 13 | 12 | 104 | 124 |
| 14 | 13 | 120 | 120 |
| 15 | 14 | 130 | 119 |
| 16 | 15 | 130 | 114 |

Sheet3 Sheet4 Sheet5 Sheet6 Sheet7

[순서 2] 분석 도구의 호출

메뉴에서 [데이터] – [데이터 분석]을 선택한다.

[통계 데이터 분석] 대화상자가 나타난다.

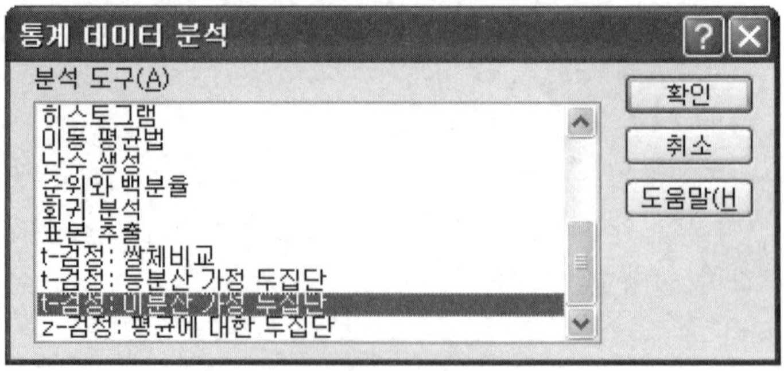


[$t$ – 검정 : 이분산 가정 두 집단]을 선택하고 [확인] 버튼을 클릭한다.

[순서 3] 검정을 위한 데이터의 입력 및 범위지정

[$t$ – 검정 : 이분산 가정 두 집단] 대화상자가 나타나면 다음과 같이 입력하고 [확인] 버튼을 클릭한다.

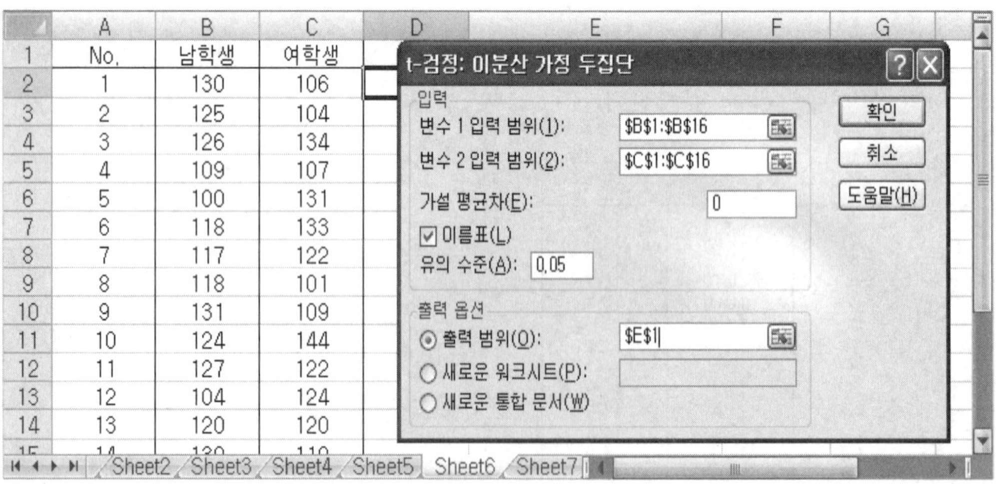

[순서 4] 분석결과의 출력

| No. | 남학생 | 여학생 |
|---|---|---|
| 1 | 130 | 106 |
| 2 | 125 | 104 |
| 3 | 126 | 134 |
| 4 | 109 | 107 |
| 5 | 100 | 131 |
| 6 | 118 | 133 |
| 7 | 117 | 122 |
| 8 | 118 | 101 |
| 9 | 131 | 109 |
| 10 | 124 | 144 |
| 11 | 127 | 122 |
| 12 | 104 | 124 |
| 13 | 120 | 120 |
| 14 | 130 | 119 |
| 15 | 130 | 114 |

t-검정: 이분산 가정 두 집단

| | 남학생 | 여학생 |
|---|---|---|
| 평균 | 120.6000 | 119.3333 |
| 분산 | 95.4000 | 158.5238 |
| 관측수 | 15 | 15 |
| 가설 평균차 | 0 | |
| 자유도 | 26 | |
| t 통계량 | 0.3079 | |
| P(T<=t) 단측 검정 | 0.3803 | |
| t 기각치 단측 검정 | 1.7056 | |
| P(T<=t) 양측 검정 | 0.7606 | |
| t 기각치 양측 검정 | 2.0555 | |

### ▶ 결과에 대한 판정

유의수준과 비교할 확률 $p$값(양측 검정)을 보면

$$p\text{값} = 0.7606 > \text{유의수준 } \alpha = 0.05$$

이므로 귀무가설 $H_0$는 채택된다. 즉, 두 모평균의 차이는 없다고 할 수 있다.

**예제 9-9** 예제 9-8의 데이터에 대해서 등분산을 가정한 경우와 등분산을 가정하지 않은 경우에 두 모평균의 차를 신뢰도 95%로 구간추정하라.

### ▶ 두 모평균의 차에 관한 구간추정

[1] 등분산을 가정했을 때의 구간추정

두 모평균의 차에 대한 $1-\alpha$ 의 신뢰도를 갖는 신뢰구간은 다음과 같다.

$$(\overline{x_1}-\overline{x_2})-t(\alpha,\phi)\sqrt{s_p{}^2\left(\frac{1}{n_1}+\frac{1}{n_2}\right)} \leq (\mu_1-\mu_2) \leq (\overline{x_1}-\overline{x_2})+t(\alpha,\phi)\sqrt{s_p{}^2\left(\frac{1}{n_1}+\frac{1}{n_2}\right)}$$

여기에서 $\sigma^2(=\sigma_1{}^2=\sigma_2{}^2)$에 대한 합동추정량(공동분산)

$$s_p{}^2=\frac{(n_1-1)s_1{}^2+(n_2-1)s_2{}^2}{n_1+n_2-2}=\frac{S_1+S_2}{\phi_1+\phi_2}$$

$S_1$ : 그룹 1의 편차제곱의 합

$S_2$ : 그룹 2의 편차제곱의 합

$\phi_1$ : 그룹 1의 자유도$(n_1-1)$

$\phi_2$ : 그룹 2의 자유도$(n_2-1)$

[2] 등분산을 가정하지 않을 때의 구간추정

두 모평균의 차에 대한 $1-\alpha$ 의 신뢰도를 갖는 신뢰구간은 다음과 같다.

$$(\overline{x_1}-\overline{x_2})-t(\alpha,\phi^*)\sqrt{\frac{s_1{}^2}{n_1}+\frac{s_2{}^2}{n_2}}\leqq(\mu_1-\mu_2)\leqq(\overline{x_1}-\overline{x_2})+t(\alpha,\phi^*)\sqrt{\frac{s_1{}^2}{n_1}+\frac{s_2{}^2}{n_2}}$$

여기에서 등가자유도

$$\phi^*=\frac{\left(\frac{s_1{}^2}{n_1}+\frac{s_2{}^2}{n_2}\right)^2}{\left(\frac{s_1{}^2}{n_1}\right)^2\frac{1}{n_1-1}+\left(\frac{s_2{}^2}{n_2}\right)^2\frac{1}{n_2-1}}$$

### ▶ 신뢰한계의 산출(등분산을 가정했을 때)

앞의 가설검정의 결과에 추가한다.

| No. | 남학생 | 여학생 |
|---|---|---|
| 1 | 130 | 106 |
| 2 | 125 | 104 |
| 3 | 126 | 134 |
| 4 | 109 | 107 |
| 5 | 100 | 131 |
| 6 | 118 | 133 |
| 7 | 117 | 122 |
| 8 | 118 | 101 |
| 9 | 131 | 109 |
| 10 | 124 | 144 |
| 11 | 127 | 122 |
| 12 | 104 | 124 |
| 13 | 120 | 120 |
| 14 | 130 | 119 |
| 15 | 130 | 114 |

| t-검정: 등분산 가정 두 집단 | | |
|---|---|---|
| | 남학생 | 여학생 |
| 평균 | 120.6000 | 119.3333 |
| 분산 | 95.4000 | 158.5238 |
| 관측수 | 15 | 15 |
| 공동(Pooled) 분산 | 126.9619 | |
| 가설 평균차 | 0 | |
| 자유도 | 28 | |
| t 통계량 | 0.3079 | |
| P(T<=t) 단측 검정 | 0.3802 | |
| t 기각치 단측 검정 | 1.7011 | |
| P(T<=t) 양측 검정 | 0.7605 | |
| t 기각치 양측 검정 | 2.0484 | |
| | | |
| 유의수준 | α | 0.05 |
| 신뢰도 | 1-α | 0.95 |
| 신뢰하한 | | -7.1613 |
| 신뢰상한 | | 9.6946 |

[셀의 입력내용]

G16; 0.05

G17; =1−G16

G18; =(F4−G4)−TINV(G16, F9) * SQRT(F7 * (1/F6+1/G6))

G19; =(F4−G4)+TINV(G16, F9) * SQRT(F7 * (1/F6+1/G6))

### ▶ 결과의 해석방법

두 모평균의 차에 대한 95% 신뢰구간은 다음과 같다.

$$-7.1613 \leq \mu_1 - \mu_1 \leq 9.6946$$

### ▶ 신뢰한계의 산출(등분산을 가정하지 않을 때)

앞의 가설검정의 결과에 추가한다.

| No. | 남학생 | 여학생 |
|---|---|---|
| 1 | 130 | 106 |
| 2 | 125 | 104 |
| 3 | 126 | 134 |
| 4 | 109 | 107 |
| 5 | 100 | 131 |
| 6 | 118 | 133 |
| 7 | 117 | 122 |
| 8 | 118 | 101 |
| 9 | 131 | 109 |
| 10 | 124 | 144 |
| 11 | 127 | 122 |
| 12 | 104 | 124 |
| 13 | 120 | 120 |
| 14 | 130 | 119 |
| 15 | 130 | 114 |

| t-검정: 이분산 가정 두 집단 | | |
|---|---|---|
| | 남학생 | 여학생 |
| 평균 | 120.6000 | 119.3333 |
| 분산 | 95.4000 | 158.5238 |
| 관측수 | 15 | 15 |
| 가설 평균차 | 0 | |
| 자유도 | 26 | |
| t 통계량 | 0.3079 | |
| P(T<=t) 단측 검정 | 0.3803 | |
| t 기각치 단측 검정 | 1.7056 | |
| P(T<=t) 양측 검정 | 0.7606 | |
| t 기각치 양측 검정 | 2.0555 | |
| | | |
| 유의수준 | α | 0.05 |
| 신뢰도 | 1-α | 0.95 |
| 신뢰하한 | | -7.1906 |
| 신뢰상한 | | 9.7239 |

[셀의 입력내용]

G16; 0.05

G17; =1−G15

G18; = (F4 − G4) − TINV(G15,F8) * SQRT(F5/F6 + G5/G6)

G19; = (F4 − G4) + TINV(G15,F8) * SQRT(F5/F6 + G5/G6)

### (2) 쌍을 이룬 데이터의 모평균 차에 관한 검정과 추정

**예제 9-10** 어느 체육교사는 자신이 개발한 체육훈련 프로그램이 사람의 심장박동수에 어떤 영향을 미치는지 조사하려고 한다. 이를 위해 16명의 학생을 표본추출하여 훈련 전과 훈련 후의 심장박동수를 측정한 결과가 다음과 같았다.

데이터표

| No. | 훈련 전 | 훈련 후 | No. | 훈련 전 | 훈련 후 |
|---|---|---|---|---|---|
| 1 | 68 | 67 | 9 | 75 | 71 |
| 2 | 76 | 77 | 10 | 74 | 74 |
| 3 | 74 | 74 | 11 | 76 | 73 |
| 4 | 71 | 74 | 12 | 77 | 68 |
| 5 | 71 | 69 | 13 | 78 | 71 |
| 6 | 72 | 70 | 14 | 75 | 72 |
| 7 | 75 | 71 | 15 | 75 | 77 |
| 8 | 83 | 77 | 16 | 76 | 73 |

이 프로그램이 사람의 심장박동수를 줄인다고 할 수 있는지를 5% 유의수준으로 검정하라. 단, 훈련으로 인한 심장박동수의 차이는 정규분포를 이룬다고 한다.

### ▶ 쌍을 이룬 데이터의 두 모평균 차에 관한 검정

[순서 1] 가설의 설정

$$H_0 : \mu_1 = \mu_2$$
$$H_1 : \mu_1 > \mu_2$$

대립가설은 귀무가설을 부정하는 것으로 다음과 같은 세 가지의 경우를 생각할 수 있다.

(1) $H_1 : \mu_1 \neq \mu_2$

(2) $H_1 : \mu_1 > \mu_2$

(3) $H_1 : \mu_1 < \mu_2$

이 예제에서는 전술한 바와 같이 훈련 후에 심장박동수가 줄었다고 할 수 있는지에 관심이 있으므로 (2)의 가설이 된다.

[순서 2] 유의수준의 설정

$$유의수준\ \alpha = 0.05$$

(경우에 따라서는 유의수준을 0.01 또는 0.1이라고 설정할 수도 있다.)

[순서 3] 각 쌍마다의 차의 산출

$$d_i = x_{1i} - x_{2i}$$

[순서 4] $d_i$의 평균 $\overline{d}$와 표준편차 $s_d$의 산출

쌍을 이룬 표본(paired sample) 차이의 평균 $\overline{d}$의 분포에 대한 평균과 표준편차는 다음과 같다.

$$\mu_{\overline{d}} = \mu_d = \mu_1 - \mu_2$$

$$s_{\overline{d}} = \frac{s_d}{\sqrt{n}}$$

$$여기에서\ s_d = \sqrt{\frac{\sum(d-\overline{d})^2}{n-1}}$$

[순서 5] 검정통계량 $t$ 값의 산출

$$t = \frac{\overline{d}-(\mu_1-\mu_2)}{\frac{s_d}{\sqrt{n}}} = \frac{\overline{d}}{\frac{s_d}{\sqrt{n}}}$$

[순서 6] $p$ 값의 산출

유의수준과 비교할 확률 $p$를 계산한다. $p$값은 자유도 $\phi$의 $t$ 분포에 있어서 $|t|$ 이상의 값이 발생할 확률이다.

[순서 7] 판정

$p$값 $\leq$ 유의수준 $\alpha$ → 귀무가설 $H_0$를 기각한다.

$p$값 $>$ 유의수준 $\alpha$ → 귀무가설 $H_0$를 채택한다.

## ▶ Excel에 의한 해법

[순서 1] 데이터의 입력

셀 B1에서 C17까지 데이터를 입력한다. 단 B열에는 훈련 전의 데이터를, C열에는 훈련 후의 데이터를 입력한다.

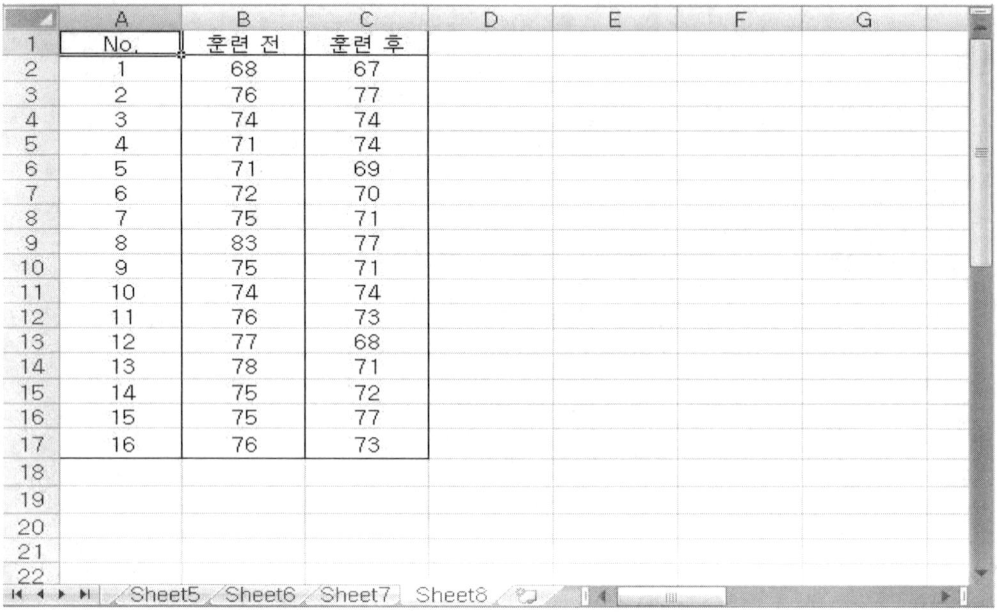

| No. | 훈련 전 | 훈련 후 |
|---|---|---|
| 1 | 68 | 67 |
| 2 | 76 | 77 |
| 3 | 74 | 74 |
| 4 | 71 | 74 |
| 5 | 71 | 69 |
| 6 | 72 | 70 |
| 7 | 75 | 71 |
| 8 | 83 | 77 |
| 9 | 75 | 71 |
| 10 | 74 | 74 |
| 11 | 76 | 73 |
| 12 | 77 | 68 |
| 13 | 78 | 71 |
| 14 | 75 | 72 |
| 15 | 75 | 77 |
| 16 | 76 | 73 |

[순서 2] 분석 도구의 호출

메뉴에서 [도구(T)] − [데이터 분석(D)]을 선택한다.

[통계 데이터 분석] 대화상자가 나타난다.

[$t$ − 검정 : 쌍체비교]를 선택하고 [확인] 버튼을 클릭한다.

[순서 3] 검정을 위한 데이터의 입력 및 범위지정

[$t$－검정 : 쌍체비교] 대화상자가 나타나면 다음과 같이 입력하고 [확인] 버튼을 클릭한다.

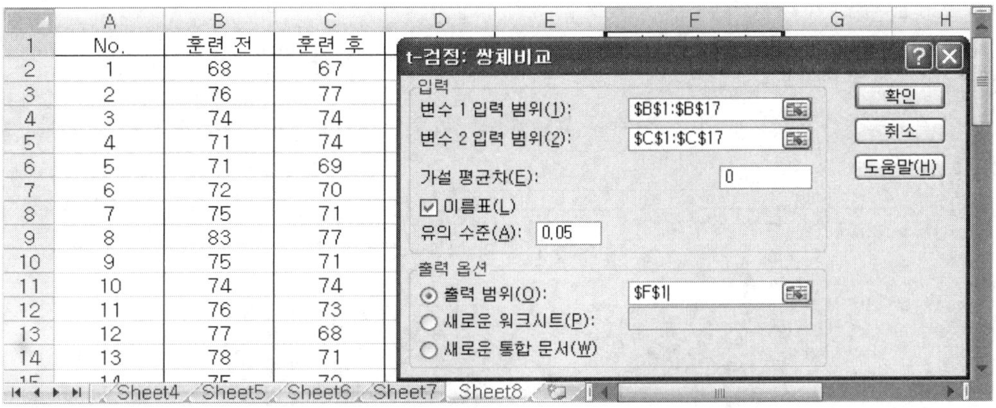


[순서 4] 분석결과의 출력

| No. | 훈련 전 | 훈련 후 |
|---|---|---|
| 1 | 68 | 67 |
| 2 | 76 | 77 |
| 3 | 74 | 74 |
| 4 | 71 | 74 |
| 5 | 71 | 69 |
| 6 | 72 | 70 |
| 7 | 75 | 71 |
| 8 | 83 | 77 |
| 9 | 75 | 71 |
| 10 | 74 | 74 |
| 11 | 76 | 73 |
| 12 | 77 | 68 |
| 13 | 78 | 71 |
| 14 | 75 | 72 |
| 15 | 75 | 77 |
| 16 | 76 | 73 |

t-검정: 쌍체 비교

| | 훈련 전 | 훈련 후 |
|---|---|---|
| 평균 | 74.7500 | 72.3750 |
| 분산 | 11.4000 | 9.5833 |
| 관측수 | 16 | 16 |
| 피어슨 상관 계수 | 0.5007 | |
| 가설 평균차 | 0 | |
| 자유도 | 15 | |
| t 통계량 | 2.9294 | |
| P(T<=t) 단측 검정 | 0.0052 | |
| t 기각치 단측 검정 | 1.7531 | |
| P(T<=t) 양측 검정 | 0.0104 | |
| t 기각치 양측 검정 | 2.1315 | |

### ▶ 결과에 대한 판정

유의수준과 비교할 확률 $p$값(단측 검정)을 보면

$$p\text{값} = 0.0052 < \text{유의수준 } \alpha = 0.05$$

이므로 귀무가설 $H_0$는 기각된다. 즉, 훈련 후에 심장박동수가 줄었다고 할 수 있다.

### ▶ 그래프에 의한 확인

훈련 전과 훈련 후의 심장박동수를 각각 꺾은선형 그래프를 작성하여 비교해 보자.

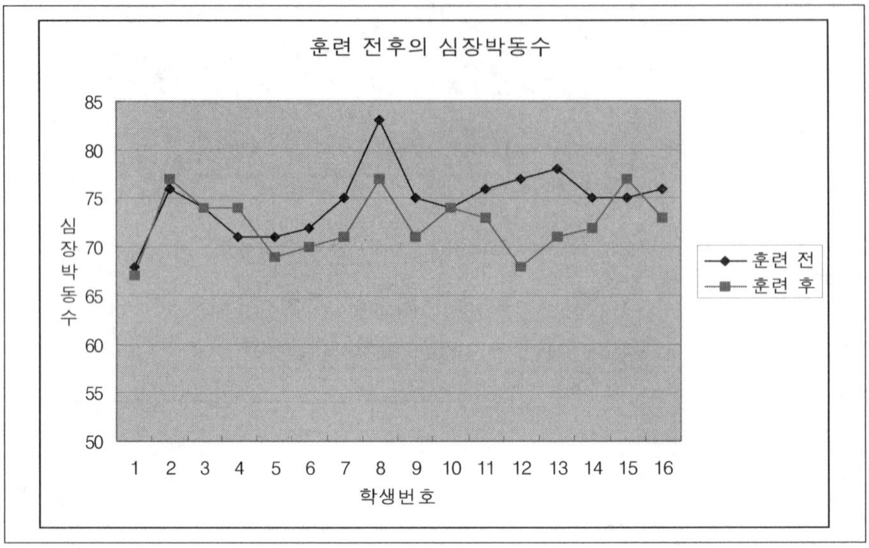


●●● **예제 9-11** 예제 9-10의 데이터에 대해서 두 모평균의 차를 신뢰도 95%로 구간추정하라.

### ▶ 쌍을 이룬 데이터의 두 모평균 차에 관한 구간추정

쌍을 이룬 데이터의 각 쌍마다의 차를 계산하여 그 평균 $\bar{d}$와 표준편차 $s_d$를 이용해서 다음의 식에 의해 모평균의 차에 대한 $1-\alpha$ 의 신뢰도를 갖는 신뢰구간을 구할 수 있다.

$$\bar{d}-t(\alpha,\phi)\frac{s_d}{\sqrt{n}} \leq (\mu_1-\mu_2) \leq \bar{d}+t(\alpha,\phi)\frac{s_d}{\sqrt{n}}$$

$$\text{여기에서 } s_d = \sqrt{\frac{\sum(d-\bar{d})^2}{n-1}}$$

## ▶ 신뢰한계의 산출(쌍을 이룬 데이터의 경우)

앞의 가설검정의 결과에 추가한다.

| No. | 훈련 전 | 훈련 후 | 차 d |
|---|---|---|---|
| 1 | 68 | 67 | 1 |
| 2 | 76 | 77 | -1 |
| 3 | 74 | 74 | 0 |
| 4 | 71 | 74 | -3 |
| 5 | 71 | 69 | 2 |
| 6 | 72 | 70 | 2 |
| 7 | 75 | 71 | 4 |
| 8 | 83 | 77 | 6 |
| 9 | 75 | 71 | 4 |
| 10 | 74 | 74 | 0 |
| 11 | 76 | 73 | 3 |
| 12 | 77 | 68 | 9 |
| 13 | 78 | 71 | 7 |
| 14 | 75 | 72 | 3 |
| 15 | 75 | 77 | -2 |
| 16 | 76 | 73 | 3 |

| t-검정: 쌍체 비교 | | |
|---|---|---|
| | 훈련 전 | 훈련 후 |
| 평균 | 74,7500 | 72,3750 |
| 분산 | 11,4000 | 9,5833 |
| 관측수 | 16 | 16 |
| 피어슨 상관 계수 | 0,5007 | |
| 가설 평균차 | 0 | |
| 자유도 | 15 | |
| t 통계량 | 2,9294 | |
| P(T<=t) 단측 검정 | 0,0052 | |
| t 기각치 단측 검정 | 1,7531 | |
| P(T<=t) 양측 검정 | 0,0104 | |
| t 기각치 양측 검정 | 2,1315 | |
| | | |
| 차의 평균 | $\bar{d}$ | 2,3750 |
| 차의 표준편차 | $s_d$ | 3,2429 |
| 유의수준 | $\alpha$ | 0,05 |
| 신뢰도 | $1-\alpha$ | 0,95 |
| 신뢰하한 | | 0,6470 |
| 신뢰상한 | | 4,1030 |

[셀의 입력내용]

H16; = AVERAGE(D2:D17)

H17; = STDEV(D2:D17)

H18; 0.05

H19; = 1 − H18

H20; = (G4 − H4) − TINV(H18,G9) * H17/SQRT(G6)

H21; = (G4 − H4)+TINV(H18,G9) * H17/SQRT(G6)

## ▶ 결과의 해석방법

두 모평균의 차에 대한 95% 신뢰구간은 다음과 같다.

$$0.6470 \le \mu_1 - \mu_2 \le 4.1030$$

# 분산분석 10

## 1. 일원 분산분석

●●● **예제 10-1** 다이어트 식품으로 알려진 A, B, C, D 네 가지 식품의 콜레스테롤 함유량을 비교하려고 한다. 각 식품별로 세 개의 제품을 추출하여 콜레스테롤 함유량을 측정한 결과가 다음과 같았다.

| | | | |
|---|---|---|---|
| A | 3.6 | 4.1 | 4.0 |
| B | 3.1 | 3.2 | 3.9 |
| C | 3.2 | 3.5 | 3.5 |
| D | 3.5 | 3.8 | 3.8 |

(단위 : mg)

네 가지 다이어트 식품의 콜레스테롤 함유량이 같다고 할 수 있는지를 5% 유의수준으로 검정하라.

### ▶ 사고방식과 적용수법

우리의 일상생활 주변에서는 세 개 이상의 모집단의 평균을 동시에 비교해야 하는 경우가 흔히 발생하며, 이를 위해 사용되는 통계적 기법을 분산분석(analysis of variance ; ANOVA)이라고 한다.

예를 들면 사무직 근로자와 생산직 근로자 그리고 서비스직 근로자 사이의 평균 임금을 비교하는 경우를 들 수 있다. 여기에서 근로자의 유형이 독립변수가 되고 임금이 종속변수가 되어 결국 분산분석이란 독립변수와 종속변수의 관계를 분석하는 기법인 것이다. 또한 독립변수를 인자(factor)라고도 하며 앞의 예에서는 인자의 세 가지 상태, 즉 사무직, 생산직, 서비스직의 인자수준(factor level)이 있다고 할 수 있다.

분산분석에는 단 하나의 인자를 분석대상으로 하는 일원 분산분석(one-way ANOVA)과 두 개의 인자를 분석대상으로 하는 이원 분산분석(two-way ANOVA)이 있다. 두 개 이상의 인자를 분석대상으로 하는 경우를 통틀어 다원 분산분석(multi-way ANOVA)이라고 하기도 한다.

이원 분산분석의 예로서 제품의 진열방법과 제품의 포장방법이 매출액에 어떤 영향을 미치는가를 분석하는 경우를 들 수 있다. 이 때의 독립변수는 제품의 진열방법과 포장방법이 되며 두 개의 독립변수가 함께 매출에 미치는 영향을 분석한다.

### ▶ 분산분석표

분산분석이란 '측정치 전체의 분산을 몇 개의 요인효과에 대응하는 분산과 그 나머지의 오차분산으로 나누어서 검정이나 추정을 실시하는 것'이라고 정의할 수 있다.

측정치는 문제삼은 인자를 어떤 수준으로 선택해서 행해진 실험의 결과이다. 개개의 실험조건을 처리라고 부르고, 그 차이가 측정치에 어떻게 영향을 미치는가를 조사하는 것이 목적이다. 분산분석은 변동요인을 하나의 인자에 의한 효과(주효과)와 복수 인자의 복합효과(교호작용)의 두 종류의 요인효과로 나누어서, 그것들을 선형모델의 모수(母數) 또는 변량이라 생각하고 그 추측을 행하는 것이다. 여기에서 요인효과는 주효과와 교호작용을 총칭해서 일컫고 있다.

측정치에 대한 변동의 크기는 편차제곱의 합(sum of squares)으로 헤아려진다. 전체의 변동을 나타내는 총 편차제곱의 합은 각각의 요인효과에 대한 편차제곱의 합(처리요인에 의한 변동)과 문제삼은 요인으로는 설명할 수 없는 산포도의 크기를 나타내는 오차에 대한 편차제곱의 합(잔차요인에 의한 변동)으로 분해된다. 편차제곱의 합은 그 요인효과의 상대적인 크기를 나타내는 기여율을 계산하는 데도 이용된다. 편차제곱의 합을 그 자유도로 나눈 것은 제곱평균 또는 불편분산이라고 부른다.

어떤 요인효과에 대한 검정은 그 불편분산을 오차분산 등으로 나눈 분산비($F$비)에 의해서 실시된다. 분산분석의 주요한 계산결과는 분산분석표(ANOVA table)로 정리된다.

**표 10-1 분산분석표(일원 분산분석)**

| 변동의 요인 | 편차제곱의 합 $(S)$ | 자유도 $(\phi)$ | 분 산 $(V)$ | 분산비 $(F)$ | 분산의 기대치 $[E(V)]$ |
|---|---|---|---|---|---|
| 처 리 | $S_A$ | $a-1$ | $V_A$ | $V_A$ / $V_e$ | ${\sigma_e}^2+n{\sigma_A}^2$ |
| 잔 차 | $S_e$ | $a(n-1)$ | $V_e$ | | ${\sigma_e}^2$ |
| 계 | $S_T$ | $an-1$ | | | |

### ▶ 검정의 순서

[순서 1] 가설의 설정

귀무가설 $H_0$ : $\mu_A = \mu_B = \mu_C = \mu_D$

(네 가지 식품의 콜레스테롤 평균함유량이 모두 같다)

대립가설 $H_1$ : $\mu_A$, $\mu_B$, $\mu_C$, $\mu_D$ 중 적어도 하나는 다르다.

[순서 2] 유의수준의 설정

유의수준 $\alpha = 0.05$

[순서 3] 검정통계량 $F$값의 계산

$$F=\frac{V_A}{V_e}$$

여기에서 $V_A=\dfrac{S_A}{a-1}$

$$V_e=\frac{S_e}{a(n-1)}$$

[순서 4] $p$ 값의 산출

유의수준과 비교할 확률 $p$를 계산한다. $p$값은 $F$분포에 있어서 $F$ 이상의 값이 발생할 확률이다.

[순서 5] 판정

〈$p$값에 의한 판정〉

$p$값 $\leq$ 유의수준 $\alpha$ → 귀무가설 $H_0$를 기각한다

$p$값 > 유의수준 $\alpha$ → 귀무가설 $H_0$를 기각하지 않는다

〈기각치에 의한 판정〉

$F$비 $\geq$ $F(\phi A,\ \phi e\ ;\ \alpha\ )$ → 귀무가설 $H_0$를 기각한다

$F$비 $<$ $F(\phi A,\ \phi e\ ;\ \alpha\ )$ → 귀무가설 $H_0$를 기각하지 않는다

## ▶ 분산분석의 실시

[순서 1] 데이터의 입력

셀 B1에서 D4까지 데이터를 입력한다.

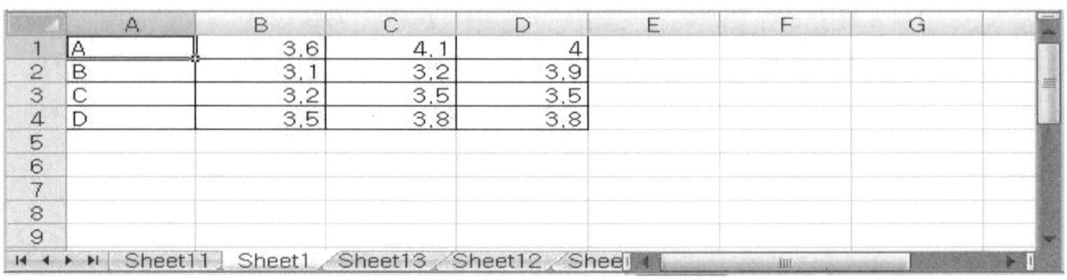


[순서 2] 분산분석표의 작성

(1) 메뉴의 [데이터] – [데이터 분석]을 선택한다.

(2) [통계 데이터 분석] 대화상자가 나타난다. [분석 도구(A)] 중 [분산분석 : 일원배치법]을 선택하고 [확인] 버튼을 클릭한다.

(3) [분산분석 : 일원 배치법] 대화상자가 나타난다.

다음 사항을 지정한다.

| | |
|---|---|
| 입력범위(I) | : A1:D4 |
| 데이터 방향 | : 행(R) 체크 |
| 첫째 열 이름표 사용(L) | : 체크 |
| 유의수준(A) | : 0.05 |
| 출력범위(O) | : A7 |

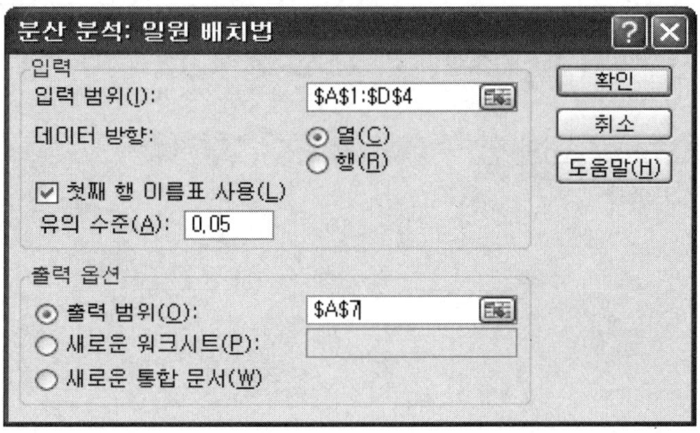


(4) [확인] 버튼을 클릭한다.

요약표 및 분산분석표가 출력된다.

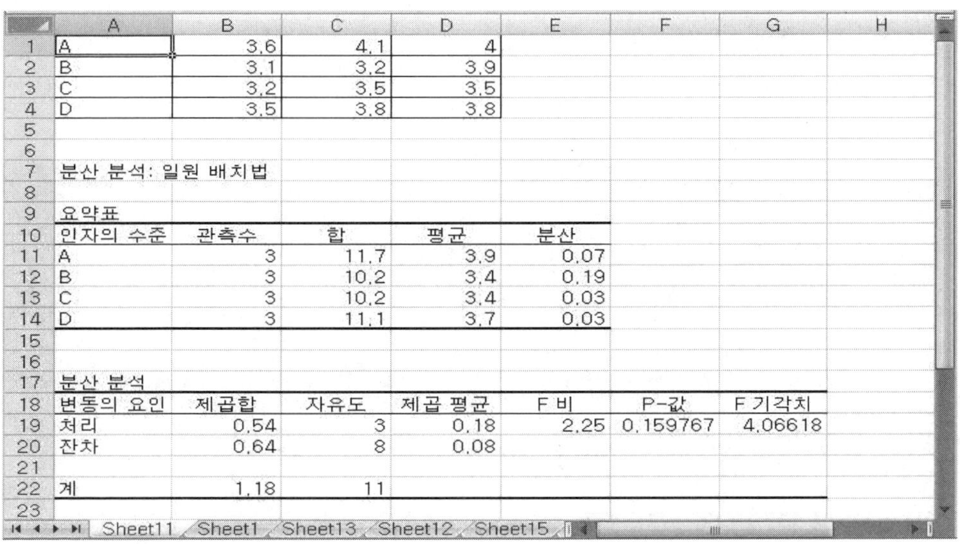

| | A | B | C | D | E | F | G | H |
|---|---|---|---|---|---|---|---|---|
| 1 | A | 3.6 | 4.1 | 4 | | | | |
| 2 | B | 3.1 | 3.2 | 3.9 | | | | |
| 3 | C | 3.2 | 3.5 | 3.5 | | | | |
| 4 | D | 3.5 | 3.8 | 3.8 | | | | |
| 5 | | | | | | | | |
| 6 | | | | | | | | |
| 7 | 분산 분석: 일원 배치법 | | | | | | | |
| 8 | | | | | | | | |
| 9 | 요약표 | | | | | | | |
| 10 | 인자의 수준 | 관측수 | 합 | 평균 | 분산 | | | |
| 11 | A | 3 | 11.7 | 3.9 | 0.07 | | | |
| 12 | B | 3 | 10.2 | 3.4 | 0.19 | | | |
| 13 | C | 3 | 10.2 | 3.4 | 0.03 | | | |
| 14 | D | 3 | 11.1 | 3.7 | 0.03 | | | |
| 15 | | | | | | | | |
| 16 | | | | | | | | |
| 17 | 분산 분석 | | | | | | | |
| 18 | 변동의 요인 | 제곱합 | 자유도 | 제곱 평균 | F 비 | P-값 | F 기각치 | |
| 19 | 처리 | 0.54 | 3 | 0.18 | 2.25 | 0.159767 | 4.06618 | |
| 20 | 잔차 | 0.64 | 8 | 0.08 | | | | |
| 21 | | | | | | | | |
| 22 | 계 | 1.18 | 11 | | | | | |
| 23 | | | | | | | | |

### ▶ 결과의 해석방법

(1) $p$값 = 0.1598 > 유의수준 $\alpha$ = 0.05

이므로 귀무가설 $H_0$를 기각할 수 없다. 즉, 다이어트 식품별 콜레스테롤 함유량이 다르다고 할 수 없다.

(2) $F$비 = 2.25 < $F(3,\ 8\ ;\ 0.05)$ = 4.07

이므로 귀무가설 $H_0$를 기각할 수 없다.

●●● **예제 10-2** 경상계열의 4개 전공 학생들을 대상으로 TOEFL 시험을 실시했다. 그 중에서 전공별로 4~6명을 표본추출하여 TOEFL 성적을 조사한 결과가 다음과 같다.

| 경영학 전공 | 경제학 전공 | 무역학 전공 | 회계학 전공 |
|---|---|---|---|
| 528 | 514 | 649 | 372 |
| 586 | 457 | 506 | 440 |
| 680 | 521 | 556 | 495 |
| 718 | 370 | 413 | 321 |
|  | 532 | 470 | 424 |
|  |  |  | 332 |

전공별 평균성적에 차이가 있는지를 유의수준 0.01로 검정하라.

### ▶ 분산분석의 실시

[순서 1] 데이터의 입력

셀 A2에서 D7까지 데이터를 입력한다.

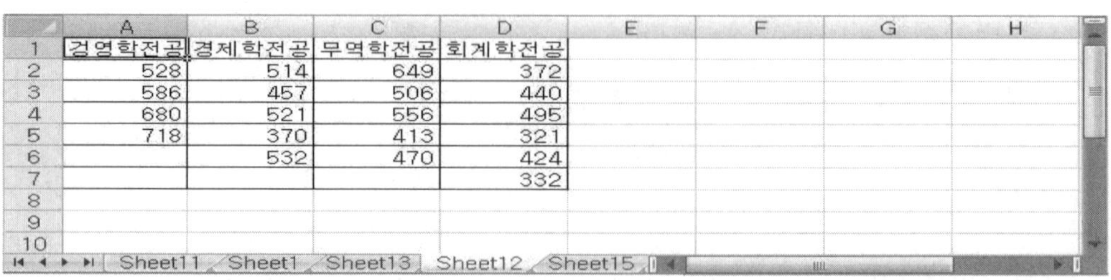

|  | A | B | C | D |
|---|---|---|---|---|
| 1 | 경영학전공 | 경제학전공 | 무역학전공 | 회계학전공 |
| 2 | 528 | 514 | 649 | 372 |
| 3 | 586 | 457 | 506 | 440 |
| 4 | 680 | 521 | 556 | 495 |
| 5 | 718 | 370 | 413 | 321 |
| 6 |  | 532 | 470 | 424 |
| 7 |  |  |  | 332 |

[순서 2] 분산분석표의 작성

(1) 메뉴의 [도구(T)]−[데이터 분석(D)]을 선택한다.

[통계 데이터 분석] 대화상자가 나타나면, [분석 도구(A)] 중 [분산분석 : 일원 배치법]을 선택하고 [확인] 버튼을 클릭한다.

(2) [분산분석 : 일원 배치법] 대화상자가 나타난다.

다음 사항을 지정한다.

| | |
|---|---|
| 입력범위(I) | : A1:D7 |
| 데이터 방향 | : 열(C) 체크 |
| 첫째 행 이름표 사용(L) | : 체크 |
| 유의수준(A) | : 0.01 |
| 출력범위(O) | : A10 |

(3) [확인] 버튼을 클릭한다.

요약표 및 분산분석표가 출력된다.

| | A | B | C | D | E | F | G | H | I |
|---|---|---|---|---|---|---|---|---|---|
| 10 | 분산 분석: 일원 배치법 | | | | | | | | |
| 11 | | | | | | | | | |
| 12 | 요약표 | | | | | | | | |
| 13 | 인자의 수준 | 관측수 | 합 | 평균 | 분산 | | | | |
| 14 | 경영학전공 | 4 | 2512 | 628 | 7522.667 | | | | |
| 15 | 경제학전공 | 5 | 2394 | 478.8 | 4540.7 | | | | |
| 16 | 무역학전공 | 5 | 2594 | 518.8 | 8018.7 | | | | |
| 17 | 회계학전공 | 6 | 2384 | 397.3333 | 4561.467 | | | | |
| 18 | | | | | | | | | |
| 19 | | | | | | | | | |
| 20 | 분산 분석 | | | | | | | | |
| 21 | 변동의 요인 | 제곱합 | 자유도 | 제곱 평균 | F 비 | P-값 | F 기각치 | | |
| 22 | 처리 | 132120.3 | 3 | 44040.09 | 7.369729 | 0.00255 | 5.292236 | | |
| 23 | 잔차 | 95612.93 | 16 | 5975.808 | | | | | |
| 24 | | | | | | | | | |
| 25 | 계 | 227733.2 | 19 | | | | | | |
| 26 | | | | | | | | | |

Sheet1 Sheet13 Sheet12 Sheet15 Sheet2 Sheet

[순서 3] 판정

(1) <$p$값에 의한 판정>

$$p\text{값} = 0.0026 < \text{유의수준 } \alpha = 0.01$$

이므로 귀무가설 $H_0$를 기각한다. 즉, 전공별 평균성적이 적어도 하나는 다르다.

(2) <기각치에 의한 판정>

$$F\text{비} = 7.3697 > F(\phi A,\ \phi e\ ;\ 0.01) = 5.2922$$

이므로 귀무가설 $H_0$를 기각한다.

## 2. 이원 분산분석

### (1) 반복 없는 이원 분산분석

**예제 10-3** 예제 10-1에서 각 다이어트 식품별로 측정된 세 개의 관측치가 세 곳의 상이한 실험실에서 측정된 결과라고 하자.

| 식품 \ 실험실 | 1 | 2 | 3 |
|---|---|---|---|
| A | 3.6 | 4.1 | 4.0 |
| B | 3.1 | 3.2 | 3.9 |
| C | 3.2 | 3.5 | 3.5 |
| D | 3.5 | 3.8 | 3.8 |

(단위 : mg)

다이어트 식품과 실험실에 따라서 콜레스테롤 함유량에 차이가 있는가를 5% 유의수준으로 검정하라.

#### ▶ 사고방식과 적용수법

본 예제에서 만일 세 곳의 실험실로 하여금 네 가지 식품에 대하여 모두 콜레스테롤 함유량을 측정하게 한다면, 실험실들의 측정기술 수준의 차이에 기인한 함유량이 각 식품에 모두 반영된다. 따라서 각 식품의 평균 콜레스테롤 함유량의 차이여부를 보다 효율적으로 판단할 수 있게 된다. 이와 같이 표본을 각 처리방법에 임의로 할당하기 전에 각 집단이나 블록 내에서 상대적으로 적은 변동을 갖도록 어떤 특성을 사용하여 표본을 배치하는 방법을 난괴법(randomized block design)이라 하며, 이를 분석하는 수법을 반복 없는 이원 분산분석이라고 한다.

#### ▶ 분산분석표

본 예제에서는 다음 두 가지의 질문이 있을 수 있다.
첫째, 식품에 따라 콜레스테롤 함유량의 차이가 발생하는가?
둘째, 실험실에 따라 콜레스테롤 함유량의 차이가 발생하는가?
위의 두 가지 내용을 이원 분산분석에서의 주효과(main effect)에 대한 검정이라고도 한다. 여기에 관련된 검정을 보다 간편하게 하기 위해서는 이원 분산분석표(two-way ANOVA table)가 필요하다.

**표 10-2 이원 분산분석표(반복 없는 이원 분산분석)**

| 변동의 요인 | 편차제곱의 합 | 자유도 | 분산 | $F$비 | 분산의 기대치 |
|---|---|---|---|---|---|
| 인자 $A$(행) | $S_A$ | $a-1$ | $V_A$ | $V_A$ / $V_e$ | $\sigma_e^2 + b\sigma_A^2$ |
| 인자 $B$(열) | $S_B$ | $b-1$ | $V_B$ | $V_B$ / $V_e$ | $\sigma_e^2 + a\sigma_B^2$ |
| 잔 차 | $S_e$ | $(a-1)(b-1)$ | $V_e$ | | $\sigma_e^2$ |
| 계 | $S_T$ | $ab-1$ | | | |

### ▶ 검정의 순서

반복 없는 이원 분산분석에서는 두 가지의 인자를 다루고 있으므로 두 가지 인자에 대한 가설검정을 별도로 해야 한다. 검정방법 및 순서는 일원 분산분석의 경우와 같다.

### ▶ 분산분석의 실시

[순서 1] 데이터의 입력

셀 B2에서 D5까지 데이터를 입력한다.

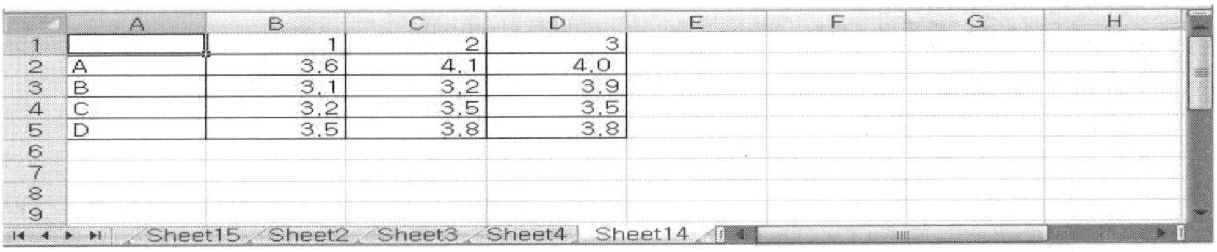

| | A | B | C | D | E | F | G | H |
|---|---|---|---|---|---|---|---|---|
| 1 | | 1 | 2 | 3 | | | | |
| 2 | A | 3.6 | 4.1 | 4.0 | | | | |
| 3 | B | 3.1 | 3.2 | 3.9 | | | | |
| 4 | C | 3.2 | 3.5 | 3.5 | | | | |
| 5 | D | 3.5 | 3.8 | 3.8 | | | | |
| 6 | | | | | | | | |
| 7 | | | | | | | | |
| 8 | | | | | | | | |
| 9 | | | | | | | | |



[순서 2] 분산분석표의 작성

(1) 메뉴의 [도구(T)] – [데이터 분석(D)]을 선택한다.

[통계 데이터 분석] 대화상자가 나타나면, [분석 도구(A)] 중 [분산분석 : 반복 없는 이원배치법]을 선택하고 [확인] 버튼을 클릭한다.

(2) [분산분석 : 반복 없는 이원 배치법] 대화상자가 나타난다.

다음 사항을 지정한다.

입력범위(I) : A1:D5

이름표(L) : 체크

유의수준(A) : 0.05

출력범위(O) : A10

(3) [확인] 버튼을 클릭한다.

요약표 및 분산분석표가 출력된다.

| | A | B | C | D | E | F | G | H | I |
|---|---|---|---|---|---|---|---|---|---|
| 1 | | 1 | 2 | 3 | | | | | |
| 2 | A | 3.6 | 4.1 | 4 | | | | | |
| 3 | B | 3.1 | 3.2 | 3.9 | | | | | |
| 4 | C | 3.2 | 3.5 | 3.5 | | | | | |
| 5 | D | 3.5 | 3.8 | 3.8 | | | | | |
| 6 | | | | | | | | | |
| 7 | | | | | | | | | |
| 8 | | | | | | | | | |
| 9 | | | | | | | | | |
| 10 | 분산 분석: 반복 없는 이원 배치법 | | | | | | | | |
| 11 | | | | | | | | | |
| 12 | 요약표 | 관측수 | 합 | 평균 | 분산 | | | | |
| 13 | A | 3 | 11.7 | 3.9 | 0.07 | | | | |
| 14 | B | 3 | 10.2 | 3.4 | 0.19 | | | | |
| 15 | C | 3 | 10.2 | 3.4 | 0.03 | | | | |
| 16 | D | 3 | 11.1 | 3.7 | 0.03 | | | | |
| 17 | | | | | | | | | |
| 18 | 1 | 4 | 13.4 | 3.35 | 0.056667 | | | | |
| 19 | 2 | 4 | 14.6 | 3.65 | 0.15 | | | | |
| 20 | 3 | 4 | 15.2 | 3.8 | 0.046667 | | | | |
| 21 | | | | | | | | | |
| 22 | | | | | | | | | |
| 23 | 분산 분석 | | | | | | | | |
| 24 | 변동의 요인 | 제곱합 | 자유도 | 제곱 평균 | F 비 | P-값 | F 기각치 | | |
| 25 | 인자 A(행) | 0.54 | 3 | 0.18 | 4.909091 | 0.04692 | 4.757055 | | |
| 26 | 인자 B(열) | 0.42 | 2 | 0.21 | 5.727273 | 0.040619 | 5.143249 | | |
| 27 | 잔차 | 0.22 | 6 | 0.036667 | | | | | |
| 28 | | | | | | | | | |
| 29 | 계 | 1.18 | 11 | | | | | | |

Sheet4 Sheet14 Sheet5 Sheet6 Sheet7 Sheet8

### ▶ 결과의 해석방법

(1) 다이어트 식품별 콜레스테롤 평균함유량에 대한 검정

〈$p$값에 의한 판정〉

$$p\text{값} = 0.0469 < \text{유의수준 } \alpha = 0.05$$

이므로 귀무가설 $H_0$를 기각한다. 즉, 다이어트 식품별로 콜레스테롤 평균함유량이 모두 같다고 할 수 없다.

〈기각치에 의한 판정〉

$$F\text{비} = 4.909 > F(3,\ 6\ ;\ 0.05) = 4.757$$

이므로 귀무가설 $H_0$를 기각한다.

(2) 실험실별 콜레스테롤 평균함유량에 대한 검정

〈$p$값에 의한 판정〉

$$p\text{값} = 0.0406 < \text{유의수준 } \alpha = 0.05$$

이므로 귀무가설 $H_0$를 기각한다. 즉, 실험실별로 콜레스테롤 평균함유량이 모두 같다고 할 수 없다.

〈기각치에 의한 판정〉

$$F\text{비} = 5.727 > F(2,\ 6\ ;\ 0.05) = 5.143$$

이므로 귀무가설 $H_0$를 기각한다.

●●● **예제 10-4** 4개 회사에서 생산되는 소형차를 6명의 운전자에게 운전하게 하여 휘발유 리터당 주행거리를 측정한 결과가 다음과 같다.

표 10-3 **차종별·운전자별 리터당 주행거리**

| 차종 \ 운전자 | 1 | 2 | 3 | 4 | 5 | 6 |
|---|---|---|---|---|---|---|
| 가 | 15 | 10 | 13 | 14 | 17 | 9 |
| 나 | 17 | 12 | 18 | 13 | 15 | 12 |
| 다 | 17 | 7 | 9 | 13 | 8 | 12 |
| 라 | 10 | 12 | 8 | 7 | 9 | 11 |

(단위 : km/l)

차종에 따라 리터당 주행거리의 차이가 발생하는가? 그리고 운전자에 따라 리터당 주행거리의 차이가 발생하는가? 5% 유의수준으로 각각 검정하라.

### ▶ 분산분석의 실시

[순서 1] 데이터의 입력

셀 B2에서 G5까지 데이터를 입력한다.

| | A | B | C | D | E | F | G | H | I |
|---|---|---|---|---|---|---|---|---|---|
| 1 | | 1 | 2 | 3 | 4 | 5 | 6 | | |
| 2 | 가 | 15 | 10 | 13 | 14 | 17 | 9 | | |
| 3 | 나 | 17 | 12 | 18 | 13 | 15 | 12 | | |
| 4 | 다 | 17 | 7 | 9 | 13 | 8 | 12 | | |
| 5 | 라 | 10 | 12 | 8 | 7 | 9 | 11 | | |
| 6 | | | | | | | | | |
| 7 | | | | | | | | | |
| 8 | | | | | | | | | |
| 9 | | | | | | | | | |

Sheet11 Sheet1 Sheet13 Sheet12 Sheet15 Sheet2

[순서 2] 분산분석표의 작성

(1) 메뉴의 [도구(T)]－[데이터 분석(D)]을 선택한다.
[통계 데이터 분석] 대화상자가 나타나면, [분석 도구(A)] 중 [분산분석 : 반복 없는 이원 배치법]을 선택하고 [확인] 버튼을 클릭한다.

(2) [분산분석 : 반복 없는 이원 배치법] 대화상자가 나타난다.
다음 사항을 지정한다.

입력범위(I) : A1:G5
이름표(L) : 체크
유의수준(A) : 0.05
출력범위(O) : A10

(3) [확인] 버튼을 클릭한다.
요약표 및 분산분석표가 출력된다.

| 10 | 분산 분석: 반복 없는 이원 배치법 | | | | | | |
|---|---|---|---|---|---|---|---|
| 11 | | | | | | | |
| 12 | 요약표 | 관측수 | 합 | 평균 | 분산 | | |
| 13 | 가 | 6 | 78 | 13 | 9.2 | | |
| 14 | 나 | 6 | 87 | 14.5 | 6.7 | | |
| 15 | 다 | 6 | 66 | 11 | 14 | | |
| 16 | 라 | 6 | 57 | 9.5 | 3.5 | | |
| 17 | | | | | | | |
| 18 | 1 | 4 | 59 | 14.75 | 10.916667 | | |
| 19 | 2 | 4 | 41 | 10.25 | 5.5833333 | | |
| 20 | 3 | 4 | 48 | 12 | 20.666667 | | |
| 21 | 4 | 4 | 47 | 11.75 | 10.25 | | |
| 22 | 5 | 4 | 49 | 12.25 | 19.583333 | | |
| 23 | 6 | 4 | 44 | 11 | 2 | | |
| 24 | | | | | | | |
| 25 | | | | | | | |
| 26 | 분산 분석 | | | | | | |
| 27 | 변동의 요인 | 제곱합 | 자유도 | 제곱 평균 | F 비 | P-값 | F 기각치 |
| 28 | 인자 A(행) | 87 | 3 | 29 | 3.625 | 0.0378888 | 3.2873828 |
| 29 | 인자 B(열) | 47 | 5 | 9.4 | 1.175 | 0.3665635 | 2.9012952 |
| 30 | 잔차 | 120 | 15 | 8 | | | |
| 31 | | | | | | | |
| 32 | 계 | 254 | 23 | | | | |
| 33 | | | | | | | |

[순서 3] 판정

(1) 차종별 리터당 주행거리에 대한 검정

$p$값 = 0.038 < 유의수준 $\alpha$ = 0.05

$F$비 = 3.625 > $F(3,\ 15\ ;\ 0.05)$ = 3.287

이므로 귀무가설 $H_0$를 기각한다. 즉, 차종별 리터당 주행거리가 모두 같다고 할 수 없다.

(2) 운전자별 리터당 주행거리에 대한 검정

$p$값 = 0.367 > 유의수준 $\alpha$ = 0.05

$F$비 = 1.175 < $F(5,\ 15\ ;\ 0.05)$ = 2.901

이므로 귀무가설 $H_0$를 기각할 수 없다. 즉, 운전자별 리터당 주행거리가 모두 같다고 할 수 있다.

### (2) 반복 있는 이원 분산분석

**●●● 예제 10-5** 점포의 크기와 지역에 따라 생활 필수품의 가격에 차이가 있는가를 알아보기 위하여 이원 분산분석을 하려고 한다. 점포의 크기를 인자 $A$로 하고 지역을 인자 $B$로 할 때 인자수준은 $a=2$(소, 대), $b=3$(서울, 중부, 남부)으로 한다. 따라서 전체 처리는 2×3=6개가 된다. 각 처리에서 2개의 표본을 추출한 결과 다음과 같은 데이터를 얻었다고 한다.

| 점포크기 \ 지역 | $B_1$(서울) | $B_2$중부) | $B_3$(남부) |
|---|---|---|---|
| $A_1$(소) | 74<br>78 | 78<br>74 | 68<br>72 |
| $A_2$(대) | 70<br>74 | 68<br>72 | 60<br>64 |

(단위 : 1,000원)

### ▶ 사고방식과 적용수법

전술한 바와 같이 일원 분산분석은 모집단의 평균이 같은지에 대한 가설검정이며, 반복 없는 이원 분산분석은 블록화를 이용하여 비처리(non-treatment) 변동을 고려한 평균이 같은지에 대한 검정이다. 본 예제는 두 개의 처리효과를 검정하는 데 사용하는 반복 있는 이원 분산분석에 의해서 해결해야 한다.
이 검정은 반복을 완전 무작위화법으로 하는 경우에 해당된다.

### ▶ 분산분석표

반복 있는 이원 분산분석표는 다음과 같다.

**표 10-4 이원 분산분석표(반복 있는 이원 분산분석)**

| 변동의 요인 | 편차제곱의 합 | 자유도 | 분산 | F 비 | 분산의 기대치 |
|---|---|---|---|---|---|
| 인자 $A$(행) | $S_A$ | $a-1$ | $V_A$ | $V_A$ / $V_e$ | $\sigma_{e^2} + br\sigma_{A^2}$ |
| 인자 $B$(열) | $S_B$ | $b-1$ | $V_B$ | $V_B$ / $V_e$ | $\sigma_{e^2} + ar\sigma_{B^2}$ |
| $A\times B$(교호작용) | $S_{A\times B}$ | $(a-1)(b-1)$ | $V_{A\times B}$ | $V_{A\times B}$ / $V_e$ | $\sigma_{e^2} + r\sigma_{A\times B^2}$ |
| 잔 차 | $S_e$ | $ab(r-1)$ | $V_e$ | | $\sigma_{e^2}$ |
| 계 | $S_T$ | $abr-1$ | | | |

### ▶ 검정의 순서

반복 있는 이원 분산분석에서의 가설검정은 세 가지로 나누어진다. 먼저 인자간의 교호작용(interaction)이 있는지의 여부를 검정해야 한다. 만약 교호작용이 존재한다면 인자 $A$와 인자 $B$의 효과를 따로 검정하는 것은 의미가 없게 되며, 처리의 수가 $ab$인 일원 분산분석으로 간주하여 $ab$개의 처리간 평균의 동일성을 검정하거나 차이를 추정하면 된다.
만약 교호작용이 존재하지 않는다면 인자 $A$의 효과와 인자 $B$의 효과에 대하여 별도로 검정한다.
이원 분산분석의 모형은 다음과 같다.

$$Y_{ijk} = \mu_{..} + \alpha_i + \beta_j + (\alpha\beta)_{ij} + \epsilon_{ijk}$$

여기에서

$Y_{ijk}$ : 인자 $A$의 수준이 $i$이고 인자 $B$의 수준이 $j$인 처리에서 추출한 $k$번째의 관찰 값

$\mu_{..}$ : 총평균 $\alpha_i$ : 인자 $A$의 효과

$\beta_j$ : 인자 $B$의 효과 $(\alpha\beta)_{ij}$ : 교호작용 효과 $\epsilon_{ijk}$ : 오차

교호작용이 존재하는지를 검정하기 위한 가설은 다음과 같이 설정된다.

$H_0$ : 모든 $(\alpha\beta)_{ij} = 0$

$H_1$ : $((\alpha\beta)_{ij}$중 적어도 하나는 0이 아니다.

귀무가설처럼 모든 $(\alpha\beta)_{ij} = 0$이면 두 인자간에 교호작용이 존재하지 않음을 의미하며, 대립가설은 교호작용이 존재함을 의미한다.

판정방법은 다음과 같다.

<$p$값에 의한 판정>

$p$값 $\le$ 유의수준 $\alpha$ $\rightarrow$ 귀무가설 $H_0$를 기각한다

$p$값 $>$ 유의수준 $\alpha$ $\rightarrow$ 귀무가설 $H_0$를 기각하지 않는다

<기각치에 의한 판정>

$F$비 $\ge$ $F((a-1)(b-1),\ ab(r-1)\ ;\ \alpha)$ $\rightarrow$ 귀무가설 $H_0$를 기각한다

$F$비 $<$ $F((a-1)(b-1),\ ab(r-1)\ ;\ \alpha)$ $\rightarrow$ 귀무가설 $H_0$를 기각하지 않는다

### ▶ 분산분석의 실시

[순서 1] 데이터의 입력

셀 B2에서 D5까지 데이터를 입력한다.

| | A | B | C | D | E | F | G | H |
|---|---|---|---|---|---|---|---|---|
| 1 | | 서울 | 중부 | 남부 | | | | |
| 2 | 소 | 74 | 78 | 68 | | | | |
| 3 | | 78 | 74 | 72 | | | | |
| 4 | 대 | 70 | 68 | 60 | | | | |
| 5 | | 74 | 72 | 64 | | | | |
| 6 | | | | | | | | |
| 7 | | | | | | | | |

Sheet7 / Sheet8 / Sheet9 / Sheet10 / Sheet16

[순서 2] 분산분석표의 작성

(1) 메뉴의 [도구(T)]−[데이터 분석(D)]을 선택한다.

[통계 데이터 분석] 대화상자가 나타나면, [분석 도구(A)] 중 [분산분석 : 반복 있는 이원 배치법]을 더블클릭한다.

(2) [분산분석 : 반복 있는 이원 배치법] 대화상자가 나타난다.

다음 사항을 지정한다.

입력범위(I) : A1:D5

표본당 행수(R) : 2

유의수준(A) : 0.05

출력범위(O) : A10

(3) [확인] 버튼을 클릭한다.

요약표 및 분산분석표가 출력된다.

| | A | B | C | D | E | F | G |
|---|---|---|---|---|---|---|---|
| 10 | 분산 분석: 반복 있는 이원 배치법 | | | | | | |
| 11 | | | | | | | |
| 12 | 요약표 | 서울 | 중부 | 남부 | 계 | | |
| 13 | 소 | | | | | | |
| 14 | 관측수 | 2 | 2 | 2 | 6 | | |
| 15 | 합 | 152 | 152 | 140 | 444 | | |
| 16 | 평균 | 76 | 76 | 70 | 74 | | |
| 17 | 분산 | 8 | 8 | 8 | 14.4 | | |
| 18 | | | | | | | |
| 19 | 대 | | | | | | |
| 20 | 관측수 | 2 | 2 | 2 | 6 | | |
| 21 | 합 | 144 | 140 | 124 | 408 | | |
| 22 | 평균 | 72 | 70 | 62 | 68 | | |
| 23 | 분산 | 8 | 8 | 8 | 27.2 | | |
| 24 | | | | | | | |
| 25 | 계 | | | | | | |
| 26 | 관측수 | 4 | 4 | 4 | | | |
| 27 | 합 | 296 | 292 | 264 | | | |
| 28 | 평균 | 74 | 73 | 66 | | | |
| 29 | 분산 | 10.66667 | 17.33333 | 26.66667 | | | |
| 30 | | | | | | | |
| 31 | | | | | | | |
| 32 | 분산 분석 | | | | | | |
| 33 | 변동의 요인 | 제곱합 | 자유도 | 제곱 평균 | F 비 | P-값 | F 기각치 |
| 34 | 인자 A(행) | 108 | 1 | 108 | 13.5 | 0.010402 | 5.987374 |
| 35 | 인자 B(열) | 152 | 2 | 76 | 9.5 | 0.013824 | 5.143249 |
| 36 | 교호작용 | 8 | 2 | 4 | 0.5 | 0.629738 | 5.143249 |
| 37 | 잔차 | 48 | 6 | 8 | | | |
| 38 | | | | | | | |
| 39 | 계 | 316 | 11 | | | | |

Sheet8 Sheet9 Sheet10 Sheet16 Sheet17 Sheet18

## ▶ 결과의 해석방법

(1) 교호작용의 검정

$$p\text{값} = 0.6297 > \text{유의수준 } \alpha = 0.05$$
$$F\text{비} = 0.5 < F(2,\ 6\ ;\ 0.05) = 5.143$$

이므로 귀무가설 $H_0$를 기각하지 않는다. 즉, 점포의 크기와 지역간에 교호작용은 존재하지 않는다.

(2) 인자 $A$의 효과에 대한 검정

$$p\text{값} = 0.0104 < \text{유의수준 } \alpha = 0.05$$
$$F\text{비} = 13.5 > F(1,\ 6\ ;\ 0.05) = 5.987$$

이므로 귀무가설 $H_0$를 기각한다. 즉, 점포의 크기에 따라 가격에 차이가 있다.

(3) 인자 $B$의 효과에 대한 검정

$$p\text{값} = 0.0138 < \text{유의수준 } \alpha = 0.05$$
$$F\text{비} = 9.5 > F(2,\ 6\ ;\ 0.05) = 5.143$$

이므로 귀무가설 $H_0$를 기각한다. 즉, 지역적 위치가 생활 필수품의 가격에 영향을 미친다.

### ▶ 교호작용도 작성

교호작용도(interaction plot)는 눈으로 교호작용을 확인할 수 있는 유용한 도구다. 평균의 교호작용도를 그리는 순서는 다음과 같다.

[순서 1] 데이터의 입력

셀 B4에서 D5까지 평균가격 데이터를 입력한다.

| | A | B | C | D | E | F | G | H |
|---|---|---|---|---|---|---|---|---|
| 1 | 평균가격 | | | | | | | |
| 2 | | | 지역수준 | | | | | |
| 3 | | 서울 | 중부 | 남부 | | | | |
| 4 | 소 | 76 | 76 | 70 | | | | |
| 5 | 대 | 72 | 70 | 62 | | | | |
| 6 | | | | | | | | |

Sheet9 / Sheet10 / Sheet16 / Sheet17 / Sheet18

[순서 2] 그래프의 작성

(1) A3:D5를 선택하고 [차트 마법사] 아이콘을 클릭한다.

(2) 차트 마법사 1단계에서 차트 종류는 꺾은선형, 하위 종류는 네 번째 그래프를 선택하고, [다음] 버튼을 클릭한다.

(3) 차트 마법사 3단계에서 차트 제목, $X$(항목) 축, $Y$(값) 축의 이름을 기입하고, 눈금선의 $Y$(값) 축 주 눈금선도 없앤다. [다음] 버튼을 클릭한다.

(4) 차트 마법사 4단계에서 차트의 위치를 결정하고 [마침] 버튼을 클릭한다.

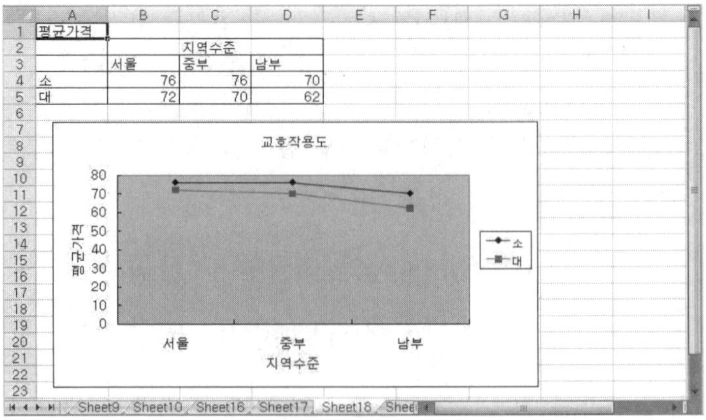


이 교호작용도에서 두 선이 교차되고 있지 않기 때문에 점포의 크기와 지역간의 두 인자 사이에 교호작용이 없음을 알 수 있다. 만약 교호작용이 있다면 두 선은 서로 교차하게 된다.

●●● **예제 10-6** 피자의 맛에 영향을 주는 두 인자로 굽는 시간과 온도의 효과를 조사하고자 실험을 실시했다. 전문가가 피자의 맛에 대한 등급을 측정했으며 굽는 시간은 짧다, 중간, 길다 등으로 3개의 수준을 가진다. 굽는 온도 역시 낮다, 중간, 높다 등으로 3개의 수준을 가진다. 4명의 전문가가 각 경우마다 피자를 1에서 7까지의 등급으로 평가한 데이터가 다음과 같다.

| 굽는 시간 \ 온도 | 낮다 | 중간 | 높다 |
|---|---|---|---|
| 짧다 | 1<br>3<br>3<br>5 | 1<br>2<br>1<br>4 | 5<br>6<br>6<br>7 |
| 중간 | 3<br>4<br>4<br>5 | 7<br>7<br>7<br>7 | 2<br>3<br>3<br>4 |
| 길다 | 5<br>6<br>6<br>7 | 2<br>4<br>4<br>6 | 1<br>1<br>1<br>1 |

시간과 온도에 따라서 피자의 맛에 영향을 주는지 5% 유의수준으로 검정하라.

### ▶ 분산분석의 실시

[순서 1] 데이터의 입력

셀 B2에서 D13까지 데이터를 입력한다.

|  | A | B | C | D | E | F | G |
|---|---|---|---|---|---|---|---|
| 1 |  | 낮다 | 중간 | 높다 |  |  |  |
| 2 | 짧다 | 0 | 0 | 4 |  |  |  |
| 3 |  | 0 | 2 | 5 |  |  |  |
| 4 |  | 3 | 4 | 6 |  |  |  |
| 5 | 중간 | 2 | 3 | 1 |  |  |  |
| 6 |  | 3 | 6 | 2 |  |  |  |
| 7 |  | 4 | 6 | 3 |  |  |  |
| 8 | 길다 | 4 | 1 | 0 |  |  |  |
| 9 |  | 5 | 3 | 1 |  |  |  |
| 10 |  | 6 | 5 | 2 |  |  |  |
| 11 |  |  |  |  |  |  |  |
| 12 |  |  |  |  |  |  |  |
| 13 |  |  |  |  |  |  |  |

Sheet10 / Sheet16 / Sheet17 / Sheet18

[순서 2] 분산분석표의 작성

(1) 메뉴의 [도구(T)] − [데이터 분석(D)]을 선택한다.

[통계 데이터 분석] 대화상자가 나타나면, [분석 도구(A)] 중 [분산분석 : 반복 있는 이원 배치법]을 더블클릭한다.

(2) [분산분석 : 반복 있는 이원 배치법] 대화상자가 나타나면, 다음 사항을 지정한다.

입력범위(I) : A1:D13

표본당 행수(R) : 4

유의수준(A) : 0.05

출력범위(O) : A15

(3) [확인] 버튼을 클릭한다.

요약표 및 분산분석표가 출력된다.

분산 분석: 반복 있는 이원 배치법

| 요약표 | 낮다 | 중간 | 높다 | 계 |
|---|---|---|---|---|
| 짧다 | | | | |
| 관측수 | 3 | 3 | 3 | 9 |
| 합 | 3 | 6 | 15 | 24 |
| 평균 | 1 | 2 | 5 | 2.666667 |
| 분산 | 3 | 4 | 1 | 5.25 |
| 중간 | | | | |
| 관측수 | 3 | 3 | 3 | 9 |
| 합 | 9 | 15 | 6 | 30 |
| 평균 | 3 | 5 | 2 | 3.333333 |
| 분산 | 1 | 3 | 1 | 3 |
| 길다 | | | | |
| 관측수 | 3 | 3 | 3 | 9 |
| 합 | 15 | 9 | 3 | 27 |
| 평균 | 5 | 3 | 1 | 3 |
| 분산 | 1 | 4 | 1 | 4.5 |
| 계 | | | | |
| 관측수 | 9 | 9 | 9 | |
| 합 | 27 | 30 | 24 | |
| 평균 | 3 | 3.333333 | 2.666667 | |
| 분산 | 4.25 | 4.5 | 4 | |

분산 분석

| 변동의 요인 | 제곱합 | 자유도 | 제곱 평균 | F 비 | P-값 | F 기각치 |
|---|---|---|---|---|---|---|
| 인자 A(행) | 2 | 2 | 1 | 0.473684 | 0.630249 | 3.554561 |
| 인자 B(열) | 2 | 2 | 1 | 0.473684 | 0.630249 | 3.554561 |
| 교호작용 | 62 | 4 | 15.5 | 7.342105 | 0.001087 | 2.927749 |
| 잔차 | 38 | 18 | 2.111111 | | | |

Sheet18 Sheet19 Sheet20 Sheet21

[순서 3] 판정

(1) 교호작용의 검정

$$p\text{값} = 8.94\text{E}-09 < \text{유의수준 } \alpha = 0.05$$
$$F\text{비} = 25.2 > F(4,\ 27\ ;\ 0.05) = 2.728$$

이므로 귀무가설 $H_0$를 기각한다. 즉, 굽는 시간과 온도간에 교호작용은 존재한다.

(2) 인자 $A$의 효과에 대한 검정

$$p\text{값} = 0.041 < \text{유의수준 } \alpha = 0.05$$
$$F\text{비} = 3.6 > F(2,\ 27\ ;\ 0.05) = 3.354$$

이므로 귀무가설 $H_0$를 기각한다. 즉, 굽는 시간에 따라 피자의 맛에 영향을 미친다.

(3) 인자 $B$의 효과에 대한 검정

$$p\text{값} = 0.041 < \text{유의수준 } \alpha = 0.05$$
$$F\text{비} = 3.6 > F(2,\ 18\ ;\ 0.05) = 3.354$$

이므로 귀무가설 H0를 기각한다. 즉, 온도에 따라 피자의 맛에 영향을 미친다.

### ▶ 교호작용도 작성

[순서 1] 데이터의 입력

셀 B4에서 D6까지 평균등급 데이터를 입력한다.

| | A | B | C | D | E | F | G | H |
|---|---|---|---|---|---|---|---|---|
| 1 | 평균등급 | | | | | | | |
| 2 | | | 온도수준 | | | | | |
| 3 | | 낮다 | 중간 | 높다 | | | | |
| 4 | 짧다 | 1 | 2 | 5 | | | | |
| 5 | 중간 | 3 | 5 | 2 | | | | |
| 6 | 길다 | 5 | 3 | 1 | | | | |
| 7 | | | | | | | | |
| 8 | | | | | | | | |

Sheet18 / Sheet19 / Sheet20 / Sheet21

[순서 2] 그래프의 작성

(1) 셀 A3:D6 영역을 선택하고 [차트 마법사] 아이콘을 클릭한다.

(2) 차트 마법사 1단계에서 차트 종류는 꺾은선형, 하위 종류는 네 번째 그래프를 선택하고, [다음] 버튼을 클릭한다.

(3) 차트 마법사 3단계에서 차트 제목, $X$(항목) 축, $Y$(값) 축의 이름을 기입하고, 눈금선의 $Y$(값) 축 주 눈금선도 없앤다. [다음] 버튼을 클릭한다.

(4) 차트 마법사 4단계에서 차트의 위치를 결정하고 [마침] 버튼을 클릭한다.

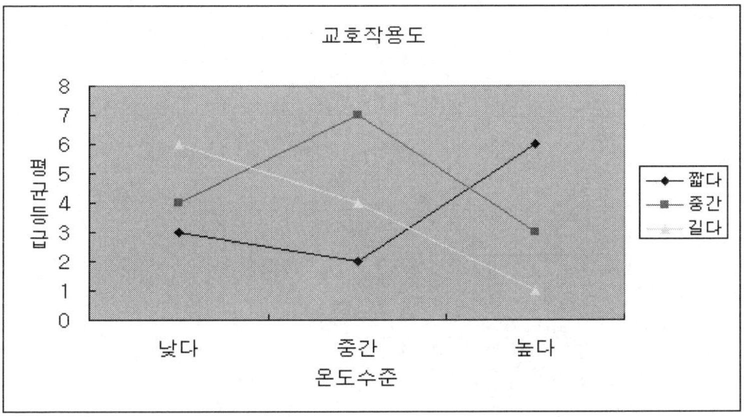


이 교호작용도에서 각 선이 서로 교차되기 때문에 굽는 시간과 온도의 두 인자간에 교호작용이 있음을 알 수 있다.

# 카이제곱 검정 11

## 1. 카이제곱 검정의 기초지식

통계적 가설검정의 수법 중 카이제곱 분포(chi-square distribution)를 이용하는 검정법의 총칭이다. 분석할 데이터가 신장, 체중, 수익률, 매출액, 시험성적 등의 측정치인 경우와 달리 어떤 속성 또는 범주(category)별로 빈도(frequency)만이 주어진 범주형 데이터의 분석은 일반적으로 카이제곱 분포를 이용한 검정법을 적용한다.

카이제곱 검정( $\chi$2검정)의 목적은 크게 다음의 세 가지로 나눌 수 있다.

(1) 조사에서 얻은 데이터가 어떤 특정한 분포에서 추출되었는지를 검정한다(적합도검정).

(2) 데이터를 두 개의 속성(변수)에 따라 분류해서 표로 만들었을 때 두 속성간에 관계가 있는지를 검정한다(독립성검정).

(3) 두 개 이상의 다항분포가 동일한지 어떤지 검정한다(동질성검정).

본 장에서는 먼저 분류된 데이터의 분석에서 기초가 되는 다항분포에 대하여 살펴본 다음에 위의 세 가지 검정에 대해서 검토하기로 한다.

### ▶ 다항분포

제7장에서 시행의 결과가 두 가지만 나올 수 있는 베르누이 시행을 n번 독립적으로 반복했을 때 성공 횟수는 이항분포를 따른다고 하였다. 이 때 만약 시행의 결과가 세 가지 이상일 때는 다항분포(multinomial distribution)를 따르게 된다.

모집단의 구성요소가 $k$개의 속성이나 범주로 나누어질 때 어떤 요소가 i번째 속성 또는 범주에 속할 확률을 $p_i(i = 1, 2, 3, \cdots, k)$로 표시하자. 그러면

$$\sum_{i=1}^{k} p_i = 1$$

이 될 것이다.

확률 $p_i$는 다항분포의 모수로서, 알려지지 않은 것이 일반적이며 표본조사를 통하여 추정

된다. $k$개의 속성을 가지는 다항분포의 모집단에서 $n$개의 표본을 추출했을 때 $i$번째 속성(범주)에 속하는 관측도수를 $f_i$로 나타내자. 그러면

$$\sum_{i=1}^{k} f_i = n$$

이 된다.

다항분포에서 단순무작위로 n개의 표본을 추출하였을 때, 각 속성에 속하는 빈도수가 $f_1, f_2, \cdots, f_k$일 확률 $P(f_1, f_2, \cdots, f_k)$는 다음의 확률함수로부터 얻어진다.

$$P(f_1, f_2, \cdots, f_k) = \frac{n!}{f_1! f_2! \cdots f_k!} {p_1}^{f_1} {p_2}^{f_2} \cdots {p_k}^{f_k}$$

$$\text{여기에서 } \sum_{i=1}^{k} p_i = 1$$

$$\sum_{i=1}^{k} f_i = n$$

이항분포는 다항분포의 특수한 형태인데 $k = 2$일 때 다항분포의 확률함수는 다음과 같이 쓸 수 있다. $p_1 = p$로 하면 $p_2 = 1 - p$가 되고 $f_1 = x$로 하면 $f_2 = n - x$가 되어 확률함수는 다음과 같이 된다.

$$P(x, n-x) = \frac{n!}{x!(n-x)!} p^x (1-p)^{n-x}$$

위의 식은 바로 이항분포의 확률함수와 같다는 것을 알 수 있다.

다음에 다항분포의 모수 $p_i$에 대한 검정에 대하여 알아 보자. 이 때 가설은 다음과

같이 설정한다.

$$H_0 : p_i = p_{iI}$$
$$H_1 : \text{모든 } p_i = p_{iI}\text{가 성립하지는 않는다.}$$

귀무가설 $H_0$가 맞는다고 하는 가정하에서 각 속성의 기대도수(expected frequency) $F_i$는 다음과 같이 계산된다.

$$F_i = np_i$$

관측도수 $f_i$와 기대도수 $F_i$의 차이 $f_i - F_i$를 잔차(residual)라고 하는데, $f_i$와 $F_i$ 값이 비슷할수록 $H_0$를 채택할 가능성이 커지며 반대로 $f_i$와 $F_i$ 값이 차이가 클수록 H1을 채택할 가능성이 커진다. 검정통계량 $X^2$은 <표 11-1>과 같이 계산되며 상대적인 잔차제곱(relative squared residual)의 합을 나타낸다.

$$X^2 = \sum_{i=1}^{k} \frac{(f_i - F_i)^2}{F_i}$$

$f_i$와 $F_i$ 값의 차이가 클수록 $X^2$은 커지게 되며, 반대로 $f_i$와 $F_i$ 값이 같으면 $X^2 = 0$이 될 것이다. 즉, $X^2$이 커지면 $H_1$을 채택할 가능성이 커지고 $X^2$이 작을수록 H0를 채택할 가능성이 커진다. 이 때 임계치의 결정은 $X^2$의 표본분포를 기준으로 정한다.

**표 11-1 $X^2$검정통계량의 계산과정**

| 속 성 | 관측도수 | 기대도수 | 상대잔차제곱 |
|---|---|---|---|
| 1 | $f_1$ | $F_1$ | $(f_1 - F_1)^2/F_1$ |
| 2 | $f_2$ | $F_2$ | $(f_2 - F_2)^2/F_2$ |
| · | · | · | · |
| $k$ | $f_k$ | $F_k$ | $(f_k - F_k)^2/F_k$ |
| 합 계 | $n$ | $n$ | $X^2 = \sum (f_i - F_i)^2/F_i$ |

> 표본이 충분히 크고 귀무가설 $H_0$가 옳다면 $X^2$의 표본분포는 자유도가 $k-1$인 $\chi^2$분포에 접근한다.
>
> $$X^2 \cong \chi^2\ (k-1)$$

위의 식이 성립하기 위해서는 표본이 얼마나 커야 할까? 일반적으로는 모든 속성의 기대도수 $F_i$가 최소한 2보다 크고 대부분의 $F_i$가 5보다 커야 $X^2$이 $\chi^2$분포에 접근한다고 할 수 있다. 만약 Fi 값이 5보다 작은 속성이 많이 나타나면 표본을 늘리거나 $F_i$가 5보다 작은 속성들을 통합한 뒤 $\chi^2$검정을 해야 한다.

따라서 판정규칙은 다음과 같다.

$$X^2 \leq \chi^2(1-\alpha\ ;\ k-1) \rightarrow H_0\text{를 채택}$$
$$X^2 > \chi^2(1-\alpha\ ;\ k-1) \rightarrow H_1\text{을 채택}$$

여기에서 $\alpha$ : 유의수준

$\chi^2$검정은 데이터를 범주별로 구분하는 기준이 하나인 경우와 둘인 경우로 나누어진다.

(1) 한 개의 기준에 의해 구분된 경우는 적합도검정의 성격을 갖게 된다.

(2) 두 개의 기준에 의해 구분된 경우는 독립성검정과 동질성검정의 성격을 갖게 된다.

## 2. 적합도검정

적합도검정(goodness-of-fit test)이란 표본의 관측도수와 모집단의 기대도수를 비교하여 양자의 밀접여부를 결정하는 것이다. 적합도검정은 단순적합도검정과 모집단 분포형태에 관한 적합도검정으로 구분할 수 있다.

### (1) 단순적합도검정

단순적합도검정이란 모집단의 기대도수가 특정한 분포형태를 따르지 않는 경우의 적합도검정을 말한다.

**●●● 예제 11-1** 시장에서 판매되고 있는 8종류의 소주에 대한 소비자들의 선호도를 조사하기 위하여, 상표를 가리고 128명을 상대로 시음을 시킨 다음 가장 좋아하는 소주를 선택하도록 한 결과가 다음의 표와 같다. 각각의 사람수는 해당되는 번호의 소주를 가장 좋아하

는 사람의 수를 가리킨다. 이 결과에서 소주 맛에 선호도의 차이가 있다고 할 수 있는지 유의수준 5%로 검정하라.

| 소주 종류 | 1 | 2 | 3 | 4 | 5 | 6 | 7 | 8 | 합계 |
|---|---|---|---|---|---|---|---|---|---|
| 사람수 | 12 | 18 | 11 | 21 | 23 | 16 | 7 | 20 | 128 |

### ▶ Excel에 의한 해법

[순서 1] 준비

다음과 같이 입력한다.

| | A | B | C | D | E | F | G | H |
|---|---|---|---|---|---|---|---|---|
| 1 | | | | | | | | |
| 2 | | 소주종류 | 관측도수($O_i$) | 기대도수($E_i$) | $O_i-E_i$ | $(O_i-E_i)^2/E_i$ | | |
| 3 | | 1 | 12 | | | | | |
| 4 | | 2 | 18 | | | | | |
| 5 | | 3 | 11 | | | | | |
| 6 | | 4 | 21 | | | | | |
| 7 | | 5 | 23 | | | | | |
| 8 | | 6 | 16 | | | | | |
| 9 | | 7 | 7 | | | | | |
| 10 | | 8 | 20 | | | | | |
| 11 | | 합계 | | | | | | |
| 12 | | | | | | | | |
| 13 | | | | | | | | |

Sheet1 / Sheet2 / Sheet3 / Sheet4 / Sheet5 / Sheet

[순서 2] 수식의 입력

D3 $f_x$ =$C$11/8

| | A | B | C | D | E | F | G | H |
|---|---|---|---|---|---|---|---|---|
| 1 | | | | | | | | |
| 2 | | 소주종류 | 관측도수($O_i$) | 기대도수($E_i$) | $O_i-E_i$ | $(O_i-E_i)^2/E_i$ | | |
| 3 | | 1 | 12 | 16 | | | | |
| 4 | | 2 | 18 | 16 | | | | |
| 5 | | 3 | 11 | 16 | | | | |
| 6 | | 4 | 21 | 16 | | | | |
| 7 | | 5 | 23 | 16 | | | | |
| 8 | | 6 | 16 | 16 | | | | |
| 9 | | 7 | 7 | 16 | | | | |
| 10 | | 8 | 20 | 16 | | | | |
| 11 | | 합계 | 128 | | | | | |
| 12 | | | | | | | | |
| 13 | | | | | | | | |

Sheet1 / Sheet2 / Sheet3 / Sheet4 / Sheet5 / Sheet

[셀의 입력내용]

C11; =SUM(C3:C10)

D3; =$C$11/8 (D3를 D4에서 D10까지 복사한다)

[순서 3] 관측도수와 기대도수의 차 계산

E10 =C10-D10

| | A | B | C | D | E | F | G | H |
|---|---|---|---|---|---|---|---|---|
| 1 | | | | | | | | |
| 2 | | 소주종류 | 관측도수($O_i$) | 기대도수($E_i$) | $O_i$-$E_i$ | $(O_i-E_i)^2/E_i$ | | |
| 3 | | 1 | 12 | 16 | -4 | | | |
| 4 | | 2 | 18 | 16 | 2 | | | |
| 5 | | 3 | 11 | 16 | -5 | | | |
| 6 | | 4 | 21 | 16 | 5 | | | |
| 7 | | 5 | 23 | 16 | 7 | | | |
| 8 | | 6 | 16 | 16 | 0 | | | |
| 9 | | 7 | 7 | 16 | -9 | | | |
| 10 | | 8 | 20 | 16 | 4 | | | |
| 11 | | 합계 | 128 | | | | | |
| 12 | | | | | | | | |
| 13 | | | | | | | | |

Sheet1 Sheet2 Sheet3 Sheet4 Sheet5 Sheet

[셀의 입력내용]

E3; =C3−D3 (E3를 E4에서 E10까지 복사한다)

[순서 4] $(O_i - E_i)^2 / E_i$ 및 $\sum (O_i - E_i)^2 / E_i$의 계산

F3 =E3^2/D3

| | A | B | C | D | E | F | G | H |
|---|---|---|---|---|---|---|---|---|
| 1 | | | | | | | | |
| 2 | | 소주종류 | 관측도수($O_i$) | 기대도수($E_i$) | $O_i$-$E_i$ | $(O_i-E_i)^2/E_i$ | | |
| 3 | | 1 | 12 | 16 | -4 | 1.0000 | | |
| 4 | | 2 | 18 | 16 | 2 | 0.2500 | | |
| 5 | | 3 | 11 | 16 | -5 | 1.5625 | | |
| 6 | | 4 | 21 | 16 | 5 | 1.5625 | | |
| 7 | | 5 | 23 | 16 | 7 | 3.0625 | | |
| 8 | | 6 | 16 | 16 | 0 | 0.0000 | | |
| 9 | | 7 | 7 | 16 | -9 | 5.0625 | | |
| 10 | | 8 | 20 | 16 | 4 | 1.0000 | | |
| 11 | | 합계 | 128 | | | 13.5000 | | |
| 12 | | | | | | | | |
| 13 | | | | | | | | |

Sheet1 Sheet2 Sheet3 Sheet4 Sheet5 Sheet

[셀의 입력내용]

F3; =E32/D3 (F3를 F4에서 F10까지 복사한다)

F11; =SUM(F3:F10)

[순서 5] 유의수준의 입력, 자유도 및 카이제곱 임계치의 계산

D17 =CHIINV(D15, D16)

| | A | B | C | D | E | F | G | H | I |
|---|---|---|---|---|---|---|---|---|---|
| 1 | | | | | | | | | |
| 2 | | 소주종류 | 관측도수($O_i$) | 기대도수($E_i$) | $O_i$-$E_i$ | $(O_i-E_i)^2/E_i$ | | | |
| 3 | | 1 | 12 | 16 | -4 | 1.0000 | | | |
| 4 | | 2 | 18 | 16 | 2 | 0.2500 | | | |
| 5 | | 3 | 11 | 16 | -5 | 1.5625 | | | |
| 6 | | 4 | 21 | 16 | 5 | 1.5625 | | | |
| 7 | | 5 | 23 | 16 | 7 | 3.0625 | | | |
| 8 | | 6 | 16 | 16 | 0 | 0.0000 | | | |
| 9 | | 7 | 7 | 16 | -9 | 5.0625 | | | |
| 10 | | 8 | 20 | 16 | 4 | 1.0000 | | | |
| 11 | | 합계 | 128 | | | 13.5000 | | | |
| 12 | | | | | | | | | |
| 13 | | | | | | | | | |
| 14 | | | | | | | | | |
| 15 | | 유의수준 | α | 0.05 | | | | | |
| 16 | | 자유도 | df | 7 | | | | | |
| 17 | | 임계치 | $\chi^2$ | 14.0671 | | | | | |
| 18 | | | | | | | | | |

Sheet1 Sheet2 Sheet3 Sheet4 Sheet5 Sheet6 She

[셀의 입력내용]

D15; 0.05

D16; =COUNT(B3:B10)−1

D17; =CHIINV(D15, D16)

[순서 6] 판정

(1) $\chi^2$ 통계량($\sum(O_i - E_i)^2 / E_i$) = 13.5000 < 임계치 $\chi^2$ = 14.0671 이므로 귀무가설 H0 : 소주 사이에 선호도의 차이는 없다는 채택된다. 따라서 소주에 대한 선호도 차이는 없다고 판단된다.

(2) 그런데 유의수준이 $\alpha$ = 0.10일 때는 임계치가 $\chi^2$ = 12.0170이다. 따라서

13.5000 > 12.0107이므로 귀무가설은 기각된다. 따라서 소주에 대한 선호도 차이는 있다고 판단된다.

E17 fx =CHIINV(E15, E16)

| | A | B | C | D | E | F | G | H | I |
|---|---|---|---|---|---|---|---|---|---|
| 1 | | | | | | | | | |
| 2 | | 소주종류 | 관측도수($O_i$) | 기대도수($E_i$) | $O_i-E_i$ | $(O_i-E_i)^2/E_i$ | | | |
| 3 | | 1 | 12 | 16 | -4 | 1.0000 | | | |
| 4 | | 2 | 18 | 16 | 2 | 0.2500 | | | |
| 5 | | 3 | 11 | 16 | -5 | 1.5625 | | | |
| 6 | | 4 | 21 | 16 | 5 | 1.5625 | | | |
| 7 | | 5 | 23 | 16 | 7 | 3.0625 | | | |
| 8 | | 6 | 16 | 16 | 0 | 0.0000 | | | |
| 9 | | 7 | 7 | 16 | -9 | 5.0625 | | | |
| 10 | | 8 | 20 | 16 | 4 | 1.0000 | | | |
| 11 | | 합계 | 128 | | | 13.5000 | | | |
| 12 | | | | | | | | | |
| 13 | | | | | | | | | |
| 14 | | | | | | | | | |
| 15 | | 유의수준 | $\alpha$ | 0.05 | 0.1 | | | | |
| 16 | | 자유도 | df | 7 | 7 | | | | |
| 17 | | 임계치 | $\chi^2$ | 14.0671 | 12.0170 | | | | |
| 18 | | | | | | | | | |

Sheet1 Sheet2 Sheet3 Sheet4 Sheet5 Sheet6 She

### (2) 정규분포의 적합도검정

통계이론에서 모집단의 확률분포에 대한 가정이 자주 언급되었다. 모집단의 확률분포에 대한 그러한 가정이 과연 타당한지 검정하는 것을 모집단의 분포형태에 관한 적합도검정이라고 한다. 먼저 정규분포의 적합도검정에 대해서 살펴보자.

●●● **예제 11-2** K공업주식회사에서 생산하고 있는 건전지의 수명에 대한 분포를 알아보기 위하여 1,000개의 건전지에 대한 수명을 측정하였다. 그 결과 표본의 평균은 174시간이고, 표준편차는 22시간이었다. 이 데이터를 구간으로 나누어 도수분포표로 정리하였다. 건전지의 수명이 정규분포를 이루고 있는지를 유의수준 5%에서 검정하여 보자.

| 수 명 | 개 수 |
|---|---|
| 0 ~ 120 | 20 |
| 120 ~ 140 | 110 |
| 140 ~ 160 | 225 |
| 160 ~ 180 | 305 |
| 180 ~ 200 | 215 |
| 200 ~ 220 | 103 |
| 220 이상 | 22 |
| 합 계 | 1,000 |

귀무가설과 대립가설은 다음과 같다.

귀무가설($H_0$) : 건전지의 수명은 정규분포를 이룬다

대립가설($H_1$) : 건전지의 수명은 정규분포를 이루지 않는다

### ▶ Excel에 의한 해법

표본 평균과 표준편차를 이용하여 모집단의 평균과 표준편차를 추정한다. 모집단의 평균과 표준편차의 추정치는 각각 174와 22이다. 이 값을 이용해서 각 구간에 속할 확률과 빈도를 구한다.

[순서 1] 기본 데이터의 입력 및 준비

다음과 같이 입력한다.

| 표본의 수 | $n$ | 1000 |
|---|---|---|
| 평균 | $\bar{x}$ | 174 |
| 표준편차 | $s$ | 22 |

| 계급 | 관측도수($O_i$) | 정규분포 확률 | 기대도수($E_i$) | $(O_i-E_i)^2/E_i$ |
|---|---|---|---|---|
| 120 | 20 | | | |
| 140 | 110 | | | |
| 160 | 225 | | | |
| 180 | 305 | | | |
| 200 | 215 | | | |
| 220 | 103 | | | |
| >220 | 22 | | | |
| 합계 | 1000 | | | ← 검정통계량 |

| 유의수준 | $\alpha$ | 0.05 |
|---|---|---|
| 자유도 | df | |
| 임계치 | $\chi^2$ | |
| 유의확률 | p값 | |

## [순서 2] 정규분포의 확률 산출

D13 $f_x$ =1- NORMDIST(B12, $D$3, $D$4, 1)

| 표본의 수 | n | 1000 |
|---|---|---|
| 평균 | $\bar{x}$ | 174 |
| 표준편차 | s | 22 |

| 계급 | 관측도수($O_i$) | 정규분포 확률 | 기대도수($E_i$) | $(O_i-E_i)^2/E_i$ |
|---|---|---|---|---|
| 120 | 20 | 0.00705 | | |
| 140 | 110 | 0.05407 | | |
| 160 | 225 | 0.20115 | | |
| 180 | 305 | 0.34520 | | |
| 200 | 215 | 0.27389 | | |
| 220 | 103 | 0.10037 | | |
| >220 | 22 | 0.01827 | | |
| 합계 | 1000 | | | (검정통계량) |

| 유의수준 | α | 0.05 |
|---|---|---|
| 자유도 | df | |
| 임계치 | $\chi^2$ | |
| 유의확률 | p값 | |

[셀의 입력내용]

D7; =NORMDIST(B7, $D$3, $D$4, 1)

D8; =NORMDIST(B8, $D$3, $D$4, 1)－NORMDIST(B7, $D$3, $D$4, 1)

D9; =NORMDIST(B9, $D$3, $D$4, 1)－NORMDIST(B8, $D$3, $D$4, 1)

D10; =NORMDIST(B10, $D$3, $D$4, 1)－NORMDIST(B9, $D$3, $D$4, 1)

D11; =NORMDIST(B11, $D$3, $D$4, 1)－NORMDIST(B10, $D$3, $D$4, 1)

D12; =NORMDIST(B12, $D$3, $D$4, 1)－NORMDIST(B11, $D$3, $D$4, 1)

D13; =1－NORMDIST(B12, $D$3, $D$4, 1)

## [순서 3] 기대도수, 카이제곱의 계산

F13 $f_x$ =(C13-E13)^2/E13

| 표본의 수 | n | 1000 |
|---|---|---|
| 평균 | $\bar{x}$ | 174 |
| 표준편차 | s | 22 |

| 계급 | 관측도수($O_i$) | 정규분포 확률 | 기대도수($E_i$) | $(O_i-E_i)^2/E_i$ |
|---|---|---|---|---|
| 120 | 20 | 0.00705 | 7.05 | 23.77 |
| 140 | 110 | 0.05407 | 54.07 | 57.87 |
| 160 | 225 | 0.20115 | 201.15 | 2.83 |
| 180 | 305 | 0.34520 | 345.20 | 4.68 |
| 200 | 215 | 0.27389 | 273.89 | 12.66 |
| 220 | 103 | 0.10037 | 100.37 | 0.07 |
| >220 | 22 | 0.01827 | 18.27 | 0.76 |
| 합계 | 1000 | | | (검정통계량) |

| 유의수준 | α | 0.05 |
|---|---|---|
| 자유도 | df | |
| 임계치 | $\chi^2$ | |
| 유의확률 | p값 | |

[셀의 입력내용]

E7; =D7 * $D$2

(E7을 E8에서 E13까지 복사한다)

F7; =(C7−E7)^2/E7

(F7을 F8에서 F13까지 복사한다)

[순서 4] 합계, df, p값, 임계치의 계산

(1) 셀 D7:F14 영역을 지정하고 [자동 합계] 버튼을 클릭한다.

(2) 자유도, p값, 임계치의 계산

D20 =CHIDIST(F14, D18)

| | A | B | C | D | E | F | G |
|---|---|---|---|---|---|---|---|
| 1 | | | | | | | |
| 2 | | 표본의 수 | n | 1000 | | | |
| 3 | | 평균 | $\bar{x}$ | 174 | | | |
| 4 | | 표준편차 | s | 22 | | | |
| 5 | | | | | | | |
| 6 | | 계급 | 관측도수($O_i$) | 정규분포 확률 | 기대도수($E_i$) | $(O_i-E_i)^2/E_i$ | |
| 7 | | 120 | 20 | 0.00705 | 7.05 | 23.77 | |
| 8 | | 140 | 110 | 0.05407 | 54.07 | 57.87 | |
| 9 | | 160 | 225 | 0.20115 | 201.15 | 2.83 | |
| 10 | | 180 | 305 | 0.34520 | 345.20 | 4.68 | |
| 11 | | 200 | 215 | 0.27389 | 273.89 | 12.66 | |
| 12 | | 220 | 103 | 0.10037 | 100.37 | 0.07 | |
| 13 | | >220 | 22 | 0.01827 | 18.27 | 0.76 | |
| 14 | | 합계 | 1000 | 1.0000 | 1000.00 | 102.64 | ← 검정통계량 |
| 15 | | | | | | | |
| 16 | | | | | | | |
| 17 | | 유의수준 | α | 0.05 | | | |
| 18 | | 자유도 | df | 4 | | | |
| 19 | | 임계치 | $\chi^2$ | 9.49 | | | |
| 20 | | 유의확률 | p값 | 2.70E-21 | | | |
| 21 | | | | | | | |

Sheet1 Sheet2 Sheet3 Sheet4 Sheet5 Sheet6

[셀의 입력내용]

D14; =SUM(D7:D13) (D14를 F14까지 복사한다)

D18; =COUNTA(B7:B13)−COUNT(D3:D4)−1

D19; =CHIINV(D17, D18)

D20; =CHIDIST(F14, D18)

자유도의 계산은 다음과 같이 실시된다.

$$\text{자유도} = df = \text{구간의 수} - \text{추정된 모수의 수} - 1$$
$$= \text{COUNTA(B7:B13)} - \text{COUNT(D3:D4)} - 1$$
$$= 7 - 2 - 1 = 4$$

여기에서

$$\text{COUNT(B7:B13)} = 6$$

이고

$$\text{COUNTA(B7:B13)} = 7$$

임을 주의해야 한다. 즉, COUNT는 숫자만을 카운트하고, COUNTA는 값이 있거나 비어 있지 않은 셀의 개수를 구해준다.

[순서 5] 결과의 판정

(1) 검정통계량에 의한 판정

$$\text{검정통계량 } \chi^2 = 102.64 > \text{임계치 } \chi^2 = 9.49$$

이므로 귀무가설은 기각된다. 즉, 건전지의 수명은 정규분포를 이룬다고 볼 수 없다.

(2) $p$값에 의한 판정

$$\text{유의확률 } p\text{값} = 2.7E-21 < \text{유의수준 } \alpha = 0.05$$

이므로 역시 귀무가설은 기각된다.

**••• 예제 11-3** S고등학교 학생들의 신장이 정규분포를 하는지 알아 보고자 200명의 학생을 무작위로 추출하여 키를 측정했다. 그 결과를 도수분포표로 정리한 것이 다음의 표이다. 학생들의 신장이 정규분포를 이루고 있는지 유의수준 1%에서 검정하라. 표본 학생 신장의 평균과 표준편차는 각각 164cm와 10cm이다.

| 신 장 | 학 생 수 |
|---|---|
| 150 미만 | 15 |
| 150 ~ 160 | 54 |
| 160 ~ 170 | 78 |
| 170 ~ 180 | 42 |
| 180 이상 | 11 |
| 합 계 | 200 |

귀무가설과 대립가설은 다음과 같다.

귀무가설($H_0$) : 학생들의 신장은 정규분포를 이룬다

대립가설($H_1$) : 학생들의 신장은 정규분포를 이루지 않는다

### ▶ Excel에 의한 해법

표본 평균과 표본 표준편차를 이용하여 모집단의 평균과 표준편차를 추정한다. 추정치는 각각 164와 10이다. 이 값을 이용하여 각 구간에 속할 확률과 빈도를 구한다.

D17 =CHIINV(D15, D16)

| 표본의 수 | n | 200 |
|---|---|---|
| 평균 | $\bar{x}$ | 164 |
| 표준편차 | s | 10 |

| 계급 | 관측도수($O_i$) | 정규분포 확률 | 기대도수($E_i$) | $(O_i-E_i)^2/E_i$ |
|---|---|---|---|---|
| 150 | 15 | 0.0808 | 16.15 | 0.08 |
| 160 | 54 | 0.2638 | 52.76 | 0.03 |
| 170 | 78 | 0.3812 | 76.23 | 0.04 |
| 180 | 42 | 0.2195 | 43.89 | 0.08 |
| >180 | 11 | 0.0548 | 10.96 | 0.00 |
| 합계 | 200 | 1.0000 | 200.00 | 0.23 ← 검정통계량 |

| 유의수준 | α | 0.01 |
|---|---|---|
| 자유도 | df | 2 |
| 임계치 | $\chi^2$ | 9.21 |
| 유의확률 | p값 | 8.90E-01 |

Sheet1 Sheet2 Sheet3 Sheet4 Sheet5 Sheet6

$$\text{검정통계량 } \chi^2 = 0.23 < \text{임계치 } \chi^2 = 9.21$$

이므로 귀무가설($H_0$)은 기각될 수 없다. 즉, 학생들의 신장은 정규분포를 이룬다고 볼 수 있다. p값(0.890)을 살펴보면 유의수준(0.01)보다 크므로 역시 귀무가설($H_0$)은 채택된다.

### (3) 이항분포의 적합도검정

**●●● 예제 11-4** 100명의 학생들에게 동전을 3회씩 던지게 했다. 앞면이 한 번도 안 나온 학생이 15명, 앞면이 한 번 나온 학생은 35명, 앞면이 2회 나온 학생은 33명, 그리고 3회 모두 앞면이 나온 학생은 17명이었다. 3회 동전을 던져 앞면이 나오는 수는 과연 이항분포를 따른다고 할 수 있는지 5% 유의수준에서 검정하라.

귀무가설과 대립가설은 다음과 같다.

귀무가설($H_0$) : 모집단은 이항분포를 이룬다

대립가설($H_1$) : 모집단은 이항분포를 이루지 않는다

#### ▶ Excel에 의한 해법

[순서 1] 기본 데이터의 입력 및 준비

다음과 같이 입력한다.

| | A | B | C | D | E | F | G |
|---|---|---|---|---|---|---|---|
| 1 | | | | | | | |
| 2 | | 시행의 수 | n | 3 | | | |
| 3 | | 성공확률 | p | 0.5 | | | |
| 4 | | | | | | | |
| 5 | | x | 관측도수($O_i$) | 이항분포 확률 | 기대도수($E_i$) | $(O_i-E_i)^2/E_i$ | |
| 6 | | 0 | 15 | | | | |
| 7 | | 1 | 35 | | | | |
| 8 | | 2 | 33 | | | | |
| 9 | | 3 | 17 | | | | |
| 10 | | 합계 | 100 | | | | |
| 11 | | | | | | | |
| 12 | | | | | | | 검정통계량 |
| 13 | | 유의수준 | α | 0.05 | | | |
| 14 | | 자유도 | df | | | | |
| 15 | | 임계치 | $\chi^2$ | | | | |
| 16 | | 유의확률 | p값 | | | | |

### [순서 2] 이항분포 확률 계산

| | A | B | C | D | E | F | G | H | I |
|---|---|---|---|---|---|---|---|---|---|
| 1 | | | | | | | | | |
| 2 | | 시행의 수 | n | 3 | | | | | |
| 3 | | 성공확률 | p | 0.5 | | | | | |
| 4 | | | | | | | | | |
| 5 | | x | 관측도수($O_i$) | 이항분포 확률 | 기대도수($E_i$) | $(O_i-E_i)^2/E_i$ | | | |
| 6 | | 0 | 15 | 0.1250 | | | | | |
| 7 | | 1 | 35 | 0.3750 | | | | | |
| 8 | | 2 | 33 | 0.3750 | | | | | |
| 9 | | 3 | 17 | 0.1250 | | | | | |
| 10 | | 합계 | 100 | 1.0000 | | | ← | | |
| 11 | | | | | | | | | |
| 12 | | | | | | | 검정통계량 | | |
| 13 | | 유의수준 | α | 0.05 | | | | | |
| 14 | | 자유도 | df | | | | | | |
| 15 | | 임계치 | $\chi^2$ | | | | | | |
| 16 | | 유의확률 | p값 | | | | | | |
| 17 | | | | | | | | | |
| 18 | | | | | | | | | |
| 19 | | | | | | | | | |
| 20 | | | | | | | | | |
| 21 | | | | | | | | | |

Sheet1 Sheet2 Sheet3 Sheet4 Sheet5 Sheet6 She

[셀의 입력내용]

D6; =BINOMDIST(B6, $D$2, $D$3, 0) (D6를 D7에서 D9까지 복사한다)

D10; =SUM(D6:D9)

### [순서 3] 기대도수, 카이제곱의 계산

| | A | B | C | D | E | F | G | H | I |
|---|---|---|---|---|---|---|---|---|---|
| 1 | | | | | | | | | |
| 2 | | 시행의 수 | n | 3 | | | | | |
| 3 | | 성공확률 | p | 0.5 | | | | | |
| 4 | | | | | | | | | |
| 5 | | x | 관측도수($O_i$) | 이항분포 확률 | 기대도수($E_i$) | $(O_i-E_i)^2/E_i$ | | | |
| 6 | | 0 | 15 | 0.1250 | 12.50 | 0.50 | | | |
| 7 | | 1 | 35 | 0.3750 | 37.50 | 0.17 | | | |
| 8 | | 2 | 33 | 0.3750 | 37.50 | 0.54 | | | |
| 9 | | 3 | 17 | 0.1250 | 12.50 | 1.62 | | | |
| 10 | | 합계 | 100 | 1.0000 | 100.00 | 2.83 | ← | | |
| 11 | | | | | | | | | |
| 12 | | | | | | | 검정통계량 | | |
| 13 | | 유의수준 | α | 0.05 | | | | | |
| 14 | | 자유도 | df | | | | | | |
| 15 | | 임계치 | $\chi^2$ | | | | | | |
| 16 | | 유의확률 | p값 | | | | | | |
| 17 | | | | | | | | | |
| 18 | | | | | | | | | |
| 19 | | | | | | | | | |
| 20 | | | | | | | | | |
| 21 | | | | | | | | | |

Sheet1 Sheet2 Sheet3 Sheet4 Sheet5 Sheet6 She

[셀의 입력내용]

E6; =D6 * $C$10 (E6를 E7에서 E9까지 복사한다)

E10; =SUM(E6:E9)

F6; =(C6−E6)^2/E6 (F6를 F7에서 F9까지 복사한다)

F10; =SUM(F6:F9)

[순서 4] 자유도 $df$, 임계치, $p$값의 계산

| | B | C | D | E | F |
|---|---|---|---|---|---|
| 2 | 시행의 수 | n | 3 | | |
| 3 | 성공확률 | p | 0.5 | | |
| 5 | x | 관측도수($O_i$) | 이항분포 확률 | 기대도수($E_i$) | $(O_i-E_i)^2/E_i$ |
| 6 | 0 | 15 | 0.1250 | 12.50 | 0.50 |
| 7 | 1 | 35 | 0.3750 | 37.50 | 0.17 |
| 8 | 2 | 33 | 0.3750 | 37.50 | 0.54 |
| 9 | 3 | 17 | 0.1250 | 12.50 | 1.62 |
| 10 | 합계 | 100 | 1.0000 | 100.00 | 2.83 ← 검정통계량 |
| 13 | 유의수준 | α | 0.05 | | |
| 14 | 자유도 | df | 2 | | |
| 15 | 임계치 | $\chi^2$ | 5.99 | | |
| 16 | 유의확률 | p값 | 2.43E-01 | | |

[셀의 입력내용]

D14; =4−1−1 (여기에서는 한 개의 모수 $\hat{p}$ 를 추정하였으므로)

D15; =CHIINV(D13, D14)

D16; =CHIDIST(F10, D14)

[순서 5] 결과의 판정

$$\text{검정통계량 } \chi^2 = 2.83 < \text{임계치 } \chi^2 = 5.99$$

이므로 귀무가설($H_0$)을 기각할 수 없다. 즉, 모집단은 이항분포를 따른다고 볼 수 있다.

$$p\text{값} = 0.243 > \text{유의수준 } \alpha = 0.05$$

이므로 역시 귀무가설($H_0$)은 채택된다.

### ▶ 그래프에 의한 확인

관측도수와 기대도수를 동시에 그래프로 표현함으로써 관측도수가 이항분포에 따름을 확인할 수 있다.

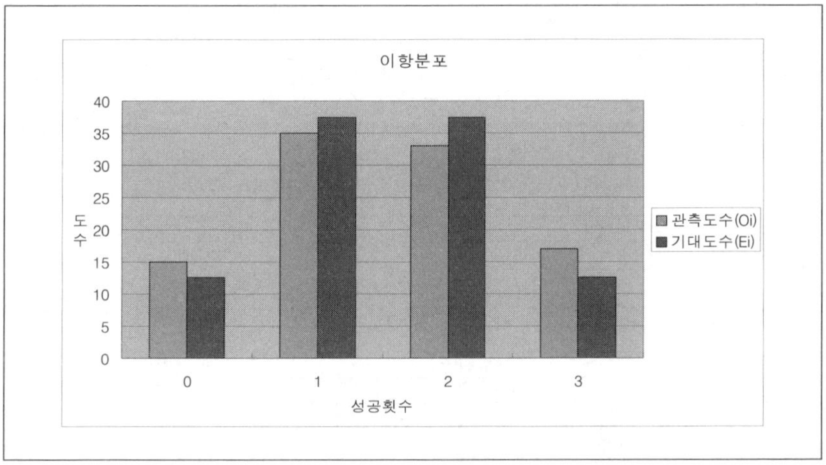


## (4) 포아송 분포의 적합도검정

●●● **예제 11-5** 중부고속도로 하행선 톨게이트에서는 1분당 평균 5대의 차량이 통과하는 것으로 알려져 있다. 한 번에 1분씩 65회 관측하여 차량통과 대수를 측정한 결과가 다음 표와 같다. 이 톨게이트를 통과하는 차량의 분포가 1분당 평균 5대인 포아송 분포를 이룬다고 할 수 있는지 5%의 유의수준으로 검정하라.

| 차량통과 대수 | 관측도수 | 차량통과 대수 | 관측도수 |
|---|---|---|---|
| 0 | 4 | 8 | 4 |
| 1 | 1 | 9 | 3 |
| 2 | 0 | 10 | 0 |
| 3 | 9 | 11 | 0 |
| 4 | 12 | 12 | 2 |
| 5 | 17 | 13 | 0 |
| 6 | 8 | 14 이상 | 0 |
| 7 | 5 | 합 계 | 65 |

귀무가설과 대립가설은 다음과 같다.

귀무가설($H_0$) : 모집단은 포아송 분포를 이룬다

대립가설($H_1$) : 모집단은 포아송 분포를 이루지 않는다

### ▶ Excel에 의한 해법

포아송 분포는 1분 동안의 평균 차량통과 대수 $\lambda$를 모수로 갖는다.

**[순서 1]** 기본 데이터의 입력 및 준비

다음과 같이 입력한다.

I14 =COUNTA(A6:A20)-1-1

| | A | B | C | D | E | F | G | H | I |
|---|---|---|---|---|---|---|---|---|---|
| 1 | | | | | | | | | |
| 2 | 표본의 수 | n | 65 | | | | | | |
| 3 | 평균 | λ | 5 | | | | | | |
| 4 | | | | | | | | | |
| 5 | 차량통과 대수 | 관측도수($O_i$) | 포아송분포 확률 | 기대도수($E_i$) | $(O_i-E_i)^2/E_i$ | | | | |
| 6 | 0 | 4 | | | | | | | |
| 7 | 1 | 1 | | | | | | | |
| 8 | 2 | 0 | | | | | | | |
| 9 | 3 | 9 | | | | | | | |
| 10 | 4 | 12 | | | | | | | |
| 11 | 5 | 17 | | | | | | | |
| 12 | 6 | 8 | | | | | | | |
| 13 | 7 | 5 | | | | | 유의수준 | α | 0.05 |
| 14 | 8 | 4 | | | | | 자유도 | df | 13 |
| 15 | 9 | 3 | | | | | 임계치 | $\chi^2$ | |
| 16 | 10 | 0 | | | | | 유의확률 | p값 | |
| 17 | 11 | 0 | | | | | | | |
| 18 | 12 | 2 | | | | | | | |
| 19 | 13 | 0 | | | | | | | |
| 20 | >=14 | 0 | | | | | | | |
| 21 | 합계 | 65 | | | | ← | | 검정통계량 | |

Sheet1 Sheet2 Sheet3 Sheet4 Sheet5 Sheet6

자유도 $df$ ; 여기에서는 한 개의 모수($\lambda$ )를 추정하였으므로 자유도(df)는

$df$ ; =COUNTA(A6:A20)−1−1=13이다.

### [순서 2] 포아송 분포 확률, 기대도수, 카이제곱 및 합계의 계산

| 표본의 수 | n | 65 |
|---|---|---|
| 평균 | λ | 5 |

| 차량통과 대수 | 관측도수($O_i$) | 포아송분포 확률 | 기대도수($E_i$) | $(O_i-E_i)^2/E_i$ |
|---|---|---|---|---|
| 0 | 4 | 0.0067 | 0.44 | 28.97 |
| 1 | 1 | 0.0337 | 2.19 | 0.65 |
| 2 | 0 | 0.0842 | 5.47 | 5.47 |
| 3 | 9 | 0.1404 | 9.12 | 0.00 |
| 4 | 12 | 0.1755 | 11.41 | 0.03 |
| 5 | 17 | 0.1755 | 11.41 | 2.74 |
| 6 | 8 | 0.1462 | 9.50 | 0.24 |
| 7 | 5 | 0.1044 | 6.79 | 0.47 |
| 8 | 4 | 0.0653 | 4.24 | 0.01 |
| 9 | 3 | 0.0363 | 2.36 | 0.18 |
| 10 | 0 | 0.0181 | 1.18 | 1.18 |
| 11 | 0 | 0.0082 | 0.54 | 0.54 |
| 12 | 2 | 0.0034 | 0.22 | 14.14 |
| 13 | 0 | 0.0013 | 0.09 | 0.09 |
| >=14 | 0 | 0.0007 | 0.05 | 0.05 |
| 합계 | 65 | 1.0000 | 65.00 | 54.76 ← 검정통계량 |

| 유의수준 | α | 0.05 |
|---|---|---|
| 자유도 | df | 13 |
| 임계치 | $\chi^2$ | |
| 유의확률 | p값 | |

[셀의 입력내용]

C6; = POISSON(A6, $C$3, 0) (C6를 C7에서 C19까지 복사한다)

C20; = 1 − POISSON(A19, $C$3, 1)

C21; = SUM(C6:C20)

D6; = C6 * $C$2 (D6를 D7에서 D20까지 복사한다)

D21; = SUM(D6:D20)

E6; = (B6 − D6)^2/D6 (E6를 E7에서 E20까지 복사한다)

E21; = SUM(E6:E20)

### [순서 3] 임계치, $p$값의 계산

| 표본의 수 | n | 65 |
|---|---|---|
| 평균 | λ | 5 |

| 차량통과 대수 | 관측도수($O_i$) | 포아송분포 확률 | 기대도수($E_i$) | $(O_i-E_i)^2/E_i$ |
|---|---|---|---|---|
| 0 | 4 | 0.0067 | 0.44 | 28.97 |
| 1 | 1 | 0.0337 | 2.19 | 0.65 |
| 2 | 0 | 0.0842 | 5.47 | 5.47 |
| 3 | 9 | 0.1404 | 9.12 | 0.00 |
| 4 | 12 | 0.1755 | 11.41 | 0.03 |
| 5 | 17 | 0.1755 | 11.41 | 2.74 |
| 6 | 8 | 0.1462 | 9.50 | 0.24 |
| 7 | 5 | 0.1044 | 6.79 | 0.47 |
| 8 | 4 | 0.0653 | 4.24 | 0.01 |
| 9 | 3 | 0.0363 | 2.36 | 0.18 |
| 10 | 0 | 0.0181 | 1.18 | 1.18 |
| 11 | 0 | 0.0082 | 0.54 | 0.54 |
| 12 | 2 | 0.0034 | 0.22 | 14.14 |
| 13 | 0 | 0.0013 | 0.09 | 0.09 |
| >=14 | 0 | 0.0007 | 0.05 | 0.05 |
| 합계 | 65 | 1.0000 | 65.00 | 54.76 ← 검정통계량 |

| 유의수준 | α | 0.05 |
|---|---|---|
| 자유도 | df | 13 |
| 임계치 | $\chi^2$ | 22.36 |
| 유의확률 | p값 | 4.46E-07 |

[셀의 입력내용]

I15; =CHIINV(I13, I14)

I16; =CHIDIST(E21, I14)

[순서 4] 결과의 판정

(1) 검정통계량 $\chi^2$ = 54.76 > 임계치 $\chi^2$ = 22.36

이므로 귀무가설($H_0$)은 기각된다. 즉, 모집단은 포아송 분포를 따른다고 볼 수 없다.

(2) $p$값 = 4.46E−07 < 유의수준 $\alpha$ = 0.05

이므로 역시 귀무가설($H_0$)은 기각된다.

▶ **그래프에 의한 확인**

관측도수와 기대도수를 동시에 그래프로 표현함으로써 관측도수가 포아송 분포에 따르고 있지 않음을 확인할 수 있다.

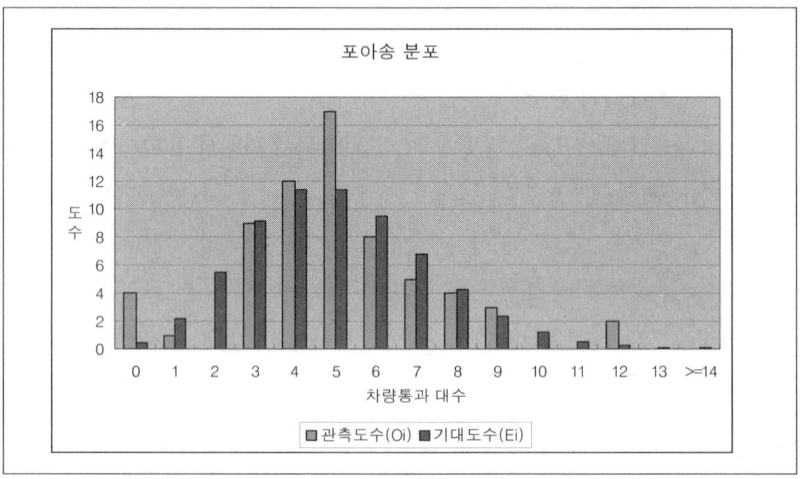


# 3. 독립성검정

지금까지는 카이제곱 검정을 이용한 적합도검정에 대하여 알아 보았다. 이외의 카이제곱 검정으로 독립성검정을 들 수 있는데 독립성검정에서는 주로 분할표가 이용된다.

분할표(contingency table)란 모집단에서 추출된 통계 데이터를 특정한 분류기준에 의하여 행과 열로 정리한 표를 말한다. 예를 들어 450명을 표본추출하여 학력별 임금 수준을 조사한 결과가 다음 <표 11-2>와 같다고 하자.

**표 11-2 학력별 임금수준**

| | 고 졸 | 대 졸 | 대학원졸 | 합 계 |
|---|---|---|---|---|
| 100만 원 미만 | 34 | 36 | 10 | 80 |
| 100~200만 원 | 41 | 72 | 36 | 149 |
| 200~300만 원 | 10 | 78 | 58 | 146 |
| 300만 원 이상 | 4 | 26 | 45 | 75 |
| 합 계 | 89 | 212 | 149 | 450 |

<표 11-2 >는 4개의 행과 3개의 열로 구성되어 있으므로 이것을 4×3의 분할표라고 한다. 이 표에서 학력과 임금수준이 상호 독립인지 혹은 종속인지를 알고자 한다면 카이제곱 검정을 이용하여 해결할 수 있다. 독립성검정(independence test)이란 분할표에 있어서의 두 가지 분류기준이 서로 독립적인지 종속적인지를 파악하기 위한 검정이라고 할 수 있다. 이 표에서 학력과 임금수준이 상호 독립적이라면 두 변수간에 아무런 관계가 없다는 것이며, 상호 종속적이라면 학력에 따라 임금수준이 달라진다는 것을 의미한다.

●●● **예제 11-6** 〈표 11-2〉에서 두 변수(학력과 임금수준)가 상호 독립적인지를 유의수준 5%에서 검정하라.

독립성검정을 위한 귀무가설과 대립가설은 다음과 같다.

귀무가설($H_0$) : 두 변수는 독립적이다

대립가설($H_1$) : 두 변수는 독립적이 아니다

### ▶ Excel에 의한 해법

[순서 1] 기본 데이터의 입력 및 준비

다음과 같이 입력한다.

| 관측도수 | 고졸 | 대졸 | 대학원졸 | 행의 합계 |
|---|---|---|---|---|
| 100만원 이하 | 34 | 36 | 10 | |
| 100 - 200만원 | 41 | 72 | 36 | |
| 200- 300만원 | 10 | 78 | 58 | |
| 300만원 이상 | 4 | 26 | 45 | |
| 열의 합계 | | | | |

[순서 2] 행과 열의 합계 계산

셀 C4:F8 영역을 지정하고 [자동합계] 버튼을 클릭한다.

F8 =SUM(C8:E8)

| 관측도수 | 고졸 | 대졸 | 대학원졸 | 행의 합계 |
|---|---|---|---|---|
| 100만원 이하 | 34 | 36 | 10 | 80 |
| 100 - 200만원 | 41 | 72 | 36 | 149 |
| 200- 300만원 | 10 | 78 | 58 | 146 |
| 300만원 이상 | 4 | 26 | 45 | 75 |
| 열의 합계 | 89 | 212 | 149 | 450 |

[순서 3] 기대도수의 계산

(1) 분할표를 셀 B10을 기점으로 복사한다.

(2) 셀 B10에 '기대도수'라고 입력한다.

| 관측도수 | 고졸 | 대졸 | 대학원졸 | 행의 합계 |
|---|---|---|---|---|
| 100만원 이하 | 34 | 36 | 10 | 80 |
| 100 - 200만원 | 41 | 72 | 36 | 149 |
| 200- 300만원 | 10 | 78 | 58 | 146 |
| 300만원 이상 | 4 | 26 | 45 | 75 |
| 열의 합계 | 89 | 212 | 149 | 450 |

| 기대도수 | 고졸 | 대졸 | 대학원졸 | 행의 합계 |
|---|---|---|---|---|
| 100만원 이하 | 15.82 | 37.69 | 26.49 | 80 |
| 100 - 200만원 | 29.47 | 70.20 | 49.34 | 149 |
| 200- 300만원 | 28.88 | 68.78 | 48.34 | 146 |
| 300만원 이상 | 14.83 | 35.33 | 24.83 | 75 |
| 열의 합계 | 89 | 212 | 149 | 450 |

Sheet4 Sheet5 Sheet6 Sheet7

(3) 기대도수의 계산식 입력

셀 C11을 지정하고 '=C$8 * $F4/$F$8' 식을 입력한다.

C11 fx =C$8*$F4/$F$8

| 관측도수 | 고졸 | 대졸 | 대학원졸 | 행의 합계 |
|---|---|---|---|---|
| 100만원 이하 | 34 | 36 | 10 | 80 |
| 100 - 200만원 | 41 | 72 | 36 | 149 |
| 200- 300만원 | 10 | 78 | 58 | 146 |
| 300만원 이상 | 4 | 26 | 45 | 75 |
| 열의 합계 | 89 | 212 | 149 | 450 |

| 기대도수 | 고졸 | 대졸 | 대학원졸 | 행의 합계 |
|---|---|---|---|---|
| 100만원 이하 | 15.82 | | | |
| 100 - 200만원 | | | | |
| 200- 300만원 | | | | |
| 300만원 이상 | | | | |
| 열의 합계 | | | | |

Sheet4 Sheet5 Sheet6 Sheet7

(4) 셀 C11을 D11에서 E14까지 복사한다. 기대도수 분할표가 완성된다.

C11 $f_x$ =C$8*$F4/$F$8

| 관측도수 | 고졸 | 대졸 | 대학원졸 | 행의 합계 |
|---|---|---|---|---|
| 100만원 이하 | 34 | 36 | 10 | 80 |
| 100 - 200만원 | 41 | 72 | 36 | 149 |
| 200- 300만원 | 10 | 78 | 58 | 146 |
| 300만원 이상 | 4 | 26 | 45 | 75 |
| 열의 합계 | 89 | 212 | 149 | 450 |

| 기대도수 | 고졸 | 대졸 | 대학원졸 | 행의 합계 |
|---|---|---|---|---|
| 100만원 이하 | 15.82 | 37.69 | 26.49 | 80 |
| 100 - 200만원 | 29.47 | 70.20 | 49.34 | 149 |
| 200- 300만원 | 28.88 | 68.78 | 48.34 | 146 |
| 300만원 이상 | 14.83 | 35.33 | 24.83 | 75 |
| 열의 합계 | 89 | 212 | 149 | 450 |

Sheet4 Sheet5 Sheet6 Sheet7

[순서 4] 카이제곱 값의 계산

(1) 셀 B3:F8 영역을 셀 B17을 기준으로 복사한다.

(2) 셀 B17에 '$\chi^2$통계량'이라고 입력한다.

B17 $f_x$ c2 통계량

| 관측도수 | 고졸 | 대졸 | 대학원졸 | 행의 합계 |
|---|---|---|---|---|
| 100만원 이하 | 34 | 36 | 10 | 80 |
| 100 - 200만원 | 41 | 72 | 36 | 149 |
| 200- 300만원 | 10 | 78 | 58 | 146 |
| 300만원 이상 | 4 | 26 | 45 | 75 |
| 열의 합계 | 89 | 212 | 149 | 450 |

| 기대도수 | 고졸 | 대졸 | 대학원졸 | 행의 합계 |
|---|---|---|---|---|
| 100만원 이하 | 15.82 | 37.69 | 26.49 | 80 |
| 100 - 200만원 | 29.47 | 70.20 | 49.34 | 149 |
| 200- 300만원 | 28.88 | 68.78 | 48.34 | 146 |
| 300만원 이상 | 14.83 | 35.33 | 24.83 | 75 |
| 열의 합계 | 89 | 212 | 149 | 450 |

| $\chi^2$ 통계량 | 고졸 | 대졸 | 대학원졸 | 행의 합계 |
|---|---|---|---|---|
| 100만원 이하 | 34 | 36 | 10 | 80 |
| 100 - 200만원 | 41 | 72 | 36 | 149 |
| 200- 300만원 | 10 | 78 | 58 | 146 |
| 300만원 이상 | 4 | 26 | 45 | 75 |
| 열의 합계 | 89 | 212 | 149 | 450 |

Sheet4 Sheet5 Sheet6 Sheet7

(3) 카이제곱 값의 계산식 입력

셀 C18을 지정하고 '=(C4−C11)^2/C11' 식을 입력한다.

SUM =(C4-C11)^2/C11

| | A | B | C | D | E | F |
|---|---|---|---|---|---|---|
| 1 | | | | | | |
| 2 | | | | | | |
| 3 | | 관측도수 | 고졸 | 대졸 | 대학원졸 | 행의 합계 |
| 4 | | 100만원 이하 | 34 | 36 | 10 | 80 |
| 5 | | 100 - 200만원 | 41 | 72 | 36 | 149 |
| 6 | | 200- 300만원 | 10 | 78 | 58 | 146 |
| 7 | | 300만원 이상 | 4 | 26 | 45 | 75 |
| 8 | | 열의 합계 | 89 | 212 | 149 | 450 |
| 9 | | | | | | |
| 10 | | 기대도수 | 고졸 | 대졸 | 대학원졸 | 행의 합계 |
| 11 | | 100만원 이하 | 15.82 | 37.69 | 26.49 | 80 |
| 12 | | 100 - 200만원 | 29.47 | 70.20 | 49.34 | 149 |
| 13 | | 200- 300만원 | 28.88 | 68.78 | 48.34 | 146 |
| 14 | | 300만원 이상 | 14.83 | 35.33 | 24.83 | 75 |
| 15 | | 열의 합계 | 89 | 212 | 149 | 450 |
| 16 | | | | | | |
| 17 | | $\chi^2$ 통계량 | 고졸 | 대졸 | 대학원졸 | 행의 합계 |
| 18 | | =(C4-C11)^2/C11 | | 36 | 10 | 80 |
| 19 | | 100 - 200만원 | 41 | 72 | 36 | 149 |
| 20 | | 200- 300만원 | 10 | 78 | 58 | 146 |
| 21 | | 300만원 이상 | 4 | 26 | 45 | 75 |
| 22 | | 열의 합계 | 89 | 212 | 149 | 450 |

Sheet4 Sheet5 Sheet6 Sheet7

(4) 셀 C18을 D18에서 E21까지 복사한다.

F22 =SUM(C22:E22)

| | A | B | C | D | E | F |
|---|---|---|---|---|---|---|
| 1 | | | | | | |
| 2 | | | | | | |
| 3 | | 관측도수 | 고졸 | 대졸 | 대학원졸 | 행의 합계 |
| 4 | | 100만원 이하 | 34 | 36 | 10 | 80 |
| 5 | | 100 - 200만원 | 41 | 72 | 36 | 149 |
| 6 | | 200- 300만원 | 10 | 78 | 58 | 146 |
| 7 | | 300만원 이상 | 4 | 26 | 45 | 75 |
| 8 | | 열의 합계 | 89 | 212 | 149 | 450 |
| 9 | | | | | | |
| 10 | | 기대도수 | 고졸 | 대졸 | 대학원졸 | 행의 합계 |
| 11 | | 100만원 이하 | 15.82 | 37.69 | 26.49 | 80 |
| 12 | | 100 - 200만원 | 29.47 | 70.20 | 49.34 | 149 |
| 13 | | 200- 300만원 | 28.88 | 68.78 | 48.34 | 146 |
| 14 | | 300만원 이상 | 14.83 | 35.33 | 24.83 | 75 |
| 15 | | 열의 합계 | 89 | 212 | 149 | 450 |
| 16 | | | | | | |
| 17 | | $\chi^2$ 통계량 | 고졸 | 대졸 | 대학원졸 | 행의 합계 |
| 18 | | 100만원 이하 | 20.88 | 0.08 | 10.26 | 31.22 |
| 19 | | 100 - 200만원 | 4.51 | 0.05 | 3.60 | 8.16 |
| 20 | | 200- 300만원 | 12.34 | 1.24 | 1.93 | 15.50 |
| 21 | | 300만원 이상 | 7.91 | 2.47 | 16.38 | 26.75 |
| 22 | | 열의 합계 | 45.65 | 3.82 | 32.18 | 81.64 |

Sheet4 Sheet5 Sheet6 Sheet7

[순서 5] 자유도, 검정통계량 카이제곱 및 임계치의 계산

(1) 자유도 = $df$ ; = (행의 수−1)×(열의 수−1) = (4−1)×(3−1) = 6

(2) 검정통계량 카이제곱 ; =SUM(C18:E21)

임계치 카이제곱 ; =CHIINV(J18, J17)

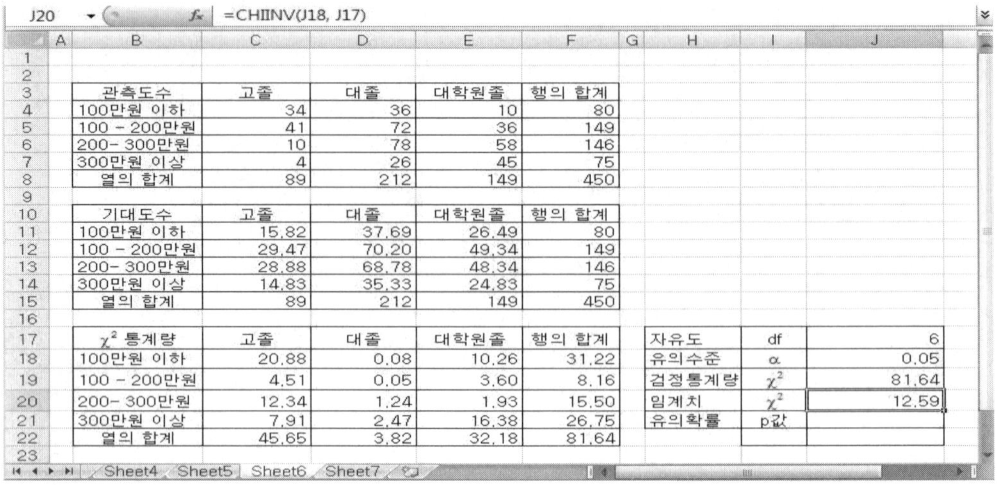

J20 =CHIINV(J18, J17)

| 관측도수 | 고졸 | 대졸 | 대학원졸 | 행의 합계 |
|---|---|---|---|---|
| 100만원 이하 | 34 | 36 | 10 | 80 |
| 100 − 200만원 | 41 | 72 | 36 | 149 |
| 200− 300만원 | 10 | 78 | 58 | 146 |
| 300만원 이상 | 4 | 26 | 45 | 75 |
| 열의 합계 | 89 | 212 | 149 | 450 |

| 기대도수 | 고졸 | 대졸 | 대학원졸 | 행의 합계 |
|---|---|---|---|---|
| 100만원 이하 | 15.82 | 37.69 | 26.49 | 80 |
| 100 − 200만원 | 29.47 | 70.20 | 49.34 | 149 |
| 200− 300만원 | 28.88 | 68.78 | 48.34 | 146 |
| 300만원 이상 | 14.83 | 35.33 | 24.83 | 75 |
| 열의 합계 | 89 | 212 | 149 | 450 |

| $\chi^2$ 통계량 | 고졸 | 대졸 | 대학원졸 | 행의 합계 |
|---|---|---|---|---|
| 100만원 이하 | 20.88 | 0.08 | 10.26 | 31.22 |
| 100 − 200만원 | 4.51 | 0.05 | 3.60 | 8.16 |
| 200− 300만원 | 12.34 | 1.24 | 1.93 | 15.50 |
| 300만원 이상 | 7.91 | 2.47 | 16.38 | 26.75 |
| 열의 합계 | 45.65 | 3.82 | 32.18 | 81.64 |

| 자유도 | df | 6 |
|---|---|---|
| 유의수준 | $\alpha$ | 0.05 |
| 검정통계량 | $\chi^2$ | 81.64 |
| 임계치 | $\chi^2$ | 12.59 |
| 유의확률 | p값 | |

[순서 6] $p$값의 계산

(1) $p$값 ; =CHIDIST(J19, J17) 또는

(2) $p$값 ; =CHITEST(C4:E7, C11:E14)

계산 결과는 모두 1.63351E−15(1.63351×10−15)로서 동일하다.

J22 =CHIDIST(J19, J17)

| 관측도수 | 고졸 | 대졸 | 대학원졸 | 행의 합계 |
|---|---|---|---|---|
| 100만원 이하 | 34 | 36 | 10 | 80 |
| 100 − 200만원 | 41 | 72 | 36 | 149 |
| 200− 300만원 | 10 | 78 | 58 | 146 |
| 300만원 이상 | 4 | 26 | 45 | 75 |
| 열의 합계 | 89 | 212 | 149 | 450 |

| 기대도수 | 고졸 | 대졸 | 대학원졸 | 행의 합계 |
|---|---|---|---|---|
| 100만원 이하 | 15.82 | 37.69 | 26.49 | 80 |
| 100 − 200만원 | 29.47 | 70.20 | 49.34 | 149 |
| 200− 300만원 | 28.88 | 68.78 | 48.34 | 146 |
| 300만원 이상 | 14.83 | 35.33 | 24.83 | 75 |
| 열의 합계 | 89 | 212 | 149 | 450 |

| $\chi^2$ 통계량 | 고졸 | 대졸 | 대학원졸 | 행의 합계 |
|---|---|---|---|---|
| 100만원 이하 | 20.88 | 0.08 | 10.26 | 31.22 |
| 100 − 200만원 | 4.51 | 0.05 | 3.60 | 8.16 |
| 200− 300만원 | 12.34 | 1.24 | 1.93 | 15.50 |
| 300만원 이상 | 7.91 | 2.47 | 16.38 | 26.75 |
| 열의 합계 | 45.65 | 3.82 | 32.18 | 81.64 |

| 자유도 | df | 6 |
|---|---|---|
| 유의수준 | $\alpha$ | 0.05 |
| 검정통계량 | $\chi^2$ | 81.64 |
| 임계치 | $\chi^2$ | 12.59 |
| 유의확률 | p값 | 1.63351E−15 |
| | p값 | 1.63351E−15 |

[순서 7] 결과의 판정

(1) 검정통계량 $\chi^2 = 81.64$ > 임계치 $\chi^2 = 12.59$

이므로 귀무가설($H_0$)은 기각된다. 즉, 학력과 임금수준은 독립적이라고 할 수 없다.

(2) 유의확률 $p$값 = 1.63351E−15(1.63351×10−15) < 유의수준 $\alpha$ =0.05

이므로 역시 귀무가설($H_0$)은 기각된다.

## 4. 동질성검정

두 개 이상의 다항분포의 동질성을 비교하는 데에도 카이제곱 검정이 이용된다. 검정과정은 전술한 독립성검정과 같지만 결과의 표현방법이나 분석목적에 따라 약간의 차이가 있다.

**예제 11-7** 다음의 데이터는 안락사에 관한 시민들의 여론을 알아 보기 위해서 기독교인 300명, 천주교인 200명, 불교인 300명, 무교인 400명을 각각 표본추출하여 조사한 것이다.

| 종 교 | 찬 성 | 반 대 |
|---|---|---|
| 기독교 | 175 | 125 |
| 천주교 | 100 | 100 |
| 불 교 | 160 | 140 |
| 무 교 | 250 | 150 |

이 때 각 집단별로 안락사에 관하여 동일한 입장을 취하고 있는지를 5% 유의수준에서 검정하라.

### ▶ Excel에 의한 해법

[순서 1] 기본 데이터의 입력 및 준비

다음과 같이 입력한다.

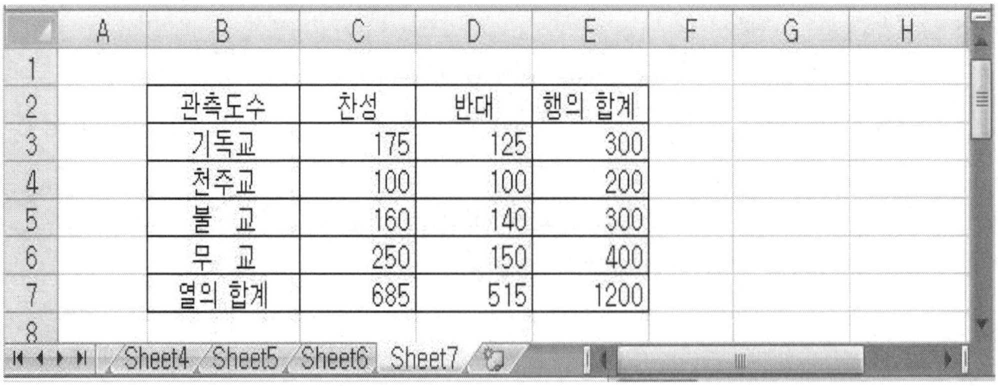

| 관측도수 | 찬성 | 반대 | 행의 합계 |
|---|---|---|---|
| 기독교 | 175 | 125 | 300 |
| 천주교 | 100 | 100 | 200 |
| 불 교 | 160 | 140 | 300 |
| 무 교 | 250 | 150 | 400 |
| 열의 합계 | 685 | 515 | 1200 |

[순서 2] 기대도수의 계산

(1) 분할표를 셀 B9을 기점으로 복사한다.

(2) 셀 B9에 '기대도수'라고 입력한다.

(3) 셀 C10을 지정하고 '=C$7*$E3/$E$7' 식을 입력한다.

(4) 셀 C10을 D10에서 D13까지 복사한다.

기대도수 분할표가 완성된다.

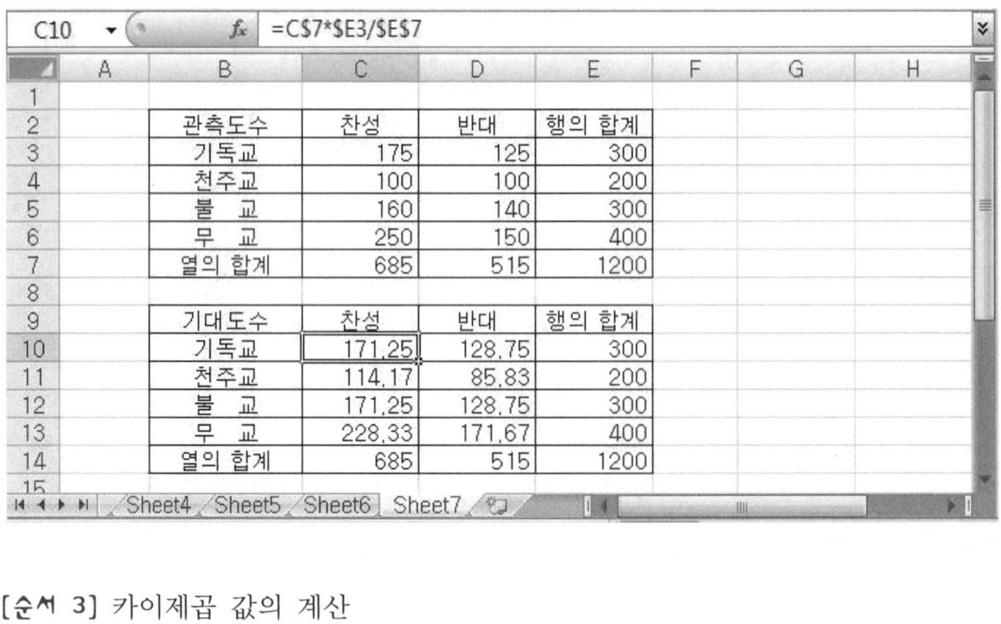

C10 =C$7*$E3/$E$7

| 관측도수 | 찬성 | 반대 | 행의 합계 |
|---|---|---|---|
| 기독교 | 175 | 125 | 300 |
| 천주교 | 100 | 100 | 200 |
| 불 교 | 160 | 140 | 300 |
| 무 교 | 250 | 150 | 400 |
| 열의 합계 | 685 | 515 | 1200 |

| 기대도수 | 찬성 | 반대 | 행의 합계 |
|---|---|---|---|
| 기독교 | 171.25 | 128.75 | 300 |
| 천주교 | 114.17 | 85.83 | 200 |
| 불 교 | 171.25 | 128.75 | 300 |
| 무 교 | 228.33 | 171.67 | 400 |
| 열의 합계 | 685 | 515 | 1200 |

[순서 3] 카이제곱 값의 계산

(1) 셀 B2:E7 영역을 B16:E21 영역으로 복사한다.

(2) 셀 B16에 '$\chi^2$통계량'이라고 입력한다.

(3) 셀 C17을 지정하고 '=(C3−C10)^2/C10' 식을 입력한다.

(4) 셀 C17을 D17에서 D20까지 복사한다.

C17 $f_x$ =(C3-C10)^2/C10

| 관측도수 | 찬성 | 반대 | 행의 합계 |
|---|---|---|---|
| 기독교 | 175 | 125 | 300 |
| 천주교 | 100 | 100 | 200 |
| 불 교 | 160 | 140 | 300 |
| 무 교 | 250 | 150 | 400 |
| 열의 합계 | 685 | 515 | 1200 |

| 기대도수 | 찬성 | 반대 | 행의 합계 |
|---|---|---|---|
| 기독교 | 171.25 | 128.75 | 300 |
| 천주교 | 114.17 | 85.83 | 200 |
| 불 교 | 171.25 | 128.75 | 300 |
| 무 교 | 228.33 | 171.67 | 400 |
| 열의 합계 | 685 | 515 | 1200 |

| $\chi^2$ 통계량 | 찬성 | 반대 | 행의 합계 |
|---|---|---|---|
| 기독교 | 0.08 | 0.11 | 0.19 |
| 천주교 | 1.76 | 2.34 | 4.10 |
| 불 교 | 0.74 | 0.98 | 1.72 |
| 무 교 | 2.06 | 2.73 | 4.79 |
| 열의 합계 | 4.64 | 6.17 | 10.80 |

Sheet4 Sheet5 Sheet6 Shee

**[순서 4]** 자유도, 검정통계량 카이제곱, 임계치 및 $p$값의 계산

(1) 자유도 = $df$ ; = (행의 수−1)×(열의 수−1) = (4−1)×(2−1) = 3

(2) 검정통계량 카이제곱 ; =SUM(C17:D20)

(3) 임계치 카이제곱 ; =CHIINV(I17, I16)

(4) $p$값 ; =CHIDIST(I18, I16)

I20 $f_x$ =CHIDIST(I18, I16)

| 관측도수 | 찬성 | 반대 | 행의 합계 |
|---|---|---|---|
| 기독교 | 175 | 125 | 300 |
| 천주교 | 100 | 100 | 200 |
| 불 교 | 160 | 140 | 300 |
| 무 교 | 250 | 150 | 400 |
| 열의 합계 | 685 | 515 | 1200 |

| 기대도수 | 찬성 | 반대 | 행의 합계 |
|---|---|---|---|
| 기독교 | 171.25 | 128.75 | 300 |
| 천주교 | 114.17 | 85.83 | 200 |
| 불 교 | 171.25 | 128.75 | 300 |
| 무 교 | 228.33 | 171.67 | 400 |
| 열의 합계 | 685 | 515 | 1200 |

| $\chi^2$ 통계량 | 찬성 | 반대 | 행의 합계 |
|---|---|---|---|
| 기독교 | 0.08 | 0.11 | 0.19 |
| 천주교 | 1.76 | 2.34 | 4.10 |
| 불 교 | 0.74 | 0.98 | 1.72 |
| 무 교 | 2.06 | 2.73 | 4.79 |
| 열의 합계 | 4.64 | 6.17 | 10.80 |

| 자유도 | df | 3 |
|---|---|---|
| 유의수준 | $\alpha$ | 0.05 |
| 검정통계량 | $\chi^2$ | 10.80 |
| 임계치 | $\chi^2$ | 7.81 |
| 유의확률 | p값 | 0.0129 |

Sheet4 Sheet5 Sheet6 Sheet7

[순서 5] 결과의 판정

(1) 검정통계량 $\chi^2$ = 10.08 > 임계치 $\chi^2$ = 7.81

이므로 귀무가설($H_0$)은 기각된다. 즉, 안락사에 대한 집단별 의견은 동일하다고 볼 수 없다.

(2) 유의확률 $p$값 = 0.0129 < 유의수준 $\alpha$ = 0.05

이므로 역시 귀무가설($H_0$)은 기각된다.

# 상관분석 12

## 1. 상관관계의 파악

### (1) 산포도에 의한 시각적 파악

●●● **예제 12-1** 다음의 데이터는 아버지의 키($x$)와 아들의 키($y$)를 20가구 측정한 것이다. 이 데이터를 그래프로 표현하고 아버지의 키와 아들의 키 사이의 관계를 파악하라.

**데이터표**

| No. | 아버지의 키(x) | 아들의 키(y) |
|---|---|---|
| 1 | 165 | 174 |
| 2 | 163 | 170 |
| 3 | 167 | 171 |
| 4 | 173 | 179 |
| 5 | 169 | 175 |
| 6 | 175 | 170 |
| 7 | 171 | 179 |
| 8 | 168 | 174 |
| 9 | 160 | 166 |
| 10 | 166 | 175 |
| 11 | 174 | 172 |
| 12 | 169 | 174 |
| 13 | 170 | 178 |
| 14 | 177 | 179 |
| 15 | 161 | 169 |
| 16 | 163 | 167 |
| 17 | 165 | 173 |
| 18 | 167 | 168 |
| 19 | 179 | 183 |
| 20 | 182 | 177 |

(단위 : cm)

## ▶ 산포도

두 변수를 가로축과 세로축으로 하고, 측정치를 타점하여 작성한 그림을 산포도 (scatter diagram) 또는 산점도라고 하며 주로 두 변수 사이의 관련을 파악하는 데 사용된다.

산포도를 관찰할 때에는 다음과 같은 사항에 주의해야 한다.

(1) 점의 배열에 특별한 경향은 있는가?

(2) 그 경향은 직선적인가 혹은 곡선적인가?

(3) 그 경향에서 산포상태는 어떠한가?

(4) 이상치는 없는가?

(5) 점의 집단(cluster)은 없는가, 있다면 층별해야 하는가?

## ▶ 산포도의 작성

[순서 1] 데이터의 입력

가로축으로 하고 싶은 변수를 왼쪽 열에, 세로축으로 하고 싶은 변수를 그 옆의 오른쪽 열에 입력한다.

| No. | 아버지의 키(x) | 아들의 키(y) |
|---|---|---|
| 1 | 165 | 174 |
| 2 | 163 | 170 |
| 3 | 167 | 171 |
| 4 | 173 | 179 |
| 5 | 169 | 175 |
| 6 | 175 | 170 |
| 7 | 171 | 179 |
| 8 | 168 | 174 |
| 9 | 160 | 166 |
| 10 | 166 | 175 |
| 11 | 174 | 172 |
| 12 | 169 | 174 |
| 13 | 170 | 178 |
| 14 | 177 | 179 |
| 15 | 161 | 169 |
| 16 | 163 | 167 |
| 17 | 165 | 173 |
| 18 | 167 | 168 |
| 19 | 179 | 183 |
| 20 | 182 | 177 |

Sheet1 Sheet2 Sheet3 Sheet4

[순서 2] 데이터의 범위지정

산포도에 타점할 데이터의 범위를 지정한다.

| No. | 아버지의 키(x) | 아들의 키(y) |
|---|---|---|
| 1 | 165 | 174 |
| 2 | 163 | 170 |
| 3 | 167 | 171 |
| 4 | 173 | 179 |
| 5 | 169 | 175 |
| 6 | 175 | 170 |
| 7 | 171 | 179 |
| 8 | 168 | 174 |
| 9 | 160 | 166 |
| 10 | 166 | 175 |
| 11 | 174 | 172 |
| 12 | 169 | 174 |
| 13 | 170 | 178 |
| 14 | 177 | 179 |
| 15 | 161 | 169 |
| 16 | 163 | 167 |
| 17 | 165 | 173 |
| 18 | 167 | 168 |
| 19 | 179 | 183 |
| 20 | 182 | 177 |

[순서 3] 그래프의 작성

(1) 셀 B1:C21 영역을 지정하고, [삽입] 메뉴에서 [분산형] 아이콘을 선택한다.

(2) 분산형 종류가 펼쳐지면 첫 번째 [표식만 있는 분산형]을 선택한다.

(3) 차트가 만들어진다.

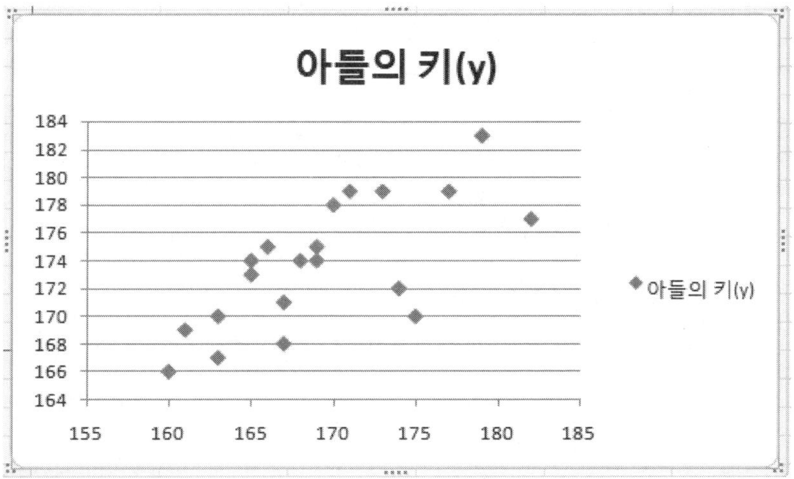

(4) 차트의 제목인 '아들의 키(Y)'를 클릭한 후 다음과 같이 입력한다.

차트 제목 : 산포도

(5) 차트를 선택한 후 차트 도구의 [레이아웃]을 클릭한 후 각각 다음과 같이 축 제목을 입력한다.

차트 제목 : 산포도

가로축 제목 : 아버지의 키

세로축 제목(세로제목) : 아들의 키

(6) 차트를 선택한 후 차트 도구의 [레이아웃]을 클릭한 후 [눈금선]의 [기본가로 눈금선]의 [주 눈금선]의 [없음]을 선택해서 주 눈금선을 없앤다.

(7) 차트를 선택한 후 차트 도구의 [레이아웃]을 클릭한 후 [범례]의 [없음]을 선택해 범례 표시를 없앤다.

[순서 4] 그래프의 수정

(1) 세로축의 눈금에 마우스 포인터를 놓고 오른쪽 버튼을 클릭한다. [축 서식(O)]을 선택한다. [축 서식] 대화상자에서 [축 옵션]에서 다음과 같이 입력하고 [닫기] 버튼을 클릭한다.

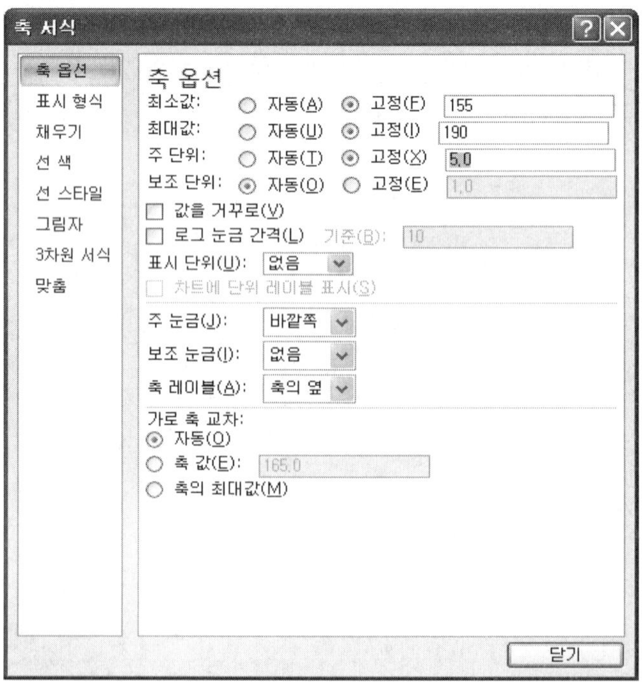

(5) 가로축에 대해서도 같은 방법으로 수정하여 그래프를 완성한다.

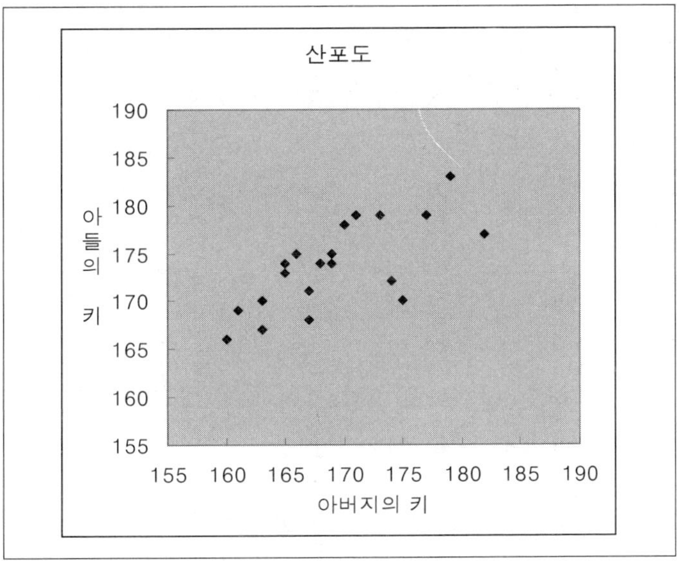


●●● **예제 12-2** 다음의 데이터는 예제 12-1의 데이터에 아들의 병역에 관한 정보를 추가한 것이다. 병역 관계의 차이를 알 수 있는 산포도를 작성하라.

| No. | 아버지의 키(x) | 아들의 키(y) | 아들의 병역 |
|---|---|---|---|
| 1 | 165 | 174 | 군필 |
| 2 | 163 | 170 | 군필 |
| 3 | 167 | 171 | 군필 |
| 4 | 173 | 179 | 군필 |
| 5 | 169 | 175 | 군필 |
| 6 | 175 | 170 | 군필 |
| 7 | 171 | 179 | 군필 |
| 8 | 168 | 174 | 군필 |
| 9 | 160 | 166 | 군필 |
| 10 | 166 | 175 | 군필 |
| 11 | 174 | 172 | 면제 |
| 12 | 169 | 174 | 면제 |
| 13 | 170 | 178 | 면제 |
| 14 | 177 | 179 | 면제 |
| 15 | 161 | 169 | 면제 |
| 16 | 163 | 167 | 면제 |
| 17 | 165 | 173 | 면제 |
| 18 | 167 | 168 | 면제 |
| 19 | 179 | 183 | 면제 |
| 20 | 182 | 177 | 면제 |

▶ **층별산포도**

이 예제에서는 병역의 종류에 따라서 두 개의 산포도를 작성할 수도 있고, 한 개의 산포도상에 종류마다 다른 마크의 점을 타점할 수도 있을 것이다. 후자와 같은 산포도를 층별산포도라고 한다. 층별산포도는 종류에 따른 차이를 비교하는 데 유효하다.

▶ **층별산포도의 작성방법**

[순서 1] 데이터의 입력

가로축으로 하고 싶은 변수(아버지의 키)를 왼쪽 열에 입력한다. 세로축의 변수는 두 종류로 층별하고 싶으므로, 2열로 나누어 C2:C11 영역에 '군필'을 입력하고 D12:D21 영역에 '면제'를 입력한다.

| No. | 아버지의 키(x) | 군필 | 면제 |
|---|---|---|---|
| 1 | 165 | 174 | |
| 2 | 163 | 170 | |
| 3 | 167 | 171 | |
| 4 | 173 | 179 | |
| 5 | 169 | 175 | |
| 6 | 175 | 170 | |
| 7 | 171 | 179 | |
| 8 | 168 | 174 | |
| 9 | 160 | 166 | |
| 10 | 166 | 175 | |
| 11 | 174 | | 172 |
| 12 | 169 | | 174 |
| 13 | 170 | | 178 |
| 14 | 177 | | 179 |
| 15 | 161 | | 169 |
| 16 | 163 | | 167 |
| 17 | 165 | | 173 |
| 18 | 167 | | 168 |
| 19 | 179 | | 183 |
| 20 | 182 | | 177 |

[순서 2] 그래프의 작성

(1) 통상의 산포도 작성방법과 같은 순서로 작성한다.

(2) 차트 제목은 다음과 같이 설정한다.

차트 제목 : 층별산포도

가로축 제목 : 아버지의 키

세로축 제목(세로제목) : 아들의 키

[순서 3] 그래프의 수정·완성

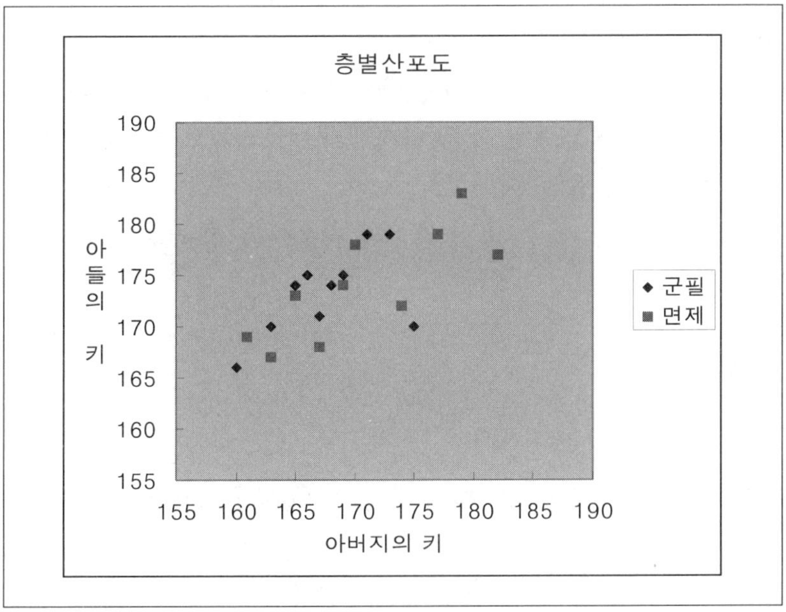


### (2) 상관계수에 의한 수치적 파악

●●● **예제 12-3** 예제 12-1의 데이터에서 아버지의 키와 아들의 키 사이의 상관계수를 구하라.

#### ▶ 상관계수

두 개의 변수에 관한 측정치가 주어져 있는 경우, 이들 측정치간 상호관련의 정도를 정량적으로 나타내는 지표로 +1에서 −1까지의 값을 취한다. 두 변수가 모두 간격척도 또는 비율척도로 되는 정량적 변수인 경우에는 두 변수간의 직선적 상관을 나타내는 피어슨의 적률상관계수가 이용된다. 그리고 두 변수 중 한쪽이 명목척도로 되는 이산적(離散的) 변수인 경우에는 상관비가 이용되며, 그 특수한 경우로서 명목척도의 수준수가 2일 때, 상관비는 점쌍열상관계수(點雙列相關係數, point biserial correlation coefficient)가 된다. 그 밖에 두 변수의 측정치가 모두 순서척도인 경우에는 순위상관계수, 모두 명목척도인 경우에는 연관계수가 이용된다.

더욱이 2조의 변수로부터 제3의 변수가 상관하는 부분을 제거한 잔차변수에 대한 관련을 보는 지표로서 편상관계수, 그리고 그 특수한 경우로서 부분상관계수가 있다. 또한 두 변수간 상관계수의 정의를 2조의 변수군으로 확장한 다변량의 상관계수로 중상관계수, 정준상관계수 등이 있다.

상관계수의 부호가 양(+)일 때에는 양의 상관관계가 있다는 것을, 음(−)일 때에는 음의 상관관계가 있다는 것을 나타낸다. 어느 쪽도 절대값이 1에 가까울수록 상관이 강하다는 것을 의미한다.

예제 12-1과 같이 두 변수 모두 양적인 경우에는 상관계수 $r$을 다음과 같이 정의한다.

$$r = \frac{S(xy)}{\sqrt{S(xx)S(yy)}}$$

여기에서

$$S(xx) = \sum_{i=1}^{n}(x_i - \overline{x})^2 \ : \ x\text{의 편차제곱의 합}$$

$$S(yy) = \sum_{i=1}^{n}(y_i - \overline{y})^2 \ : \ y\text{의 편차제곱의 합}$$

$$S(xy) = \sum_{i=1}^{n}(x_i - \overline{x})(y_i - \overline{y}) \ : \ x\text{와 } y\text{의 편차곱의 합}$$

### ▶ 상관계수의 산출

[순서 1] 데이터의 입력

| | A | B | C | D | E | F | G |
|---|---|---|---|---|---|---|---|
| 1 | No. | 아버지의 키(x) | 아들의 키(y) | | | | |
| 2 | 1 | 165 | 174 | | | | |
| 3 | 2 | 163 | 170 | | 상관계수 | r | |
| 4 | 3 | 167 | 171 | | | | |
| 5 | 4 | 173 | 179 | | | | |
| 6 | 5 | 169 | 175 | | | | |
| 7 | 6 | 175 | 170 | | | | |
| 8 | 7 | 171 | 179 | | | | |
| 9 | 8 | 168 | 174 | | | | |
| 20 | 19 | 179 | 183 | | | | |
| 21 | 20 | 182 | 177 | | | | |
| 22 | | | | | | | |
| 23 | | | | | | | |

Sheet1 Sheet2 Sheet3 Sheet4

[순서 2] 통계함수의 호출

셀 G3를 지정하고 [함수 마법사] 아이콘을 클릭한다. [함수 마법사] 대화상자에서,

범주 선택 : 통계

함수 선택 : CORREL

을 선택하고 [확인] 버튼을 클릭한다.

[순서 3] 데이터의 범위 입력

Array1 : B2:B21

Array2 : C2:C21

CORREL 함수 입력상자에서 위와 같이 입력하고 [확인] 버튼을 클릭한다.

[순서 4] 상관계수의 산출

셀 G3에 상관계수가 산출된다.

G3 =CORREL(B2:B21,C2:C21)

| | A | B | C | D | E | F | G |
|---|---|---|---|---|---|---|---|
| 1 | No. | 아버지의 키(x) | 아들의 키(y) | | | | |
| 2 | 1 | 165 | 174 | | | | |
| 3 | 2 | 163 | 170 | | 상관계수 | r | 0.703353 |
| 4 | 3 | 167 | 171 | | | | |
| 5 | 4 | 173 | 179 | | | | |
| 6 | 5 | 169 | 175 | | | | |
| 7 | 6 | 175 | 170 | | | | |
| 8 | 7 | 171 | 179 | | | | |
| 9 | 8 | 168 | 174 | | | | |
| 20 | 19 | 179 | 183 | | | | |
| 21 | 20 | 182 | 177 | | | | |
| 22 | | | | | | | |
| 23 | | | | | | | |

Sheet1 / Sheet2 / Sheet3 / Sheet4

## ▶ 상관계수의 해석방법

두 변수간의 상관계수로부터 상관관계의 강약을 판단하는 기준은 다음과 같다.

$0.8 \leq |r|$ → 강한 상관관계

$0.6 \leq |r| < 0.8$ → 보통 상관관계

$0.4 \leq |r| < 0.6$ → 약한 상관관계

$|r| < 0.4$ → 거의 상관관계 없음

그러나 이것은 하나의 기준이고, 상관계수는 데이터의 수와 관계해서 음미할 필요가 있다. 특히 데이터의 수가 적을 때에는 모집단의 상관계수 $\rho$가 0인지 어떤지에 대한 가설검정, 즉 무상관의 검정을 실시해야 한다.

## 2. 모상관계수에 관한 검정과 추정

### (1) 모상관계수의 검정

**예제 12-4** 다음의 데이터는 K 고등학교 3학년 30명의 학생에 대한 수학($x$)과 영어($y$)의 기말고사 성적표이다. 수학과 영어의 상관계수를 산출하고, 모상관계수가 0인지 어떤지를 검정하라.

데이터표

| No. | 수학(x) | 영어(y) | No. | 수학(x) | 영어(y) |
|---|---|---|---|---|---|
| 1 | 80 | 80 | 16 | 90 | 99 |
| 2 | 87 | 75 | 17 | 80 | 80 |
| 3 | 77 | 75 | 18 | 81 | 90 |
| 4 | 92 | 85 | 19 | 87 | 85 |
| 5 | 80 | 85 | 20 | 91 | 70 |
| 6 | 93 | 90 | 21 | 77 | 80 |
| 7 | 66 | 65 | 22 | 87 | 85 |
| 8 | 84 | 85 | 23 | 90 | 90 |
| 9 | 81 | 80 | 24 | 73 | 65 |
| 10 | 77 | 85 | 25 | 81 | 65 |
| 11 | 88 | 80 | 26 | 94 | 95 |
| 12 | 85 | 80 | 27 | 83 | 75 |
| 13 | 88 | 75 | 28 | 84 | 65 |
| 14 | 93 | 80 | 29 | 93 | 80 |
| 15 | 85 | 65 | 30 | 85 | 75 |

▶ **무상관의 검정**

일반적으로 모집단의 상관계수는 ρ로 나타내고 표본의 상관계수는 r로 나타낸다. 보통 모집단 전체로부터 데이터를 수집하는 것은 불가능하므로 표본의 데이

터로부터 상관계수를 구하게 된다.

그런데 표본의 상관계수 $r$이 0이 아니라 하더라도 그것으로 두 변수 간에 상관이 있다는 것을 입증하는 것은 아니다. 그것은 모집단의 상관계수 $\rho$가 0이라 하더라도 $r$은 반드시 0이 되는 것은 아니기 때문이다. 그래서 표본의 상관계수 $r$에 의거해서 모집단의 상관계수 $\rho$를 0이라고 할 수 있는지 어떤지에 대한 검정이 실시되는 것이다. 이 검정을 무상관의 검정이라고 한다.

### ▶ 무상관의 검정 순서

**[순서 1]** 가설의 설정

$H_0 \ : \rho = 0$

$H_1 \ : \rho \neq 0$

**[순서 2]** 유의수준의 설정

$$\text{유의수준 } \alpha = 0.05$$

(경우에 따라서는 유의수준을 0.01 또는 0.1이라고 설정할 수도 있다)

**[순서 3]** 검정통계량 $t$ 의 산출

$$t = \frac{r\sqrt{n-2}}{\sqrt{1-r^2}}$$

여기에서

$r$ : 표본의 상관계수

$n$ : 표본의 수

**[순서 4]** $p$ 값의 산출

유의수준과 비교할 확률 $p$를 계산한다. $p$값은 $t$분포에 있어서 $|t|$ 이상의 값이 발생할 확률이다.

**[순서 5]** 판정

$p$값 $\leq$ 유의수준 $\alpha$ → 귀무가설 $H_0$를 기각한다.

$p$값 $>$ 유의수준 $\alpha$ → 귀무가설 $H_0$를 채택한다.

### ▶ 검정통계량 $t$값과 유의확률 $p$값의 산출

[순서 1] 데이터의 입력 및 준비

| | A | B | C | D | E | F | G |
|---|---|---|---|---|---|---|---|
| 1 | No. | 수학(x) | 영어(y) | | | | |
| 2 | 1 | 80 | 80 | | 상관계수 | r | |
| 3 | 2 | 87 | 75 | | | | |
| 4 | 3 | 77 | 75 | | | | |
| 5 | 4 | 92 | 85 | | | | |
| 6 | 5 | 80 | 85 | | | | |
| 7 | 6 | 93 | 90 | | | | |
| 8 | 7 | 66 | 65 | | | | |
| 9 | 8 | 84 | 85 | | | | |
| 10 | 9 | 81 | 80 | | | | |
| 11 | 10 | 77 | 85 | | | | |
| 12 | 11 | 88 | 80 | | | | |
| 13 | 12 | 85 | 80 | | | | |
| 14 | 13 | 88 | 75 | | | | |
| 15 | 14 | 93 | 80 | | | | |
| 16 | 15 | 85 | 65 | | | | |
| 17 | 16 | 90 | 99 | | | | |
| 29 | 28 | 84 | 65 | | | | |
| 30 | 29 | 93 | 80 | | | | |
| 31 | 30 | 85 | 75 | | | | |
| 32 | | | | | | | |
| 33 | | | | | | | |
| 34 | | | | | | | |

Sheet1 Sheet2 Sheet3 Sheet4

[순서 2] 상관계수의 산출

(1) 통계함수의 호출

셀 G2를 지정하고 [함수 마법사] 아이콘을 클릭한다. [함수 마법사] 대화상자에서,

함수 범주(C) : 통계

함수 이름(N) : CORREL

을 선택하고 [확인] 버튼을 클릭한다.

(2) 데이터의 범위 입력

CORREL 함수 입력상자에서,

Array1 : B2:B31

Array2 : C2:C31

을 입력하고 [확인] 버튼을 클릭한다.

(3) 상관계수의 산출

셀 G2에 상관계수가 산출된다.

G2 =CORREL(B2:B31,C2:C31)

| | A | B | C | D | E | F | G |
|---|---|---|---|---|---|---|---|
| 1 | No. | 수학(x) | 영어(y) | | | | |
| 2 | 1 | 80 | 80 | | 상관계수 | r | 0.4637 |
| 3 | 2 | 87 | 75 | | | | |
| 4 | 3 | 77 | 75 | | | | |
| 5 | 4 | 92 | 85 | | | | |
| 6 | 5 | 80 | 85 | | | | |
| 7 | 6 | 93 | 90 | | | | |
| 8 | 7 | 66 | 65 | | | | |
| 9 | 8 | 84 | 85 | | | | |
| 10 | 9 | 81 | 80 | | | | |
| 11 | 10 | 77 | 85 | | | | |
| 12 | 11 | 88 | 80 | | | | |
| 13 | 12 | 85 | 80 | | | | |
| 14 | 13 | 88 | 75 | | | | |
| 15 | 14 | 93 | 80 | | | | |
| 16 | 15 | 85 | 65 | | | | |
| 17 | 16 | 90 | 99 | | | | |
| 29 | 28 | 84 | 65 | | | | |
| 30 | 29 | 93 | 80 | | | | |
| 31 | 30 | 85 | 75 | | | | |
| 32 | | | | | | | |
| 33 | | | | | | | |
| 34 | | | | | | | |

Sheet1 Sheet2 Sheet3 Sheet4

[순서 3] $t$ 값과 $p$ 값의 산출

(1) 기본 데이터의 입력

G4에 유의수준, G5에 표본의 수, G6에 자유도를 입력한다. 이 때의 자유도는 다음과 같이 계산한다.

$$자유도 = \phi = n - 2$$

G6 =G5-2

| | A | B | C | D | E | F | G |
|---|---|---|---|---|---|---|---|
| 1 | No. | 수학(x) | 영어(y) | | | | |
| 2 | 1 | 80 | 80 | | 상관계수 | r | 0.4637 |
| 3 | 2 | 87 | 75 | | | | |
| 4 | 3 | 77 | 75 | | 유의수준 | α | 0.05 |
| 5 | 4 | 92 | 85 | | 표본의 수 | n | 30 |
| 6 | 5 | 80 | 85 | | 자유도 | ϕ | 28 |
| 7 | 6 | 93 | 90 | | | | |
| 8 | 7 | 66 | 65 | | | | |
| 9 | 8 | 84 | 85 | | | | |
| 10 | 9 | 81 | 80 | | | | |
| 11 | 10 | 77 | 85 | | | | |
| 12 | 11 | 88 | 80 | | | | |
| 13 | 12 | 85 | 80 | | | | |
| 14 | 13 | 88 | 75 | | | | |
| 15 | 14 | 93 | 80 | | | | |
| 16 | 15 | 85 | 65 | | | | |
| 17 | 16 | 90 | 99 | | | | |
| 29 | 28 | 84 | 65 | | | | |
| 30 | 29 | 93 | 80 | | | | |
| 31 | 30 | 85 | 75 | | | | |
| 32 | | | | | | | |
| 33 | | | | | | | |
| 34 | | | | | | | |

Sheet1 Sheet2 Sheet3 Sheet4

(2) 수식, 통계함수의 입력

G9 $f_x$ =TDIST(G7, G6, 2)

| | A | B | C | D | E | F | G |
|---|---|---|---|---|---|---|---|
| 1 | No. | 수학(x) | 영어(y) | | | | |
| 2 | 1 | 80 | 80 | | 상관계수 | r | 0.4637 |
| 3 | 2 | 87 | 75 | | | | |
| 4 | 3 | 77 | 75 | | 유의수준 | α | 0.05 |
| 5 | 4 | 92 | 85 | | 표본의 수 | n | 30 |
| 6 | 5 | 80 | 85 | | 자유도 | ϕ | 28 |
| 7 | 6 | 93 | 90 | | 검정통계량 | t값 | 2.7694 |
| 8 | 7 | 66 | 65 | | 기각치(양측) | t(α/2, ϕ) | 2.0484 |
| 9 | 8 | 84 | 85 | | 유의확률 | p값 | 0.0099 |
| 10 | 9 | 81 | 80 | | | | |
| 11 | 10 | 77 | 85 | | | | |
| 12 | 11 | 88 | 80 | | | | |
| 13 | 12 | 85 | 80 | | | | |
| 14 | 13 | 88 | 75 | | | | |
| 15 | 14 | 93 | 80 | | | | |
| 16 | 15 | 85 | 65 | | | | |
| 17 | 16 | 90 | 99 | | | | |
| 29 | 28 | 84 | 65 | | | | |
| 30 | 29 | 93 | 80 | | | | |
| 31 | 30 | 85 | 75 | | | | |
| 32 | | | | | | | |
| 33 | | | | | | | |
| 34 | | | | | | | |

Sheet1 Sheet2 Sheet3 Sheet4

[셀의 입력내용]

G7;=(G2 * SQRT(G5 − 2))/SQRT(1 − G2^2)

G8;=TINV(G4, G6)

G9;=TDIST(G7, G6, 2)

여기에서 특히 $p$값을 구할 때, 통계함수 TDIST의 꼬리부 수치 입력에 주의해야 한다. 즉,

단측검정 → 꼬리부 = 1

양측검정 → 꼬리부 = 2

를 입력한다.

다음과 같이 TDIST 함수 설정을 한다.

X : G7

Deg_freedom(자유도) : G6

Tails : 2

### ▶ 결과에 대한 판정

유의수준과 비교할 확률 $p$값(양측 검정)을 보면

$$p\text{값} = 0.0099 < \text{유의수준 } \alpha = 0.05$$

이므로 귀무가설 $H_0$는 기각된다. 즉, 수학과 영어 사이에는 상관관계가 존재한다($\rho \neq 0$)고 판단한다.

## (2) 모상관계수의 추정

●●● **예제 12-5** 예제 12-4의 데이터를 사용해서 모상관계수를 추정하라.

### ▶ 모상관계수의 추정

무상관의 검정에 의해서 모상관계수가 0이 아니라고 밝혀졌다면, 그 다음은 모상관계수의 값을 추정해야 할 것이다. 모상관계수 $\rho$에 대한 구간추정을 실시하려면, 표본상관계수 $r$의 분포를 직접 구해 모상관계수에 관한 추정을 실시하는 것은 매우 어려우므로 일반적으로는 피셔의 $z$ 변환(Fisher's z-transformation)이라고 하는 근사법을 이용한다.

$$z = \frac{1}{2}log_e[(1+r)/(1-r)], \eta = \frac{1}{2}log_e[(1+\rho)/(1-\rho)]$$

로 하면 $Z = \sqrt{(n-3)}(z-\eta)$는 근사적으로 표준정규분포 $N(0,1)$에 따른다는 것이 알려져 있다. $n-3$을 사용하는 것은 근사를 좋게 하기 위함이다.
위의 $z$는 평균이 $\mu_\rho$이고 표준편차가 $\sigma_\rho$인 정규분포에 근사적으로 따르게 된다.
여기에서,

$$\mu_\rho = \frac{1}{2}log_e[(1+\rho)/(1-\rho)], \sigma_\rho = \frac{1}{\sqrt{(n-3)}}$$

이 관계를 이용해서 모상관계수의 구간추정을 실시한다. 모상관계수의 신뢰도 $1-\alpha$에 대한 신뢰구간은 다음과 같은 순서에 의해서 구해진다.

[순서 1] 상관계수 $r$을 산출한다.

**[순서 2]** 상관계수 $r$을 $z$ 변환한 $z$값을 계산한다.

$$z=\frac{1}{2}log_e[(1+r)/(1-r)]$$

**[순서 3]** $z$에 대한 신뢰한계를 구한다.

$$\text{신뢰하한 : } z_L=z-\frac{z(\alpha/2)}{\sqrt{n-3}}$$

$$\text{신뢰상한 : } z_U=z+\frac{z(\alpha/2)}{\sqrt{n-3}}$$

**[순서 4]** $z_L, z_U$를 원래의 $r$로 환원해서 $\rho$에 관한 신뢰구간을 구한다.

$$\text{신뢰하한 : } \rho_L=\frac{e^{2Z_L}-1}{e^{2Z_L}+1}$$

$$\text{신뢰상한 : } \rho_U=\frac{e^{2Z_U}-1}{e^{2Z_U}+1}$$

이렇게 해서 모상관계수 $\rho$의 $1-\alpha$ 신뢰구간은 다음과 같이 구해진다.

$$\rho_L \leqq \rho \leqq \rho_U$$

$$\frac{e^{2Z_L}-1}{e^{2Z_L}+1} \leqq \rho \leqq \frac{e^{2Z_U}-1}{e^{2Z_U}+1}$$

### ▶ 신뢰한계의 산출

앞의 가설검정의 결과에 추가한다.

| No. | 수학(x) | 영어(y) | | | | |
|---|---|---|---|---|---|---|
| 1 | 80 | 80 | | 상관계수 | r | 0.4637 |
| 2 | 87 | 75 | | | | |
| 3 | 77 | 75 | | 유의수준 | α | 0.05 |
| 4 | 92 | 85 | | 표본의 수 | n | 30 |
| 5 | 80 | 85 | | 자유도 | φ | 28 |
| 6 | 93 | 90 | | 검정통계량 | t값 | 2.7694 |
| 7 | 66 | 65 | | 기각치(양측) | t(α/2, φ) | 2.0484 |
| 8 | 84 | 85 | | 유의확률 | p값 | 0.0099 |
| 9 | 81 | 80 | | | | |
| 10 | 77 | 85 | | z변화의 값 | z | 0.5020 |
| 11 | 88 | 80 | | 신뢰도 | 1-α | 0.95 |
| 12 | 85 | 80 | | 기각치(양측) | z(α/2) | 1.9600 |
| 13 | 88 | 75 | | z의 신뢰하한 | $z_L$ | 0.1248 |
| 14 | 93 | 80 | | z의 신뢰상한 | $z_U$ | 0.8792 |
| 15 | 85 | 65 | | ρ의 신뢰하한 | $\rho_L$ | 0.1242 |
| 16 | 90 | 99 | | ρ의 신뢰상한 | $\rho_U$ | 0.7060 |
| 28 | 84 | 65 | | | | |
| 29 | 93 | 80 | | | | |
| 30 | 85 | 75 | | | | |

[셀의 입력내용]

G11;=FISHER(G2)

G12;=1－G4

G13;=ABS(NORMSINV((1－G12)/2))

G14;=G11－G13/SQRT(G5－3)

G15;=G11+G13/SQRT(G5－3)

G16;=FISHERINV(G14)

G17;=FISHERINV(G15)

### ▶ 결과의 해석방법

모상관계수 $\rho$의 95% 신뢰구간은 다음과 같다.

$$0.1242 \leq \rho \leq 0.7060$$

### ▶ 통계함수 NORMSINV

통계함수 NORMSINV는 표준정규누적분포의 역함수를 구하기 위한 것이다.

【예】

NORMSINV(0.025) ＝ －1.96

NORMSINV(0.050) ＝ －1.65

NORMSINV(0.100) ＝ －1.28

NORMSINV(0.900) ＝ 1.28

NORMSINV(0.950) ＝ 1.65

NORMSINV(0.975) ＝ 1.96

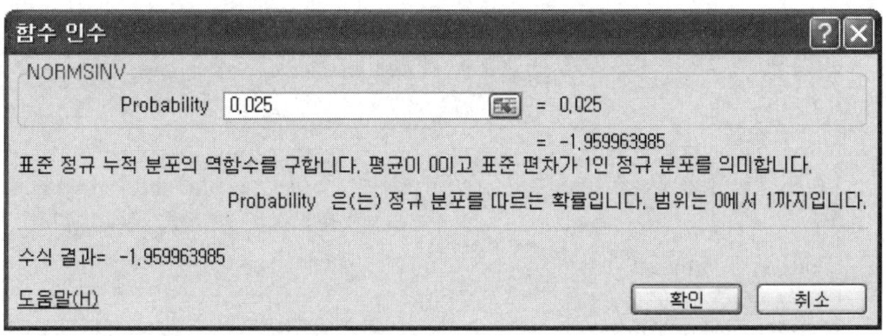

## ▶ 통계함수 FISHER

통계함수 FISHER는 상관계수 $r$을 피셔의 $z$ 변환(Fisher's z-transformation)한 후의 값을 구하기 위한 것이다.

【예】

FISHER(0.4637) = 0.5020

FISHER(−0.4637) = −0.5020

FISHER(0.9) = 1.4722

FISHER(−0.9) = −1.4722

## ▶ 통계함수 FISHERINV

통계함수 FISHERINV는 피셔의 $z$ 변환 후의 역변환 값을 구하기 위한 것이다.

【예】

FISHERINV(0.8792) = 0.7060

FISHERINV(−0.8792) = −0.7060

FISHERINV(0.1248) = 0.1242

FISHERINV(−0.1248) = −0.1242

# 회귀분석 13

## 1. 회귀분석의 개요

### (1) 회귀분석이란

'회귀(regression)'라고 하는 개념은 19세기 말에 영국의 생물통계학자 골튼(F. Galton)에 의해서 처음으로 이용되었다. 그는 부모와 자식의 신장을 측정한 값을 보고, 키가 큰 부모를 가진 자식의 평균 신장은 부모만큼 크지 않고 키가 작은 부모를 가진 자식의 평균 신장은 부모만큼 작지 않다는 점에 착안하여, 제2세대는 평균의 방향으로 '회귀'한다고 생각했다.

그 후부터 두 개의 확률변수 $X$, $Y$에 대해서 $X$를 주었을 때의 $Y$의 기대치를 $Y$의 $X$상으로의 회귀(함수)라고 부르게 되었다.

지금은 이러한 역사적 경위와는 별로 관계없이 목적변수(종속변수) $Y$의 기대치가 설명변수(독립변수) $\{x_1, x_2, \cdots, x_p\}$와 미지의 모수 벡터 $\theta$, 기지의 함수 $f$를 이용해서

$$E(Y) = f(x_1, x_2, \cdots, x_p; \theta) \tag{13.1}$$

라고 쓸 수 있을 때, $Y$와 $\{x_1, x_2, \cdots, x_p\}$ 사이에는 회귀관계가 있다고 한다.

현상의 정량적 이해나 $Y$의 예측을 위하여 유효한 회귀 모델(13.1)을 구축하는 것이 바로 회귀분석의 주목적인데, 이를 위해서는 필요하고도 충분한 설명변수를 선택하여 적당한 함수형을 정할 필요가 있다. 또 모델 검증을 위해 $Y$의 관측치와 예측치의

잔차(residual)를 조사하는 잔차분석이나 식 (13.1)로는 다 나타낼 수 없는 특이한 이상치(크게 벗어난 값)나 모수의 추정에 큰 영향을 주는 관측치를 검출하는 회귀진단도 회귀분석의 중요한 과정이다.

특히 목적변수 $y$를 하나의 설명변수 $x$의 1차식으로 나타내는 것, 즉

$$y = b_0 + b_1 x \tag{13.2}$$

라고 하는 $y$와 $x$간의 관계식을 구하는 것을 단회귀분석(simple regression analysis)이라고 한다.

그리고 목적변수 $y$를 $p$개의 설명변수 $\{x_1,\ x_2,\ \cdots,\ x_p\}$의 1차식으로 나타내는 것, 즉

$$y = b_0 + b_1 x_1 + b_2 x_2 + \cdots + b_p x_p \tag{13.3}$$

라고 하는 $y$와 $\{x_1,\ x_2,\ \cdots,\ x_p\}$간의 관계식을 구하는 것을 중회귀분석(multiple regression analysis)이라고 한다.

회귀분석을 적용할 수 있는 데이터의 타입은 목적변수가 양적변수일 때이다. 설명변수는 양적이거나 질적이거나 상관이 없다. 다만 질적변수를 쓸 경우에는 데이터의 값이 0 또는 1밖에 취하지 않는 소위 더미변수(dummy variable)라고 불리는 변수를 도입하여 질적인 데이터를 변환하지 않으면 안 된다.

### (2) 회귀분석의 이론적 배경

단회귀분석을 통해서 회귀분석의 이론적 배경을 설명하기로 한다.

지금 아버지의 키($x$)와 아들의 키($y$) 두 변수에 대해서 $n$세대분의 데이터가 얻어졌다고 한다. $x$로부터 $y$를 예측할 수 있는 식을 만들고 싶다.

여기에서 $n$세대의 데이터 $x_i, y_i (i = 1, 2, \cdots, n)$에

$$y_i = b_0 + b_1 x_i + e_i \tag{13.4}$$

라고 하는 직선을 적용하는 것을 생각한다. 이 때 구하고 싶은 것은 $b_0$와 $b_1$이다.

이 식을 이용해서 $x$로부터 $y$를 예측했다고 하면, 제$i$번째 $y$의 예측치 $Y_i$는

$$Y_i = b_0 + b_1 x_i \tag{13.5}$$

가 된다. 따라서 실제의 $y_i$값과 예측치 $Y_i$의 잔차 $e_i$는

$$e_i = y_i - (b_0 + b_1 x_i) \tag{13.6}$$

로 나타낼 수 있다.

데이터에 가장 적합한 직선을 구하려면 미지수 $b_0$와 $b_1$은 잔차 $e_i$가 전체적으로 가능한 한 작게 되도록 정해져야 한다. 그런데 $e_i$는 양수도 있고 음수도 있으므로 $e_i$의 자승의 합계가 최소가 되는 직선이 데이터에 가장 적합한 직선이라고 할 수 있다. 이러한 방법을 최소자승법(least squares method)이라고 부르며 이것이 회귀분석의 이론적 배경으로 되어 있는 것이다. 즉,

$$\sum_{i=1}^{n} e_i^2 = \sum_{i=1}^{n} [y_i - (b_0 + b_1 x_i)^2] \tag{13.7}$$

을 최소로 하는 $b_0$와 $b_1$을 구하는 것이다. 여기에서는

$$\frac{\partial}{\partial b_0} \sum_{i=1}^{n} e_i^2 = 0, \quad \frac{\partial}{\partial b_1} \sum_{i=1}^{n} e_i^2 = 0 \tag{13.8}$$

을 풀면 된다. 즉,

$$\begin{aligned} &\sum_{i=1}^{n} y_i - b_1 \sum_{i=1}^{n} x_i - \sum_{i=1}^{n} b_0 = 0 \\ &\sum_{i=1}^{n} x_i y_i - b_1 \sum_{i=1}^{n} x_i^2 - b_0 \sum_{i=1}^{n} x_i = 0 \end{aligned} \tag{13.9}$$

이 된다.

$y_i$의 평균을 $\bar{y}$, $x_i$의 평균을 $\bar{x}$라고 하면,

$$\sum_{i=1}^{n} y_i = n\bar{y}, \sum_{i=1}^{n} x_i = n\bar{x}, \sum_{i=1}^{n} b_0 = nb_0 \tag{13.10}$$

이므로 이것을 식 (13.9)에 대입하면

$$\begin{aligned} &n\bar{y} - nb_1\bar{x} - nb_0 = 0 \\ &\sum_{i=1}^{n} x_i y_i - b_1 \sum_{i=1}^{n} x_i^2 - nb_0\bar{x} = 0 \end{aligned} \tag{13.11}$$

이 된다. 이 연립방정식을 풀면,

$$b_1 = \frac{\sum_{i=1}^{n} x_i y_i - n(\overline{x})(\overline{y})}{\sum_{i=1}^{n} x_i^2 - n(\overline{x})^2}$$

$$b_0 = \overline{y} - b_1 \overline{x} \tag{13.12}$$

이 된다.

단, $x, y$의 분산, 공분산을 계산하면 다음과 같다.

$$\text{분산} \quad : \quad S_{xx} = \frac{1}{n-1} \sum_{i=1}^{n} (x_i - \overline{x})^2$$

$$S_{yy} = \frac{1}{n-1} \sum_{i=1}^{n} (y_i - \overline{y})^2$$

$$\text{공분산} : \quad S_{xy} = \frac{1}{n-1} \sum_{i=1}^{n} (x_i - \overline{x})(y_i - \overline{y})$$

이것들을 식 (13.12)에 대입하면,

$$b_1 = \frac{S_{xy}}{S_{xx}}$$

$$b_0 = \overline{y} - \frac{S_{xy}}{S_{xx}} \overline{x} \tag{13.13}$$

이 된다. 따라서 식 (13.2)의 예측식은

$$y = \frac{S_{xy}}{S_{xx}} (x - \overline{x}) + \overline{y} \tag{13.14}$$

가 된다. 이 식을 $y$의 $x$에 대한 회귀직선이라고 부른다. 그리고 $b_1$을 회귀계수라고 부른다. 한편 $y$로부터 $x$를 예측하는 경우, 마찬가지로 해서 $x$의 $y$에 대한 회귀직선,

$$x = \frac{S_{xy}}{S_{yy}} (y - \overline{y}) + \overline{x} \tag{13.15}$$

가 구해진다.

## 2. 단회귀분석의 실제

●●● **예제 13-1** 다음의 데이터는 어떤 회사의 대졸 사원에 대한 근속년수(x)와 연봉(y)의 관계를 나타낸 것이다.

**데이터표**

| No. | 근속년수(년 ; x) | 연봉(만원 ; y) |
|---|---|---|
| 1 | 2 | 1500 |
| 2 | 3 | 1640 |
| 3 | 4 | 1950 |
| 4 | 6 | 2700 |
| 5 | 8 | 2580 |
| 6 | 9 | 3200 |
| 7 | 10 | 3750 |
| 8 | 12 | 2960 |
| 9 | 13 | 4200 |
| 10 | 15 | 3960 |
| 11 | 17 | 4310 |
| 12 | 19 | 3990 |
| 13 | 20 | 4010 |
| 14 | 23 | 4560 |
| 15 | 25 | 4800 |
| 16 | 26 | 5300 |
| 17 | 27 | 5050 |
| 18 | 29 | 5450 |
| 19 | 30 | 5950 |
| 20 | 33 | 5650 |

이 데이터로부터 근속년수($x$)로 연봉($y$)을 예측할 수 있는 다음과 같은 1차식을 구하라.

$$y = b_0 + b_1 x$$

### ▶ 산포도에 의한 관찰

근속년수($x$)와 연봉($y$)의 관계를 산포도로 표현하면 다음과 같다.

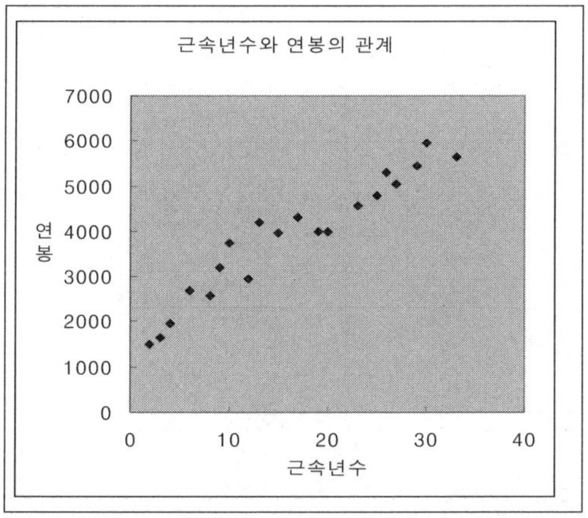

그림에서 보는 바와 같이 근속년수($x$)와 연봉($y$) 사이에는 상당히 높은 양의 상관관계가 있는 것을 알 수 있다.

실제로 근속년수($x$)와 연봉($y$) 사이의 상관계수를 구해 보면 0.9593으로 상당히 높은 값이 산출된다.

$$r = \frac{S(xy)}{\sqrt{S(xx)S(yy)}} = 0.9593$$

여기에서

$$S(xx) = \sum_{i=1}^{n}(x_i - \overline{x})^2 \ : \ x\text{의 편차제곱의 합}$$

$$S(yy) = \sum_{i=1}^{n}(y_i - \overline{y})^2 \ : \ y\text{의 편차제곱의 합}$$

$$S(xy) = \sum_{i=1}^{n}(x_i - \overline{x})(y_i - \overline{y}) \ : \ x\text{와 } y\text{의 편차곱의 합}$$

## ▶ Excel에 의한 회귀분석

[순서 1] 데이터의 입력

| No. | 근속년수(년 ; x) | 연봉(만원 ; y) |
|---|---|---|
| 1 | 2 | 1500 |
| 2 | 3 | 1640 |
| 3 | 4 | 1950 |
| 4 | 6 | 2700 |
| 5 | 8 | 2580 |
| 6 | 9 | 3200 |
| 7 | 10 | 3750 |
| 8 | 12 | 2960 |
| 9 | 13 | 4200 |
| 10 | 15 | 3960 |
| 11 | 17 | 4310 |
| 12 | 19 | 3990 |
| 13 | 20 | 4010 |
| 14 | 23 | 4560 |
| 15 | 25 | 4800 |
| 16 | 26 | 5300 |
| 17 | 27 | 5050 |
| 18 | 29 | 5450 |
| 19 | 30 | 5950 |
| 20 | 33 | 5650 |

[순서 2] 분석 도구의 호출

메뉴에서 [도구(T)] – [데이터 분석(D)]을 선택한다.

[순서 3] 회귀분석의 선택

(1) [통계 데이터 분석] 대화상자가 나타난다.

(2) [통계 데이터 분석] 대화상자에서,

분석 도구(A) : 회귀분석

을 선택하고 [확인] 버튼을 클릭한다.

(3) [회귀분석] 대화상자가 나타나면, 다음 사항을 지정하고 [확인] 버튼을 클릭한다.

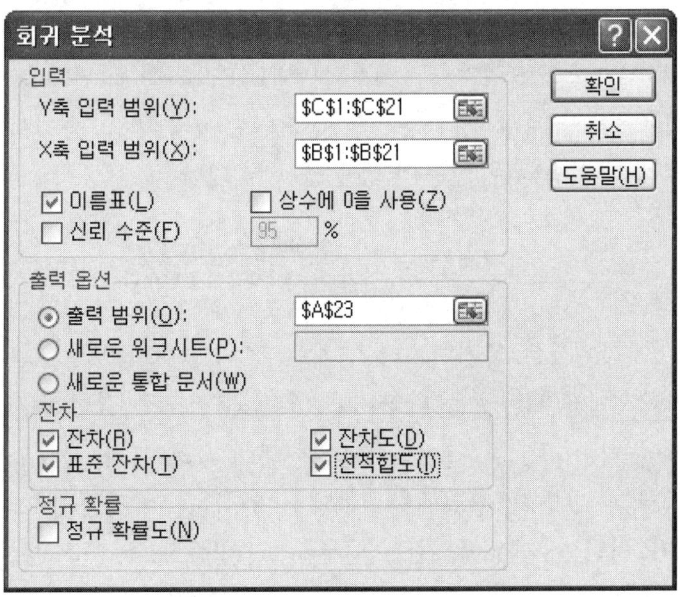

[순서 4] 실행결과

요약 출력

| 회귀분석 통계량 | |
|---|---|
| 다중 상관계수 | 0.95927938 |
| 결정계수 | 0.92021693 |
| 조정된 결정계수 | 0.915784537 |
| 표준 오차 | 386.5670855 |
| 관측수 | 20 |

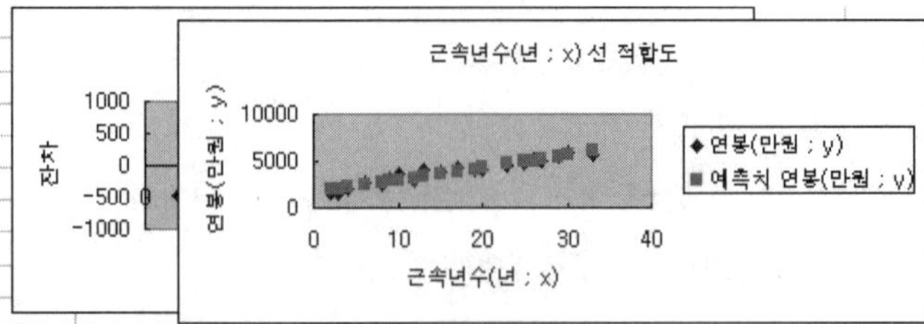


분산 분석

| | 자유도 | 제곱합 | 제곱 평균 | F 비 | 유의한 F |
|---|---|---|---|---|---|
| 회귀 | 1 | 31024280.99 | 31024280.99 | 207.611774 | 2.52152E-11 |
| 잔차 | 18 | 2689814.008 | 149434.1116 | | |
| 계 | 19 | 33714095 | | | |

| | 계수 | 표준 오차 | t 통계량 | P-값 | 하위 95% | 상위 95% | 하위 95.0% | 상위 95.0% |
|---|---|---|---|---|---|---|---|---|
| Y 절편 | 1708.117416 | 173.4886144 | 9.845703261 | 1.13395E-08 | 1343.63108 | 2072.60375 | 1343.63108 | 2072.60375 |
| 근속년수(년 ; x) | 130.9596727 | 9.088905573 | 14.4087395 | 2.52152E-11 | 111.8645759 | 150.05477 | 111.864576 | 150.05477 |

잔차 출력

| 관측수 | 측치 연봉(만원 ; | 잔차 | 표준 잔차 |
|---|---|---|---|
| 1 | 1970.036762 | -470.0367617 | -1.24924466 |
| 2 | 2100.996434 | -460.9964344 | -1.22521764 |
| 3 | 2231.956107 | -281.9561071 | -0.74937152 |

### ▶ 결과의 해석방법

(1) 결정계수

결정계수(coefficient of determination)란 선형 회귀분석에 있어서 설명변수의 목적변수에 대한 관련의 정도를 나타내는 지표로, 기여율이라고 불리는 경우도 있다. 결정계수는 목적변수의 분산 중 설명변수에 의한 회귀예측변량이 설명하는 분산의 비율을 나타내는 것이다. 즉, 목적변수 $y$의 변동 중에서 $x$를 사용한 회귀식에 의해서 설명되는 변동의 비율을 나타낸다.

$$\text{결정계수} = \frac{\text{회귀의 변동}}{\text{합계의 변동}} = \frac{31024281}{33714095} = 0.9202$$

따라서 본 예제에서는 목적변수 $y$가 갖는 정보 중 92.02%는 설명변수 $x$의 변동으로 설명할 수 있다는 것을 나타내고 있다. 그러므로 결정계수가 1에 가까울수록 회귀식이 데이터에 잘 들어맞게 되는 셈이다. 결정계수는 $R^2$이라고 하는 기호로 표기된다. 그리고 결정계수를 1에서 뺀 값을 비결정계수라고 한다.

설명변수가 하나인 경우에 결정계수는 설명변수 $x$와 목적변수 $y$의 상관계수

$r_{xy}$의 제곱과 일치한다.

(2) 유의한 $F$

회귀식이 얻어지면 그 식이 통계적으로 의미가 있는지 어떤지 검토할 필요가 있다. $n$개의 표본 데이터에 의거해서 구해진 회귀식을

$$y = b_0 + b_1 x$$

라고 한다. 한편 이 표본이 추출된 모집단 전체의 데이터를 사용했을 때에 얻어질 회귀식을

$$y = \beta_0 + \beta_1 x$$

라고 하면, 이 회귀식을 모회귀식이라고 한다.

실제로 측정한 것은 $n$개의 표본이며 무한개의 표본 혹은 모집단 전체의 데이터를 모으는 것은 불가능하다. 그래서 $n$개의 표본 데이터에 의거해서 얻어진 회귀식의 $b_0$는 $\beta_0$의 추정치이고, $b_1$은 $\beta_1$의 추정치로 생각한다.

회귀식의 유의성(有意性)을 판단하기 위한 방법이 통계적 가설검정이다. 회귀식의 통계적 유의성은 분산분석표에 의해서 판정할 수 있다. 이를 위한 가설의 설정은 다음과 같이 한다.

귀무가설 $H_0 : \beta_1 = 0$ (회귀식에는 의미가 없다)
대립가설 $H_1 : \beta_1 \neq 0$ (회귀식에는 의미가 있다)

위의 분석결과 중 분산분석표의 '유의한 $F$'에 의거하여 귀무가설의 기각 여부를 판정한다. '유의한 $F$'는 실제로 앞에서 나왔던 유의확률 $p$와 같은 내용이다. 따라서

유의한 $F$값 = 유의확률 $p$ ≤ 유의수준 $\alpha$ → 귀무가설 $H_0$를 기각한다
(회귀식에 의미가 있다)
유의한 $F$값 = 유의확률 $p$ > 유의수준 $\alpha$ → 귀무가설 $H_0$를 채택한다
(회귀식에 의미가 없다)

본 예제에서는

유의한 $F$값 = $2.5215 \times 10^{-11}$ ≤ 유의수준 $\alpha$ = 0.05

이므로 귀무가설 $H_0$를 기각한다. 따라서 회귀식에는 의미가 있다고 할 수 있다.

### ▶ 회귀식

분석결과 얻어진 회귀식은 다음과 같다.

$$y = 1708.117 + 130.960x$$

따라서 가령 근속년수가 35년인 사람의 연봉은 다음과 같이 예측할 수 있다.

$$y = 1708.117 + 130.960 \times 35$$
$$= 6291.717 \text{ (만 원)}$$

### ▶ 잔차

실제로 얻어진 목적변수의 수치 $y$와 관측된 설명변수의 수치 및 모수(母數)의 추정치를 이용해서 예측된 목적변수의 수치 $Y$의 차 $y-Y$를 잔차라고 한다.

잔차 출력

| 관측수 | 예측치 연봉(만원 ; y) | 잔차 | 표준 잔차 |
|---|---|---|---|
| 1 | 1970.0368 | -470.0368 | -1.2492 |
| 2 | 2100.9964 | -460.9964 | -1.2252 |
| 3 | 2231.9561 | -281.9561 | -0.7494 |
| 4 | 2493.8755 | 206.1245 | 0.5478 |
| 5 | 2755.7948 | -175.7948 | -0.4672 |
| 6 | 2886.7545 | 313.2455 | 0.8325 |
| 7 | 3017.7141 | 732.2859 | 1.9462 |
| 8 | 3279.6335 | -319.6335 | -0.8495 |
| 9 | 3410.5932 | 789.4068 | 2.0981 |
| 10 | 3672.5125 | 287.4875 | 0.7641 |
| 11 | 3934.4319 | 375.5681 | 0.9982 |
| 12 | 4196.3512 | -206.3512 | -0.5484 |
| 13 | 4327.3109 | -317.3109 | -0.8433 |
| 14 | 4720.1899 | -160.1899 | -0.4257 |
| 15 | 4982.1092 | -182.1092 | -0.4840 |
| 16 | 5113.0689 | 186.9311 | 0.4968 |
| 17 | 5244.0286 | -194.0286 | -0.5157 |
| 18 | 5505.9479 | -55.9479 | -0.1487 |
| 19 | 5636.9076 | 313.0924 | 0.8321 |
| 20 | 6029.7866 | -379.7866 | -1.0094 |

선형 회귀분석에 있어서의 최소자승 추정량 등에 의해서 얻어진 예측치와 관측치의 잔차를 분석해서, 오차항이 독립이고 또한 등분산을 갖는다고 하는 가정이 관측치의 데이터에 적합한지 어떤지를 검토하는 것을 잔차분석(residual analysis)이라고 한다.

잔차분석의 방법에는 오차항간의 계열상관 유무를 조사하는 더빈 왓슨비(Durbin-Watson ratio)에 의한 검정, 오차항의 분산의 균일성을 조사하는 바트렛의 검정(Bartlett's test)이 그 대표적인 것이다. 그 밖에 가로축에 추정치, 세로축에 표준화된 잔차항을 타점(잔차도)해서 오차분산의 크기가 일정한지 아닌지, 오차분산이 비선형적 구조를 갖고 있는지 아닌지를 확인할 수도 있다. 이와 같은 방법을 통해서 잔차항에 어떠한 계통적인 특징이 발견된 경우에는 잔차항은 이미 단순한 오차항이 아니라 관측치의 추정치에 부가적인 정보를 가져오는 것이 된다.

잔차를 검토할 때는 잔차 그 자체보다도 잔차를 그 표준편차로 나눈 표준잔차를 검토하는 편이 데이터의 단위나 수치의 대소를 고려하지 않아도 되므로 편리하다. 표준잔차의 값이 ±2.5를 넘어서는 표본은 이상치일 가능성이 있다.

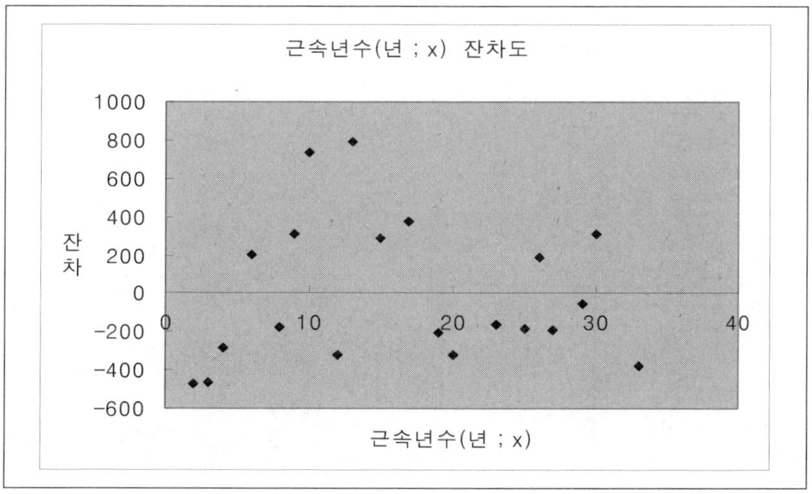


위의 잔차도와 같이 설명변수와 잔차 간에는 어떠한 경향도 보이지 않는 것이 바람직하다.

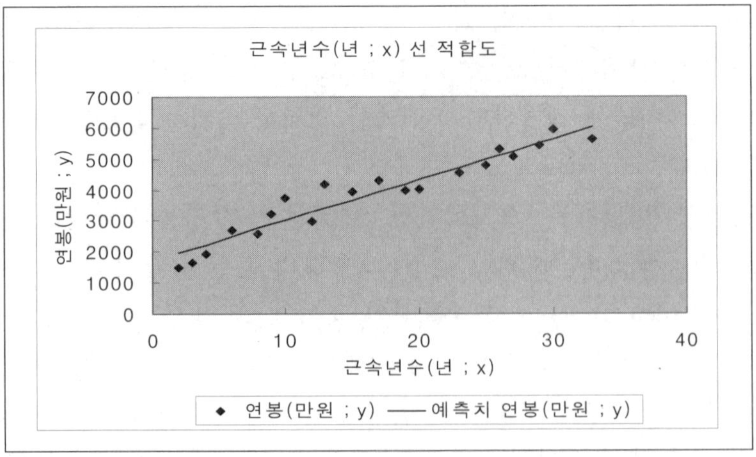


위의 근속년수 선 적합도에서 예측치의 선보다도 위에 있는 점과 아래에 있는 점의 수가 거의 같은 것이 바람직하다. 관측치의 각 점이 예측치의 선에 근접해 있을수록 회귀식의 적합성이 높다고 할 수 있다.

### ▶ 추세선 추가 기능을 이용한 단회귀분석

Excel의 그래프 기능에는 작성된 산포도상에 직선이나 곡선 등을 적용시키는 방법이 있다. 앞에서 작성한 근속년수($x$)와 연봉($y$) 사이의 산포도상에 회귀식과 결정계수를 그래프에 표시해 보기로 한다.

[순서 1] 그래프의 범위 지정

| No. | 근속년수(년 ; x) | 연봉(만원 ; y) |
|---|---|---|
| 1 | 2 | 1500 |
| 2 | 3 | 1640 |
| 3 | 4 | 1950 |
| 4 | 6 | 2700 |
| 5 | 8 | 2580 |
| 6 | 9 | 3200 |
| 7 | 10 | 3750 |
| 8 | 12 | 2960 |
| 9 | 13 | 4200 |
| 10 | 15 | 3960 |
| 11 | 17 | 4310 |
| 12 | 19 | 3990 |
| 13 | 20 | 4010 |
| 14 | 23 | 4560 |
| 15 | 25 | 4800 |
| 16 | 26 | 5300 |
| 17 | 27 | 5050 |
| 18 | 29 | 5450 |
| 19 | 30 | 5950 |
| 20 | 33 | 5650 |

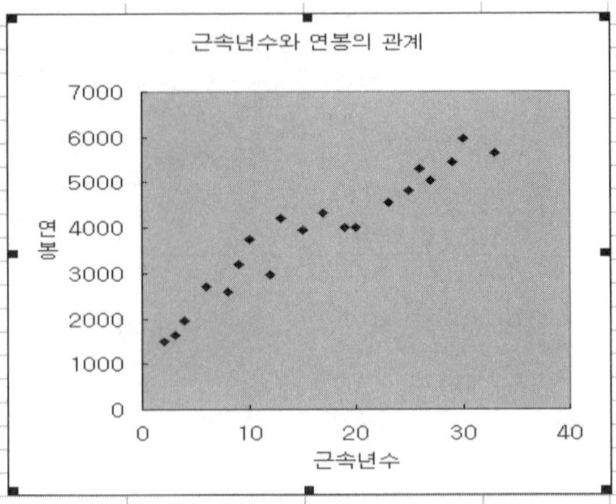

[순서 2] 추세선 추가의 선택

차트를 선택한 후 차트 도구 메뉴에서 [레이아웃] – [추세선]을 선택한다.

[순서 3] 추세선의 유형 및 옵션 선택

(1) [추세선] 메뉴에서 [기타 추세선 옵션]을 선택한 후 다음과 같이 선택한다.

추세/회귀 유형 : 선형 추세선

수식을 차트에 표시(E): 체크

R－제곱 값을 차트에 표시(R) : 체크

하고 [확인] 버튼을 클릭한다.

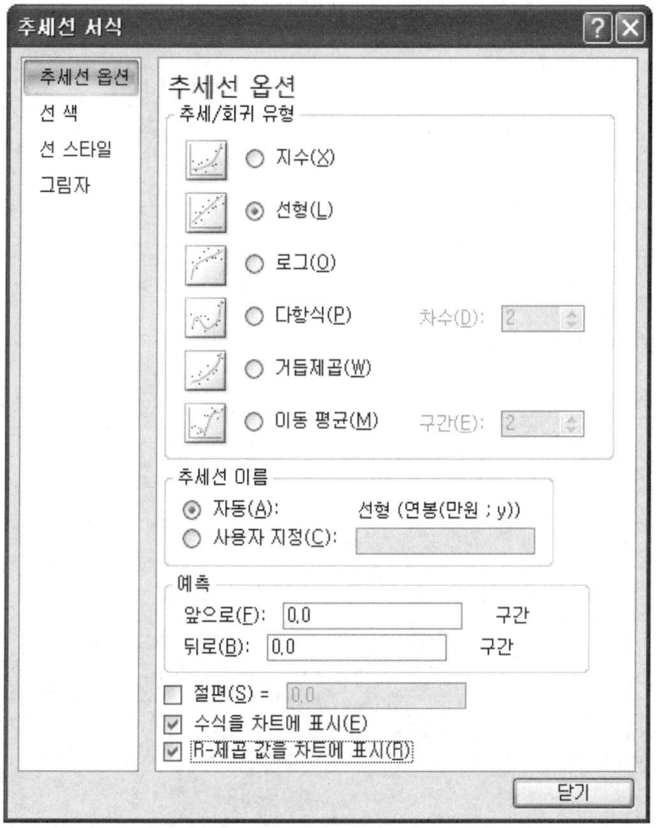


[순서 4] 추세선 수식과 결정계수의 출현

마우스 포인터를 수식 근처에 접근시켜 클릭한 상태에서 그래프의 여백으로 이동시킨다.

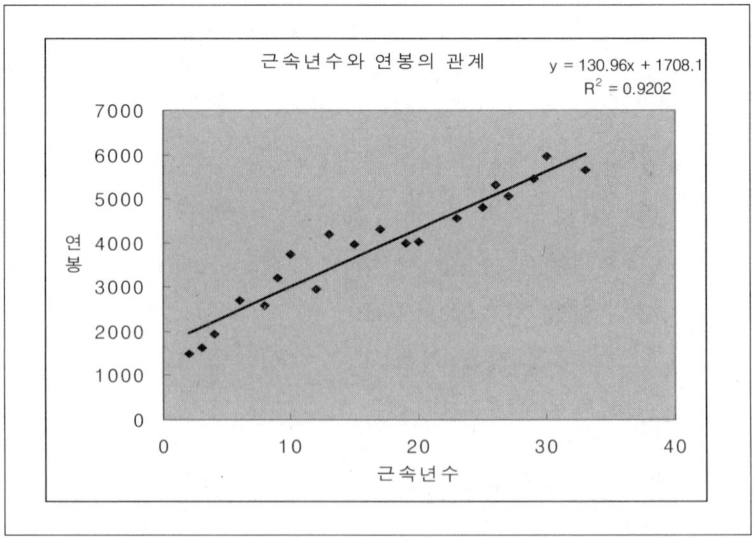


위의 산포도상의 점들을 살펴보면 [선형회귀]의 적합방법이 반드시 설명력이 높다고 할 수는 없다. 따라서 [선형회귀] 외에 [2차 회귀]나 [3차 회귀]에 의한 적합방법도 선택하여 그 설명력을 비교해 볼 필요가 있다.

### ▶ 2차 회귀 분석결과

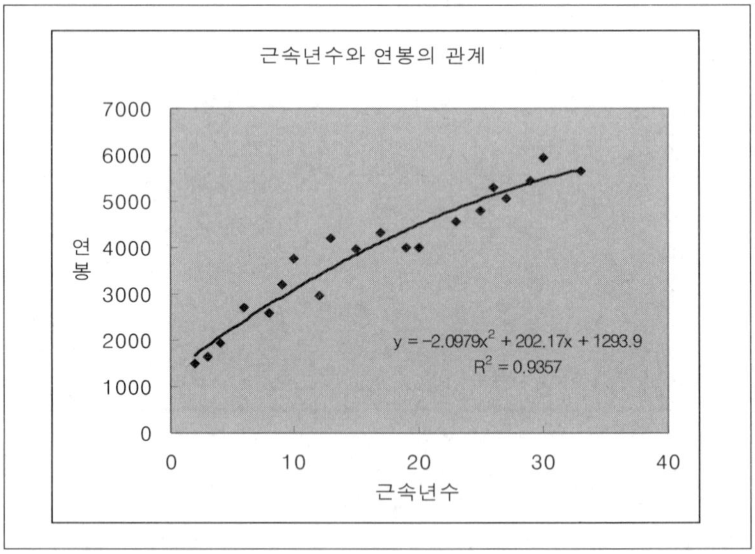

## ▶ 3차 회귀 분석결과

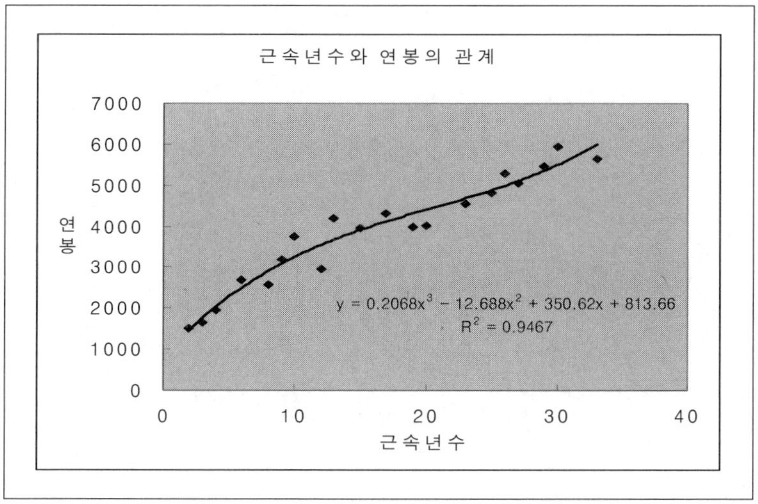
근속년수와 연봉의 관계
7000
6000
5000
4000
3000
2000
1000
0
연봉
y = 0.2068x3 - 12.688x2 + 350.62x + 813.66
R2 = 0.9467
0
10
20
30
40
근속년수

# 중회귀분석 14

## 1. 중회귀분석의 기초지식

### (1) 중회귀분석이란

제13장에서는 목적변수 $y$에 대해서 설명변수가 하나인 경우에 대하여 주로 설명했으나, 일반적인 현상을 논할 때에는 설명변수가 두 개 이상인 경우가 많다. 예를 들면 학교의 성적을 분석할 때, 한 과목의 성적을 예측하려면 여러 관련 과목을 설명변수로 할 필요가 있다. 야구의 타자에 대한 평가는 더욱 많은 설명변수를 필요로 하는 것이 명백하다.

지금 하나의 목적변수 $y$와 $p$개의 설명변수 $\{x_1, x_2, \cdots, x_p\}$에 관해서 $n$개의 데이터가 주어져 있다고 하자. 그래서 $\{x_1, x_2, \cdots, x_p\}$로부터 $y$를 예측할 때의 기본식을 설정하지 않으면 안 된다. 그것이 다음의 식 (14.1)이다.

$$y = b_0 + b_1x_1 + b_2x_2 + \cdots + b_px_p \tag{14.1}$$

이와 같이 $y$와 $\{x_1, x_2, \cdots, x_p\}$간의 관계식을 구하는 것을 중회귀분석(multiple regression analysis)이라고 한다.

### (2) 중회귀분석의 이론적 배경

이상적으로 말하면 어떤 $n$개의 모든 데이터의 조(組)가 식 (14.1)에 보이는 공간에

놓이지 않으면 안 된다. 예를 들면 $\{x_1,\ x_2,\ \cdots,\ x_p\ ;\ y_1\}$의 조는

$$y_1 = b_0 + b_1x_{11} + b_2x_{21} + \cdots + b_px_{p1} + e_1$$

이 된다. 일반적으로는

$$y_i = b_0 + b_1x_{1i} + b_2x_{2i} + \cdots + b_px_{p_i} + e_i \tag{14.2}$$

이 된다. 이 식을 선형 중회귀 모델, $e_i$를 잔차라고 부른다. 그리고 미지수 $b_0, b_1, \cdots, b_p$는 잔차 $e_i$가 전체에 걸쳐서 가능한 한 작게 되도록 정해진다. 그래서 선형 회귀 모델과 같은 방법으로 해서 잔차의 제곱의 합

$$\sum_{i=1}^{n} e_i^{\ 2} = \sum_{i=1}^{n} [y_i - (b_0 + b_1x_{1i} + b_2x_{2i} + \cdots + b_px_{p_i})]^2 \tag{14.3}$$

을 최소로 하도록 $b_0, b_1, \cdots, b_p$를 정하게 된다. 이를 위해서는,

$$\begin{aligned} \frac{\partial}{\partial b_0}\sum_{i=1}^{n} e_i^{\ 2} &= 0 \\ \frac{\partial}{\partial b_1}\sum_{i=1}^{n} e_i^{\ 2} &= 0 \\ &\cdots \\ \frac{\partial}{\partial b_p}\sum_{i=1}^{n} e_i^{\ 2} &= 0 \end{aligned} \tag{14.4}$$

을 풀면 된다. 식 (14.4)를 정리하면 $(p+1)$원 연립일차방정식이 얻어진다.

이 연립일차방정식을 정규방정식(正規方程式)이라고 부른다. 이 정규방정식의 제1식을 제2식에서 제$(p+1)$식까지에 대입하여 $b_0$를 소거하면 다음의 식과 같이 된다.

$$\begin{aligned} S_{11}b_1 + S_{12}b_2 + \cdots + S_{1p}b_p &= S_{y1} \\ S_{21}b_1 + S_{22}b_2 + \cdots + S_{2p}b_p &= S_{y2} \\ &\cdots\cdots\cdots\cdots\cdots \\ S_{p1}b_1 + S_{p2}b_2 + \cdots + S_{pp}b_p &= S_{yp} \end{aligned} \tag{14.5}$$

그리고 $x_1,\ x_2,\ \cdots,\ x_p$의 분산공분산행렬을,

$$V = \begin{pmatrix} S_{11} & S_{12} & \cdots & S_{1m} & \cdots & S_{1p} \\ S_{21} & S_{22} & \cdots & S_{2m} & \cdots & S_{2p} \\ \cdots & \cdots & \cdots & \cdots & \cdots & \cdots \\ S_{k1} & S_{k2} & \cdots & S_{km} & \cdots & S_{kp} \\ \cdots & \cdots & \cdots & \cdots & \cdots & \cdots \\ S_{p1} & S_{p2} & \cdots & S_{pm} & \cdots & S_{pp} \end{pmatrix} \tag{14.6}$$

으로 한다. 단,

$$S_{km} = \frac{1}{n}\sum_{i=1}^{n}(x_{ki} - \overline{x_k})(x_{mi} - \overline{x_m}) \qquad (k,m = 1,2,\cdots,p)$$

더욱이 $y$와 $x_1$, $x_2$, $\cdots$, $x_p$의 공분산을

$$\begin{aligned} S_{y1} &= \frac{1}{n-1}\sum_{i=1}^{n}(y_i - \overline{y})(x_{1i} - \overline{x_1}) \\ S_{y2} &= \frac{1}{n-1}\sum_{i=1}^{n}(y_i - \overline{y})(x_{2i} - \overline{x_2}) \\ &\cdots\cdots\cdots\cdots \\ S_{yp} &= \frac{1}{n-1}\sum_{i=1}^{n}(y_i - \overline{y})(x_{p_i} - \overline{x_p}) \end{aligned} \tag{14.7}$$

으로 한다. 그래서 식 (14.5)의 연립방정식을 크레이머(Cramer)의 공식을 사용해서 풀면 다음과 같이 된다.

$$A_k = \frac{\begin{vmatrix} S_{11} & S_{12} & \cdots & S_{y1} & \cdots & S_{1p} \\ S_{21} & S_{22} & \cdots & S_{y2} & \cdots & S_{2p} \\ \cdots & \cdots & \cdots & \cdots & \cdots & \cdots \\ S_{p1} & S_{p2} & \cdots & S_{yp} & \cdots & S_{pp} \end{vmatrix}}{\begin{vmatrix} S_{11} & S_{12} & \cdots & S_{1k} & \cdots & S_{1p} \\ S_{21} & S_{22} & \cdots & S_{2k} & \cdots & S_{2p} \\ \cdots & \cdots & \cdots & \cdots & \cdots & \cdots \\ S_{p1} & S_{p2} & \cdots & S_{pk} & \cdots & S_{pp} \end{vmatrix}} \quad (k = 1,\ 2,\ \cdots,\ p) \tag{14.8}$$

여기에서 분자는 분모에 대한 행렬식의 $k$열을 $S_{y1}, S_{y2}, \cdots, S_{yp}$로 치환한 것이다.

이것으로부터 상수항 $b_0$는,

$$b_0 = \overline{y} - (b_1\overline{x_1} + b_2\overline{x_2} + \cdots + b_p\overline{x_p}) \tag{14.9}$$

가 된다. 단,

$$\bar{y}=\frac{1}{n}\sum_{i=1}^{n}y_i, \overline{x_k}=\frac{1}{n}\sum_{i=1}^{n}x_{ki}, (k=1,\ 2, \cdots,\ p)$$

이렇게 해서 구한 $b_0, b_1, \cdots, b_p$를 회귀계수라고 부른다.

다음에 목적변수의 실제 관측치($y$)와 중회귀식에 의해 구한 예측치($Y$)의 상관계수를 $y$와 $x_1$, $x_2$, $\cdots$, $x_p$의 중상관계수라고 부른다. 즉,

$$r_{y12\cdots p}=\frac{S_{yY}}{\sqrt{S_{yy}S_{YY}}} \tag{14.10}$$

이 된다. 단, $r_{y\cdot 12\cdots p}$은

$$0 \leqq r_{y12\cdots p} \leqq 1$$

을 만족한다.

또한 다음과 같이도 표현할 수 있다.

$$r_{y12\cdots p}=\sqrt{1-\frac{\bar{S}}{S_{yy}\overline{S_{11}}}} \tag{14.11}$$

단,

$$V=\begin{pmatrix} S_{11} & S_{12} & \cdots & S_{1m} & \cdots & S_{1p} \\ S_{21} & S_{22} & \cdots & S_{2m} & \cdots & S_{2p} \\ \cdots & \cdots & \cdots & \cdots & \cdots & \cdots \\ S_{k1} & S_{k2} & \cdots & S_{km} & \cdots & S_{kp} \\ \cdots & \cdots & \cdots & \cdots & \cdots & \cdots \\ S_{p1} & S_{p2} & \cdots & S_{pm} & \cdots & S_{pp} \end{pmatrix}$$

이다. $\overline{S_{ik}}$는 행렬식 $\bar{S}$의 $i$행 $k$열의 여인자(cofactor, $i$행 $k$열의 요소를 제거하고 만든 행렬식에 $(-1)^{i+k}$를 곱한 것)이다.

그런데 이 중상관계수가 1에 가까울수록 예측의 정밀도가 높다는 것을 나타내고, 설명변수 $p$개로 목적변수를 잘 설명하고 있다고 말할 수 있다.

## 2. 중회귀분석의 실제

●●● **예제 14-1** 다음의 데이터는 어떤 중학교 2학년 학생 15명의 공던지기, 악력(握力), 신장, 체중의 측정치를 나타낸 것이다. 공던지기($y$)가 기초적인 체력을 나타내는 악력( $x_1$), 신장($x_2$), 체중($x_3$)과 같은 세 개의 변수로 어느 정도 설명되는지 중회귀분석을 실시하라.

**데이터표**

| No. | 악력($x_1$) | 신장($x_2$) | 체중($x_3$) | 공던지기(y) |
|---|---|---|---|---|
| 1 | 28 | 146 | 34 | 22 |
| 2 | 46 | 169 | 57 | 36 |
| 3 | 39 | 160 | 48 | 24 |
| 4 | 25 | 156 | 38 | 22 |
| 5 | 34 | 161 | 47 | 27 |
| 6 | 29 | 168 | 50 | 29 |
| 7 | 38 | 154 | 54 | 26 |
| 8 | 23 | 153 | 40 | 23 |
| 9 | 42 | 160 | 62 | 31 |
| 10 | 27 | 152 | 39 | 24 |
| 11 | 35 | 155 | 46 | 23 |
| 12 | 39 | 154 | 54 | 27 |
| 13 | 38 | 157 | 57 | 31 |
| 14 | 32 | 162 | 53 | 25 |
| 15 | 25 | 142 | 32 | 23 |

### ▶ 상관분석

중회귀분석을 실시하기 전에 각 설명변수와 목적변수간의 상관계수를 구하여 상관관계의 정도를 파악해 놓을 필요가 있다. 상관분석의 순서는 다음과 같다.

[순서 1] 데이터의 입력

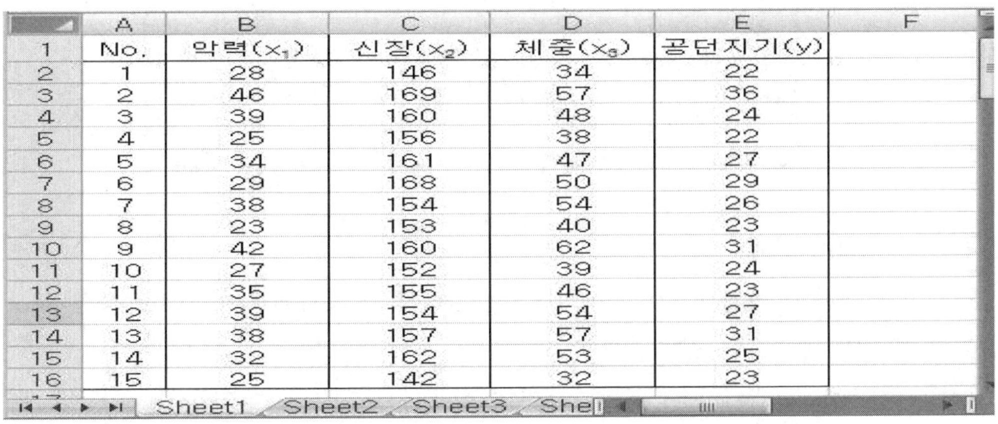

|  | A | B | C | D | E | F |
|---|---|---|---|---|---|---|
| 1 | No. | 악력($x_1$) | 신장($x_2$) | 체중($x_3$) | 공던지기(y) | |
| 2 | 1 | 28 | 146 | 34 | 22 | |
| 3 | 2 | 46 | 169 | 57 | 36 | |
| 4 | 3 | 39 | 160 | 48 | 24 | |
| 5 | 4 | 25 | 156 | 38 | 22 | |
| 6 | 5 | 34 | 161 | 47 | 27 | |
| 7 | 6 | 29 | 168 | 50 | 29 | |
| 8 | 7 | 38 | 154 | 54 | 26 | |
| 9 | 8 | 23 | 153 | 40 | 23 | |
| 10 | 9 | 42 | 160 | 62 | 31 | |
| 11 | 10 | 27 | 152 | 39 | 24 | |
| 12 | 11 | 35 | 155 | 46 | 23 | |
| 13 | 12 | 39 | 154 | 54 | 27 | |
| 14 | 13 | 38 | 157 | 57 | 31 | |
| 15 | 14 | 32 | 162 | 53 | 25 | |
| 16 | 15 | 25 | 142 | 32 | 23 | |

Sheet1 Sheet2 Sheet3 She

[순서 2] 분석 도구의 호출

메뉴에서 [데이터] – [데이터 분석]을 선택한다.

[순서 3] 상관분석의 선택

(1) [통계 데이터 분석] 대화상자가 나타난다.

(2) [통계 데이터 분석] 대화상자에서,

분석 도구 (A) : 상관분석

을 선택하고 [확인] 버튼을 클릭한다.

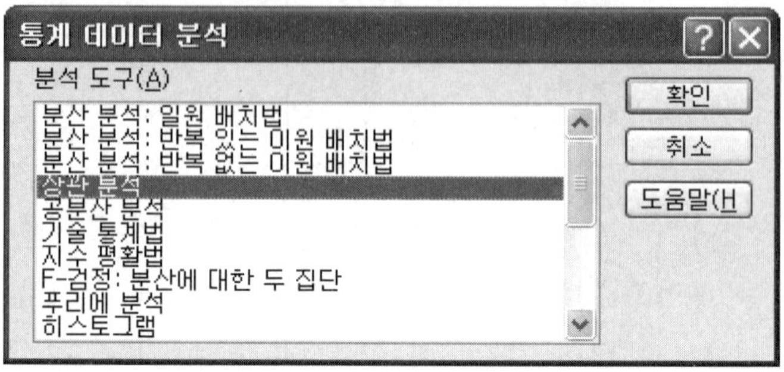


(3) [상관분석] 대화상자가 나타나면, 다음 사항을 지정하고 [확인] 버튼을 클릭한다.

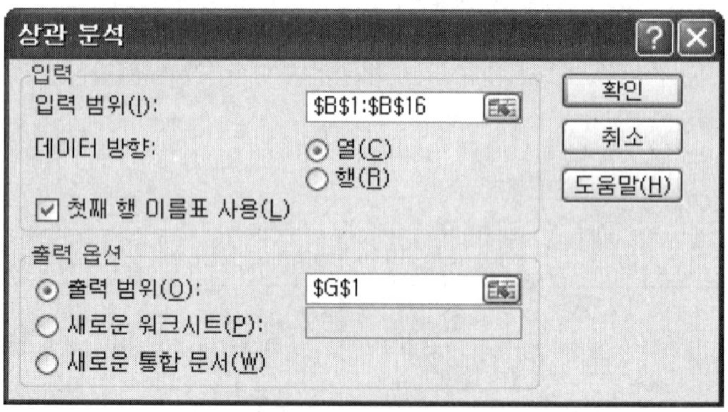


[순서 4] 실행결과

셀 G1 이하에 상관행렬이 출력된다. 상관행렬은 대칭행렬이므로 오른쪽 위의 상관계수는 생략되어 있다.

상관분석의 결과 악력과 체중 사이의 상관계수(0.8464)가 가장 높음을 알 수 있고, 악력과 신장 사이의 상관계수(0.5297)가 가장 낮음을 알 수 있다. 그리고 공던지기($y$)와 상관관계가 높은 설명변수의 순서는 체중, 악력, 신장의 순이다.

| | 악력(x1) | 신장(x2) | 체중(x3) | 공던지기(y) |
|---|---|---|---|---|
| 악력(x1) | 1 | | | |
| 신장(x2) | 0.5297 | 1 | | |
| 체중(x3) | 0.8464 | 0.6943 | 1 | |
| 공던지기(y) | 0.7478 | 0.6855 | 0.7879 | 1 |

## ▶ 산포도의 관찰

중회귀분석을 실시하기 전에 또한 각 설명변수와 목적변수간의 산포도(散布圖)를 작성하여 이상치의 유무나 상관관계를 시각적으로 음미하는 것도 필요하다.

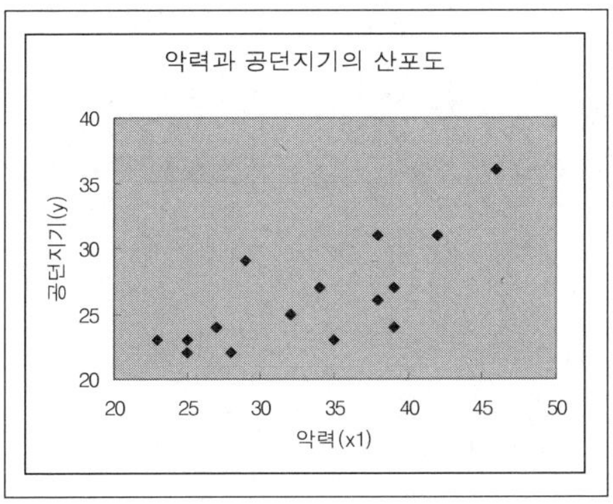


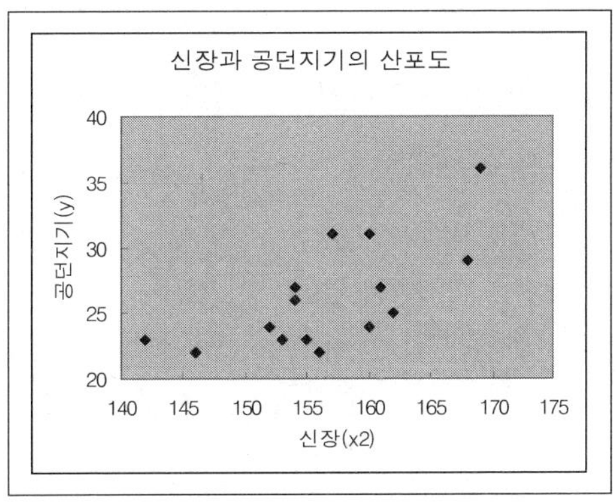


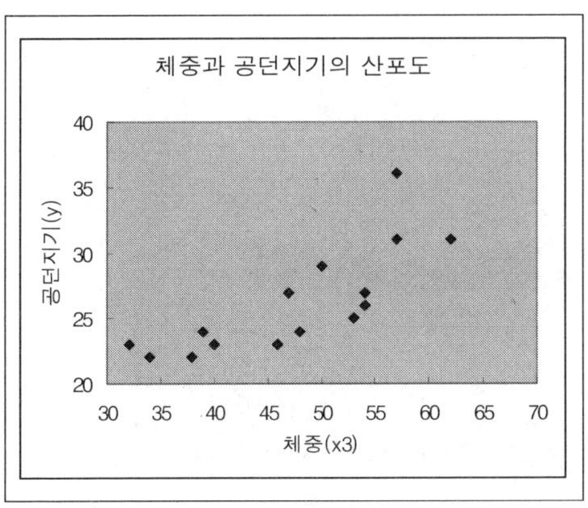


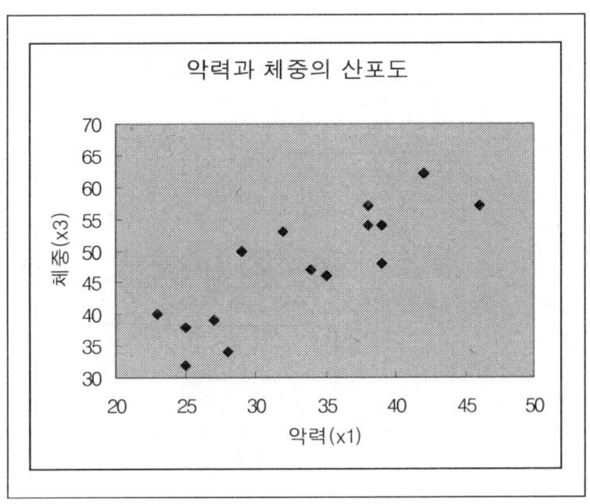

전술한 상관분석의 결과 악력과 체중 사이의 상관계수(0.8464)가 가장 높음을 알았었는데, 산포도상에서도 두 변수간의 산포가 가장 작음을 알 수 있다.

### ▶ Excel에 의한 회귀분석

[순서 1] 데이터의 입력

| | A | B | C | D | E |
|---|---|---|---|---|---|
| 1 | No. | 악력($x_1$) | 신장($x_2$) | 체중($x_3$) | 공던지기($y$) |
| 2 | 1 | 28 | 146 | 34 | 22 |
| 3 | 2 | 46 | 169 | 57 | 36 |
| 4 | 3 | 39 | 160 | 48 | 24 |
| 5 | 4 | 25 | 156 | 38 | 22 |
| 6 | 5 | 34 | 161 | 47 | 27 |
| 7 | 6 | 29 | 168 | 50 | 29 |
| 8 | 7 | 38 | 154 | 54 | 26 |
| 9 | 8 | 23 | 153 | 40 | 23 |
| 10 | 9 | 42 | 160 | 62 | 31 |
| 11 | 10 | 27 | 152 | 39 | 24 |
| 12 | 11 | 35 | 155 | 46 | 23 |
| 13 | 12 | 39 | 154 | 54 | 27 |
| 14 | 13 | 38 | 157 | 57 | 31 |
| 15 | 14 | 32 | 162 | 53 | 25 |
| 16 | 15 | 25 | 142 | 32 | 23 |

Sheet1 / Sheet2 / Sheet3

[순서 2] 분석 도구의 호출

메뉴에서 [데이터] – [데이터 분석]을 선택한다.

[순서 3] 회귀분석의 선택

(1) [통계 데이터 분석] 대화상자가 나타난다.

(2) [통계 데이터 분석] 대화상자에서,

분석 도구 (A) : 회귀분석

을 선택하고 [확인] 버튼을 클릭한다.

(3) [회귀분석] 대화상자가 나타나면, 다음 사항을 지정하고 [확인] 버튼을 클릭한다.

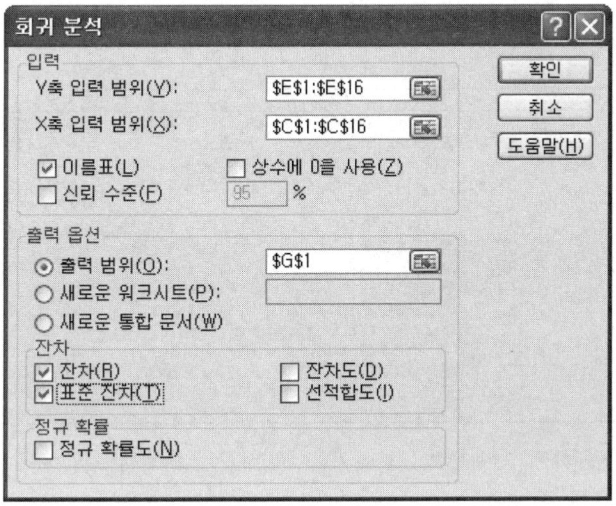


[순서 4] 실행결과

[요약 출력]

요약 출력

| 회귀분석 통계량 | |
|---|---|
| 다중 상관계수 | 0.8315 |
| 결정계수 | 0.6913 |
| 조정된 결정계수 | 0.6072 |
| 표준 오차 | 2.5315 |
| 관측수 | 15 |

분산 분석

| | 자유도 | 제곱합 | 제곱 평균 | F 비 | 유의한 F |
|---|---|---|---|---|---|
| 회귀 | 3 | 157.9041 | 52.6347 | 8.2130 | 0.0038 |
| 잔차 | 11 | 70.4959 | 6.4087 | | |
| 계 | 14 | 228.4 | | | |

| | 계수 | 표준 오차 | t 통계량 | P-값 | 하위 95% | 상위 95% | 하위 95.0% | 상위 95.( |
|---|---|---|---|---|---|---|---|---|
| Y 절편 | -13.2173 | 17.6038 | -0.7508 | 0.4685 | -51.9629 | 25.5283 | -51.9629 | 25.528 |
| 악력(x1) | 0.2014 | 0.1842 | 1.0932 | 0.2977 | -0.2041 | 0.6068 | -0.2041 | 0.606 |
| 신장(x2) | 0.1710 | 0.1316 | 1.3000 | 0.2202 | -0.1185 | 0.4606 | -0.1185 | 0.460 |
| 체중(x3) | 0.1249 | 0.1667 | 0.7495 | 0.4693 | -0.2420 | 0.4918 | -0.2420 | 0.49 |

[잔차 출력]

잔차 출력

| 관측수 | 측치 공던지기( | 잔차 | 표준 잔차 |
|---|---|---|---|
| 1 | 21.63889629 | 0.361104 | 0.160921 |
| 2 | 32.07092924 | 3.929071 | 1.750943 |
| 3 | 27.9975849 | -3.99758 | -1.78148 |
| 4 | 23.24478244 | -1.24478 | -0.55472 |
| 5 | 27.03678226 | -0.03678 | -0.01639 |
| 6 | 27.60189815 | 1.398102 | 0.623047 |
| 7 | 27.51971724 | -1.51972 | -0.67724 |
| 8 | 22.5788405 | 0.421159 | 0.187685 |
| 9 | 30.35091442 | 0.649086 | 0.289257 |
| 10 | 23.0883807 | 0.911619 | 0.406252 |
| 11 | 26.08706895 | -3.08707 | -1.37571 |
| 12 | 27.72109413 | -0.72109 | -0.32135 |
| 13 | 28.40761928 | 2.592381 | 1.155263 |
| 14 | 27.55470971 | -2.55471 | -1.13848 |
| 15 | 20.10078179 | 2.899218 | 1.292001 |

[잔차도]

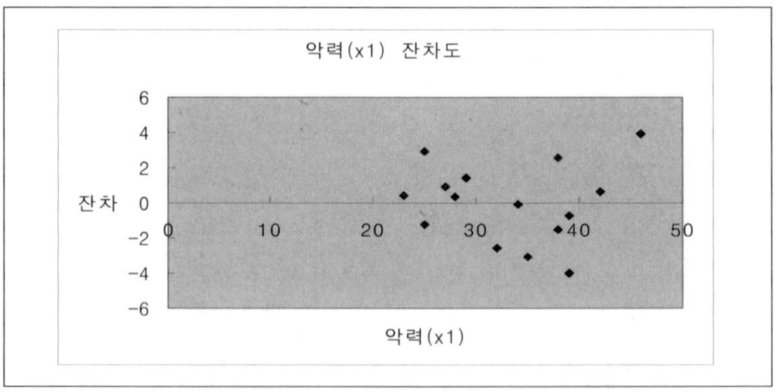


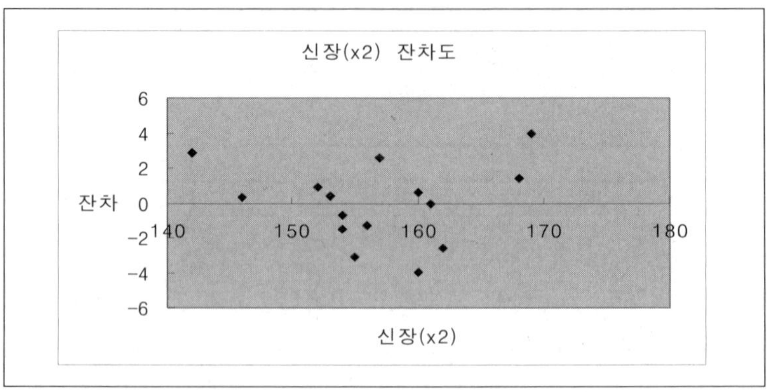

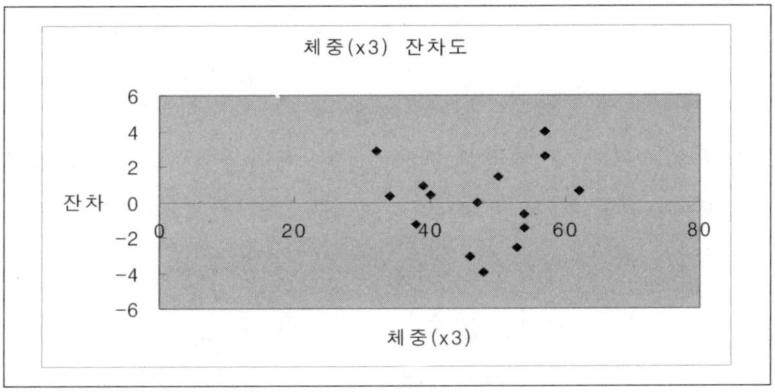


### ▶ 결과의 해석방법

(1) 결정계수

회귀식의 유효성을 보는 지표로서 결정계수(coefficient of determination)가 있다는 것은 단회귀분석의 경우에서 설명했다. 중회귀분석의 경우에 결정계수는 다음과 같은 문제점이 있다. 그것은 결정계수는 설명변수의 수를 늘릴수록 그 변수가 유용한 것이든 아니든 높아져 간다는 성질이 있다는 점이다.

그래서 회귀식에 무의미한 변수가 설명변수로서 사용되었을 때에는 계수의 값이 오히려 내려가도록 조정한 결정계수가 사용된다. 이것을 조정된 결정계수라고 한다. 조정된 결정계수를 $R^{*2}$라고 표기하면 결정계수 $R^2$과는 다음과 같은 관계가 성립한다.

$$R^{*2}=1-\frac{n-1}{n-p-1}(1-R^2)$$

여기에서

$n$ : 표본의 크기

$p$ : 설명변수의 수

본 예제에서는

$$\begin{aligned}R^{*2}&=1-\frac{n-1}{n-p-1}(1-R^2)\\&=1-\frac{15-1}{15-3-1}(1-0.6913)\\&=0.6072\end{aligned}$$

으로 계산된다.

(2) 유의한 $F$

단회귀분석의 경우에서 설명한 바와 같이 회귀식의 유의성(有意性)을 판단하기 위한 방법이 통계적 가설검정이다. 중회귀식의 통계적 유의성은 분산분석표에 의해서 판정할 수 있다. 이를 위한 가설의 설정은 다음과 같이 한다.

귀무가설 $H_0$ : $\beta_1 = \beta_2 = \beta_3 = 0$ (회귀식에는 의미가 없다)
대립가설 $H_1$ : 적어도 하나의 $j$에 대해서 $\beta_j \neq 0$ (회귀식에는 의미가 있다)

위의 분석결과 중 분산분석표의 '유의한 $F$'에 의거하여 귀무가설의 기각 여부를 판정한다. '유의한 $F$'는 실제로 앞에서 나왔던 유의확률 $p$와 같은 내용이다. 따라서

유의한 $F$값 = 유의확률 $p$ $\leq$ 유의수준 $\alpha$ → 귀무가설 $H_0$를 기각한다
(회귀식에 의미가 있다)
유의한 $F$값 = 유의확률 $p$ > 유의수준 $\alpha$ → 귀무가설 $H_0$를 채택한다
(회귀식에 의미가 없다)

본 예제에서는

유의한 $F$값 = 0.0038 $\leq$ 유의수준 $\alpha$ = 0.05

이므로 귀무가설 $H_0$를 기각한다. 따라서 회귀식에는 의미가 있다고 할 수 있다.

### ▶ 회귀식

분석결과 얻어진 회귀식은 다음과 같다.

$$y = -13.2173 + 0.2014\,x_1 + 0.1710\,x_2 + 0.1249\,x_3$$

따라서 가령 악력($x_1$) = 40(kg), 신장($x_2$) = 160(cm), 체중($x_3$) = 60(kg)인 학생이 실시한 공던지기(y)는 다음과 같이 예측할 수 있다.

$$y = -13.2173 + 0.2014 \times 40 + 0.1710 \times 160 + 0.1249 \times 60$$
$$= 29.6983 \text{ (m)}$$

### ▶ 편회귀계수의 $t$ 통계량과 $p$ 값

각 설명변수의 목적변수에 대한 영향력의 대소는 편회귀계수의 대소로 판단해서는 안 되고 $t$ 통계량이나 $p$값에 의해서 판단해야 한다. $t$통계량의 값이 큰 변수일수록 목적변수를 예측 혹은 설명하는 데에 공헌도가 높다고 생각한다. 여기에서 $t$통계량은 다음과 같이 계산된다.

$$t\text{통계량} = \frac{\text{편회귀계수의 값}}{\text{계수의 표준오차}}$$

본 예제에서 악력($x_1$), 신장($x_2$), 체중($x_3$)의 $t$ 통계량은 각각 다음과 같이 계산된다.

$$\text{악력}(x_1)\text{의} \quad t \text{ 통계량} = \frac{0.2014}{0.1842} = 1.0932$$

$$\text{신장}(x_2)\text{의} \quad t \text{ 통계량} = \frac{0.1710}{0.1316} = 1.3000$$

$$\text{체중}(x_3)\text{의} \quad t \text{ 통계량} = \frac{0.1249}{0.1667} = 0.7495$$

따라서 신장($x_2$)이 공던지기($y$)에 가장 영향력을 많이 미치고 있음을 알 수 있다. p값에 의해서 편회귀계수의 유의성을 판정할 수도 있다. 유의하지 않은 변수는 목적변수 $y$를 예측하는 데에 불필요한 변수라고 판단한다.
$t$ 통계량의 값 대신에 $F$값을 이용하는 경우도 있는데 이들 사이에는 다음과 같은 관계가 있다.

$$F\text{값} = (t\text{ 값})^2$$

경험적으로 $F$값이 2 이상이면 유효한 변수이고, 2 미만이면 유효하지 않은(불필요한) 변수로서 간주한다. 설명변수의 유효성 판단은 중회귀분석에 있어서 변수 선택의 문제로서 중요한 의미를 갖는다.
편회귀계수의 부호가 상식과 어긋날 때에는 그 원인의 하나로 설명변수 사이의 상관이 높음으로 인해서 발생하는 다중공선성(multicollinearity)을 생각할 수 있다.

## 3. 더미변수를 포함한 중회귀분석

### (1) 더미변수

**예제 14-2** 예제 14-1의 데이터는 학생 15명이 여학생 7명과 남학생 8명으로 구성되어 있다는 것을 새롭게 알았다. 남녀 성별을 나타내는 데이터($x_4$)를 추가한 것이 다음의 데이터표(1)이다. 성별의 정보를 새로 설명변수로서 추가하여 중회귀분석을 실시하라.

데이터표(1)

| No. | 악력($x_1$) | 신장($x_2$) | 체중($x_3$) | 성별($x_4$) | 공던지기($y$) |
|---|---|---|---|---|---|
| 1 | 28 | 146 | 34 | 남 | 22 |
| 2 | 46 | 169 | 57 | 여 | 36 |
| 3 | 39 | 160 | 48 | 여 | 24 |
| 4 | 25 | 156 | 38 | 남 | 22 |
| 5 | 34 | 161 | 47 | 남 | 27 |
| 6 | 29 | 168 | 50 | 남 | 29 |
| 7 | 38 | 154 | 54 | 여 | 26 |
| 8 | 23 | 153 | 40 | 남 | 23 |
| 9 | 42 | 160 | 62 | 여 | 31 |
| 10 | 27 | 152 | 39 | 남 | 24 |
| 11 | 35 | 155 | 46 | 여 | 23 |
| 12 | 39 | 154 | 54 | 여 | 27 |
| 13 | 38 | 157 | 57 | 여 | 31 |
| 14 | 32 | 162 | 53 | 남 | 25 |
| 15 | 25 | 142 | 32 | 남 | 23 |

#### ▶ 더미변수의 도입

위와 같은 데이터를 중회귀분석하려면 성별($x_4$)과 같은 질적변수를 수치로 바꾸지 않으면 안 된다. 이러한 경우에 이용하는 것이 더미변수(dummy variable)라고 하는 것이다.

더미변수는 0 또는 1을 값으로 취하는 변수를 말한다. 질적으로 다른 몇 가지의 수준을 회귀 모델에 적용할 때나 설명변수의 몇 가지 영역에서 회귀의 기울기가 다를 때 등에 이용된다. 예를 들면 남과 여로 $y$ 절편의 값이 다를 때는 남을 1, 여를 0으로 해서 회귀 모델에 적용할 수 있다.

이렇게 하면 앞의 데이터표(1)는 다음의 데이터표(2)와 같이 바꾸어 쓸 수 있다. 이것을 입력 데이터로 해서 중회귀분석을 실시하면 된다.

**데이터표(2)**

| No. | 악력($x_1$) | 신장($x_2$) | 체중($x_3$) | 성별($x_4$) | 공던지기($y$) |
|---|---|---|---|---|---|
| 1 | 28 | 146 | 34 | 1 | 22 |
| 2 | 46 | 169 | 57 | 0 | 36 |
| 3 | 39 | 160 | 48 | 0 | 24 |
| 4 | 25 | 156 | 38 | 1 | 22 |
| 5 | 34 | 161 | 47 | 1 | 27 |
| 6 | 29 | 168 | 50 | 1 | 29 |
| 7 | 38 | 154 | 54 | 0 | 26 |
| 8 | 23 | 153 | 40 | 1 | 23 |
| 9 | 42 | 160 | 62 | 0 | 31 |
| 10 | 27 | 152 | 39 | 1 | 24 |
| 11 | 35 | 155 | 46 | 0 | 23 |
| 12 | 39 | 154 | 54 | 0 | 27 |
| 13 | 38 | 157 | 57 | 0 | 31 |
| 14 | 32 | 162 | 53 | 1 | 25 |
| 15 | 25 | 142 | 32 | 1 | 23 |

그런데 요일과 같이 일곱 종류(월, 화, 수 목, 금, 토, 일)가 있을 때에는 어떻게 할 것인가? 두 종류일 때의 방법을 연장해서,

월요일이면 $x_1 = 0$

화요일이면 $x_1 = 1$

수요일이면 $x_1 = 2$

목요일이면 $x_1 = 3$

금요일이면 $x_1 = 4$

토요일이면 $x_1 = 5$

일요일이면 $x_1 = 6$

으로 해서는 안 된다.

이와 같은 때에는 여섯 개의 더미변수를 사용해서,

|  | $x_1$ | $x_2$ | $x_3$ | $x_4$ | $x_5$ | $x_6$ |
|---|---|---|---|---|---|---|
| 월요일 | 0 | 0 | 0 | 0 | 0 | 0 |
| 화요일 | 1 | 0 | 0 | 0 | 0 | 0 |
| 수요일 | 0 | 1 | 0 | 0 | 0 | 0 |
| 목요일 | 0 | 0 | 1 | 0 | 0 | 0 |
| 금요일 | 0 | 0 | 0 | 1 | 0 | 0 |
| 토요일 | 0 | 0 | 0 | 0 | 1 | 0 |
| 일요일 | 0 | 0 | 0 | 0 | 0 | 1 |

으로 한다. 어느 것인가 기준이 되는 요일(위의 예에서는 월요일)을 정하여 그것을 (0, 0, 0, 0, 0, 0)으로 하고, 다른 요일은 어딘가 하나의 변수 값을 1, 다른 변수의 값을 0으로 한다. 기준은 임의로 정할 수 있다. 일반적으로 p 종류의 범주(category)가 있을 때에는 $p-1$개의 더미변수를 이용해서 질적 데이터를 수치로 바꾸어 놓는다.

### (2) Excel에 의한 분석

#### ◆ 층별산포도의 작성

층별산포도를 작성하기 위해서는 산포도의 세로축이 될 데이터(공던지기)를 질적 데이터의 종류에 대응시켜서 2열로 나누어 입력해야 한다.

| No. | 악력(kg) | 신장(cm) | 체중(kg) | 공던지기(y) | |
|---|---|---|---|---|---|
| | $x_1$ | $x_2$ | $x_3$ | 남 | 여 |
| 1 | 28 | 146 | 34 | 22 | |
| 4 | 25 | 156 | 38 | 22 | |
| 5 | 34 | 161 | 47 | 27 | |
| 6 | 29 | 168 | 50 | 29 | |
| 8 | 23 | 153 | 40 | 23 | |
| 10 | 27 | 152 | 39 | 24 | |
| 14 | 32 | 162 | 53 | 25 | |
| 15 | 25 | 142 | 32 | 23 | |
| 2 | 46 | 169 | 57 | | 36 |
| 3 | 39 | 160 | 48 | | 24 |
| 7 | 38 | 154 | 54 | | 26 |
| 9 | 42 | 160 | 62 | | 31 |
| 11 | 35 | 155 | 46 | | 23 |
| 12 | 39 | 154 | 54 | | 27 |
| 13 | 38 | 157 | 57 | | 31 |

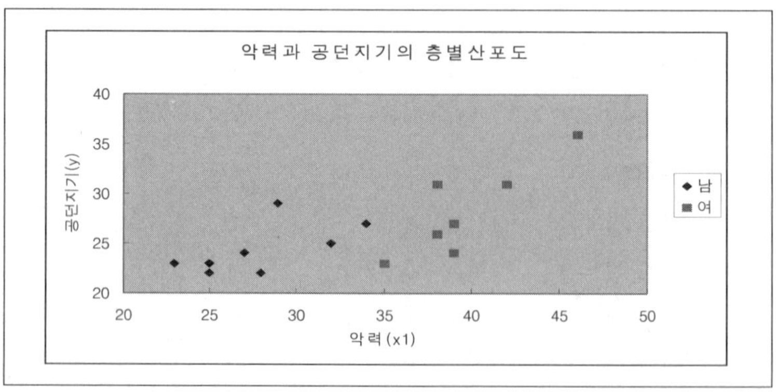

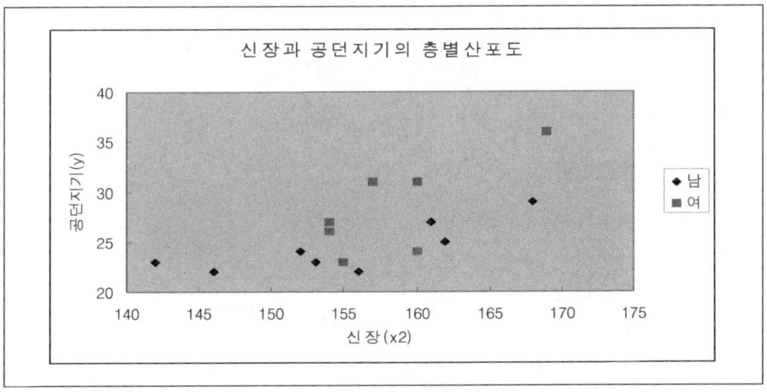


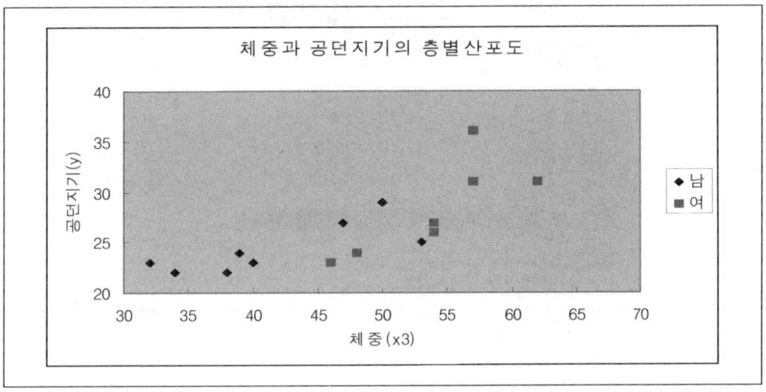


## ▶ 중회귀분석의 실시

[순서 1] 데이터의 입력

| | A | B | C | D | E | F | G |
|---|---|---|---|---|---|---|---|
| 1 | No. | 악력($x_1$) | 신장($x_2$) | 체중($x_3$) | 성별($x_4$) | 공던지기(y) | |
| 2 | 1 | 28 | 146 | 34 | 1 | 22 | |
| 3 | 2 | 46 | 169 | 57 | 0 | 36 | |
| 4 | 3 | 39 | 160 | 48 | 0 | 24 | |
| 5 | 4 | 25 | 156 | 38 | 1 | 22 | |
| 6 | 5 | 34 | 161 | 47 | 1 | 27 | |
| 7 | 6 | 29 | 168 | 50 | 1 | 29 | |
| 8 | 7 | 38 | 154 | 54 | 0 | 26 | |
| 9 | 8 | 23 | 153 | 40 | 1 | 23 | |
| 10 | 9 | 42 | 160 | 62 | 0 | 31 | |
| 11 | 10 | 27 | 152 | 39 | 1 | 24 | |
| 12 | 11 | 35 | 155 | 46 | 0 | 23 | |
| 13 | 12 | 39 | 154 | 54 | 0 | 27 | |
| 14 | 13 | 38 | 157 | 57 | 0 | 31 | |
| 15 | 14 | 32 | 162 | 53 | 1 | 25 | |
| 16 | 15 | 25 | 142 | 32 | 1 | 23 | |
| 17 | | | | | | | |

Sheet1 Sheet2 Sheet3 Sheet4 Shee

[순서 2] 분석 도구의 호출

메뉴에서 [데이터] – [데이터 분석]을 선택한다.

[순서 3] 회귀분석의 선택

(1) [통계 데이터 분석] 대화상자가 나타난다.

(2) [통계 데이터 분석] 대화상자에서,

분석 도구 (A) : 회귀분석

을 선택하고 [확인] 버튼을 클릭한다.

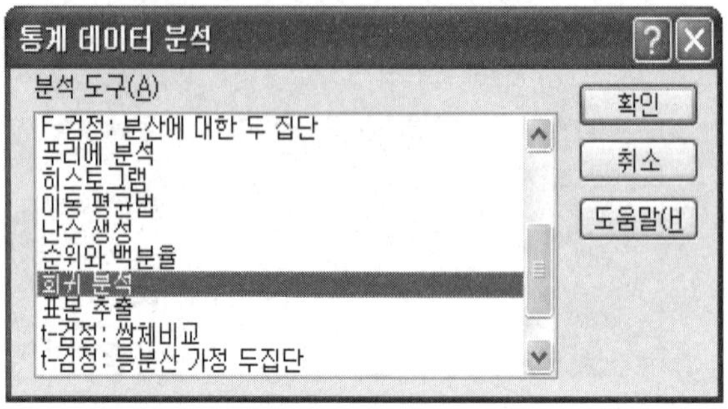


(3) [회귀분석] 대화상자가 나타나면, 다음 사항을 지정하고 [확인] 버튼을 클릭한다.

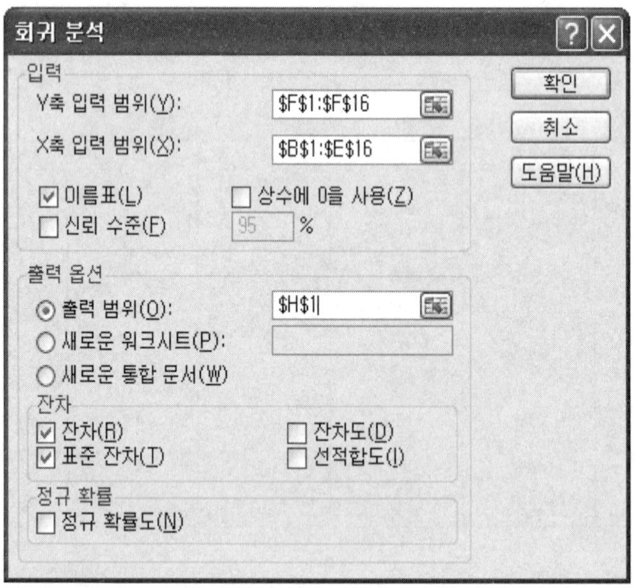

[순서 4] 실행결과

[요약 출력]

요약 출력

| 회귀분석 통계량 | |
|---|---|
| 다중 상관계수 | 0.8497 |
| 결정계수 | 0.7221 |
| 조정된 결정계수 | 0.6109 |
| 표준 오차 | 2.5196 |
| 관측수 | 15 |

분산 분석

| | 자유도 | 제곱합 | 제곱 평균 | F 비 | 유의한 F |
|---|---|---|---|---|---|
| 회귀 | 4 | 164.9186 | 41.2297 | 6.4948 | 0.0076 |
| 잔차 | 10 | 63.4814 | 6.3481 | | |
| 계 | 14 | 228.4 | | | |

| | 계수 | 표준 오차 | t 통계량 | P-값 | 하위 95% | 상위 95% | 하위 95.0% | 상위 95.( |
|---|---|---|---|---|---|---|---|---|
| Y 절편 | -10.3787 | 17.7273 | -0.5855 | 0.5712 | -49.8775 | 29.1201 | -49.8775 | 29.12( |
| 악력(x1) | 0.4128 | 0.2722 | 1.5168 | 0.1603 | -0.1936 | 1.0193 | -0.1936 | 1.01( |
| 신장(x2) | 0.0845 | 0.1546 | 0.5467 | 0.5965 | -0.2600 | 0.4291 | -0.2600 | 0.42( |
| 체중(x3) | 0.1654 | 0.1703 | 0.9713 | 0.3543 | -0.2141 | 0.5449 | -0.2141 | 0.54( |
| 성별(x4) | 3.2551 | 3.0966 | 1.0512 | 0.3179 | -3.6446 | 10.1548 | -3.6446 | 10.15( |

[잔차 출력]

잔차 출력

| 관측수 | 예측치 공던지기(y) | 잔차 | 표준 잔차 |
|---|---|---|---|
| 1 | 22.4043 | -0.4043 | -0.1899 |
| 2 | 32.3298 | 3.6702 | 1.7236 |
| 3 | 27.1901 | -3.1901 | -1.4981 |
| 4 | 22.6730 | -0.6730 | -0.3160 |
| 5 | 28.3001 | -1.3001 | -0.6106 |
| 6 | 27.3240 | 1.6760 | 0.7871 |
| 7 | 27.2625 | -1.2625 | -0.5929 |
| 8 | 21.9245 | 1.0755 | 0.5051 |
| 9 | 30.7446 | 0.2554 | 0.1199 |
| 10 | 23.3259 | 0.6741 | 0.3166 |
| 11 | 24.7852 | -1.7852 | -0.8383 |
| 12 | 27.6754 | -0.6754 | -0.3172 |
| 13 | 28.0124 | 2.9876 | 1.4030 |
| 14 | 28.5515 | -3.5515 | -1.6678 |
| 15 | 20.4968 | 2.5032 | 1.1756 |

[잔차도]

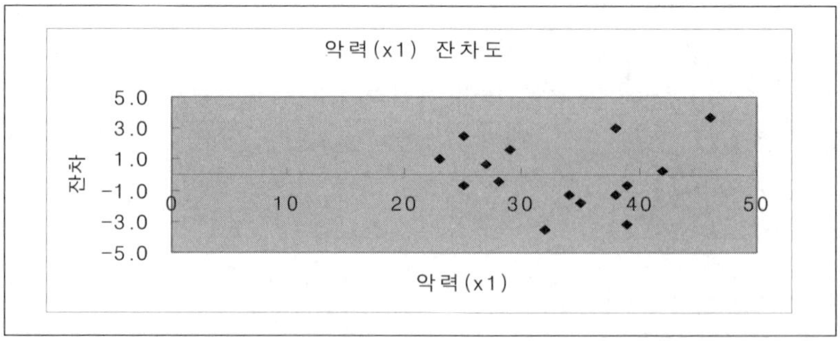
악력(x1) 잔차도
잔차
5.0
3.0
1.0
-1.0
-3.0
-5.0
0
10
20
30
40
50
악력(x1)

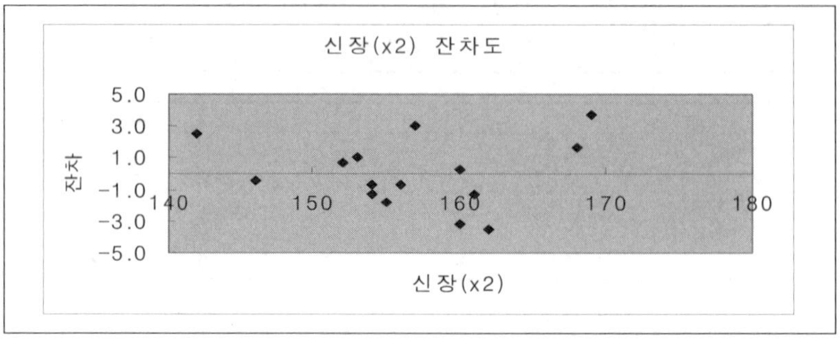
신장(x2) 잔차도
잔차
5.0
3.0
1.0
-1.0
-3.0
-5.0
140
150
160
170
180
신장(x2)

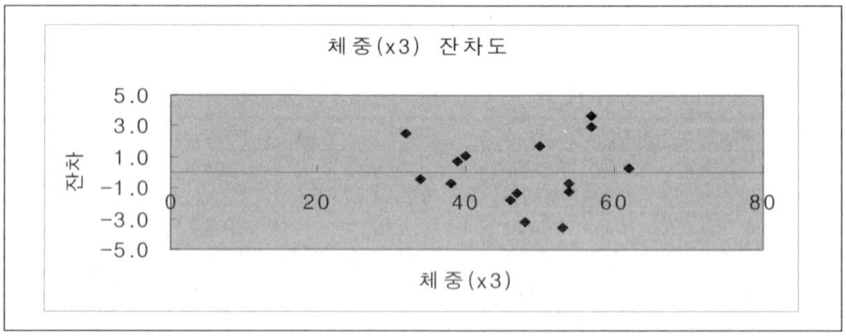
체중(x3) 잔차도
잔차
5.0
3.0
1.0
-1.0
-3.0
-5.0
0
20
40
60
80
체중(x3)

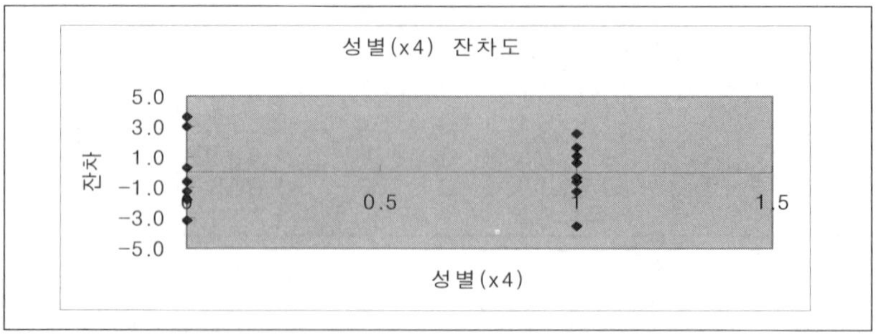
성별(x4) 잔차도
잔차
5.0
3.0
1.0
-1.0
-3.0
-5.0
0
0.5
1
1.5
성별(x4)

●●● **예제 14-3** 예제 14-2의 데이터에서 학생 15명의 혈액형을 나타내는 데이터($x_5$)를 추가한 것이 다음의 데이터표(1)이다. 혈액형의 정보를 새로 설명변수로서 추가하여 중회귀분석을 실시하라.

**데이터표(1)**

| No. | 악력($x_1$) | 신장($x_2$) | 체중($x_3$) | 성별($x_4$) | 혈액형($x_5$) | 공던지기($y$) |
|---|---|---|---|---|---|---|
| 1 | 28 | 146 | 34 | 1 | A | 22 |
| 2 | 46 | 169 | 57 | 0 | O | 36 |
| 3 | 39 | 160 | 48 | 0 | AB | 24 |
| 4 | 25 | 156 | 38 | 1 | A | 22 |
| 5 | 34 | 161 | 47 | 1 | B | 27 |
| 6 | 29 | 168 | 50 | 1 | AB | 29 |
| 7 | 38 | 154 | 54 | 0 | O | 26 |
| 8 | 23 | 153 | 40 | 1 | B | 23 |
| 9 | 42 | 160 | 62 | 0 | AB | 31 |
| 10 | 27 | 152 | 39 | 1 | A | 24 |
| 11 | 35 | 155 | 46 | 0 | O | 23 |
| 12 | 39 | 154 | 54 | 0 | A | 27 |
| 13 | 38 | 157 | 57 | 0 | A | 31 |
| 14 | 32 | 162 | 53 | 1 | B | 25 |
| 15 | 25 | 142 | 32 | 1 | O | 23 |

혈액형과 같이 네 개의 범주(範疇)가 있을 때에는 세 개의 더미변수를 사용해서 다음과 수치화한다.

| | $x_{51}$ | $x_{52}$ | $x_{53}$ | |
|---|---|---|---|---|
| A | 형 | 1 | 0 | 0 |
| B | 형 | 0 | 1 | 0 |
| O | 형 | 0 | 0 | 1 |
| AB형 | 0 | 0 | 0 | |

이렇게 하면 앞의 데이터표(1)은 다음의 데이터표(2)와 같이 바꾸어 쓸 수 있다. 이것을 데이터로 해서 중회귀분석을 실시하면 된다.

**데이터표(2)**

| | | | | | 혈액형($x_5$) | | | |
|---|---|---|---|---|---|---|---|---|
| No. | 악력($x_1$) | 신장($x_2$) | 체중($x_3$) | 성별($x_4$) | $x_{51}$ | $x_{52}$ | $x_{53}$ | 공던지기(y) |
| 1 | 28 | 146 | 34 | 1 | 1 | 0 | 0 | 22 |
| 2 | 46 | 169 | 57 | 0 | 0 | 0 | 1 | 36 |
| 3 | 39 | 160 | 48 | 0 | 0 | 0 | 0 | 24 |
| 4 | 25 | 156 | 38 | 1 | 1 | 0 | 0 | 22 |
| 5 | 34 | 161 | 47 | 1 | 0 | 1 | 0 | 27 |
| 6 | 29 | 168 | 50 | 1 | 0 | 0 | 0 | 29 |
| 7 | 38 | 154 | 54 | 0 | 0 | 0 | 1 | 26 |
| 8 | 23 | 153 | 40 | 1 | 0 | 1 | 0 | 23 |
| 9 | 42 | 160 | 62 | 0 | 0 | 0 | 0 | 31 |
| 10 | 27 | 152 | 39 | 1 | 1 | 0 | 0 | 24 |
| 11 | 35 | 155 | 46 | 0 | 0 | 0 | 1 | 23 |
| 12 | 39 | 154 | 54 | 0 | 1 | 0 | 0 | 27 |
| 13 | 38 | 157 | 57 | 0 | 1 | 0 | 0 | 31 |
| 14 | 32 | 162 | 53 | 1 | 0 | 1 | 0 | 25 |
| 15 | 25 | 142 | 32 | 1 | 0 | 0 | 1 | 23 |

## ▶ 실행결과

| 요약 출력 | | | | | | | | |
|---|---|---|---|---|---|---|---|---|
| | | | | | | | | |
| 회귀분석 통계량 | | | | | | | | |
| 다중 상관계수 | 0.8913 | | | | | | | |
| 결정계수 | 0.7943 | | | | | | | |
| 조정된 결정계수 | 0.5887 | | | | | | | |
| 표준 오차 | 2.5904 | | | | | | | |
| 관측수 | 15 | | | | | | | |
| | | | | | | | | |
| 분산 분석 | | | | | | | | |
| | 자유도 | 제곱합 | 제곱 평균 | F 비 | 유의한 F | | | |
| 회귀 | 7 | 181.4272 | 25.9182 | 3.8624 | 0.0477 | | | |
| 잔차 | 7 | 46.9728 | 6.7104 | | | | | |
| 계 | 14 | 228.4 | | | | | | |
| | | | | | | | | |
| | 계수 | 표준 오차 | t 통계량 | P-값 | 하위 95% | 상위 95% | 하위 95.0% | 상위 95.0% |
| Y 절편 | -19.9949 | 21.0166 | -0.9514 | 0.3731 | -69.6912 | 29.7015 | -69.6912 | 29.7015 |
| 악력(x1) | 0.3589 | 0.2859 | 1.2551 | 0.2497 | -0.3172 | 1.0349 | -0.3172 | 1.0349 |
| 신장(x2) | 0.1056 | 0.1712 | 0.6169 | 0.5569 | -0.2992 | 0.5104 | -0.2992 | 0.5104 |
| 체중(x3) | 0.2962 | 0.1968 | 1.5054 | 0.1760 | -0.1691 | 0.7615 | -0.1691 | 0.7615 |
| 성별(x4) | 5.5843 | 3.6523 | 1.5290 | 0.1701 | -3.0520 | 14.2206 | -3.0520 | 14.2206 |
| x51 | 1.2677 | 2.1954 | 0.5775 | 0.5817 | -3.9235 | 6.4589 | -3.9235 | 6.4589 |
| x52 | -1.8138 | 2.4990 | -0.7258 | 0.4915 | -7.7229 | 4.0953 | -7.7229 | 4.0953 |
| x53 | 2.3161 | 2.3014 | 1.0064 | 0.3477 | -3.1258 | 7.7580 | -3.1258 | 7.7580 |

혈액형을 나타내는 데이터($x_5$)를 추가함으로써 결정계수는 증가했으나, 조정된 결정계수는 오히려 감소하고 있음을 알 수 있다.

$$\text{결정계수} \;:\; 0.7221 \;\rightarrow\; 0.7943\ (\text{증가})$$

$$\text{조정된 결정계수} \;:\; 0.6109 \;\rightarrow\; 0.5887\ (\text{감소})$$

본 예제에서는

$$\text{유의한 } F\text{값} = 0.0477 \le \text{유의수준 } \alpha = 0.05$$

이므로 귀무가설 $H_0$를 기각한다. 따라서 회귀식에는 의미가 있다고 할 수 있다. 그러나 혈액형을 나타내는 변수($x_5$)는 유효하지 못한 변수임을 알 수 있다.

## 4. 중회귀분석의 제문제

### (1) 설명변수의 선택

#### ▶ 변수선택의 문제

앞에서는 선형 중회귀 모델에 포함되는 설명변수 $\{x_1, x_2, \cdots, x_p\}$가 정해져 있는 것으로 해서 회귀식의 추정을 실시했다. 그러나 실제로 데이터 분석을 실시하고자 하는 상황에 있어서는 설명변수로서 사용할 수 있을 듯한 변수는 많이 있으며, 그 중에서 목적변수의 예측에 도움이 되는 주요한 변수를 골라 분석을 실시하고 싶다고 하는 경우가 많다.

설명변수를 부적절하게 선택한 경우의 영향은 다음과 같다.

① 회귀 모델에 쓸데없는 변수(모회귀계수가 0이 되도록 하는 변수)가 포함될 때, 회귀계수의 추정치나 $y$의 예측치는 불편(不偏)이지만 오차분산의 추정치 $V_e$의 자유도($n-p-1$)가 작아지기 때문에 추정의 정밀도가 나쁘다.

② 필요한 변수(모회귀변수가 0이 아닌 변수)가 회귀 모델에서 빠져 있는 경우, 회귀계수의 추정치나 $y$의 예측치는 편의(偏倚)를 갖게 되고 오차분산의 추정치 $V_e$는 과대평가하게 된다.

③ 설명변수 중에 서로 상관이 높은 변수가 포함되어 있는 경우에는 분산공분산행렬의 행렬식이 거의 제로가 되기 때문에 역행렬 요소의 값이 크게(또한 수치계산적으로도 불안정하게) 되어 회귀계수 추정치의 추정 정밀도가 나빠진다. 이와 같은 경우에 다중공선성(multicollinearity)의 문제가 있다고 한다.

유효한 변수를 가능한 한 간과하지 않도록 하면 불필요한 변수를 채택할 위험성이 커지고, 한편 불필요한 변수를 가능한 한 채택하지 않도록 하면 유효한 변수를 간과할 위험성이 증가한다.

### ▶ 변수선택의 방법

선형 회귀식 $y = b_0 + b_1x_1 + b_2x_2 + \cdots + b_px_p$에 있어서 큰 문제 중의 하나는 설명변수의 선택(selection of regressor)이다. 모델의 정식화(어느 변수에 의해서 목적변수의 변동을 설명할 것인가)가 추정(推定) 이전에 분명히 정해져 있지 않은 경우, 몇 개의 후보 변수가 주어지고 그 중에서 최량으로 생각되는 변수의 편성을 골라 최종적으로 하나의 회귀식에 도달한다. 이 시행착오의 과정에 있어서는 분석대상에 대한 주관적 판단과 통계학적 기준에 의거한 객관적 판단이 뒤섞이는 것이 실제의 데이터 분석에서는 보통이다.

회귀분석에서는 여분의 설명변수를 포함시키면 예측의 평균 자승 오차가 늘어나고, 또 타당한 설명변수가 빠져 있으면 편의(偏倚)가 커지게 된다. 그 때문에 설명변수가 늘어나면 설명변수간에 높은 종속관계가 생기기 쉬워진다. 인적(人的) 혹은 연산적인 제약으로부터 보더라도 설명변수의 개수가 큰 것은 하나의 난점이 된다.

이용가능한 전 설명변수의 개수를 $p_0$로 나타내기로 한다. 또 그 중에서 모델에 포함되는 설명변수의 개수를 $p$라고 한다.

이후의 기술에서 모든 가능한 $p$항의 모델 중에서 최소의 잔차 제곱합을 갖는 모델을 사이즈 $p$의 최량 모델이라고 부르는 것이 편리하다. '최량'이란 이러한 의미에 한해서 정의되고, 그 모델이 실제로 그 이용하고자 하는 기능으로서 최량이 아닌 경우도 있다. 더욱이 이 최량의 정의는 당장의 표본만에 적용되며, 그 같은 관계가 모집단에 대해서 성립하는 것을 의미하지 않는다. 목적은 최종적으로 모델에 포함될 설명변수를 잘 선택하는 것이다.

#### (1) 모든 가능한 회귀(all possible regression)

$p_0$가 과대하지 않으면, 모든 가능한 모델을 적용시키는 것을 생각할 수 있다. 적어도 하나의 설명변수를 포함하는 가능한 모델의 수는 $2^{p_0} - 1$개이다. 오늘날 모든 가능한 회귀를 평가하는 일련의 효율적인 연산법이 존재한다.

이 방법은 설명변수의 수가 적을 때에는 가장 좋은 방법이다. 그러나 설명변수의 수가 늘어나면 계산양은 방대해져 검토할 회귀식의 수도 많아져 버린다. 예를 들면 설명변수의 수가 5일 때에는 회귀식은 $2^5 - 1 = 31$가지가 산출된다. 6일 때에는 63가지나 된다.

### (2) 축차변수선택법(step-wise regression)

변수선택시에 후보가 될 설명변수는 반드시 무차별적이 아니라 어떠한 선험적 기준에 의해서 변수의 순서 매김에 의미가 있는 경우가 있다. 축차변수선택법은 각 편회귀계수의 유의성에 의거해서 유효한 변수와 불필요한 변수를 양분하는 방법이다. 이 방법에는 변수증가법 또는 전진선택(forward selection)과 변수감소법 또는 후퇴소거(backward elimination)의 기본적인 두 가지 방법이 있다.

변수증가법과 변수감소법의 가장 중대한 결함은 주어진 사이즈의 최량 부분집합이 발견될 보증이 없다는 것이다. 이러한 결함을 수정한 것이 변수증감법과 변수감증법이다.

변수증감법은 먼저 목적변수와 가장 관계가 강한 설명변수를 하나 선택한다. 다음에 그 변수와 짝을 지었을 때에 가장 결정계수가 높아지는 변수를 선택한다. 이것을 순차적으로 반복한다. 이 과정에서 일단 선택된 변수 중에 불필요한 변수가 나왔을 때에는 그 변수를 제거한다고 하는 방법이다.

변수감증법은 먼저 모든 설명변수를 이용한 회귀 모델을 작성한다. 다음에 목적변수와 가장 관계가 약한 설명변수를 하나 제거한다. 이것을 순차적으로 반복한다. 이 과정에서 일단 제거한 변수 중에 유효한 변수가 나왔을 때에는 그 변수를 다시 선택한다고 하는 방법이다.

**예제 14-4** 예제 14-2의 데이터에 모든 가능한 회귀를 적용하여 회귀식을 음미해 보라.

### ▶ Excel에 의한 해법

Excel에 의해 모든 가능한 회귀를 실천하는 데는 통계함수를 이용하는 것이 편리하다.

[순서 1] 데이터의 입력

예제 14-2와 같이 입력한다.

| | A | B | C | D | E | F | G |
|---|---|---|---|---|---|---|---|
| 1 | No. | 악력($x_1$) | 신장($x_2$) | 체중($x_3$) | 성별($x_4$) | 공던지기(y) | |
| 2 | 1 | 28 | 146 | 34 | 1 | 22 | |
| 3 | 2 | 46 | 169 | 57 | 0 | 36 | |
| 4 | 3 | 39 | 160 | 48 | 0 | 24 | |
| 5 | 4 | 25 | 156 | 38 | 1 | 22 | |
| 6 | 5 | 34 | 161 | 47 | 1 | 27 | |
| 7 | 6 | 29 | 168 | 50 | 1 | 29 | |
| 8 | 7 | 38 | 154 | 54 | 0 | 26 | |
| 9 | 8 | 23 | 153 | 40 | 1 | 23 | |
| 10 | 9 | 42 | 160 | 62 | 0 | 31 | |
| 11 | 10 | 27 | 152 | 39 | 1 | 24 | |
| 12 | 11 | 35 | 155 | 46 | 0 | 23 | |
| 13 | 12 | 39 | 154 | 54 | 0 | 27 | |
| 14 | 13 | 38 | 157 | 57 | 0 | 31 | |
| 15 | 14 | 32 | 162 | 53 | 1 | 25 | |
| 16 | 15 | 25 | 142 | 32 | 1 | 23 | |
| 17 | | | | | | | |

Sheet1 Sheet2 Sheet3 Sheet4 Shee

[순서 2] 데이터의 복사

모든 설명변수의 편성을 생각해서 회귀식을 만들지 않으면 안 되므로 인접하지 않은 변수의 데이터를 다음과 같이 복사해서 인접시킨다.

| | A | B | C | D | E | F | G | H | I | J | K | L |
|---|---|---|---|---|---|---|---|---|---|---|---|---|
| 1 | No. | 악력($x_1$) | 신장($x_2$) | 체중($x_3$) | 성별($x_4$) | 공던지기(y) | 악력($x_1$) | 신장($x_2$) | 성별($x_4$) | 악력($x_1$) | 체중($x_3$) | 성별($x_4$) |
| 2 | 1 | 28 | 146 | 34 | 1 | 22 | 28 | 146 | 1 | 28 | 34 | 1 |
| 3 | 2 | 46 | 169 | 57 | 0 | 36 | 46 | 169 | 0 | 46 | 57 | 0 |
| 4 | 3 | 39 | 160 | 48 | 0 | 24 | 39 | 160 | 0 | 39 | 48 | 0 |
| 5 | 4 | 25 | 156 | 38 | 1 | 22 | 25 | 156 | 1 | 25 | 38 | 1 |
| 6 | 5 | 34 | 161 | 47 | 1 | 27 | 34 | 161 | 1 | 34 | 47 | 1 |
| 7 | 6 | 29 | 168 | 50 | 1 | 29 | 29 | 168 | 1 | 29 | 50 | 1 |
| 8 | 7 | 38 | 154 | 54 | 0 | 26 | 38 | 154 | 0 | 38 | 54 | 0 |
| 9 | 8 | 23 | 153 | 40 | 1 | 23 | 23 | 153 | 1 | 23 | 40 | 1 |
| 10 | 9 | 42 | 160 | 62 | 0 | 31 | 42 | 160 | 0 | 42 | 62 | 0 |
| 11 | 10 | 27 | 152 | 39 | 1 | 24 | 27 | 152 | 1 | 27 | 39 | 1 |
| 12 | 11 | 35 | 155 | 46 | 0 | 23 | 35 | 155 | 0 | 35 | 46 | 0 |
| 13 | 12 | 39 | 154 | 54 | 0 | 27 | 39 | 154 | 0 | 39 | 54 | 0 |
| 14 | 13 | 38 | 157 | 57 | 0 | 31 | 38 | 157 | 0 | 38 | 57 | 0 |
| 15 | 14 | 32 | 162 | 53 | 1 | 25 | 32 | 162 | 1 | 32 | 53 | 1 |
| 16 | 15 | 25 | 142 | 32 | 1 | 23 | 25 | 142 | 1 | 25 | 32 | 1 |
| 17 | | | | | | | | | | | | |

Sheet4 Sheet5 Sheet6 Sheet7 Sheet8 Sheet9

[순서 3] 결과 일람표의 준비

분석결과를 일목요연하게 볼 수 있도록 다음과 같은 일람표를 만들어 놓는다.

| | M | N | O | P | Q | R | S | T | U |
|---|---|---|---|---|---|---|---|---|---|
| 1 | | | | | | 표본의 크기 | n | 15 | |
| 2 | | 회귀계수와 결정계수 | | | | | | | |
| 3 | | | | | | | | | |
| 4 | | 설명변수의 수 | $X_1$ | $X_2$ | $X_3$ | $X_4$ | 결정계수 | 조정된 결정계수 | |
| 5 | | 4 | | | | | | | |
| 6 | | 3 | | | | | | | |
| 7 | | 3 | | | | | | | |
| 8 | | 3 | | | | | | | |
| 9 | | 3 | | | | | | | |
| 10 | | 2 | | | | | | | |
| 11 | | 2 | | | | | | | |
| 12 | | 2 | | | | | | | |
| 13 | | 2 | | | | | | | |
| 14 | | 2 | | | | | | | |
| 15 | | 2 | | | | | | | |
| 16 | | 1 | | | | | | | |
| 17 | | 1 | | | | | | | |
| 18 | | 1 | | | | | | | |
| 19 | | 1 | | | | | | | |
| 20 | | | | | | | | | |
| 21 | | | | | | | | | |
| 22 | | | | | | | | | |
| 23 | | | | | | | | | |

Sheet4 Sheet5 Sheet6 Sheet7 Sheet8 Sheet9

## [순서 4] 통계함수의 입력

| | M | N | O | P | Q | R | S | T | U |
|---|---|---|---|---|---|---|---|---|---|
| 1 | | | | | | 표본의 크기 | n | 15 | |
| 2 | | 회귀계수와 결정계수 | | | | | | | |
| 3 | | | | | | | | | |
| 4 | | 설명변수의 수 | $X_1$ | $X_2$ | $X_3$ | $X_4$ | 결정계수 | 조정된 결정계수 | |
| 5 | | 4 | 0.4128 | 0.0845 | 0.1654 | 3.2551 | 0.7221 | 0.6109 | |
| 6 | | 3 | 0.2014 | 0.1710 | 0.1249 | | 0.6913 | 0.6072 | |
| 7 | | 3 | | 0.1566 | 0.2551 | -0.2165 | 0.6581 | 0.5649 | |
| 8 | | 3 | 0.5047 | 0.1701 | | 2.5751 | 0.6958 | 0.6129 | |
| 9 | | 3 | 0.4585 | | 0.2184 | 4.1558 | 0.7138 | 0.6357 | |
| 10 | | 2 | 0.3096 | 0.2247 | | | 0.6756 | 0.6215 | |
| 11 | | 2 | | 0.1493 | 0.2678 | | 0.6578 | 0.6008 | |
| 12 | | 2 | | | 0.3839 | 0.8395 | 0.6267 | 0.5644 | |
| 13 | | 2 | 0.1652 | | 0.2429 | | 0.6439 | 0.5846 | |
| 14 | | 2 | 0.7283 | | | 4.6072 | 0.6461 | 0.5871 | |
| 15 | | 2 | | 0.3346 | | -2.7633 | 0.5872 | 0.5184 | |
| 16 | | 1 | 0.4330 | | | | 0.5592 | 0.5253 | |
| 17 | | 1 | | 0.3830 | | | 0.4699 | 0.4291 | |
| 18 | | 1 | | | 0.3503 | | 0.6208 | 0.5917 | |
| 19 | | 1 | | | | -3.9107 | 0.2500 | 0.1923 | |
| 20 | | | | | | | | | |
| 21 | | | | | | | | | |
| 22 | | | | | | | | | |
| 23 | | | | | | | | | |

Sheet4 Sheet5 Sheet6 Sheet7 Sheet8 Sheet9

[셀의 입력내용]

<회귀계수>

O5;=INDEX(LINEST($F$2:$F$16, $B$2:$E$16, TRUE, TRUE), 1, 4)
P5;=INDEX(LINEST($F$2:$F$16, $B$2:$E$16, TRUE, TRUE), 1, 3)
Q5;=INDEX(LINEST($F$2:$F$16, $B$2:$E$16, TRUE, TRUE), 1, 2)
R5;=INDEX(LINEST($F$2:$F$16, $B$2:$E$16, TRUE, TRUE), 1, 1)

O6;=INDEX(LINEST($F$2:$F$16, $B$2:$D$16, TRUE, TRUE), 1, 3)
P6;=INDEX(LINEST($F$2:$F$16, $B$2:$D$16, TRUE, TRUE), 1, 2)
Q6;=INDEX(LINEST($F$2:$F$16, $B$2:$D$16, TRUE, TRUE), 1, 1)

P7;=INDEX(LINEST($F$2:$F$16, $C$2:$E$16, TRUE, TRUE), 1, 3)
Q7;=INDEX(LINEST($F$2:$F$16, $C$2:$E$16, TRUE, TRUE), 1, 2)
R7;=INDEX(LINEST($F$2:$F$16, $C$2:$E$16, TRUE, TRUE), 1, 1)

O8;=INDEX(LINEST($F$2:$F$16, $G$2:$I$16, TRUE, TRUE), 1, 3)
P8;=INDEX(LINEST($F$2:$F$16, $G$2:$I$16, TRUE, TRUE), 1, 2)
R8;=INDEX(LINEST($F$2:$F$16, $G$2:$I$16, TRUE, TRUE), 1, 1)

O9;=INDEX(LINEST($F$2:$F$16, $J$2:$L$16, TRUE, TRUE), 1, 3)
Q9;=INDEX(LINEST($F$2:$F$16, $J$2:$L$16, TRUE, TRUE), 1, 2)
R9;=INDEX(LINEST($F$2:$F$16, $J$2:$L$16, TRUE, TRUE), 1, 1)

O10;=INDEX(LINEST($F$2:$F$16, $B$2:$C$16, TRUE, TRUE), 1, 2)
P10;=INDEX(LINEST($F$2:$F$16, $B$2:$C$16, TRUE, TRUE), 1, 1)

P11;=INDEX(LINEST($F$2:$F$16, $C$2:$D$16, TRUE, TRUE), 1, 2)
Q11;=INDEX(LINEST($F$2:$F$16, $C$2:$D$16, TRUE, TRUE), 1, 1)

Q12;=INDEX(LINEST($F$2:$F$16, $D$2:$E$16, TRUE, TRUE), 1, 2)
R12;=INDEX(LINEST($F$2:$F$16, $D$2:$E$16, TRUE, TRUE), 1, 1)

O13;=INDEX(LINEST($F$2:$F$16, $J$2:$K$16, TRUE, TRUE), 1, 2)
Q13;=INDEX(LINEST($F$2:$F$16, $J$2:$K$16, TRUE, TRUE), 1, 1)

O14;=INDEX(LINEST($F$2:$F$16, $I$2:$J$16, TRUE, TRUE), 1, 1)
R14;=INDEX(LINEST($F$2:$F$16, $I$2:$J$16, TRUE, TRUE), 1, 2)

P15;=INDEX(LINEST($F$2:$F$16, $H$2:$I$16, TRUE, TRUE), 1, 2)
R15;=INDEX(LINEST($F$2:$F$16, $H$2:$I$16, TRUE, TRUE), 1, 1)
O16;=INDEX(LINEST($F$2:$F$16, $B$2:$B$16, TRUE, TRUE), 1, 1)
P17;=INDEX(LINEST($F$2:$F$16, $C$2:$C$16, TRUE, TRUE), 1, 1)
Q18;=INDEX(LINEST($F$2:$F$16, $D$2:$D$16, TRUE, TRUE), 1, 1)
R19;=INDEX(LINEST($F$2:$F$16, $E$2:$E$16, TRUE, TRUE), 1, 1)

<결정계수>
S5;=INDEX(LINEST($F$2:$F$16, $B$2:$E$16, TRUE, TRUE), 3, 1)
(S5를 S6에서 S19까지 복사한다)

<조정된 결정계수>
T5;=1 − ($T$1 − 1) * (1 − S5)/($T$1 − N5 − 1)
(T5를 T6에서 T19까지 복사한다)

### ▶함수 LINEST

함수 LINEST는 회귀분석에 있어서 회귀식을 구하거나 회귀식을 평가하는 데 필요한 여러 가지의 통계량을 산출하기 위한 함수이다.

(1) 함수 LINEST는 [함수 마법사] 대화상자에서,
범주 선택 : 통계
함수 선택 : LINEST
를 선택하여 실행할 수 있다.

(2) 입력서식은 다음과 같다.
(입력서식) = LINEST( y의 범위, x의 범위, 논리값, 조정)
논리값(Const) :
TRUE → 상수항이 있는 회귀식
FALSE → 상수항이 없는 회귀식
을 상정하여 계산을 실시한다.

조정(Stats) :

TRUE → 회귀에 관한 여러 가지의 통계량

FALSE → 회귀계수와 상수항만

이 계산된다.

【예】 LINEST($F$2:$F$16, $B$2:$E$16, TRUE, TRUE) = 3.2551081

### ▶ 함수 INDEX

LINEST의 계산결과는 배열로 되어 있다. 결과를 표시하려면 INDEX라고 하는 함수와 편성해서 이용할 필요가 있다. 함수 INDEX는 배열의 각 요소 값을 표시하기 위한 함수이다. 배열의 행번호와 열번호를 지정하면, 행번호와 열번호가 교차하는 점에 있는 배열의 값이 원상태로 표시된다.

(1) 함수 INDEX는 [함수 마법사] 대화상자에서,

범주 선택 : 찾기/참조영역

함수 선택 : INDEX

를 선택하여 실행할 수 있다.

(2) 함수 INDEX의 인수를 지정하는 방법은 여러 가지가 있다.

(3) 입력서식은 다음과 같다.

(입력서식) = INDEX(배열, 행번호, 열번호)

배열 : LINEST(y의 범위, x의 범위, 논리값, 조정)

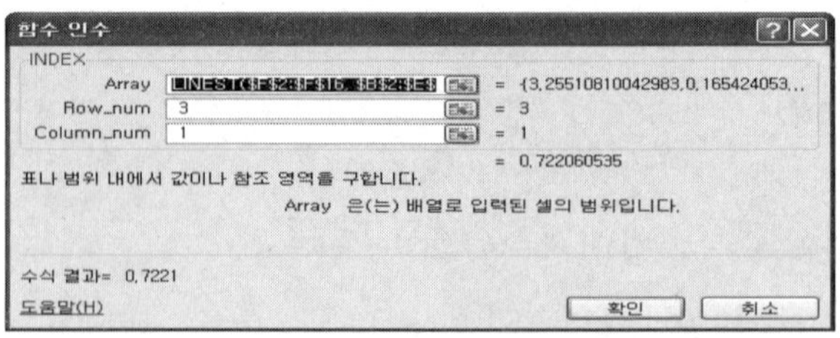

행번호와 열번호를 입력하기 위해서는 다음을 참고하면 된다.

열번호 ↓

| | 1 | 2 | 3 | 4 | 5 |
|---|---|---|---|---|---|
| 1 | 회귀계수 $b_4$ | 회귀계수 $b_3$ | 회귀계수 $b_2$ | 회귀계수 $b_1$ | 상수항 $b_0$ |
| 2 | $b_4$의 표준오차 | $b_3$의 표준오차 | $b_2$의 표준오차 | $b_1$의 표준오차 | $b_0$의 표준오차 |
| 3 | 결정계수 $R^2$ | | | | |
| 4 | 회귀식의 $F$값 | 자유도 | | | |
| 5 | 회귀의 제곱합 | 잔차의 제곱합 | | | |

↑ 행번호

## (2) 다중공선성

### ▶ 다중공선성이란

중회귀식

$$y = b_0 + b_1x_1 + b_2x_2 + \cdots + b_px_p$$

에 있어서 $\{x_1, x_2, \cdots, x_p\}$ 중 몇 개의 설명변수 사이에 선형관계, 예를 들면

$$3x_1 - 2x_2 + x_3 = 0$$

와 같은 관계식이 성립할 때 공선성이 있다고 한다. 이러한 선형관계가 두 개 이상 있을 때 다중공선성(multicollearity)이 있다고 한다.

다중공선성이 존재할 때는 분산공분산행렬의 역행렬에 곤란한 일이 생기므로 편회귀계수 $b_0, b_1, \cdots, b_p$를 구할 수 없다. 중회귀분석에서는 편회귀계수를 구할 때에 분산공분산행렬의 역행렬을 계산하지 않으면 안 된다. 그런데 상관계수가 1에 가까운 설명변수가 존재하면 분산공분산행렬의 역행렬이 존재하지 않거나 역행렬을 계산할 수 있더라도 대단히 오차가 커진다거나 해서 신뢰성이 낮은 중회귀식이 구해지는 경우가 있다.

따라서 다중공선성을 피하기 위해서는 상관행렬을 관찰해서 상관계수가 1에 가까운 설명변수가 발견되면 그 중 어느 변수를 버리도록 한다.

### ▶ 다중공선성의 진단

중회귀분석의 설명변수를 $x_1$, $x_2$, …, $x_p$라고 하자. 만일 어떤 설명변수 $x_i$가 아무래도 마음에 걸리면 $x_i$를 목적변수, $x_1, x_2, \cdots, x_{i-1}, x_{i+1}, \cdots, x_p$를 설명변수로 해서 중회귀분석을 실시해 본다. 이 때의 중상관계수를 $R_i$라고 했을 때

$$1 - R_i^2$$

을 설명변수 $x_i$의 허용도(tolerance)라고 한다. $x_i$의 허용도$1 - R_i^2$가 작을 때는 중상관계수 $R_i$가 1에 가까우므로 $x_i$는 다른 설명변수 $x_1, x_2, \cdots, x_{i-1}, x_{i+1}, \cdots, x_p$의 선형결합으로 표현할 수 있다. 즉, 다중공선성이 있다고 하게 되는 것이다. 허용도와 분산확대계수(variance inflation factor, VIF) 사이에는 다음과 같은 관계가 성립한다.

$$\mathrm{VIF} = \frac{1}{\text{허용도}} = \frac{1}{1 - \mathrm{R_i^2}}$$

설명변수 $x_i$의 VIF가 1보다 충분히 클 때, 설명변수 $x_i$에 공선성의 가능성이 있다. 또 이 때 편회귀계수 $b_i$의 표준오차는 커진다.

### ▶ 다중공선성의 원인

다중공선성의 문제는 특히 사회과학적 데이터의 회귀분석에 최대의 두통거리이다. 이 문제는 어떤 의미에서 '데이터 관측상의 문제'이며, 능동적인 관측 또는 실험이 불가능한 분야에 있어서 불가피한 문제라고도 할 수 있다. 실험계획이 가능한 분야에서는 설명변수 행렬을 자유자재로 설계할 수가 있다. 그 때문에 다중공선성의 문제는 거의 일어나지 않는다.

설명변수 간의 다중공선의 관계는 주어진 표본 데이터에 있어서 간혹 인정되는 데에 지나지 않는 것인가 혹은 좀더 본질적인 구조적 이유에 의한 것인가를 구별해 둘 필요가 있다. 전자의 경우에는 관측치 데이터를 늘림으로써 혹은 관측을 다시 함으로써 문제를 회피할 수 있다. 그러나 후자의 경우에는 관측치의 개수를 아무리 늘리더라도 문제의 해결은 되지 않는다.

예를 들면 두 변수 $X_1$과 $X_2$는 $Y$의 변동을 규정하는 요인으로서는 '독립'이지만 그것들의 변동은 독립이 아니다. 즉, 제3의 변수 $X_3$가 배후에 존재하고 있어

$X_1$과 $X_2$의 변동의 대부분은 $X_3$의 변동에 의해서 규정되고 있다고 하는 입장이 있을 수 있다. 이러한 경우 $X_1$과 $X_2$ 사이의 공선성은 '구조적'이고 그 만큼 문제의 처리는 번거롭다. 다중공선성에 대처하기 위한 하나의 가능한 추정상의 궁리로서 릿지 회귀라고 하는 방법이 있다. 중회귀분석의 편회귀계수 $b_0, b_1, \cdots, b_p$는

$$\begin{bmatrix} b_1 \\ b_2 \\ \cdot \\ b_p \end{bmatrix} = \begin{bmatrix} s_{11} & s_{12} & \cdots & s_{1p} \\ s_{21} & s_{22} & \cdots & s_{2p} \\ \cdot & \cdot & \cdots & \cdot \\ s_{p1} & s_{p2} & \cdots & s_{pp} \end{bmatrix}^{-1} \begin{bmatrix} s_{1y} \\ s_{2y} \\ \cdot \\ s_{py} \end{bmatrix}$$

$$s_{ii} = s_i^2 = x_i \text{의 분산}$$

$$s_{ij} = x_i \text{와 } x_j \text{의 공분산}$$

으로 구해진다. 그런데 다중공선성이 있으면 분산공분산행렬의 역행렬에 곤란한 일이 일어나므로, 이대로는 편회귀계수가 구해지지 않는다. 그래서

$$\begin{bmatrix} b_1(k) \\ b_2(k) \\ \cdot \\ b_p(k) \end{bmatrix} = \begin{bmatrix} s_{11}+k & s_{12} & \cdots & s_{1p} \\ s_{21} & s_{22}+k & \cdots & s_{2p} \\ \cdot & \cdot & \cdots & \cdot \\ s_{p1} & s_{p2} & \cdots & s_{pp}+k \end{bmatrix}^{-1} \begin{bmatrix} s_{1y} \\ s_{2y} \\ \cdot \\ s_{py} \end{bmatrix}$$

와 같이 $b_1(k), b_2(k), \cdots, b_p(k)$를 구하는 방법을 릿지 회귀(ridge regression)라고 한다. 다중공선성에 대처하기 위해서 통상 자주 이용되는 것은 다중공선관계에 있는 변수군의 일부를 제거한다고 하는 방법이다. 가령 $X_1$과 $X_2$가 높은 다중공선관계에 있다고 하자. $X_1$이 이미 식에 포함되어 있을 때, $X_2$를 추가함으로써 초래되는 '설명력'의 증가는 그렇게 크지 않다고 예상된다. 따라서 $X_2$의 추가는 결코 의미가 있다고 판단되지 않는다. 그 결과 $X_2$의 $Y$에 대한 영향은 $X_1$의 그것에 흡수되어 버리게 된다. 회귀분석의 목적이 예측이며, $X_1$과 $X_2$의 다중공선성이 구조적인 것이라면 $X_2$를 제거함으로써(모델의 정식화에 잘못이 있음에도 불구하고) 보다 정밀도가 높은 예측이 이루어지게 된다. 결국 다중공선의 문제는 공선관계에 있는 변수의 일부를 제거함으로써 처리되고 있다고 하는 것이 현상이라고 해도 지장이 없을 것이다.

**예제 14-5** 다음의 데이터표에서 설명변수 $x_1$, $x_2$, $x_3$ 사이에는 강한 다중공선성이 존재한다고 한다. 다중공선성이 회귀식의 추정에 어느 정도의 곤란을 가져오는지 중회귀분석을

통해서 밝혀 보라.

**데이터표**

| No. | $x_1$ | $x_2$ | $x_3$ | y | No. | $x_1$ | $x_2$ | $x_3$ | y |
|---|---|---|---|---|---|---|---|---|---|
| 1 | 0.9058 | 0.7032 | 0.9122 | 3.3969 | 16 | -0.7657 | -0.5887 | -0.9011 | -2.1265 |
| 2 | -1.2412 | -0.5561 | -1.1962 | -0.3080 | 17 | 0.5347 | 0.1881 | 0.3307 | 2.6529 |
| 3 | -2.0597 | -1.6159 | -1.9354 | -6.3585 | 18 | 1.3280 | 1.1656 | 1.0959 | 5.0004 |
| 4 | 1.2744 | 1.5220 | 0.8931 | 6.4611 | 19 | 0.0108 | -0.6710 | -0.5096 | -0.0384 |
| 5 | -0.1614 | -0.1057 | 0.2681 | 0.2937 | 20 | -0.2672 | 0.0047 | -0.0680 | 0.8022 |
| 6 | -1.5733 | -1.3272 | -1.3775 | -5.0308 | 21 | 0.2831 | 0.2834 | 0.1107 | 3.4818 |
| 7 | 0.2498 | 0.3383 | -0.1730 | 1.5801 | 22 | 1.3401 | 1.2898 | 1.3038 | 6.7089 |
| 8 | 0.7747 | 0.8368 | 0.9919 | 4.8025 | 23 | -1.8143 | -1.5703 | -1.2902 | -6.5048 |
| 9 | -0.6027 | 0.0268 | 0.0878 | 1.7319 | 24 | -0.4386 | -0.5724 | -0.6075 | 0.0824 |
| 10 | -0.6211 | -0.5603 | -0.4230 | -2.6825 | 25 | -0.4300 | -0.7227 | -0.9668 | -0.1089 |
| 11 | -0.6197 | -0.2043 | -0.5523 | -0.0131 | 26 | 0.3104 | 0.5535 | 0.5141 | 1.5196 |
| 12 | -0.5850 | 0.1953 | -0.4545 | 0.5272 | 27 | 0.4720 | 0.2344 | 0.3979 | 1.1541 |
| 13 | 1.4753 | 0.8339 | 1.7095 | 5.5834 | 28 | -0.7847 | -0.4588 | -0.1298 | -2.4874 |
| 14 | 0.6292 | 0.5757 | 0.4698 | 2.2575 | 29 | -0.6901 | -0.7513 | -0.7630 | -2.4128 |
| 15 | 0.4562 | 0.6753 | 0.5587 | 2.9447 | 30 | 0.2091 | 0.3651 | 0.5264 | 1.6498 |

## ▶ Excel에 의한 해법

(1) 상관분석

설명변수간의 상관계수를 구하면 다음과 같다.

**표 14-1 설명변수간의 상관행렬**

| | $x_1$ | $x_2$ | $x_3$ |
|---|---|---|---|
| $x_1$ | 1 | 0.9323 | 0.9423 |
| $x_2$ | 0.9323 | 1 | 0.9261 |
| $x_3$ | 0.9423 | 0.9261 | 1 |

<표 14-1>의 상관행렬에서 알 수 있듯이 세 변수 간의 상관은 대단히 높다.

(2) 먼저 No. 1~20의 20개에 대한 관측치를 이용해서 중회귀분석을 실시하면 <표 14-2>와 같은 결과가 얻어진다.

**표 14-2 중회귀분석 I**

| 변수 | 계수 | 표준 오차 | $t$ 통계량 |
|---|---|---|---|
| $Y$ 절편 | 0.9080 | 0.1998 | 4.5443 |
| $x_1$ | 0.5654 | 0.7236 | 0.7813 |
| $x_2$ | 2.7613 | 0.6501 | 4.2477 |
| $x_3$ | 0.6027 | 0.7285 | 0.8274 |
| $n = 20$ | 결정계수 = 0.9468 | | 표준오차 = 0.8443 |

다음에 30개 전체의 관측치를 이용해서 중회귀분석을 실시하면 결과는 <표 14-3>과 같다.

〈표 14-3〉 **중회귀분석 II**

| 변수 | 계수 | 표준 오차 | $t$ 통계량 |
|---|---|---|---|
| $Y$ 절편 | 0.9274 | 0.1750 | 5.2982 |
| $x_1$ | 1.8183 | 0.6281 | 2.8948 |
| $x_2$ | 2.8089 | 0.6463 | 4.3462 |
| $x_3$ | −0.7301 | 0.6403 | −1.1403 |
| $n = 30$ | 결정계수 = 0.9329 | 표준오차 = 0.9297 | |

30개의 관측치는 동일한 구조로부터 생성되었음에도 불구하고 전체를 사용한 추정결과와 일부분을 사용한 추정결과에 큰 차이가 나고 있다. 특히 $x_3$의 회귀계수는 부호가 반대로 나타나고 있다. 그런데 설명변수간의 상관계수는 모두 높은 양의 값을 갖고 있다. 이러한 사실은 곧 다중공선성이 존재할 때 추정치가 '불안정'하게 된다는 것을 말해 주고 있는 것이다.

# 가상예측 15

## 1. 시나리오의 개념

●●● **예제 15-1** 매달 일정 금액을 저축하여 20년 동안 100,000,000원을 모으려 하고 저축금에 6%의 이자가 붙는다고 가정할 때 이자율에 따른 매월 저축 금액을 계산해 보자.

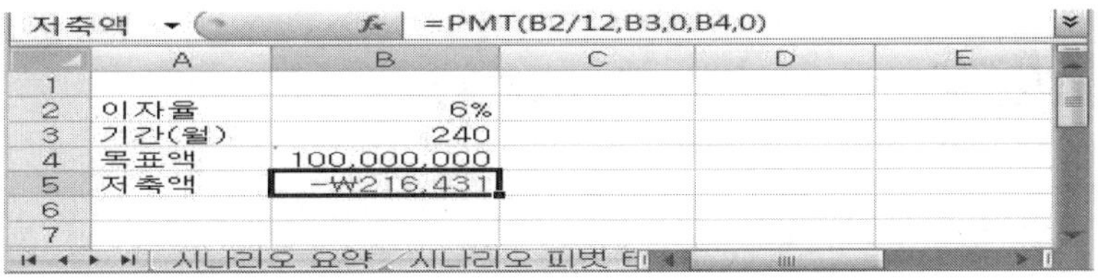


### ▶ 시나리오

시나리오는 여러 가상의 상황에 맞추어 값을 변화시켰을 때 결과값의 변화를 what-if 분석에 따라 분석 예측해 보는 가상분석 기능이다. 예를 들어 이자율의 변화에 따른 저축액 분석, 급여 인상분에 따른 총급여액의 변화, 수량에 의한 할인율 변화에 따른 매출액 변화 등을 가상으로 설정하여 예측할 수 있는 가상분석 기능이다.

### ▶ PMT 함수

정기적으로 일정 금액을 불입하고 일정한 이율이 적용되는 대출에 대해 매회 불입액을 계산하는 함수이다.

(입력형식) = PMT(rate, nper, pv, fv, type)

Rate : 기간당 이율

Nper : 대출 불입의 총 횟수(rate와 nper는 같은 단위를 사용한다. 즉, 이율이 10%이고, 5년만기 대출금에 대한 월 상환액을 계산하려면 rate는 10% / 12, nper는 5 * 12 = 60이다.)

Pv : 현재 가치나 앞으로 지불할 일련의 불입금이 현재 가지고 있는 가치의 총합(원금)

Fv : 미래 가치 또는 최종 불입 후의 현금 잔고로 Fv를 생략하면 0으로 간주된다. 단, 대출금의 미래가치는 0이므로 대출금 계산시에는 생략한다.

Type : 0 또는 1로 지불하는 시점을 표시(기말은 0, 기초는 1)

## 2. 시나리오 작성

재무함수 PMT를 이용하여 예제 15-1의 지불액을 구해 보자.

[순서 1] 데이터의 입력

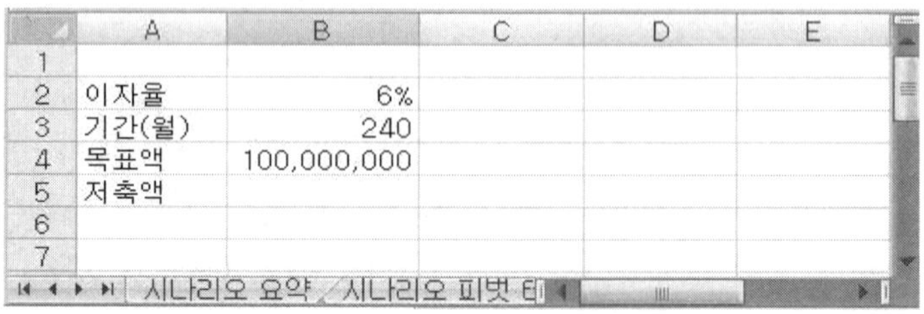

| | A | B | C | D | E |
|---|---|---|---|---|---|
| 1 | | | | | |
| 2 | 이자율 | 6% | | | |
| 3 | 기간(월) | 240 | | | |
| 4 | 목표액 | 100,000,000 | | | |
| 5 | 저축액 | | | | |
| 6 | | | | | |
| 7 | | | | | |

시나리오 요약 / 시나리오 피벗 테

[셀의 입력내용]

B2; 6%

B3; 240(20년 * 12개월 = 240)

B4; 100,000,000

[순서 2] 저축액 계산

셀 B5에 매월 저축할 금액을 PMT 재무함수를 사용해 구한다. PMT(이자율/12, 기간(월), 0, 목표액, 0 또는 1)의 형식을 이용해 '=PMT(6%/12, 20 * 12, 0, 100000000, 0)'를 입력한다. 이 때 이자율은 B2, 기간(월)은 B3, 목표액은 B4에 입력되어 있으므로 '=PMT(B2/12, B3, 0, B4, 0)'과 같이 입력해도 된다. 그러면 −216,431이 나오며, 매달 216,431원씩 20년간 지불하면 100,000,000원을 저축할 수 있다.

[셀의 입력내용]

B5;= PMT(6%/12, 20 * 12, 0, 100000000, 0) 또는 PMT(B2/12, B3, 0, B4)

마지막 난의 Type은 0 또는 1로 지급기일을 표시(기말은 0, 기초는 1)하는데, 0은 생략해도 무방하다.

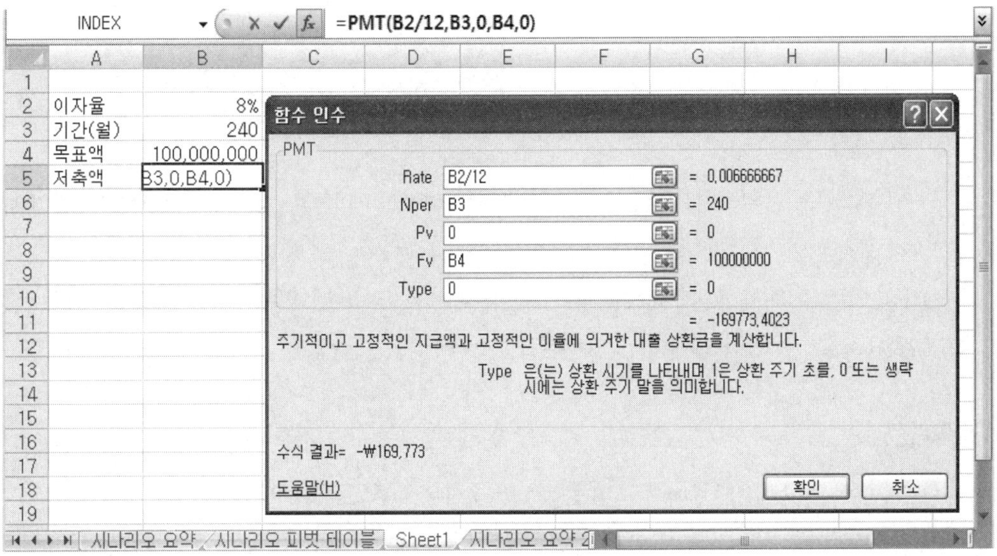


[확인] 버튼을 클릭하면 다음과 같은 결과가 나타난다.

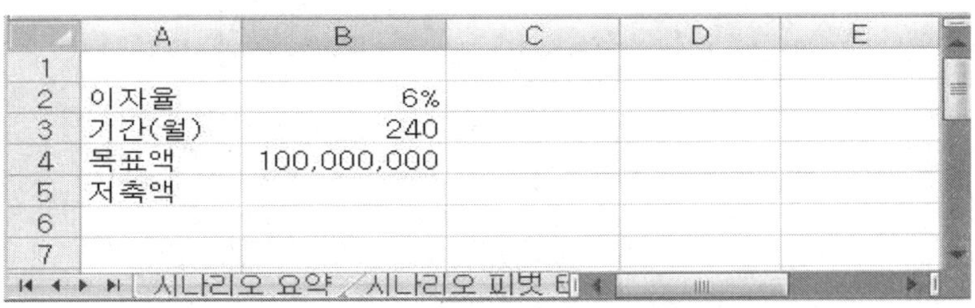

[순서 3] 이자율의 변화에 따른 저축액 분석

이자율은 여러 환경 요인에 따라 유동적이므로 이자율 변화에 따른 매월 저축액을 가상으로 분석해 본다. 시나리오 요약 보고서를 작성하면 셀 주소로 항목 이름이 표시되기 때문에 시나리오로 분석할 이자율과 저축액의 셀 주소 B2, B5를 각각 '이자율'과 '저축액'이란 셀 이름으로 정의한 후 시나리오 요약 보고서를 만들어야 한다.

(1) 셀 A2:B2 영역을 지정하고, 메뉴에서 [수식] 메뉴의 정의된 이름란의 [선택영역에서 만들기]를 클릭한다.

(2) [왼쪽 열(L)]을 선택하고 [확인] 버튼을 클릭한다.

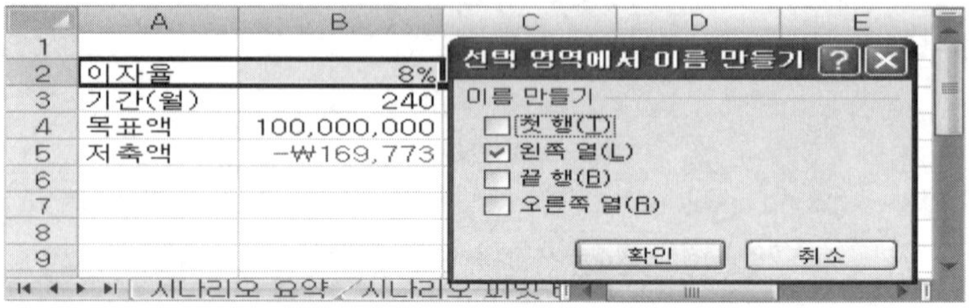


(3) 셀 A5:B5 영역을 지정한 후 메뉴에서 [수식] 메뉴의 정의된 이름란의 [선택영역에서 만들기]를 클릭한다.

(4) [선택영역에서 이름 만들기] 대화상자가 나타난다. 위와 같은 방법으로 [왼쪽 열(L)]을 선택하고 [확인] 버튼을 클릭한다.

[순서 4] 시나리오 작성

(1) 메뉴에서 [데이터] – [가상분석] – [시나리오 관리자]를 선택한다.

(2) [시나리오 관리자] 대화상자가 나타난다.

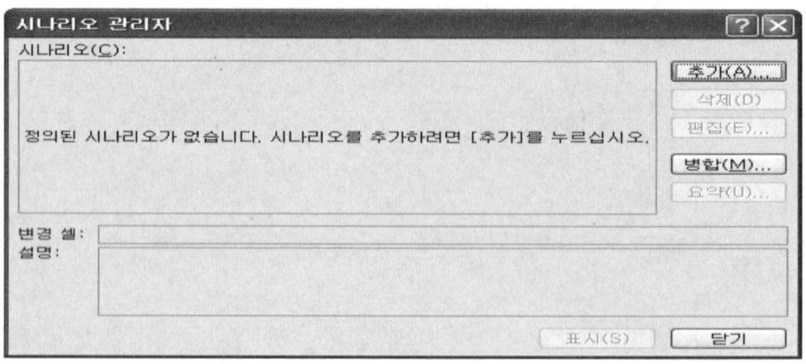

[추가(A)] 버튼을 클릭한다.

(3) [시나리오 추가] 대화상자가 나타나면,

나리오 이름(N) : 이자율 상승

변경 셀(C) : B2

를 입력하고 [확인] 버튼을 클릭한다.

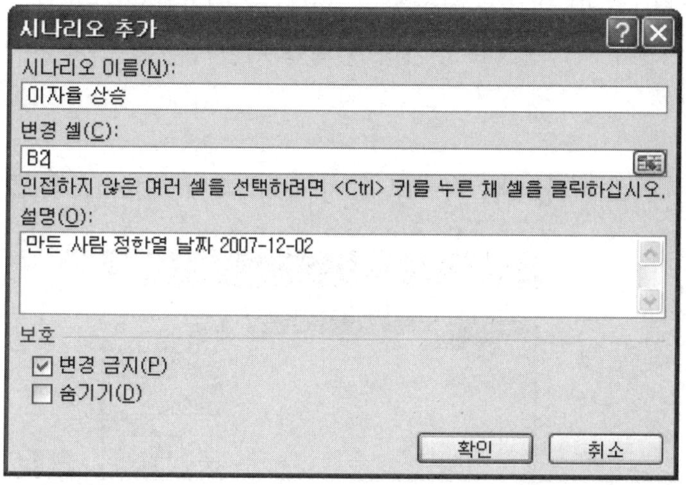


(4) [시나리오 값] 대화상자가 나타나면(B2셀의 셀 이름으로 앞서 셀 이름을 정의했기 때문에 '이자율'로 표시된 것이다.),

이자율 : 8%

를 입력한다.

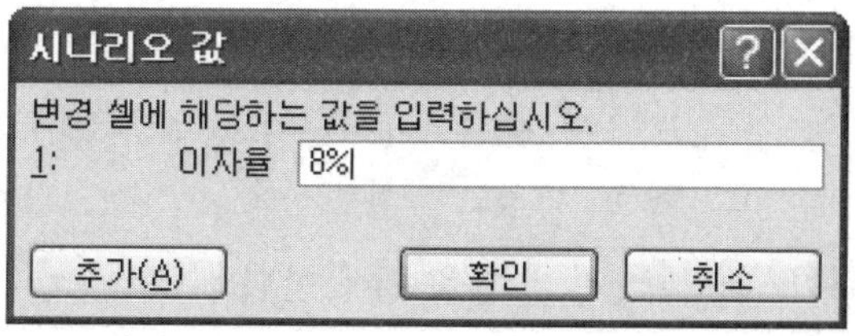


[추가(A)] 버튼을 클릭한다. 계속해서 이자율 감소 시나리오 값을 만들기 위함이다.

(5) [시나리오 추가] 대화상자가 나타나면,

시나리오 이름(N) : 이자율 감소

변경 셀(C)　　: B2

를 입력하고 [확인] 버튼을 클릭한다.

(6) [시나리오 값] 대화상자가 나타나면

이자율 : 4%

를 입력한다.

여기에서 [확인] 버튼을 클릭한다. 더 많은 이자율의 변화를 분석하고자 한다면 계속해서 시나리오를 추가하면 되나 여기서는 8%와 4%의 두 가지 경우만 살펴보자.

(7) [시나리오 관리자] 대화상자로 돌아오면, [요약(U)] 버튼을 클릭한다.

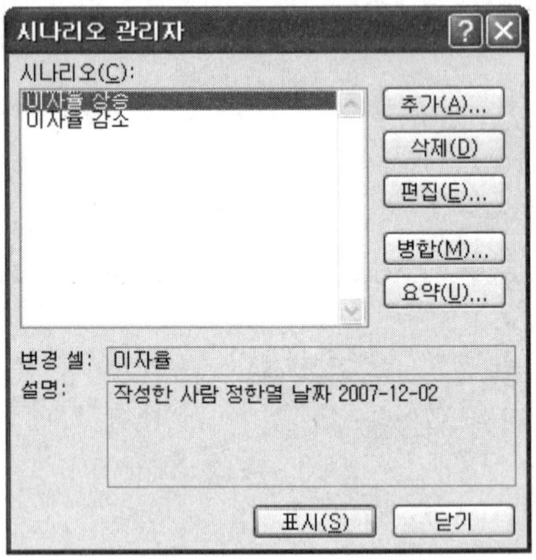


(8) [시나리오 요약] 대화상자가 나타나면,

보고서 종류 : [시나리오 요약(S)]

결과 셀(R)　: B5

를 선택·입력한 후 [확인] 버튼을 클릭한다.

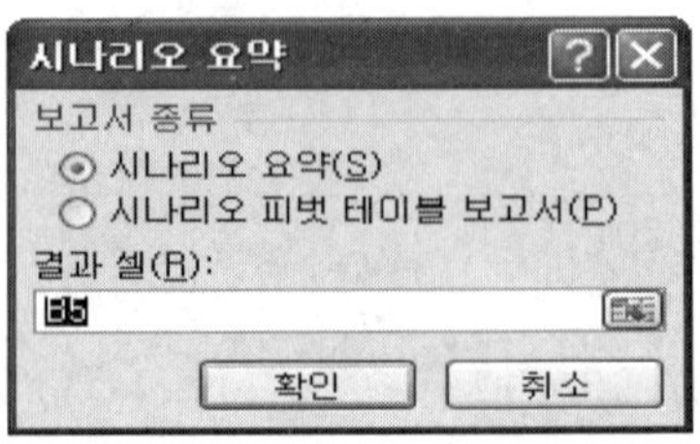

(9) [시나리오 요약] 시트가 만들어지면서 이자율 4%와 8% 때의 저축액이 구해진다.

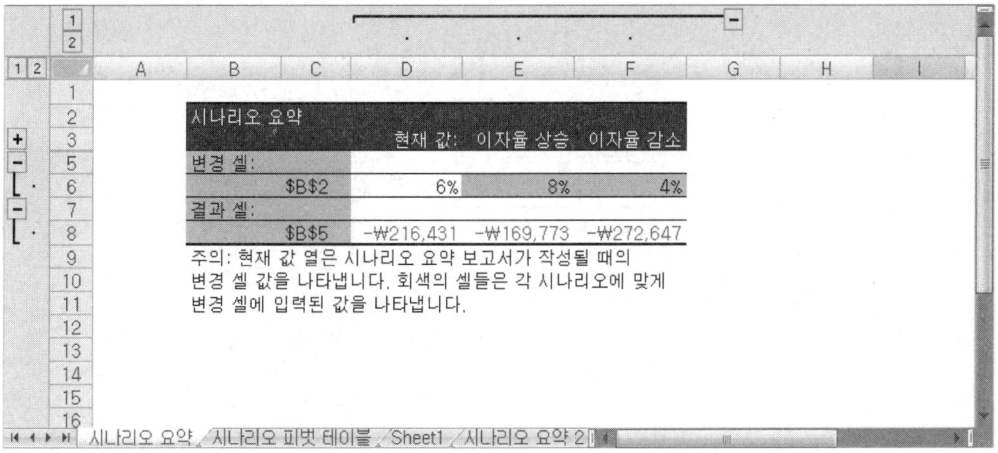


## ▶ 변경 셀과 결과 셀

변경 셀은 셀의 값을 변경하여 결과를 얻게 해주는 셀로 이자율을 4%, 6%, 8%로 각각 변경했을 때의 결과값인 저축액을 계산하는 것이다. 결과 셀은 변경 셀의 값의 변화에 따른 결과값이 구해지는 셀로 여기서는 저축액이 구해지는 셀 B5가 결과 셀이 된다.

## ▶ 시나리오 피벗 테이블

시나리오 요약 결과를 요약하고 분석하는 대화형 테이블인 피벗 테이블을 작성한다.

(1) 메뉴에서 [데이터] – [ 가상분석] – [시나리오 관리자]를 선택한다.

(2) [시나리오 관리자] 대화상자에서 [요약(U)] 버튼을 클릭한다.

(3) [시나리오 요약] 대화상자가 나타나면,

보고서 종류 : [시나리오 피벗 테이블(P)]

결과 셀(R) : B5

를 선택·입력한 후 [확인] 버튼을 클릭한다.

(4) 시나리오 피벗 테이블 시트가 만들어진다.

(5) 셀 A4를 마우스 왼쪽 버튼을 누른 채 셀 B3으로 마우스를 움직인 후 마우스에서 손을 뗀다.

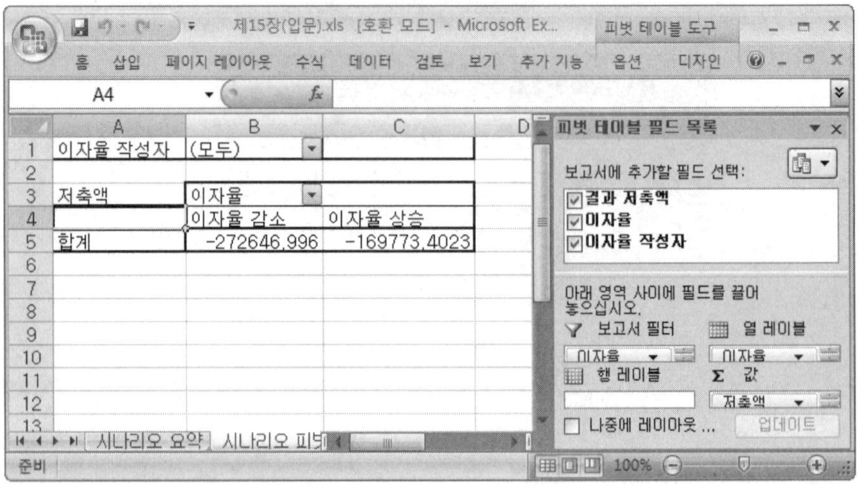


(6) 피벗 테이블의 배열 상태가 변경된다. 피벗 테이블에 대한 사항은 피벗 테이블 편을 참조하기 바란다.

### ▶ 셀 이름을 정의하지 않았을 경우

셀 B2를 '이자율', B5를 '저축액'으로 셀 이름을 정의하지 않고 시나리오를 작성하면 변경 셀에는 $B$2, 결과 셀에는 $B$5와 같이 셀 주소로 표시된다. 따라서 시나리오를 작성할 때는 변경 셀과 결과 셀을 셀 이름으로 정의한 후 만드는 것이 바람직하며, 그렇지 못한 경우에는 직접 $B$2와 같이 셀 주소로 표기된 셀을 클릭한 후 '저축액'과 같은 셀 이름을 직접 입력해도 된다.

| 시나리오 요약 | 현재 값: | 이자율 상승 | 이자율 감소 |
|---|---|---|---|
| 변경 셀: | | | |
| $B$2 | 6% | 8% | 4% |
| 결과 셀: | | | |
| $B$5 | -₩216,431 | -₩169,773 | -₩272,647 |

주의: 현재 값 열은 시나리오 요약 보고서가 작성될 때의 변경 셀 값을 나타냅니다. 회색의 셀들은 각 시나리오에 맞게 변경 셀에 입력된 값을 나타냅니다.

## 3. 시나리오의 활용

●●● **예제 15-2** 다음과 같은 A회사의 급여명세서표가 있다. 이 중 직급수당표를 참조하여 직급 수당과 총수령액을 구한 후 사원 직급을 대리 직급으로 상향조정하였을 경우의 총수령액의 변화를 시나리오로 작성해 보자.

| 급여명세서 | | | | | |
|---|---|---|---|---|---|
| 사원이름 | 직급명 | 부서명 | 판매금액 | 직급수당 | 총수령액 |
| 이명희 | 사원 | 인사팀 | 2,988,000 | | |
| 장정길 | 과장 | 기획팀 | 2,498,000 | | |
| 박은희 | 대리 | 생산팀 | 3,250,000 | | |
| 이미경 | 사원 | R&D팀 | 1,500,000 | | |
| 조영길 | 과장 | 경리팀 | 2,580,000 | | |
| 윤상훈 | 과장 | 인사팀 | 2,300,000 | | |
| 김성호 | 사원 | 관리팀 | 1,200,000 | | |
| 박일호 | 대리 | 인사팀 | 1,860,000 | | |
| 서은혜 | 대리 | 기획팀 | 2,450,000 | | |
| 강남길 | 과장 | 경리팀 | 3,400,000 | | |
| 한상호 | 과장 | 생산팀 | 2,700,000 | | |
| | 합계 | | 26,726,000 | | |

| 직급 | 직급수당 |
|---|---|
| 과장 | 500,000 |
| 대리 | 400,000 |
| 사원 | 250,000 |

[순서 1] 직급수당 계산

셀 F4의 직급수당은 셀 B18:C20 영역까지의 직급수당표를 참조해 수당을 구해야 하므로 셀 F4를 클릭한 후 '=VLOOKUP(C4, $B$18:$C$20, 2)'이라고 입력한다. 이는 VLOOKUP 함수를 사용해 셀 C4에 입력된 '사원'이란 문자열과 셀 B18부터 C20까지의 범위 중 첫 번째 열인 직급의 문자열들과 비교해 동일한 문자열을 찾은 후 찾은 문자열인 '사원'이란 문자열과 동일한 행 20행과 2번째 열 C열인 C20 셀의 '250,000'을 셀 F4에 입력하라는 함수 명령을 사용해 구한다. 나머지는 자동 채우기 기능을 이용해 구하기 위해 B17:C19 영역을 절대참조로 입력해야 한다. VLOOKUP 함수는 다음과 같이 접근하여 입력한다.

(1) [수식] 메뉴의 [함수 삽입] 아이콘을 클릭한다. 대화상자에서 다음과 같이 선택하고 [확인] 버튼을 클릭 한다.

범주 선택 : 찾기/참조 영역

함수 선택 : VLOOKUP

(2) VLOOKUP 함수 입력상자에서 다음과 같이 입력하고 [확인] 버튼을 클릭한다.

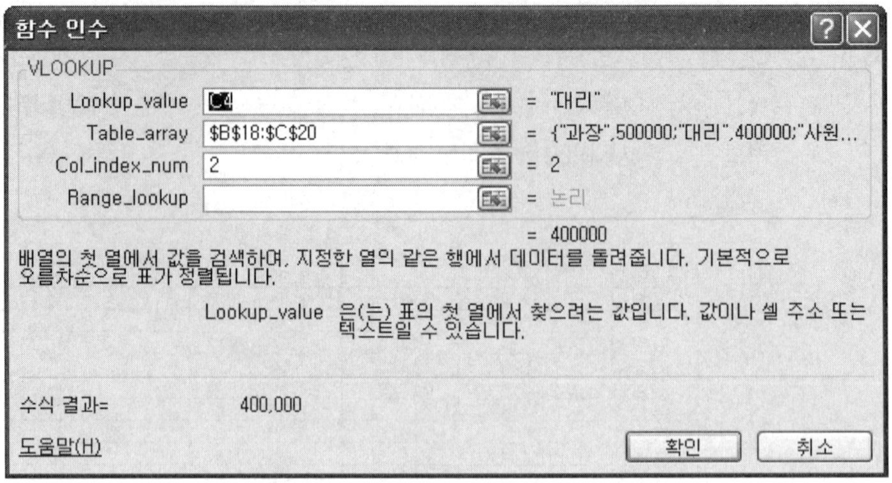


[순서 2] 총수령액 계산

총수령액은 판매금액+직급수당으로 구한 후 나머지 총수령액은 자동채우기로 구한다.

급여명세서

| 사원이름 | 직급명 | 부서명 | 판매금액 | 직급수당 | 총수령액 |
|---|---|---|---|---|---|
| 이명희 | 사원 | 인사팀 | 2,988,000 | 250,000 | 3,238,000 |
| 장정길 | 과장 | 기획팀 | 2,498,000 | 500,000 | 2,998,000 |
| 박은희 | 대리 | 생산팀 | 3,250,000 | 400,000 | 3,650,000 |
| 이미경 | 사원 | R&D팀 | 1,500,000 | 250,000 | 1,750,000 |
| 조영길 | 과장 | 경리팀 | 2,580,000 | 500,000 | 3,080,000 |
| 윤상훈 | 과장 | 인사팀 | 2,300,000 | 500,000 | 2,800,000 |
| 김성호 | 사원 | 관리팀 | 1,200,000 | 250,000 | 1,450,000 |
| 박일호 | 대리 | 인사팀 | 1,860,000 | 400,000 | 2,260,000 |
| 서은혜 | 대리 | 기획팀 | 2,450,000 | 400,000 | 2,850,000 |
| 강남길 | 과장 | 경리팀 | 3,400,000 | 500,000 | 3,900,000 |
| 한상호 | 과장 | 생산팀 | 2,700,000 | 500,000 | 3,200,000 |
| 합계 | | | 26,726,000 | | |

| 직급 | 직급수당 |
|---|---|
| 과장 | 500,000 |
| 대리 | 400,000 |
| 사원 | 250,000 |

[셀의 입력내용]

F4; =VLOOKUP(C4, $B$17 : $C$19, 2)

G4; =E4 + F4

[순서 3] 직급 변화에 따른 총수령액 변화분석

총수령액은 판매금액과 직급수당의 합으로 구하게 된다. 변화를 예상할 수 있는 값은 직급수당과 판매금액이나 판매금액은 변화를 예상할 수 있는 기준이 없고, 직급수당은 직급에 따른 변화를 예상할 수 있는 기준이 셀 B17:C19 영역까지 마련되어 있으므로 직급을 변화시킴에 따라 변하는 총수령액의 변화를 분석해 볼 수 있다. 여기서는 사원 직급을 대리로 상향 조정할 경우의 총수령액 변화만 추적해 보자.

[순서 4] 시나리오 작성

(1) 메뉴에서 [데이터] – [가상분석] – [시나리오 관리자]를 선택한다.

(2) [시나리오 관리자] 대화상자가 나타나면, [추가(A)] 버튼을 클릭한다.

(3) [시나리오 추가] 대화상자가 나타나면,

시나리오 이름(N) : 사원->대리

변경 셀(C) : C4, C7, C10

를 입력하고 [확인] 버튼을 클릭한다.

(4) [시나리오 값] 대화상자가 나타나면

1 : $C$4 : 대리

2 : $C$7 : 대리

3 : $C$10 : 대리

를 입력하고, [확인] 버튼을 클릭한다.

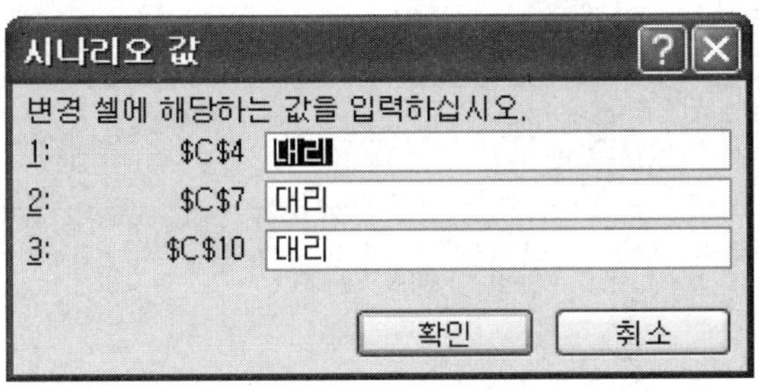

(5) [시나리오 관리자] 대화상자로 돌아오면, [요약(U)] 버튼을 클릭한다.

(6) [시나리오 요약] 대화상자가 나타나면,

보고서 종류 : 시나리오 요약(S)

결과 셀(R) : G4, G7, G10

을 선택·입력하고, [확인] 버튼을 클릭한다.

(7) [시나리오 요약] 시트가 만들어지면서 사원을 대리로 직급을 상향조정하였을 경우의 총 수령액 변화가 구해진다.

| 시나리오 요약 | | | |
|---|---|---|---|
| | | 현재 값: | 사원->대리 |
| 변경 셀: | | | |
| | $C$4 | 사원 | 대리 |
| | $C$7 | 사원 | 대리 |
| | $C$10 | 사원 | 대리 |
| 결과 셀: | | | |
| | $G$4 | 3,238,000 | 3,388,000 |
| | $G$7 | 1,750,000 | 1,900,000 |
| | $G$10 | 1,450,000 | 1,600,000 |

주의: 현재 값 열은 시나리오 요약 보고서가 작성될 때의
변경 셀 값을 나타냅니다. 회색의 셀들은 각 시나리오에 맞게
변경 셀에 입력된 값을 나타냅니다.

### ▶ 변경 셀과 결과 셀의 이름 변경

변경 셀은 셀의 값을 변경하여 결과를 얻게 해 주는 셀로 직급이 사원인 셀 C4, C7, C10이며, 이를 대리로 변경하였을 경우의 결과값인 총수령액은 셀 G4, G7, G10의 변화를 계산하는 것이다. 현재 이름은 셀 주소로 표시되어 있으므로 이를 변경해 보자.

(1) 셀 C6을 클릭한 후 '직급'이라 입력하고, [Enter↵] 키를 친다.

| 시나리오 요약 | | | |
|---|---|---|---|
| | | 현재 값: | 사원->대리 |
| 변경 셀: | | | |
| | 직급 | 사원 | 대리 |
| | $C$7 | 사원 | 대리 |
| | $C$10 | 사원 | 대리 |
| 결과 셀: | | | |
| | $G$4 | 3,238,000 | 3,388,000 |
| | $G$7 | 1,750,000 | 1,900,000 |
| | $G$10 | 1,450,000 | 1,600,000 |

주의: 현재 값 열은 시나리오 요약 보고서가 작성될 때의
변경 셀 값을 나타냅니다. 회색의 셀들은 각 시나리오에 맞게
변경 셀에 입력된 값을 나타냅니다.

(2) 셀 C7, C8은 셀 C6을 자동채우기 기능으로 채우면 된다.

(3) 셀 C10을 클릭한 후 '총수령액'이라 입력한다(사원의 이름을 사용하여 '이명희 총수령액'과 같이 수정하면 더욱 알아보기 수월할 것이다).

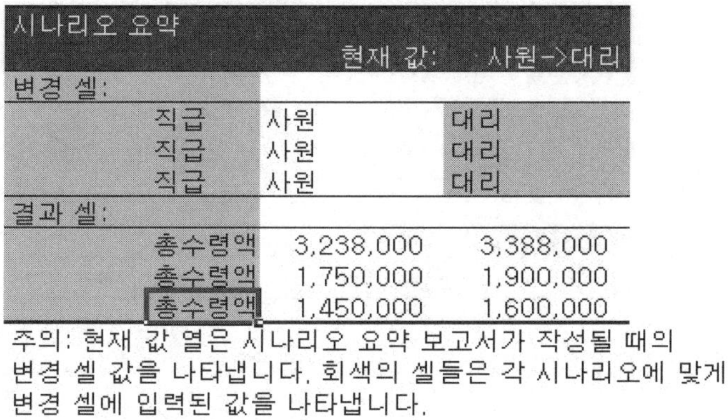

| 시나리오 요약 | | | |
|---|---|---|---|
| | | 현재 값: | 사원->대리 |
| 변경 셀: | | | |
| | 직급 | 사원 | 대리 |
| | 직급 | 사원 | 대리 |
| | 직급 | 사원 | 대리 |
| 결과 셀: | | | |
| | 총수령액 | 3,238,000 | 3,388,000 |
| | 총수령액 | 1,750,000 | 1,900,000 |
| | 총수령액 | 1,450,000 | 1,600,000 |

주의: 현재 값 열은 시나리오 요약 보고서가 작성될 때의
변경 셀 값을 나타냅니다. 회색의 셀들은 각 시나리오에 맞게
변경 셀에 입력된 값을 나타냅니다.

(4) 셀 C11, C12은 셀 C10을 자동채우기 기능으로 채우면 된다.

(5) 셀의 너비가 좁아 총수령액이 잘려서 나타나면 C 열과 D 열의 열 너비를 넓혀 준다. 마우스를 C와 D의 열이름 사이에 위치한 후 마우스 왼쪽 버튼을 누른채 너비값이 '7.00' 이상 되도록 오른쪽으로 끌어주면 된다.

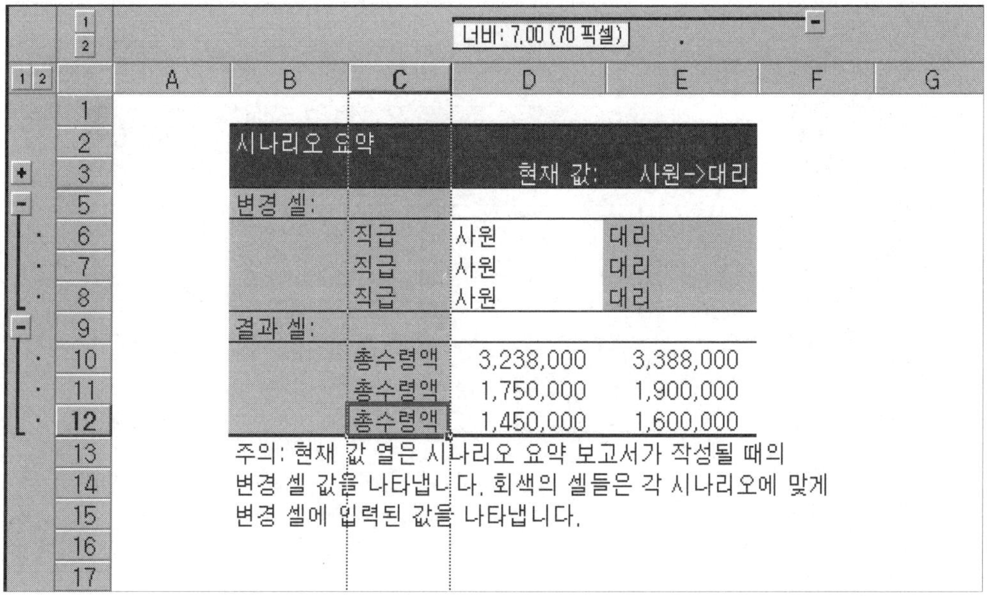


| | A | B | C | D | E | F | G |
|---|---|---|---|---|---|---|---|
| 1 | | | | | | | |
| 2 | | 시나리오 요약 | | | | | |
| 3 | | | | 현재 값: | 사원->대리 | | |
| 5 | | 변경 셀: | | | | | |
| 6 | | | 직급 | 사원 | 대리 | | |
| 7 | | | 직급 | 사원 | 대리 | | |
| 8 | | | 직급 | 사원 | 대리 | | |
| 9 | | 결과 셀: | | | | | |
| 10 | | | 총수령액 | 3,238,000 | 3,388,000 | | |
| 11 | | | 총수령액 | 1,750,000 | 1,900,000 | | |
| 12 | | | 총수령액 | 1,450,000 | 1,600,000 | | |
| 13 | | 주의: 현재 값 열은 시나리오 요약 보고서가 작성될 때의 | | | | | |
| 14 | | 변경 셀 값을 나타냅니다. 회색의 셀들은 각 시나리오에 맞게 | | | | | |
| 15 | | 변경 셀에 입력된 값을 나타냅니다. | | | | | |
| 16 | | | | | | | |
| 17 | | | | | | | |

(6) 시나리오표 하단의 문자열을 삭제하는 것이 보기 좋으므로 셀 B13부터 B15까지 지정한 후 키보드의 Delete 키를 쳐서 삭제한다.

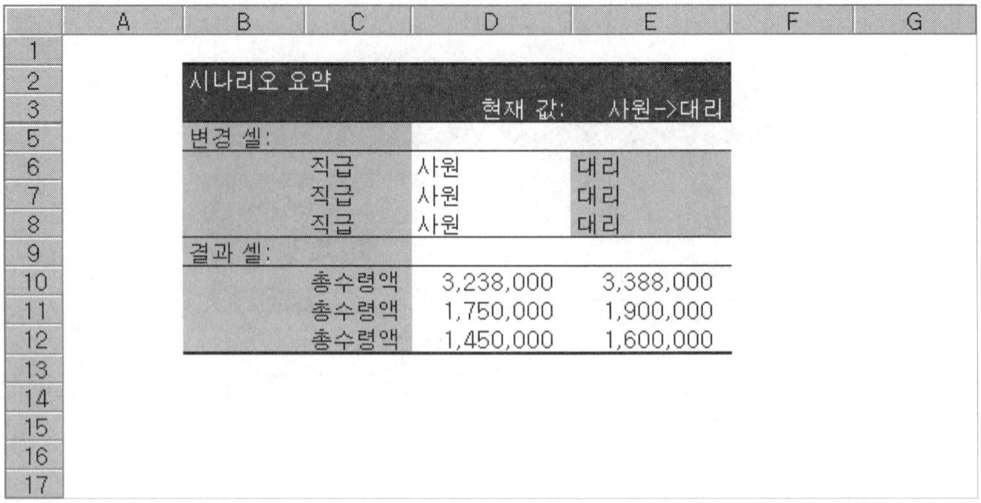

| | A | B | C | D | E | F | G |
|---|---|---|---|---|---|---|---|
| 1 | | | | | | | |
| 2 | | 시나리오 요약 | | | | | |
| 3 | | | | 현재 값: | 사원->대리 | | |
| 5 | | 변경 셀: | | | | | |
| 6 | | | 직급 | 사원 | 대리 | | |
| 7 | | | 직급 | 사원 | 대리 | | |
| 8 | | | 직급 | 사원 | 대리 | | |
| 9 | | 결과 셀: | | | | | |
| 10 | | | 총수령액 | 3,238,000 | 3,388,000 | | |
| 11 | | | 총수령액 | 1,750,000 | 1,900,000 | | |
| 12 | | | 총수령액 | 1,450,000 | 1,600,000 | | |
| 13 | | | | | | | |
| 14 | | | | | | | |
| 15 | | | | | | | |
| 16 | | | | | | | |
| 17 | | | | | | | |

## ▶ 시나리오 보고서 편집

시나리오 요약 보고서는 피벗 테이블처럼 하위수준 보이기, 감추기가 가능하다.

(1) 변경 셀의 값을 화면에서 숨기려면, 행번호 5번 왼쪽의 하위수준 감추기 기호인 ⊟를 클릭한다.

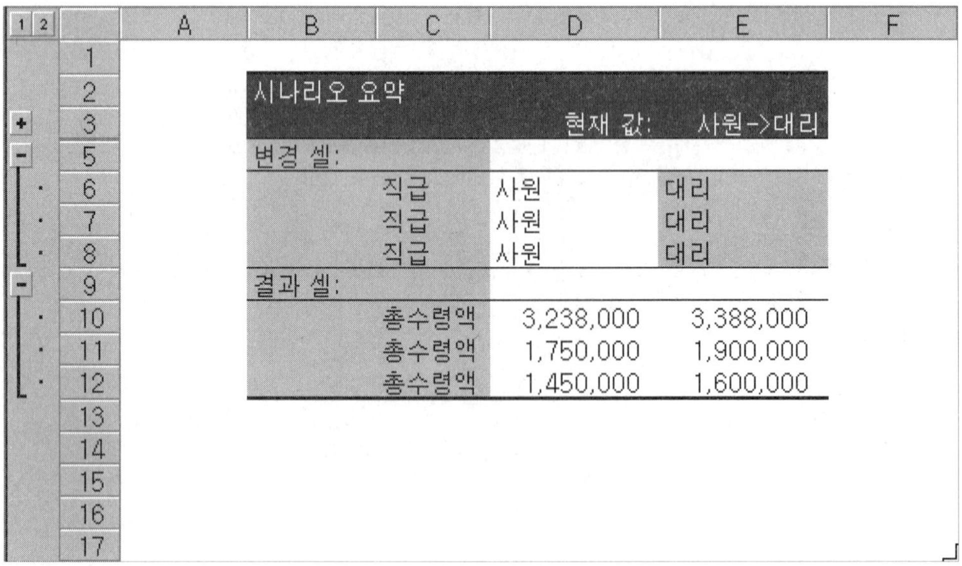

| | A | B | C | D | E | F |
|---|---|---|---|---|---|---|
| 1 | | | | | | |
| 2 | | 시나리오 요약 | | | | |
| 3 | | | | 현재 값: | 사원->대리 | |
| 5 | | 변경 셀: | | | | |
| 6 | | | 직급 | 사원 | 대리 | |
| 7 | | | 직급 | 사원 | 대리 | |
| 8 | | | 직급 | 사원 | 대리 | |
| 9 | | 결과 셀: | | | | |
| 10 | | | 총수령액 | 3,238,000 | 3,388,000 | |
| 11 | | | 총수령액 | 1,750,000 | 1,900,000 | |
| 12 | | | 총수령액 | 1,450,000 | 1,600,000 | |
| 13 | | | | | | |
| 14 | | | | | | |
| 15 | | | | | | |
| 16 | | | | | | |
| 17 | | | | | | |

(2) 변경셀을 표시하려면 ⊞를 클릭하면 다시 나타난다.

| | A | B | C | D | E | F |
|---|---|---|---|---|---|---|
| 1 | | | | | | |
| 2 | | 시나리오 요약 | | | | |
| 3 | | | | 현재 값: | 사원->대리 | |
| 5 | | 변경 셀: | | | | |
| 9 | | 결과 셀: | | | | |
| 10 | | | 총수령액 | 3,238,000 | 3,388,000 | |
| 11 | | | 총수령액 | 1,750,000 | 1,900,000 | |
| 12 | | | 총수령액 | 1,450,000 | 1,600,000 | |
| 13 | | | | | | |
| 14 | | | | | | |
| 15 | | | | | | |
| 16 | | | | | | |
| 17 | | | | | | |

⊟ : 하위수준 감추기　　　⊞ : 하위수준 보이기

1 : 하위수준 모두 감추기　　　2 : 하위수준 모두 보이기

### ▶ 시나리오 피벗 테이블

시나리오 요약 결과의 데이터를 요약하고 분석하는 대화형 테이블인 피벗 테이블을 작성한다.

(1) [시나리오 관리자] 대화상자에서 [요약(U)] 버튼을 클릭한다.

(2) [시나리오 요약] 대화상자가 나타나면,
보고서 종류 : 시나리오 피벗 테이블(P)
결과 셀(R)　: G4, G7, G10
을 선택·입력한 후 [확인] 버튼을 클릭한다.

(3) 시나리오 피벗 테이블 시트가 만들어진다.

| | A | B | C | D | E |
|---|---|---|---|---|---|
| 1 | $C$4,$C$7,$C$10 작성자 | (모두) | | | |
| 2 | | | | | |
| 3 | | 결과 셀 | | | |
| 4 | $C$4,$C$7,$C$10 | $G$4 | $G$7 | $G$10 | |
| 5 | 사원->대리 | 3388000 | 1900000 | 1600000 | |
| 6 | | | | | |
| 7 | | | | | |

(4) 다음과 같이 각 셀을 클릭한 후 입력하여 피벗 테이블을 수정한다.

A1; 직급 작성자　　　　　B4; 이명희 총수령액

A4; 직급　　　　　　　　C4; 이미경 총수령액

D4; 김성호 총수령액

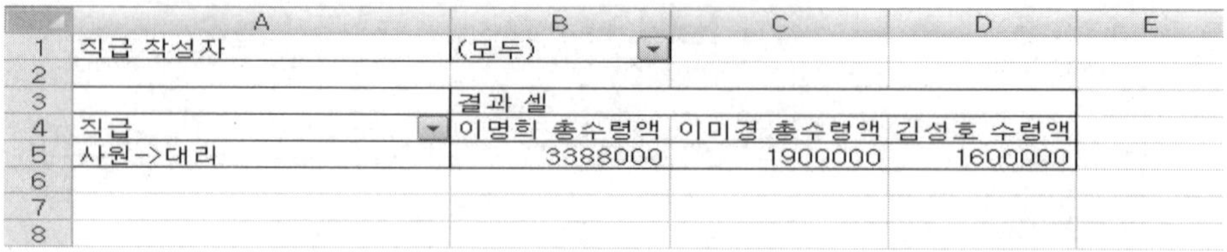


### ▶ 시나리오 변경 금지

(1) 메뉴의 [데이터] – [시나리오 관리자]를 선택한다.

(2) [시나리오 관리자] 대화상자에서 시나리오 이름 선택후 [편집(E)]을 선택한다.

(3) 시나리오를 변경하지 못하게 하기 위해 [변경 금지(P)]를 선택한 후 [확인] 버튼을 클릭한다.

(4) [시나리오 값] 대화 상자에서 [확인]을 클릭한다.

(5) [시나리오 관리자] 대화상자로 되돌아오면, [닫기]를 클릭한다.

(6) 메뉴에서 [검토] – [시트보호]를 선택한다.

(7) 보호할 대상으로서 [시나리오 편집]을 선택한 후 [확인] 버튼을 클릭한다.

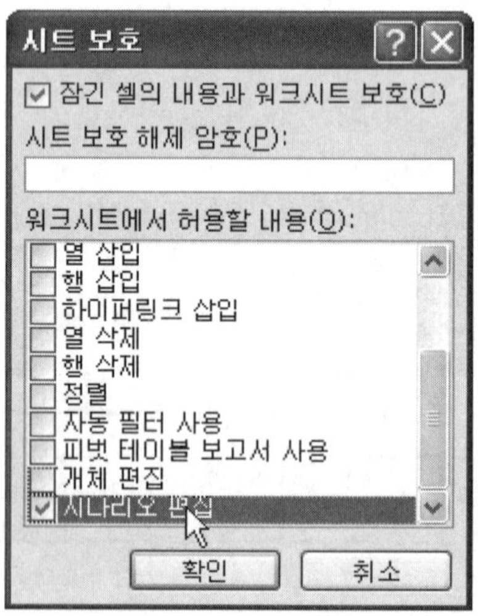

(8) 시트 보호 상태가 되면 [시나리오 관리자] 대화상자에서 만들어진 시나리오를 편집하거나 삭제할 수 없다. 그래서 [삭제], [편집] 버튼이 사용 불가능하도록 변해 있다.

## 4. 목표값 찾기

목표값 찾기는 수식에서 얻으려는 값은 알고 있지만 그 결과값을 얻기 위해 필요한 입력값을 모를 경우에 사용하는 기능이다.

●●● **예제 15-3** 매달 일정 금액을 저축하여 18년 동안 5,000,000원를 모으려 하고 저축금에 8%의 이자가 붙는다고 가정할 때 이자율에 따른 매월 저축액은 10,415원이 된다. 이 때 저축액이 20,000원이 되기 위한 이자율의 값이 얼마인지 계산해 보자.

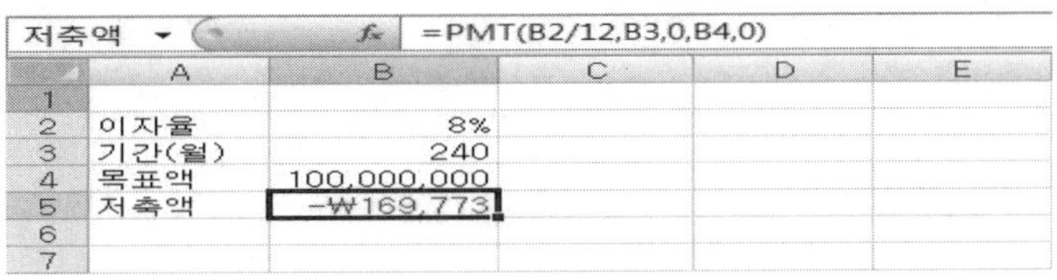


(1) 메뉴의 [데이터] – [가상분석] – [목표값 찾기(G)]를 선택하여 대화상자가 나타나면,

수식 셀(E) : B5

찾는 값(V) : –20000

값을 바꿀 셀(C) : B2

를 입력하고, [확인] 버튼을 클릭한다.

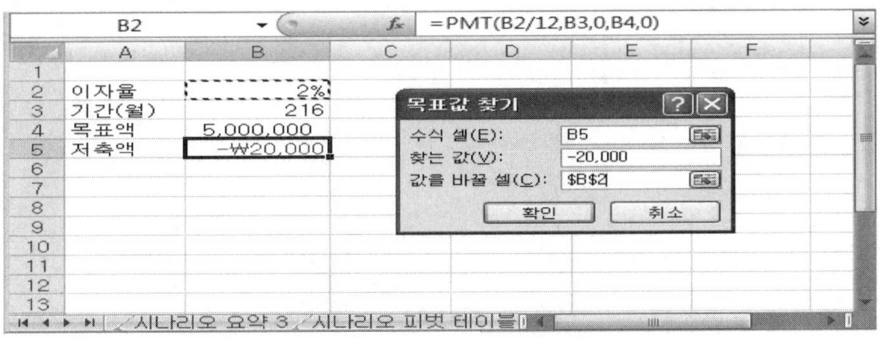

(2) [목표값 찾기 상태] 대화상자가 나타나면 [확인] 버튼을 클릭한다.

(3) 그러면 저축액 20,000원에 대한 이자율 2%를 구해서 셀에 입력해 준다.

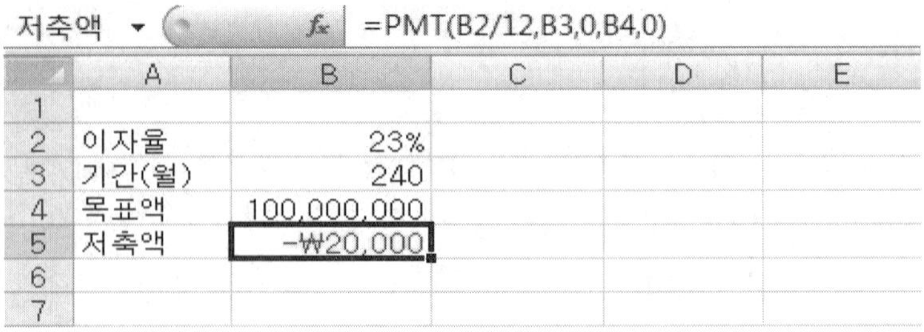

# 마코브분석 16

## 1. 마코브분석의 기초

### ▶ 마코브분석이란

마코브분석(Markov analysis)이란 시간을 두고 확률적으로 상태가 변하는 과정과 그 결과를 파악하는 데 유용한 기법으로 러시아의 수학자 마코브(A. A. Markov)에 의해서 연구·개발된 기법이다. 마코브에 이어 위너(N. Wiener)에 의해서 수리적 모형이 구축되었으며 일반적 이론은 1930년대와 1940년대 콜모고르프(A. N. Kolmogorov), 도블린(W. Doeblin) 등에 의해서 확립되었다.

마코브분석에 있어서 중요한 개념 중의 하나라고 할 수 있는 마코브연쇄(Markov chain)는 확률과정의 일종으로 시계열을 이산적으로 나타내는 경우이며, 연속적인 경우에는 마코브과정(Markov process)이라고 한다. 마코브연쇄에 있어서 사상이 나타나는 상태가 유한집합이면 유한 마코브연쇄라 하고, 그렇지 않으면 무한 마코브연쇄라고 한다.

유한 마코브연쇄에 대해서 언급하자면, 임의의 상태 $S_i$로부터 다른 임의의 상태 $S_j$로 변환하는 확률을 $P(S_j \mid S_i) = q_{ij}$로 나타낸다. 이것은 조건부 확률을 의미하고 있다. 이것은 임의의 시점 $t_n$에서 다음 시점 $t_{n+1}$으로의 변환을 나타내는 것으로 변환확률 혹은 추이확률(transition probability)이라고 하며, 모든 추이확률은 행렬에 의해서 표시할 수 있다. 따라서 이러한 행렬을 추이행렬(transition matrix)이라고 한다. 세 가지 상태의 마코브연쇄에 대한 추이행렬은 다음과 같이 된다.

$$Q = \begin{bmatrix} q_{11} & q_{12} & q_{13} \\ q_{21} & q_{22} & q_{23} \\ q_{31} & q_{32} & q_{33} \end{bmatrix}$$

여기에서 임의의 행에 대한 합은 1이 된다.

$$q_{i1} + q_{i2} + q_{i3} = 1$$

이 행렬에 대해서 어떤 시점 $t_n$에서 일어나는 각 사상의 확률을 벡터

$$\overline{p_n} = (p_1^{(n)} p_2^{(n)} p_3^{(n)})$$

로 해서 곱하면 다음 시점 $t_{n+1}$에서의 확률 벡터가 표시된다. 식으로 나타내면 다음과 같이 된다.

$$\overline{p_n} Q = \overline{p_{n+1}}$$

즉, 이것은 바로 벡터의 선형변환인 것이다.
실제의 응용으로서는 생물학에 있어서의 유전인자의 배합, 심리학에 있어서의 학습과정, 사회학에 있어서의 의견의 변용과 같은 예를 들 수 있다.

### ▶ 추이행렬

마코브연쇄에 있어서 상태간의 추이확률을 전체적으로 표시한 행렬을 말한다. 추이행렬에 표시된 상태의 집합은 흡수상태와 경과상태로 나누어진다. 흡수상태는 대각선상에 위치를 차지하는 확률이 1이 되는 경우이다. 경과상태는 임의의 확률이다. 두 가지 상태의 경우를 예시하면 다음과 같이 된다.

$$\begin{bmatrix} 1 & 0 \\ \theta & 1-\theta \end{bmatrix}$$

### ▶ 상태확률

마코브분석에서는 상태가 변하는 과정을 나타내는 추이행렬 외에 특정 시점에서 발생하는 상태에 대한 확률 $P(X_t = j)$이 필요하다. 이것을 상태확률(state probability)이라고 한다. 마코브분석의 결과 중 하나는 일정 시점 후 시스템의 상태를 나타내는 상태확률이다. 이를 구하기 위해서는 분석이 시작되는 시점인 $t=0$에서의 상태를 나타내는 확률$P(X_0=i)$가 필요하다.

따라서 마코브분석은 현재의 상태를 나타내는 상태확률과 변화과정을 나타내는 추이행렬을 곱함으로써 장래의 상태확률을 구하는 것이라고 할 수 있다. 상태확률의 합은 1이다.

### ▶ 안정상태

안정상태(steady state)란 추이행렬을 변화시키지 않는 한 상태확률에 추이행렬을 곱해도 상태확률이 바뀌지 않는 상태를 일컫는다. 현재의 상태와는 무관하게 장기간 후에는 더 이상 상태확률이 바뀌지 않는 경우가 대부분 존재한다.

### ▶ 흡수상태

추이행렬의 원소인 추이확률에서 $p_{ii}=1$이 있을 때, 즉 주대각선상에 1이 있는 경우에 1이 있는 열이 나타내는 상태 $i$를 흡수상태(absorbing state)라고 한다. 일단 이 상태에 이르게 되면 이 상태에서 벗어날 수 없게 된다. 흡수상태가 존재하는 마코브과정을 흡수마코브과정 혹은 흡수마코브연쇄라고 한다. 흡수마코브과정에서 흡수상태가 아닌 다른 상태는 결국에 흡수상태에 흡수되어 존재하지 않게 되므로 흡수상태가 아닌 상태는 경과상태(transient state)라고 하며, 안정상태에서 경과상태의 확률은 0이 된다. 다음 <표 16-1>의 추이행렬을 살펴보도록 하자.

표 16-1 흡수상태의 추이행렬

| | A | B | C |
|---|---|---|---|
| A | 1.0 | 0 | 0 |
| B | 0.2 | 0.6 | 0.2 |
| C | 0.2 | 0.3 | 0.5 |

<표 16-1>에서 추이확률 $p_{11}=1$이므로 상태 A가 흡수상태이다. A의 상태에서는 B나 C 상태로의 변환은 일어나지 않고, B와 C 상태에서는 A 상태로 계속해서 변환이 일어나므로 결국에는 B와 C 상태는 A 상태로 흡수되어 존재하지 않

게 된다. 위의 추이행렬이 구매자의 구매행위를 반영한다고 가정하면 결국 이 시장은 A가 독점하게 된다. 이와 같이 하나의 상태로 마코브과정이 정착되는 것을 한 상태의 정착(sink or basin of one state)이라고 한다. 경과상태가 흡수마코브과정에만 존재하는 것은 아니다. 다음 <표 16-2>의 추이행렬을 보도록 하자.

표 16-2 경과상태의 추이행렬

| | A | B | C |
|---|---|---|---|
| A | 0.6 | 0.2 | 0.2 |
| B | 0 | 0.8 | 0.2 |
| C | 0 | 0.3 | 0.7 |

<표 16-2>에서 상태 A로부터 상태 B나 C로의 변환은 계속해서 일어나지만 상태 B나 C로부터 A로의 변환은 일어나지 않기 때문에, A는 결국에 B나 C로 흡수되는 경과상태이나 B나 C가 흡수상태는 아니다. 이와 같이 경과상태는 흡수상태가 없는 경우에도 존재하는 것이다.

<표 16-2>에서 안정상태는 경과상태인 상태 A를 제외한 상태 B와 C의 추이행렬만을 이용하여 구할 수 있다. 상태 A를 제외한 추이행렬은 다음과 같다.

| | B | C |
|---|---|---|
| B | 0.8 | 0.2 |
| C | 0.3 | 0.7 |

위의 추이행렬에서 안전상태를 구하기 위한 방정식을 유도하면 다음과 같다.

$$0.8x_2 + 0.3x_3 = x_2$$

$$0.2x_2 + 0.7x_3 = x_3$$

$$x_2 + x_3 = 1$$

위의 방정식을 풀면 $x_2 = 0.6, x_3 = 0.4$이므로 <표 16-2>의 추이행렬에 대한 안정상태는 (A = 0, B = 0.6, C = 0.4)가 된다. 이와 같이 두 상태에서 마코브과정이 안정상태를 갖게 되는 것을 두 상태의 정착(sink or basin of two states)이라고 한다. 만일 <표 16-2>가 구매자의 구매행위를 반영한다고 가정하면, 결국 이 시장은 B와 C에 의해서 60 : 40으로 나누어지는 과점상태가 되어 A는 사라지고 만다는 것을 의미한다.

## 2. 마코브분석의 실제

**●●● 예제 16-1** 국내 가전 3사 A, B, C의 현재 시장점유율은 각각 40%, 35%, 25%이다. 다음의 추이행렬을 이용하여 물음에 답하라.

| | A | B | C |
|---|---|---|---|
| A | 0.6 | 0.2 | 0.2 |
| B | 0.1 | 0.8 | 0.1 |
| C | 0.3 | 0.0 | 0.7 |

(1) 3기간 후의 시장점유율을 구하라.

(2) A, B, C의 안정상태를 구하라.

### ▶ Excel에 의한 해법

[순서 1] 데이터의 입력

| | A | B | C | D | E | F | G |
|---|---|---|---|---|---|---|---|
| 1 | | | | | | | |
| 2 | | 추이행렬 | A | B | C | | |
| 3 | | A | 1.0 | 0.0 | 0.0 | | |
| 4 | | B | 0.3 | 0.6 | 0.1 | | |
| 5 | | C | 0.2 | 0.1 | 0.7 | | |
| 6 | | | | | | | |
| 7 | | 현재시점 | 0.4 | 0.3 | 0.3 | | |
| 8 | | | | | | | |
| 9 | | | | | | | |

Sheet1 Sheet2 Sheet3 Sheet4 Sheet5

[순서 2] 1기간 후의 시장점유율 계산

(1) 셀 C8:E8 영역을 지정한 다음 메뉴에서 [수식] 메뉴의 [함수 삽입] 아이콘을 클릭한다.

(2) [함수 마법사] 대화상자에서, [수학/삼각]의 [MMULT]를 선택하고 [확인] 버튼을 클릭한다.

(3) MMULT 함수 대화상자에서,

Array1 : C7:E7

Array2 : C3:E5

를 입력하고, Ctrl + Shift + Enter↵ 키를 동시에 누른다.

(4) 1기간 후의 시장점유율이 산출된다.

| | A | B | C | D | E | F | G |
|---|---|---|---|---|---|---|---|
| 1 | | | | | | | |
| 2 | | 추이행렬 | A | B | C | | |
| 3 | | A | 1.0 | 0.0 | 0.0 | | |
| 4 | | B | 0.3 | 0.6 | 0.1 | | |
| 5 | | C | 0.2 | 0.1 | 0.7 | | |
| 6 | | | | | | | |
| 7 | | 현재시점 | 0.4 | 0.3 | 0.3 | | |
| 8 | | 1기간후 | 0.550 | 0.210 | 0.240 | | |

Sheet1 / Sheet2 / Sheet3 / Sheet4 / Sheet5

[순서 3] 2기간 후의 시장점유율 계산

(1) 셀 C9:E9 영역을 지정한다.

(2) 이번에는 키보드로 직접 다음과 같이 입력한다.

'=MMULT(C8:E8, C3:E5)'

(3) Ctrl + Shift + Enter↵ 키를 동시에 누른다.

(4) 2기간 후의 시장점유율이 산출된다.

C9 fx {=MMULT(C8:E8,C3:E5)}

| | A | B | C | D | E | F | G |
|---|---|---|---|---|---|---|---|
| 1 | | | | | | | |
| 2 | | 추이행렬 | A | B | C | | |
| 3 | | A | 0.6 | 0.2 | 0.2 | | |
| 4 | | B | 0.1 | 0.8 | 0.1 | | |
| 5 | | C | 0.3 | 0.0 | 0.7 | | |
| 6 | | | | | | | |
| 7 | | 현재시점 | 0.40 | 0.35 | 0.25 | | |
| 8 | | 1기간후 | 0.35 | 0.36 | 0.29 | | |
| 9 | | 2기간후 | 0.3330 | 0.3580 | 0.3090 | | |
| 10 | | | | | | | |

[순서 4] 3기간 후의 시장점유율 계산

같은 방법으로 3기간 후의 시장점유율을 구할 수 있다.

C10 fx {=MMULT(C9:E9,C3:E5)}

| | A | B | C | D | E | F | G |
|---|---|---|---|---|---|---|---|
| 1 | | | | | | | |
| 2 | | 추이행렬 | A | B | C | | |
| 3 | | A | 0.6 | 0.2 | 0.2 | | |
| 4 | | B | 0.1 | 0.8 | 0.1 | | |
| 5 | | C | 0.3 | 0.0 | 0.7 | | |
| 6 | | | | | | | |
| 7 | | 현재시점 | 0.40 | 0.35 | 0.25 | | |
| 8 | | 1기간후 | 0.35 | 0.36 | 0.29 | | |
| 9 | | 2기간후 | 0.3330 | 0.3580 | 0.3090 | | |
| 10 | | 3기간후 | 0.3283 | 0.3530 | 0.3187 | | |
| 11 | | | | | | | |
| 12 | | 4기간후 | 0.3279 | 0.3481 | 0.3241 | | |
| 13 | | | | | | | |

[순서 5] 30기간 후의 시장점유율 계산

(1) 우선 3기간 후에 이어서 4기간 후의 시장점유율을 구하는데, 추이행렬을 절대 주소로 하여 산출한다.

C11 | $f_x$ {=MMULT(C10:E10, $C$3:$E$5)}

| | A | B | C | D | E | F | G |
|---|---|---|---|---|---|---|---|
| 1 | | | | | | | |
| 2 | | 추이행렬 | A | B | C | | |
| 3 | | A | 0.6 | 0.2 | 0.2 | | |
| 4 | | B | 0.1 | 0.8 | 0.1 | | |
| 5 | | C | 0.3 | 0.0 | 0.7 | | |
| 6 | | | | | | | |
| 7 | | 현재시점 | 0.40 | 0.35 | 0.25 | | |
| 8 | | 1기간후 | 0.35 | 0.36 | 0.29 | | |
| 9 | | 2기간후 | 0.3330 | 0.3580 | 0.3090 | | |
| 10 | | 3기간후 | 0.3283 | 0.3530 | 0.3187 | | |
| 11 | | 4기간후 | 0.3279 | 0.3481 | 0.3241 | | |
| 12 | | | | | | | |

(2) 셀 A11:E11 영역을 30기간 후까지 복사한다.

| | A | B | C | D | E | F | G |
|---|---|---|---|---|---|---|---|
| 1 | | | | | | | |
| 2 | | 추이행렬 | A | B | C | | |
| 3 | | A | 0.6 | 0.2 | 0.2 | | |
| 4 | | B | 0.1 | 0.8 | 0.1 | | |
| 5 | | C | 0.3 | 0.0 | 0.7 | | |
| 6 | | | | | | | |
| 7 | | 현재시점 | 0.40 | 0.35 | 0.25 | | |
| 8 | | 1기간후 | 0.35 | 0.36 | 0.29 | | |
| 9 | | 2기간후 | 0.3330 | 0.3580 | 0.3090 | | |
| 10 | | 3기간후 | 0.3283 | 0.3530 | 0.3187 | | |
| 29 | | 22기간후 | 0.3333 | 0.3334 | 0.3333 | | |
| 30 | | 23기간후 | 0.3333 | 0.3334 | 0.3333 | | |
| 31 | | 24기간후 | 0.3333 | 0.3333 | 0.3333 | | |
| 32 | | 25기간후 | 0.3333 | 0.3333 | 0.3333 | | |
| 33 | | 26기간후 | 0.3333 | 0.3333 | 0.3333 | | |
| 34 | | 27기간후 | 0.3333 | 0.3333 | 0.3333 | | |
| 35 | | 28기간후 | 0.3333 | 0.3333 | 0.3333 | | |
| 36 | | 29기간후 | 0.3333 | 0.3333 | 0.3333 | | |
| 37 | | 30기간후 | 0.3333 | 0.3333 | 0.3333 | | |
| 38 | | | | | | | |
| 39 | | | | | | | |
| 40 | | | | | | | |

Sheet1 Sheet2 Sheet3 Sheet4 Sheet

(3) 24기간 이후에 시장은 가전 3사에 의해서 3등분(시장점유율이 각각 1/3)되고 있음을 확인할 수 있다.

[순서 6] 그래프에 의한 확인

(1) 셀 B7:E37 영역을 범위지정하고, 메뉴에서 [삽입] 메뉴의 [영역형]을 클릭한 후 세 번 째 차트를 선택한다.

(2) 제목을 입력하고 그래프를 적당히 수정하여 완성한다.

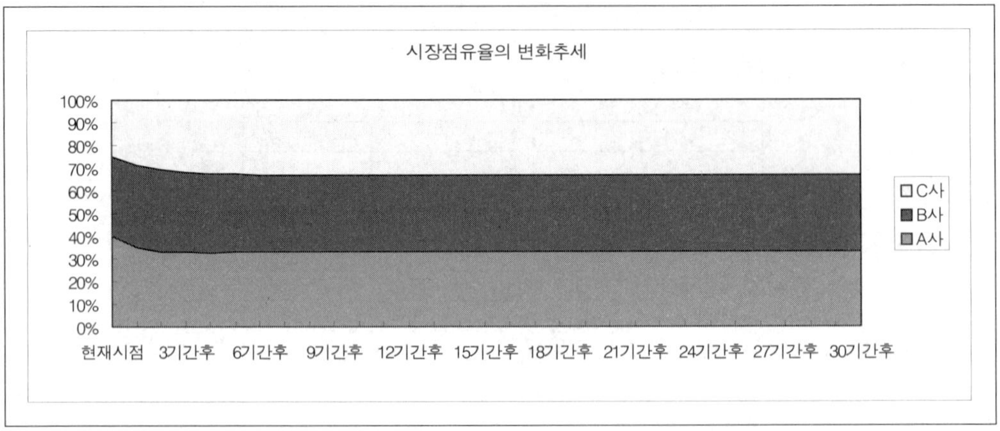


●●● **예제 16-2** 어떤 학원의 영어강사 A, B, C 세 사람에 대한 현재의 수강신청률은 각각 40%, 30%, 30%이다. 다음의 추이행렬을 이용하여 수강신청률 변화추세를 구하라.

| | A | B | C |
|---|---|---|---|
| A | 1.0 | 0.0 | 0.0 |
| B | 0.3 | 0.6 | 0.1 |
| C | 0.2 | 0.1 | 0.7 |

## ▶ Excel에 의한 해법

[순서 1] 데이터의 입력

| | A | B | C | D | E | F | G |
|---|---|---|---|---|---|---|---|
| 1 | | | | | | | |
| 2 | | 추이행렬 | A | B | C | | |
| 3 | | A | 1.0 | 0.0 | 0.0 | | |
| 4 | | B | 0.3 | 0.6 | 0.1 | | |
| 5 | | C | 0.2 | 0.1 | 0.7 | | |
| 6 | | | | | | | |
| 7 | | 현재시점 | 0.4 | 0.3 | 0.3 | | |
| 8 | | | | | | | |
| 9 | | | | | | | |

Sheet1 Sheet2 Sheet3 Sheet4 Sheet5

[순서 2] 수강신청률 변화추세의 산출

(1) 셀 C8:E8 영역을 지정하고 함수 '=MMULT(C7:E7, $C$3:$E$5)'를 입력한다.

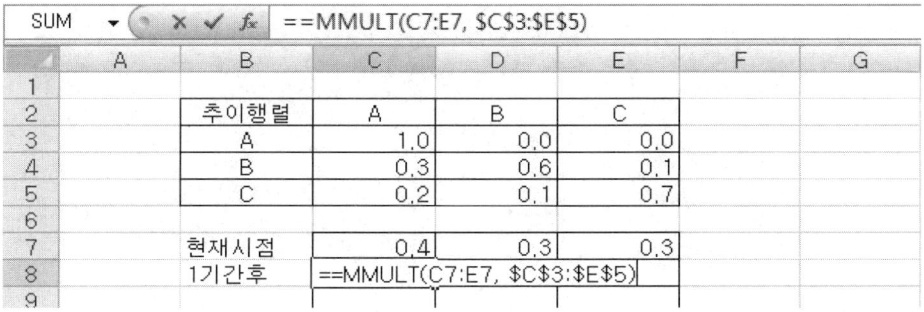

SUM ▾ ✕ ✓ fx ==MMULT(C7:E7, $C$3:$E$5)

| | A | B | C | D | E | F | G |
|---|---|---|---|---|---|---|---|
| 1 | | | | | | | |
| 2 | | 추이행렬 | A | B | C | | |
| 3 | | A | 1.0 | 0.0 | 0.0 | | |
| 4 | | B | 0.3 | 0.6 | 0.1 | | |
| 5 | | C | 0.2 | 0.1 | 0.7 | | |
| 6 | | | | | | | |
| 7 | | 현재시점 | 0.4 | 0.3 | 0.3 | | |
| 8 | | 1기간후 | ==MMULT(C7:E7, $C$3:$E$5) | | | | |
| 9 | | | | | | | |

(2) Ctrl + Shift + Enter↵ 키를 동시에 누른다.

(3) 1기간 후의 시장점유율이 산출된다.

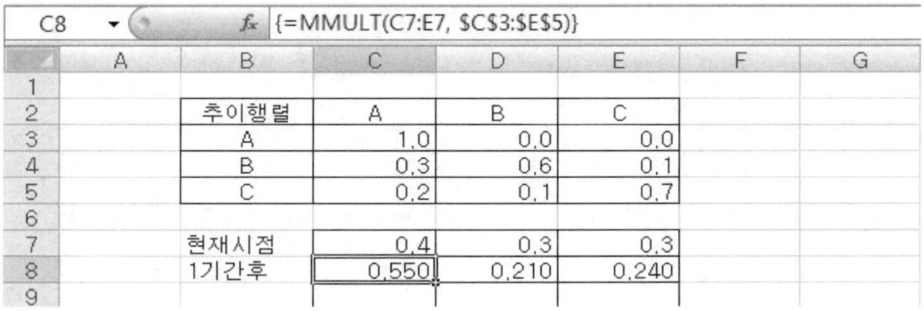

C8 ▾ fx {=MMULT(C7:E7, $C$3:$E$5)}

| | A | B | C | D | E | F | G |
|---|---|---|---|---|---|---|---|
| 1 | | | | | | | |
| 2 | | 추이행렬 | A | B | C | | |
| 3 | | A | 1.0 | 0.0 | 0.0 | | |
| 4 | | B | 0.3 | 0.6 | 0.1 | | |
| 5 | | C | 0.2 | 0.1 | 0.7 | | |
| 6 | | | | | | | |
| 7 | | 현재시점 | 0.4 | 0.3 | 0.3 | | |
| 8 | | 1기간후 | 0.550 | 0.210 | 0.240 | | |
| 9 | | | | | | | |

(4) 셀 B8:E8 영역을 흡수상태에 이를 때까지 복사한다.

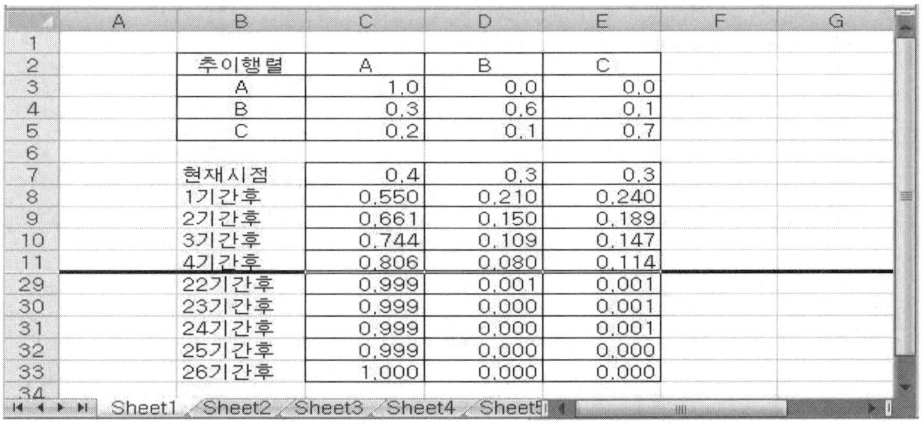

| | A | B | C | D | E | F | G |
|---|---|---|---|---|---|---|---|
| 1 | | | | | | | |
| 2 | | 추이행렬 | A | B | C | | |
| 3 | | A | 1.0 | 0.0 | 0.0 | | |
| 4 | | B | 0.3 | 0.6 | 0.1 | | |
| 5 | | C | 0.2 | 0.1 | 0.7 | | |
| 6 | | | | | | | |
| 7 | | 현재시점 | 0.4 | 0.3 | 0.3 | | |
| 8 | | 1기간후 | 0.550 | 0.210 | 0.240 | | |
| 9 | | 2기간후 | 0.661 | 0.150 | 0.189 | | |
| 10 | | 3기간후 | 0.744 | 0.109 | 0.147 | | |
| 11 | | 4기간후 | 0.806 | 0.080 | 0.114 | | |
| 29 | | 22기간후 | 0.999 | 0.001 | 0.001 | | |
| 30 | | 23기간후 | 0.999 | 0.000 | 0.001 | | |
| 31 | | 24기간후 | 0.999 | 0.000 | 0.001 | | |
| 32 | | 25기간후 | 0.999 | 0.000 | 0.000 | | |
| 33 | | 26기간후 | 1.000 | 0.000 | 0.000 | | |
| 34 | | | | | | | |

Sheet1 / Sheet2 / Sheet3 / Sheet4 / Sheet5

[순서 3] 그래프에 의한 확인

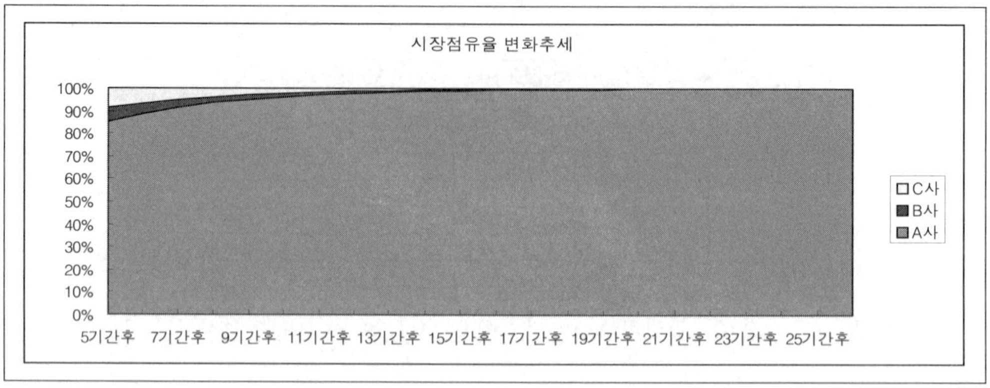


26기간 이후 A 강사에 의해서 완전히 독점상태에 이르게 되는 것을 확인할 수 있다.

●●● **예제 16-3** 다음의 추이행렬은 어떤 상태의 추이행렬인가?

| | A | B | C | D |
|---|---|---|---|---|
| A | 1.0 | 0.0 | 0.0 | 0.0 |
| B | 0.0 | 1.0 | 0.0 | 0.0 |
| C | 0.2 | 0.2 | 0.3 | 0.3 |
| D | 0.3 | 0.2 | 0.1 | 0.4 |

(1) 초기의 상태확률을 A : B : C : D = 0.4 : 0.4 : 0.1 : 0.1로 했을 때의 변화추세를 산출한다.

| 추이행렬 | A | B | C | D |
|---|---|---|---|---|
| A | 1.0 | 0.0 | 0.0 | 0.0 |
| B | 0.0 | 1.0 | 0.0 | 0.0 |
| C | 0.2 | 0.2 | 0.3 | 0.3 |
| D | 0.3 | 0.2 | 0.1 | 0.4 |
| | | | | |
| 현재시점 | 0.400 | 0.400 | 0.100 | 0.100 |
| 1기간후 | 0.450 | 0.440 | 0.040 | 0.070 |
| 2기간후 | 0.479 | 0.462 | 0.019 | 0.040 |
| 3기간후 | 0.495 | 0.474 | 0.010 | 0.022 |
| 4기간후 | 0.503 | 0.480 | 0.005 | 0.012 |
| 5기간후 | 0.508 | 0.483 | 0.003 | 0.006 |
| 6기간후 | 0.510 | 0.485 | 0.001 | 0.003 |
| 7기간후 | 0.511 | 0.486 | 0.001 | 0.002 |
| 8기간후 | 0.512 | 0.487 | 0.000 | 0.001 |
| 9기간후 | 0.512 | 0.487 | 0.000 | 0.000 |
| 10기간후 | 0.513 | 0.487 | 0.000 | 0.000 |
| 11기간후 | 0.513 | 0.487 | 0.000 | 0.000 |
| 12기간후 | 0.513 | 0.487 | 0.000 | 0.000 |

Sheet1 Sheet2 Sheet3 Sheet4 Sheet5

9기간 이후에 A와 B로 완전히 흡수되고 있음을 볼 수 있다.

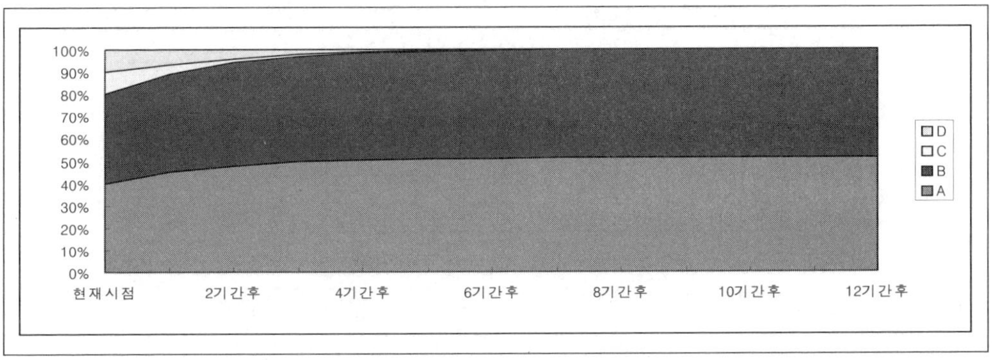


(2) 초기의 상태확률을 A : B : C : D = 0.25 : 0.25 : 0.25 : 0.25로 했을 때 변화추세를 산출한다.

| 추이행렬 | A | B | C | D |
|---|---|---|---|---|
| A | 1.0 | 0.0 | 0.0 | 0.0 |
| B | 0.0 | 1.0 | 0.0 | 0.0 |
| C | 0.2 | 0.2 | 0.3 | 0.3 |
| D | 0.3 | 0.2 | 0.1 | 0.4 |

| | | | | |
|---|---|---|---|---|
| 현재시점 | 2.500 | 0.250 | 0.250 | 0.250 |
| 1기간후 | 2.625 | 0.350 | 0.100 | 0.175 |
| 2기간후 | 2.698 | 0.405 | 0.048 | 0.100 |
| 3기간후 | 2.737 | 0.435 | 0.024 | 0.054 |
| 4기간후 | 2.758 | 0.450 | 0.013 | 0.029 |
| 5기간후 | 2.769 | 0.459 | 0.007 | 0.015 |
| 6기간후 | 2.775 | 0.463 | 0.004 | 0.008 |
| 7기간후 | 2.778 | 0.465 | 0.002 | 0.004 |
| 8기간후 | 2.780 | 0.467 | 0.001 | 0.002 |
| 9기간후 | 2.781 | 0.467 | 0.001 | 0.001 |
| 10기간후 | 2.782 | 0.468 | 0.000 | 0.001 |
| 11기간후 | 2.782 | 0.468 | 0.000 | 0.000 |
| 12기간후 | 2.782 | 0.468 | 0.000 | 0.000 |

Sheet1 Sheet2 Sheet3 Sheet4 Sheet5

11기간 이후에 A와 B로 완전히 흡수되고 있음을 볼 수 있다.

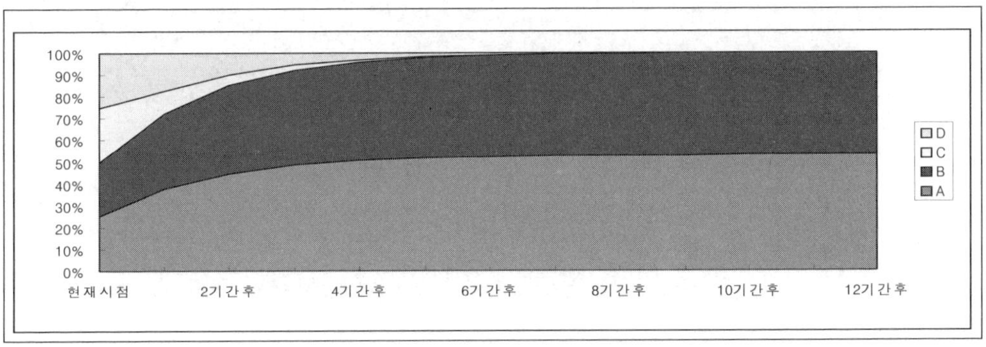

(3) 초기의 상태확률을 A : B : C : D = 0.1 : 0.1 : 0.4 : 0.4로 했을 때의 변화추세를 산출한다.

| 추이행렬 | A | B | C | D |
|---|---|---|---|---|
| A | 1.0 | 0.0 | 0.0 | 0.0 |
| B | 0.0 | 1.0 | 0.0 | 0.0 |
| C | 0.2 | 0.2 | 0.3 | 0.3 |
| D | 0.3 | 0.2 | 0.1 | 0.4 |

| | | | | |
|---|---|---|---|---|
| 현재시점 | 0.100 | 0.100 | 0.400 | 0.400 |
| 1기간후 | 0.300 | 0.260 | 0.160 | 0.280 |
| 2기간후 | 0.416 | 0.348 | 0.076 | 0.160 |
| 3기간후 | 0.479 | 0.395 | 0.039 | 0.087 |
| 4기간후 | 0.513 | 0.420 | 0.020 | 0.046 |
| 5기간후 | 0.531 | 0.434 | 0.011 | 0.025 |
| 6기간후 | 0.541 | 0.441 | 0.006 | 0.013 |
| 7기간후 | 0.546 | 0.444 | 0.003 | 0.007 |
| 8기간후 | 0.548 | 0.446 | 0.002 | 0.004 |
| 9기간후 | 0.550 | 0.448 | 0.001 | 0.002 |
| 10기간후 | 0.550 | 0.448 | 0.000 | 0.001 |
| 11기간후 | 0.551 | 0.448 | 0.000 | 0.001 |
| 12기간후 | 0.551 | 0.449 | 0.000 | 0.000 |

Sheet1 Sheet2 Sheet3 Sheet4 Sheet5

12기간 이후에 A와 B로 완전히 흡수되고 있음을 볼 수 있다.

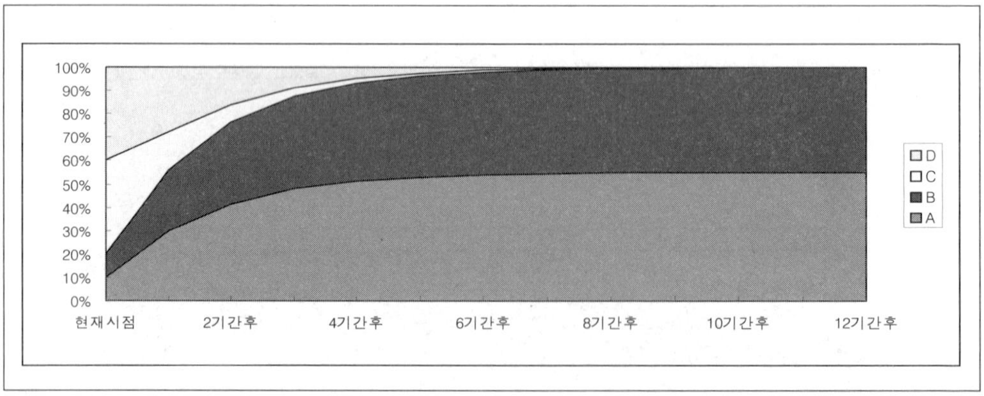


(4) 초기의 상태확률을 A : B : C : D = 0.0 : 0.0 : 0.5 : 0.5로 했을 때의 변화추세를 산출해 본다.

| 추이행렬 | A | B | C | D |
|---|---|---|---|---|
| A | 1.0 | 0.0 | 0.0 | 0.0 |
| B | 0.0 | 1.0 | 0.0 | 0.0 |
| C | 0.2 | 0.2 | 0.3 | 0.3 |
| D | 0.3 | 0.2 | 0.1 | 0.4 |

| | | | | |
|---|---|---|---|---|
| 현재시점 | 0.000 | 0.000 | 0.500 | 0.500 |
| 1기간후 | 0.250 | 0.200 | 0.200 | 0.350 |
| 2기간후 | 0.395 | 0.310 | 0.095 | 0.200 |
| 3기간후 | 0.474 | 0.369 | 0.049 | 0.109 |
| 4기간후 | 0.516 | 0.400 | 0.025 | 0.058 |
| 5기간후 | 0.539 | 0.417 | 0.013 | 0.031 |
| 6기간후 | 0.551 | 0.426 | 0.007 | 0.016 |
| 7기간후 | 0.557 | 0.431 | 0.004 | 0.009 |
| 8기간후 | 0.560 | 0.433 | 0.002 | 0.005 |
| 9기간후 | 0.562 | 0.434 | 0.001 | 0.002 |
| 10기간후 | 0.563 | 0.435 | 0.001 | 0.001 |
| 11기간후 | 0.564 | 0.435 | 0.000 | 0.001 |
| 12기간후 | 0.564 | 0.436 | 0.000 | 0.000 |

이 때에도 12기간 이후에는 A와 B로 완전히 흡수되고 있음을 볼 수 있다.

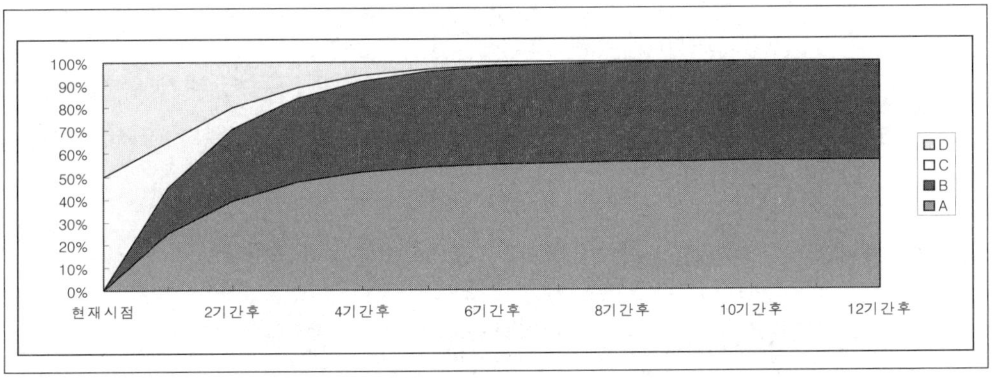


이상의 결과로부터 초기의 상태확률에 관계없이 대략 10기간 이후에는 A와 B로 완전히 흡수되고 있음을 볼 수 있다.

**●●● 예제 16-4** J 신용카드 회사에서는 연체대금이 결제되고 있는 동향을 조사해서 다음과 같은 결과를 얻었다.

① 1회 연체금액의 65%가 그 다음 달에 지불되고 있다.

② 2회 연체금액의 80%가 그 다음 달에 지불되고 있다.

③ 3회 연체금액의 55%가 그 다음 달에 지불되고 있다.

④ 연체횟수가 3회를 초과하게 되면 악성계좌로 처리한다.

현재 1회 연체금액 9억 원, 2회 연체금액 7억 원, 3회 연체금액 3억 원이다. 연체금액 중 회수가능한 금액은 얼마인가?

이 예제에서 발생가능한 상태는 1회, 2회, 3회의 연체와 회수완료( $c$로 표시), 회수불능($i$로 표시) 등 5개의 상태이다. 결국에 연체금액은 회수가 완료되거나 회수불가능한 악성계좌로 처리될 것이므로, 회수완료와 회수불능은 흡수상태가 되고 연체횟수는 경과상태가 된다. 이 예제에 대한 추이행렬을 작성하면 다음과 같다.

| | $S_c$ | $S_1$ | $S_2$ | $S_3$ | $S_i$ |
|---|---|---|---|---|---|
| $S_c$ | 1 | 0 | 0 | 0 | 0 |
| $S_1$ | 0.65 | 0 | 0.35 | 0 | 0 |
| $S_2$ | 0.80 | 0 | 0 | 0.20 | 0 |
| $S_3$ | 0.55 | 0 | 0 | 0 | 0.45 |
| $S_i$ | 0 | 0 | 0 | 0 | 1 |

이것을 행렬 $P$로 나타내기로 한다. 이 행렬과 같이 흡수상태가 존재하면 행렬을 분할하여 간단한 행렬로 해서 유용한 정보를 얻을 수 있다. 이를 위해 다음과 같은 순서로 진행한다.

(1) 먼저 위의 행렬을 새로 정렬하여 네 부분으로 분할한다.

| | $S_c$ | $S_i$ | $S_1$ | $S_2$ | $S_3$ |
|---|---|---|---|---|---|
| $S_c$ | 1 | 0 | 0 | 0 | 0 |
| $S_i$ | 0 | 1 | 0 | 0 | 0 |
| $S_1$ | 0.65 | 0 | 0 | 0.35 | 0 |
| $S_2$ | 0.80 | 0 | 0 | 0 | 0.20 |
| $S_3$ | 0.55 | 0.45 | 0 | 0 | 0 |

이 행렬을 $P'$로 나타내면, $P' = \begin{bmatrix} I & O \\ R & Q \end{bmatrix}$

여기에서

$I=\begin{bmatrix} 1 & 0 \\ 0 & 1 \end{bmatrix}$ : 단위행렬

$O=\begin{bmatrix} 0 & 0 & 0 \\ 0 & 0 & 0 \end{bmatrix}$ : 0행렬

$R=\begin{bmatrix} 0.65 & 0 \\ 0.80 & 0 \\ 0.55 & 0.45 \end{bmatrix}$ : 다음 기간에 흡수될 추이행렬

$Q=\begin{bmatrix} 0 & 0.35 & 0 \\ 0 & 0 & 0.20 \\ 0 & 0 & 0 \end{bmatrix}$ : 모든 비흡수상태의 이동을 나타내는 추이행렬

(2) 분할된 행렬에서 다음의 공식을 이용하여 기본행렬 $N$을 구한다.

$$
\begin{aligned}
N &= (I-Q)^{-1} \\
&= \left( \begin{bmatrix} 1 & 0 & 0 \\ 0 & 1 & 0 \\ 0 & 0 & 1 \end{bmatrix} - \begin{bmatrix} 0 & 0.35 & 0 \\ 0 & 0 & 0.20 \\ 0 & 0 & 0 \end{bmatrix} \right)^{-1} \\
&= \begin{bmatrix} 1 & -0.35 & 0 \\ 0 & 1 & -0.20 \\ 0 & 0 & 1 \end{bmatrix}^{-1} \\
&= \begin{bmatrix} 1 & 0.35 & 0.07 \\ 0 & 1 & 0.20 \\ 0 & 0 & 1 \end{bmatrix}
\end{aligned}
$$

기본행렬 $N$의 원소는 현재의 상태에서 흡수상태로 변환되기 전에 경과상태에서 머무르게 될 기대횟수를 의미한다.

| | $S_1$ | $S_2$ | $S_3$ |
|---|---|---|---|
| $S_1$ | 1 | 0.35 | 0.07 |
| $S_2$ | 0 | 1 | 0.20 |
| $S_3$ | 0 | 0 | 1 |

가령 현재 1회 연체계좌가 회수가 완료되거나 회수불가능한 악성계좌로 처리되기까지 2회 연체상태에서 평균 0.35기간, 3회 연체상태에서 평균 0.07기간 존재하게 된다는 것을 뜻한다.

(3) 기본행렬 $N$과 행렬 $R$을 곱한다.

$$NR = \begin{bmatrix} 1 & 0.35 & 0.07 \\ 0 & 1 & 0.20 \\ 0 & 0 & 1 \end{bmatrix} \times \begin{bmatrix} 0.65 & 0 \\ 0.80 & 0 \\ 0.55 & 0.45 \end{bmatrix}$$

$$= \begin{bmatrix} 0.969 & 0.032 \\ 0.910 & 0.090 \\ 0.550 & 0.450 \end{bmatrix}$$

$NR$ 행렬의 원소는 초기상태에서 결과적으로 흡수상태로 변환되는 비율 또는 확률을 나타낸다. $NR$ 행렬의 1행에 있는 원소 0.969와 0.032는 1회 연체상태에 있는 금액에서 최종적으로 96.9%는 회수가 완료되고 3.2%는 회수불가능한 악성계좌로 처리된다는 것을 의미한다. 같은 원리로 2행에 있는 0.910과 0.090은 2회 연체상태에 있는 금액 중 91%는 회수가 완료되고 9%는 회수불가능한 악성계좌로 처리된다는 것을 의미하며, 3행에 있는 0.550과 0.450은 3회 연체상태의 금액 중 55%는 회수가 완료되고 45%는 회수불가능한 악성계좌로 처리된다는 것을 의미한다.

$NR$ 행렬에 현재의 연체상태에 있는 금액을 나타내는 행 벡터 $B$를 곱하게 되면 전체의 회수가능한 금액과 회수불가능한 금액을 알 수 있다.

즉 $BNR$을 계산하면 된다.

$$BNR = [\ 9 \quad 7 \quad 3] \times \begin{bmatrix} 0.969 & 0.032 \\ 0.910 & 0.090 \\ 0.550 & 0.450 \end{bmatrix} = [\ 16.74 \quad 2.26]$$

| $S_c$ | $S_i$ |
|---|---|
| 16.74 | 2.26 |

따라서 현재의 총연체금액 19억 원 중에서 16.74억 원은 회수되고, 2.26억 원은 회수되지 않아 악성계좌로 처리될 것으로 예상된다.

## ▶ Excel에 의한 해법

[순서 1] 데이터의 입력

| P' | $S_c$ | $S_i$ | $S_1$ | $S_2$ | $S_3$ |
|---|---|---|---|---|---|
| $S_c$ | 1 | 0 | 0 | 0 | 0 |
| $S_i$ | 0 | 1 | 0 | 0 | 0 |
| $S_1$ | 0.65 | 0 | 0 | 0.35 | 0 |
| $S_2$ | 0.80 | 0 | 0 | 0 | 0.20 |
| $S_3$ | 0.55 | 0.45 | 0 | 0 | 0 |

[순서 2] $N=(I-Q)-1$의 계산

(1) 행렬 $I$와 $Q$의 입력

| P' | $S_c$ | $S_i$ | $S_1$ | $S_2$ | $S_3$ |
|---|---|---|---|---|---|
| $S_c$ | 1 | 0 | 0 | 0 | 0 |
| $S_i$ | 0 | 1 | 0 | 0 | 0 |
| $S_1$ | 0.65 | 0 | 0 | 0.35 | 0 |
| $S_2$ | 0.80 | 0 | 0 | 0 | 0.20 |
| $S_3$ | 0.55 | 0.45 | 0 | 0 | 0 |

| | | | |
|---|---|---|---|
| I−Q= | 1 | −0.35 | 0 |
| | 0 | 1 | −0.2 |
| | 0 | 0 | 1 |

| | | | |
|---|---|---|---|
| N= | 1 | 0.35 | 0.07 |
| $(I-Q)^{-1}$= | 0 | 1 | 0.20 |
| | 0 | 0 | 1 |

| | | |
|---|---|---|
| P'= | I | O |
| | R | Q |

| | | | |
|---|---|---|---|
| | 1 | 0 | 0 |
| I= | 0 | 1 | 0 |
| | 0 | 0 | 1 |

| | | | |
|---|---|---|---|
| | 0 | 0.35 | 0 |
| Q= | 0 | 0 | 0.2 |
| | 0 | 0 | 0 |

(2) 행렬 $(I-Q)$의 계산

셀 J2:L4 영역을 지정하고, 식 '=C14:E16−C18:E20'을 입력한 다음에 Ctrl + Shift + Enter↵ 키를 동시에 누른다.

(3) 행렬 $N=(I-Q)^{-1}$의 계산

셀 J6:L8 영역을 지정하고, 식 '=MINVERSE(J2:L4)'를 입력한 다음 Ctrl + Shift + Enter↵ 키를 동시에 누른다.

[순서 3] NR=(I−Q)−1R의 계산

셀 J10:K12 영역을 지정하고, 식 '=MMULT(J6:L8, C5:D7)'을 입력한 다음 Ctrl + Shift + Enter↵ 키를 동시에 누른다.

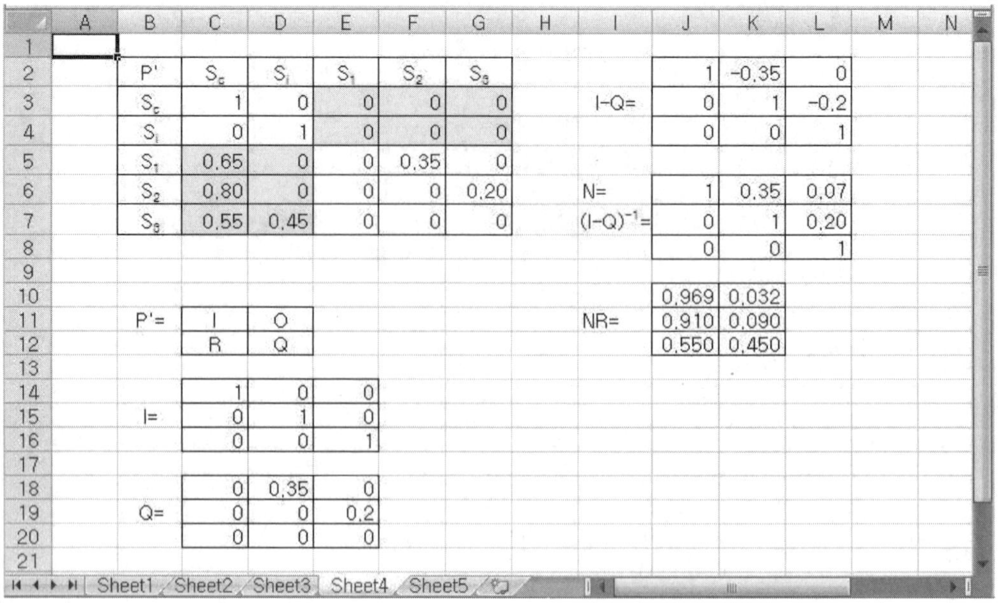


[순서 4] BNR의 계산

(1) 행렬 B의 입력

행렬 B를 셀 J14:L14 영역에 입력한다.

(2) 셀 J16:K16 영역을 지정한다.

(3) 식 '=MMULT(J14:L14, J10:K12)'을 입력한다.

(4) Ctrl + Shift + Enter↵ 키를 동시에 누른다.

$$BNR = [\,9 \quad 7 \quad 3\,] \times \begin{bmatrix} 0.969 & 0.032 \\ 0.910 & 0.090 \\ 0.550 & 0.450 \end{bmatrix} = [\,16.74 \quad 2.26\,]$$

| $S_c$ | $S_i$ |
|---|---|
| 16.74 | 2.26 |

즉, 현재의 총연체금액 19억 원 중에서 16.74억 원은 회수되고, 2.26억 원은 회수되지 않을 것으로 예상된다.

| P' | $S_c$ | $S_i$ | $S_1$ | $S_2$ | $S_3$ |
|---|---|---|---|---|---|
| $S_c$ | 1 | 0 | 0 | 0 | 0 |
| $S_i$ | 0 | 1 | 0 | 0 | 0 |
| $S_1$ | 0,65 | 0 | 0 | 0,35 | 0 |
| $S_2$ | 0,80 | 0 | 0 | 0 | 0,20 |
| $S_3$ | 0,55 | 0,45 | 0 | 0 | 0 |

| P'= | | |
|---|---|---|
| | I | O |
| | R | Q |

| I= | | | |
|---|---|---|---|
| | 1 | 0 | 0 |
| | 0 | 1 | 0 |
| | 0 | 0 | 1 |

| Q= | | | |
|---|---|---|---|
| | 0 | 0,35 | 0 |
| | 0 | 0 | 0,2 |
| | 0 | 0 | 0 |

| I-Q= | | | |
|---|---|---|---|
| | 1 | -0,35 | 0 |
| | 0 | 1 | -0,2 |
| | 0 | 0 | 1 |

| N= $(I-Q)^{-1}$= | | | |
|---|---|---|---|
| | 1 | 0,35 | 0,07 |
| | 0 | 1 | 0,20 |
| | 0 | 0 | 1 |

| NR= | | |
|---|---|---|
| | 0,969 | 0,032 |
| | 0,910 | 0,090 |
| | 0,550 | 0,450 |

| B = | 9 | 7 | 3 |
|---|---|---|---|

| BNR= | 16,74 | 2,26 |
|---|---|---|

Sheet1 Sheet2 Sheet3 Sheet4 Sheet5

# 참고문헌

[국내문헌]


1. 강금식. 「생산·운영관리」. 박영사, 1993.
2. 곽노균·최태성. 「경영과학」. 다산출판사, 1998.
3. 김기곤. 「엑셀 97」. 글로벌, 1998.
4. 김숙자 역. 「Microsoft 한글 엑셀 97」. 탐구원, 1998.
5. 김충혁. 「한글 엑셀 97」. 웅보출판사, 1998.
6. 노형진. 「경영수학」. 형설출판사, 1990.
7. 노형진. 「다변량해석－질적 데이터의 수량화－」. 석정, 1990.
8. 노형진·유한주·이상석. 「최신 통계학」. 석정, 1991.
9. 노형진·한상도·장명복. 「Excel을 활용한 경영자료분석」. 청암미디어, 1998.
10. 노형진. 「Excel을 활용한 품질경영」. 청암미디어, 1999.
11. 노형진. 「Excel에 의한 조사방법 및 통계분석」. 법문사, 1998.
12. 노형진. 「Excel에 의한 통계적 조사방법」. 형설출판사, 2000.
13. 삼성전자 SPC 응용과정. 한글 엑셀. 삼성컴퓨터 교육센터.
14. 신경철·석철. 「Excel 97」. 이한출판사, 1997.
15. 신동준. 「알기 쉬운 엑셀 매크로」. 기전연구사, 1997.
16. 이건창. 「엑셀 매크로와 VBA를 이용한 자료분석 및 의사결정」. 21세기사, 1997.
17. 이영옥. 「엑셀 실전 문제집」. ㈜현민시스템, 1997.
18. 이준화 외 2인 공저. 「한글 엑셀 97 플러스 원」. 대림, 1998.
19. 이화룡. 「Excel 97과 경영통계와의 만남」. 도서출판 혜지원, 1998.
20. 이화룡. 「Excel 97과 신 경영과학과의 만남」. 도서출판 혜지원, 1998.
21. 윤미현 역. 「한글 엑셀」. 사이버출판사, 1997.
22. 원달수·원종권. 「한글 엑셀 7.0」. 홍릉과학출판사, 1997.
23. 정연금 편저. 「한글 엑셀 97」. 영진출판사, 1997.
24. 정태성· 이승기. 「한글 엑셀 7.0」. 대림, 1996.
25. 차의수. 「한글 엑셀 5.0」. 정보문화사, 1998.
26. 최인영. 「97 엑셀 매크로 뛰어넘기」. 홍진출판사, 1998.
27. 한상도. 「정보화교육」. 오산대학· 중소기업청, 1998.

[일본문헌]

1. 內田治.「すぐわかるEXCELによる統計解析」. 東京圖書, 1996.
2. 內田治.「すぐわかるEXCELによる多變量解析」. 東京圖書, 1996.
3. 內田治.「すぐわかるEXCELによるアンケ-トの調査·集計·解析」. 東京圖書, 1996.
4. 奧野·芳賀·久米· 吉澤.「多變量解析法」. 日科技連出版, 1971.
5. 小林龍一.「相關·回歸分析入門」. 日科技連出版, 1982.
6. 小林龍一.「數量化入門」. 日科技連出版, 1981.
7. 小林· 內田.「やさしいSQC」. 日本經濟新聞社, 1986.
8. 芳賀· 橋本.「回歸分析と主成分分析」. 日科技連出版, 1980.
9. 林知己夫.「數量化の方法」. 東洋經濟新報社, 1974.
10. 林知己夫.「デ-タ解析の方法」. 東洋經濟新報社, 1974.
11. ラッヘンブルック(鈴木·三宅譯).「判別分析」. 現代數學社, 1979.
12. 柳井·高木 編者.「多變量解析ハンドブック」. 現代數學社, 1986.

[서양문헌]

1. Belsley, D. A., Kuh, E. and Welsch, R. E. Regression Diagnostics; Identifying Influential Data and Sources of Collinearity. John Wiley & Sons, 1980.
2. Chatterjee, S. and Price, B. Regression Analysis by Examples. John Wiley & Sons, 1977.
3. Cook, R. D. and Weisberg, S. Residuals and Influence in Regression. Chapman and Hall, 1982.
4. Draper, N. R. and Smith, H. Applied Regression Analysis. John Wiley & Sons, 1981.
5. Everitt, B. S. The Analysis of Contingency Tables. London: Chapman & Hall, 1977.
6. Kendall, M. G. Multivariate Analysis. Charles Griffin, 1975.
7. Lachenbruch, P. A. Discriminant Analysis. Hafner, 1975.
8. Rao, C. R. Linear Statistical Influence and Its Applications. John Wiley & Sons, 1973.
9. Seber, G. A. F. Linear Statistical Analysis. John Wiley & Sons, 1977.
10. Weisberg, S. Applied Linear Regression. John Wiley & Sons, 1980.

# 찾아보기

**(ㅅ)**



**(ㅇ)**



**(ㅈ)**

**(ㅊ)**



**(ㅋ)**



**(ㅌ)**



**(ㅍ)**



**(ㅎ)**



**(A)**



**(B)**



**(C)**

## (T)



## (V)



## (Y)



## 기타

## 저자약력

**노형진**

- 서울대학교 공과대학 졸업(공학사)
- 고려대학교 대학원 수료(경영학박사)
- 일본 쓰쿠바대학 대학원 수료(경영공학 박사과정)
- 일본 문부성 통계수리연구소 객원연구원
- 일본 동경대학 사회과학연구소 객원교수
- 현재, 경기대학교 경영학부 교수
- 전공, 품질경영 · 다변량분석(조사방법 및 통계분석)
- 한국표준협회 품질경영 심사위원 · 자문위원
- 한국능률협회 심사위원 · 자문위원
- 중소기업진흥공단연수원 지도위원
- 대한상공회의소 지도위원
- 한국품질경영학회 신규사업위원장
- 한국 식스 시그마 연구회 운영위원
- Single-PPM 심사위원 · 지도위원
- Single-PPM품질경영연구회 회장
- Single-PPM품질혁신연구회 회장

■ 주요저서

- 품질경영론(형설출판사)
- 다변량해석－질적 데이터의 수량화(도서출판 석정)
- EXCEL을 활용한 품질경영(청암미디어)
- EXCEL에 의한 조사방법 및 통계분석(법문사)
- EXCEL 2000 함수모음집(형설출판사)
- EXCEL 2000에 의한 통계적 조사방법(형설출판사)
- EXCEL 2000을 활용한 통계적 품질관리(형설출판사)
- 한글 SPSSWIN에 의한 다변량 데이터의 통계분석(도서출판 석정)
- 한글 SPSSWIN에 의한 조사방법 및 통계분석(형설출판사)
- 한글 SPSSWIN에 의한 알기 쉬운 다변량분석(형설출판사)
- 한글 SPSS 10.0에 의한 조사방법 및 통계분석(형설출판사)
- 100PPM 품질경영－fool-proof화의 원리와 방법(도서출판 글로벌)
- 100PPM 품질경영(2)－디자인 리뷰 · FMEA · FTA의 활용 (공저, 도서출판 글로벌)

**정한열**

- 경영학 박사
- 현) (주)시스게이트 기술연구소 소장
- 현) 경기대학교 경영학부 산업체 겸임교수
- 한국 OA학회 컴퓨터 기술분과 편집이사 역임
- 에스엠 컨설팅 전문 연구위원 역임
- 경원전문대 사무자동화과 산업체 겸임교수 역임
- 서울보건대 유통과학과 산업체 겸임교수 역임
- 오산대학, 국제대학, 동남보건대, 신구대 강사 역임

■ 주요저서

- 한글 SPSS 기초에서 응용까지(개정판)(공저, 형설출판사)
- e-Business 이론과 실제(공저, 형설출판사)
- STATISTICA에 의한 알기쉬운 통계분석(공저, 형설출판사)
- Excel 2000 기초에서 응용까지(공저, 형설출판사)
- 경영자료분석(Excel을 활용한) (공저, 청암미디어)
- 쉽게 배우는 PC통신과 인터넷(정보문화사)
- 쉽게 배우는 인터넷(정보문화사)
- 쉽게 배우는 인터넷 익스플로러 4.01(정보문화사)
- 한글 액세스 97(공저, 태성출판사)
- 알기쉬운 파워포인트 97(공저, 연학사)
- 한글 엑셀 97(공저, 높이깊이)
- 한글 Windows NT 4.0(정보문화사)
- 저는 PC를 하나도 모르는데요(키출판사)


**엑셀2007에 의한 경영통계학**

2008년 2월 20일 초판1쇄 발행
2010년 4월 20일 수정1쇄 발행

저 자 노형진·정한열
펴낸이 임 순 재
펴낸곳 한올출판사
등록 제11-403호
121-849
주 소 서울시 마포구 성산동 133-3 한올빌딩 3층
전 화 (02)376-4298(대표)
팩 스 (02)302-8073
홈페이지 www.hanol.co.kr
e-메 일 hanol@hanol.co.kr
정 가 25,000원(CD 포함)






■ ISBN 978-89-8325-948-6